work
rk
ro
om

거대도시 서울 철도

거대도시 서울 철도:
기후위기 시대의 미래 환승법
전현우 지음

초판 1쇄 발행 2020년 7월 1일
4쇄 발행 2023년 3월 15일

발행 워크룸 프레스
편집 박활성
디자인 황석원
제작 세걸음

워크룸 프레스
03035 서울시 종로구 자하문로19길 25, 3층

전화 02-6013-3246
팩스 02-725-3248
이메일 wpress@wkrm.kr
workroompress.kr

ISBN 979-11-89356-33-0 03300
값 27,000원

거대도시 서울 철도

기후위기 시대의 미래 환승법

전현우

워크룸 프레스

일러두기

1.   이 책의 논의 기반이 된 각종 데이터와 지리 정보 등 더 풍부한 참고 자료는
저자 블로그(blog.naver.com/non_organ)와 노션(bit.ly/The_Radical_Transferring)에서
찾아볼 수 있습니다.

2.   이 책의 모든 내용은 저자 개인의 견해로, 철도 사업 진행, 정부 재정 운용 등의
쟁점에서 관계 당국의 공식 자료 및 입장과 다를 수 있습니다.

차례

9   서론: 발차를 기다리며

1부   교통의 세계와 철도

1장. 거대도시와 철도
25   1절. 분류의 무대: 거대도시
29   2절. 철도망의 기관 분류 1: 속도와 철도망의 층위
34   3절. 철도망의 기관 분류 2: 교통수단의 생존 지대, 골디락스 존
43   4절. 크리스탈러의 육각형, 중심지 체계와 철도
53   5절. 특권적 기관: 중심 착발역 또는 중앙역
55   6절. 세계 도시 인구와 대표 도시 선발
56   7절. 철도망 분해 1: 열차 착발 능력과 전국망
59   8절. 철도망 분해 2: 도시망의 능력
67   9절. 철도망 분해 3: 광역망과 시계
69   10절. 철도망 분해 4: 망의 유기성
73   11절. 거대도시 철도개발지수
79   12절. 추격 그룹의 함정, 그리고 서울 지역 철도망의 방향

2장. 용량과 저항, 몇 가지 기능적 변수들
89   1절. 선로 위의 낮잠
91   2절. 파크사이드역의 비극과 '록, 블록, 브레이크'
94   3절. 페일 세이프, 그리고 철도 안전 체계의 효과
97   4절. 기억할 변수 1: 선로용량
108   5절. 기억할 변수 2: 역의 용량
109   6절. 기억할 변수 3: 환승저항
111   7절. 철도망 전반의 기능적 덕목: 유기성과 유연성

2부   서울의 철도, 현 망부터 미래 계획까지

3장. 서울 지역 철도망의 오늘과 어제
120   1절. 서울 지역 철도의 현황
130   2절. 서울 지역 철도망 발생의 두 시기
131   3절. 일제 침략과 한국 철도: 1899~1945년
141   4절. 경제 개발과 한국 철도: 1968~2019년

4장. 전국망, 표류하는 거대한 병목

156 1절. 경부1선과 중앙선의 병목
172 2절. 정비되지 않은 노선들
179 3절. 전국망이 해결해야 할 문제

5장. 광역망, 지연과 불만의 철도

181 1절. 광역망의 빈틈과 불만
191 2절. GTX는 해결사일까?
200 3절. 철도망은 혼자 달리지 않는다

6장. 철도 도시 서울, 무엇을 할 것인가

202 1절. 다섯 동심원, 그리고 네 개의 속도
211 2절. 계획의 목적과 신규 투자의 네 유형
236 3절. 최대 동심원, 전국망
288 4절. 큰 동심원, 광역특급
324 5절. 중간 동심원, 광역급행
345 6절. 가장 작은 동심원, 도시망
354 7절. 영원한 숙제, 재정
358 8절. 선도 그룹을 넘어
362 9절. 한국 철도의 수송 총량 목표

3부 철도라는 사회계약

7장. 세금 위를 달리는 철도

371 1절. 예정된 재정적 파멸, 그리고 대응
373 2절. 한국 철도 120년, 네 개의 재무적 국면
381 3절. 정부의 역할 1: 파국에서 부흥까지, 1984~2019
396 4절. 정부의 역할 2: 효율과 형평 사이
441 5절. 미래 철도 재정을 위하여

8장. 예언과 경고, 자율 주행차의 도래와 기후위기의 습격

456 1절. 두 번째 자동차화에 대한 예언, 그리고 그 난점
464 2절. '섭씨 2도' 시나리오와 철도의 힘
470 3절. 망치와 모루: 철도의 부흥과 함께 필요한 조치들
484 4절. 자동차화의 황혼, 그리고 철도라는 사회계약

보강

40   1. 속도와 거리, 속도 경쟁의 풍경
48   2. 크리스탈러의 변수와 현실의 중심지 체계
81   3. 철도개발지수 재점검: 안정성, 그리고 거대도시의 번영과 철도
101   4. 측정과 계획 사이: 선로용량, 그 이중적인 존재
115   5. 철도 유보지와 망의 유연성
232   6. 수도권 남부의 네 회랑, 그리고 철도
407   7. 미래의 예비타당성 조사를 위한 검토
429   8. 대중교통 이탈률: 도시 규모, 성차, 그리고 대중교통
436   9. 무엇이 철도 투자 확대를 가져왔나
487   10. 수송분담률 지표와 철도
491   11. 철도 국제주의를 위한 '페르미 추정': '2도 미만' 시나리오에 부쳐

사례 연구

85   1. 취리히 중앙역과 규칙 시각표
170   2. 신칸센과 경부1선
244   3. 중국의 셴양난역 투자

핵심 선구 연구

253   1. 서울 시내 경부고속선 확보와 서울역·용산역 확장
282   2. 청량리역과 중앙2선 계획
318   3. 삼성과 수서, 새로운 병목?
320   4. 수인2복선화과 송도급행선

부록

501   1. 용어 설명
514   2. 거대도시 철도개발지수 개별지표 명세표
516   3. 경부고속선 확대 이후의 가상 시각표
522   4. 교통 부분의 구조 전환을 위한 세입·세출 시나리오, 2020~2060

534   참고 문헌
545   찾아보기

서론
발차를 기다리며

오늘도 당신은 교통의 세계에 발을 내디뎠을 것이다. 설사 당신이 와병 중이거나,
휴일을 맞아 집에서 쥐죽은 듯 쉬고 있어도, 교통의 세계에서 유래한 흐름으로부터
당신이 벗어나 있을 리는 없기 때문이다. 당신의 생활을 도와주는 인류 물질문명의
수많은 산물들이 당신 집에서 스스로 생겨났을 리 없지 않은가. 당신의 마음속에
담긴 수많은 기억들 역시, 아마도 교통의 세계에서 유래한 흐름과 무관하지
않을 것이다. 좋았든 싫었든, 행복했든 끔찍했든, 기억 속의 그곳으로 당신은
어딘가로부터 이동해 왔을 것이며, 또 각자의 기억을 안고 그곳에서 떠났을
것이다. 교통의 세계는 당신의 마음과 기억이 바로 그 자리에 있게 해 준 현실적인
조건이다.

    물론 이런 말은 '당신의 의식은 대기의 산소 분압에 의존한다'거나 '생명은
빅뱅의 이러저러한 국면 덕분에 생겨난 입자들의 몇 가지 성질에 의존한다' 같은
말과 그리 다르지 않게 들릴지 모른다. 모든 전문 분야는 자신의 존재 이유를
정당화하기 위해 온갖 논리를 끌어댈 것이고, 삶 속에 자신의 분야가 다루는
대상들이 편재한다는 것 정도는 아주 평범한 정당화 논리에 불과하다. 대체 무슨
근거를 들어야, 시큰둥한 사람들에게 교통이 아주 중대한 의미가 있음을 보여 줄 수
있을까.

    오스트리아 철학자이자 신학자 이반 일리치(1926~2002)의 논의를
꺼내는 것이 도움이 될 것 같다. 그는 한 사회의 에너지 사용량과 그 건전성에 대해
흥미로운 주장을 편다.[1] 1인당 에너지 사용량이 일정 수준 이하일 때, 사람들이
고통을 받고 이로 인해 자신의 가능성을 다 펼칠 수 없어 결국 '저개발 상태'가
이어진다는 데는 일리치 역시 공감한다. 하지만 이를 벗어나기 위해 개발을
계속하여 1인당 에너지 사용량이 일정 수준 이상에 도달하면, 에너지의 집약적
활용에서 나오는 기술적 문제를 해결하기 위해 독점적 기술 관료 체계가 자라나게
되고, 이들의 편견과 이해관계가 사회의 나머지 부분을 노예로 만들 위험이 생기며,
결국 전 사회는 타락하고 말 것이다. 그리고 이런 이론적 그림을 현실 세계에서

---

[1]
이반 일리치, 『행복은 자전거를 타고 온다: 에너지와 공정성에 대하여』, 이반 일리치 전집, 신수열 옮김(사월의책, 2018).

간명한 형태로 확인할 수 있는 구체적인 사례가 바로 교통이라는 것이 일리치의
지적이다.

도보로 이동할 때, 사람들은 10km도 가기 전에 신체에 무리가 올 수 있다.
18세기 이전 인간에게 낯선 지역과의 교류와 먼 거리를 이동하는 체험은 아주
값비싼 것이었다. 19세기 이래의 철도, 그리고 20세기 중반 이후의 자동차와 항공
산업은 인간에게 이동의 자유를 가져다주었지만, 기술과 위험을 관리하는 거대한
관료 조직 역시 함께 만들어 냈다. 이들은 사회에게 자신들이 꼭 필요하다는 점을
강변했으며, 사람들은 이에 따라 사회의 물리적·심적 기반을 모두 바꾸어 나갔다.
교통의 개발은 사실상 모든 사람들의, 매일의 삶을 바꾸며, 도시나 그 속의 건축물
같은 물질문명의 다른 분야를 성형하는 데도 중대한 역할을 한다. 개인의 지리적
활동 범위, 그리고 그 물리적 기반을 모두 급속히 변화시켜 온 "교통은 세계 곳곳에
존재하는 개발의 목표들을 집약해서 보여 주는 모델"[2]이라는 일리치의 촌평은
전혀 과도하지 않다. 일리치의 논의와 아무런 관계도 없는 박정희조차, 국민들에게
미래의 번영을 손에 잡히는 형태로 제시하기 위해 '마이카 시대'를 약속했다는
사실을 함께 떠올려도 좋을 것이다.

일리치의 이론 가운데, 전문 기술 관료의 득세가 시민들을 노예로
전락시키고 말 것이며, 나아가 전 사회를 타락시킬 것이라는 평가적 주장은 사실
언뜻 인정하거나 이해하기 힘들다. 대체 기술 관료의 노예가 무엇이고, 그것을
어떻게 판정할 것인가? 관료들 사이의 견제와 균형, 그리고 시민들의 지성을
무시하는 지적은 아닌가? 에너지의 과도한 사용이 사회를 타락시킨다는 말은
더욱 엉뚱하게 느껴진다.[3] 하지만 사람과 물건의 이동 속도를 빠르게 하기 위해
기계와 에너지를 집약적으로 사용하는 것이 개발의 주요 초점이었고, 기술 관료를
등장시켰으며 그 역할 확대를 가속화했다는 서술적 주장은 오히려 부인하는
것이 불가능해 보인다. 마찬가지로, 일리치의 평가적 주장 역시 조금 완화하여
이해한다면 누구라도 받아들일 만한 주장이 될 것이다. 인간은 여러 위험과 비용을
치르고서라도 속도, 그리고 그 속도가 가져다주는 이득을 손에 쥐려고 하지만, 때로
이런 노력은 자기 파괴적일 수 있다는 지적이 바로 그것이다.

결국 교통의 개발은 기회와 비용이, 그리고 파멸과 구원이 나란히 위치한
영역이다. 게다가 이렇게 건설된 망은 우연이 지배하는 공간이다. 치밀하고 섬세한
계획을 최선의 정보에 기반해 수립하더라도 미래의 모든 국면을 통제할 수는
없고, 다른 많은 시스템에서는 생각하기도 어려운 인명 사고조차 완벽하게 피할
길은 없다. 더불어, 기후위기를 막기 위해 요청된 전 인류 에너지의 탈탄소화와
소비량 억제 계획(3부 8장 참조)은 일리치의 납득하기 어렵고 부분적으로 엉뚱해

2
같은 책, 101.

3
한편 에너지 소비량이 일정 수준을 넘어가면 삶의 질을 올리는 데는 별다른 효과가 없다. 바츨라프 스밀,
『에너지 디자인』, 허은녕·김태유·이수갑 옮김(창비, 2008), 138~147 참조.

보이던 평가적 주장이 수십 년 뒤 지구 과학의 성과를 바탕으로 정량화된 결과처럼 보이기까지 한다. 교통이 오늘날 인류의 에너지 소모, 그리고 그로 인한 탄소 배출의 1/4을 점유하는 이상, 이동을 향한 인류의 열망을 어느 선에서 억제하지 않는다면 교통이 가져다주는 파멸은 운 나쁜 일부 사람들에게 그치지 않을 것이다.

개발의 핵심 초점이지만, 그 속에 가늠할 수 없는 수많은 우연성이, 그리고 서로 충돌하지만 어느 한쪽도 포기하기 어려운 중요한 가치들이 교차하면서, 개인의 목숨과 도시의 패턴은 물론 인류의 미래까지 결정할지 모를 분야. 교통에 대한 이런 이해야말로, 내가 이 분야에 매력을 느끼게 되었던 이유이면서 동시에 이렇게 책까지 써야겠다고 마음먹었던, 그리고 모두가 관심을 가져야 한다고 말하고 싶었던 이유다.

왜 철도를 이런 식으로 다루는가

여기까지 동의한 사람이라도, 이 책의 주인공이 철도라는 걸 확인하면 잠시 멈칫할지도 모른다. 게다가 굳이 철도에 대해 이야기하려 한다면, 19세기에서 20세기 중반까지 육상 운송의 제왕으로 군림하면서 전통 사회의 타성을 무너뜨리고 공간 구조를 재편해 낸 그 힘과 위엄을 이야기하거나, 한국 철도와 유라시아 대륙망 사이의 재연결과 같이 한국이라는 공동체의 역사적[4] 목표와 관련된 이야기를, 또는 한국망과 대륙망 사이의 연결로 인해 바뀌게 될 사람들 마음속의 인문 지리에 대해 논의할 필요가 있다고 볼 사람들도 적지 않을 것이다. 하지만 이 책은, 바로 지금 이 순간의, 그리고 이번 세기 중후반을 달릴 근미래 철도에 대해, 또 서울이라는 특정한 거대도시 내부로부터 주변과 전국의 도시로 뻗어 있는 철도망 그 자체에 초점을 맞추려 한다.

오늘의 철도가 서 있는 입지를 확인해 보면, 이런 선택은 패착처럼 보인다. 20세기 후반, 세계의 대부분 지역에 걸쳐 지상에서는 자동차가, 공중에서는 항공기가 철도의 설 자리를 파괴해 왔다. 기술이나 서비스의 혁신은 물론, 이동의 힘에 기반해 일상을 벗어나는 즐거움 역시 대체로 자동차와 항공기에게 기대되는 역할이다. 일상인들에게 철도는 다양한 방식으로 피곤한 경험만 안기는, 그래서 부를 쌓아 탈출해야 할 교통수단처럼 보일지 모른다. 또한 관료들에게 철도는 몇 가지 장점을 압도할 정도로 비싸고 복잡해서 조금만 잘못해도 좋은 평가를 받기 어려워 부담만 끼치는 교통수단처럼 보일 것이다. 더욱이 자율 주행 자동차에 대한 약속이 교통의 미래에 대한 사람들의 기대를 뒤흔든 덕분에, 철도는 자율 주행차 앞에서 그 강점과 입지를 대부분 잃을지도 모른다는 예측까지 나오고 있다.

4
이 말은 '사변적 역사철학', 즉 어떤 역사적 과정이 그 행로의 끄트머리에서 도달할 일정한 이상적 목표를 설정하는 한편 여기 비추어 과거와 오늘의 사건을 평가하려 하는 논의를 염두에 두고 사용된 것이다.

그렇다면 대체 왜, 교통의 세계에서 살아 있는 화석[5]처럼 보이는 철도에 초점을 두고 책을 쓰고 있는지에 대한 의문은 더욱 증폭될 것이다.

이 책은 바로 이들 의문에 가능한 한 상세히 답한 결과라고 이해해도 좋다. 서론에서는 이러한 목적을 위해 이 책 전체가 취할 논점과 방향을 압축적으로 전달하는 일이 중요할 것이다. 다시 말해, 여기서 필요한 것은 왜 이 책이 특정 거대도시를 중심으로 뻗어 있는 철도망에 주목하고 그 의미를 성찰하고자 하는지에 대한 최대한 간략한 답이다.

1. 개발과 그 속에 포함된 모순된 요구, 그리고 그 사이의 균형 지점을 찾으려는 요청이 교통의 세계를 살펴보는 작업을 매력적으로 만드는 요소이자 이 책을 가능하게 했던 출발점임을 앞서 밝힌 바 있다. 오늘의 철도는 그 속에 자체적으로 흥미로운 모순을 품고 있으면서, 동시에 자동차와 항공이 할 수 없는 방식으로 교통망이 가져오는 비용을 절감하고 그 파멸적 효과를 완화시킬 수 있는 수단이다. 철도가 넘어야 할 모순보다는 그 강점에 먼저 초점을 맞춰 보자. 최소한의 면적으로 최대의 수송력을 제공할 수 있어 도심의 고밀도 개발과 고차 서비스 집적을 가능하게 한다는 사실이나, 사람들의 일상 속 활동량을 늘려 건강 면에서 이득을 줄 수 있다는 사실, 자동차·항공에 비해 에너지·탄소 효율이 각기 10배, 5배 높아 기후위기 대응을 위한 결정적 수단으로 주목받고 있다는 사실이 눈에 들어온다. 더 나은 교통과 도시를 꿈꾸는 전문가와 시민이라면 누구나 철도망에 깊은 관심을 기울일 필요가 있다는 뜻이다.

2. 철도가 이런 과업을 가장 폭넓은 범위에서, 최대한의 사람들에게 영향을 주는 방식으로 실현할 수 있는 지리적 단위는 바로 거대도시다. 물론 인구 1000만 명이 넘는 광역도시 권역에서만 철도망이 유용한 것은 아니다. 하지만 도시의 다른 긍정적 특징처럼, 철도 역시 높은 인구밀도로부터 적지 않은 긍정적 영향을 얻을 수 있다. 또한 거대도시는 다층적인 망 구성을 통해, 철도로 가장 폭넓은 속도 층위의 교통을 처리할 수 있는 지리 단위이기도 하다. 철도에 대한 이해는, 이 지리 단위에 대한 이해를 증진시키는 중요한 방법이다.

3. 오늘날 세계 대부분 지역에서 철도는 정부의 개입을 떼어놓고 생각할 수 없다. 특히 이 개입은 막대한 건설 재정 투입으로 이뤄진다. 개인이나 기업의 책임과 비용 부담에 기반하는 승용차나 항공기와는 달리, 철도망은 이를 유지해야 한다는 '사회계약'이 없었다면 20세기 후반에 접어들면서 점차 소멸했을 것이다. 정부 재정이 불충분한 제3세계 거대도시의 참담한 철도 현실은 본문에서 곧 확인할

5
실제로 자갈 도상 궤도의 기본 구조는 200년 전과 기본적으로 동일하다. 한 교과서는 궤도 구조를 설명하면서 유사한 언급을 하고 있기도 하다. 서사범, 『철도공학』(북갤러리, 2006), 248.

수 있다. 반면 현재 한국이나 유럽에서 중앙정부 교통 재정의 40%는 바로 이 사회계약에 기반해 철도에게 지출되고 있다. 지금 체결되어 있는 이 계약을 어떻게 이해할 것인지, 또 어떻게 발전시킬 것인지 검토하려면, 시간적으로는 오늘과 근미래의, 그리고 공간적으로는 거대도시권 철도망을 다루지 않을 수 없다.

결국 이 책은, 철도망이 오늘과 근미래, 즉 21세기 교통의 세계 속에서 수행할 수 있는 특유의 역할에 대해, 철도망이 그 잠재력을 최대한 펼칠 수 있는 지리적 단위와 공간에 대해, 그리고 철도망의 수많은 취약점에도 불구하고 이를 지지해야 한다는 사회계약에 대해 다루는 책이다. 20세기 중반 이전의 철도망에 대한 관심은 이들 초점을 부각시키기 위한 역사적 배경으로 활용될 것이다. 한국의 국내 정치 및 북한 문제와 관련시켜 한국 종관(縱貫) 철도망에 접근하려는 관심, 그리고 한국 종관 철도와 대륙 철도망 사이의 연결에 대한 인문지리학적 관심은 모두 현재의 서울 거대도시권 망을 좀 더 나은 방식으로 구성하지 못할 경우 공염불에 그칠 가능성이 매우 높다. 두 관심은, 결국 서울 거대도시권 망을 물리적 기반으로 할 수밖에 없고, 따라서 이 책의 세 초점은 철도에 대해 더 많은 대중적 관심을 끌어들이고 있는 주제들에 대해 진지하게 논의하기 위해서는 반드시 거쳐 가야 할 관문과도 같다.

책이라는 매체

논의의 초점을 조금 바꾸어 본다. 이 책은 교통이라는 매우 전형적인 개발의 방법을 다룬다. 교통이 인류에게 강요하는 비용과 파멸적 충격을 효과적으로 감쇄시키는 수단은 철도밖에는 없다는 데 주목하고, 재정적 자립이 극히 어려운 철도를 정부의 부담으로 유지해야 한다는 사회계약을 좀 더 충실한 형태로 갱신해야 한다는 주장을 심도 있게 진행하고 있지만, 이런 주제가 개인 저자, 그리고 일반 출판사에 의해, 그것도 사실상 어떠한 외부 지원도 없이 출간되는 경우는 아주 드물다. 이는 왜 이런 주제에 대한 논의가 논문이나 기관 발주 보고서가 아니라 책이라는 수단을 통해 이뤄지는 것이 의미가 있는지, 이것 또한 답을 필요로 하는 문제라는 방증이다. 아니나 다를까, 오늘날의 학계에서 책의 역할에 대한 의문은 매우 뿌리 깊고 그 설득력 또한 강력하다. 토마스 쿤의 이야기를 들어 본다.

> 요즈음 과학 분야에서는 서적이라고 하면 흔히 교과서 또는 과학자의 생애의 이러저러한 면모를 되돌아보는 회상의 형식을 띤다. 이런 것을 서술한 과학자는 전문가로서의 자신의 평판이 올라가기보다는 오히려 손상되는 것을 발견하기가 쉽다. 다양한 과학의 발전에서의 초창기 (…) 과학 서적은 여타의 창의적인 분야에서 아직도 유지되는 것과 같이 전문적

업적에 대한 연관성을 가지는 것이 보통이었다. (…) 서적이 여전히 연구의 교류와 전달 수단이 되고 있는 분야에 한해서만, 전문화의 윤곽이 심히 모호한 까닭에 보통 사람이 그 분야 전문가의 원전을 읽어도 무슨 내용이 담겨 있는지를 파악할 수 있을 정도이다.[6]

쿤은 이른바 '정상과학'이 형성되어 감에 따라 책은 그 역할이 점점 더 축소되어 간다는 관찰을 제시하고 있다. 전문화가 불충분하게 진행된 초창기 과학일수록 책은 지적 소통의 수단으로 유용하다. 반면 패러다임을 완벽하게 익힌 전문가들의 집단 내에서 진행되는 정상과학적 활동은 지적 소통을 위한 수단으로 논문을 주로 사용한다. 심지어 정상과학 내부에서 (논문과는 달리) 교과서가 아닌 이상 책은 전문가의 명성을 깎을 가능성까지 있는 수단이다.

대체 왜 이런 간극이 벌어졌을까? 쿤의 서술에서 이런 질문은 드러나지 않지만, 쿤의 나머지 논의에 비춰 보면 그 이유를 짐작하기는 어렵지 않다. 논문은 핵심 연구 질문만을 다루는 짧은 분량으로도 충분하며, 해당 분야 전문가들이 보는 저널에 실리므로 폭넓은 청중을 고려해야 할 이유가 없다. 반면 책은 최소한의 분량을 채우기 위해서라도 훨씬 더 폭넓은 질문을 다뤄야만 하며, 상업적 목적을 달성하기 위해서라도 가능한 한 넓은 청중을 고려하지 않을 수 없다. 논문을 쓰면서, 저자는 패러다임을 공유하는 전문가들만을 감안하면 된다. 그는 이미 큰 틀거리(framework)가 형성되어 있는 지식의 퍼즐 속에서 어딘가 남아 있는 빈틈을 채우기 위해 분투할 것이다. 반면, 책을 쓰기 위해 저자는 때로 자신이 보여 주고자 하는 세계가 따르는 틀거리를 처음부터 소개하거나, 아예 바닥부터 만들어 나가야 할지도 모른다. 이 과정에서 논의의 정밀도는 훼손될 가능성이 크고, 학자의 평판은 손상을 받을 수 있다.

물론 모든 책이 자신의 세계를 만들고자 하는 야심을 품고 있는 것은 아니다. 그러나 이 책은 그런 목적을 가진 책이라고 감히 말하고 싶다. 철도망을 이해하고 발전시키기 위해 파악해야 할 문제의 범위는 전문 분야로서의 철도공학이나 그 지리적 배경인 서울 거대도시권 도시의 역사와 구조는 물론, 현실의 철도가 살아남기 위해 분투하고 있는 교통의 세계 전반을 넘어선다. 거대도시가 부르는 기회와 비용, 측정에 대한 과학철학적 성찰, 정부 재정의 구조, 효율성과 형평성 사이의 균형, 이해관계자 사이의 국지적 갈등, 심지어 지구 기후·생태 시스템에 대한 영향을 최소화한 지속 가능한 물질문명의 건설까지, 왜 여전히 철도가, 그것도 더 많이 필요한지에 대해 답하기 위해 꼭 필요한 주제이다. 이러한 주제와 지적 도구를 충분히 다루기 위해서는, 논문에게 허용된 작은 분량과 좁은 주제를 넘어 하나의 세계를 만드는 도전을 시도하지 않을 수 없었다. 철도가

6
토마스 쿤,『과학혁명의 구조』, 김명자 옮김(까치, 1999), 44.

영향을 미칠 수 있는 인과 사슬이 생각지도 못할 만큼 복잡하고 폭넓게 퍼져 있는 이상, 철도는 말하자면 하나의 세계를 만들어 내고자 하는 다면적 작업을 수행해야만 가장 잘 이해하고 활용할 수 있는 체계로 보인다.

물론 이 책은 수많은 논문과 보고서를 활용한다. 논문을 통해, 그리고 연구비가 지급되는 프로젝트를 통해 진행되는 전문화된 연구 프로그램들이 없었다면, 이 책을 집필하기 위한 재료의 상당수는 존재조차 하지 않았을 것이다. 아마도 적지 않은 전문가들은, 이런 연구 프로그램에서 벗어난 작업의 가치에 의문을 가질 것 같다. 하지만 나는, 이들 프로그램을 활용해 쌓아 올린 저술이 가진 역할도 동시에 강조할 필요가 있다고 생각한다. 전문가들의 상식을 공유하지 못하는 사람들에게, 이들 논문의 기여가 더 넓은 맥락 속에서 어떻게 이해될 수 있는지 짚어 주려면 결국 책을 통해 맨바닥에서부터 세계를 쌓아 나가는 서술 방법을 택해야 하기 때문이다.

더욱이 현실에서 철도는, 교통의 세계를 효율적으로 재편하는 것과는 거리가 먼 상태로 방치되거나 변형되어 버리는 경우가 허다하다. 4~6장에서 상세히 분석될 서울 관내 경부1선, 그리고 경의선의 사례가 대표적이다. 경부1선은 서울의 전국망 수요 대부분을 복선으로만 처리해야 하는 상황에 수십 년간 놓여 있으며, 경의선은 광역급행망이나 용산 착발 전국망 열차의 기지 진출입 기능을 수행하는 데 충분한 설비를 갖추지 못한 상태로 지하로 건설되었기 때문이다. 또한 이 책에서는 본격적으로 다뤄지지 않지만,[7] 충북 오송역은 정치적 논리하에 경부고속선과 호남고속선 사이의 분기역으로 설정되었다. 알 만한 사람이라면 누구나 문제적이라고 인정할 만한 이런 선택들이 현실에서 계속 이뤄지는 것은 산학계에서 이뤄지는 수많은 연구와 그에 따른 지식이 그 경계를 넘어 대중에게 파급되는 데 한계가 있다는 데에서 상당 부분 그 이유를 찾을 수 있다. 즉 철도에게, 그리고 교통의 세계와 이를 공유하는 사회 전체에게 더 나은 미래를 위해서는, 전문가 집단을 넘어 철도를 이용하는 모든 사람들이 상황을 이해하고 쟁점을 비판적으로 검토해야 할 필요가 있다. 그리고 이를 위해서는, 체계적인 저술의 형태로 철도를 둘러싼 다양한 인과적 연관성을 검토해 나가는 작업이 지금보다 더 많이 이뤄져야만 한다.

전략, 작전, 전술

이제 이들 주제가 하나의 세계를 이루도록 종합하는 방법으로 논의를 옮겨 본다. 보강 7에서도 잠깐 확인할 수 있지만, 최근의 많은 정책 문헌들은 전략(strategy),

---

[7] 별도의 후속 저술을 준비 중이다.

작전(operation), 전술(tactics)이라는 표현을 즐겨 사용하고 있다. 이들 단어가 가진 군사적 배경에 거부감을 가질 사람들을 감안해도, 이들 단어 집합이 가진 흥미로운 체계성을 무시하긴 어렵기 때문일 것이다. 이들은 일군의 목표를 그 일반성의 수준에 비추어 배열하는 체계를 제공하는 틀거리다. 전략은 주어진 상황 속에서 어떤 행위자가 추구하려는 가장 일반적인 목표다. 일례로, 제2차 세계대전에서 연합국은 추축국의 무조건 항복을 목표로 했으며, 이 목표는 이 전쟁의 전략 차원에서 설정된 것이었다. 또한 작전은 관련된 전체 상황을 부분으로 쪼갠 다음 이 부분에서 일정 수준의 인과적 변화를 달성하기 위해 동원 가능한 자원을 투입하고 조율하는 활동이다. 일례로, 독소 전쟁에서 소련은 스탈린그라드라는 거점 도시를 사수하고 이를 바탕으로 독일 B집단군의 주력을 포위해 궤멸시키려 했다. 전술은 작전을 더 작은 부분으로 쪼갠 다음 동원 가능한 자원을 작전 목표에 기여할 수 있는 방식으로 투입하는 활동이다. 예를 들어, 도시 사수를 위해 중대, 대대, 연대, 사단에게 군단이나 야전군에서는 각각 중요도에 따라 일련의 방어 목표를 할당할 것이며, 이들 제대는 방어 목표를 지키기 위해 자신의 자원을 투입할 것이다.

이 틀거리는 무엇보다 이 책의 논의 구조를 체계적으로 정리하는 데 도움이 된다. 교통이 가진 독특한 모순을 드러내고, 여기에 대응할 때 철도가 가진 힘을 보여 주는 과제는 이 책의 목표 가운데 가장 일반적이라는 의미에서 전략 차원의 목표다. 이 전략적 목표를 구체화하기 위해 이 책은 교통의 세계 속 철도의 의미, 개별 거대도시의 망 구성 비교, 철도공학의 관련 논의, 서울 지역 철도망의 오늘과 내일, 오늘의 철도가 기반하고 있는 사회계약 그리고 미래 교통의 방향을 결정할 몇몇 변화에 대해 조명을 비추고 있는데, 이들은 바로 작전 차원의 목표로 보인다. 그렇다면 책의 세부 논의는 이들 작전을 더욱 구체화하기 위한 전술적 작업들이다.

물론 문제의 삼분법이 몇몇 내용을 대입하는 빈 틀 정도에 지나지 않는다면, 책 서두의 귀한 지면을 들여 소개할 필요는 없을 것이다. 이 삼분법은, 한국 사회와 그 미래를 다루는 식자층의 여러 논의에 대해 내가 품고 있던 한 가지 오랜 불만도 함께 담아 전달할 수 있는 틀이기 때문에 서론에서 등장한 것이다. 불만의 핵심은 이것이다. 한국 사회에서, 전략 차원의 논의, 작전 차원의 논의, 전술 차원의 논의가 서로 유기적으로 통합된 작업을 확인하기는 매우 어려웠다. 대중적 저술과 정치적 슬로건 속에서 드러나는 것은 전략 차원, 잘 해봐야 작전 차원의 논의이며, 전술적 차원의 논의는 누락된 것으로 보였다. 반면 전문가들의 세심한 논의는 경탄할 만한 전술적 완성도를 보여 주지만 적지 않은 경우 작전, 나아가 전략 차원의 논의로 연결되는 부분은 불충분해 보였다. 전략과 작전 없는 전술 행동은 맹목적이고, 전술적 고려 없는 전략과 작전 계획은 공허하다는 점에서 이런 간극은 늘 안타까웠다.

물론 이 삼분법은, 문제의 간극을 이해할 수 있는 틀이기도 하다. 전략, 작전 차원의 목표는 전술적 수준의 목표에 의미를 부여해 주는 틀이 되는 데다,

말하자면 '복수 실현 가능'한 관계를 전술 수준의 목표와 맺고 있기 때문이다. 다시 말해, 전략, 작전 수준의 목표는 다양한 유형의 전술 행동을 통해 달성될 수 있다. 일례로, 부대 하나가 패배해 전투력을 상실했더라도, 예비대를 그 자리에 투입하면 지휘관은 작전의 목표를 달성할 수 있다. 그런데 이 복수 실현 가능성은 신중하게 이해하지 않으면 오해를 피하기 어려운 특성이다. 이것은 한 유형의 전술이 다른 유형의 전술로 대체되더라도 같은 전략, 작전 목표를 달성할 수 있다는 뜻이므로, 전술 차원의 문제가 전략, 작전 차원의 문제보다 주변적이고 사소할 수 있다는 오해를 부르기 때문이다. 하지만 전술 행동은, 그것이 어떤 유형이든 반드시 수행되어야만 작전과 전략 목표 역시 달성될 수 있다는 점에서 결코 사소하거나 주변적인 문제는 아니다.

      나는 전술-작전-전략이 맺고 있는 이런 식의 복수 실현 관계를 기술할 수 있는 틀 가운데 하나가 '수반'이라고 본다.[8] 수반 관계란, 수반 토대와 피수반자 사이에 성립해 있는 일종의 결정 관계다. 이 개념을 이해하기에 적절한 사례는 악기와 그 음악적·심미적 속성 사이의 관계다. 악기의 물리적 특성이 바뀌면, 이 악기가 내는 소리 역시 변화하고 그에 따라 그 음악적 기능과 심미적 속성 역시 변화할 수밖에 없다. 또한 악기가 어떤 식으로든 물리적 특성을 가지고 있지 않다면, 음악적 기능을 할 수 있는 악기 자체가 성립할 수 없을 것이다. 전술이 작전에, 작전이 전략에 대해 맺고 있는 관계 역시 악기와 그 소리, 그리고 그 기능에 빗대어 이해할 수 있다.

      이 책의 서술 방향은 결국 이런 식이다. 교통의 세계 속에서 철도의 역할을 극대화해야 한다는 전략과 작전 차원의 논의를, 할 수 있는 한 구체적인 전술 행동 차원의 논의로 뒷받침하기. 상황이 조금 바뀌면 무의미해질 수 있는, 서울 시계 내 경부선의 상황과 같은 매우 세부적인 쟁점에 큰 공을 들인 이유는 바로 여기에 있다. 이처럼 일종의 전술적인 차원에 대해서도 사회적 논의가 확대되어야만, 철도망의 사회적 역할과 의미는 좀 더 심도 있게 반성될 수 있다.

각 장의 구성

이 책의 본문은 거대도시 철도망에 대한 객관적인 서술과 해부를 위해, 그리고 역사적, 지리적 제약 속에서 서울과 주변 대도시권에 펼쳐진 구체적인 철도망을 이해하기 위해 필요한 논의를 진행한 다음, 현 망을 개선하기 위해 필요한 체계적이고 지리적인 계획으로 나아가고자 한다. 더불어 이런 계획이 정당성을 가지기 위해 반드시 짚어야 할 요소인 재정 제약을, 그리고 자율 주행과 기후위기

8
좀 더 상세한 논의는 김재권, 『심리철학』(철학과현실사, 1995), 3, 4장을 참조.

사이의 길항 관계를 검토하면서, 철도망의 확장을 위한 새로운 사회계약의 각 조항들을 체계적으로 성찰하려 한다.

본문을 이루는 8개의 장은 그 성격에 따라 3부로 묶여 있다. 제1부는 철도망을 객관적으로 해부하기 위한 기초적 요소들을 정련하여 철도망 일반에 대한 논의의 기반을 닦는 부분이다. 제2부는 제1부에서 얻은 도구나 여러 지리적, 역사적 사실을 활용해 서울과 주변 도시권의 구체적인 철도망을 서술하는 한편, 현 망을 개선하기 위해 필요한 것이 무엇인지를 정리하는 계획의 측면 또한 정리, 검토하는 부분이다. 제3부는 더 많은 철도를 요청하는 사회계약을 방해할지도 모를 중대한 현실적인 여건들을 확인하고, 어떻게 하면 철도에 우호적인 조건을 더욱 확대할 수 있을지, 그리고 이런 작업이 교통의 세계에 대한 상반된 요구 사이의 모순을 어떤 식으로 완충할 수 있는지에 대해 논의한다.

1부는 두 장으로 이뤄진다. 세계 거대도시권 철도망을 체계적으로 해부하고 그 구성 요소를 평가하는 제1장은 이 책의 선두에 오는 만큼 이 책 전체를 관통할 여러 개념적, 정량적 도구들을 제안하는 데 집중하는 지점이다. 거대도시라는 지리 단위 속에 펼쳐진 철도망을, 어떻게 하면 그 부분을 객관적으로 해부해 내면서도 동시에 총괄적으로 평가해 낼 수 있을까? 이것이 제1장의 주제다. 이를 위해, 나는 각 교통수단의 분업 체계 속에서 철도망의 여러 부분이 수행하는 역할을 서술하는 틀거리(특별히 1장 도표 6~9, 11, 6장 도표 1)를 교통수단의 속도와 지리학의 중심지 이론 위에서 개발하는 한편, 이렇게 식별한 거대도시 철도망의 각 '기관'을 현실에 존재하는 약 50개의 거대도시에서 확인하고 양적으로 평가한 다음 이들을 모두 종합하는 과정을 거쳤다. 이렇게 산정된 '거대도시 철도개발지수'는, 이 책의 초점인 서울뿐만 아니라 세계 어디에 있든 거대도시 내부 철도망에 대한 초기 접근과 개략적 평가에 활용될 수 있다. 이어지는 제2장은, 철도를 유기적인 하나의 망으로 보기 위해 꼭 필요한 철도의 공학적 특징, 즉 연동·폐색·브레이크와 같은 안전 기술, 그리고 여기서 파생되어 나오는 철도망 각 부분에 대한 정량적 평가 결과인 선로용량과 지장률, 환승저항에 대해 다루면서, 망의 구체적인 부분에 대해 평가하기 위한 공학자들의 개념적 도구에 대해 설명하고 응용할 기반을 만드는 것을 목적으로 한다. 더불어 이들 요소들로 쉽게 정량화되지 않으나 계획과 평가에서 무시할 수 없는 망의 기능적 특징이나, 선로용량에 대한 논란처럼 철학적 논평이 가능한 부분에 대한 세밀한 논의도 시도하고 있다.

2부는 서울 거대도시권 망의 역사와 현 상태를 해설하고, 여기에 기반해 이 망의 미래에 대해 이야기한다. 2부의 선두인 3장은 한국 전국망과 수도권 광역망, 서울 도시철도망 전체의 현재 상황을 보여 주는 스냅숏을 다룬 다음, 1900년 이후 120년에 걸쳐 이들 망의 연도별 형성사를 짚고 각 시기별로 짚어 둘 만한 역사적 문제에 대해 검토하면서 망의 현 구조에 대한 기본적인 이해를 제공하는 부분이다. 이어지는 4, 5장은 각기 서울 전국망, 광역망 철도의 상황을 좀 더 상세하게 다루면서, 현 망을 이루는 개별 노선에서 찾을 수 있는 문제점을 짚은 다음 미래 망 계획의 불충분한 지점을 지적하는 논의로 이뤄져 있다. 광역망을 다루는 5장 후미에서는 GTX 계획을 2019년에 출간된 예미타당성 조사 보고서를 기준으로 평가하기도 했다. 6장은 이렇게 정리된 망의 문제점에 어떻게 응답해야 할 것인지에 대한 구체적인 답을 철도망 계획의 형태로 제안하는 부분이다. 크게 네 층위, 즉 전국망, 광역특급망, 광역급행망, 도시철도망으로 구성되어 있는 이 계획은 수도권의 지리적 현실에 비추어 보았을 때, 그리고 사람들의 요구와 교통의 세계 속에서 철도가 수행할 수 있는 역할을 감안했을 때 철도망의 힘을 최대한 많은 사람들이, 최대한 넓은 범위에 걸쳐 누릴 수 있는 방법이 무엇일지에 대해 고민한 결과물이다. 자료 접근과 분석 능력의 한계로 구체적인 노선 하나하나를 짚는 부분에서 일어날 오류는 적지 않겠지만, 시장이 나설 수 없으며 동시에 관료들 역시 안전하고 보수적인 대안을 추구할 필요가 있는 데다 현재의 문제를 해결하는데도 바빠 챙기기 어려운 주제일 수 있는, 장기적이며 광범위한 망 계획을 독립적인 연구자가 다룰 필요는 크다고 본다.

　　　　3부의 두 개 장은 철도가 주변 이해관계자들과 맺고 있는 사회계약을 철도에 좀 더 유리하게 바꾸기 위한 조건을 검토하는 부분이다. 제7장은 철도 재정을 다룬다. 데이터를 확보할 수 있는 1911년 이래, 한국 철도사는 60년간의 흑자 국면(~1974), 그리고 40년간의 적자 국면(~2012)으로 구분할 수 있고(7장 도표 1), 따라서 20세기 후반 이후 정부 재정과의 관계는 철도망의 오늘을 평가할 때 결정적이다. 다시 말해, 철도는 재정이 투입되지 않으면 돌아가지 않는 산업이 된 지 이미 오래되었다. 이는 곧 정부의 모든 임무와 철도가 희소한 재정을 놓고 경쟁하는 상황에 빠졌다는 뜻이다. 바로 이 문제 상황을 어떻게 좀 더 정확하게 묘사할 수 있는지를, 그리고 철도에 대한 정부 재정 운용을 놓고 벌어지는 다양한 사회적 논란 속에서 철도망 확장이 가진 가치를 어떻게 정당화할 수 있을 것인지를 놓고 벌어지는 논란은 철도망의 내일을 그리기 위해 반드시 검토해야 할 또 하나의 중요한 주제다. 이어지는 8장은 조금 더 미래 시점에 초점을 맞춘다. 자율 주행을 위시한 미래 자동차 개발의 흐름이,[9] 20세기 후반 전 세계를 강타한 첫 번째 자동차화보다 더 큰 이동의 유토피아를 만들어 낼 수 있다는 예언, 그리고 그와 반대로 기후위기에 맞서기 위해서는 자동차 교통을 억제해야 한다는 경고 사이의 충돌이 8장이 다루는 쟁점이기 때문이다. 기후위기는 인류 번영의 핵심 기반인 연안 지역을 안정적으로 사용할 수 있을 가능성을 위협하기 때문에, 통상의 기상 이변에 대처할 기술적 역량이 상당한 선진국에게도 중대한 문제로 다가올 수밖에 없다. 국제에너지기구는 기후위기의 위협에 맞서기 위해 교통 부분에서 그 활용을 급격하게 늘려야 할 수단이 철도라고 보고 있다. 철도보다 에너지·탄소 효율이 높은 육상 교통수단은 없기 때문이다. 그렇다면 미래 수십 년간 교통 부분에서 가장

9
이것이 완성되어 일어나는 효과를 이 책은 '두 번째 자동차화'라고 부른다.

강조되어야 할 문제는 두 번째 자동차화가 강요하는 비용을 축소하기 위해 철도를 중심으로 하는 대중교통망을 훨씬 더 효과적으로 활용하고, 자동차는 그 숨은 비용을 찾아내 공정하게 부과하여 그 사용을 지금보다 억제하는 방법을 찾는 데 있다.

감사의 말

이 책은 워크룸 프레스를 제외한 어떠한 곳에서도 제도적 도움을 받지 않은 개인의 저술이다. 하지만 기꺼이 아무 대가도 없이 자신의 시간을 쪼개어 이 책의 원고와 아이디어에 논평을 제시해 준 동료와 친구들이 없었다면 지금보다 훨씬 허술한 저술이 될 수밖에 없었을 것이다. 초고의 일부를 실제로 읽고 답을 주신 분들이나 내용의 기술적 검토 또는 2017년 시작한 이 책의 집필과 직접 연관된 활동에 도움을 주신 분들만을 언급하는 데 양해를 구한다. 물론 저술에 아직도 남아 있는 오류나 미진한 부분은 모두 저자의 책임이다.

　　　국립과천과학관 이정모 관장은 2017년 강연 기회를 주어 1~5장의 초기 아이디어를 정리하는 계기를 마련해 주었다. 서강대 철학과에서 동료로 만나 지금도 좋은 친구로 지내고 있는 최주연·소영광은 초고의 첫 독자로서 저술에 대한 자신감을 얻는데, 그리고 내용 면에서 몇 가지 중요한 지적을 통해 도움을 주었다. 『프레시안』 기자 시절부터 철도에 대해 많은 이야기를 나눈 안은별은 1장의 초기 형태 원고를 검토하면서 유용한 조언을 여럿 주었고, 철학과 사회 개혁에 대한 열정을 나누고 있는 김찬현 역시 1부 원고의 많은 부분을 읽고 흥미로운 이야기를 들려주었다. 십수 년째 철도의 모든 측면에 대한 의견을 교환하고 있는 국철진·김지수·강신원·권순현은 이 책에서 등장한 여러 공학적, 역사적 쟁점이나 철도 망 계획, 재정 문제에 대한 논의를 촉발시키고 세계 철도에 대한 관심이 중요하다는 사실을 환기하는 데 없어서는 안 될 도움을 주었다. 특히 국철진·강신원은 1~6장 전체에 대해 개인적으로 긴 시간을 내어 논의를 최종 점검하는 데 도움을 주었다. 철도 운행 정보 데이터베이스 사이트 '레일블루'의 전 운영자인 제르모스는 제4장 서술에 활용된 현행 다이어그램을 작도했음은 물론 제6장의 핵심 선구 연구 1과 그에 딸린 부록 3에 포함된 경부1, 4, 경부고속 2선 가상 시간표를 처음 시각화하고 지속적으로 검토하는 까다로운 작업을 맡아 주었다. 강신원·전성수·조운범은 저자의 자택 근처까지 찾아와 막 정리가 끝난 제1장 내용을 발표할 기회를 주었다. 또한 강신원·전성수·조운범·박진우·박정근·김성준은 철도망과 주변의 모습을 실제로 확인하기 위해 나선 서울과 수도권 철도 및 주변부 현장 답사에 참여하여 많은 대화를 통해 큰 깨우침을 주었다. 도시 답사를 함께하며 교통과 도시의 연결 관계를 탐사하고 있는 김영준은 전체 본문의 마지막 점검을 도와주었다. 지리학에 대해 웹상으로 많은 의견을 나누었던 황용하의 조언이 없었다면 철도개발지수를 도시의 번영을 나타내는 다른 지표와 비교(보강 3)해 볼 생각은 할 수 없었을 것이다. 또한 여러 해 전부터 현장생물학자로서 생물학의 철학이나 데이터 과학에 대해 많은 대화를 나누었던 이창희가 보내준 1~3장에 대한 꼼꼼한 논평은, 특히 1, 2장의 허술한 초기 형태와 데이터를 지금의 모습으로 탈바꿈시키는 데 가장 결정적인 계기가 되었다. 카이스트 조천식교통대학원의 이진우는 철도 용량에 대한 공학 논쟁에 대해 귀중한 논평을 들려주었다. 건축과 도시, 데이터에 대한 관심을 공유하는 오랜 동료 박재현은 특유의 신랄한 어조로 작업의 한계를 지적하여 큰 도움을 주었다. 또한 오랜 친구인 정범기는 1장에서 6장에 이르는 본문을 편집자에게 보내기에 앞서 함께 세밀하게 검토하면서 중요한 기여를 했다. 공군사관학교에서 복무 중인 권현우는 수학 솜씨가 일천한 저자에게 몇 가지 기술적 도움을 주었다. 경제학도 고유리, 법무법인 시헌의 조윤상, 산업연구원의 김천곤은 특히 철도망과 재정 문제를 다룬 7장의 초기 원고를 읽고 오류를 수정하는 데 도움이 되는 메모를 다수 부쳐 주었다. 경기공공투자센터의 김대중은 7장의 중간 원고가 가졌던 중요한 한계를 지적하여 논의가 품고 있던 몇몇 결정적인 한계와 오류를 제거하는 데 큰 도움을 주었다. 홈페이지 ‘철도기술의 세계’를 운영하는 한국철도공사 심철보는 철도 저술에 대한 번역 원고를 저자에게 공유하여 특히 일본 철도계의 상황을 파악하는 데 큰 도움을 주었다. 다른 곳에서 열람할 수 없었던 귀중한 자료를 열람할 수 있게 해 준 한국교통연구원 도서관, 서울도서관, 그리고 서울교통공사의 황경성, 한국철도공사의 이은덕에게도 감사를 드린다. 서울시립대 자연과학연구소(소장 박인규)는 이 책 작업을 마무리하던 2019년 중반, 내용 점검을 위한 몇 차례의 발표 기회는 물론 작업을 마무리할 공간을 내어 주었다. 또한 이 책은 저자 가족들의 조용한 지지가 없었다면 탄생할 수 없었을 것이다.

하지만 무엇보다도, 이 책은 3년이 넘는 오랜 시간 난삽한 논의와 난해한 도표, 세심한 수작업을 필요로 하는 100여 장의 지도를 지금처럼 훌륭한 형태로 탈바꿈시켜 낸 디자이너 황석원과 편집자 박활성의 투지에 가까운 노력이 없었다면 빛을 볼 수 없었을 것이다. 원고의 분량은 물론, 300개가 넘는 도표와 지도들은 이들이 수행한 고투의 규모를 짐작할 수 있게 만드는 물증일 것이다. 언급한 대로 나는 여러 논평을 받아들여 이미 PDF 파일까지 제작된 상태였던 1, 2장을 재집필 수준으로 고치기도 했는데, 이토록 변덕스러운 필자의 요구 역시 이들은 모두 들어주었다. 이들에게는 감사의 말에 담긴 상투적인 표현을 넘어, 불가능을 가능하게 만들었다는 찬사 말고는 바칠 것이 없다.

이 책의 대부분은 이 책만을 위해 완전히 새로 작성되었지만, 일부 문장과 데이터는 필자의 다른 작업에서 사용된 것이다. 이 책 1~5장의 극초기 형태는 2016년 12월 ‘젊은 지식 세미나’, 그리고 2017년도 4월 서울시립대, 6월 서울시립과학관에서 연달아 있었던 강연의 발전된 형태였다. 다만 여러 차례의 개작을 거치며 초기의 흔적은 사실상 3~5장에만 남아 있다. 3부의 제목인 '철도라는 사회계약'이라는 표현은 『루트아시아』라는 웹진에 수록된 연재 원고에서 가져다 쓴 것이다. 이외에도 이 연재의 초고(공개되었든, 그렇지 않든)는 이 책에서 결실을 맺은 몇몇 분석의 출발점이 되었다. 7장 3절은 2014년 봄에 원고를 구상하고 수집해 두었으나 2016년 말까지 개인 사정으로 방치된 정부 교통투자 예산 데이터를 다듬어 활용한 부분이다. 이들을 제외한 이 책의 일부는 저자 SNS에서만 피드백을 위해 초안을 공개했으며, 대부분은 이 책을 위해 완전히 새롭게 마련된 내용임을 밝힌다. 또한 이 책은 사실상 외부 지원 없이 서술되었으므로, 저자는 이 책의 내용에 대해 철도 이용객으로서의, 그리고 가능한 한 진리에 근접한 주장을 해야 한다는 학자로서의 이해관계 이외에는 가진 것이 없다. 대부분의 데이터 정리와 표·도표 작성을 위해서는 MS 엑셀을 사용했고, 지리 정보가 담긴 도표나 지도는 저자가 MS 파워포인트로 밑그림을 그린 다음 디자이너가 일러스트레이터로 편집한 것이다. 필요한 경우 저자가 일러스트레이터로 지리 정보를 다시 수정해 제공했음도 밝힌다. 마지막으로, 이 책의 집필은 2019년 10월까지 이뤄졌으며, 이후에는 편집 작업이 수행되었다. 따라서 2020년 1월부터 본격화된 코로나19 위기로 인한 변화는 사실상 담고 있지 못하다. 사안의 규모나 파급 효과를 감안할 때 관련 논의를 담지 못해 아쉽지만, 후속 연구를 기약한다.

이제, 발차 시간이 되었다. 모든 이질적인 배경을 가로질러 관통해 가며 하나의 노선으로 엮어 내는 철도망의 힘과 마찬가지의 능력을 이 책이 보여 줄지, 책장을 넘기며 직접 확인할 때다.

1부
교통의 세계와 철도

1장. 거대도시와 철도

1절. 분류의 무대: 거대도시

철도가 인류와 함께한 지도 어느새 200년이 지났다. 그동안 철도와 인류의 관계에는 수많은 부침이 있었다. 특히 20세기 후반, 자동차와 항공 교통은 19세기부터 20세기 초반까지 육상 수송을 지배했던 철도의 입지를 뒤흔들었다. 수십 킬로미터 내외의 단거리 교통에서는 자동차가, 그리고 수백 킬로미터 이상의 장거리 교통에서는 항공기가 철도의 설 자리를 파괴했다. 철도의 영향력은 궤도에 묶인 채 쪼그라들었고, 중국을 중심으로 개도국에서 고속철도와 도시철도[1]망이 확대되고 있는 지금도 적지 않은 사람들은 철도를 어딘가 뒤떨어진 수송 방식처럼 바라본다.

정말로 철도는 한 일본 저자의 말처럼 그저 틈새 수단에 불과할지도 모른다.[2] 경제협력개발기구(OECD) 주요국의 철도 수송분담률(도표 1)은 철도의 현 위치를 그대로 보여 주는 듯하다. 10%를 크게 넘기는 나라는 일본(30%)과 스위스(17%) 정도뿐이다. 불가리아 같은 구 공산권 국가들은 탈공산화 이후 철도의 수송분담률이 급락했다. 기술과 운영 양면에서 명성이 높은 독일(8~9%)도, 한국 고속철도 기술의 원류인 프랑스(11%)도, 철도 종주국 영국(8%)도 15% 비율조차 먼 이야기다.[3] 21세기 들어 중국과 함께 세계 최대 여객 수송량을 매년 갱신했던 인도 철도조차 수송분담률은 지속적으로 떨어지고 있다.

상황이 이렇다면, 철도에 더 많은 관심이 필요하며, 또한 이 관심은 오늘날 한국인의, 나아가 인류의 삶을 좀 더 낫게 만드는 데 큰 도움이 될 수 있다는 이 책의

---

[1]
현행 「도시철도법」은 도시철도를 이렇게 정의하고 있다. "'도시철도'란 도시교통의 원활한 소통을 위하여 도시교통권역에서 건설·운영하는 철도·모노레일·노면전차·선형유도전동기·자기부상열차 등 궤도에 의한 교통시설 및 교통수단을 말한다."(법률 제16146호 「도시철도법」 2조 2항) 이 정의는 1990년 처음 입법된 이후 거의 변하지 않았다. 그런데 이 시기, 이미 언중과 업계는 철도청이 영업하던 '국철'과 지방정부가 운영하던 '지하철'이라는 이분법에 익숙했고, "도시철도"라는 말은 당시 추진 중이던 서울 2기 지하철 사업자의 이름으로만 업계와 언중에게 정착되었나. 30년이 지나도 '도시철도'란 말이 아직 언중에게 정착하지 못한 이유는 1기 지하철 사업자가 2005년까지 '지하철공사'라는 이름을 유지했기 때문이리라. 단일 사업

자가 서울 도시철도망을 운영하면서 1990년대 초 사명을 바꿨다면 언중에게도 '지하철' 대신 '도시철도'라는 말이 정착되었을지 모른다.

[2]
후쿠이 요시타카, 「철도는 살아남을 것인가」, 심철보 옮김, 『철도기술과 화제』 제62호(2016년 1월).

[3]
OECD가 공표한 한국 데이터는 일관되지 않아 참고용으로 사용했다. 또한 국내 데이터는 승용차의 분담률을 제대로 발표하지 않은 시기가 길다.(2010년 이전까지 '콩로' 값은 영업용 자동차의 수송량만을 의미했다.) 2019년 현재 도시철도를 포함해서 약 10% 초반의 수송분담률이라고 보면 크게 틀리지 않다.

OECD 회원국과 여타 세계 주요국의 여객 철도 수송분담률. 승용차, 버스, 철도를 포함한 각국의 전체 내륙(inland) 여객 수송량에서 여객 철도가 차지하는 비율을 나타낸 값이다. 자료 출처: OECD가 발표한 국제교통포럼(ITF) 데이터. 승용차 교통량이 배제된 러시아와 도로 교통량이 비현실적으로 적은 중국의 값은 신뢰하기 어려워 제외했다. https://stats.oecd.org/index.aspx?queryid=79863.

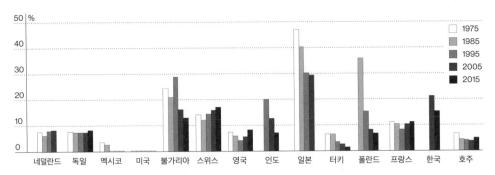

[도표 2] OECD 회원국과 여타 세계 주요국의 1인당 연간 철도 수송량. 수송량은 도표 1과 같은 출처이며, 인구는 세계은행이 발표한 값을 사용했다. https://data.worldbank.org/.

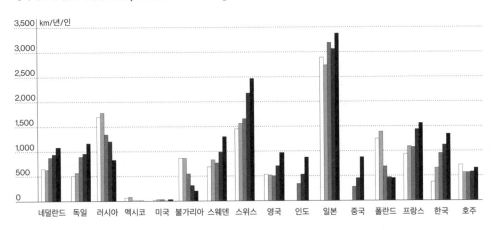

[도표 3] OECD 회원국과 여타 세계 주요국의 1인당 연간 내륙 통행량 추이. 철도와 도로를 이용해 이동한 거리 값을 의미한다. 데이터 출처는 도표 1, 2와 같다.

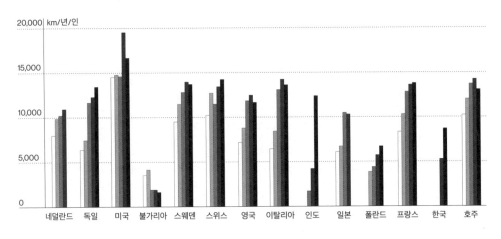

주장은 일종의 시대착오에 불과할지도 모른다. 수송의 미래, 기술의 첨단은 천천히 몰락하는 듯한 철도가 아니라 도로망과 자동차, 아니면 항공기에서 찾는 것이 나을지 모른다. 일례로, 캘리포니아 고속철도 사업은 첨단 기술의 총본산과 어울리지 않는 사업이라는 비아냥거림까지 감수해야 했다.[4]

하지만 나는 이런 반응은 철도의 위치를, 그리고 철도가 자리 잡은 교통의 세계 전체를 충분히 사려 깊게 살펴보지 않았기에 나온 것으로 생각한다. 나는 철도가 대도시 대중교통의 중추 역할을 한다는 사실에 주목하고 싶다. 그리고 이를 위해서는, 대도시를 중소도시와 극적으로 다르게 만드는 요인은 바로 그 속을 흐르는 인간의 흐름이 지닌 규모와 밀도라는 사실에서 출발해야 한다. 대규모, 고밀도의 인간 흐름이 모여들어 소용돌이치는 곳이 바로 대도시의 중심부이다. 대도시 철도의 존재 이유는, 뒤엉켜 멈춰 버리는 것을 넘어 서로 해칠지도 모를 이 격류를 좀 더 부드럽고 원활하게 처리하는 데 있다. 대도시 철도가 수행하는 이 역할을 대체할 수단은 아직 도래하지 않았고, 그 기약 역시 없다.

하지만 모든 대도시가 철도에 기대어 산다고 말하기는 어렵다. 뉴욕을 제외한 대부분의 미국 대도시에서는 자동차 홍수 속에서 철도망의 역할이 극히 축소되었다. 유럽이나 일본의 대도시에서도 특권적인 도시들을 빼면 철도망의 역할은 대체로 제한적이다. 비록 중국은 중요한 예외이지만, 인도를 포함한 개도국의 거대한 도시화 물결은 취약하거나 빈약한 철도망에 기반을 두고 이뤄지고 있다. 결국 교통의 주역으로 살아 숨 쉬는 철도는 아주 까다로운 조건을 만족하는 지점에서나 확인할 수 있는 특별한 존재다. 이 조건의 내용은 이렇다. 자국 또는 그보다 넓은 지역에서 예외적인 규모를 바탕으로 우월한 지위를 장악했으며, 유능한 정부가 대규모 공공 투자를 통해 세심하게 관리해 낸 지리 단위. 이런 지리 단위를 나타내는 개념 가운데 아마도 거대도시(megacity)[5]보다 적절한 것은 없을 듯하다. 1000만 명 이상의, 그리고 다양한 인구학적·계급적 특징과 서로 상반된 관심을 가진 사람들이 교

4

일론 머스크는 자신의 기획 '하이퍼루프'(Hyperloop)에 대한 설명을 이렇게 시작한다. "캘리포니아주가 '고속'철도 건설을 승인했다는 소식을 듣고, 나는 다른 많은 이들과 마찬가지로 상당히 실망했다. 전 세계의 지식을 분류하는 작업을 수행하는 실리콘밸리, 그리고 탐사선을 화성에 보내는 것과 같은 놀라운 과업을 수행하는 조직인 제트추진연구소(JPL)의 고장에서, 대체 어떻게 마일당 비용이 가장 비싸면서도 세계에서 가장 느린 수단 가운데 하나인 탄환 열차를 건설할 수 있는가?" Ellon Musk, "Hyperloop Alpha," August 12, 2013, http://www.spacex.com/sites/spacex/files/hyperloop_alpha.pdf. 그는 철도가 비싸고 느리며, 자연재해나 사고에도 취약하다고 주장한다. 이런 결론은 환경적 이점 말고는 자동차나 항공기보다 특별히 나은 것이 없다는 분석으로 이어진다. 하지만 철도가 특히 비싸고 느리다는 주장은 미국 캘리포니아라는

조건에 기인한다는 점이 곧 살펴볼 데이터 속에서 드러날 것이다. 교통수단은 속도나 비용처럼 단순해 보이는 요소로 평가할 수 있지만, 이들 요소는 도시적 수준의 복잡성 위에서 결정된다는 점을 기억해 두자. 화성에 가는 것보다 도시의 복잡한 미로를 뚫는 것이 어떤 면에서는 더 어려운 법이다.

5

공식적인 용법은 다음 자료를 통해 확인하라. UN, *World Urbanization Prospects: Highlights, The 2014 Revision* (New York: UN, 2014). 한편 여러 한국어 문헌에서 그 용례가 다수 확인되는 '메가시티'라는 말은 이 책에서는 피할 것이다. 이 용어를 써서 얻을 수 있는 것은 수사적인 효과뿐이라고 보기 때문이다. 참고로 이 책에서 분석한 전 세계 (준)거대도시 50개의 중심부 기하평균 면적은 580km², 광역권은 11,289km²였다.

1장 거대도시와 철도

통망에 가하는 거대하고 복잡한 압력보다 철도가 해결하기에 적절한 도전 과제는 없을 것이다. 하루 수천만 번의 통행이 1000km² 남짓 되는 비교적 작은 구역 내에서 소용돌이친다. 물론 이 통행들은 비싸고 부족한 공간을 뚫고 나가야 한다. 교통 없이는 중심지도 없지만, 한 뼘의 토지라도 높은 가치를 창출할지 모를 거대도시 속에는 교통을 무시하고 자신의 마음대로 땅을 사용하고자 하는 사람들 또한 그 수효를 세기 어렵다. 이 소란스러운 충돌 사이에서 거대도시의 교통 체계가 제 길을 찾아가려면, 철도의 힘보다 절실한 것은 없을 것이다. 거대도시의 도로는 하루 종일 혼잡하고, 도로망을 완전히 활용하는 데 필요한 승용차는 다수의 시민들에게 비싸다. 항공기는 도심에 들어오기에는 너무 시끄럽고 이착륙도 어렵다. 철도는 이들 문제에서 비교적 자유로운 해결사로서 환영받는다.

서울과 수도권은 바로 이런 교통의 소용돌이 속에서 철도에 많은 것을 의존하는 거대도시의 전형적인 예다. 한국뿐 아니라 세계적으로도 예외적인 수준인 서울과 수도권의 규모와 지위는[6] 거대한 교통의 세계를 만들어 냈다. 그 일부를 이루는 철도망의 역할은 적어도 한국 내에서는 압도적으로 큰 것 같다. 수도권에는 한국의 다른 대도시와는 다르게 중심 도시의 시계를 넘나드는 광역생활권 연결 철도(이하 '광역철도')가 대규모로 존재할 뿐만 아니라 고속철도와 여러 장거리 철도의 핵심 거점도 분포해 있다. 새벽까지 밀리는 간선도로가 적지 않지만, 한국에서 인구·가구당 승용차 수가 가장 적은 도시(7장 도표 2)가 서울이기도 하다. 또한 이 모든 것의 뒤에는 정부가 있다.

이 책의 주인공은 바로 이 서울·수도권 지역 철도망이면서, 동시에 이 망이 안고 달리는 많은 불만들이다. 서울과 수도권의 철도는 이 불만에 얼마나 답하고 있을까? 대체 어디가 이 망의 허점이고 여기 대응해 무엇을 해야 할까? 바로 이런 질문을 통해 두 주인공은 서로 연결된다. 단단해 보이는 강철의 망 철도는, 우리의 관찰과 질문 속에서 분해되고 바람에 맞추어 다시 조립될 것이다.

1장의 목표는 바로 이런 분해와 재조립을 굳건하고 객관적인 기반 위에서 체계적으로 수행하기 위해 필요한 요소와 조합 방법을 찾아내는 작업 라인을 구축하는 데 있다. 이 과정의 출발점은 수도권 철도망을 전 세계의 거대도시 철도망 사례와 함께 분류하는 작업이다. 믿을 만하고 안정적인 분류는 명확하면서도 입체적인 기준을 활용해 이뤄져야 하므로, 수도권 철도망의 약점과 강점을 분석할 여러 도구를 만들어 내기에 이보다 제격인 출발점은 없어 보인다.

---

[6]
서울 광역권은 인구 면에서 거대할 뿐만 아니라 지역 총생산(세계 4위), 100만 명당 특허건수(세계 2위)에서 세계 수위권 도시이며, 지리학·사회학의 "세계 도시" 담론에서도 주요 도시로 언급되고 있다. 앞의 두 수치에 대해서는 1장 후미의 보강 3을, "세계 도시"론에 대해서는 다음 책을 참조하라. 사스키아 사센, 『사스키아 사센의 세계경제와 도시』, 남기범 외 옮김, 제4판(푸른길, 2016).

2절. 철도망의 기관 분류 1: 속도와 철도망의 층위

분류의 시작은 분류 대상이 어떤 단위로 구성되어 있는지 확인하는 데 있다. 하지만 철도망의 첫 인상은 어지럽고 복잡하기만 하다. 낯선 도시의 역 구내는 무언가 질서정연해 보이지만 어디에 쓰는지 파악하기 힘든 궤도가 여기저기 뻗어 있는 블랙박스처럼 보일 뿐이고, 철도역과 차량 내부 지도에 축약되어 표현된 망의 구조는 이 미궁 자체의 질서보다는 이용객의 목적지 찾기에 초점을 맞추고 있을 따름이다. 이 블랙박스, 또는 미궁을 대체 어떻게 해야 객관적으로, 다시 말해 관찰자의 편견이나 믿음이 아니라 망 자체가 가진 질서를 반영하는 방식으로 분해할 수 있을까?[7]

　　　　이 분해 작업의 출발점이 될 값은 표정속도, 다시 말해 열차의 운행 거리를 총 소요 시간(정차 시간 포함)으로 나눈 값이다.[8] 이 값은 승객과 철도 사업자 모두의 행동을 결정짓고, 나아가 철도망 바깥의 도시 체계를 변형하는 데도 중대한 영향을 끼칠 수 있다. 도시 A와 B 사이의 거리가 30km이며, 두 도시 사이에는 표정속도가 30km/h인 완행열차와 60km/h인 급행열차가 같은 노선으로 운행 중이라고 해 보자. 완행열차를 이용한 승객은 A에서 B로 이동할 때 1시간이 걸리지만, 급행열차를 이용한 승객은 30분이면 갈 수 있다. 결국 표정속도는 이용객이 얼마나 많은 시간을 객차 안에서 보내야 하는지 결정한다. 이 값은 운영 사업자에게도 중요하다. 급행열차 쪽이 같은 수의 차량으로 더 많은 열차를 운행할 수 있기 때문이다. 방금 살펴본 도시 A와 B 사이를 오가는 완행열차와 급행열차의 배차 간격이 모두 10분이고, 회차에는 시간이 걸리지 않는다고 가정해 보자. 완행열차의 배차를 유지하기 위해 필요한 차량의 수는 총 12개 편성이지만, 급행열차는 6개 편성만으로도 배차를 유지할 수 있다. 물론 이에 비례해서 기관사 투입 인원도 줄어든다. 수송 사업의 핵심은 차량과 운전 계획인 만큼, 표정속도는 철도 사업 계획의 핵심을 결정하는 변수인 셈이다. 한편 승객들은 두 배나 빨리 B에 도착하는 급행열차에 더 많은 돈을 기꺼이 내려 할 것이므로, 표정속도는 철도 사업의 매출을 높이는 데도 도움이 된다. 또한 이들 급행열차의 정차역은 상대 도시로 더 빠르게 이동하는 거점이 되므로, 완행열차가 정차하는 역보다 더 넓은 범위에서 승객들이 몰려올 것이고, 따라서

---

[7] 한 가지 참고할 작업이 국내에서 이뤄진 바 있다. 한국교통연구원, 「철도의 명칭정립 및 지정기준에 관한 연구」, 최종보고서(한국교통연구원, 2011). 다만 이 연구는 속도뿐 아니라 사업비 분담이나 개별 선구에 대한 통계 처리(UIC 보고 등을 위함)와 같이 조금 더 실무적인 쟁점에 주로 초점을 맞췄다. 이 책에서는 이런 관점에 얽매이지 않은 채 속도와 공간의 관점에서만 철도망을 해부한다. 재정 문제는 7장에서 집중 논의될 것이다.

[8] 표정속도(表定速度)라는 표현은 일본과 한국에서만 통용되며, 중국에서는 널리 통용되지는 않는다. 영어로는 'commercial / scheduled speed'라는 표현이 흔히 쓰인다. 여기서는 현업과 학계에서 널리 쓰이는 표현이므로 그대로 사용한다. 이 속도를 강조하는 것은, 교통수단에 대한 대중적인 논의에서 주로 주목받는 값이 최고 속도이기 때문이다. 하지만 최고 속도는 평균 속도를 결정짓는 요인 가운데 하나일 뿐이다. 교통수단을 이용하는 사람이 실제로 소비하는 소요 시간을 나타내려면, 최고 속도는 물론 주변 여건이 종합적으로 작용해 만들어진 순 효과 값인 표정(평균)속도를 사용해야만 한다.

더 중요한 중심지로 성장하게 될 것이다.

도표 4는 현실의 철도망에서 확인할 수 있는 대표적인 표정속도 대역을 보여 준다. 가장 왼쪽에 표시된 노면전차 노선의 속도는 대략 15km/h다. 도로망과 서로 간섭하지 않도록 별도 노면 위에서 운행하는 도시철도 노선의 속도는 약 30km/h이며, 서울 바깥 위성도시들과 서울의 중심지를 잇는 광역망 경인급행과 신분당선의 속도는 45~65km/h 대역이다. 일본의 쾌속 열차는 약 80km/h를 내기도 한다. 경부선 새마을호는 대략 100km/h, KTX의 속도는 190km/h 수준이다. 2100km를 달리는 대륙적 규모의 노선인 베이징~광저우 간 G열차에서는 261km/h까지 확인된다.

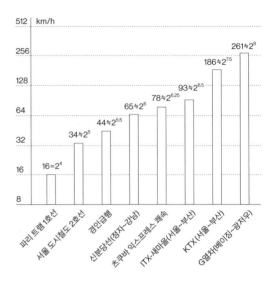

[도표 4] 대표적인 철도 표정속도 사례들의 분포. 수직 축은 밑이 2인 로그 스케일로 그렸다.

도표 4에서, 이들 표정속도 사례를 분류하는 데 쓰일 만한 규칙적 패턴이 드러난다. 각 철도 노선의 속도 값을 두 배, 또는 2의 n제곱 배를 하면 그보다 빠른

[도표 5] 표정속도를 기준으로 했을 때, 2의 n승 대역별로 달라지는 교통수단. 자동차의 표정속도는 서울시 속도 보고서와 고속버스의 운행 시간을 활용해 계산한 값이며, 자전거는 2017년 서울시 공용 자전거 '따릉이'의 전체 주행 데이터(총 210만 건)에서 구한 속도의 중앙값, 항공기는 항공권 예매 사이트에서 확인한 운항 시간을 활용한 것임을 밝힌다. 콩코드(음속의 2배로 항속한 초음속기)의 속도는 런던~뉴욕 간 3.5시간 운항 기록으로 산출한 값이다.

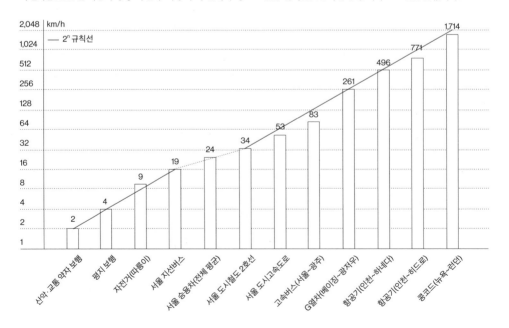

[표1]   속도 대역에 따른 철도 및 철도망 분류.

속도 대역(km/h)	대역별 철도	철도망 분류
$2^4=16$	노면전차	도시(철도)망
$2^5=32$	도시철도	
$2^6=64$	광역철도	광역(철도)망
$2^7=128$	도시 간 철도	전국(철도)망
$2^8=256$	고속철도	

유형의 철도 노선 속도와 유사한 값이 나오기 때문이다. 노면전차(트램)는 2^4km/h를 기록하고 있다. 도시철도의 속도는 이를 2배 하면, 광역철도의 속도는 이를 4배 하면 나온다. ITX-새마을과 같은 기존선 특급열차(노면전차의 6배)나 KTX(12배)의 속도는 2의 제곱수와 거리가 있긴 하지만, 광역급행 가운데 느린 편인 경인급행과 대비하면 2배, 4배씩의 속도 차이가 난다. 또한 서로의 속도 차이가 두 배이기도 하다. 최속달 G열차의 속도는 노면전차의 약 16배다.

도보, 항공기, 도로망과 같이 철도가 아닌 수단까지 같은 척도 위에 놓고 비교해 보자. 평지를 걷는 사람의 속도(4km/h), 자전거의 속도(9km/h), 시내버스의 표정속도(15~20km/h), 고속도로를 주행하는 차량의 속도(약 100km/h),[9] 대륙 간 항공기의 속도(약 1000km/h) 역시 철도망과 유사한 규칙 속에 일정하게 배열된다. 도표 5는 2의 1승부터 2의 11승까지, 우리에게 익숙한 여러 교통수단의 실제 속도를 지수적으로 배열할 수 있다는 점을 보여 준다. 2의 n승 대역마다 위치한 수단들의 행렬은 최하층의 도보부터 최상층 콩코드까지 이어진다. 이 규칙을 앞으로 '2^n 규칙'이라고 부르겠다.

이 패턴 속에서, 철도는 2^4km/h 층에서 2^8km/h 층에 이르는 다섯 층위에 걸쳐 있다.(표 1) 각 층위를 부르는 데 사용할 이름들은 다음과 같다. 2의 4승 층위는 노면전차, 2의 5승 층은 도시철도, 2의 6승 층은 광역철도, 2의 7승 층은 (재래선) 도시 간 (특급)철도, 2의 8승 층은 고속철도.

이들 다섯 층의 분류를, 각 수단이 수용되었던 역사적 순서, 그리고 이러한 수용 과정 속에서 일어났던 역할의 변화를 감안해 좀 더 단순화할 수 있다. 세계적으로, 고속철도가 도입되면 2의 7승 대역 속도로 운행하던 도시 간 특급망, 예를 들어 새마을호의 역할은 이에 의해 대체되었다. 또한 도시철도 층에 해당하는 30km/h 대역망은 20세기 중반 영어권에서는 'rapid transit', 그리고 이를 번역했던 일본을 위시한 동아시아에서는 '(도시)고속철도'라는 이름으로 불리면서 기존 노면전차망을 거의 대체했다. 한국의 경우 노면전차 대역에 속하는 철도망은 일찌감치 1968년에 소멸했으며(3장 참조), 버스와 도시철도가 이들의 역할을 완전히 흡수했다. 이런 역할 대체의 역사를 감안하면, 오늘날 철도가 활약하는 다섯 개의 속도 대역은 표 1 오른쪽에 제시한 것처럼 세 층위로 다시 묶을 수 있다.

9
차량 연비를 측정하기 위한 각국의 시뮬레이션 역시 시내 도로와 고속도로의 차이(최고 속도 2배, 평균은 그 이상)를 나타내기 위해 구성되어 있다. 참고로 국내 측정 기준인 CVS-75 모드의 평균 속도는 약 34km/h다.

[지도 1] 서울역을 중심으로 한, 반지름이 2의 n승인 동심원들. 참고로 2^8km만큼 서울에서 떨어진 지점은 북으로는 청천강 하류의 안주, 남으로는 광주이며, 2^3km/h는 20세기 초반 노면전차의 운행 속도였다. 이들 동심원은 각 대역의 표정속도를 낼 수 있는 열차가 서울역에서 1시간 내로 도달할 수 있는 범위의 한계를 보여 준다. 물론, 철도는 대지를 뱀 모양으로 휘돌며 여러 중심지를 연결하므로 서울역에서 출발한 열차가 실제로 1시간 뒤에 도달하는 지점은 이들 동심원보다 훨씬 가깝다.

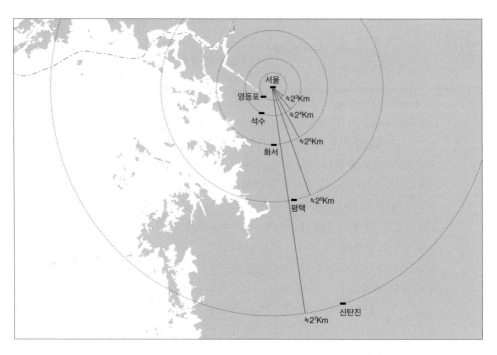

　　가장 낮은 속도로 달리면서 시민들의 활동 영역과 가장 밀접하게 연결된 층위를 '도시(철도)망'의 층위라고 부를 수 있다. 이들 층위의 노선은 대체로 도심부에서 대도시 외곽 지역으로 뻗어 나가는 방사형 구조를 보여 준다. 노면전차층에 속하는 노선은 도로를 공유하기 때문에 버스만큼이나 탑승이 편리한 대신 속도 대역이 낮고, 도시철도층에 속하는 노선은 대체로 별도의 평면을 확보하여 교통 흐름이 주변의 방해로 인해 단절되지 않도록 구성되기 때문에 속도 대역이 높은 반면 탑승에 어느 정도 장벽(지하나 고가 승강장으로 가기 위한 계단 등)이 있다. 어쨌든, 이들 두 층은 하나의 도시 내에서 완결되는 아주 일상적인 통행을 다수 처리한다.

　　그다음 층위는 '광역(철도)망'이다. 이들 층위에 속하는 망은 거대도시의 중심에서 외곽 방면으로 뻗어 나가 주변 위성도시를 연결한다. 이 망의 여러 역에는 여러 단계의 지선 철도와 버스 노선들이 연결되어 있고, 이들 노선 주변에 자라나 있는 도시들의 모습은 마치 포도송이와 같다. 이런 도시 지역을 부르는 말이 바로 광역(대)도시권(metropolitan area)이다. 광역(철도)망의 이름은 바로 여기서 유래한 것으로 보인다. 다만 20세기 후반 들어 발달한 고속도로망 덕분에, 광역 권역에서는 중심 도시 지역에 비해 철도의 역할이 적은 도시가 많다. 광역망의 역할을 도로가 위협하는 이런 경향에서 분명한 예외를 보여 주는 도시는 극히 드물다.

철도망이 유효한 다음 층위이자 가장 광범위한 층위는 '전국망'[10]의 층위다. 200km 수준인 서울~대전, 500km 수준인 도쿄~오사카, 그리고 1300km 수준인 베이징~상하이 간 연결에서 이들 망은 활약하고 있다. 이들은 대개 일상적인 통행보다는 출장이나 친지 방문, 관광처럼 부정기적이고 특별한 통행을 처리한다. 도시망, 광역망의 표정속도보다 2^2~2^4배 빠른 속도라 하더라도, 그보다 더 거대한 규모로 펼쳐져 있는 공간의 저항 덕에 높은 운임과 긴 도달 시간을 피할 수 없기 때문일 것이다. 지도 1은 지수적으로 커지는 공간의 저항이 어떤 규모인지 보여 준다.

방금 지적한 세 유형의 망 사이의 차이는 극복해야 할 공간의 크기 차이에 기반한다. 그리고 이들 공간의 크기 차이가 통행자에게 강요하는 저항의 규모에도 차이를 부른다는 사실은 이른바 '45분 규칙'에 기반해 도시 교통의 미래를 전망하는 논의들이 간과했던 부분일 것이다. 마르체티[11]는 미 교통부의 한 연구 용역 결과를 인용하면서, 인간의 이동 시간은 대략 하루 1시간으로 수렴한다고 지적한다. 감옥에 갇힌 죄수의 야외 활동 시간 역시 이와 비슷하고, 고대 농촌 마을의 영역이나 고대 대도시(로마, 페르세폴리스 등)의 지름 역시 대략 도보로 1시간이 걸리는 범위(4~5km)라는 사례도 제시된다.[12] 도시의 중심에서 외곽까지 왕복하는 시간이 도시의 범위를 제약했다는 해석이 가능하다. 사람들 사이의 편차를 감안해 여유를 붙이면, 통상적인 수단으로 중심부에서 45분이 걸리는 범위가 바로 도시의 크기 단위라는 한 발 더 나간 주장도 할 수 있다. 마르체티는 이를 옹호하기 위해 노면전차와 도시철도, 고속도로의 출현과 함께 도시의 범위가 넓어졌음을 보이는 한편, 아마도 초음속 항공기와 자기부상열차가 도래할 미래 어느 시점에는 도시의 반지름이 1000km쯤 되어 예컨대 카사블랑카에서 파리로 출퇴근하는 시대가 올 수 있지 않겠느냐고 말하기도 한다. 이 통근자는 낮에는 편리한 세계 도시의 도심에서 업무를 본 다음, 개성적 문화가 살아 있는 고향에서 퇴근 후의 생활을 누릴지 모른다.

하지만 이런 전망은 빠른 속도 대역의 교통망일수록 더 절실히 필요한 조건을 간과한 주장이다. 보행자는 언제나 정지할 수 있고, 정지한 곳 주변에서 즉시 다른 행동에 나설 수 있다. 하지만 속도 대역이 빨라질수록 교통수단은 주변과 격리되어야만 한다. 노면전차와 '고속'(rapid) 도시철도 사이에는 2배의 속도 차이를 실현하기 위해 아주 큰 토목 구조상의 차이가 있다. 고속도로 역시 출입 차량으로 인해 교통 흐름이 방해받는 것을 방지하고 빠르게 먼 거리를 연결하기 위해서는 나들목을 신중하게 건설해야만 한다. 도시 지역의 단속류(斷續流) 도로조차 주변의 보행자를 차단해야 할 만큼 높은 최고 속도를 보여 준다. 제트 항공기는 지상의 잡다한

10
'전국망'이라는 표현은 경제사에서 말하는 '전국시장'에서 따온 것이다. 특히 19~20세기 초반 철도는 전국시장을 구현해 낸 물리적 기반이라는 점에서 수복받았다.

11
Cesare Marchetti, "Anthropological Invariants in Travel Behavior," *Technological Forecasting and Social Change* 47(1994). 75~88.

12
당나라 때의 장안, 명·청 시대의 베이징 내성, 헤이안 시대의 교토, 서울 도성 역시 비슷한 규모다.

방해물들을 완전히 무시하기 위해 대류권 계면까지 치솟아 오르는 작은 모험을 감행하기도 한다. 이러한 격리, 또는 무시는 교통 거점 주변으로 인간의 활동을 집중시키고, 거점이 위치하지 않은 지역의 인간 활동은 약화시킬 것이다. 결국 고속 교통망은 거점 주변, 그리고 그 사이의 거대한 공간에 상반된 효과를 가할 듯하다. 고속 교통의 거점에 모인 인간의 활동을 주변 지역과 연결하는 충분한 저속 네트워크가 갖춰지지 않는 한, 마르체티의 전망은 서로 멀리 떨어진 주요 거점 주변에 국한된 예상일 뿐 거점을 둘러싼 광범위한 공간에 적용될 수는 없을 것이다.

3절. 철도망의 기관 분류 2: 교통수단의 생존 지대, 골디락스 존

비록 항공기만큼은 아니지만, 철도는 도로보다는 거점이 두드러지는 수단이다. 주행을 위한 궤도, 즉 본선 주변을 방호하지 않아도 되는 속도로 달리는 철도는 오직 노면전차뿐이기 때문이다. 속도가 빠를수록 철도 본선의 방호는 철저해지며, 정차역의 빈도 역시 줄어든다. 이번 절에서는 바로 이들 거점의 패턴을 2^n 규칙과 결합해 철도망, 그리고 다른 교통수단이 주변 공간과 맺는 관계를 조명하려 한다.

도표 6은 앞 절에서 살펴본 운행 계통 사례들의 표정속도와 역간거리가 어떤 관계를 가지는지 보여 준다. 표정속도가 2^4km/h 수준인 트램 노선의 경우 역 사이 거리는 500m 정도이다. 2^5km/h급인 도시철도에서는 약 1km, $2^{5.5}$~2^6km/h 구간의 표정속도를 내는 광역철도에서는 2~6km, 2^7km/h급 재래선 특급의 경우 20~30km, $2^{7.5}$km/h 수준인 한국 고속철도에서는 약 100km의 역간거리를 확인할 수 있다. 2100km를 주파하며 2^8km/h를 넘는 표정속도를 내는 베이징~광저우 간 최속달 G열차의 역간거리는 300km를 넘는다. 한국 종관(縱貫)[13] 고속도로인 서해안고속도로의 값($2^{6.5}$km/h, 9.2km)도 좋은 참고가 된다.[14] 도표 6의 추세선은 표정속도가 빨라질수록 역간거리의 증가 폭이 속도 증가 폭에 비해 더 커진다는 점을 보여 준다. 그런데 뚜렷한 속도 차이가 있는 수단들의 표정속도 차이는 대체로 2^n 규칙에 따른다는 점은 앞 절에서 확인한 대로다. 따라서 빠른 수단일수록 역간거리의 증가율은 2^n 규칙보다 가파를 것이다. 대략 1km 수준인 도시철도의 역간거리를 기준으로 할 때, 속도가 절반인 트램에서는 절반 미만, 속도가 1.5~2배 수준인 광역철도는 2~6배, 속도 3~4배 수준인 재래선 전국망에서는 20~30배, 속도 6~8배 수준인

---

[13]
남북 방향으로 꿰뚫음. 일본에서 자주 사용하는 표현이지만, 중국어권에서도 '縱貫'을 조어 형태로 사용하는 경우가 확인된다. 이 책에서는 횡단에 대응하는 말로 자주 사용할 것이다.

[14]
고속도로 역시 차선 변경과 같은 교통류 교란 요인을 줄이기 위해서는 나들목 간 거리를 적정 수준으로 관리할 필요가 있다. 서해안고속도로의 값은 이 고속도로를 거의 완주하는 서울~목포 간 고속버스의 표정속도와 나들목 간 평균 거리이다.

열차 유형의 표정속도와 평균 역간거리. 수직축과 수평축은 각각 밑이 2와 3인 로그 스케일로 그렸다. 수평축을 로그 3으로 설정한 이유는 4절에서 명확해질 것이다.

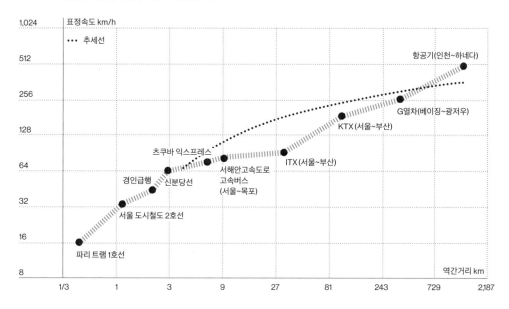

고속철도에서는 100~300배 정도의 역간거리를 확인할 수 있다.

표정속도 증가세와 역간거리 증가세 가운데 후자가 더 빠르게 커지는 현상은 따지고 보면 당연한 일에 가깝다. 최고 속도가 아무리 높다 해도, 역간거리가 짧으면 짧을수록 가속과 감속에 필요한 시간이 전체 주행시간 가운데 길어질 것이며 이에 따라 표정속도도 낮아질 것이기 때문이다. 표정속도를 높이려면 역간거리를 속도보다 더 높은 비율로 넓혀야 한다. 가감속 구간을 줄이고, 최고 속도로 운행하는 시간을 늘릴 수 있기 때문이다. 운전 최고 속도를 높이는 것이 방법이 될 수도 있다. 하지만 고속 대역으로 갈수록 가감속에 들어가는 에너지는 물론 항속에 필요한 에너지 또한 커진다.[15] 역간거리가 더 빠르게 커지는 현상 속에는 속도와 함께 증가하는 물리적 저항의 힘이, 또는 열차 주변 요소와의 마찰력이 자리한 셈이다.

속도와 거리의 비례 관계를 오늘의 교통 체계 전체를 포괄하는 데이터를 동원해 좀 더 폭넓게 살펴보자. 도표 7~9는 교통의 세계가 오늘날 가진 구조를 세 관점으로 보여 준다. 도표 7은 교통의 세계를 장악한 세 주인공의 이름과 위치를 보여 준다. 도표 8은 이들의 이용을 방해하는 '마찰시간'의 상대적 규모와 영향을 보여 주며, 도표 9는 이동 거리 100km, 표정속도 128km/h 이하의 구간을 확대해 여

15
노면 저항은 속도에 비례하여, 그리고 공력 저항은 속도의 제곱에 비례하여, 그리고 이들을 곱한 총 저항은 속도의 세제곱에 비례하여 커진다는 사실은 잘 알려져 있다. 진공 튜브를 활용한 고속 수단을 도입하면, 고속 수단이 토목 구조에 가하는 부담으로 인해 유지비가 가중될 수 있을 것이다. 진공을 유지하는 일 또한 막대한 에너지를 소모하므로, 오늘날의 고속철도보다 더 넓은 포괄 범위를 가질지는 분명하지 않다.

1장 거대도시와 철도

기서 벌어지는 지상의 격렬한 경쟁이 어떤 구조인지에 조명을 비춘다.

　　도표 7~9에는 여러 교통수단들의 곡선 뿐만 아니라 굵은 파선으로 표현한 두 개의 추정 보조선도 표시되어 있다. 이 가운데 위쪽 선은 물리적 저항과 관련이 있다. 즉, 현재의 기술 여건에서 가감속, 안전을 위한 속도 제한, 주행 저항과 같은 요소들 덕에 승용차와 철도, 항공기와 같은 교통수단들의 속도-거리 곡선이 넘지 못하는 한계선에 가깝다. 이 한계의 원인 덕분에, '물리적 저항의 장벽'이라는 이름이 이 보조선에게 어울린다. 이 장벽의 위치를 수직 방향으로 끌어올릴지도 모를 여러 기술적 대안(주로 초고속 대역)들이 논의되고는 있지만, 이들이 과연 언제 실현될지는 아직 누구도 알 수 없다.[16] 한편 아래 보조선은 시간이라는 비용과 관련이 있다. 같은 거리를 이동하더라도 속도가 느릴수록, 당연히 더 많은 시간이 걸리게 마련이다. 이 보조선은 바로 일정 거리를 가는 데 너무 오랜 시간이 걸린다고 사람들이 판단할 거리-속도 지점이 있다는 추측을 나타낸 것이다. 이를 '시간비용의 장벽'이라고 부르자. 아마도 소득이 낮아 시간에 대한 지불 의사가 낮은 개도국에서는 이 파선이 우측으로 좀 더 완만하게 누워 있을 것이고, 돈을 더 지불하더라도 빨리 갈 의사가 높은 선진국에서는 경사가 좀 더 가파를것이다.

　　두 장벽, 그리고 속도의 천장인 최고 속도의 기술적 한계점(현 시대는 콩코드가 접근했던 2^{11}km/h, 또는 상용 제트기의 천음속 대역)까지,[17] 세 장벽 안쪽 공간은 여러 교통수단이 상업적으로 활약할 수 있는 공간이다. 교통수단은 물리적·기술적 이유에서, 또는 경제적인 이유에서 이들 장벽 밖으로 나가지 못한다. 우주생물학에서 이야기하는 '골디락스 존'(Goldilocks Zone)이라는 개념을 여기서 꺼낼 수 있을 듯하다. '골디락스 존'이란, 어떤 항성이 내뿜는 에너지가 행성·자연 위성을 열기가 가득한 불모지로 만들어 버릴 정도로 무지막지하지 않으면서, 동시에 행성·자연 위성을 모든 것이 얼어붙은 세계로 만들어 버릴 만큼 미약하지도 않은 구역을 지시한다. 이 구역에 적절한 규모와 화학적 구성을 가진 행성·자연 위성이 존재한다면, 이 천체에서는 지구처럼 생명이 생겨날지도 모른다.

16

항공기 탑승에 필요한 마찰시간(입출국 수속, 통관, 수화물 인수인계, 화물 및 여객 승강, 연계 교통 환승 등)은 여기서도 중요한 변수다. 예를 들어, 약 2시간에 달하는 국제선의 승강 수속 시간이 새로운 항공 수단에서도 유지될 경우, 마하 8로 항속해 10분 내로 500km를 날아갈 수 있더라도 이 거리 이내에서는 고속철도와 유사한 표정속도(마찰시간 감안 200km/h선)가 기록될 가능성이 매우 높다. 가속에 필요한 에너지의 수준도 속도에 따라 크게 다르다는 점 또한 감안하면, 현행 항공 기술은 2000~3000km 이내를 담당하고, 초고속 항공 기술이 그 이상의 거리를 연계하는 분업화가 이어질 가능성이 크다. 또한, 진공 튜브를 이용한 고속열차는 현행 항공기와 항속 속도가 유사한 수단이 될 가능성이 높으므로 이 기술의 상업적 생존

여부는 승하차에 필요한 저항 시간을 얼마나 효율적으로 감소시키느냐에 따라 결정될 것이다.

17

콩코드의 순 운항 시간 곡선은 설정한 '물리적 저항의 장벽' 밖에 있으나, 통상 제트 항공기와 동일한 저항시간을 적용한 속도-거리 곡선을 그릴 경우 이 곡선은 장벽을 넘지 못한다.

18

자가용 헬리콥터를 이용하는 이동은 300km 미만의 거리에서는 장벽 바깥에 있을지도 모르겠다. 하지만 이 거리를 넘어가면 헬리콥터의 속도-거리 곡선 역시 (고속철도처럼) 물리적 저항의 장벽 안으로 진입하게 된다. 이 장벽을 전 구간에 걸쳐 무시하는 운송 수단은 전투기, 우주선, 탄도미사일 말고는 없을 듯하다.

[도표 7] 오늘날 교통 체계의 세 주인공인 승용차와 철도, 항공기가 그리는 속도-거리 곡선, 그리고 '골디락스 존'의 위치. 항공기와 고속철도의 속도-거리 곡선은 실제 운행 시각표(도표 5 참조)에 마찰시간(도표 8 참조)을 더해 그린 것이다. 승용차의 속도-거리 곡선은 25km까지는 서울 시내 이동(도시고속도로 포함) 시간을, 50km 이상부터는 고속도로를 이용하는 경로를 평일 오후에 카카오맵 지도로 확인해 작성했으며, 마찰시간은 일괄 5분(주차장 접근, 차량 준비 등)으로 계산했다. 자전거는 마찰시간 3분, 최고 속도 10km로 상정했다. 오늘날 이 도표의 천장은 천음속(transonic) 대역(음속의 0.8배=979km/h)이 이루고 있으며, 1024km/h는 그 근사치다. 두 장벽은 세 교통수단의 곡선들 가운데 가장 위쪽 또는 아래쪽 부분을 기준으로, 현재의 상용 기술 등을 고려해 아래위로 적절히 떨어진 지점을 이은 것이다.

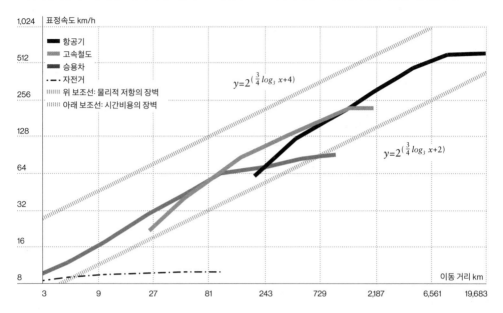

교통수단의 생존 구역 역시 여기에 빗대어 이해할 수 있다. 오늘날 물리적 저항의 장벽을 넘나드는 사람들은 아마도 모터 스포츠인들과 군인, 우주 비행사 정도뿐일 것이다.[18] 전투기 조종사나 우주 비행사 훈련의 필수 코스인 가속도 적응 훈련을 견디지 못하고 졸도하는 생도의 모습은 이 장벽을 넘기 위해서는 때로 인체의 한계를 시험하는 고통을 그 대가로 치러야 한다는 경고장처럼 보인다. 반대편, 시간 비용의 장벽을 넘는 사람들은 장벽 안쪽에서와는 사뭇 다른 목적을 가지고 길을 나선다. 도보나 달리기, 그리고 레저용품으로 취급하는 사람들이 많은 자전거로 수십 km 이상을 움직이는 행위는 수단으로서의 교통 활동이라기보다는 목적으로서의 교통 활동이다. 마찬가지로, 일주일에 걸쳐 러시아를 횡단하는 열차에 탑승한 사람들 가운데 적지 않은 수는 열차 탑승 자체를 목적으로 삼고 철도를 이용하고 있을 것이다. 인체가 견디기조차 어려울지도 모를 세계, 그리고 길에 나서는 이유가 여느 때와는 완전히 달라야 발을 들일 수 있는 세계가 두 장벽 밖에 펼쳐져 있는 셈이다. 두 장벽 사이의 공간은 물리적 저항과 심적 저항으로부터 보호받는 일상적인 공간이다. 여기가 바로 오늘날 교통에서의 '골디락스 존'이다. 물론 항성계의 골디락스 존이 항성의 생애에 따라 움직이듯, 교통의 골디락스 존 역시 경제 상황과 기술 변화에 의해 움직일 것이다.

[도표 8]　고속철도와 항공기의 이동 거리에 따른 마찰시간의 상대적 크기. '마찰시간'이란, 교통수단을 이용하기 위해 본래 출발지에서 교통수단이 있는 곳까지 이동하는 시간, 환승 대기 시간, 수속 시간, 교통 거점에서 최종 목적지까지 이동하는 시간 등 의도했던 이동을 하지 못하고 있는 시간을 지시하기 위해 도입한 용어다. 고속철도는 이동 거리 400km까지는 60분을, 그 이상은 90분을 적용했으며, 항공기는 500km까지 2.5시간(국내선 수속 60분, 공항 접근 양방향 합계 90분)을, 그 이상은 3.5시간(국제선 수속 2시간, 공항 접근 90분)을 적용했다. 원형 점(실제 운행 시간·거리)을 연결한 위쪽 곡선이 마찰시간을 더하기 이전의 순 운항 시간이다. 교통연구원의 보도 자료를 참조하면, 2013년 전국 주요 KTX역의 접근 시간 중앙값은 30분가량이었고, 2017년 수도권 값은 평균 32.7분 수준이었다. 한국교통연구원·KTX경제권포럼, 「KTX 개통 10년, 무엇이 달라졌을까?」(2014), 36~51; 「고속철 경쟁 SRT 6개월 만에 '850만 명' 이용 …철도 서비스 상향 평준화」, 『중앙일보』, 2017년 6월 11일 자.

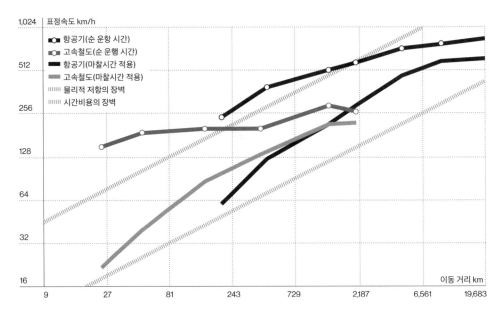

　　현재의 골디락스 존을 이루는 균형은 20세기 후반에 형성된 것이다. 19세기부터 20세기 초반까지, 표정속도의 천장에는 2^7km/h 이하로 달리는 재래선 특급 열차가 자리 잡고 있었고, 항공기와 자동차는 걸음마 단계에 불과했다. 하지만 전후 제트 엔진이 확산되어 아음속 비행이 산업으로 자리 잡으면서, 표정속도의 천장은 단번에 2^3배 올라간다. 그러나 항공기는, 탑승에 필요한 마찰시간이 특히 긴 수단이다. 2^7~2^8km/h의 속도, 그리고 3^4~3^6km 사이의 거리는 주인 없는 땅처럼 남아 있었고, 이 자리는 일본과 유럽의 기술 개발로 고속철도가 차지하게 된다. 한편 자동차가 왕좌에 오른 100km 미만의 거리, 그리고 2^6km/h 이하의 속도 영역에서, 철도는 도전자의 지위로 밀려난다. 이 도전자는 역 자체나 주변을 고밀도로 개발하거나, 버스 등과의 환승 체계를 강화하며 승용차의 강력한 침투력에 대항하기도 했으나, 이들 대책 가운데 가장 중대한 것은 결국 속도였다. 한국 철도에서 볼 수 있는 광역급행의 확대, ITX-청춘과 같은 재래선 특급의 속도 강화 시도 역시 이에 기인한다.

　　당분간 이 구도는 크게 변화하지 않겠지만, 자율 주행 기술로 인해 자동차의 운전 부담이 감소하고 자동차의 표정속도 또한 개선된다면, 그래서 자동차의 속도-거리 곡선이 변화한다면, 분업 체계를 구성하여 여러 단계에 걸쳐 승용차와 비슷한 속도-거리 곡선을 달성하는 방식으로 대응해 온 도시·광역망, 재래선 특급망의 지위는 다시 한번 큰 타격을 받을 수 있다. 고속도로의 평균 통행 속도가 수십 km/h 이상 상승한다면 고속철도의 입지도 좁아질 것이다. 반면, 교통수단에 탄소세가 본격적으로 부과되어 항공기와 승용차의 운임이 오르는 한편 에너지 및 탄소 효율이 월등(8장 참조)한 철도의 운임에는 별다른 영향이 없을 경우, 속도-거리 함수와 무관하게 항공기와 승용차의 수요는 축소되고 철도의 수요는 늘어나는 변화가 일어날 수 있다. 물론 이 경우에도 자동차와 항공기 제조사들은 수요를 회복시키기 위해 에너지 효율을 높여 탄소 배출량을 줄이기 위해 각고의 노력을 벌일 것이고, 따라서 교통수단 사이의 분업 구조는 속도-거리 함수로 설명할 수 있는 형태로 다시 회귀할 것이다.

[도표 9] 승용차의 우위, 그리고 철도와 버스의 분전. 승용차가 우위를 점하고 있는 속도-거리 대역에서, 도시철도, 광역철도, 재래선 특급 그리고 버스가 승용차와의 속도 대결에서 처한 상황을 세밀하게 보여 주는 도표다. 승용차의 곡선은 도표 7과 동일하며, 도시철도의 마찰시간은 성인이 500m를 걷는 시간의 2배인 15분, 광역철도는 외곽에서는 15분(1km 보행 시간), 도심에서는 10분의 마찰시간이 필요하다고 가정하고 25분(단 50km 초과 시에는 총 30분), 재래선 특급은 광역철도에 10분을 더한 40분을, 버스의 마찰시간은 25km까지는 10분, 그 이상은 15분을 적용했다. 이들 값은 설명을 위한 값이며, 실제 특정 혼선의 상황을 반영한 것은 아니다. 도시철도의 순 운행 표정속도는 32km/h로 설정했으며, 광역망과 재래선 특급망의 속도는 한국의 시각표(각각 경인, 경부급행, 그리고 ITX-청춘)를 활용해 구한 값이다. 참고로 도보를 이용한 국내 평균 대중교통 접근 시간은 약 7.7분이다. 교통안전공단, 『2015년 대중교통현황조사』(2015), 163. 이들 도표는 거리를 한 축으로, 비용을 또 다른 축으로 삼아 작도하는 교통 지리학의 전형적인 그래프와 유사하다. 단, 이 속에는 단순화와 상세화가 함께 있다. 비용 가운데 소요 시간을 결정짓는 속도만을 표현했다는 점에서, 이는 비용 요인을 단순화한 도표다. 반면 이는 흔히 볼 수 있는 단순한 선형 그래프, 즉 자동차의 수송 비용이 단거리에서 상대적으로 싸고 장거리에서 비싸며 항공기는 그 반대이고 철도는 그 중간에 위치해 있다는 그래프보다 속도 경쟁의 풍경을 더 세밀하게 보여 준다. 다음 교과서를 함께 참조하라. 한주성, 『교통지리학의 이해』(한울아카데미, 2010), 58~73.

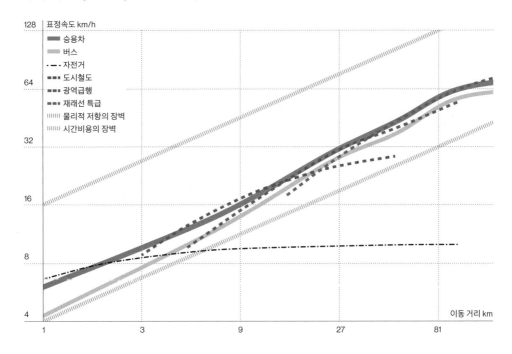

1장 거대도시와 철도

보강 1.
속도와 거리, 속도 경쟁의 풍경

순 운행 시간에 기반한 속도-거리 곡선(도표 8 참조)이든, 마찰시간을 반영한 곡선이든 도표 7~9에 등장한 개별 수단의 곡선들은 모두 일정한 모양(⌒)의 호(弧)를 이룬다. 다시 말해 속도-거리 곡선은, 표정속도의 증가폭은 영업 최고 속도에 근접해 가면서 낮아지는 한편, 이동 거리의 증가폭은 커진다는 점을 보여 준다. 각 속도-거리 곡선이 이런 공통점을 보여 주는 이유는 지적한 대로 가감속, 노면 공기 마찰과 같은 물리적 저항 때문이다. 여기서는 한 발 더 나아가, 이들 개별 곡선을 관통하는 일반 규칙을, 그리고 이 규칙에 기반해 각각의 수단들이 교통의 세계 속에서 점유하고 있는 일종의 입지를 분석해 보고자 한다.

도표 7~9는 이 분석의 핵심 도구다. 이들은 좌표 평면 위에 교통수단의 속도와 거리가 그리는 함수를 표시하고 있다. 수직 축은 밑이 2인, 수평 축은 밑이 3인 로그 스케일로 그린 것이다. 어떤 이동 거리를 이동할 때, 더 빠른 수단은 더 느린 수단보다 그 곡선이 더 높이 있을 것이다.

도표 7은 오늘의 여객 교통이 두 주인공에 의해 분할되어 있다는 점을 보여 준다. 대략 250($\fallingdotseq 3^5$)km 선에서 속도-거리 곡선이 교차하는 승용차, 그리고 항공기가 바로 그들이다. 항공기는 1000km가 넘는 거리에서 독보적인 지위를, 즉 같은 거리를 훨씬 더 빠른 속도로 갈 수 있는 지위를 차지하고 있다. 한편 승용차는 대략 100km 미만의 거리에서 우세를 보이며, 다른 많은 교통수단을 압도하기도 한다.(도표 9)

철도 가운데 이들과 어깨를 나란히 할 수 있는 유일한 수단은 고속철도다. 고속철도의 속도-거리 곡선은 대략 100km부터 1000km 지점까지 승용차나 항공기보다 위쪽에 위치한다. 즉, 이 거리에서 고속철도는 적지 않은 마찰시간(1~1.5시간)을 합산하더라도 가장 빠른 수단이다. 오늘날 세계 각국에서 고속철도에 깊은 관심을 보이는 이유는 바로 여기에 있을 것이다. 물론 이보다 더 큰 마찰시간을 필요로 하는 지역에서는 고속철도의 효과가 떨어질 수밖에 없다. 그렇지만 이는 곧, 인간의 활동이 집중된 도심의 역으로 열차를 진입시켜 마찰시간을 줄이면 고속철도의 역할도 확대된다는 뜻이기도 하다.

도표 8은 마찰시간이 미치는 영향을 보여 준다. 마찰시간의 절대량은 도표 8의 캡션에서 기술했듯 장거리로 갈수록 늘어날 수 있다. 하지만 이렇게 늘어난 마찰시간은 오히려 장거리로 갈수록 그 비율이 감소하고, 최종 이동 속도에 미치는 영향도 감소한다. 좌표 평면이 로그 스케일이라는 점은 이 관계를 더 극적으로 보여 준다. 결국 마찰시간이 긴 대중교통은 상대적으로 장거리일수록 마찰시간으로 인한 속도 손실을 덜 본다. 그래프를 단순화하기 위해 항공과 고속철도만 등장시켰지만, 마찰시간의 영향은 다른 대중교통 수단에도 동일하게 적용된다.

한편 승용차에게는 많은 경우 마찰시간이 없다. 다시 말해 원할 때, 어디서나 활용할 수 있는 경우가 많고, 덕분에 마찰시간에 의해 상당한 속도 손실을 볼 수밖에 없는 다른 모든 수단을 광범위한 공간에 걸쳐 압도할 수 있다. 거대도시의 막대한 인파가 가져오는 정체와 혼잡 현상이, 그리고 토지가 비싸 생기는 주차 문제가 없었다면, 그리고 운영 비용 면에서의 이점을 통해 저렴한 운임을 보장하지 못했다면, 도시철도나 광역철도, 재래선 특급 속도 대역의 철도는 승용차 앞에 절멸했을 가능성이 크다.

하지만 도표 9는, 도시·광역철도와 재래선 특급의 숨통이 아직 끊어지지 않은 이유 또한 부분적으로는 속도-거리 곡선으로 설명할 수 있다는 점을 보여 준다. 마찰시간을 15분으로 적용한 도시철도의 속도-거리 곡선은 대략 12km까지 승용차의 곡선보다 미세하게 위에 있다. 광역급행(마찰시간 25분 적용)의 경우 도시철도의 곡선이 승용차 아래로 처지는 15km 정도부터 40km 정도까지 승용차와 유사한 곡선을 그린다. 재래선 특급(마찰시간 40분 적용)은 이동 거리가 50km를 넘는 지점부터 승용차의 곡선을 따라잡는다. 고속도로를 타고 지수적으로 속도를 올리면서도 시내 도로와 이면 도로를 타고 도시 구석까지 달릴 수 있는 승용차의 힘, 동시에 분업 체계를 갖추어 일정한 구간에서는 승용차의 곡선을 따라잡는 세 층위의 철도 사이의 경쟁 관계가 드러난다. 승용차와 비슷한 곡선을 그리는 각 구간에서, 각 층위의 철도는 역 인근 지역 간 이동 속도에서는 승용차와 견줄 수 있다. 물론 이는, 열차 대기나 환승으로 마찰시간이 길어질수록 이들 영역의 철도는 승용차에게 큰 타격을 받을 것이라는 뜻이기도 하다. 물론 승용차 역시 약점은 있다. 이들이 속도를 지수적으로 높일 수 있는 고속도로는 시가지를 관통하기보다는 우회하기 때문이다. 이제는 교통공학의 상식이 된 '브라에스의 역설'[19] 덕분이다. 반면 철도는 시가지를 관통해야 더 많은

수요를 누릴 수 있다. 따라서 도시가 클수록 철도 측의 이동 거리가 짧은 경우가 많고, 철도가 유리한 틈새는 더 넓어질 수 있다. 물론 토목 시설과 역 구조가 복잡하고 승객이 많아 마찰시간이 커지면 이런 이점도 상쇄되게 마련이다.

도표 9는 버스의 속도-거리 곡선이 승용차 아래에 있다는 점도 보여 준다. 같은 도로를 공용하는 이상, 그리고 정류장마다 승하차 시간이 생기는 이상, 버스의 곡선이 승용차 아래에 위치하는 상황을 면하기 어렵기 때문이다. 따라서, 이들은 속도 측면에서는 승용차에 비해 불리한 위치에 서고 만다. 버스의 속도-거리 곡선을 수직 방면으로 끌어올릴 수 있는 사실상 유일한 방법은 전용 차선을 확보하여 주행 속도를 보장하는 데 있지만, 이것으로 버스 승객이 감수해야 할 마찰시간의 손실을 모두 보상하긴 (특히 단거리로 갈수록) 어렵다. 결국 버스는 속도-거리 곡선의 한계 덕에 대체로 운임을 낮은 수준으로 유지해 시간 단축에 비용을 덜 지불하려는 사람들, 또는 장거리 운전을 부담스러워하는 사람들을 끌어들이는 입지를 잡아야 한다. 이런 설명 속에는 버스에게 대중교통 공급을 모두 의존해서는 안 된다는 함축도 담겨 있다. 철도는 국지적으로, 또는 도시와 도로의

19
이 역설의 핵심은, 가까운 거리를 질러가는 도로가 생기면 그곳으로 통행량이 몰려 정체가 발생해 오히려 통행 시간이 더 걸릴 수 있다는 추론이다. 대도시에서는 잠재 교통 수요가 언제나 많은 만큼 과거에 없던 추가 통행량까지 유도될 것이고, 상황은 더 악화될 것이다. 이를 방지하기 위해, 고속도로는 시가지를 순환하도록 건설하는 것이 좋다. 반면 철도는 차량 수를 운영자가 조절할 수 있으므로 이 역설로부터 비교적 자유롭다. 물론 승객이 몰려 '지옥철'이 되는 것을 회피하긴 어렵지만 말이다. 다음을 참조. Dietrich Braess, "On a Paradox of Traffic Planning," *Transportation Science* vol.39, no.4 (2005): 446~450.

구조나 환승 체계에 따라서는 광범위하게
승용차보다 높은 속도-거리 곡선을 그릴 수
있는 수단이므로 승용차와의 속도 경쟁에서
꼭 뒤쳐진다고 보기는 어렵기 때문이다.
　　　한편 도표 7과 9의 아래쪽에는
자전거의 속도-곡선이 자리 잡고 있다. 이
곡선은 승용차와는 2km 미만 지점에서,
도시철도와는 3km 미만 지점에서, 버스와는
4~5km 선에서 교차한다. 비록 두 다리의
힘에 의존해야 한다는 한계(그래서 경사지를
올라갈 때 허벅지가 처리해야 할 토크를
많은 사람들이 견디기 어려워 한다는
문제), 그리고 5km 이상의 거리에서 동력
수단보다 빠른 속도를 내는 것은 사실상
불가능하다는 한계가 있음에도, 이 수단은
동력 대중교통 수단이 침투하기 어려운 도시
내부 단거리 통행에서 가장 빠른 수단이 될
여지가 많다. 정말로 행복이 자전거를 타고
올 것[20]이라고 믿는 현대인은 드물겠지만,
미래 자전거 정책의 초점은 바로 이
거리에서 자전거가 승용차보다 조금 빠른
속도를 낼 수 있도록, 그리고 대중교통의
마찰시간을 축소시키는 데 도움이 되는
수단이 되도록 도로를 재편하는 데 있을
것이다.

[20]
이반 일리치, 『행복은 자전거를 타고 온다』, 신수열
옮김(사월의책, 2018).

4절. 크리스탈러의 육각형, 중심지 체계와 철도

공간과 속도 사이의 관계에 대해 좀 더 심도 있는 논의의 방향은, 이른바 '중심지 체계 이론'에서 찾을 수 있다. 크리스탈러의 이 이론[21]은 등장한 지 1세기 가까운 시간이 지난 지금도 불멸의 지위를 누린다. 이 이론이 어떤 기반을 가졌는지, 그리고 이 책의 논의에 어떤 도움을 줄 수 있는지 파악하려면, 크리스탈러가 제안하는 세 개의 상호 독립적 원리에서 논의를 시작해야 한다.

1.   보급 원리: K만큼의 인구가 사는 지역 A가 있고, 이 지역 인구는 여러 유형의 상품에 대하여 수요를 가진다고 해 보자. 이들 상품은 각각 경제적 '도달 범위'를 가질 것이다. 즉, 공급자가 사업을 유지하기에 충분한 매상을 보장하면서도 소비자들의 이동 비용이 과도해지지 않는 균형 범위가 있을 것이다. 지역 A의 중심지들은 바로 이 경제적 도달 범위가 인구 K(또는 K가 가진 여러 수요)를 최대한 포괄할 수 있는 방식으로 체계화될 것이다.

2.   교통 원리: 교통로의 건설과 운용은 최소의 비용으로 최대의 교통 수요를 처리하는 방식으로 이뤄지는 경향이 있다.

3.   격리 원리: 지역 A를 정치적·행정적 목적으로 구획하려는 정부 G가 있다고 해 보자. 이때 G는 지형, 과거의 역사적 중심지나 구획, 군사적 필요, 기타 여러 정책적 필요에 따라 A를 분할할 것이다.

세 원리는 현실의 중심지 체계를 두고 경쟁한다. 이 가운데 현재의 맥락에서 중요한 것은 앞의 두 원리다.(격리 원리는 보강 2에서 그 실마리를 확인할 수 있을 것이다.) 보급 원리에 따르면, 중심지들은 최소한의 지점(지점 수의 최소화는 가능한 한 최대의 매상과 최소의 교통비가 균형을 이루기 위한 조건이다)에서 가능한 한 빈틈없고 균일하게 상품을 공급할 수 있도록 배열되어 체계를 이룬다. 도표 10은 보급 원리에 따른 중심지 체계가 지닌 기하학적·위계적 특징을 보여 준다. 만일 최소 단위인 1차 중심지들만 존재한다면, 이들은 지역 A의 인구 K에게 빈틈없이, 그리고 최소 개수의 지점에 기반해 서비스를 공급하기 위해 최인접 중심지와는 d만큼의 균일한 간격을 두고 지그재그로 배열될 것이며, 이에 따라 이들의 보완 지역, 즉 각 중심지가 가장 지배적인 영역은 결국 정육각형 형태를 이룰 것이다.(도표 10-1) 이 체계

21
발터 크리스탈러, 『중심지 이론: 남부독일의 중심지』, 안영진·박영한 옮김(나남, 2008). 여기서는 제1장 '이론편: 도시지리학의 경제이론적 기초'의 내용을 개괄한다. 4절에서 제시되는 쪽번호는 이 책의 쪽번호다.

[도표 10] 보급 원리에 따른 중심지 체계의 기하학적 특징. 최소 단위인 1차 중심지와 그보다 상위인 2차 중심지의 간격 비 d:√3d에 대한 기하학적 도출 과정은 크리스탈러의 서술(110~124쪽)과 피타고라스의 정리를 활용해 저자가 재구성했다.

[도표 10-1] 최소 단위 중심지들의 체계.

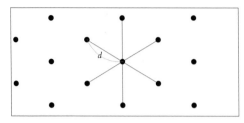

[도표 10-2] 2차 중심지가 추가된 중심지 체계.

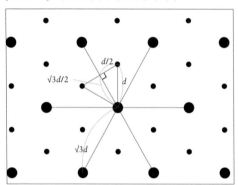

[도표 10-3] 5차 중심지까지 존재하는 지역 A와 그 배후지의 체계도.

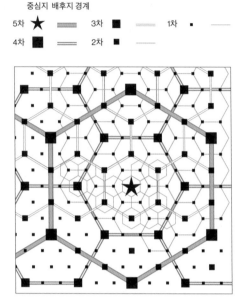

에 한 단계 높은 '의미'(Bedeutung)[22]를 가지는 중심지들을 추가해 보자. 보급 원리에 의해, 이들 역시 자신들이 제공하는 서비스를 A 지역의 인구 K에게 빈틈없이 공급할 수 있도록 배열되어야 한다. 다시 말해, 최인접 2차(상위) 중심지 사이의 간격 역시 동일해야 한다. 물론 그 수는 가능한 한 적어야 한다. 그런데 크리스탈러는, 2차 중심지는 동시에 최소 단위 중심지이기도 하다고 가정한다. 즉, 최소 단위 중심지의 위치 가운데 일부 지점에는 그보다 번창하는 2차 중심지가 형성되어 있을 것이다. 2차 중심지가 보급 원리를 따르면서 동시에 본래 최소 단위 중심지의 자리에 배열되어 있다면, 이들 사이의 간격은 √3d에 해당해야 한다.(도표 10-2) 이 규칙은 중심지의 차수가 올라가도 그대로 적용될 것이다. 결국 보급 원리에 따르면, 최인접 n차 중심지 사이의 간격은, 최인접 n-1차 중심지 사이 간격의 √3배여야 한다.

하지만 교통 원리는 조금 다른 방식으로 중심지 체계를 결정한다. 이에 따르면, 대량의 차량이 다니는 간선도로 주변에는 교통로를 따라, 그리고 주변보다 좀더 조밀한 간격으로 중심지가 배열될 것이다. 또한 교통량이 늘어날수록 이들의 이동 비용이 망 건설 비용보다 중요해지는 만큼, 중요한 교통망은 대체로 직선에 가까

22
중심지가 주변 인구에게 제공하는 서비스의 다양성과
규모를 뜻한다.

[도표 11] 열차 유형의 역간거리는 어느 정도 범위에 걸쳐 있는가? 실선은 모두 2018년 7월 정규 열차 시각표로 계산한 순 운행 거리-표정속도를 나타낸다. 각 선의 왼쪽 끝은 유형별 열차의 역간거리가 최소일 때의 속도를, 오른쪽 끝은 최대일 때의 속도를 나타낸다. 수직 점선은 도표에 표시된 범위에 포함되는 크리스탈러의 변수(여기서는 $4\sqrt{3}^n$, n은 정수, 보강 2 참조)를 나타낸 선이다. 영업 운행 최고 속도는 괄호 안에 표시했다. 참고로 광역급행 실선의 튀어 오른 부분은 신분당선으로, 최장 무정차 구간의 길이가 길어 평균 역간거리에 비해 빠른 속도가 기록되었다.

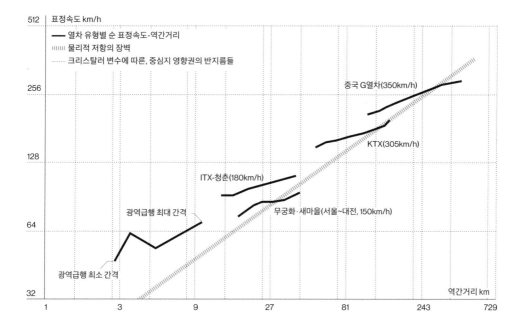

운 선형을 그리게 될 것이고, 따라서 문제의 망보다 먼저 있던 중심지 체계는 교통 원리의 압력하에 교통망을 따라 변화할 것이다.

교통 원리에 따라 중심지 체계를 변화시켰든, 아니면 기존의 보급 원리에 따른 중심지 체계 위에 구불구불하게 건설되었든, 현실의 여객 철도는 이 체계와 밀접한 관련을 맺을 것이다. 대체 수단이 얼마든지 존재하는 오늘날, 여객이 없는 철도역은 폐지되고 본선은 이설될 것이기 때문에 더더욱 그렇다.

그렇다면 이런 관련성은 구체적으로 어떤 모습일까? 이를 보이기 위해, 나는 역간거리의 패턴에 주목하고자 한다. 앞 절에서 논의했듯, 역간거리는 표정속도를 결정하는 중대한 요인이었다. 경로 설정이 철도보다 훨씬 더 유연해 중간 정차가 불필요한 승용차나 항공기 역시 가감속과 같은 물리적 저항 앞에서는 속도를 늦춰야 했다.(도표 7) 물리적 저항에 도전할 뿐만 아니라 승용차의 위력에 대응해야 하는 양면의 과제를 수행하기 위해, 철도는 가감 속도와 최고 속도 성능을 제각기 조합한 다양한 유형의 차량을 투입해 대응해야 했다. 하나의 열차 유형으로 모든 단계의 중심지를 연계하는 전술은 시간비용의 장벽에 둔감한 사람들에게나 유효한 이상, 수송 거리에 따른 분업이 없었다면 철도는 자동차에 의해 지금보다 더 큰 타격을 받았을 것이다. 물론 더 짧은 역간거리에서 표정속도는 급격히 떨어질 것이다. 바로 이 분업이 어떻게 이뤄져 있는지 보여 주는 값이 열차 유형의 역간거리다. 역

1장 거대도시와 철도

간거리가 긴 열차는 대규모의 넓은 중심지 사이를 연계하는 역할을 할 것이다. 반면 역간거리가 짧은 열차는 그보다 작은 중심 지점들을 촘촘하게 연결하는 역할을 할 것이다.

　　　도표 11는 역간거리에 따른 분업이 어떻게 현실에서 구현되어 있는지 보여 준다. 도시철도 완행열차의 위치는 평면의 원점에 해당하는 한편, 광역급행의 역간거리는 3^1~3^2km(3~9km), 재래선 특급은 $3^{2.5}$~$3^{3.5}$km(15~50km), KTX는 $3^{3.5}$~$3^{4.5}$(50~150km, 현재 남독일을 달리는 ICE 역간거리도 유사), G열차는 3^4~$3^{5.5}$km(80~400km) 범위에 걸쳐 있다. 역간거리가 좁아지면 표정속도 손실을 피할 수는 없지만, 그 수준은 현실의 역간거리 범위 내에서는 상대적으로 작다.(도표 7~9 참조)[23] 물론 더 짧은 역간거리에서 표정속도는 급격히 떨어질 것이다.

　　　이들 열차별 속도-거리 곡선을 도표 11의 수직 점선에 비추어 점검해 보자. 이들 수직 점선은 크리스탈러 중심지 체계 이론의 변수들로서, 각급 중심지(예를 들어 작은 읍내부터 시작해 지구, 군, 주요 지구, 주도 등)의 배후 지역 반지름을 나타낸다. 등장한 모든 열차 유형은 수직 점선 두 개 또는 세 개를 관통한다. 다시 말해, 하나의 열차 유형은 크리스탈러 체계에 따른 중심지 가운데 2~3개 단계를 포괄할 수 있다. 보강 2에서 논의하겠지만, 현실의 행정구역은 중심지 위계를 하나 건너 하나 반영하는 경향이 있으므로, 하나의 열차 유형은 하나, 또는 많게는 두 단계 정도의 행정구역 사이의 연결까지 포괄할 수 있을 것이다. 예를 들어, 고속철도는 시·도 사이의 연결뿐만 아니라 그 면적이 넓은 시·군 사이의 연결도 지원할 수 있을 것이다.[24] 이런 식으로 구성된 철도망 체계가 중심지 체계에 어떤 방향의 영향을 끼칠지에 대해서는 별도의 연구가 필요하겠지만, 이 연구 방향은 지금의 맥락 밖에 있다. 여기서는 철도망 계획은 행정구역 설정에서 어떤 이유에서든 무시된 중심지 위계 역시 살펴서 반영해야 그 잠재력을 최대한 실현할 수 있는 계획이 될 수 있다는 점 정도를 짚어 두면 적절할 것이다. 예컨대 철도는 격리 원리에 의해 약화된 중심지를 강화하는 방향으로 작용할 수 있다.

　　　다음 논의로 넘어가기에 앞서, 제2절에서 확인한 마르체티의 전망에 대해서도 다시 답해본다. 나는 앞서 교통수단을 사용해 1시간 내에 도달할 수 있는 거리뿐만 아니라 거점 사이의 거리 역시 도시의 모습을 결정지을 것이라고 추측했다. 이 추측은 도표 7~9의 '골디락스 존'을 활용해 시각적으로 표현할 수 있다. 도시의 모

23
즉, 각각의 열차 유형이 최대의 역간거리에서 달성한 표정속도를 2^nkm/h라고 했을 때, 최소 역간거리에서 달성된 최저 표정속도는 대략 $2^{n-0.5}$km/h가량이다. 표정속도가 이보다 낮아지면, 단계가 낮은 수단과의 역할 분담은 불가능하다. 한편 일정 역간거리 이하에서, 무궁화 같은 특급이나 KTX 등의 고속열차는 가감속 성능이 급행, 완행열차보다 상당히 뒤떨어진다. 가감속 성능이 뒤떨어지면 그만큼 특정 속도에 도달하는 시간도 오래 걸리며, 따라서 이들 열차의 역간거리-

속도 곡선은 왼쪽으로 갈수록, 즉 역간거리가 좁을수록 기울기가 가파를 것이다. 2절에서 살펴본 2^n 규칙과 표정속도 계단의 배후에는 바로 이들 속도-거리 곡선의 구조가 있을 것이다.

24
아마도 열차 역간거리의 실제 양측 한계는 통상 발생하는 마찰시간을 합산하더라도 표적 범위 내의 이동이 골디락스 존에 남아 있는 것이 가능한 범위에 따라 정해졌을 것이다.

습을 변화시키려면, 차량 기술은 최고 속도뿐만 아니라 가감속 능력 또한 강화하여 물리적 저항의 장벽도 넘어야 한다. 이들 장벽을 넘기 위한 투자 때문에 생기는 운임 상승 가능성도 무시할 수 없다. 또한 마르체티의 전망은, 이른바 '보급 원리'에 기반해 대지에 펼쳐져 있는 중심지 체계를 교통의 힘이 모두 무너뜨리리라는 예측 또한 담고 있는 듯하다. 하지만 이런 예측은 언제 실현될지 알 수 없는 미래 시나리오 가운데 하나일 뿐이고, 예를 들어 세계화와 국제 교류의 확대로 전 세계의 언어가 하나로 포괄될 것이라는 주장만큼이나 진위를 판별하기 어려운 주장이 아닐까.[25] 수많은 사회과학자들이 말하던 교통에 의한 공간의 종말이 현실에 구현된다면 골디락스 존의 위쪽 장벽이 곧 속도의 천**장과 일**치하게 되겠지만, 물리적 저항의 힘을 얕보는 사람만이 이런 전망을 진지하게 받아들일 것이다.

[25]
이런 식의 변화 과정을 기술하려는 동태적 모형은 크리스탈러 낭시부터 많은 이론 지리학자들의 관심사였다. 하지만 아직 완성된 해법은 요원한 듯하다. 최근의 논의는 다음 논문을 참조하라. 권오혁, 「교통발달에 의한 중심지체계 변화 모형의 분석과 함의」, 『대한지리학회지』 제51권, 제1호(2016): 77~88.

보강 2.
크리스탈러의 변수와 현실의 중심지 체계

현실의 공간 위를 달리는 철도를 개선하려면, 이론 지리학은 현실의 공간에 적용될 수 있어야 한다. 여기서는 크리스탈러가 남독일에서 확인한 수치를 검토하는 한편, 이 수를 일반화할 방법에 대해 고민해 본다.[26]

중심지 사이의 위계 체계는 작은 장터 규모인 1차 중심지에서 시작해, 소읍 수준인 2차 중심지부터 남독일의 주도(뮌헨, 프랑크푸르트 등) 규모에 대응하는 7차 중심지, 그리고 그 이상에 이른다.(표 2) 앞서 보았듯, 중심지의 보완 지역 영향권의 반지름은 위계가 한 단계 높아질 때마다 √3배씩, 면적은 3배씩 커져야 한다.(도표 10-2) 이하의 논의에서, 나는 등비 3(면적)과 √3(반지름)을 '크리스탈러의 수'로 부를 생각이다.

크리스탈러의 수는 보급 원리의 기하학적 귀결, 즉 이론적 예측치다. 이것이 실제로 작용하는 값인지 파악하려면, 1차 중심지 사이의 간격을 알아낸 다음 현실의 중심지 체계와 이론의 예측을 대조해야만 한다. 크리스탈러는 남독일의 1차 중심지의 반지름을 약 4km라고 밝히며, 보완 지역 반지름 사이에서 등비 √3도 확인한다. 중심지의 위계를 결정짓는 인구, 취급 상품 수 사이의 규칙성도 확인되었다.(표 2)

크리스탈러의 수는 여러 경험 연구를 통해 독일 밖에서도 확인된 듯하다.[27] 하지만 이들 값은 세계 지표면의 일부만을 다룬 연구들일 따름이었다. 크리스탈러의 수를 지구상의 도시 체계 어디에나, 그 체계의 구조를 탐구할 출발점으로 활용할 일종의 잣대로 삼으려면, 더 광범위한 경험 증거가 있어야 하지 않을까. 바로 이 목적을 위해 나는 전 세계 국가 가운데 면적이 500만~1만km^2 구간에 속하는 150개국의 행정구역 면적을 수집해 검토했다.

행정구역 면적 데이터의 성격을 이해하려면, 크리스탈러가 격리 원리에 대해 제시한 논의(132~138쪽)에서 출발해야 한다. 행정구역은 서로 배타적인 경계선으로 대지를 나누며, 모호한 영역을 허용하지 않는다. 하지만 보급 원리에 따른 중심지 체계는 n차 중심지의 배후지 외곽선에 n-1차 중심지가 위치하도록 구성되며(도표 10-3), 결국 n차 중심지를 그 치소(治所)로 삼는 m단계 행정구역은 n-1차 중심지를 그 내부에 거느리기 위해서는 n차 중심지의 배후지 너머까지

---

[26]
물론 그의 이론에 대해서는 중심지 체계의 변화를 서술하는 동적 모형이 취약한 데다, 정적 모형으로서도 약점이 있다는 비판이 계속됐다. 예를 들어 로쉬(August Losch)는 중심지들은 이질적이며 따라서 균일한 육각형 체계가 대지를 가득 채우고 있다는 크리스탈러의 모형은 여러 이질적인(각도, 크기 등) 육각형 체계가 겹쳐 있는 체계로 수정되어야 한다고 역설했으며, 이사드(Walter Isard)는 이들이 도시 중심부로의 인구 집중에 의해 일어나는 중심지 체계의 압축을 제대로 다루지 못했다고 지적했다. 하지만 철도 계획에 참고할 수 있는 변수를 찾아내려 하는 이 책의 맥락에서는, 오히려 단순하고 적용하기 쉬운 값에 주목할 수밖에 없다. 이 주석 작성을 위해 펜실베이니아 주립대 지리학과에서 제공하는 다음 웹 교과서를 참조했다. "The Marketing Principle of Central Place Theory," *Critical Geospatial Thinking and Applications*, https://www.e-education.psu.edu/geog597i_02/node/681.

[27]
George van Otten and Dennis Bellafiore, "Real-World Evidence that Supports Central Place Theory," in *Critical Geospatial Thinking and Applications*. https://www.e-education.psu.edu/geog597i_02/node/687.

[표 2] 크리스탈러가 제시하는 남독일의 중심지 체계와 그 변수. 출처: 크리스탈러, 『중심지 이론: 남부독일의 중심지』, 안영진·박영한 옮김(나남, 2008), 115. 맨 왼쪽 열에 표시된 유형별 약호는 이 책에서 계속 사용될 것이다.

약호	유형	보완 지역 반지름(km)	보완 지역 면적(km²)	공급 재화(종)	전형적인 배후 인구(명)
M	마켓	4	44	40	3,500
A	지구	$7 \fallingdotseq 4\sqrt{3}$	133	90	11,000
K	군	$12 \fallingdotseq 4\sqrt{3}^2$	400	180	35,000
B	주요 지구	$21 \fallingdotseq 4\sqrt{3}^3$	1,200	330	100,000
G	대관구	$36 \fallingdotseq 4\sqrt{3}^4$	3,600	600	350,000
P	지방	$62 \fallingdotseq 4\sqrt{3}^5$	10,800	1,000	1,000,000
L	지방 중심지	$108 \fallingdotseq 4\sqrt{3}^6$	32,400	2,000	3,500,000

[도표 12] 보급 원리와 격리 원리 사이의 연동 또는 비연동. 크리스탈러, 같은 책, 137쪽의 그림 1-6을 참고해 저자가 그림. 파란색과 하얀색 경계선은 보급 원리에 따른 보완 지역 경계선이다.

[도표 12-1] 보급 원리를 부분적으로 무시한 무정형적 행정구역의 위계 구조. m단계 행정구는 총 10등분 되어 있으며, 그 총 면적은 n차 중심지 배후지의 약 1.5배로 설정했다.

[도표 12-2] n차 중심지, n-2차 중심지와 연동된 행정구역 위계 구조.

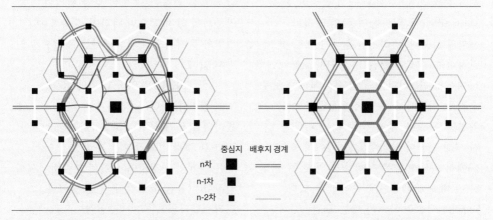

중심지   배후지 경계
n차
n-1차
n-2차

≡≡≡ n차 중심지를 치소로 하는 m단계 행정구의 경계선
── n, n-1차, n-2차 중심지를 치소로 하는 m+1단계 행정구의 경계선

≡≡≡ n차 중심지를 치소로 하는 m단계 행정구의 경계선
━━ n, n-2차 중심지를 치소로 하는 m+1단계 행정구의 경계선

구역선을 넓혀야 한다. 이런 설정 과정은, 보급 원리만큼의 일반적인 힘이 개입하지 않는 이상 각 방향에서 불균일하게 구현될 가능성이 크다.(도표 12-1) 한편 n차 중심지의 배후지와 m단계 행정구역의 경계를 대략 일치시켰다면, 그보다 삭은 m+1단계 행정구역의 치소는 n-2차 중심지와 일치하는 편이 좋다. m단계

행정구를 가능한 한 균등하게 분할할 수 있어, 행정구역 분할을 보급 원리와 최대한 연동시킬 수 있기 때문이다.(도표 12-2) 행정 서비스 역시 지역을 균등하게 분할할 수 있는 최소 지점에서 공급하는 것이 가장 효율적임을 잊지 말자. 후자의 방법, 즉 보급 원리와 최대한 연동시켜 격리 원리를 구현한 지역에서, m단계 행정구역과

m+1단계 행정구역 사이의 면적 비율은 7:1 부근일 것이다. 전자의 방법, 즉 n차 중심지의 행정구역선을 그 경제적 배후지 구역선보다 넓게 잡고 n-1차 중심지들을 m단계 행정구에 여럿 포함시켜 보급 원리를 상당히 무시한 지역에서 m단계 행정구역과 m+1단계 행정구역 사이의 면적 비율은 7:1과 거리가 있을 것이다.

그렇다면 문제는 보급 원리와 연동된 행정구역 분할은 어디서 더 우세하며, 보급 원리를 무시하는 행정구역 분할은 어디서 우세한 것인지 확인하는 데 있다. 도표 13은 이 작업에 사용할 데이터다. 여기서 초점은, 전국과 1단계(최상위) 행정구역 사이의 면적비, 그리고 1, 2단계 구역(한국의 시도:시군구)의 면적비, 2, 3단계 구역(시군구:읍면동)의 면적비 사이의 차이다. 기하평균을 기준으로 첫 면적비는 전 세계 평균 14:1이며, 도표 13에서도 전국:1단계 구역 사이에서는 모두 수직 한 칸(7배)을 크게 상회하는 차이를 확인할 수 있다. 반면 뒤쪽 두 면적비는 전 세계 평균이 각기 7.8, 7.5배이며, 도표 13에서 이들 비율은 사실상 거의 모두 수직 한 칸 비율에 해당함을 확인할 수 있다. 7:1과 1 이상의 차이가 나는 구간은 3개 뿐이다.[28] 1~2단계, 2~3단계 구역 사이의 비율 값은 전국~1단계 구역 사이의 값보다

7:1에 훨씬 더 가깝고 따라서 보급 원리와 격리 원리 사이의 연동으로 더 잘 설명된다.

전국~1단계 구역 면적비에서는 1~2단계, 2~3단계 사이에서는 확인할 수 없는 특징 또한 확인 가능하다. 나라가 넓을수록 전국~1단계 행정구역의 면적비는 커지는 경향이 있으나, 하위 행정구역의 면적비는 그렇지 않다는 것이 바로 문제의 특징이다. 최소 구간에 속하는 국가군의 전국~1단계 행정구역 면적 비율 역시 8.5:1 수준으로, 7:1보다 1 이상 큰 비율이다. 전 세계 전국~1단계 구역 면적비의 표준편차(18.1)[29]가 1~2단계 면적비나 2~3단계 면적비의 표준편차(각 10.4, 11.5)보다 크다는 점까지, 도표 13은 각 국토를 만들어 낸 힘이 보급 원리와 연동되어 있지 않으며 나라가 클수록 보급 원리와 독립적으로 작동했다는 결론으로 향해 있다.

도표 13은 일국 내부의 비율을 보여 줄 따름이다. 그러나 격리 원리와 보급 원리의 연동이 정말로 도표 12-2처럼 한 층 걸러 한 층씩 이뤄진다면, 나라들 사이의 같은 단계의 행정구역 사이의 면적비에서도 일정한 비율을 확인할 수 있을 것이다. 크리스탈러의 수에 따라, 면적이 3S인 나라 X의 중심지 체계 최대층은 면적 S인 나라 Y에 비해 중심지 체계의 위계가 (1차 중심지

---

[28]
100~50만 국가군의 2~3단계 면적비(5.3:1), 10~5만 국가군의 2~3단계 면적비(10:1), 5~1만 국가군의 1~2단계 면적비(5.4:1). 물론 도표 12-1과 같은 비정형적 구분이 우세할지, 12-2와 같은 연동된 구분이 우세할지 보여 줄 수적 기준이 부재한다는 점 덕에, 본문의 추론에 상당한 비약이 있음을 부인하긴 어렵다. 다만 여기서 활용한 추론은, 데이터의 구조에, 그리고 크리스탈러의 추론을 반박하고 다른 비율을 제시하는 일반 이론이 부재한다는 사실에 호소하는 가추(abduction) 또는 최선 설명으로의 추론(inference to best explanation)이다. 이 추론 속에서 선택되는 설명은, 설명해야 하는 사태(데이터)에 대해

논리적으로 유일한 답은 아니지만, 배경 지식과 인접 이론을 검토해 보았을 때 가장 설득력 있는 답이다. 저자가 공역한 다음 책 2장과 7장에 관련된 논의가 있다. 알렉스 브로드벤트, 『역학의 철학』(생각의힘, 2015).
[29]
이들 표준편차는 도표 13에 등장한 5개 면적 구간의 평균을 하나의 단위로 삼은 값이지만, 개별 국가의 면적비를 모집단으로 삼은 계산에서도 일국:1단계 행정구역 면적 비율의 표준편차는 국내 행정구역 간 면적 비율의 표준편차보다 더 높았다.

[도표 13] 한 나라의 행정구역은 단계별로 어떤 비율에 따라 좁아지는가? 도표 13과 14의 원자료는 위키피디아에서 얻을 수 있는 각국의 면적과 각 단계별 행정구역 수다. 행정구역 수의 기준 시점은 조금씩 다를 수 있다. 면적 구간에 따라 국가군을 나눴고, 이어서 각국, 단계별 면적의 기하평균을 구한 결과가 도표에 제시된 값이다. 기하평균이란, 이 값을 구할 n개의 수를 모두 곱한 값의 n제곱근 값이다. 이 값은 산술평균보다 극단 값에 의해 영향을 덜 받고, 따라서 큰 편차가 존재하는 세계 행정구역 면적 데이터를 대표하는 데

조금 더 적절하다. 너무 넓은 나라(러시아, 캐나다, 미국, 중국, 브라질, 호주)나 너무 좁은 나라(1만km² 미만)는 배제했다. 조사 대상 구간에 속하는 국가는 총 150개국이었으며, 최상층 국가군(23개) 면적의 기하평균은 130만km², 다음 층(22개)은 68만km², 중간 층(52개)은 25만km², 그다음 층(18개)은 7만km², 마지막 층(35개)은 3만km²이었다. 제4단계 행정구역 이하의 수치는 모집단에 비해 수집된 사례 수가 부족해 계산하지 않았다. 수직 축은 밑이 7인 로그 스케일에 따라 그렸다.

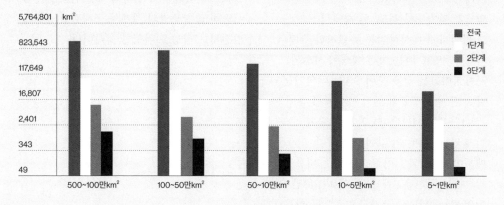

[도표 14] 각 단계 행정구역의 면적은 국가군 면적에 따라 어떤 식으로 변화하는가? 도표 13의 데이터를 행정구역 단계를 기준으로 재배열한 결과. 수직 축은 밑이 3인 로그 스케일에 따라 그렸다.

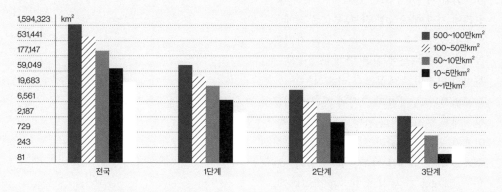

보완 지역의 반지름이 유사하다면) 한 층 더 높을 것이기에 그렇다. 이제 면적 3S인 나라의 대도시들은 3차 중심지(최대 도시는 5차)이며 1단계 행정구역이 이들을 그 치소로 하는 한편, S인 나라에서는 대도시가 2차 중심지(최대 도시는 4차)이며 1단계 행정구역이 이들을 그 치소로 한다고 가정해 보자.(도표 10-3 참조) 물론 이들이 기반한

중심지 체계는 보급 원리에 기반해 배열되어 있으며, 이에 따라 X국과 Y국의 1단계 행정구역의 면적비는 대략 3:1일 것이다. 현실 세계의 데이터에서도 면적 3S인 나라와 S인 나라 사이의 동차 행정구역 면적비가 대략 3:1이라고 해 보자. 이는 면적이 S인 나라와 3S, 9S인 나라들의 1단계 행정구역 치소는 각기 n차, n+1차, n+2차 중심지이며,

1장 거대도시와 철도

2단계 행정구역 치소는 n-2, n-1, n차 중심지라는 가설과 부합하는 증거일 것이며, 동시에 격리 원리와 보급 원리 사이에는 연동이 성립해 있을 것이라는 이론적 예측을 도표 13과는 다른 각도에서 조명하는 수치일 것이다. 1차 중심지 배후지의 규모가 세계적으로 유사하다는 중요한 가정은 별도로 확인해야 하고, 이 책에서 그 방법까지 제시하지는 못했지만 그렇다.

도표 14는 이런 예상이 사실과 근사적이라는 점을 보여 준다. 각 국가군의 같은 단계 행정구역 면적 사이에서 각기 2.2(1단계), 2.1(2단계), 2.2배(3단계, 전체 평균 2.1배)의 값이 확인되기 때문이다. 3:1과 1 이상 차이나는 비율을 기록하는 구간은 3개였다.(500~100만 /100만~50만km² 국가군 3단계 구역[1.8:1], 10~5만/5~1만km² 2단계[1.4:1], 3단계 [1:0.9] 구역) 비록 모든 단계에 걸쳐 보급 원리에 기반해 예상한 값보다 같은 단계 행정구역의 면적 사이 비율은 조금 작지만, 그리고 무엇 때문에 같은 단계 행정구역 사이의 면적비가 예상보다 작은지는 불분명하지만, 나라의 크기에 따라 행정구역 설정에서 무시되거나 반영되는 중심지의 위계가 서로 달라지리라는 가설 이외에 이 수치를 설명할 다른 이론은 따로 없다.

이들 두 분석의 결론은 이렇다. 크리스탈러의 수는 전 세계 각국의 행정구역 설정과 일정한 방식으로 연동된 듯하며, 행정구역 설정에서, 어떤 위계는 무시되고 어떤 위계는 반영되는지 예상하는 데 쓰일 수 있다.[30] 물론 평균값이 모든 나라의 값을 대변할 수는 없다. 현실의 공간을 제대로 분석하려면, 크리스탈러의 수를 현실에 적용할 때는 늘 신중해야 한다. 하지만 유력한 이론적 설명은 물론 도표 13, 14의 결과까지 있는 이상, 크리스탈러의 수를 일종의 자 눈금처럼 활용해 공간을 분할하는 작업은 현실의 도시 체계를 분석하는 작업의 출발점으로 세계 어디서나 유용할 수 있다는 추측까지 부정할 필요는 없을 것이다.

바로 여기에 기반해, 나는 6장의 서두에서 크리스탈러의 수를 활용해 수도권의 상황을 서술하고 철도망의 체계와 구체적인 공간을 연결하는 작업을 진행할 생각이다.

30
한국(면적 10만km²)의 경우 1단계 행정구역으로 'L원'(이하 약호는 표 2를 참조) 규모가 선택되면 P원·B원 규모가 무시되고, P원 규모가 선택된다면 L원·G원 규모가 무시될 것이다. 도는 P원(10만/8개=1.2만km²), 시·군의 평균 면적은 B원과 K원 사이(10만/160개=약 630km²)의 값이므로 한국의 현실은 후자에 좀 더 가까워 보인다. 세계 각국에 대해 이 예상을 입증하는 과제는 다음으로 넘긴다.

5절. 특권적 기관: 중심 착발역 또는 중앙역[31]

거대도시(권) 내부에는 버스와 비견할 만한 역간거리(500m)를 가진 노면전차의 역부터, 1km 간격으로 배열된 도시철도의 역, 그리고 광역급행 역이나 재래선 특급 정차역이 여럿 존재한다. 이들은 거대도시 내부의 소지역 중심지가 될 것이고, 때로 이 중심지가 행정구역과 같은 공식적인 지리 단위를 대표하기도 할 것이다. 이들 다양한 역들의 위계 최상층에는 특별한 지위를 가진 역이 있다. '중앙역'(Hauptbanhof)[32] 또는 중심 착발역이라고 부를 수 있는 이런 역은 대규모의 전국망 열차를 착발시키는 기능을 하기 때문에 그런 지위를 누린다. 그런데 전국망 열차를 멀끔하게 운영하기 위해서는 많은 서비스 작업이 필요하다. 청소를 하지 못한다면 열차는 역류하는 변기, 나뒹구는 쓰레기, 낭자한 얼룩을 안고 달려야 하며, 판매 물품을 싣지 않는다면 승객들은 주린 배를 붙잡고 몇 시간 뒤 목적지에 도착할 때까지 허기를 참는 수밖에는 없다. 화장실에 비치할 휴지를 싣지 못한 열차에서 일어날 일은 상상조차 하기 싫다. 그러나 이들 서비스를 위해 충분한 토지를 찾아 중앙역을 시가지 외곽으로 뺀다면, 목욕물과 함께 아기도 버리는 꼴이 되고 만다. 중앙역에는 낮은 속도 대역의 철도망이나 도로 교통수단 또한 대거 집결해야 할 뿐만 아니라, 인간 활동이 밀집한 도심과 역 사이의 거리 역시 되도록 가까운 것이 좋기 때문이다. 이런 과감한 배열이 적절한 경우는 대규모의 도시 개발 수요가 발생하는 고도성장 시점을 빼고는 생각하기 어렵다.

이런 난점은 중요한 취약점을 부른다. 중앙역의 승강장 수와 선로용량이 이 역에 연결된 전국망 전체의 열차 운행 규모를 속박한다는 사실이 바로 그것이다. 그리고 이런 속박은, 교통의 중심을 짓누르는 강력한 개발 압력이 그대로 구현될 경우 더욱 심각해진다. 앞서 도표 7~9에서 확인했듯, 철도는 거대도시가 없었다면 자동차와 항공기의 공세 앞에 그 입지가 크게 약화되었을 터인 만큼, 철도의 성공은 이러한 모순적인 상황을 견디면서 확장의 여지가 제한적인 공간과 시설을 최대한 유효하게 활용하는 데 달려 있을 수밖에 없다. 거대도시의 중심 착발역 유형은 이 취약점에 어떻게 대응하는지에 따라 다음 두 유형으로 분류할 수 있다.

1.   다수의 착발: 도쿄, 파리, 런던, 뉴욕, 모스크바 등지에서 관찰할 수 있는 형태. 파리나 모스크바에는 6개의 장거리 열차 착발역이 있다. 이처럼 착발역이 여럿 마련되어 있는 데는 크게 두 가지 원인이 있다. 우선 운영 회사가 여럿이기(또는

---

[31] '(중심) 착발역'과 '중앙역'은 이 책의 서술에서 혼용될 것이다. 단 하나의 역에서만 전국망 열차가 착발하는 거대도시는 거의 없기 때문이다.

[32] 한국어에서는 안산의 중앙역, 창원의 창원중앙역, 서울 9호선의 삼성중앙역처럼 지명 외 일종으로서 붙는 사례가 많지만, 독일식의 이 표현은 전국망 차원에서 도시 전체를 대표하는 거점이면서 동시에 철도의 운전 측면에서도 중요한 역에 붙는 말이다.

1장 거대도시와 철도

여럿이었기) 때문에, 회사별로 도심에 가까운 터미널 역을 마련한 경우(런던, 도쿄)가 있다. 애초부터 국가 주도로 네트워크가 형성된 유럽 대륙이나 러시아는 운행 노선에 따라 역을 쪼개, 한 역에 열차가 과도하게 집중하지 않게 조절한 것으로 보인다. 이 덕분에 열차 처리를 분산시켜 단일 역의 규모를 무한히 키우지 않아도 되지만, 여러 역을 한 사업자가 통합적으로 운영하기 위해서는 역 사이를 연결하는 연결선을 확보해야만 한다는 문제가 있다.

2.   대규모 중앙역: 대체로 유럽 대륙, 특히 독일어권에서 확인 가능한 형태. 한 개의 역으로 되도록 많은 선로를 집중시켜, 도시에서 착발하는 모든 열차를 이 역으로 집중시키는 것이 이 시스템의 핵심이다. 취리히 중앙역(사례 연구 1 참조)의 경우 인구 40만 도시의 중앙역에 불과함에도 무려 7개의 복선이 중앙역으로 진입한다. 하나의 역에서 도시에 진입하는 대부분의 장거리 열차에 탑승할 수 있어 승객에게는 매우 편리하지만, 중앙역의 열차가 늘어나면 늘어날수록 더 많은 선로용량과 착발 승강장이 필요하다는 점에서 운영자 측에게는 부담이 된다.

서울은 유형 2로 분류할 수도, 1로 분류할 수도 있다. 유형 1로 분류할 수 있는 이유는 청량리역과 수서역에서도 전국망 열차가 출발하기 때문이다. 유형 2로 분류할 수 있는 이유는 두 역의 능력이 제한적이기 때문이다. 서울 동부 지역에서 산악 지역으로 가는 열차의 착발 기능을 하는 청량리역은 열차의 착발 능력과 실적이 모두 서울역과 용산역에 비해 미미하다. 서울역과 용산역에서는 하루 편도 200회에 달하는 열차가 출발하지만, 수서역은 고속열차 60편의 출발을 취급할 뿐이다. 서울 서부의 전국망 역인 영등포역은 열차의 착발 능력도, 실적도 매우 작다. 청량리와 수서를 서울·용산역과 연결하는 연결선이 부족하다는 문제는 서울 지역 전국망 역의 구조를 유형 1로 분류할 경우 중요한 약점으로 볼 만하다.

      개별 역의 구조 차원에서 중앙역을 분류할 수도 있다. '통과식' 역과 '두단식'(頭端式, terminal) 역이라는 두 유형이 바로 그것이다. 통과식 역은 열차가 진입 후 방향 전환 없이 진행하여 빠져나갈 수 있는 역을 말한다. 두단식 역은 한쪽이 막혀 열차가 진입한 다음 빠져나가기 위해서는 진행 방향을 바꿔야 하는 역을 말한다. 국내에는 수서역이나 인천역, 여수역 정도를 빼면 두단식 역이 존재하지 않지만, 유럽은 상당수의 중앙역 또는 거대도시의 착발역들이 두단식을 채택하고 있다. 맞이방에서 계단으로 오르내리는 불편 없이도 승강장까지 갈 수 있다는 점이 이용객으로서는 가장 좋다. 하지만 두단식 역은 열차가 일단 승강장에 진입하면 진행 방향을 바꾸기 위해 적어도 10분 가까이 정차해야 한다. 이 덕분에 두단식 역은 통과식 역에 비해 같은 양의 열차를 처리하기 위해 선로와 승강장이 더 많이 필요하며, 대량의 열차를 처리해야 할 바쁜 역에는 적절하지 않다. 유럽에서도 대규모 토목 공사를 결행하여 두단식 역을 통과식 역으로 개량하는 사례가 계속 나타나고 있다.

      승강장 차원에서도 중요한 분류가 있다. '고상(高床) 승강장'과 '저상 승강장'이 그것이다. '고상', '저상'은 승강장과 궤도 사이의 높이 차이를 기준으로 한다. 한국 고상 승강장의 높이 규격은 1135mm이며, 저상 승강장의 높이는 약 500mm 이하이다. 고상 승강장은 도시철도 및 광역망 역에서 볼 수 있다. 차량의 문과 승강장 높이가 같아 다수의 승객이 신속하게 승하차할 수 있다는 장점이 있는 반면, 기존의 승강장과 차량 출입문을 모두 뜯어고쳐야 한다는 점에서 초기 비용이 크다는 단점이 있다. 저상 승강장은 그 밖의 전국망 열차(KTX 등)에서 볼 수 있는 승강장으로, 계단을 오르내려야 하는 부담이 있지만 승강장 규격에 구애받지 않고 열차를 운행할 수 있다는 장점이 있다. 상충되는 비용편익 덕에 정답은 없지만, 승하차 불편을 생각하면 전국망 역시 고상 승강장으로 바꿔야 한다는 목소리는 꾸준하다.

고상 승강장을 모든 열차의 표준으로 삼은 대표적인 나라로 일본을 꼽을 수 있다. 반면 유럽의 경우에는 저상 승강장이 널리 퍼져 있다. 2010년대 들어 막대한 규모의 고속철도 투자를 단행하고 있는 중국은 고속열차 역에서는 고상 승강장을 채택했다. 기존선과의 호환성보다는 막대한 승객을 처리해야 하는 부담을 더 크게 본 듯하다. 동아시아 고속열차 가운데는 한국만 저상 승강장을 택하고 있는 셈이다. 노약자의 비중이 늘어난다는 현실뿐만 아니라, 이웃나라 덕분에도 전국망 역을 고상 승강장으로 바꿔야 한다는 주장은 앞으로 더욱더 힘을 얻을 듯하다.

6절. 세계 도시 인구와 대표 도시 선발

지금까지 표정속도에 따른 교통수단 사이의 역할 분담, 표정속도-역간거리 사이의 비례 관계, 그 주변에 교통수단을 번창시키는 속도-거리에 따른 '골디락스 존', 이론 지리학·현실의 중심지 체계와 열차 등급의 느슨하지만 밀접한 관계, 그리고 특권적인 중앙역(중심 착발역) 구조의 특징까지 살펴봄으로써, 철도망을 자체의 질서에 따라 분해하는 데 필요한 도구를 적지 않게 손에 넣었다. 예고한 대로, 서울·수도권의 철도망과 전 세계 거대도시의 망을 비교하기 위한 작업으로 넘어가자.

이 작업의 기반은 구체적인 도시들이다. 하지만 각 도시가 처해 있는 조건은 아주 독특하므로, 이들을 적절하게 선택하는 것 또한 쉽지 않은 일이다. 나는 UN이 집계해 발표한 1000만 명 이상의 인구 밀집 지대(agglomeration)[33] 목록(34개)을 참조할 뿐만 아니라, 세계적으로 중요하고 큰 도시로 알려진 지역과 주변의 행정구역에 기반해 중심 도시와 광역권의 인구를 다시 측정하는 작업을 통해 일종의 선수 선발전을 가졌다. 이 선발전의 초점은 세계 도시 인구의 분포를 반영해 인

---

[33]
도시 통계에서, 'city proper'는 행정구역을, 'agglomeration'은 행정구역과 무관하게 도시 수준의 인구 밀도로 거주 등의 토지 활용이 벌어지는 연속적인 지역을, 'metropolitan area'는 시가지가 연속되어 있지는 않지만 통근 등의 방법으로 인간 활동이 연계 되어 있는 영역을 지시한다. 대개의 경우 뒤로 갈수록 범위가 넓어진다. UN 인구국의 다음 별명을 참조. United Nations DESA Population Division, *World Urbanization Prospects: The 2018 Revision, Methodology* (New York: United Nations, 2018).

도나 중국의 도시가 지나치게 많이 등장하지 않도록 하는 한편 세계 각 지역의 대표 도시를 고르게 등장시키는 데 있었다. 선택된 도시들은 각기 중국(9개), 인도(5개), 미국, 일본(이상 3개), 브라질, 파키스탄, 독일, 한국[34](이상 2개), 인도네시아, 러시아, 멕시코, 나이지리아, 터키, 이란, 방글라데시, 영국, 프랑스, 필리핀, 이집트, 이탈리아, 아르헨티나, 콜롬비아, 콩고민주공화국, 스페인, 베트남, 태국, 캐나다, 베네룩스 3국, 페루(이상 1개)에 위치해 있다.(도표 15~17 및 캡션 참조)

　　　최종 선택된 도시의 개수는 50개다. 계산이 편리하기 때문에 선택한 규모이긴 하지만, 특히 철도 투자가 비교적 충실히 누적된 선진국의 도시들을 가능한 한 누락 없이 반영할 수 있도록 UN 인구국의 추산보다 범위를 더 넓히기도 했다. 거대도시의 규모에 미치지 못하는 몇몇 도시들이 아래에서 등장하게 될 이유다. 어쨌든, 교통의 세계를 구성하는 각 기관과 그 일반적인 작동 방식, 그리고 이 작동이 현실의 조건 속에서 어떻게 변하는지 확인할 구체적인 시공간까지, 무대 장치가 이렇게 모두 마련되었다. 무대 위에 주제를 올리고 그 결과를 살펴볼 시간이다.

7절. 철도망 분해 1: 열차 착발 능력과 전국망

거대도시라는 무대 위에서, 가장 먼저 살필 부분은 중심 착발역의 능력이다. 이들 지표는 전국망 철도의 능력을 확인하는 작업과 가장 관련성이 깊다. 거대도시 전국망의 수준은 그 도시 중앙역 또는 착발역의 능력에 의해 결정되기 때문이다. 착발역의 능력을 평가하기 위해 측정한 변수는 다음 세 가지다.

1.　　진입 선로의 양: 망에서 중앙역으로 진입하는 선로가 많을수록 역은 동시에 많은 열차를 착발시킬 수 있다. 특히 실제로 운행이 이뤄지는 본선의 수는 동시에 역을 떠나거나 진입하는 열차의 수를 결정하므로 중요하다. 이외에 기지 인입선이나 역 구내 인상선 방면 연결 역시 운행을 마친 열차를 빼내어 역의 승강장을 최대한 활용하는 데 도움을 주기 때문에 중요하다. 다만 이 값의 측정은 외부인이 눈으로 보기만 해서는 완전할 수 없고, 궁극적으로는 실제 사업자의 배선도에 기반해 이뤄져야 한다. 따라서 이 책에 수록된 값은 잠정 수치다. 나는 운행용 본선뿐만 아니라 구내 조차시설로 가는 인상선(단 최소한의 수치만을 포함) 역시 이 양으로 수합했다.

2.　　승강장의 양: 승강장이 많을수록, 역이 동시에 취급할 수 있는 열차와 승객 수는 늘어난다. 이는 특히 승하차객이 집중되는 전국망의 거점역에서, 그리고 승하

34

한국은 부산 일원을 포함시켰다. 한국어로 된 이 분석을 좀 더 폭넓게 활용할 수 있도록 하기 위해서이다.　참고로 한국의 도시 인구는 세계 도시 인구 가운데 대략 1%를 차지한다.

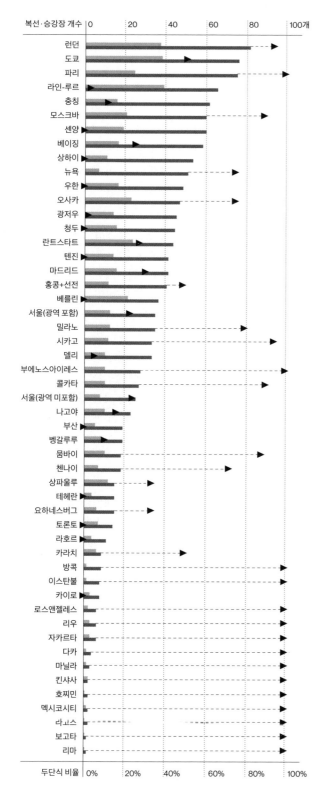

[도표 15] 세계 거대도시의 주요 착발역 또는 중앙역의 능력 관련 지표.(2018년 여름 기준) 구글 지도(중국은 바이두 병용), 독일의 철도 동호인이 제작한 지도 서비스인 오픈레일웨이맵(www.openrailwaymap.org)을 활용하여 철도망의 형태를 관찰하는 한편, 각국어로 된 위키백과를 사용해 열차 운행 패턴에 대한 정보를 확인하여 주요 착발역 또는 중앙역이 어디인지, 그리고 역의 구조가 어떠한지 재차 확인했다. 포함된 역과 기본 구조는 일러두기에 제시된 저자 블로그나 노선의 거대도시별 지도를 참조. '연결 본선' 1개는 한 방향으로만 복선이, 그리고 2개는 단방향 2복선이나 양방향 복선 연결이 이뤄져 있다는 뜻이다. 북쪽으로 4복선이, 남쪽으로 5복선이 몰려 있는 역이라면 그 역은 9복선 연결로 평가된다. 두단식 역으로 인한 문제를 반영하기 위해 승강장 수는 환산 과정을 거쳤다. 즉 통과식 승강장의 수는 본래 그대로, 그리고 두단식 승강장의 수는 절반으로 깎아 합친 값으로 제시했다. 두단식 승강장의 비율은 승강장 수의 절대량을 분모로 하여 계산했다.

두단식 비율

■ 착발역 연결 본선 수(복선)
■ 착발역 환산 승강장 수
▶ 두단식 승강장 비율

1장 거대도시와 철도

차 시간이 오래 걸리는 저상 승강장을 쓰는 경우가 많은 전국망 역에서 중요한 변수다. 진입 선로와는 달리 승강장의 수는 쉽게 관찰할 수 있으므로, 논란의 여지가 없는 값을 얻을 수 있다.

3.　　　(역 내) 두단식 승강장과 통과식 승강장의 비율: 두단식 승강장의 비율이 높다면 승객을 처리한 열차를 빠르게 역에서 빼낼 수 없으며, 출발 열차의 진로를 도착 열차의 진로가, 도착 열차를 출발 열차가 가로막는 현상도 피할 수 없다. 반면 통과식 승강장이 많다면 열차를 인상선이나 기지까지 빠르게 빼낼 수 있어 한정된 역 공간을 효율적으로 활용할 수 있게 된다.

세 변수를 취합한 결과가 바로 도표 15이다. 그럼직한, 그리고 의외의 도시들이 여럿 보일 것이다. 상위권에는 유럽, 일본, 중국의 거대도시들이 주로 포진해 있다. 반면 아프리카와 라틴아메리카, 동남아시아와 남아시아의 몇몇 거대도시에서는 전국망 철도의 착발 능력이 사실상 존재하지 않는다. OECD 가입국도 모두 이런 상황에서 벗어나 있는 것은 아니라는 사실은 멕시코의 수도 멕시코시티에서 확인할 수 있다.
　　　주의할 점이 있다. 각국의 철도 환경에 따라 이들 값의 의미가 상당히 다르다는 사실이 그것이다. 일본처럼 광역망이 사실상 대부분의 착발역을 채우는 경우도 있고, 중국처럼 거의 모든 용량이 고속철도와 재래선 특급을 위해 사용되는 경우도 있다. 유럽 국가들은 한 역에 광역망과 전국망이 고루 다니는 편이다. 이 책의 주인공인 서울 지역 착발역의 운용은 유럽 국가들과 유사하다. 수서를 뺀 세 역의 구내를 전국망과 광역망이 공유하기 때문이다.
　　　착발 선로와 승강장의 용량이 가장 큰 두 도시는 런던과 도쿄다. 런던은 착발역의 실제 승강장 수가 훨씬 더 많고(155개), 대부분의 역이 두단식 설계임을 감안해 계산하더라도 도쿄보다 규모가 근소하게 크다. 그 뒤를 따르는 도시로 파리, 충칭, 모스크바, 센양, 베이징 등이 있다. 런던·도쿄와 함께, "세계 도시" 체계[35]의 주축으로 꼽힌 바 있는 뉴욕은 승강장 수는 상당하지만 상대적으로 연결 본선의 규모는 빈약하다. 라인-루르나 란트스타트처럼 여러 중대형 도시들이 뭉쳐 이뤄진 광역권의 값이 크게 나온 것은 각 도시의 중앙역 용량을 모두 합쳤기 때문이다. 철도를 세계에서 가장 많이 이용하는 두 나라, 중국과 인도 가운데서는 중국 도시의 착발 능력이 월등히 높고 유럽 국가와 근접하거나 오히려 능가한 상태다. 중국의 철도 중앙역에는 광역망이 대체로 없으며, 충칭과 베이징 일부 역을 제외하면 두단식 승강장이 부재한다는 점을 감안하면 중국 주요 거대도시의 전국망 철도 용량은 이제 유럽 거대도시를 부분적으로 넘어섰다고 할 만하다. 한편 인도는 연간 1조 인킬로

35
사스키아 사센, 『사스키아 사센의 세계경제와 도시』
참조.

를 상회하는 거대한 수요가 무색할 정도로 착발 능력 지표가 비교적 미약하다. 뭄바이와 같이 광역망 이용객이 하루에 700만 명에 달하는 지역조차도 중앙값 이하의 성적을 보여 준다. 상파울루, 테헤란, 요하네스버그의 경우, 제대로 된 중앙역이 존재하지 않는 지역에 비해서는 철도를 활발히 활용하고 있지만, 인도의 주요 도시보다 한층 중앙역의 능력이 부족하다.

서울은 이들과 비교했을 때 어떤 수준일까? 광역망을 빼고 비교하는 것이 적절한 중국과 비교했을 때, 서울의 전국망 능력은 모든 중국 거대도시보다 크게 열세라는 점이 드러난다. 승강장 수, 연결 본선 수 모두 절반 이하 수준이다. 심지어 두단식 승강장 비율도 대부분의 중국 도시들보다 높아, 역의 구조 역시 열차 운행에 비효율적이다. 광역망을 포함시켜 비교할 경우에도, 마드리드나 베를린 이상의 도시와는 그 세를 비견할 수 없다. 서울과 비견할 수 있는 중앙역 착발 능력을 지닌 도시는 높게 보아(광역 포함) 밀라노나 시카고, 그리고 낮게(광역 미포함) 보면 부에노스아이레스나 델리, 콜카타 정도이다. 서울에서 출발한 전국망 열차의 태반을 받아다시 올려 보내야 하는 부산의 경우 서울에 비해서도 그 능력 지표가 절반에 불과하다. 부산과 비견할 값이 나오는 거대도시로는 요하네스버그, 테헤란이 있다.

결국 오늘날 서울은 중국의 주요 거대도시에 비해 절반 정도의 열차 착발 능력만을 보유한 셈이고, 도쿄, 런던, 파리, 모스크바, 오사카와 서울의 관계 역시 마찬가지로 평가할 수 있다. 도시 규모가 한참 작은 밀라노, 또는 설비 수준이 아주 다른 열차를 보유한 델리나 콜카타와 비슷한 수준의 지표를 서울이 기록한다는 결과가 충격적일지도 모르겠다. 하지만 서울 지역 중앙역의 객관적 능력이 떨어진다는 이런 결론을 뒤집을 만한 유력한 증거는 없다. 철도망이 개발된 역사를 살펴보더라도(3장 참조), 서울의 철도 투자를 유럽이나 일본과 같은 두터운 투자나 중국식의 폭발적인 투자와 비견하기에는 아쉬운 점이 많다. 최근 더해진 수서역은 전체가 두단식 역이기까지 하다. 바로 이런 상황을 세밀하게 살펴보는 자리가 4장에 마련되어 있다.

8절. 철도망 분해 2: 도시망의 능력

이번에는 도시망의 상황을 평가해 보자. 도시철도의 능력 지표로 선정한 값들은 다음과 같다.

1.   중심 도시의 인구당 하루 철도 이용객 수치: 이 수치는 각각의 거대도시에서 얼마나 일상적으로 사람들이 철도망을 활용하고 있는지를 대표하기 위해 선택한 값이다. 광역권 전체의 인구와 철도망 활용을 비교하는 것도 가능하지만, 이보다는 중심 도시를 판별하고 그 인구와 철도 이용객(특히 도시철도 이용객) 데이터를 확보하는 것이 훨씬 더 용이했기 때문이었다. 대부분의 거대도시에서는 충분한 광

역망 이용객 데이터를 구할 수 없었다. 향후 자료가 더 보강된다면, 중심 도시의 인구당 철도 이용 빈도와 광역 지역 전체의 이용 빈도, 그리고 양측의 차이를 구할 수도 있을 것이다. 자료의 한계로 철도 이용객 값은 대체로 도시망 승객 수이며, 광역망 승객 데이터가 가용할 경우 합산했고, 전국망 승객 값이 합산된 곳은 런던 이외에는 없다.[36]

2. 중심 도시의 면적당 철도 연장: 이 수치는 중심 도시 내부의 철도 밀도를 보여 주는 데 적절한 값이다. 이 값이 클수록 중심 도시에는 더 촘촘한 철도망이 구축되어 있을 것이다. 이 값은 두 층위로 나누어 수집했다. 중심 도시 지방정부가 투자한 도시철도('메트로[metro]'라는 표현이 세계적으로 통용된다)층, 그리고 중심 도시 경계 내에 분포하는 광역·전국망 철도층. 광역 지역 범위 내의 철도 밀도를 구하는 작업 역시 가능하긴 하지만, 광역 지역의 범위 설정에 대해 논란이 있을 수 있을 뿐만 아니라 측정해야 할 노선 규모를 감안해 이번 조사에서는 시도하지 않았다. 다만, 도표 17에서는 각 거대도시의 규모를 나타내기 위한 변수로 광역권의 인구를 표시해 두었다.

두 지표가 모두 높은 도시의 시민들은 훌륭한 도시철도 서비스를 누릴 것이다. 반면 전자만 높고 후자가 낮다면 그 도시의 도시철도 서비스는 의심할 만하다. 이런 도시라면, 역까지 접근하는 길이 멀고 힘겨운 데다, 이미 차내를 꽉 채운 승객들 덕에 '지옥철'을 마주칠 수밖에 없기 때문이다. 반면 후자만 높고 전자가 낮은 도시는, 막대한 재정을 들여 건설한 도시철도가 제대로 활약하지 못하는 현실 앞에서 고민하거나, 거대도시에 넘쳐흐르는 여객 수요를 위해 철도망을 유효하게 활용하지 못하는 악조건 속에 빠져 있을 것이다. 11절의 종합 평가에서는 이들 두 지표의 차이 또한 활용될 것이다.

우연한 일치겠지만, 두 지표의 절대값은 비슷한 크기다. 도표 16의 수직축은 그 때문에 두 지표를 모두, 한 번에 지시하도록 설정했다. 이런 배열 덕분에, 도표 16은 각 도시별로 두 지표 사이의 차이가 어느 정도인지를 강조할 수 있는 형태가 되었다. 가장 먼저 눈에 띄는 것은 도쿄·오사카의 압도적인 1인당 철도 이용 횟수와 그보다 훨씬 낮은 철도 밀도의 값이다. 철도 밀도와 이용 빈도의 값이 유사한 파리·런던, 그리고 철도 밀도가 오히려 높은 마드리드·부에노스아이레스와 같은 도시와 도쿄·오사카의 상황은 대조적이다. 아마도 이 차이가 오늘도 계속되고 있는 도쿄의 지옥철을 이해할 수 있는 실마리가 아닐까.

도쿄·오사카처럼 철도 이용 빈도 값이 밀도보다 크게 높은 도시로 나고야,

---

[36]
영국 철도도로국(ORR)은 런던 시내 전국망 착발역(구국철 소속)의 승객 내역을 광역·전국으로 분해해 보여 주지 않고 있기 때문에 부득이 택한 분석 방법이다. 타국에서는 데이터가 없거나 충분히 세밀하지 않아 전국망 승객 수를 철도 이용객 수에 포함시키지 못했다.

[도표 16] 세계 거대도시의 도시철도 관련 지표. 하루 '1인당 철도 이용 횟수'의 기반 데이터는 도표 15 설명 참조. '도시철도 밀도'는 각 거대도시별로 설정 또는 식별한 중심 도시 경계(일러두기에 제시된 저자 블로그 참조) 내부에 분포하는 도시철도망의 연장을 중심 도시 구역의 면적으로 나눈 값이다. '광역, 전국망 철도 밀도'(이하 광역망 밀도)는 같은 면적을 분모로, 중심 도시 내부를 달리는 비(非)도시철도망의 연장(명백한 화물용 측선[spur] 제외)을 분자로 삼은 값이다. 단 트램 영업 거리는 트램의 속도를 감안해 절반으로 나누어 반영했다. 중심 도시 경계 바깥으로 나간 도시철도망의 길이, 광역, 전국망 철도의 연장은 구글지도 위성사진을 따라 노선의 길이를 직접 측정하여 수집했다. 따라서 두 밀도 값은 근사치다. 또한 각 도시의 중심 도시 기준 면적은 인구 정보 수집을 쉽게 하기 위해 선택된 행정구역 면적의 합이기 때문에, 도시별 지도에서 행정구역선을 중심 도시 경계로 사용하지 않은 도시의 중심 면적은 지도상의 면적과는 다른 경우가 많다. 수직 축의 값은 세 지표를 모두 지시하는 데 쓰인다는 점도 밝혀 둔다.

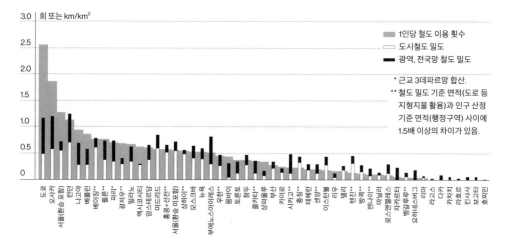

베를린, 광저우, 멕시코시티, 뭄바이, 상파울루, 리우 등을 확인할 수 있다. 나고야나 베를린은 그 정도가 약하겠지만, 이들 도시는 오늘도 극심한 교통지옥을 경험하고 있는 곳들이다. 반대로 철도 밀도가 이용 빈도보다 높은 도시로는 마드리드, 서울(환승 미포함), 부에노스아이레스, 로스앤젤레스, 이스탄불, 자카르타 등이 있다.(철도 밀도 기준 면적과 인구 산정 기준 면적이 현격히 다른 도시들은 언급하지 않겠다.) 부에노스아이레스를 제외하면, 이들 도시 사이에는 도시 규모에 비해 철도망의 누적 투자 규모가 작거나, 투자가 최근 강화되고 있으나 충분한 수준에는 아직 도달하지 못한 도시들이라는 공통점이 있다.

　　　도시철도 밀도와 광역망 밀도 사이의 차이 역시 흥미롭다. 대부분의 거대도시에서 도시철도 밀도는 광역망 밀도보다 높다. 철도 종주국의 거대도시 런던조차 그렇다. 예외인 도시는 도쿄, 오사카, 나고야, 파리, 뭄바이, 첸나이, 자카르타, 요하네스버그, 그리고 부에노스아이레스와 시카고 정도다. 이 가운데 뭄바이, 첸나이, 자카르타, 요하네스버그는 아직 도시철도가 없거나 물량이 매우 부족하기에 여기 포함되었다면, 일본의 세 도시나 파리, 신대륙의 두 도시는 도시철도 규모도 상당하지만 그보다 규모가 더 큰 광역망을 함께 보유하고 있는 도시이기에 이 목록에 든다. 특히 이 가운데, 일본의 세 도시와 파리는 다음 절에서 살펴볼 여러 변수까지 감안할 경우 중심 도시와 광역권 모두에 걸쳐 철도 투자가 심도 있게 이뤄진 도시로 손꼽을 수 있다.

　　　　　　　　　　　　　　　　　　　　　　　1장 거대도시와 철도

계산에 사용한 각 거대도시별 인구와 철도 승객의 규모. 수치의 규모는 면적에 비례한다. 인구와 철도 승객 수치의 계산 근거는 일러두기에서 밝힌 저자 웹 페이지에 게시한 별도 파일을 참조하라. 인구 계산은 대부분 행정구역에 따라 각국 통계 당국의 추정치 또는 최근 센서스 결과가 정리되어 있는 홈페이지 'City Population'(http://citypopulation.de/)에 기반해 이뤄졌으며, 철도 승객 값은 운영사나 시 당국 홈페이지, 또는 보도를 조사해 찾은 값임을 밝힌다. 참고로 일본 도시의 철도 승객 값은 환승과 직결 운행을 모두 반영하는 만큼 지나치게 높고, 따라서 『도쿄통계연보』를 통해 확인한 순 승차 비율에 따라 도쿄는 물론 오사카와 나고야의 값도 조정했기 때문에 도표 16과 다르다. 정렬 순서는 철도 이용객 규모에 따랐다.

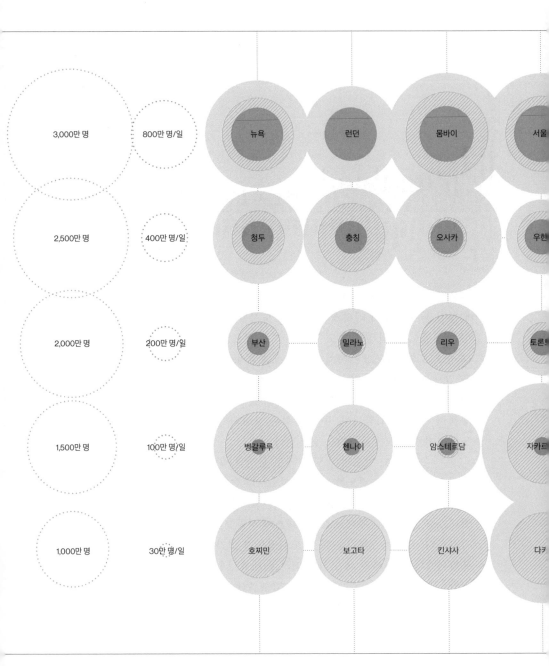

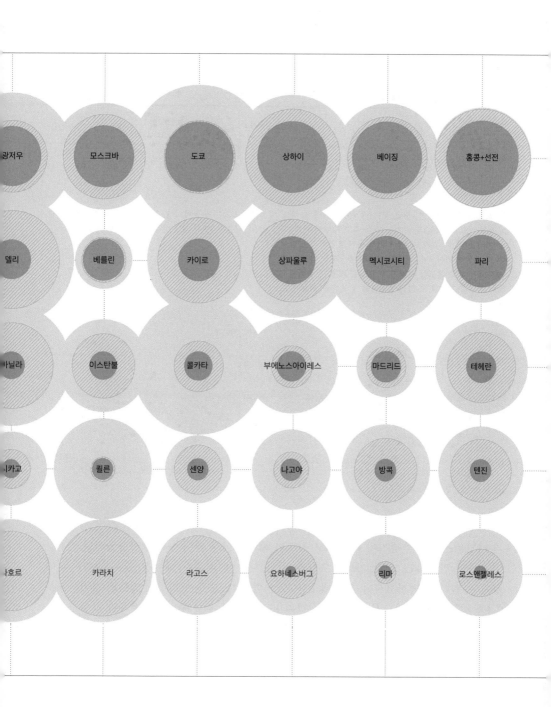

철도 이용객(하루, 명)
중심 도시(city proper) 인구
광역도시권(metropolitan area) 인구

광저우　모스크바　도쿄　상하이　베이징　홍콩+선전

델리　베를린　카이로　상파울루　멕시코시티　파리

마닐라　이스탄불　콜카타　부에노스아이레스　마드리드　테헤란

시카고　쾰른　센양　나고야　방콕　텐진

나호르　카라치　라고스　요하네스버그　리마　로스앤젤레스

[도표 18] 전 세계 거대도시 50개의 1인당 하루 철도 이용 횟수와 중심 도시 총 철도 밀도의 관계. 철도 밀도의 분모 면적 값은 일러두기에 적힌 저자 웹 페이지에 밝힌 값이다. 참고로 도표 18~23에 표기된 점의 x축 값은 도시별로 모두 같다. 빨간색 점은 서울, 분홍색 점은 부산이다. 추세선의 결정계수 R^2은 0.70이다.

[도표 19] 전 세계 거대도시 50개의 1인당 철도 이용 횟수와 중심 도시 광역·전국망 철도 밀도의 관계.

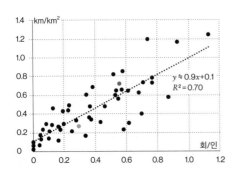

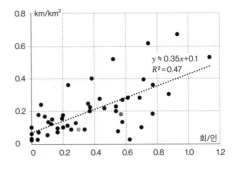

[도표 20] 동북아시아, 유럽, 북미 거대도시(27개)의 중심도시의 인구 규모와 1인당 철도 이용 횟수 사이의 관계. 이들 지역은 세계의 다른 지역에 비해 여러 층위의 철도망이 더 잘 갖춰진 곳이므로, 거대한 인구가 유발하는 잠재 수요에도 불구하고 철도망 자체가 부족해 승객 수로 실현되지 않는 경우를 배제할 수 있는 집단으로 보고 따로 빼내어 도표를 그렸다.

[도표 21] 동북아시아, 유럽, 북미 거대도시의 광역권 인구 규모와 1인당 철도 이용 횟수 사이의 관계.

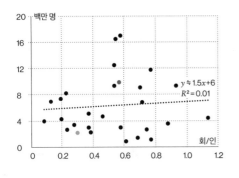

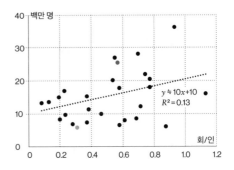

상위 25%, 즉 인당 0.6회를 넘는 이용 횟수를 기록하는 도시라면 그 도시의 시민들은 세계적 견지에 볼 때 도시철도의 혜택을 아주 많이 누리는 사람들이다. 이 기준을 만족하는 도시로 도쿄, 오사카, 런던, 나고야, 베를린, 베이징, 쾰른, 파리, 광저우, 밀라노, 멕시코시티, 암스테르담(12개)이 있다. 또한 도시철도 밀도의 값이 0.4를 넘는 도시[37]는 도시의 구석구석까지 도시철도가 부설되었다고 평가할 만하며, 광역망 밀도의 값이 0.25를 넘는 도시[38]는 중심 도시와 광역생활권을 연결하는 철도가 도심부 구석구석으로 그만큼 많이 파고들었다고 할 수 있다.

이제 개별 도시들의 데이터를 세밀히 살피는 관점을 떠나, 철도 이용 빈도

[도표 22] 동북아시아, 유럽, 북미 거대도시의 중심 도시 인구밀도와 1인당 철도 이용 횟수 사이의 관계. 면적 차이로 인한 교란을 줄이기 위해 중심 도시 판정 면적 상위 5개, 하위 5개 도시를 배제하고 계산한 결과다. 17개 도시의 면적 범위는 405km²(쾰른)~1372km²(베이징) 수준이며, 인구와 연동된 행정구역 면적이 도표 22, 23의 기준값이다.

[도표 23] 동북아시아, 유럽, 북미 거대도시의 광역권 인구밀도와 1인당 철도 이용 횟수 사이의 관계. 여기서도 면적 범위로 인한 교란을 줄이기 위해 광역권 면적 상위 5개, 하위 5개 도시를 배제하고 계산했다. 17개 도시의 광역권 면적 범위는 8028km²(마드리드)에서 2만 1567km²(나고야) 사이다. 부산은 광역권 면적을 너무 좁게 판정하여 (3373km²) 계산에서 배제되었다.

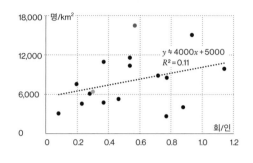

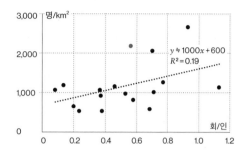

를 어떤 변수가 얼마나 설명할 수 있는지 살펴보는 관점을 채택해 보자. 이 관점을 구체화시킨 결과가 바로 도표 18~23이다. 첫머리에 오는 도표 18은 도표 16에 등장한 두 지표, 즉 철도 밀도와 철도 이용 빈도 사이의 통계적 관계가 상당히 밀접하다는 점을 드러낸다. 이 도표는 전 세계 어디서나 철도 밀도가 높으면 그만큼 중심 도시 시민들이 자주 철도를 이용하며, 그 편차도 심하지 않다는 점을 보여 주고 있기 때문이다. 추세선의 기울기에 따르면, 이들의 비례 관계는 0.9:1 수준이다. 즉, 중심 도시의 전체 철도 밀도가 0.9km/km² 늘어날 때마다 시민 1명의 철도 이용 빈도 또한 1회 늘어난다. 도표 19는 두 변수의 관계를 더욱 심도 있게 해부해 보여 준다. 중심 도시 내부 시민들의 생활에 아주 밀접하며, 대부분의 거대도시 철도 승객 데이터에 반영된 도시철도의 밀도가 철도 이용 빈도를 설명하는 것은 자연스럽다. 하지만 상당수 도시에서 데이터 부족으로 승객량에 포함시키지 못한 광역망, 그리고 승객량을 포함시킨 도시가 거의 없는 전국망 철도의 연장 역시 철도 이용 빈도를 설명하는 데 중요하다는 사실은 좀 더 흥미롭다. 두 변수 사이에는 전국·광역망 밀도가 약 0.4km/km² 늘어날 때마다 철도 이용 빈도가 1회 늘어나는 관계가 있는 듯하다. 데이터가 부족해 검토하지 못했지만, 수송 인원이 아니라 거리 측면에서는 광역·전국망 밀도가 도시망 밀도보다 더 큰 기여를 할 가능성이 크다. 도표 7~9에서 가능성을 엿보았듯, 마찰시간을 충분히 줄인 철도는 중심 도시를 벗어나는 광역권 승용차 통행(20~100km)은 물론 단거리(~1000km) 항공 통행까지 흡수할 수 있기 때문이다.

37
순서대로 런던, 베이징, 마드리드, 오사카, 서울, 홍콩+ 선전, 도쿄, 상하이, 모스크바(이상 9개). 참고로 뉴욕은 0.39, 쾰른은 0.38, 암스테르담은 0.37을 기록했다.

38
순서대로 도쿄, 오사카, 런던, 부에노스아이레스, 나고야, 파리, 시카고, 쾰른, 베를린, 밀라노, 암스테르담, 뭄바이, 마드리드, 이상 13개. 콜카타와 자카르타가 0.24를, 모스크바가 0.23을 기록했다.

1장 거대도시와 철도

도표 20~21는 철도망이 어느 정도 구축된 도시에서 인구 규모와 철도 이용객의 관계를, 그리고 22~23은 인구밀도와 철도 이용객의 관계를 보여 주고 있다. 우선 주목할 부분은, 도표 20과 21에서 확인할 수 있는 추세선의 기울기 차이다. 중심 도시 인구와 철도 이용 빈도 값 사이의 관계(도표 20)는 사실상 없다. 반면 광역권 인구와 철도 이용 빈도 사이의 관계(도표 21)는 조금 더 밀접한 관계가 있다. 각 도시를 나타내는 점 역시 도표 20보다는 도표 21에서 추세선 인근에 집중되어 있다. 나는 두 도표가 선진국 또는 철도에 충분한 투자를 하고 있는 나라에서도 중심 도시 내부의 인구보다는 광역권의 인구가 철도 이용객을 더 많이 설명한다는 결론으로 향해 있다고 생각한다.

한편 도표 22와 23에서는 비교적 일관된 추세선 기울기를 확인할 수 있다. 다시 말해, 중심 도시의 인구밀도와 광역권의 인구밀도는 모두 철도 이용 빈도를 설명하는 데 적절한 지표다. 다만 이런 관계는 표본을 신중하게 선정해 얻은 결과다. 개도국 거대도시를 모두 포함해 도표를 그릴 경우 오히려 인구 규모와 철도 이용 빈도 사이에는 반비례 관계가 나오고, 면적으로 인한 교란을 무시하고 도표 20~21에 등장한 27개 도시를 모두 반영하여 그래프를 그리면 지금 얻은 도표 22~23의 추세선보다 훨씬 완만한 기울기를 가진 추세선만을 얻을 수 있기 때문이다. 이는 철도망의 수준이나 구역 면적 면에서 충분히 균일한 도시 사이에서만 밀도와 이용 빈도 사이의 관계를 확인할 수 있다는 뜻이다.

여섯 도표에서 얻은 결과를 정리할 시간이다. 먼저, 나는 철도망의 성과와 사회적 역할을 간단하게 대표할 수 있는 값은 결국 각 도시 시민들의 철도 이용 빈도라는 점을 강조하고 싶다. 이 값이 높은 도시일수록, 철도망의 역할을 각 시민 개인이 더 크게 실감하고 있을 것이기 때문이다. 이 값을 높이고 싶다면, 철도 이용 빈도의 추이가 어떤 요인에 의해 설명되는지 살피지 않을 수 없다. 물론 거대도시 사이에서 찾은 추세선이 개별 도시에서 그대로 실현되리라고 믿어서는 안 된다. 하지만 적어도 이들 여섯 도표는 철도 투자와 도시 변화의 방향 사이의 관계를 어느 정도는 지시하고 있는 듯하다. 철도 밀도는 철도 이용 빈도와 매우 밀접한 관계가 있으며, 도시망뿐만 아니라 광역·전국망 투자 역시 중대하다. 광역권 인구가 중심부 인구보다 철도 이용 빈도와 더 밀접한 관계가 있다는 도표 21의 결과를 좀 더 적극적으로 받아들여, 광역망 구축에 더 심혈을 기울일 필요도 있다. 또한 중심 도시에서는 인구 규모 자체보다는 인구밀도가 철도 이용 빈도를 결정하는 데 중요하므로, 철도를 적극 활용해 거대도시의 교통망을 효율적으로 구성하려면 개발 지구의 밀도를 지나치게 낮게 설정하지 말아야 한다.

서울의 상황으로 돌아와 본다. 도표 16, 그리고 18~23에서 드러나는 서울의 특징은 이렇게 요약할 수 있다. 서울은 도시철도 밀도는 매우 높지만, 광역철도 밀도는 상당히 낮고 이용 빈도[39] 또한 상위권에 들지 못한다. 또한 철도 밀도와 이용 빈도 사이의 관계 면에서 서울의 위치는 추세선과 대체로 인접해 있지만, 인구 규모와 이용 빈도 면에서는 한층 추세선과 멀어져 있고, 특히 중심 도시 인구밀도와 이용 빈도 면에서 서울은 추세선에서 가장 멀리 떨어진 도시였다.(17개 도시 가운데 중심부 인구밀도 최대, 광역권 인구밀도 2위) 이는 결국 다른 선진국 거대도시와 비교했을 때 서울의 특징을 인구밀도와 철도 이용 빈도가 서로 따로 놀고 있다는 데서 찾을 수 있다는 뜻이다. 이런 상황을 설명할 중요한 요인은 역시 비교적 부실한, 그리고 도표 19에서도 서울의 위치를 추세선보다 아래쪽에 있게 만든 광역망 연장에서 찾아야 하지 않을까 추측해 본다. 이 추측을 좀 더 세밀하게 만들기 위해, 광역망을 좀 더 입체적으로 살펴볼 지표로 넘어가 보자.

9절. 철도망 분해 3: 광역망과 시계

광역망이 중심 도시와 그 바깥을 얼마나 잘 연계하는지 확인하는 데 쓸 지표는 다음 두 가지다.

1.　　　중심 도시 시계(市界) 통과 방사선 철도 복선 수(약칭 통과 복선 수): 이 지표는 광역망의 기능을 위해 결정적인 단면을 통과하는 철도의 용량을 포착하기 위한 값이다. 이 값이 광역망의 수준을 포착하는 데 적절하다고 보는 이유는 이렇다. 광역망의 연장은 도시마다 현격하게 다른 광역 지역의 범위와 인구 규모 및 분포에 따라 크게 달라질 것이다. 반면 시계 통과 물량 값은, 광역 지역의 지리적 특징에 의한 교란에서 비교적 자유로운 데다 중심 도시라는 비교적 균일한 면적과 지리적 특징을 가진 지역을 활용해 규정할 수 있는 값이다.[40] 이 값이 높으면 높을수록 시계 밖 광역 지역에 비교적 균일하게 철도가 분포하리라고 예상할 수 있다. 또한 시계 부근에서 망이 종착하지 않고 시계에서 먼 지점까지 양호한 수준의 망이 계속 운행할 경우, 그리고 시계 내에서는 이들 망을 이용한 열차를 받아 내는 데 충분한 시설이 갖춰져 있을 경우 시계 통과 철도 물량은 중심 도시의 방사선 기능 수행에 직접

39

이를 평가하기 위해서는 도표 16에 소개한 두 데이터가 어떤 의미인지를 잠깐 논의해야 한다. '서울(환승 미포함)'은 한국스마트카드의 데이터로 내가 직접 계산한 서울 시계 내 도시, 광역망 역의 승차객 수 약 550만 명/일에 기반해 구한 값이다. '서울(환승 포함)'은 서울시 교통국이 집계한 1100만 명/일에 기반해 구한 값이다. 이런 차이는 환승객을 총계에 포함시키는지 여부에 따라 가장 크게 설명된다. 수도권망에서는 대략 1승차당 0.7회 정도 환승이 이뤄지기 때문이다. 본래 나는 게이트를 통과하는 사람의 수를 직접 센 1차 데이터인 순수 승차자 값을 통해 각 도시철도의 상황을 평가하는 것이 어떠한 과장도 없이 철도 이용객의 규모를 나타내는 데 적절하다고 생각해 각 거대도시의 역별 철도 승차량 수를 집계하려 했다. 하지만 순 승차자는 일본조차도 도쿄를 제외하면 제대로 수집할 수 없었으며 중국, 그리고 대부분의 개도국에서는 투명한 데이터 자체가 매우 드물었다. 심지어 선전시 교통 당국의 데이터에는 '含換乘人次', 즉 환승객을 포함한 값이라는 말까지 있었고, 이것이 중국 측의 일반적인 데이터 처리 방법이라면 순 승차자 값을 외부자가 구할 길은 없는 것이었다. 이런 데이터 공개는 다른 거대도시에서도 충분히 일어날 수 있는 일이었고, 때문에 서울의 철도 이용객 값을 둘 모두 제시하여 독자에게 비교를 맡기는 방법을 택했다.

40

160km²(암스테르담)에서 1680km²(라호르)에 이르는 범위다. 다만 대부분의 도시는 300~1000km²의 범위로 식별 또는 설정했다.

67　　　　　　　　　　　　　　　　　　　　　　　　　1장 거대도시와 철도

기여할 것이다. 다시 말해, 단순한 연장이 아니라 망의 분포와 시계 내외의 연계를 평가하는 것이 이 지표의 목적이다. 나는 이를 위해 단순히 철도의 통과 부분뿐만 아니라 해당 통과 부분이 시계 내외에 걸쳐 어떻게 연계되어 있는지 역시 평가에 반영하였다. 예를 들어, 시계 내부의 대규모 공장이나 항구로 진입하는 화물선은 특별한 이유가 없는 한 시계 통과를 무시했다.

2.　　　시계 통과 지점의 수를 초과하는 시계 통과 복선의 수(이하 초과 통과 복선 수): 이 값은 1에서 제시한 시계 통과 복선 수로부터 실제로 별도 지도에 각각 표시된 시계를 통과하는 지점의 수를 뺀 값이다. 이는 시계 관통 철도의 시설 수준을 대표하기 위해 설정된 값이다. 즉 2복선 이상이 동시에 시계를 통과하는 경우 등 고도의 시설이 갖춰진 축선이 많을수록, 그 도시는 체계적인 광역망 철도 서비스를 제공하고 있을 것이다. 한 노선에 높은 빈도의 완행열차, 높은 표정속도로 달리는 급행열차, 나아가 고속으로 달리는 전국망 열차까지 동시에 투입하려면, 하나의 축선에 다수의 선로를 공급하는 것이 필요하다. 이를 평가하기 위해 2복선 이상 축선의 수를 세는 방법도 있었지만, 3복선 등 2복선 이상의 시설, 그리고 3선이나 단선으로 이뤄진 통과 지점을 모두 반영하는 수치를 작성하려면 초과 통과 복선 수를 계산하는 것이 가장 적절하였다. 이 지표의 값이 높다면, 그 거대도시의 광역망 서비스는 그만큼 복합적이어서 급행, 특급 열차를 다수 운행할 수 있을 것이다. 물론 대규모의 화물 수요를 처리하기 위해 발달해 있는 2복선 이상의 철도망을 눈으로만 관찰해 광역망과 구분하여 제시할 수는 없다는 점에서 현재의 이 지표에는 한계가 있다.

시계를 30개 복선 이상이 통과하는 도시로 런던, 도쿄, 파리, 오사카를, 그리고 25개를 넘는 도시로 쾰른과 시카고를 확인할 수 있다. 광역망의 물량으로 유명한 도쿄, 오사카의 시계 통과 물량이 런던보다 적은 것은 이들이 해안 도시이기 때문이다. 도쿄, 오사카보다 더 큰 각으로, 그리고 도심부인 루프가 거의 바로 슈피리어호에 접하고 있는 시카고의 방대한 철도 물량 역시 드러난다. 20~25개 사이의 물량을 보이는 도시로는 베이징, 우한, 모스크바가, 15~20개 구간에 등장하는 도시로 뉴욕, 베를린, 상하이, 서울, 마드리드, 충칭, 밀라노, 나고야, 광저우, 셴양이 있다. 대략 10개 복선이 시계 통과 철도 물량의 중앙값, 그리고 5개 복선이 하위 25% 도시의 경계선이다. 다른 지표에서도 그렇지만, 여기서도 선진국과 개도국 사이의 거리는 아주 멀게 느껴지며, 또한 비록 선전과 홍콩을 서로 합산한 덕이긴 하지만 모두 중앙값을 넘는 중국 거대도시들의 약진 또한 두드러진다.

　　　　초과 통과 복선 수 지표가 높은 도시들 역시 선진국 또는 중국에 집중해 있다. 10복선 이상의 초과 통과 복선 수를 확인할 수 있는 도시는 오직 셋, 런던, 도쿄, 파리뿐이다. 그다음은 쾰른(8), 뉴욕(7.5), 시카고, 톈진(이상 6.5), 광저우(6), 모스크바(5.5), 밀라노(5.25), 충칭, 오사카(이상 5) 정도다. 런던, 도쿄, 파리의 철도 서비스가 얼마나 복잡한지, 그리고 하나의 노선에서 복합적인 서비스를 제공할 수 있는 충

[도표 24] 세계 거대도시 철도의 광역망 관련 지표. 각 도시의 구체적인 '시계'가 어디인지는 일러두기에서 밝힌 저자 웹 페이지를 참조하라. 지표가 가장 높은 런던의 통과 복선 수는 53개로, y축 윗부분이 생략되었음에 유의하라.

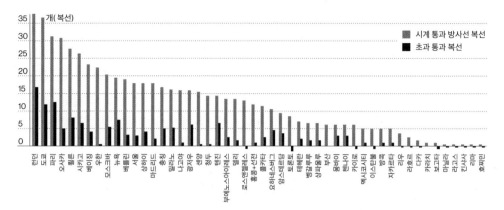

분한 여력을 가진 도시가 세계적으로 얼마나 드문지를 다시 확인할 수 있다. 4.5~4개 도시는 3개(요하네스버그, 베이징, 상하이), 3.5~3개가 있는 도시는 5개(암스테르담, 베를린, 서울, 뭄바이, 첸나이)이며, 대부분의 거대도시는 2개 이하의 2복선 노선을 보유하고 있다. 조사 대상 도시의 절반은 초과 복선 수가 1개 미만이며, 단선 축선을 다수 보유한 덕에 이 지표에서 0개 이하가 나오는 도시도 15개에 달했다. 로스앤젤레스와 토론토, 부산을 빼면 0이나 음수가 나온 도시는 모두 개도국 도시다. 결국 2복선 이상의 궤도 물량을 활용한 복합적인 고밀도 철도 서비스는 세계적으로도 특권적인 도시에 집중한 셈이다.

서울의 상황은 시계 통과 복선 수에서는 비교적 양호하지만, 초과 통과 복선의 물량 면에서는 그보다 상황이 좋지 않다. 그렇다면 두 값의 수준 차이를 통해 광역망에 대한 불만이 팽배해 있는 경기와 인천의 분위기를 어느 정도 설명할 수 있을지 모르겠다. 이를 좀 더 입체적으로 살피기 위해서는, 광역망의 상황을 결정하는 다른 지표까지 살펴본 다음 논의를 계속해야 할 것이다.

10절. 철도망 분해 4: 망의 유기성

물론 지금 살필 지표들이 단지 서울 거대도시권의 불만 때문에 선택된 것은 아니다. 이는 각 도시의 망이 도시 중심부로 갈수록 집중되는 교통량을 효과적으로 처리할 수 있는 구조인지 평가하기 위해 선택한 지표들이기 때문이다.

1.　　최중요 순환선 통과 복선 수와 시계 통과 방사선의 복선 수 차이(이하 '철노 병목 수'): 중심 도시 시계를 핀통한 이면 복선은 도심·부도심으로 미처 들어가지 못하고 종착하거나 다른 곳에서 진행해 온 방사선과 합류하여 용량이 줄어들 수 있다. 서울의 도심·부도심 기준선을 2호선 순환선으로 본다면, 과거 수서역에서 종

착했던 분당선 사례는 2호선에 미치지 못하고 중단된 경우고, 지금의 금천구청역 경부고속선~경부선 합류점은 2호선 관통에 앞서 다른 방사선과 합류하여 용량이 줄어드는 경우다. 이들 용량 축소, 또는 중심 도시 외곽 종착역은 중심 도시의 도심으로 향할 철도 여객의 흐름을 방해하는 요인으로 작용할 것이며, 따라서 철도망의 기능을 저해하는 요소로 평가해야 한다.

2.   시계 통과 복선 수 대비 철도 병목 수(이하 병목률): 이 값은 병목의 절대 규모를 시계를 통과하는 방사선의 규모에 비추어 평가하기 위한 수치다. 방사선의 수가 적은 도시는 그와 연동하여 병목의 수도 적어지는 경향을 가질 것이기에, 병목의 절대 규모만으로는 외곽으로 진입한 노선을 효과적으로 도심부까지 연결시켜 냈는지 평가하기는 어렵다. 병목의 절대 규모와 상대 규모를 함께 사용하면, 망의 규모가 비교적 작으면서도 병목을 해소하지 못한 도시 또한 적절하게 포착할 수 있을 것이다.

3.   중심 도시 우회 선로의 상태: 거대도시 중앙역 인근 선구는 여객 수요만으로도 많게는 하루 네 자리에 달하는 열차가 몰려들 만큼 극단적으로 복잡한 곳이다. 이 구간의 혼잡을 완화시키려면, 화물열차가 도시 중심부로 진입하지 않도록, 방사선 사이의 열차를 서로 융통시킬 수 있도록, 외곽 지역을 오가는 여객이 도심으로 들어오지 않고 이동할 수 있도록 우회 선로를 건설해야 한다.

도표 25는 첫 번째와 두 번째 지표를 보여 준다. 병목 수의 절대량 최대는 런던에서 확인할 수 있었다. 하지만 병목률까지 모두 높은 도시는 뉴욕이었다. 아마도 전 세계 거대도시 가운데 최대 규모의 철도 화물을 처리하는 듯한 시카고 역시 다수의 병목 구간과 높은 병목률(그리고 빈발하는 평면교차 구간)에 시달리고 있었다. 로스앤젤레스의 병목 점수는 낮지만, 이는 철도 시설 자체가 부족하기 때문에 나온 결과로 보인다. 실제로 이 도시에서는 중앙역인 유니온역 진입 선로에서조차 평면교차를 확인할 수 있다. 물론 이들을 위한 변명 거리는 있다. 뉴욕의 경우 허드슨강과 그에 기반한 주(뉴저지/뉴욕) 경계가 영향을 끼쳤을 것이고, 시카고나 로스앤젤레스의 경우 관내 철도가 화물철도 위주로 사용되고 있어서 도심 방면 접속 정비는 덜 중요했을 것이다. 하지만 이런 변명보다 더 중요한 문제에 대한 방증을 망의 곳곳에서 확인할 수 있다. 뉴욕의 경우, 허드슨강 철교는 직선 거리로 북쪽 200km나 떨어진 올버니에 걸려 있을 따름이다. 또한 시카고는 광범위한 광역망을 함께 운영 중인 거대도시이며, 로스앤젤레스는 앞서 확인했듯 철도망의 연장에 비해 극히 낮은 이용객 규모만을 기록하고 있었다는 점에서 고민스러운 입장에 처한 도시였다. 결국 이들 지표는 자동차화 이후 투자가 끊어져 노선 구조 정비가 제대로 이뤄지지 못한 미국 철도의 현실을 웅변하는 듯하다.

     병목 수와 병목률이 모두 높은 다른 도시로 충칭을 꼽을 수 있다. 이 도시의

[도표 25] 세계 거대도시 철도망의 병목 관련 지표. 여기서 '최중요 순환선'과 각각의 병목 지점이 구체적으로 어디인지는 저자 블로그의 거대도시별 지도를 참조하라.

[도표 26] 외곽 우회 선로에 대한 평가 결과. 값의 의미는 표 3을, 구체적인 평가의 근거는 저자 블로그 대도시별 지도에 수록된 외곽 우회선 망 평가 지도를 참조하라. 일부 도시 지도에는 통상적인 범위(대략 반경 40~50km) 바깥의 대우회선을 표현하기 위한 지도도 포함되어 있다. 더 넓은 범위를 확인하려면 오픈레일웨이맵을 활용하라. 0점인 도시는 도표에 포함하지 않았다.

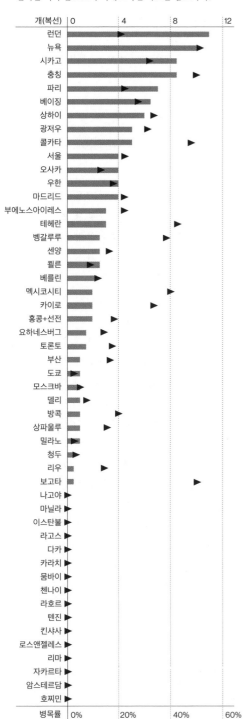

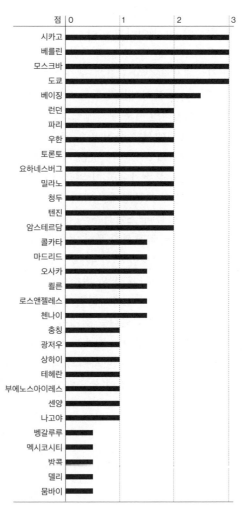

1장 거대도시와 철도

점수는 험준한 지형을 통해 설명할 수 있다.[41] 이외에도 베이징, 광저우, 상하이의 병목 또한 절대적으로나 상대적으로나 모두 심각했다. 중국 도시의 이처럼 높은 값은 두 가지 요인으로 설명할 수 있었다. 먼저 도시 외곽에 고속철도역을 새롭게 대규모로 건설하는 중국 건설 당국의 경향이 있다. 특히 광저우나 상하이는 기존 역 부지가 도시 규모에 비해 매우 작았고, 충분한 규모를 위해 고속철도역을 외곽에 건설한 도시의 대표 주

[표3]   외곽 우회 선로의 상태를 평가하기 위한 점수표.

항목	점수
화물까지 이용 가능한 2중 순환망 완성	3
1개 순환망 완성 및 반원 수준 이상의 타 순환망 구축	2.5
외곽 순환망이나 내부 순환망 가운데 하나만 완성 또는 이중 반원 구축	2
반원 이상의 순환망 구축	1.5
주요 축선 간 외곽 연결망 구축	1
극히 일부 축선 간 우회선 확보	0.5
대다수 통과 화물열차가 중앙역 인근을 통과해야 함	0

자다. 중국의 또 다른 독특한 경향으로 광역망과 도시망을 서로 직결 운행하지 않고 시 외곽부에서 갈아타도록 만드는 경우가 많다는 점도 꼽을 수 있다. 경전철 또는 트램(센양, 선전)이라면 이런 노선 구성을 이해할 수도 있지만, 베이징이나 상하이, 광저우, 우한에서는 충분히 직결 운행을 할 수 있는 노선임에도 외곽 광역망과 도시망 사이에서 환승이 필요한 구간을 확인할 수 있다. 이렇게 외곽 광역망과 도시 내의 망을 서로 분리하는 명확한 이유는 확인하지 못했지만,[42] 어찌되었든 21세기 초 중국의 획기적인 철도 투자에도 중요한 약점이 존재하는 것은 사실인 셈이다.

　　유럽에서는 특히 망이 크고 오래된 도시일수록 병목 수와 병목률이 모두 높았다. 다만 모스크바의 값은 매우 낮았다. 이 도시의 병목은 서남쪽의 신도시 철도(12호선 부톱스카야선)가 외곽에서 종착하는 데서만 발생한 것이었다. 인도에서는 후글리강의 그물망에 속박되어 있는 콜카타의 철도 병목이 가장 심했다. 뭄바이는 다행히 병목 구조에서는 자유로웠다. 부에노스아이레스에서도 오래된 역사를 새로운 투자로 극복하지 못한 점수를 확인할 수 있었다.

　　서울은 병목 구간 4개를, 그리고 22%의 병목률을 기록했다. 이는 절대·상대값 면에서 마드리드[43]와 비슷한 수치이며, 우한이나 오사카와는 절대값에서, 상대값에서는 부에노스아이레스와 동등하다. 이 가운데 오사카와 우한의 병목은 고속철도에 주로 기인한다는 점에서, 그리고 부에노스아이레스의 병목은 오랜 망 구축 역사에서 기인한다는 점에서 서울과 공통점이 있다. 비록 서울에서는 중국 등과는 달리 광역망과 도시망 사이의 직결 운행이 활발하지만, 서쪽(구로역)과 동쪽(상봉역)의 결정적인 지점에 중요한 병목이 있다는 점은 놓쳐서는 안 될 약점이다. 결

41
지형이 복잡해 내부 순환선이 형성되기 어려운 곳에 도시가 위치하며, 따라서 도시 중심 구역으로 설정할 만한 곳이 협소한 유중 구(약 30km²)밖에 없었다. 장강 본류와 가릉강이 합류하는 수로의 요충지라는 이 도시의 이점은, 깔끔한 도시 계획, 그리고 이 책의 계산에서는 오히려 방해물이 되었다.

42
노선이 길어져 생기는 지연 요소를 억제하려는 것 이외에는 설명할 방법이 없어 보인다.

43
중국 도시들과 마찬가지로, 광역망 환승 외곽 노선이 세 개 있는 도시다.

국 서울의 철도 병목은 전국망(고속철도)과 광역망의 합작품인 셈이다.

다음으로 논의를 외곽 우회선 지표로 옮겨 보자. 도표 26은 화물열차까지 사용할 수 있는 거대도시 순환 철도는 아주 희귀한 존재라는 점을 보여 준다. 단 네 도시, 시카고(이곳은 3중), 베를린, 도쿄, 모스크바에서만 2중 순환선을 확인할 수 있다. 하나의 온전한 순환망을 확인할 수 있는 도시들로는 베이징, 런던, 파리, 텐진, 청두, 오사카, 밀라노, 요하네스버그, 암스테르담을 꼽을 수 있다. 반원형의 우회선조차 확인할 수 없는 도시가 거대도시 가운데 대부분(36개)이다. 하지만 개도국에서도 상당수 거대도시에서는 분석을 위한 경계로 쓸 수 있을 만큼 잘 구축된 외곽 우회 도로 투자를 확인할 수도 있었다. 외곽 철도와 도로 사이의 이런 대조는 철도가 처한 오늘날의 상황을 다시 한번 드러낸다. 외곽 우회선은 망을 좀 더 유연하면서도 유기적으로 활용할 수 있게 하는 데 큰 도움이 되지만, 이를 위한 투자는 몇몇 거대도시에서만 확인할 수 있으며, 우회선에는 신경도 쓰지 못하는 도시들이 아직 세계에는 너무나 많이 존재한다.

서울은 철도 병목의 절대·상대값 모두 상대적으로 높을 뿐만 아니라, 제대로 된 우회선도 보유하지 못했다. 교외선은 경원선과 경의선을 연결하고 있기 때문에, 중앙선이나 경부선에서 북상하는 화물열차는 서울 시내로 진입해야만 한다. 심지어 서울역에 진입하는 정기 화물열차만도 하루 8편에 달한다.(철도통계연보) 화물열차는 여객 열차보다 운전 조건이 까다로운 만큼, 더 많은 본선 용량을 소모하게 되고, 그만큼 여객 운행은 줄어들고 만다. 결국 서울 지역 철도망의 상당한 규모는, 광역 및 고속철도에서 기인하는 병목은 물론 이 망을 유연하고 유기적으로 활용할 수 있도록 연계하지 못한 한계와 함께한다.

11절. 거대도시 철도개발지수

지금까지 검토한 지표를 모두 종합해, 거대도시 철도망의 전체적인 구성과 활용을 평가하는 작업이 가능하다. 물론 나는 지금 제시하려는 종합 지표가 하나의 시론일 따름이라고 본다. 하지만 이런 시도가 서울이라는 거대도시의 철도망을 총체적으로 고찰하고 반성하려는 이 책의 서두에 올 필요는 충분하다. 지금까지의 많은 비교 시도들은 모두 단편적인 수준[44]이었거나 하나의 국가를 단위로 삼았다.[45] 서울 거대도시권 철도의 오늘을 평가하고 미래 발전 방향에 대해 다층적으로 사고하려면,

---

44
위키피디아에서 주로 확인할 수 있는 도시철도망 이용객 순위, 그리고 몇몇 선진국의 거대도시(런던, 뉴욕, 파리 정도)와 서울권을 망 연장이나 수송분담률과 관련하여 비교하는 시도를 염두에 둔 말이다. 나는 아직 내가 진행한 것과 유사한 작업, 즉 전 세계의 거대도시 전체를 대상으로 삼아, 철도망을 해부하면 확인할 수 있는 다양한 요소들의 특성을 수량화하여 각

거대도시 철도망을 구성하는 여러 층위가 처한 상황을 평가하는 한편, 이들 상황을 종합해 철도망 전반을 대표하는 값을 계산하는 작업은 확인하지 못했다.

45
보스턴 컨설팅 그룹(BCG)이 수행한 유럽 철도 성능 지수(European Railway Performance Index)를 손꼽을 수 있다.

1장 거대도시와 철도

[표 4]　　　철도개발지수 산정에 사용한 가중치. 긍정적 변수 8개가 100점의 긍정 점수를, 부정적 변수 3개가 -30점의 부정 점수를 이룬다. 긍정 점수 100점 가운데 순환망 점수는 13점이며, 나머지 87점은 전국, 도시, 광역망에 각각 29점씩 배분된다. 배분된 29점은 계산에 포함된 개별 요소 점수가 결과(29점 내에서)에 균등하게 반영되도록 요소별로 가중치를 달리 했다. 부정 변수 3개에 대해서는 지옥철(도표 16 참조)에 대해서는 11.1점이, 병목에 대해서는 각 9.45점씩 18.9점이 설정되도록 가중치를 분배했다. 이들 가중치를 설정하기 위해 세운 원칙은 다음과 같았다. 1) 각 요소 항목이 비슷한 수준으로 총점에 영향을 미치도록 한다. 즉, 긍정적 변수 8개를 기준으로 삼아, 이들이 12.5점을 크게 벗어나지 않도록 했다. 단, 원칙 3에 의해 몇 가지 예외가 나왔다. 2) 거대도시 철도망을 이루는 세 '기관', 즉 전국·광역·도시망이 총점에 균등하게 반영되도록 한다. 3) 또한 각 '기관'을 평가하기 위해 선택했던 요소 점수들은 전국·광역·도시망에 할당된 점수(29점)를 균등하게 분할하도록 한다. 4) 최대 감점의 수준은 긍정 점수의 30% 선으로 잡는 한편, 병목 점수가 12.5점의 1.5배로 반영되고 나머지 부분이 지옥철로 가도록 가중치를 설정한다.

구분		변수	원 점수(최대)	적용 가중치	점수 비중
긍정적 요소 (총 100점)	전국망	연결 본선	1	9.7	9.7
		승강장	1	9.7	9.7
		광역·전국 철도 밀도	0.5	19.3	9.7
	도시망	이용 빈도	0.5	29	14.5
		도시철도 밀도	1	14.5	14.5
	광역망	이용 빈도	0.5	14.5	7.3
		광역·전국 철도 밀도	0.5	14.5	7.3
		시계 통과 복선	1	7.3	7.3
		초과 복선	1	7.3	7.3
	유기성	순환망	1	13	13
부정적 요소 (총 -30점)		병목 규모	-1	9.45	-9.45
		병목률	-1	9.45	-9.45
		지옥철	-1	11.1	-11.1

[표 5]　　　철도개발지수에 따른 철도망 수준을 직관적으로 표현하기 위해 점수 구간별로 붙인 이름. 총점은 물론, 분야별 점수에 대해서도 제시된 방식으로 분류 명칭을 사용할 것이다.

구간 명	백분율	총점	분야별 점수
최상위 그룹	87.5~100	69.9~82.7	0.88~1
선도 그룹	75~100	56.1~82.7	0.75~1
추격 그룹	50~75	32.7~55.9	0.50~0.75
불균형 그룹	25~50	17.5~32.6	0.25~0.50
정체 그룹	0~25	14.7 이하	0~0.25
철도 포기 그룹	—	5 이하	0~0.12

하나의 과도적 제안일지라도, 도시 규모의 망에 대한 좀 더 종합적인 평가를 과감히 시도해야 한다.

　　　이런 종류의 종합 지표를 만들 때, 실무적으로 가장 골치 아픈 부분은 바로 각 요소 항목을 어떻게 점수화할 것이며, 요소 항목을 종합할 때 어떤 방식으로 가중치를 부여할 것이냐는 문제다. 대체 어떤 원리에 따라 점수화를 해야 철도망의 구성 요소들을 논란의 여지없이 일관된 방식으로 평가할 수 있을까? 물론, 모두가 동의할 만한 객관적인 방법이란 이런 영역에서는 존재할 수 없다. 이 책 이후의 작업에서, 지금 이뤄진 시론적 작업을 비판하고 수정하는 과업이 이뤄지길 바랄 뿐이다. 하지만 나는 지금 제시한 작업의 뼈대는 충분히 발전시킬 가치가 있다고 생각한다. 이번 장 전체에 걸쳐 살핀 각 요소, 즉 철도망의 각 '기관'이 비교적 균등하게 총점에 반영될 수 있도록 해야 한다는 입장이 바로 그 뼈대이기 때문이다. 또한 절대 수치가 아니라 상대 수치를 사용한 이유는, 이를 통해 서로 완전히 이질적인 요소별 점수들을 표준화하여 다음 단계를 준비할 수 있기 때문이었다. 이들 상대 수치는 도시마다 달라지도록 각 도시의 순위에 따라 개별적으로 매겨 점수의 정밀도를 높였다. 또한 이렇게 얻은 요소 항목을 종합하기 위해서는 표 4가 제시하는 가중치를 사용했다.

이 시안이 완성에 도달하려면, 거대도시 철도망의 역량을 종합할 수 있도록 더 많은 보강이 있어야 할 것이다. 이를 위해서는 아마도 이번 장의 관찰보다 더 다양한 지표가 필요할 것이다. 예를 들어, 보스턴 컨설팅 그룹의 유럽 철도 성능 지수는 안전성 점수를 1/3로 포함하고 있다.[46] 이런 수정 작업을 염두에 두는 분들께는 두 가지를 이야기해 두고 싶다. 먼저, 개별 지표들은 더 나은 방법을 찾지 못한 우회선 점수를 빼면 어떻게 현실에 대응하는지 아주 구체적으로 드러나 있는 값으로, 이들 값을 변형하는 가중치보다는 훨씬 믿을 만하다. 물론 지금의 가중치에도 철도망의 다층적 구성 요소를 균등하게 반영하려는 고민은 담겨 있지만 말이다. 다만 가중치가 바뀌면, 아마도 도표 27에서 볼 수 있는 값과는 아주 다른 결과가 나올지도 모른다. 지표의 안정성에 대한 이런 우려에는 보강 3에서 더 상세히 답하겠다.

이제 도표 27로 종합된 값을 점검해 보자. 총점 최고점을 기록한 도시는 도쿄다. 최상위권에 포진한 다른 도시로 라인-루르, 런던, 베를린, 란트스타트, 모스크바가 있다. 인구 50~100만 남짓의 도시들이 여럿 뭉쳐 이뤄진 거대도시권인 라인-루르권(독일), 그리고 란트스타트권(네덜란드)의 높은 점수는 감점 요소가 적다는 데서 설명할 수 있을 듯하다.[47] 이들 도시 뒤를 따라붙는 상위권 도시들로 밀라노, 오사카, 파리, 나고야, 베이징, 마드리드 등의 이름도 보인다. 하지만 반대편에는 총점 마이너스를 기록하는 도시의 모습까지 확인할 수 있다. 킨샤사, 라고스, 호찌민, 보고타가 바로 그런 도시들이다. 또 카라치, 라호르, 다카의 점수는 5점에도 미치지 못한다. 이들 양 극단 사이에, 서울을 비롯한 대부분의 거대도시들이 자리해 있다.

나는 이 점수를 '거대도시 철도개발지수'(Megacity Railway Development Index)라고 부르고 싶다. '개발'이라는 이름은 '인간개발지수'(Human Develop-

---

46
철도 사고 지표를 도시별로 정리하는 것은 공개된 한국 철도 통계로도 불가능하며, 따라서 대규모의 외국 데이터를 필요로 하는 이 작업에서는 시도할 수 없는 영역이었다.

47
다만 이런 거대도시는 하나의 중심 도시를 가진 거대도시와는 아주 다른 공간 구조를 가진 도시이기 때문에, 같은 범주에서 비교하는 것이 적절한지 자체가 논란이 될 수 있다. 또한 해안 또는 호안 도시는 방사선 철도의 물량 면에서 불리할 수 있다는 사실 또한 감안해야 할 것이다.

[도표 27] 가칭 '철도개발지수'의 결괏값. 이 점수의 산정은 두 단계로 이뤄졌다. 첫째, 7~10절에서 확인한 여러 변수들을 상대 점수로 변환한다. 이는 어떤 거대도시 A가 평가 대상 도시 50개 가운데 몇 등인지에 따른 점수이며, 1점이 만점, 0점이 최저점이다. 단, 절대 수치가 동점일 경우 높은 등수의 점수를 그대로 적용한다. 또한 도시철도 밀도처럼 정말로 값이 0이거나 승차 빈도처럼 문헌 증거 없이는 그 값을 특정할 수 없는 항목에서 어떠한 실마리도 찾을 수 없었

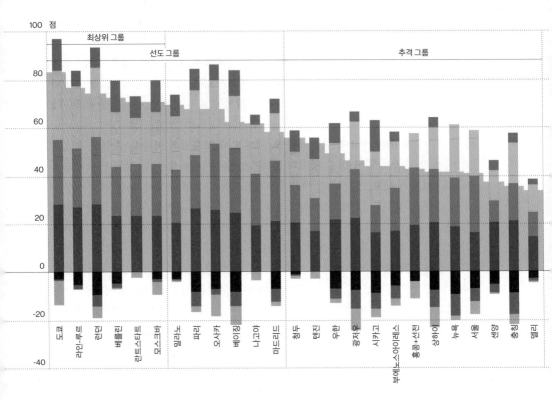

ment Index)로부터 따온 것이다. 이 지표는 어떤 사회의 보건과 교육, 경제적 기회와 같이 개인의 삶의 질을 결정짓는 요소들을 평가하고 그 개선을 촉진하기 위해 유엔 개발 계획(UN Development Program, UNDP)에 의해 매년 산정, 발표되고 있다.[48] 거대도시 철도망, 즉 거대도시 대중교통망의 주축 역시 인간개발지수와 마찬가지로, 그리고 국가가 여러 나라의 기술 격차 수준을 평가하듯,[49] 비교 평가되어야 한다.

　　　　이 지수의 값에 따라 각 도시의 망을 분류하는 술어를 도입할 수 있다. 이 장의 초반에 예고한, 거대도시 철도망 전체에 대한 총괄 분류 작업의 최종 단계다.

48
이 지표가 어떤 지적 기반을 가지고 있는지는 아마티아 센의 다음 저술을 참조하면 좋다. 아마르티아 센, 『자유로서의 발전』, 김원기 옮김(갈라파고스, 2014). 실제 자료는 다음 웹 사이트를 참조하라. http://hdr.undp.org/en.

49
철도 기술 분야에 대한 이런 작업은 국토교통과학기술진흥원, 『2015 국토교통기술수준분석』(2015), 58~61, 105~110을 확인하라.

던 도시의 경우, 이들 도시의 값은 0으로 설정하는 한편 실제로 값이 있는 도시들은 그 수에 맞춰 상대 점수를 매겼다. 둘째, 이들 상대 점수를 종합하기 위해, 각 요소를 다섯 부류로 분류한 다음 가중치를 매겼다. 이 가중치의 세부 사항은 표 4를 확인하라. 첫 단계에서 구한 상대 수치에 두 번째 단계에서 설정한 가중치를 곱한 값이 바로 각 도시별 철도개발지수의 결괏값이다.

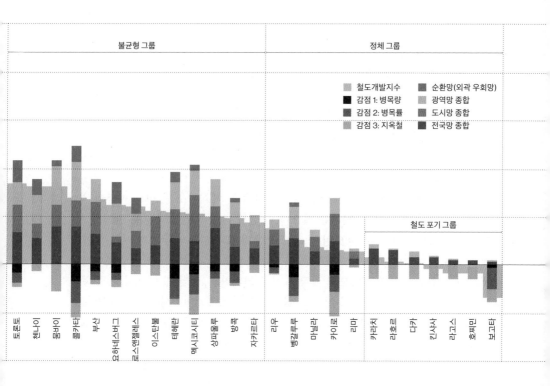

술어는 상대 점수나 총점의 여러 구간에 대응한다. 표 5는 각각의 구간에 어떤 이름을 붙였는지 보여 준다.

‘최상위 그룹’에 속하는 도시, 그리고 ‘철도 포기 그룹’에 속하는 도시에 대해서는 방금 이야기했다. 그 사이의 그룹에 붙인 네 가지 술어는 각 도시의 철도망 사이에 있는 거대한 차이를 표현하기 위해 선택되었다. ‘선도 그룹’에는 주로 유럽과 일본의 도시가 속해 있지만, 베이징(10위, 62.5점)도 눈에 띈다. 비록 베이징 지역 망에 한계가 없는 것은 아니지만(예를 들어 높은 병목 관련 수치), 자동차의 도래 이전에 도시의 주요 구조가 구축된 선진국의 도시만이 높이 평가할 만한 철도망을 누릴 수 있는 것은 아니라는 사실이 드러나는 듯하다.

그다음 구간인 ‘추격 그룹’에 속한 도시는 공교롭게도 모두 유럽 바깥에 있다. 13개의 도시 가운데 중국의 도시가 8개이며 델리도 속한다는 점은 이 구간이 활기찬 철도 투자의 열기 속에 있는 도시들의 위치라는 점을 웅변하는 듯하다. 이 구간에 속한 부에노스아이레스는 남미 최고점(44.0)을 기록한 도시로, 19세기 후반부터 투자된 탄탄한 철도망을 갖추고 있다.

'불균형 그룹'에 속한 도시(13개)들은 대개 의욕적인 철도 투자를 벌이고 있으나 그만큼의 성과를 보여 주지는 못하는 도시들로, 인도(3개)나 중동(2개), 브라질(상파울루), 인도네시아(자카르타) 등에 분포해 있다. 부산은 이 그룹에서 찾아볼 수 있다. 미국의 로스앤젤레스가, 그리고 아프리카 최고점을 기록한 요하네스버그가 여기에 자리한다는 점 또한 기억할 만하다. 이들 도시 역시 19세기부터 갖춰진 방대한 망을 가지고는 있으나, 충분한 투자를 받지 못해 오늘의 여객 수요에는 적절히 대응하지 못하는 듯하다.

'정체 그룹'은 활기찬 철도 투자를 확인할 수 없으며 현존하는 철도 역시 부실하게 관리되고 있는 모습을 볼 수 있는 도시(12개)들로, 동남아(2개), 남미(3개), 아프리카(3개), 남아시아(4개)의 거대도시가 주로 속해 있다. 방대한 도시철도 수송량을 기록한다고 알려진 카이로의 경우, 그에 걸맞는 철도망의 물량은 갖추지 못한 데다 광역 병목까지 있어 감점을 크게 받아 이 그룹에 속해 있다.

철도개발지수와 그에 따른 분류가 보여 주는 세계지도는, 비록 미국의 지위가 잘 보이지 않는다는 큰 단점은 있으나, 오늘날 세계의 발전 풍경을 반영하고 있다는 점에서도 흥미롭다. 고도의 망을 구축한 유럽과 일본의 굳건한 아성 앞에, 중국의 거대한 물결이 밀려오는 듯하다. 인도의 기세는 아직 중국에 미치지 못한다. 부에노스아이레스, 그리고 인도의 몇몇 도시를 제외하면, 중남미, 아프리카, 중동, 남아시아, 동남아시아 대부분의 거대도시는 충분한 철도 서비스와는 거리가 먼 교통 환경 속에 자리하고 있다는 점 또한 드러난다. 철도망은 막대한 초기 투자는 물론 세심한 관리까지 필요로 한다는 점에서, 이들 도시의 미래 교통은 앞으로도 철도와는 거리가 멀 가능성이 크다. 물론 이들 도시들은 간선도로도 잘 정비되어 있지 않으며, 그나마 있는 도로에서는 자동차는 물론이고 오토바이와 각종 변칙적인 동력 차량, 자전거, 더 나아가 인력거나 가축까지 도로의 혼잡에 힘을 보태고 있을 뿐이다. 상황이 이렇다면, 아마도 여객 수송 드론과 같은 완전히 새로운 방식의 미래의 여객 수송 방식은 이들 철도 포기 그룹에 속한 거대도시에서 가장 먼저 등장할지도 모르겠다.

서울은 총점 41.2점, 전체 순위 22위로 추격 그룹의 중하위 정도 위치에 있다. 또한 서울의 앞뒤로는 상하이, 뉴욕, 센양, 충칭이 자리하고 있다. 공교롭게도 미국과 중국의 주요 도시 가운데에 위치한 셈이다. 하지만 이는 반가운 소식이 결코 아니다. 미국의 여객 철도는 20세기 중반 이후 지금껏 쇠락의 길을 걸어 왔다. 도시별 지도를 구체적으로 들여다보아도, 뉴욕은 허드슨강을 충분히 극복하지 못한 허술한 망으로 뉴저지 방면과 연결되어 있을 따름이다. 미국 최고점을 기록한 시카고 철도 역시 방대한 망 곳곳에 평면교차와 병목 구간이 도사리고 있다. 상하이, 충칭 역시, 기존 철도망이 빈약한 데다 새로 건설한 고속철도 역도 도심지에서 거리가 있는 지점에 위치해 있다는 약점을 지닌 도시들이다. 센양은 아직 도시망이 빈약하다. 변수가 조금 달라지면 볼 수 없을 배열임에도, 이렇듯 중요한 약점을 가진 도시 사이에 서울이 둘러싸여 있다는 사실은 서울 거대도시권 철도의 현 주소를 비춰 주는 거울처럼 보인다. 서울은 외곽 우회선에서는 점수를 전혀 얻지 못했고, 전국망 점수는 부실하며, 광역망 역시 그리 뛰어난 수준이 아니다. 센양을 뺀 주변 세 도시보다 병목 등의 요소에서 감점은 적게 받았으나, 낮은 감점 수준인 것도 결코 아니다. 다만, 한 가지를 기억할 필요는 있다. 추격 그룹에 속한 도시들은 대체로 망 건설의 열기가 아직 가시지 않은 도시들이며, 서울 역시 마찬가지다. 이 열기가 좀 더 많은 사람들에게, 그리고 좀 더 넓은 지역에게 이익이 될 수 있으려면, 이는 좀 더 정교하게 조율된 사회적 논의로, 그리고 이를 통해 철도망 계획의 동력으로 변환되어야만 할 것이다.

12절. 추격 그룹의 함정, 그리고 서울 지역 철도망의 방향

철도개발지수와 그에 기반한 분류 개념은, 철도 투자를 묘사할 한 가지 서사의 기반이 된다. 그동안의 막대한 투자에도 서울의 철도망은 최상위 그룹은커녕 선도 그룹에도 들지 못하고 있다. 이 상황에 '추격 그룹의 함정'이라는 표현을 쓸 수 있다면 서울 지역 망의 상황을 좀 더 극적으로 표현할 수 있다. 또한 '추격 그룹의 함정'을 벗어나는 데 투자의 초점이 맞춰져야 한다는 말도 가능하다.

　　물론 이 '함정'은 역사적 검토가 필요한 복잡한 현상이다. 철도개발지수의 기반인 철도망의 형태 관찰과 기능적 분석이 서울과 수도권 시민들이 망에 가진 불만을 모두 반영하기도 어렵다. 하지만 착발역의 용량 부족, 다수의 병목 구간, 유효한 우회 선로의 부재는 서울 지역 철도가 그 역량을 충분히 발휘하는 데 매우 중요한 걸림돌이 될 수밖에 없다는 점은 누구나 쉽게 인정할 수 있을 것이다. 게다가 상대적으로 높은 점수를 얻었던 광역망이나 도시망 관련 지표 가운데서도 선도 그룹이나 최상위 그룹에 들지 못한 영역이 많다. 이는 이들 층위 역시 상황을 세밀하게 분석해 허점을 찾아 보강해야 한다는 뜻이다.

　　서울 지역 철도망의 약점을 전국망과 광역망 수송과 연관된 지표에서 주로 확인할 수 있다는 사실은 특별한 관심을 받을 만한 가치가 있다. 거대도시는 세계 어디에서나 그 자체에서만 의미가 있는 곳이 아니다. 거대도시는 주변의 대도시, 그리고 그 대도시 주변의 중소도시 모두에게 일종의 상위 중심지고, 또 바로 그래서 거대도시가 된 것이다. 전국망과 광역망 철도는 이런 중심지 기능을 지지한다는 점에서 거대도시의 여러 서비스와 혁신을 그 바깥으로 전달하는 데 중대한 역할을 한다. 그런데, 서울 지역 철도망의 약점은 철도가 이런 기능을 원활히 발휘하려면 꼭 필요한 지점에서, 즉 전국망과 광역망에서 주로 확인된다. 서울 지역 철도망이 빠진 '추격 그룹의 함정'을 벗어나기 위한 투자는, 바로 이런 점에서 서울뿐만 아니라 전국망 철도로 서울과 연결된 전국의 모든 지역에 이득이 될 수 있다. 이런 측면에서 거대도시 철도망에 대한 투자는 산업 집적지나 대학과 같은 다른 유형의 고차 중심지에 대한 투자와는 그 성격이 크게 다르다.

　　　물론 이런 기본 방향을 구체적인 철도망으로 실현하기 위해서 넘어야 할 관문은 너무나 많다. 수많은 기술적 내용, 망 이용객의 구체적인 불만, 주변 도시의 변화 방향에 대한 역사적 성찰, 심지어 재정 문제까지, 그야말로 논의는 이제 시작일 뿐이다.

보강 3.
철도개발지수 재점검:
안정성, 그리고 거대도시의
번영과 철도

철도개발지수의 가치를 좀 더 시험해 보자.
나는 이 지수가 다음 두 덕목을 가지고
있는지 확인해 보고 싶다.

1.　　　거대도시의 번영을 나타내는 다른
수치와 정합해야 한다.

2.　　　가중치 설정 방법에 지나치게
민감하지 않아야 한다. 즉, 결과가 계산
과정에서 피하기 어려운 임의적 부분에
지나치게 민감하지 않아야 한다.

두 번째 덕목은 지표가 충분히 안정적이어야
한다는 의미다. 여러 차례의 독립적인
점수 계산, 그리고 이에 대한 검토만이
이 의문에 충분한 답을 줄 수 있는 방법일
것이다. 그런데 나는 연구 과정 속에서
이 개발지수를 전혀 다른 방법에 의해
구했던 적이 있다. 이 과거의 방법, 그리고
도표 27의 방법에 현재 사용한 것과 같은
데이터를 적용한 결과를 요약 비교한 것이
바로 표 6이다. 두 방법 사이에는, 도시마다
대략 3.2등(표준편차) 정도의 등락이
기대되는 수준이었다. 그런데 도시의 수가
50개이므로, 3등 정도의 등락은 거대도시
철도망의 상대 위치를 판정하는 데
결정적이라고 보기 어렵다. 철도개발지수
제안은 일종의 시론이므로, '지나치게
민감'의 범위를 이 정도의 표준편차보다
더 엄격하게 해석해야만 한다고 보기도

[표 6]　　서로 다른 방법으로 구한 철도개발지수에 따른 도시들의 등수 변동 수준. 나는 도표 27에 적용한 방법을 사용하기에 앞서, 조금 더 간단한 방법으로 철도개발지수를 구했던 적이 있다. 방법의 핵심은, 전체 도시를 지표별로 백분율에 따라 4개 등급으로 나누고, 이에 따라 3점부터 0점까지 점수를 부과해 합산하는 한 단계만을 거치는 데 있었다. 표 6은 지금 사용한 데이터에, 초기의 기준을 택했을 때 일어난 등수 등락이 어느 정도 수준인지 보여 준다.

요소	값	비고
표준편차	3.2	
최대 등락 등수	7	광저우, 상하이, 카이로
5등 이상 등락 도시 수	11	

어렵다. 결국, 철도개발지수에 적용된 표 4의
가중치는 적어도 지금의 맥락에서는 특별히
큰 문제가 된다고 보기는 어렵다.

　　　첫 번째 덕목을 평가하려면, 실제로
다른 지수를 수집하여 연관성을 평가해야
한다. 철도개발지수라는 아이디어의 바탕이
된 인간개발지수는 이 비교의 선두에 올
자격이 있다. 1인당 구매력 평가지수는 각
거대도시의 부를 평가하기 위해 필요하다.
100만 인당 특허건수는 거대도시 안에서
얼마나 많은 연구 개발 활동이 이뤄지고
있는지를 나타내는 지표다. 또한 지니계수는
부의 불평등을 나타내는 데 적합한 지표로
잘 알려져 있다. 철도개발지수가 거대도시의
번영을 평가하는 데 의미가 있다면, 이들
네 가지 지표와 연관성을 보여 줄 가능성이
매우 높다.

　　　도표 28~31은 바로 이 예측이
사실과 부합한다는 점을 보여 준다.
비록 일부 도시의 지표만 획득할 수
있었으나(인간개발지수, 100만 인당
특허건수, 지니계수), 철도개발지수는
이들 모든 지표와 예상했던 연관성 또는
(지니계수의 경우에는) 역의 연관성을
보인다. 다시 말해, 철도개발지수가 높은
거대도시는 일반적으로 삶의 질이 높고,

거대도시 철도개발지수와 인간개발지수 사이의 연관성. 지역별 인간개발지수의 값은 네덜란드 라드바우트 대학교 부설 경영 연구소의 'Global Data Lab'(https://hdi.globaldatalab.org/)에 정리된 값을 활용하였다. 전 세계의 지역별 인간개발지수 값을 구하기 위한 시도는 달리 존재하지 않는 것으로 보이며, UNDP 블로그에서도 이들의 값을 인용하고 있음을 확인할 수 있었다. 단 중국, 인도, 파키스탄, 브라질, 러시아는 자료에서 확인 가능한 행정구역이 철도망 계산에서 활용된 거대도시권보다

훨씬 크므로 수집된 값을 활용하지 않았다. 중국, 그리고 파키스탄의 경우 다음의 별도 출처를 활용했다. UNDP, *China Sustainable Cities Report 2016: Measuring Ecological Input and Human Development* (2016), 39~40; UNDP Pakistan, *Pakistan: National Human Development Report* (2017), 159~161. UNDP가 러시아어로 발간한 자료는 2010년 수치를 활용 중이었다. 단, 미국은 각각의 주가 비교적 동질적이라는 가정하에 주 점수를 그대로 사용했다.

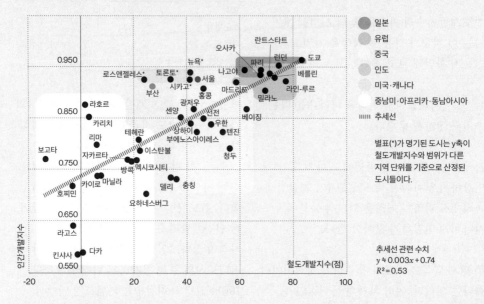

[도표 29] 철도개발지수와 1인당 PPP(Purchasing Power Parity, 구매력 평가지수) 사이의 연관성. PPP와 인구 값은 브루킹스 연구소의 다음 자료를 사용했다. *2014 Brookings Global Metro Monitor* (https://www.brookings.edu/research/global-metro-monitor/). 비록 1장 본문의 데이터

를 확보하면서 확인한 인구 수치, 그리고 거대도시 구획 기준과 부분적으로 상당한 불일치가 발견되기는 했으나, 세계 각지의 광역도시권 경제 규모에 대한 추정치로는 현재로서 가장 광범위한 데이터이기 때문에 이를 선택했다.

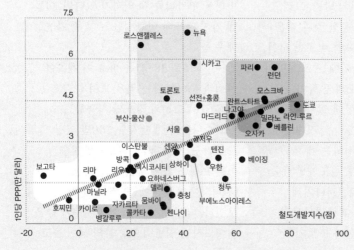

[도표 30] 철도개발지수와 100만 인당 특허건수 사이의 연관성. OECD 데이터의 'Regional Innovation: Patent Applications in regions'(PCT, priority year) 항목을 가공했다. 특허건수는 특허협력조약(Patent Cooperation Treaty, PCT)을 통해 국제 출원된 특허의 건수에 기반하는 값이며, 인구는 OECD 지역 통계팀이 집계한 것으로 보인다. 2015년 값이며, 7절부터 11절까지의 논의에서 광역권으로 선택된 구역이 아니라 더 큰 행정구역 단위가 활용된 도시에는 별표를 표시했다. 미국과 브라질, 캐나다는 거대도시권보다 훨씬 넓은 주의 특허 수가 활용되었으며, 중국은 광저우의 값이 광동성 전체의 1인당 특허건수이다. 특허건수는 연구 개발의 성과를 측정하는 대표적인 지표다. 참고로 한국 특허청은 세계 5대 특허청의 하나이며, 한국어는 2007년 PCT 국제 공개어로 공식 채택되었다.

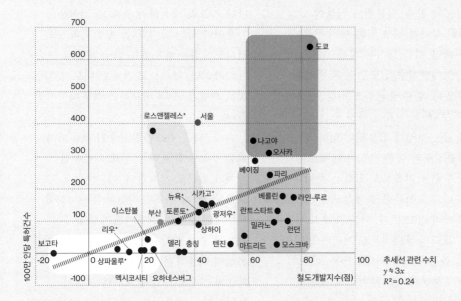

[도표 31] 철도개발지수와 지니계수(Gini index) 사이의 연관성. OECD 데이터의 'Regions and Cities' 항목 아래 있는 'Regional Well-Being: Regional income distribution and poverty'에서 얻은 값이다. 단, 서울은 서울연구원에서 개최된 발표 자료에서 얻은 2014년 값을 활용했다. 박상연·최제민, 「서울시 소득불평등 추이와 원인 분석 및 소득불평등과 주거비용에 관한 논의」, 2017 서울연구논문 공모전 발표자료(서울연구원, 2017), 8.

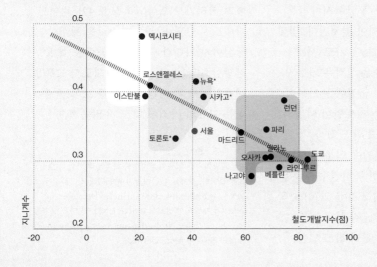

1장 거대도시와 철도

부유하며, 활발한 연구 개발 활동의 거점으로 작동 중이고, 부의 분배 수준 역시 양호하다.

각각의 거대도시들을 지리적 위치에 따라 묶어 볼 수도 있다. 일본과 유럽의 도시들은 추세선의 우측 끝에 주로 분포해 있다. 일본의 도시들이 압도적인 성과를 내고 있는 특허 부분 정도를 빼면, 이들 도시는 다른 지표와 함께 철도개발지수가 모두 높은 지점에 위치해 있다. 한편 중국의 도시들은, 추세선 부근, 가로·세로 지표 모두가 중간 정도의 위치에 있는 지점에 집중되어 있다. 이는 철도개발지수와 다른 지표가 대체로 비슷한 수준을 기록하고 있다는 뜻이다. 또한 북미의 도시들은 추세선보다 대체로 위쪽에 자리 잡고 있다. 이는 북미 도시들의 번영은 철도와 상대적으로 거리가 멀다는 뜻이다. 한편 인도의 거대도시는, 비록 데이터가 충분하지는 않지만 추세선의 아래쪽에 위치한다. 이는 다른 부분에서는 취약한 인도의 거대도시들을 지탱하는 중요한 축이 상대적으로 발전되고 활발하게 활용되는 철도망이라는 추측을 할 수 있는 기반이다. 추세선의 왼쪽 끄트머리 부근에는 중남미·아프리카·중동·동남아시아의 거대도시가 위치한 지역이 펼쳐진다. 몇몇 예외가 있긴 하지만, 이들은 가로·세로 지표 모두에 걸쳐 썩 좋은 성적은 거두지 못하고 있다. 중국 도시 군집에 둘러싸여 있는 부에노스아이레스 정도만이 이들과 확연하게 다른 도시라고 할 만하다.

압도적인 특허건수 덕분에 홀로 동떨어진 지점에 위치한 특허건수 부분을 제외하면, 서울은 (그리고 부산 역시) 중국 도시 군집과 북미 도시 군집 사이 지점, 또는 북미 도시 부근에 자리 잡고 있다.

특히 북미와 인접해 있다는 사실은, 결국 한국의 철도 개발이 다른 부분의 개발보다 특별히 높은 성과를 냈다고 보기는 어렵다는 뜻으로 보아야 할지 모른다. 연구 개발 부분, 그리고 인간개발지수에 포함된 몇몇 변수를 제외하면, 여전히 서울은 철도를 비롯한 다른 지표를 개선하기 위해 큰 노력을 기울여야 하는 도시였다. 세계 거의 모든 거대도시권을 압도하는 연구 개발의 수준을 따라가려면, 앞으로도 서울 거대도시권의 철도 개발은 좀 더 정교하고 세밀해져야만 한다.

나는 철도개발지수가 거대도시 교통 부분을 대표하는 지표로 활용될 가치가 있다고 생각한다. 여기에는 도로를 1장에서 했던 작업처럼 세밀하게 해부하여 분류하고 평가하기 어렵다는 기술적 조건 이상의 이유가 있다. 도로망을 온전히 이용하려면, 개인의 부에 크게 의존하는 승용차가 필요하다는 점이 무엇보다도 중요하다. 환경 비용 역시 크다. 기후위기 시대에 도로의 활용을 늘리는 것은 어리석은 일이다.(8장 참조) 게다가 도로망은, 거대도시의 잠재 수요 때문에 제아무리 10차선 고속도로라 해도 체증에 빠져 버리기도 쉽다(6장 도표 42). 적어도 거대도시 단위에서는, 대중교통 체계의 중심이자 거대한 규모의 교통량을 쉽게 감당할 수 있는 철도에게 거대도시 교통 체계의 효율과 형평성 모두를 보여 줄 수 있는 지표의 자격이 더 크지 않을까.[50]

50
도로개발지수와 철도개발지수의 격차를 평가할 수도 있을 것이다. 실제로 인간개발지수에 대해서도 불평등 조정 지수(Inequality-adjusted Human Development Index)가 개발되어 발표되고 있다. UNDP의 다음 설명을 참조. http://hdr.undp.org/en/content/inequality-adjusted-human-development-index-ihdi.

물론 여기서, 철도에 대한 투자가 직접 삶의 질을 높이고, 개인의 부를 증진하며, 연구 개발 활동을 자극할 수 있고, 부의 분배를 더 균등하게 만들 수 있다는 결론이 나오지는 않는다. 이들 지표 사이의 연관성 아래에 중요한 모종의 인과관계가 자리 잡고 있는 것은 분명하지만, 철도 투자의 결과 이 인과관계가 발동된다고 보려면 더 많은 정당화가 필요하다. 거대도시를 현재보다 더욱 번영하게 만들기 위한 철도 투자 계획 작업은, 도시의 번영을 결정짓는 다른 요인을 충실히 연구하는 작업과 함께해야만 한다. 바로 이런 관심 속에서, 철도는 교통공학 바깥의 여러 사회과학과 연결될 수 있을 것이다.

사례 연구 1.
취리히 중앙역과 규칙 시각표[51]

스위스의 최대 도시 취리히의 인구는 40만 명에 조금 미치지 못한다. 하지만 스위스 철도공사(SBB)에 따르면 취리히 중앙역의 이용객은 2014년 기준 44만 명에 달한다.[52] 도시의 인구보다 그 안에 있는 역 하나의 철도 이용객이 많은 셈이다. 세계적으로도 유례를 찾기 어려운 수준이다. 스위스 철도의 성공은 유럽에서 압도적으로 높은 철도 수송분담률(도표 1, 17%)과 1인당 철도 이용량(도표 2)에서도 확인할 수 있다. 서유럽 철도 전반에서 철도 여객의 성장세가 확인되지만, 스위스의 성장 수준은 특별하다. 일본 철도의 물량은 특히 도쿄 광역권의 거대한 인구밀도에 기반하는 데 반해, 스위스는 다른 국가들보다 그리 높지 않은 인구밀도로도 이러한 성과를 거두기도 했다.

이런 위업은 스위스 철도 당국이 국민투표를 거쳐 결정하고 집행한 '철도 2000'(Bahn 2000) 프로젝트의 성과다. 이 사업에서 스위스 철도공사가 내세운 좌우명은 '더 빠르게, 더 자주, 더 편안하게'였다. 너무 당연한 이야기처럼 보일지도 모르겠다. 하지만 이를 달성하기

---

[51]
영어판 및 독일어판 위키피디아 내용, 그리고 스위스 철도공사 홈페이지를 서술에 참조했다. https://www.sbb.ch/.

[52]
물론 이 값에는 취리히 중앙역에서 내리는 사람과 환승객이 모두 포함되어 있다. 실제로 이곳에서 열차를 타는 사람은 10~12만 수준인 듯하다. 그렇다고 하더라도, 취리히 중앙역에서 철도를 이용하는 사람의 수는 취리히 전체 인구의 25%를 넘는 막대한 수준임은 변함이 없다.

1장 거대도시와 철도

위해 스위스 철도가 수행한 작업은 당연하게 보아 넘기기는 어려운 것이었다. 빠르게, 그리고 더 자주 달린다는 말은 단순히 소요 시간을 줄이고 열차의 빈도를 올리는 일 이상이었기 때문이다. 이 말이 무엇을 의미하는지 정확히 이해하려면, 스위스 철도가 열차의 착발 시간을 손쉽게 기억할 수 있도록 일종의 패턴을 부여하려 했다는 점을 살펴봐야 한다.

이 기법에 대해 정착된 한국어 표현은 없다. 현업에서는 일본식으로 '패턴 다이어'라고 말하기도 하지만, 영어권에서는 '시계판 시간표'(clock-face timetable), 독일어권에서는 '박자 시간표'(Taktfahrplan)라는 표현을 사용한다. 이 책에서는 '규칙 시각표'라고 옮기기로 한다. 어떤 표현을 쓰든, 이 기법의 핵심은 특정 계통의 열차를 매시간 일정한 시각에 출발시키는 데 있다.

취리히 중앙역에서 전국망 열차는 매시 0~10분 사이, 그리고 매시 30~40분 사이 집중적으로 출발한다. 이렇게 발차하는 열차가 총 29편, 이 가운데 국제 열차는 대체로 6회다. 10~29분, 40~59분에는 대체로 광역망 열차가 출발한다. 광역급행 열차는 0~10, 30~40분 사이에도 분당 1회가량 발차하며, 이렇게 발차한 열차의 총 물량은 시간당 약 100회에 달한다. 집중 발차 시에는 분당 3회에 가까운 열차 빈도가 기록된다. 이렇게 일정한 시간에 전국망 열차를 집중 출발시킴으로써 얻을 수 있는 이점은 두 가지다.

1.　　노선별로 시간표를 일일이 기억하지 않고도 매시 정각, 매시 30분이면 중앙역에서 전국망 열차가 출발한다는 사실을 사람들에게 쉽게 각인시킬 수 있다.

2.　　이는 환승 시간을 단축, 또는 예상할 수 있게 만든다. 아무리 늦어도 39분 뒤에는 다른 지역으로 가는 환승 열차를 탈 수 있기 때문이다.

규칙 시각표 자체는 한국 철도처럼 시설이 빈약한 곳에서도 시행할 수 있다. 그러나 취리히 중앙역처럼 전국(국제)망 열차를 집중적으로 출발시키려면 중앙역의 승강장과 주변 선로의 용량도 대거 확충해야만 한다. 승강장 규모는 양측이 유사하므로(취리히 중앙 26, 서울·용산 21), 차이는 연결 선로의 규모 차이에서 온다. 서울·용산역은 전국망 열차의 착발을 위해 복선만을 사용할 수 있다. 하지만 취리히 중앙역에서 사용할 수 있는 복선은 총 7개(전국 5, 광역 2)다. 바로 여기에 기반해 취리히 중앙역은 서울·용산역보다 5배 많은 열차를 착발시킨다.

물론 취리히 중앙역의 성과는 이 역과 취리히 일원의 망만으로 이룬 것은 아니다. 이 역의 성공은 스위스 철도 전체의 성공이기도 하다. 이런 성공은 규칙 시각표를 취리히 중앙역뿐만 아니라 모든 주요 역에 적용할 수 있었기 때문에 가능했던 것이다. 그런데 규칙 시각표는 취리히 중앙역처럼 거의 모든 열차가 착발하는 역에서나 적용하기 편리하지, 중간역에서는 그렇지 못하다는 단점이 있다. 역 사이의 소요 시간은 거리에 따라 제각각이고, 지형을 감안했을 때 주요 도시 간 거리가 규칙적이라는 보장도 없다. 이 문제에 대응하려는 기획이 바로 '철도 2000'이었다. 이 계획의 핵심 목표는 다음과 같다.

1.　　취리히~제네바 간 주축선에만

[표7]   취리히 중앙역 시각표(2018)의 패턴. SBB가 제공한 시각표를 분석했다. 제시된 역은 취리히 중앙역에서 출발하는 장거리 열차의 운행 계통을 살펴 선정한 것이다. 등급을 나타내는 IC(InterCity), IR(InterRegio), RE(RegioExpress) 뒤에 붙은 숫자는 노선 식별 기호이다. S(S-Bahn)와 R(Regio)은 각각 광역 급행, 완행이다.

매시	등급	행선지	비고
00분	IC3 / ICE	바젤, 함부르크 혹은 킬	짝수 시 ICE
01분	IR70	취리히 공항	
02분	IC8	베른, 브리그	
03분	IC5	제네바	
04분	IR70	루체른	
05분	RE	샤프하우젠	
06분	IR16	베른	
07분	IC3	쿠어	
07분	IC8	빈터투어, 로만쇼른	
08분	IR37	바젤	
09분	EC	뮌헨, 장크트갈렌	국제 열차
09분	EC	밀라노, 루가노	국제 열차, 고트하르트베이스 터널 통과
10분	IR36	바젤	
0~10분	S	총 10편 출발	
12분	RE	쿠어	
16분		뮌헨	짝수 시, 국제 열차
11~29분	S	총 24편 출발	
30분	IC5	로잔	
31분			
32분	IC2	루가노	
32분	IC1	로잔, 제네바	
33분	IC1	장크트갈렌	
34분	IC3 / TGV	바젤, 뮐루즈, 파리	홀수 시 TGV
35분	IR70	루체른	
35분	IC4	샤프하우젠, 징엔, 슈투트가르트	국제 열차, 슈투트가르트 짝수 시 운행
36분	IR36	바젤	
37분	IR75	콘스탄츠	
37분	IC3	쿠어	
38분	RE	아라우	
39분	IC5	장크트갈렌	
40분	EC / RJ	그라츠, 빈, 부다페스트	동유럽 방면 국제 열차
30~40분	S	총 11편 출발	
52분	IR36	취리히 공항	
55분	IR17	베른	
41~59분	S	총 24편 출발	
00~59분		총 97.5편 출발	뮌헨행 0.5회로 계산

새로운 고속 선로를 건설하는 데 투자 초점을 맞추는 것은 너무 영향 범위가 좁다. 전국적인 영향을 줄 수 있는 방식으로 철도망을 개량해야 한다.

2.   전국 주요 역에 규칙 시각표를 확산시키기 위해, 주요 구간의 소요 시간을 비슷하게 맞춘다. 30분을 두 인접 구간 간을 주파하는 시간으로 잡으면, 한 거점 도시에서 다음 거점 도시로 가는 시간은 그 배수(1시간, 1.5시간 등)가 될 것이다. 이를 통해, 취리히뿐만 아니라 다른 거점역에서도 장거리 열차를 예상하기 쉬운 시간(정각, 30분)에 집중적으로 배차할 수 있게 된다. 지역 거점에서 광역망 열차 연계를 체계적으로 갖추면, 주요 도시 간 이동뿐만 아니라 전국 방방곡곡을 쉽고 예상할 수 있는 방식으로 접근할 수 있다. 승객들은 소요 시간을 기억하기도 쉽고, 열차 여행을 계획할 때 번거로움도 덜하게 된다.

이를 위해 비교적 짧은 선로 공사가 아주 많은 곳에서 이뤄졌다. 이 가운데 약 44km의 마트슈테텐~로트리슈트 간 복선 전철 공사가 가장 긴 노선으로 보인다. 이른바 틸팅(tilting) 열차, 즉 곡선부에서 차체를 기울일 수 있는 능력을 갖춘 열차가 도입되어, 곡선 반경이 작고 캔트 추가 공사가 어려운 지점이 많은 선구에서 증속을 하기도 했다. 영업 최고 속도는 160km/h 수준으로 설정되었다. 이들 작업을 통해 소요 시간을 최우선적으로 조정한 축선은 취리히~로잔 축선이었다. 취리히~베른, 취리히~바젤 사이의 소요 시간은 약 1시간이 되었다. 다른 축선에 대한 투자는 2030년을 목표로 지금도 진행 중이며, 투자의 결과 스위스 전국 철도가 몇 개 구간을 중심으로

묶여 소요 시간이 전국적으로 예측 가능하게 균일화될 것이다. 이들 각 구간에서도 취리히 중앙역처럼 전국망 열차와 광역망 열차를 규칙적으로 배차하면, 수위 도시인 취리히부터 광역망으로만 연계되는 작은 시골 마을까지 철도망으로 큰 불편 없이 이동할 수 있게 된다.

이런 투자의 결과가 바로 유럽 내에서는 압도적인 스위스 국민의 철도 이용률이다. 그리고 이런 성취를 위한 중요한 물리적 기반은 취리히 중앙역을 크게 확충하는 데 있었다는 점을 다시 강조하고 싶다.

중앙역 시스템은 모든 주요 열차를 하나의 역으로 집결시키는 방식이기 때문에, 자칫 잘못하면 역과 역 진입 선로는 도시에 연결된 전국망 가운데 가장 취약하고 처리 용량도 가장 작은 부분이 될 수 있다. 이를 방지하기 위해, 취리히 중앙역의 승강장은 최근에도 증설되었으며, 지상 7개 복선 이외에도 31~34번 승강장(지하)을 통과역 구조로 만들기 위한 신설 선로도 부설되었다. 취리히 중앙역에 대한 괄목할 만한 투자는 이처럼 지금도 계속되고 있으며, 이는 스위스 전국망을 지금처럼 유기적으로 완성하는 데 그 어떤 요소보다도 중요한 역할을 했다.

2장. 용량과 저항, 몇 가지 기능적 변수들

1절. 선로 위의 낮잠

철도 주변에는 으레 울타리나 역목이 있다. 바깥과 안쪽을 구분하기 위해서다. 이 경계선은 단순한 상징은 아니다. 역목 바깥 도로와 철도의 질서는 극적으로 다르기 때문이다. 1분 동안 도로에 차량이 몇 대 지나가는지 답할 수 있는 독자는 거의 없을 것이다.[1] 하지만 철도에서는 같은 시간 동안 단 한 편의 열차도 지나가지 않을 수 있다. 앞서 달리는, 또는 뒤따라오는 열차는 대부분 눈으로 확인할 수 없고, 선행 열차가 지나간 지점을 다음 열차가 통과할 때까지는 적어도 3분의 시간이 걸린다. 내가 탄 자동차 뒤를 다른 차량이 바짝 붙어서 달리는 모습을 볼 때면, 나는 도로의 환경이 얼마나 취약하고 다양한 사고에 무방비로 노출된 상태인지 아연할 때가 있다. 실제로 뉴스는 어이없는 이유로 일어난 끔찍한 교통사고, 그리고 황망한 죽음들을 날마다 전해 온다.

　　도로와 철도 사이의 이 차이는 사람들의 행동을 아주 다른 방식으로 유도한다. 도로를 무단 횡단하는 사람이 주변을 두리번거리며 차량을 확인하지 않는 장면을 생각하기는 힘들다. 하지만 철도는 한국에서도 최소한 1973년까지는 연선 주민들의 간이 침상으로 취급되었던 것 같다.[2] 철도는 궤도 위에 있던 사람이 단잠에 빠질 정도로 텅 비어 있지만, 도로는 늘 차량으로 가득한, 그래서 낮잠을 자는 사람을 상상하기도 어려운 모습이다.

　　50년간의 투자와 계도, 사람들의 생각 변화를 거쳐 이런 사람들은 한국 철도에서 사라졌다. 하지만 이들에게, 저토록 한산하면서도 시원한 여름밤의 철도를

---

[1] 대도시 주변의 연속류 도로, 다시 말해 차량 흐름이 끊어지지 않는 고속도로에서는 차선당 1시간에 1000~2000대(1분당 17~34대)가량이 지나간다. 현재의 도로, 차량 및 운전자 인지 체계의 수준에 따른 한계 용량은 1시간당 2200대 수준으로 알려져 있다. 시내 단속류 도로의 경우 절반 미만의 물량을 확인할 수 있을 것이다.

[2] 「철길 피서 참변 잇쑤」, 『동아일보』, 1973년 7월 31일자 기사는 3일새 젊은 남자가 대전 인근 경부 본선상에서 열차에 치어 죽은 사고 두 건과 함께, "철길은 겁이 나면서도 그렇게 시원할 수가 없어 저녁만 먹으면 가족이나 이웃끼리 철길로 몰려나와 돗자리를 펴거나 선로에 앉아 놀게 된다"는 주민의 말도 전하고 있다. 경부 본선에서 이런 사고가 빈발했다면 다른 노선은 더욱 상황이 심각했을 것이다.

비워 둬야 하는 이유는 제대로 설명된 적이 없을 것이다. 비어 있는 궤도는 승객들에게도 의문을 불러일으킬 만하다. 이렇게 빈 궤도가 많은데 왜 열차는 늘 지연될까. 저 궤도를 따라 그냥 달리면 되는 것이 아닐까? 이런 의문의 연장선 위에는, 1장에서 내가 제안한 거대도시망의 구조적 지표와 관련된 실무적 논란도 실제로 있었다. 철도 병목이 거대도시 철도망의 상황에 심각한 감점까지 줄 정도로 큰 문제인가? 우회 선로가 없어 교통량이 집중되는 것이 왜 그렇게 문제인가? 기존 산식이 제시하는 값보다 상당히 더 많은 열차를 집어넣어도 눈에 띄는 문제는 없는데, 운영 사업자는 왜 저렇게 불만이 많은가? 지옥철과 지연을 겪는 시민들과 언제나 함께하면서도, 지연된 열차를 운행하지 않는 날이 드문 철도 사업자의 행태까지 겹치면, 이들 질문은 철도에 대한 불만과 불평으로 이어지지 않을 수 없다.

이런 질문에 정확하게 답하려면, 철도망을 실제로 살아 움직이게 만드는 기능적 원리를 살펴야만 한다. 1장은 대지를 관통해 도시와 사람들을 연결하는 철도망의 역할을, 다시 말해 철도망의 지리적 의미를 분석하는 곳이었고, 따라서 앞 문단의 여러 의문들을 불러일으키기만 할 뿐 해결할 도구를 제시할 수는 없는 곳이었다.

1장과 2장의 경계는, 객차의 바닥, 그리고 승강장의 경계선과 겹친다. 객차 내부, 그리고 승강장은 철도를 이용하는 여객이라면 반드시 거쳐 가야 할, 그래서 대중적인 일상 공간이자 철도 외부의 지리와 밀접하게 연계된 공간이다. 반면 객차의 바닥 아래에는 동력, 신호, 통신, 궤도 장비가 가득하다. 또한 승강장 너머에는 보선원과 수송원들만이 다니는 영역이 펼쳐져 있다. 이들 영역은 일종의 전문가들에게만 열려 있으며, 문제가 생길 때에만 여론의 스포트라이트를 받는다. 하지만 이런 현실이, 철도를 이해할 때 이들 영역을 무시해도 좋다는 뜻으로, 또는 이들 공학적 세계가 지적으로 흥미롭지 않은 영역이라는 뜻으로 이해되어서는 곤란하다. 이런 이해는 마치 인간을 이해할 때 피부 안쪽의 현상들이 중요하지 않다는 말과 다를 바 없다.

이제, 말하자면 객차 바닥 아래로, 또는 승강장 아래로 내려가 보자.(「철도안전법」을 위반하게 되므로 실제 역에서는 금지된 행동이다.) 여기에 펼쳐진 복잡한 철도공학의 세계 가운데, 이번 장에서 살펴볼 것은 철도의 용량을, 그리고 환승 저항이나 망의 여타 기능적 특징을 이해하는 데 필요한 내용들이다. 거대도시 철도망의 지리적 구조를, 그리고 승객들의 실망감과 짜증을 실제 철도를 통제하는 철도공학적 작업과 연결하는 것이 이번 장의 목표인 셈이다. 이 목표를 위해서는 여러 기록이 세계 철도의 상업 운행 첫날로 꼽는 바로 그날의 현장으로 시선을 돌려야 한다. 철도는 이날부터 사고와 함께했기 때문이다.

2절. 파크사이드역의 비극과 '록, 블록, 브레이크'[3]

1830년 9월 15일, 리버풀역과 맨체스터역 사이의 철도 개업식. 시승 행사 도중, 리버풀의 지역구 국회의원 윌리엄 허스킨슨이 교행역인 파크사이드에서 마주 오는 로켓호에 치여 사망하는 일이 벌어진다. 허스킨슨은 열차를 피하려고 했지만, 무심한 차륜은 당황하여 넘어진 그의 다리 위를 지나고 말았던 것이다. 그는 몇 시간 뒤에 숨진다. 정식으로 영업 중인 철도에서 일어난 첫 사망 사고였다.[4]

사고의 원인은 여럿이었다. 비가 내렸고, 허스킨슨 등이 승무원의 권고를 무시하고 마주 오는 열차를 맞이하러 본선에 내려선 부주의도 있었다. 다만 이 책에서 주목할 원인은 이런 것보다는 브레이크다. 놀랍게도 당시, 그리고 그 후로도 수십 년간 열차에는 충분한 성능을 가진 브레이크가 설치되지 않기 때문이다. 기관사는 변속기를 전환하는 방식으로 속도를 늦추려고 했지만, 때가 늦었던 듯하다.

브레이크가 아예 없지는 않았다. 하지만 최초의 철도 브레이크는 유압을 사용하지 않는 단순 기계식 핸드브레이크였으며, 그나마도 모든 차륜을 제어할 수 없었다. 기관차와 차장차(brake van)를 제외한 모든 객·화차에는 브레이크가 달리지 않았다. 1860년대까지 철도 차량의 거대한 중량에 걸맞은 제동력을 가할 수 있는 브레이크는 존재하지 않았다.

신호 역시 없었다. 최초의 철도 가운데는 말을 탄 호송인이 인도하는 경우도 있었다. 지금의 눈으로 바라보면 우스워 보이지만, 데이터나 음성을 전달할 기술은커녕 제대로 된 브레이크 기술조차 없는 상태에서 안전을 보장하기 위해서는 마땅한 방법이 없었으리라. 19세기 끝 무렵, 초기 자동차에도 이런 규제가 적용되었던 것은 분명 당시 널리 알려져 있던 철도 사고의 참혹한 기억 덕분일 것이다. 사람을 일정 거리마다 배치해 열차에 수신호를 보내거나, 폭음으로 열차의 상황을 전파하는 방법이 기마 전령 뒤를 이었다. 전신의 활용은 그다음 일이었다.

이런 상황에도 아랑곳하지 않고 철도의 최고 속도는 치솟았다. 1840년대에 이미 열차의 최고 속도는 100km/h 수준에 도달했다. 기관사가 부수 차량을 총괄 제어하기는커녕 열차의 위치를 주변 역에 알리기 위한 전신 활용도 어렵던 시점에 이미 현재로서도 상당한 수준의 속도가 실현된 것이다. 최고 속도를 올리는 것은 생각보다 어렵지 않았다. 오히려, 열차를 제때 멈춰 세우고, 가지 말아야 할 곳에 가지 못하게 하는 기술이 훨씬 더 많은 세월을 필요로 했다.

19세기 철도를 끝없이 괴롭혔던 수많은 사고, 그리고 수많은 시행착오의 경험이 응축된 영국의 1889년 「철도규제법」(Regulation of Railways Act 1889)은

3
이 절 이하 두 절의 서술에는 나름 두 책을 참조했다. 야마노우치 슈이치로, 『철도사고 왜 일어나는가』, 김해곤 옮김(논형, 2004); 서사범, 『철도공학』(북갤러리, 2006).

4
이 사고에 대한 한국어 서술은 박흥수, 『달리는 기차에서 본 세계』(후마니타스, 2015), 99~101 참조.

철도 사고를 막는 데 필요한 공학적 방책의 요체를 간결하게 표현하고 있다.

> 1. 상무위원회는 철도 회사에 다음 사항을 명령할 수 있다. (…)
>   a. 승객 수송을 위해 영업 중인 모든 철도에 대해 폐색(block) 시스템을 적용할 것.
>   b. 영업 중인 모든 철도에 대해, 분기기와 신호를 연동(lock)시킬 것.
>   c. 다음 조건을 갖춘 관통 브레이크를 모든 여객 열차에 설치할 것.
>   i. 브레이크는 즉각 사용할 수 있어야 하며, 기관사와 차장이 작동시킬 수 있어야만 함.
>   ii. 브레이크는 제어가 상실된 어떠한 경우에도 자동으로 작동해야만 함.
>   iii. 브레이크는 승객 탑승 여부와는 무관하게 열차를 이루는 모든 차량에 걸쳐 작동해야만 함.
>   iv. 브레이크는 통상 작업에서 정규적으로 사용되어야 함.
>   v. 브레이크를 이루는 재료는 견고해야만 하며 유지 보수가 용이해야만 함.[5]

철도사에서 유명한 "록, 블록, 브레이크"(lock, block, brake)라는 관용구는 바로 이 법안의 핵심을 표현한 것이다. 이미 130년이 지난 입법이지만, 이때 제시된 원칙은 지금 이 순간도 전 세계의 철도 현업을 규율하고 있다.

'폐색'이란 본선을 여러 구간으로 나누고, 한 구간에 한 편의 열차 진입만 허용하는 기법이다. 이것을 지키면 열차가 본선에서 추돌할 가능성은 봉쇄된다. 폐색 구간(block section)이 시작되는 지점에는 기관사에게 육안으로 정보를 제공하는 신호기가 설치될 수도 있고, 단선 구간에서는 기관사와 역무원이 통표(tablet/token)를 주고받을 수도 있다. 일종의 안전거리 강제 확보 시스템인 셈이다. 철도와 도로의 차량 빈도 차이를 불러오는 가장 중요한 요인은 바로 이 폐색 시스템이다. 현행 약 3분의 최소 시격은 바로 이 폐색을 지키기 위해서다. 미래 도로에도 비슷한 개념이 도입된다면, 오히려 지금보다 차량 사이의 간격은 더 넓게 유지될지 모른다.

'연동'(lock, interlock)이란 분기기의 동작과 신호로 내려오는 운전 지시 사이의 관계를 의미한다. 분기기와 역 구내 신호를 모두 역 관제에서 통제하는 한편, 개통된 분기기 진입 지점에는 진행 신호를, 개통되지 않은 분기기 진입 지점에는 정지 신호를 현시하는 식으로 맞물려 작동하도록 설정한다면 이런 목표를 달성할 수 있다. 연동이 꼭 필요한 이유는 역에 도사린 특수한 위험 때문이다. 역에서는 분기기를 잘못 넘어가면 측면 추돌이 일어나며, 또 분기기를 통과하던 열차는 분기기의

5
원문은 다음을 보라. http://www.legislation.gov.uk/
ukpga/Vict/52-53/57/section/1.

방향이 바뀌면 탈선한다. 측면 추돌과 탈선 사고를 막으려면 연동은 필수다.[6]

폐색과 연동이 기반하는 매우 중요한 기술이 있다. 바로 '궤도 회로'(track circuit)다. 이 기술의 핵심은 레일을 전기 회로의 일부로 만들어 열차가 폐색 구간을 점유하고 있는지 확인하는 데 있다. 철도는 궤도와 차축이 모두 도체이며, 따라서 레일은 연결하는 도선만 있으면 전기 회로로 만들 수 있다. 이 회로에 약한 전기를 흘려보낸다고 해 보자. 여기에 차축이 진입하면 단락(short)이 일어나고, 회로는 끊어질 것이다. 이 현상을 이용하면 본선상의 어떤 폐색 구간이, 그리고 역의 어떤 측선이 열차에 의해 점유되어 있는지 알 수 있고, 이 정보는 본선과 역의 신호를 결정하는 기반이 된다. 오늘날의 철도 역시 고도화된 궤도 회로를 기반으로 열차를 추적하는 한편, 열차의 제한 속도를 관리한다. 선로와 역의 용량을 결정하는 각종 변수는, 열차의 제동 능력뿐만 아니라 궤도 회로와 연결된 다양한 장비가 안전하게 작동할 수 있는 여유 또한 감안하여 설정된 것이기도 하다.

현재 세계 주요국의 철도에서는 자동 운전까지 가능한 폐색과 연동 시스템이 확립되어 있다. 도시철도나 고속선 본선에서는 많은 경우 이동 폐색, 즉 폐색이 물리적 신호기 사이의 구간으로 고정된 것이 아니라 선행 열차와의 간격, 그리고 두 열차의 속도를 통해 규정되는 기술이 쓰인다. 이렇게 되면, 제동 능력이 뒷받침하는 한 최대한 좁은 거리까지 열차를 접근시킬 수 있고 본선에는 열차가 더 많이 다닐 수 있다. 본래 이동 폐색이 도입된 중요한 이유는 200km/h가 넘는 속도로 운전할 때 육안으로 신호와 운전 지시 표지를 확인하기 어렵기 때문이었지만, 제어 기술이 발달한 현시점에는 열차 무인 운전의 중요한 기반이 되고 있기도 하다.

법안은 대부분 '브레이크'에 대한 규정으로 채워져 있다. 철도가 등장한 지 수십 년이 지난 1889년 시점까지도 신뢰할 만한 브레이크 시스템이 폭넓게 정착하지 못한 상황이었다는 점을 생각하면, 또 지금도 철제 궤도와 철차륜에 의존하는 철도 차량은 완전히 멈추기까지 매우 긴 거리가 필요하다는 점을 생각하면 이 비중을 충분히 이해할 수 있을 것이다.[7]

'관통 브레이크'라는 말은 기관사나 차장의 조작이 차량의 연결기를 통해 열차의 모든 차량으로 전파되어 연결 차량의 모든 차축에 제동을 걸 수 있는 브레이크를 뜻한다. 지금은 당연한 이런 기술도 당연하지 않던 시기가 상당히 길었다. 연결기와 차량 내부를 통해 브레이크 배관이 수백 미터 이어져야 했으며, 충분한 크기

6

손으로 움직이는 레버로 분기기를 가동시키는 모습은 심지어 철도를 사용하여 만들어진 철학자들의 딜레마(트롤리 문제)에도 남아 있지만, 이러한 분기기는 현대 철도에서는 사라져 가고 있다. 그런데 실제 철도공학의 발전 방향은 트롤리 문제가 상정하려 애쓰는, 열차가 통제되지 않는 상황을 발본색원하여 제거하는 방향으로 향해 있고, 아직 철학자들은 여기에 대해서는 제대로 반성하지 못한 상황이다. 이는 모형으로 삼았던 실제 공학 체계와, 그리고 현실의 공학이 담고 있는

사고방식과도 거리가 멀어진 사고 실험 기반 철학의 한 사례일지 모른다.

7

300km/h로 달리던 KTX가 비상 제동을 걸어도 정차할 때까지 열차가 미끄러져 가는 거리는 3.3km에 달한다. 이는 제 속도로 달리던 KTX가 서울 서대문을 통과하면서 비상 제동을 체결하면 동대문 도착 직전에야 정차한다는 말이다.

의 제동력을 모든 차축에 걸쳐 균등하게 공급하기도 쉽지 않았기 때문이다.

조지 웨스팅하우스(1846~1914)라는 이름이 바로 여기서 등장한다. 그가 개발한 '압축 공기 브레이크'의 개념은 지금까지도 철도 브레이크 기술의 뼈대다. 이 브레이크의 핵심은 압축 공기를 사용해 차축을 강력한 유압으로 붙잡는 한편, 차량 간 연결기가 끊어져 배관이 파괴될 경우 자동으로 전 차량에 브레이크가 걸리는 데 있었다. 경쟁 기술들은 웨스팅하우스의 방식보다 제동 성능이 낮았지만,[8] 영국에서는 기술적으로 복잡하다는 이유나 타 회사와는 독자적인 기술 표준을 유지하려는 이유에서 이 기술을 받아들이지 않으려는 태도까지 있었다고 한다.[9] 1923년, 네 개의 회사로 영국의 철도회사들을 통폐합할 때도 압축 공기 브레이크는 여전히 영국의 기술 표준은 되지 못했다.

오늘날의 철도 브레이크는 전자 제어 기술 발달의 덕을 보고 있다. 차축에 발전기를 걸어 제동력을 확보하는 방법이 20세기 후반 이후 전기 동력 열차의 확산과 함께 널리 퍼져 있기 때문이다. 철도의 전기 제동 방식은 크게 발전제동과 회생제동으로 나뉜다. 발전제동은 차축의 회전력에서 얻은 전기를 모두 저항 회로로 보내 열로 날려 보내는 기술이고, 회생제동은 이 전기를 전차선으로 되돌려 보내 다른 차량의 가속을 돕거나 변전소를 통해 전력 회사의 전력망으로 보내는 기술이다. KTX의 경우 회생제동 기능을 통해 전체 소비 전력의 약 10%를 다시 살려 쓸 수 있다고 한다. 물론 회생제동에는 한계가 있다. 주변에서 가속하고 있는 차량이나 변전소의 역송전 설비가 있어야 '회생 실효'를, 즉 회생제동이 동작하지 않는 상황을 막을 수 있기 때문이다. 그런데 가속하는 차량이 주변에 늘 있으려면 열차의 운행 빈도가 높아야 하며, 역송전 설비를 설치하려면 큰 투자가 필요하다. 언제나 일정한 제동력을 얻을 수 있는 압축 공기 브레이크가 여전히 필요한 이유이다.

3절. 페일 세이프, 그리고 철도 안전 체계의 효과

록, 블록, 브레이크는 철도의 모습을 도로와 극단적으로 다르게 만들었다. 그리고 이들은 열차를 제때 멈춰 세우고, 가지 말아야 할 곳에 가지 못하게 만들기 위한 기술이다. 빠르게 달리는 것 자체는 이미 19세기 중반에도 그리 어려운 일이 아니었다. 속도만큼 빠르게 다가오는 위험을 철저하게 방호하여 승객을 안전하게 목적지까지 수송하는 것이 오히려 어려운 일이다.

물론 언제 어디서든 사고는 예기치 못한 방식으로 다가올 수 있다. 사고를 통해 맞닥뜨리게 되는 현실은 어떠한 상상보다도 다면적이고 또 위협적이다. 수많

---

[8]
웨스팅하우스의 브레이크가 우월함을 증명한 뉴어크 시험(Newark Trial) 결과가 위키백과에 수록되어 있다. https://en.wikipedia.org/wiki/Railway_brake.

[9]
이 진술은 위키피디아와 야마노우치의 『철도사고 왜 일어나는가』, 45~50을 참조한 것이다.

은 경험을 쌓은 철도 회사 간부조차도, 정말로 종잡기 어려운 것이 사고라고 고백한다.[10] 지금 이 순간도 현업과 공학계는 분투하고 있지만, 언제 어디서 파멸적 사고가 덮쳐올 것인지 예측할 수 있는 사람은 아무도 없다.

이런 가능성에 대비한 공학적 원칙 가운데 하나로 '예방 원칙'을 꼽을 수 있다. 철도의 수많은 위험 회피 방법은 지금까지 철도가 2세기 가까이 겪어 온 경험에 기반하여, 사고를 부른 위험이 앞으로 운행할 열차에 다가오는 것을 예방하려는 조치들이었다. 건널목 사고에 대해서는 입체교차를 통해, 철도 차량 간 충돌에 대해서는 연동과 폐색을 통해, 화재 사고에 대해서는 목조 객차를 금속제 객차로 바꾸는 한편, 객차 내장재를 난연재나 불연재로 교체하는 사업을 통해 그 위험을 예방하는 식이다.

이런 원칙은 물론 모든 문제를 원천적으로 예방하지 못한다. 어떠한 예방 조치라도 잔여 위험(residual risks)을 완전히 제거할 수는 없다. 입체교차는 건널목 사고는 제거하지만 추락 사고는 배제할 수 없다. 게다가 극단적인 사고는 예외와 불운이 겹치는 순간 발생했다. 이럴 때는 '페일 세이프'(fail safe) 원칙과 직원의 숙련, 승객들의 기지만이 기댈 구석이다. 페일 세이프란, 체계의 중요한 부분이 파손되었을 우려가 있을 때 더 이상의 피해를 막거나 최소화할 수 있는 방식으로 체계를 변화시키는 설계 개념을 말한다. 원자로는 일정 수준 이상의 충격이 감지될 경우 노심 상부에 제어봉을 고정시켜 놓던 전자석으로 가는 전원을 차단하며, 이로 인해 제어봉은 낙하하여 자유 중성자를 흡수, 핵분열을 중단시킨다. 철도차량 간 연결기가 끊기면 자동으로 제동이 걸리는 압축 공기 브레이크 역시 이 개념의 사례다. 철도에서의 페일 세이프를 조금 더 넓게 해석하면, 이상이 있을 때 더 큰 피해를 막기 위해 열차가 일단 정차하는 것도 페일 세이프의 일종이다.[11] 물론 터널에서는 가능한 한 전속력으로 빠져나가는 것이 페일 세이프 방침일 것이다.[12] 또한 이들 조치는 폐색이 엄수된다는 전제하에 안전과 연결된다. 공학의 중요한 지향점은 이런 페일 세이프 조치가 불가능한 상황을 줄여 나가는 데 있을 것이고, 철도는 폐색과 연동을 통해 이 지향을 성공적으로 구현한 영역으로 보인다.

그렇다면 철도는 도로보다 얼마나 안전할까? 철도가 실제로는 안전하지 않다면, 이런 규제들은 속도를 방해하는 요란한 호들갑에 불과한 것은 아닐까? 정말 그렇다면, 철도에 대한 수많은 규제와 안전 시스템은 역사적 이유에서 생겨난 족쇄일 뿐이고, 도로의 자유로운 모습에서 불안을 느끼는 내 판단에는 별다른 기반이 없을 것이다. 도표 1로 이들 질문에 답해 보자. 한국의 도로 사고 사망자는 1970~1980년대의 상승기를 넘어 절정기인 1990년대에는 1년에 1만여 명까지 도

10
같은 책, 13장 참조.
11
같은 책, 201.

12
다만 유로터널과 같은 초장대터널의 경우 이를 달성하기 어렵고, 실제로 1996년 11월 18일의 화재 사고에서도 터널 중간 정도에서 화재가 발생해 탈출이 어려웠다. 바로 이런 이유에서, 초장대터널은 되도록 피하는 것이 좋다.

　　　　　　　　　　　　　　　2장 용량과 저항, 몇 가지 기능적 변수들

[도표 1]　한국의 교통수단별 사고 사망자 추이.(1970~ 2015) 도로의 값은 도로교통공단 교통사고분석시스템 (http://taas.koroad.or.kr)에서, 철도는 『철도통계연보』에서, 항공은 국가교통 DB에서, 해양은 중앙해양안전심판원의 연보에서 얻었다. 지방정부 산하 도시철도의 값은 포함되지 않은 값이다.

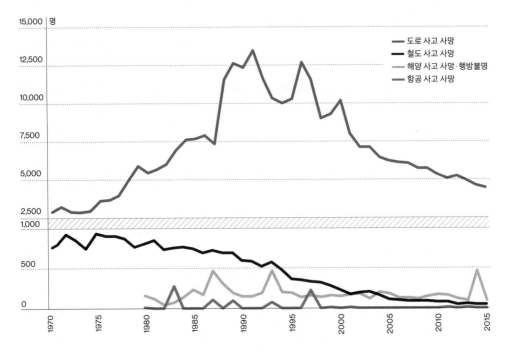

[도표 2]　한국의 도로, 철도 1억 인킬로 수송량당 사상자 추이. 수직축은 밑이 10인 로그 스케일로 그렸다. 도로 수송량은 버스와 택시의 경우 국가교통 DB에 공표된 값이며, 자가용은 화물 및 승용차로 분류된 차량의 연말 대수에 교통안전공단의 자동차 주행 거리 실태 조사에 수록된 차종별 평균 주행 거리를 곱한 총 주행 거리에 1.5를 곱한 값이다. 철도 사고 부상자는 절대량이 사망자와 거의 같아 표시하지 않았다. 모든 차량의 주행 거리가 계산에 포함된 도로 측과는 달리, 철도의 경우 화물열차가 계산되지 않았다는 점 때문에 철도의 하락세는 과소평가된 것일 수 있다. 지방정부 산하의 도시철도는 자료가 부족하여 계산에 전혀 포함되지 않았다.

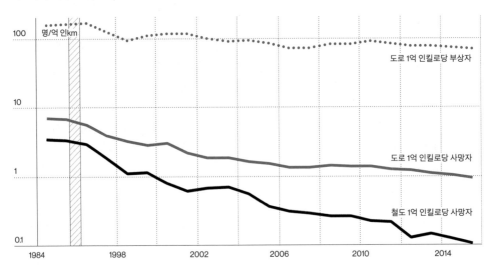

달한다. 1988년부터 1997년까지 10년간, 도로사고 사망자는 모두 1만 명 이상이었다. 1993년에는 무려 1만 3000여 명이 사망하기도 했다. 이후 그 수는 꾸준히 감소하기는 했지만, 2016년에도 4200명에 달한다. 반면 철도 사망자는 1980년대 후반부터 확연한 감소세를 보이기 시작해 2015년 현재까지 계속해서 감소했다. 도로 사고의 사망자는 물론, 철도 승객 자체가 고속철도 개통 이전의 정점에 이르렀던 1990년대에도 이 경향은 유지되었다. 2015년 현재 철도 사고의 사망자는 도로의 1/100 수준에 지나지 않는다.

도표 2는 도로 사고와 철도 사고의 물량 차이는 수송량에서 비롯되지 않았다는 것을 밝혀 준다. 1980년대에도 철도는 도로보다 같은 수송량 대비 절반 정도의 사망자만을 기록하고 있었다. 이 차이는 계속 벌어져, 2008년경에는 5배, 그리고 2015년에는 10배 수준에 도달한다. 게다가 도로는 사망자의 감소 추이에 비해 부상자의 감소가 극히 느리다는 사실도 확인된다. 도로의 인킬로당 사망자가 1/7로 감소하는 동안, 부상자는 1/2 정도로 감소했을 뿐이다. 사고의 치명도가 감소해 온 것이 도로 안전의 발전 방향이었으며, 사고 자체는 상대적으로 잘 줄지 않는다는 점이 확인 가능하다. 부상이든 사망이든, 도로보다 인명 사고의 상대 규모를 빠르게 감소시켜 온 철도는 수송량 대비 상대 사고 빈도나 사고 감소폭 면에서도 도로보다 뛰어나다.

이런 상황은 도로와 철도를 대조할 만한 또 하나의 관점을 제공해 준다. 오늘날 도로에서는 폐색이나 연동에 대응하는 설비를 찾을 수 없다. 다양한 사고 상황에 페일 세이프 원칙을 적용할 수 있는 여유도 찾기 어렵다. 특히 운전자 부주의 이외의 요인에서 오는 사고는 자율 주행 기술을 도입한다고 해서 대처가 되지 않는다. 때문에 도로 운전을 통제하는 인지 체계를 인간에서 인공지능으로 변화시키는 투자만으로는 사고 감소는 불충분할 것이다. 철도와 같은 극적인 사고 감소는, 철도만큼 체계적이고 철저한 본선 및 차량 간 방호 시스템 없이는 불가능할지 모른다. 이런 점에서, 철도는 지상 교통 안전의 오래된 미래다.

4절. 기억할 변수 1: 선로용량

공학사 산책은 이쯤 해 두자. 이제 이들 내용을 구체적인 철도망에 적용하고, 승객들의 불만과 연결하여 현실적인 개선 방안에 도달하기 위해 필요한 도구를 점검할 시간이다. 이 도구의 선두에 오는 것이 바로 선로용량(line capacity)이다. 상수도 배관이 일정량의 물을, 도체가 일정량의 전하를 보낼 수 있는 능력이 있듯, 선구(line section)는 일정량의 열차를 보낼 수 있는 능력을 가진다. 하지만 이 '일정량'을 수치로 파악하지 못하는 이상, 우리는 구체적인 이 선구의 철도 교통 처리 능력이 충분한지 여부를 판단할 수 없을 것이다.

선로용량 개념을 이해하려면 '병목'이라는 은유에서 출발하면 좋다. 병의 목은 병의 몸통보다 좁다. 병에 담긴 액체가 흘러나가는 속도를 조절하기 위해서다. 몰려드는 액체는 이 좁은 병의 목을 빠져나가느라 지체되게 마련이다. 마찬가지로, 교통망의 규모가 줄어드는 지점에서는 지체가 벌어진다. 바로 이 지체 지점이 교통방송 아나운서들이 늘 말하는, 교통 '병목'이다.

액체의 유량은 병목의 단면적과 액체의 속도로 이뤄진 함수다.[13] 하지만 철도 교통류를 서술하려면 병에서 흘러나가는 액체의 흐름을 서술할 때보다 복잡한 함수가 필요하다. 열차 흐름 내부의 복잡성을 반영해야 하기 때문이다. 철도 교통류의 흐름은 같은 역에 정차하고 같은 최고 속도를 가진 열차만이, 동일한 패턴의 시각표를 따라 노선을 운행할 경우 가장 단순하다. 이런 패턴이 구현된 노선을 '평행 운전 선구'라고 부른다. 이런 선구의 용량 함수는 다음과 같다.[14]

$$N= \left(\frac{1440}{t} \right) \times f$$

여기서, t는 열차 최소 시격(배차 간격)이며, f는 선로 이용률, 즉 하루 중 영업시간의 비율이다. 1440은 하루를 이루는 분의 수이므로, t는 분 단위 숫자를 사용하면 된다.

서울에서 실제로 볼 수 있는 최소 시격은 아침 시간 5, 7호선에서 구현되는 2.5분이다. 또 이들 노선의 선로 이용 시간은 하루 24시간 가운데 79%인 19시간이다. 이들 변수를 위 함수에 대입하면 456회라는 값이 나온다. 물론 실제 5, 7호선의 하루 배차량은 편도 약 200회 수준이다. 2.5분 배차는 출근 시간에만 잠시 이뤄지며, 퇴근 시간에도 최소 배차 간격은 3분 수준이고, 낮에는 약 6분마다 배차가 이뤄지기 때문이다. 이상적인 평행 운전 선구의 경우, 철도 자체의 능력이 한계에 봉착하여 병목과 혼잡이 발생할 수 있는 시간대는 출근 시간뿐인 셈이다.[15]

하지만 이상적인 평행 운전 선구로 운용해도 좋은 철도망은 도시철도뿐이다. 운행 길이가 긴 광역망에서는 추월 취급이 이뤄지는 급행열차가 흔하다. 전국망 철도에서는 고속열차부터 통근 전동차, 심지어 화물열차까지 뒤섞여 달릴 수 있

13
물론 이것은 액체를 구성하는 입자가 균일하며, 점도나 병의 벽과의 마찰과 같은 다른 변수가 없다는 가정 덕에 근사적 참이다. 도로, 또는 혼합 운전 선구(철도)는 각 입자의 속도가 다르고 서로 추월할 수 있다는 점에서 균일한 액체보다는 다양한 크기의 입자가 혼합되어 있어 점성이 높고 내부의 상황을 예측하기도 힘든 콜로이드와 유사한 성질을 가진 듯하다.

14
서사범, 『철도공학』, 137.

15
대략적으로 평행 운전이 이뤄지는 경인선의 선로용량에 대한 한 연구는 승하차자의 수에 따라 변동하는 정차 시간을 감안해 선로용량을 구했다. 여기서도

최소 시격은 대략 2.6분으로 분석되었다. 다만 실제 경인선은 동인천, 부평, 용산의 회차 능력이 부족하여 이 배차 간격을 달성하기 어렵다. 김익희·김인철·배영규·왕연대, 「철도이용 수요에 따른 선로용량 변화 분석연구」, 『한국경영과학회지』 38권, 3호(2013): 23~35.

16
현업자들에게는 지금도 익숙한 야마기시 산식의 간략화 형태에 대해서는 서사범, 『철도공학』, 137쪽을 참조하라. 또한 국제철도연맹(Union Internationale des Chemins de fer, UIC)의 지침은 다음 문헌을 참조하라. UIC, *UIC code 406 Capacity*, 2nd ed. (2013), 13, 15~17.

다. 성능도 시각표도 정차 패턴도 제각각인 이들 열차가 함께 달리는 선로를 '혼합 운전 선구'라고 부른다. 이런 노선의 용량을 구하기 위해서는 수많은 변수와 가정을 검토해야만 한다.[16]

　　최근 철도공학계는 선로용량에 관해 여러 연구를 내놓고 있다. 그리고 이들 연구의 배경은 한국 철도의 주요 혼잡 구간, 즉 광역망이나 서울 시내 경부1선, 그리고 팽성~오송 간 경부고속선의 혼잡이었다. 특히 경부1선은 중요한 예시로 여러 문헌에서 등장하는데,[17] 이는 철도공사가 2014년 이전까지 야마기시(山岸)식[18]을 변형하여 내놓았던 계산 결과보다 더 많은 열차가 운행되었던 주요 선구이기 때문이다. 이 현상은 야마기시식으로는 철도의 용량을 정량적으로 평가하는 데 한계가 있다는 뜻이었고, 철도 노선의 용량을 보강하기 위한 투자를 양적으로 정당화하기 위해서는 무언가 다른 방법이 필요하다는 뜻이었다. 이 요구는 2020년 봄 현재 '철도용량편람'의 집필 작업으로 이어지고 있다.

　　공학자들의 고민은 이렇게 요약할 수 있다. 선로용량에 대한 정량적 평가 과정을 이해 관계자들에게 설득력 있게 전달하지 못하면, 철도의 건설과 운용 과정에서 벌어지는 여러 갈등에 대해 수치에 기반하여 답할 수 있는 방법은 없다. 그런데 철도 투자와 운용 과정에 대한 사회적 논의의 기반이 되어 왔던 기존의 방법은 이제 현실을 잘 설명하지 못하고 있다. "일부 영역에서 선로용량 적용 값을 고무줄로 표현하는 사례가 있다"[19]을 만큼, 선로용량은 계산에 반영하는 조건에 따라 다양한 값이 나와 그 수치에 대해 불신을 보내는 사람들까지 나오고 있는 것이 현실이다. 기존의 방법보다 좀 더 설득력 있는 용량 평가 기준이 필요하다.

　　학계의 논의는 아직 진행 중이다. 또한, 이어지는 보강 글에서 간략히 살펴볼 철도공학의 내용으로 볼 때, 이 논의의 필요가 원리상 완벽하게 해소되는 일은 일어나지 않을 것 같다. 국제철도연맹(Union Internationale des Chemins de fer, 이하 UIC)은 한때 선로 "용량에 대한 고유하고 참된 정의는 불가능하다"[20]는 말을

17
다음 진술을 확인해 보자. "대표적인 예로 국내 일부 선로 구간(예, 시흥~금천구청)에 산정된 선로용량보다 더 많은 열차가 운행되고 있어 선로용량의 개념 자체가 불명확하다는 비판에 직면한 바 있다. (…) 최근에는 선로용량을 산정함에 있어 기존에 보편적으로 적용한 선로 이용률(65~75%)보다 크게 상회하는 값을 적용함에 따라. 일부 관련 산업계 엔지니어들의 우려[도 제기되었다]." 오석문·김경민·장윤호·최유복, 「국내 선로용량 산정방법의 문제점 및 개선방안 검토」, 『한국철도학회 추계학술대회 논문집』(2015년 10월): 17~27. 여기서 주목할 만한 진술은 "선로용량의 개념 자체가 불명확"하다는 비판이, 그리고 "선로이용률"과 같은 기본적인 계수에 내해서도 논란이 있다는 사실이다.

18
구 일본국철의 직원 야마기시 데루오가 1940년대에 제안한 산식으로, 일본은 물론 아시아 여러 나라의 현업에서 철도 용량을 산정하기 위해 널리 활용되고 있다. 야마기시 본인의 술회에 대한 번역문과 본래 논문에서 활용된 수리 기법의 함축에 대한 세밀한 최근 연구는 다음을 참조하라. 오석문, 「철도 선로용량에 관한 야마기시 산정식의 개념 이해와 비평」, 『한국철도학회 논문집』 21권, 5호(2018): 517~530.

19
기형서·박동주·오석문, 「철도용량편람 제정의 필요성」, 『철도저널』 18권, 1호(한국철도학회, 2015): 105.

20
"A unique, true definition of capacity is impossible." *UIC code 406 Capacity* 2004년판에 수록된 것으로 적지 않은 문헌에 등장하지만, 당시 판본을 UIC 웹 사이트에서 찾지 못해 원본을 확인하지는 못했다.

하기도 했다. 이런 상황에 대응하려면, 선로용량에 대한 정량적 평가 과정을 대체 어떤 종류의 작업으로 분류해야 하는지에 대해 검토하는 일종의 과학철학적 논의가 필요해 보인다.

이 논의의 세부는 보강 4를 참조하길 바란다. 이 논의의 결론은, 이상적인 평행 운전 선구의 용량 평가, 또는 용량 평가에 반영되어야 할 철도 시스템의 부분적 특징에 대한 정량적 평가는 일종의 '측정'이지만, 혼합 운전 선구의 선로용량 평가는 선구가 수행해야 할 기능적 역할에 대한 합의 위에서 이뤄지는 일종의 '계획'이라는 데 있다. 또한 이 계획 속에 충분한 여유가 반영되어 있지 않다면 돌발 상황 속에서도 철도에게 사회가 기대하는 여러 덕목(무사고, 정시 운전, 대량 수송 등)을 구현할 수 없을 것이다. 사회가 철도에게 기대하는 역할을 구현하는 공학적 방법의 요체는 "고무줄"처럼 될 여지가 없는 객관적 측정의 개념만으로는 결코 이해할 수도, 실행할 수도 없다.

서울 인근 선구를 다루는 제2부의 전술적 차원의 분석으로 넘어가려면, 좀 더 구체적인 양을 언급할 수도 있어야 한다. 집필 시점 현재의 시각표와 그에 따른 연구들은 4장에서, 미래 철도 계획과 관련된 연구들은 6장에서 활용될 것이다. 여기서는 본선이 혼잡하다는 판단을 UIC의 값,[21] 다시 말해 하루 기준 점유율 60%, 피크시간 기준 점유율 75%을 준용하여 내리겠다는 말 정도를 해 두겠다.

---

[21]

UIC, *UIC code 406 Capacity*, 29. 다만 UIC는 광역망의 경우 값이 10%씩 높아도 좋다고 명시하고 있다.

보강 4.
측정과 계획 사이: 선로용량, 그 이중적인 존재[22]

선로용량 평가 결과가 "고무줄"에 불과하지 않느냐는, 즉 계산 주체의 판단에 민감한 값이 아니냐는 의문에서 논의를 시작해 보자. 이 의문에 어떻게 답하는 것이 적합한지 확인하려면, 선로용량 평가의 목적을 설명하는 상반된, 또는 적어도 서로 크게 다른 두 시각과 그 함축을 살피지 않을 수 없다.

1. 선로용량 평가는 '측정'을 목적으로 한다. 즉, 선로용량 평가에는 그에 대응하는 객관적인 정답이 있다.

2. 선로용량 평가는 '계획 목표'를 달성하기 위해 유지되어야 할 조건과 그 값의 범위를 확인해 이들을 최선의 방식으로 조합하는 것을 목표로 한다. 즉, 선로용량 평가의 결과는 계획 목표에 상대적이며, 일종의 최적화[23]와 결부되어 있다.

만일 선로용량 평가가 전적으로 2번 시각을 통해 설명될 수 있다면, 결국 '계획 목표'에 대한 설득 작업이 없을 경우 선로용량

평가가 '고무줄'이라는 평을 면하기는 어려울 것이다. 반면 전적으로 1번 시각에 따라 설명될 수 있다면, 용량 평가는 아래에서 곧 살펴볼 물리량의 측정과 큰 차이가 없는 작업일 것이며 '고무줄'과 같은 측면이 없어야만 할 것이다.

하지만 상황은 조금 더 복잡해 보인다. 1번 시각이 적절한 부분도 있다. 또한 이 시각은 계산 결괏값의 설득력을 높일 수 있다는 점에서 수사적으로 힘이 있다. 하지만 쟁점을 세밀하게 뜯어보면, 2번 시각이 적절한 부분이 아무래도 더 많다. 비록 직관적인 설득력은 조금 떨어지지만 그렇다. 나는 이 설득력을 보강하기 위해 참조할 만한 한 가지 방안을 과학사·과학철학의 분석 속에서 찾을 수 있다고 생각한다. 여기에 대해서는 보강 말미에서 논의한다.

1) 측정과 선로용량

측정은 세계를 정량적으로 서술하고 바꾸기 위해 무엇보다도 먼저 이뤄져야 하는 작업이다. 측정 없이는 세계를 이해할 수도 없고, 세계를 바꾼다 해도 그 결과는 요행에 불과할 것이다. 하지만 자연이든, 철도망과 같은 공학적 체계든, 나아가 그 속에 거의 인간만이 존재하는 사회 현상이든, 인류가 관심을 기울일 만한 현상들은 자신을 측정하는 신빙성 있는 방법에 대해서는 침묵한다. 이 침묵을 뚫고 나가는 일보다 학자들을 고통스럽게 하는 일은 없을지 모른다. 거듭되는 실험과 누적된 데이터 없이, 측정 대상이 스스로 침묵을 깨는 일은 결코 없기 때문이다.

오늘이 측정 과학은 이 침묵을 데이터로 변환하는 데 유용한 도구, 즉 일정한 물리량에 대응하는 단위를 여럿

22
개인 교신을 통해 혼란스러웠던 초고를 정리할 관점을 제시해 준 이진우(KAIST, 조천식녹색교통대학원) 님에게 감사드린다.

23
다만, 철도망과 같이 복잡성이 크고 수리 모형에 적용한 값이 현실을 반드시 만냉한다는 보증이 없는 체계의 경우 수리 모형을 통해 결정한 내용들이 정말로 최적인지에 대해서는 의문이 있을 수 있다. 이 점을 감안해, '최적화'라는 말은 여기서만 사용하기로 한다.

2장 용량과 저항, 몇 가지 기능적 변수들

제공한다. 이 단위들이 가진 논리적 기반을 검토해 보면, 앞서 아주 간단히 규정했던 측정이라는 활동이 대체 구체적으로 무슨 활동이고, 선로용량 평가 가운데 어떤 측면을 측정이라고 분류할 여지가 있는지 확인할 기준을 얻을 수 있다.

한 철학 사전의 서술을 활용해,[24] 성공적인 측정 단위가 활용하고 있는 세 가지의 질문, 또는 틀거리(framework)를 확인해 본다. 우리가 흔히 사용하는 물리량인 '길이'를 주된 사례로 활용하겠다.

이 수치는 무슨 뜻인가 —
측정의 의미론(semantics):

측정의 결과는 일정한 단위를 부여받은 수치를 통해 표현된다. 예를 들어, 표준궤 궤간의 길이는 1435mm다. 이 표현이 측정의 결과를 나타낼 수 있는 이유는, 1mm가 길이의 특정한 규모에 대응한다는 대응 규칙이 주어져 있기 때문이다. 다시 말해, 논리적으로 모든 측정 결과는 어떤 수 체계를 세계에 일정한 방식으로 대응시키는 매핑 체계를 필요로 한다. 물론 이런 매핑 체계로는 무한히 많은 동등한 체계가 존재할 수 있다. 즉, 길이의 매핑을 위해 미터법이 아니라 야드법, 혹은 척근법이 사용될 수도 있다.

24
Eran Tal, "Measurement in Science," *Stanford Encyclopedia of Philosophy* (2015), https://plato.stanford.edu/entries/measurement-science. 탈 자신의 입장은 논의의 단순화를 위해 생략한다. 의미론, 인식론, 형이상학의 3분법은 과학적 실재론, 즉 과학 이론이 사용하는 이론적 존재자는 실제로 존재한다고 보아야 한다고 보는 철학적 논제를 분석할 때 흔하게 사용되는 틀이기도 하다. 다음을 참조. Stathis Psillos, *Scientific Realism* (Routledge, 1999), xix. 한국어로 된 측정 관련 논의는 루돌프 카르납, 『과학철학입문』, 윤용택 옮김(서광사, 1993), 2부 참조.

이 수치는 참인가, 또는 충분히 믿을 만한가 —
인식론(epistemology):

측정은 언제나 틀릴 수 있다. 하지만, 틀릴 수 있다는 지적은, 오히려 모든 측정이 중요한 목표를 공유한다는 점을 보여 준다. 측정은 적어도 근사적으로 참인 결괏값을 내놓기 위한 활동이다. 다시 말해, 임의의 속성 P에 대한 측정의 결과는 이상적으로는 측정 대상이 가진 P가 어떤 상황인지를 매핑 규칙에 기반해 정확히 보여 주어야 한다. 예를 들어, 이 궤도의 궤간을 측정한 결과 나온 값인 1435mm는 바로 이 궤도의 실제 궤간에 대응하는 값이어야 한다.

이 수치가 나타내는 대상은
실제로 무엇인가 —
형이상학(metaphysics) 또는
존재론(ontology):

측정을 위한 매핑 작업은 또 다른 믿음도 전제로 한다. 이 믿음은, 세계 속에 일정한 객관적인 속성이 있어야 한다는 내용이다. 여기서, 객관성이란 측정을 하는 학자들의 마음과는 무관하게 존재하는 특성이다. 이 믿음을 측정에 대한 실재론(realism in measurement)이라고 부른다. '실재론'이라는 말에는 아주 많은 의미가 있지만, 이 맥락에서는 측정 대상, 즉 어떤 물체의 속성이나 여러 물체 사이의 관계가 실재한다는 뜻으로 쓰인다. 측정 단위를 만드는 학자들의 임무는, 바로 이들 대상에 대응해 이 속성의 구조를 반영할 수 있는 객관적인 척도를 만드는 데 있을 것이다. 그리고 이런 작업을 위해서는 각각의 측정 대상이 어떤 의미에서 객관적이라고 할 수 있는지에 대해 파악해야 한다.

모든 성공적인 정량적 측정 지표들은 이들 세 질문에 각자의 방식으로 답을 제시할 수 있다. 예를 들어, '미터'는 양의 실수를 1차원 연장(길이)에 일정한 방식으로 연결하는 대응 규칙에 의해 의미를 얻는다. 또한 미터는 그 대응 규칙의 기반을 빛의 속도에 둠으로써 우주 어디에서나 동일한, 보편적 기준을 추구해 왔다. 물론 실무에서는 목적에 따라 극히 다양한 측정 방식을 활용할 수 있게 함으로써 이 값의 적용 범위를 넓혀 왔다. 우주 전반에서 통하는 보편적 기준, 그리고 맥락에 따른 다수의 측정 방식을 통해, 미터는 거의 모든 조건에서 참인 길이 수치를 제시하는 단위로 활용될 수 있다. 또한, 비록 수치와 속성 사이의 대응 규칙이 정확히 현재의 방식으로 결정된 것은 역사적 과정에 기반한 임의적 성분이라 해도, 미터 단위를 통해 표현되는 수치, 가령 1435mm라는 수치가 나타내는 물체의 속성은 그 물체의 객관적인 1차원 연장 속성이라는 점은 부인할 수 없다.

선로용량 역시, 철도 선구의 객관적인 속성에 대해 (근사적으로) 참인 진술을 할 경우 길이와 마찬가지 의미에서 측정의 대상이라고 볼 수 있다. 나는 학계가 말하는 '이론적 한계 용량'이라는 개념은 바로 이런 의미에서 측정의 대상으로 분류할 수 있다고 생각한다. 방금 확인했듯, 이 개념은 선구에 적용된 신호 시스템과 운행 차량 특성하에서, 평행 운전 시각표를 적용하면 운행 가능한 열차 운행량의 한계를 말한다. 이 값을 결정하는 변수들은 거의 모두 객관적인 값이며, 평행 운전 시각표 속에서는 열차 운행 계획의 여러 변수들(운행 속도 차이, 정차 패턴 차이, 추월 등)이 무시되므로 계획가의 판단이 들어갈 여지도 적다. 승객의 편차나 돌발

변수가 없는 이상적인 조건하에서, 이 계산은 참일 것이다. 계획가가 개입할 여지가 거의 없다는 의미에서 객관적인 여러 변수[25] 아래에서 자연스럽게 형성되는 도로의 한계 용량에 대한 평가와 마찬가지로, 평행 운전 선구의 한계 용량 평가는 일종의 측정으로 분류할 수 있다.

2) 계획과 선로용량

그러나 이런 것이 모든 것은 아니다. 특히 혼합 운전 선구의 용량 계산과 얽힌 여러 개념적 장치들을 확인하면, 이 계산을 앞서 규정한 특징에 따라 측정 행위로 분류하기는 어려운 장면들을 쉽게 확인할 수 있기 때문이다. 선로용량과 관련된 철도공학의 내용을 조금 더 상세히 해부해 보면서 논의를 진행해 본다. 세 질문에 기반한 측정 행위로 선로용량 평가를 바라보는 관점은 부분적으로만 철도공학의 내용과 관심을 설명해 줄 수 있다는 점이 드러날 것이다.

매핑 방법에서부터 논의를 시작하자. 어떤 철도 선구의 처리 한계를 정량적으로 표현하려는 시도인 만큼, 이 매핑은 선구의 현실적 속성에서 일정한 수치 체계로 향할 것이다. 학계는 이런 매핑의 방법을 크게 두 가지로, 즉 해석적 방법과 시뮬레이션 방법으로 분류한다.[26] 해석적 방법은 수식으로 된 모형을 수립한 다음, 실제 철도 운영과 관련된 경험적

25
차량 성능, 운전자의 인지 능력, 도로 구조, 기상 조건 등. 물론 도로 구조나 차량 성능은 이들을 설계한 엔지니어의 판단에 기반한 것이지만, 이들이 일단 주어지고 난 다음 교통 계획가가 이들을 바꾸기는 대단히 어려운 것이 사실이다. 다시 말해, 이들은 교통 계획가의 시각에서 볼 때는 마음대로 할 수 없는 실제다.

26
김시곤·윤태호·김경민·임광만, 「철도용량편람 제정 연구 소개」, 『철도저널』 20권, 6호(2017): 35~40.

변수를 대입하여 계산 결과를 산출하는 방법이다. 이 방법의 결과는 딱 떨어진 양의 실수, 즉 열차 횟수로 나온다는 점에서 명확해 보이지만, 수식에 반영된 내용이 불충분하다면 현실과 거리가 벌어진다. 반면 시뮬레이션 방법은 실제로 운전 시각표를 작성한 다음 이를 구체적인 노선에 적용하여 그 실효성을 검증하는 방법이다. 이 방법은 광범위한 선구와 시간에 걸쳐 선로가 어떻게 활용되는지에 대해 시각화할 기반이 된다는 강점이 있지만, 실제로 사용할 수 있는 운전 시각표 작성은 아주 복잡한 작업이라는 점이 문제다.[27] 해석적 방법의 예로는 최근까지 국내 현업에서 사용된 야마기시식 방법, 그리고 2020년 봄 현재 작성 중인 철도용량편람의 기준 열차 환산법을 예로 들 수 있다. 한편 UIC의 현행 교범은 좀 더 복잡한 시뮬레이션 방법[28] 수행에 대한 지침을 담고 있으며, 국내에서도 여러 연구가 누적되고 있다.[29]

매핑의 결과, 즉 길이의 미터에 해당하는 선로용량의 단위 후보로 유력한 것은 열차의 횟수다. 그 간단한 용례는 평행 운전 선구를 통해 확인한 대로다. 열차의 운전 특징과 무관하게, 어떤 폐색 구간을 통과하는 열차 수를 단순히 합산하면 이 값이 된다. 하지만 이런 의미에서의 횟수는 혼합 운전 선구의 상황을 모두 나타내기엔 부족하다. 길고 느리며 제동

성능이 열악한 열차는 상대적으로 폐색을 오래 점유할 것이다. 반면 짧고 빠르며 제동 성능이 우수한 열차는 상대적으로 폐색을 짧게 점유할 것이다. 결국 혼합 운전 선구에서는 1회가 다 같은 1회가 아니게 된다. 이를 반영하려면 점유율이라는 비율 지표가 필요하다. 폐색 구간의 점유 시간을 합산해 적절한 분모로 나누면 바로 이 지표를 구할 수 있다. 학계는 횟수와 점유율 사이의 간극을 메우기 위한 방법을 찾고 있는데, 현재의 한국 학계는 각 열차의 선로 점유 물량을 미리 상정한 기준 열차의 횟수라는 기준으로 환산하는 방안을 채택할 것으로 보인다.[30] 다시 말해, 기준 열차의 횟수에 길이에서의 미터와 유사한 지위를 부여하겠다는 뜻이다.

철도공학계 전반은 이런 작업이 풀어야 할 공통의 요소와 그 관계를 표현할 때 다음 수식(이하 수식 a)이 적절하다는 데 동의하고 있다.

$$선로용량 = \frac{시간적\ 범위}{운행시격}[31]$$

수식 a의 세 요소가 무슨 뜻인지 세밀히 검토해 보면, 이들 요소를 결정하는 평가를 측정으로 분류하기는 대단히 어렵다는 점이 드러난다. 우변의 '시간적 범위'의 경우, 공학자들이 모두 만족하는 단 하나의 답은 없다. 하루 전체인 24시간을 기준으로

27
최종빈·이진선·기형서, 「시뮬레이션 기법을 통한 선로용량 산정방법」, 『한국철도학회 2015년 정기총회 및 추계학술대회』(2015): 90~95. 최종빈 등은 이런 근사적 목적을 위해 표본 시각표(diagram)을 작성하는 방법을 택한다.
28
'압축', 즉 점유 시간의 중복이 발생하지 않는 선에서 열차 간 간격을 가능한 한 좁히는 방법을 최적화 방법이라고 분류하는 연구들도 있다.

29
용량 산정에는 차량뿐만 아니라 승객의 물량 역시 감안되어야 한다. 효율적인 철도 운행을 위해, 투입 열차 수는 궁극적으로 승객의 물량에 의해 결정되어야 하기 때문이다. 이 보강의 논의를 단순화하기 위해 이 요인은 무시한다.
30
김시곤 외, 「철도용량편람 제정 연구 소개」.
31
오석문 외, 「국내 선로용량 산정방법의 문제점 및 개선방안 검토」, 21. 수식 이름(a)은 지시의 편의를 위해 부여했다.

해야 한다는 설부터, 영업에 활용하는 시간(고속철도의 경우 심야 차단 3.5시간과 주간 점검 1시간을 뺀 19.5시간)을 기준으로 해야 한다는 설, 러시아워의 상황을 표현하기 위해 1시간을 기준으로 해야 한다는 설까지, '시간적 범위'는, 그 의미에 대한 합의부터가 난관인 셈이다. 다만 공학자들은 '시간적 범위'에 대한 각각의 제안은 문제의 철도 선구가 처한 조건에 비추어 적용하기에 적절한지 평가될 필요가 있다는 데는 합의하고 있다.

'운행시격'의 의미에 대해서는 대략적인 합의가 있다. 차량, 궤도 및 신호 시스템의 변수, 그리고 대피/추월을 수행하기 위해 감안해야 할 요인이 바로 '운행시격'을 결정하며 그 의미를 구성하는 요소들이다. 그런데 이들 요인의 인식적·존재론적 특징 속에서는 이질성을 확인할 수 있다. 어떤 요소는 열차나 신호 시스템의 실제 속성(열차장, 제동 거리, 가속도, 제한 속도, 폐색 길이, 부본선 규모, 분기기 속도 제한 등)으로서, 그 값이 참인지 쉽게 측정할 수도 있고, 현업의 관심과도 무관하게[32] 존재하는 것이다. 하지만 다른 요소(운영 여유,[33] 수요에 대응하기 위한 열차 유형의 편성, 역의 구체적인 대피/추월

운용 방식)들은 현업의 요구, 즉 현업의 현실적 판단에 기반해 시격 설정에 반영되는 값이다. 이 현실적 판단에서는 주관적인 요소를 배제할 수 없고, 따라서 선로용량에 대한 판단은 일반적으로 측정으로 분류되는 평가 활동과는 인식적·존재론적으로 구분된다.

좌변의 '선로용량'에 대해서도 여러 용어가 난무한다. 오석문 등은 특히 '이론적 한계 용량'이 불러오는 오해에 주목한다.[34] 앞서 확인한 대로, 이 개념은 이상적인 평행 운전이 이뤄질 경우 평가 대상 선구에서 기록될 값이다. 오석문 등은, 이 개념이 오해를 부르는 이유의 핵심을 혼합 운전 선구의 현실적인 영업 계획은 단순히 선구 통과 열차 수를 늘리는 것만을 목표로 하지 않는다는 데서 찾는다. 운영 사업자의 목표는 좀 더 복잡하다. 각 열차 등급(고속, 재래선 특급, 광역급행, 화물 등)마다 현존하는 수요에 대응할 수 있도록 열차 운전 시각표를 구성하는 한편, 신호 시스템·차량 성능·운영 여유를 감안해 이렇게 편성·배차된 열차가 정시 운행할 수 있도록 하는 것이 운영 사업자의 목표다. 그런데 논의한 대로, '이론적 한계 용량'은 이들 목표가 아주 단순화되어 있는 상황에서나 기록될 값이다. 결국 오해를 막기 위해, 오석문 등은 좌변 '선로용량'을 주어진 여건하에서 수요 대응과 정시 운행이라는 현실적 목표를 달성할 수 있는 한계치라는 의미를 가진 말로 해석해야 한다고 제안한다.

수식 a 좌우변의 각 항목 속에는, 결국 이들 값을 측정이 아닌 다른 행위로

---

[32]
시스템을 제작, 설치할 때는 현업의 요구가 반영되지만, 일단 제작되어 가동이 시작된 다음에는 마음대로 수정할 수 없는 시스템 자체의 속성이 된다는 뜻이다.

[33]
현업이 본선 주행 열차 사이의 시격이나, 열차 추월 시에 신호 시스템이 요구하는 시간보다 약간의 시간을 더 부여하는 경우를 말한다. 다음 논문에서는 분기기의 영향으로 인한 가감속을 감안해 30초, 그리고 여기에 추가로 30초의 여유 시간을 부여하여 고속철도 신호 체계(TVM430)의 명목상 시격 3분보다 1분 더 긴 최소시격(4분)을 설정해 시뮬레이션이 이뤄지기도 했다. 김형준, 「병목구간을 고려한 고속철도 선로용량 산정 연구」, 『한국도시철도학회 논문집』 5권, 2호 (2017): 825~832.

[34]
오석문 외, 「국내 선로용량 산정방법의 문제점 및 개선방안 검토」, 22~23.

2장 용량과 저항, 몇 가지 기능적 변수들

분류하는 것이 필요하다는 함축이 있다. 이런 분류의 가장 유력한 후보는 바로 '계획'일 것이다. 일반적으로, 계획이란 이미 주어져 있어 계획가가 마음대로 바꿀 수 없는 변수(실재) 위에서 달성 가능한 목표를 설정·정당화하는 한편 이런 목표를 현실에 구현하는 행위자들이 무엇을 해야 하는지에 대해 규정하고 필요한 것들을 준비하는 작업을 말한다. 다시 말해, 계획은 실재의 구속 아래에서 나름의 방식으로 이상을 추구하는 작업이다. 혼합 운전 선구의 선로용량 평가 역시 평가자가 사실상 변경할 수 없는 요소에 의해 그 결과가 대부분 결정된다면, 평행 운전 선구의 용량 평가처럼 측정으로 분류할 수도 있을 것이다. 하지만 방금 확인했듯, 사실은 그렇지 않다. 즉 혼합 운전 선구의 용량 평가 결과는 평가자가 신중하게 변경할 수 있는 요소들에 의해 결정된다. 선로용량 평가를 측정이 아니라 계획이라고 분류한다면, 현업과 학계의 용량 평가 결과가 '고무줄'처럼 변화할 수 있을 가능성이 무슨 의미인지를 나타내는 데 큰 도움이 될 것이다.

계획의 양면적인 성격을 좀 더 심층적으로 이해하려면, 기능이라는 개념에도 주목할 가치가 있다. 기능은 사실에 대한 서술, 그리고 그렇게 서술된 결괏값에 대한 평가가 교차하는 개념이다. 예를 들어, 심장이나 눈이 기능한다는 평가를 구체적인 바로 이 심장이나 눈에 대해 내릴 경우, 해당 심장이나 눈이 가진 특징에 대한 정확한 서술과 함께 그 특징을 활용하여 기관이 만족시켜야 할 이상적인 기준, 즉 관련 체계 내에서 이 부분이 담당하는 역할이 함께 제시될 필요가 있다.(이번 장 7절 참조) 기능은 곧 그와

관련된 체계, 그리고 이 부분적 요소의 역할에 대한 평가와 연결된다. 선로용량 평가 역시 바로 이런 의미에서 기능적 평가와 분석의 일종이다. 이 선구가 전체 철도망 속에서 수행해야 할 역할에 대한 대략적인 합의 없이는 선로용량 관련 계획은 이뤄질 수 없다.

나는 어떤 선구가 수행해야 할 기능 또는 역할을 실제로 구현하는 데 필요한 계획을 수치로 표현한 결과가 혼합 운전 선구의 선로용량 수치라고 보아야 한다고 제안하고 싶다. 물론 이러한 분류에도 오해는 여전히 남을 수 있다. 계획 속에서, 그리고 기능적 평가 속에서 계획가의 주관적 판단을 배제할 수는 없기 때문이다. 하지만 이런 우려에 대한 답이 불가능한 것은 아니다. 철도 운행 계획이 가져야 할, 누구도 반대하기 어려운 덕목은 비교적 명확하기 때문이다. 안전은 말할 것도 없고, 정시성, 수요 대응 능력은 특히 거대도시 속 인간의 격류를 제어하려면 필수적이다. 또한 환승을 반드시 필요로 하는 철도망의 특징, 그리고 수백 년간 활용될지 모를 철도망의 미래를 감안하면, 유연성·유기성(7절) 같은 덕목도 필요할 것이다. 어쨌든, 오늘의 철도를 제대로 운행하려면 정시성과 수요 대응 능력이 필요하다는 데 대해서는 누구도 이의를 제기하지 않을 것이다. 결국 공학계는, 재정 당국이나 일반 대중들에게 바로 이 철도 선구가 수행해야 할 역할을 무난히 달성할 수 있는 한계선의 범위를 획정하는 합리적인 계획 작업이 혼합 운전 선구의 용량 평가 작업이라는 점을 좀 더 강조할 필요가 있다. 측정과의 대비는 이를 위해 활용할 수 있는 주요 지적 자원일 것이다.

3) 계획가의 판단에 의한 변수들의 설득력, 그리고 강건성(robustness)

제아무리 철저하게 통제되고 있는 철도망이라 하더라도, 무작위로 생겨나는 변수를 모두 반영하는 계획은 불가능하다. 여유시분은 바로 이런 상황에 대응하기 위한 값이다. 하지만 이는 현업의 판단에 의해서만 구체적인 값을 얻을 수 있다. 혼합 운전 선구의 용량 평가 속에는 이런 변수들이 적지 않게 필요하다. 좀 더 정교한 용량 평가를 위해서는, 이들 값의 산정 기준에 대해서도 논의가 계속되어야 하는 셈이다. 나는 이런 평가가 참조할 만한 특징이 이른바 '강건성'[35]이라고 생각한다.

이 말은 서로 독립적인 다수의 방법으로 측정하더라도 유사한 값이 나오는 어떤 변수에 대한 평가로서 활용되는 말이다. 이런 성질을 가진 값은 측정 방법, 그리고 측정 방법을 구상하는 데 바탕이 된 각각의 이론에 특별히 민감하지 않다는 의미에서 측정 대상의 객관적 속성일 가능성이 높다. 과학사에서 아주 유명한 사례로는 기반하는 이론이 서로 독립적인 13가지의 실험적 방법으로 아보가드로의 수(1몰의 물질 내부의 입자[원자, 분자, 이온 등] 개수)를 측정해 이들 방법 모두에 걸쳐 거의 비슷한 값을 얻은 장 바티스트 페랭(1870~1942)의 업적을 들 수 있다. 페랭의 결괏값은 자릿수는 물론(10^{23}) 앞자리(6)까지 같았는데, 이는 당시 제안된 다수의 물리 이론에 기반해 측정되었다는 점에서 아주 강건했다.[36]

여유시분의 길이에 대한 현업의 판단이 바로 이런 의미에서 강건할 것인지 여부를 확인하려면, 결국 다른 나라의 현업에 대한 조사가, 그리고 여러 애로 구간의 로컬 관제가 적용하는 값에 대한 광범위한 조사가 이뤄져야 할 것이다. 이들이 일정한 운전 지시를 내릴 때 여유시분으로 반영하는 값이 대체로 일치하거나 간단한 산식으로 설명된다면, 이 값, 또는 이 값 배후에 있는 판단은 강건하다는 평을 받을 수 있을 것이다. 강건한 값은, 그와 같은 일치를 설명하는 이론과는 무관하게 안정적인 준거점으로 활용될 수 있으므로,[37] 이를 확인하는 일은 현업에서 사용하는 수치의 설득력을 배가하는 데 상당한 역할을 할 수 있을 것이다.

[35]
고전적인 문헌으로는 다음을 참조. William C. Wimsatt, "Robustness, Reliability, and Overdetermination," (first publish in 1981) in *Characterizing the Robustness of Science* (Springer, 2012), 61~89.

[36]
페랭의 측정에 대해서는 다음 기사를 참조하라. 현창봉, 「아보가드로 수: 물질세계의 불연속성에 대하여」, 『Horizon』, 고등과학원 웹진, 2010년 8월 8일

[37]
흥미로운 사례는 장하석, 『온도계의 철학』, 오철우 옮김(동아시아, 2013), 1장 참조.

2장 용량과 저항, 몇 가지 기능적 변수들

5절. 기억할 변수 2: 역의 용량

역은 본선과는 달리 열차가 가만히 멈춰 서 있어야 하는 곳인 만큼, 본선과는 별도의 계산과 지표가 필요하다. 이 지표의 이름은 '지장률'이다. 지장률 계산에 쓸 함수는 다음과 같다.[38]

$$D = \frac{지장시간}{영업시간} = \frac{\sum_{i=1}^{n}(s_i+d_i)}{\dfrac{1440}{f}} \times 100$$

여기서 s는 설정 정거 시간, 즉 시각표상 열차 정차 시간의 길이다. d는 열차 취급 시간, 즉 진로 구성을 마친 다음 열차가 정차할 때까지의 시간, 그리고 열차가 발차한 후 다음 열차의 정차를 위한 진로 구성을 마칠 때까지 시간의 합이다. 이 두 시간을 합쳐 '지장시간'이라고 한다. 하루에 한 승강장에 정차하는 n만큼의 열차에 대해 이 값을 모두 더한 결과가 하루 중 지장시간 값이다. 이 값을 하루로 나누고, 또 열차 운행 시간 비율(이용률) f로 나눈 결과가 지장률이다. 승강장이 2개 이상이면 분모에 그 수를 곱할 수 있다. 100은 백분율로 만들기 위해 곱하는 값이다.

　　대부분의 전국망 중간역은 '2면 4선' 구조, 즉 상하 본선에 부본선 각 1선을 더해 추월이 가능하게 만든 구조다. 승강장이 더 많으면 승하차 부담을 분담할 수 있지만, 승강장을 지하나 공중 통로를 통해 오가야 하는 승객의 불편이 있으므로 더 많은 승강장을 설치한 역은 분기, 시종착 등 운전 거점 기능을 겸하는 경우가 많다. 서사범의 교과서는 s=3분, d=2분으로 설정한다. 도시·광역망 전동차는 정차 시간이 이보다 짧지만, 열차와 승강장의 높이 차이가 있어 계단을 오르내려야 하는 한국의 전국망 열차는 도시·광역망 열차보다 승강 시간이 훨씬 길게 마련이다.

　　시종착역에서는 청소와 입환을 위해 더 긴 정차 시간이 필요하다. 특히 오물 탱크를 비우고 청소해야 하는 화장실이 달린 전국망 장거리 열차의 청소 부담은 상당하다.[39] 또한 객차 열차는 열차를 다시 조성하는 입환 작업을 해야 한다. 도착한 다음 열차를 되돌려 다시 출발할 때까지, 대략 40분 정도의 시간은 필요하다는 것이 업계 통설이다. 이런 시간을 확보하려면, 시종착역은 중간역보다 훨씬 많은 승강장이 필요하고 이에 따라 역의 너비도 넓어야만 한다. 이들 역의 규모는 대개 승강장과 부본선·측선의 수로 측정하지만, 시설이 없는 역 건설 부지의 규모는 부지의 너비로 측정할 수도 있다.

　　서사범의 교과서, UIC 지침 모두는 부본선(track)의 지장률은 50% 정도

---

[38] 서사범, 『철도공학』, 624. 제시한 식은 내용을 재구성한 것이다.

[39] 1990년대까지만 해도 열차 화장실은 오물을 바로 철로에 뿌리는 비산식 탱크가 적지 않았지만, 이제는 그렇지는 않다.

로 관리하라고 권고한다.[40] 영업시간의 절반 이상 선로가 점유된 경우 열차 설정이 곤란하기 때문이다. 이 책에서도 지장률 40~50%를 적정선으로 보기로 한다. 승하차가 느려진다거나, 사고와 같은 기타 여러 요인으로 인해 지연이 발생했을 때, 낮은 지장률은 지연을 회복할 수 있는 여유를 선사해 주겠지만 높은 지장률은 지연 회복을 어렵게 만들 것이다. 4장에서 확인하겠지만, 서울 지역 주요 역은 대부분 열차가 착발하는 곳이어서 승강장이 다수 필요하고, 지장률 또한 낮지 않다. 이런 높은 지장률은 부족한 선로용량과 함께 서울의 철도를 옥죄는 병목을 수치로 보여 줄 수 있는 기반이다.

하나 덧붙이자면, 역 용량 서술의 자료가 되었던 것이 주로 서사범의 교과서와 UIC 소책자라는 점을 언급해 두고 싶다. 2020년 봄 현재, 특히 착발역의 용량에 대한 분석이 명시적으로 이뤄졌으며 일반인이 열람할 수 있는 한국어 연구는 당국의 타당성 조사[41]뿐이었고, 관련 내용이 수록될 '철도용량편람'은 아직 간행되지 않은 상태다. 특히 착발역은 본선만큼이나 철도의 운영에 결정적인 영향을 끼칠 수 있다는 사실을 감안하면, 이러한 연구 공백은 매우 아쉽다. 서울역과 같이 전국망 열차가 대거 집결하는 착발역에 대해서도 지하화, 복개, 철도 시설과 부지 축소와 같이 철도 용량 축소를 가져올 가능성이 높은 당혹스러운 제안이 여러 출처에서 동시다발적으로 나오는 지금의 상황에 이 공백이 기여한 것은 없을지 물어볼 때다.

6절. 기억할 변수 3: 환승저항

철도 이용객은 도로를 이용해 철도에 접근한다. 다시 말해, 철도는 다른 수단을 이용해 망에 진입하는 승객이 없다면 성립할 수 없다. 특히 역간거리가 멀어 넓은 범위를 연계해야 하는 철도일수록, 주변 지역에서 도보로 직접 접근하는 사람의 수는 줄어들 수밖에 없다. 환승은 철도 이용객의 숙명이다.

하지만 환승 또는 철도 접근은 '환승저항'(또는 접근저항)이라는 현상 또한 불러온다. 승객이라면 누구나 열차에서 내려서 방향을 잡아야 하니 귀찮고 불편한 느낌이 들 것이고, 복잡한 갈림길, 먼 거리, 계단과 같은 물리적 기반은 이런 느낌의 수준을 결정지을 것이다. 이 느낌과 그 물리적 기반이 곧 환승저항이다. 환승하는 사람들의 느낌을 바꿀 수단도 없고, 그런 변화를 정당화하기도 어렵다는 점을 감안

40

UIC, *UIC code 406 Capacity*, 30. 분기기(switch) 의 경우 점유율 60~80%가 권고 범위다. 한편 용량의 50%가 혼잡의 임계값이라는 점은 이렇게 보일 수 있 다. 어떤 역의 한 승강장의 열차당 지장시간을 t, 영업 시간을 200t라고 해 보자. 이는 100편째의 열차까지 는 모든 열차 사이의 시격을 t만큼 둘 수 있으나, 101 편부터는 그렇게 할 수 없어 지장시간보다 좁은 시격 만 두고 운행해야 하는 열차가 생긴다는 뜻이다. 다음

을 참조하라. 니시나리 가츠히로, 『정체학』, 이현영 옮 김(사이언스북스, 2013), 90~97

41

대한교통학회·한국교통연구원·(주)유신 코퍼레이션, 『수도권 철도망 개선방안 연구』(건설교통부, 2007); 김강수, 『수도권 고속철도 건설사업』(한국개발연구원 공공투자관리센터, 2009).

하면,[42] 환승저항에 대한 논의로 변화시킬 수 있는 것은 승객 동선의 물리적 구조일 것이다. 물론, 환승저항 현상은 철도 시설을 더욱 잘 사용하려면 그것을 실제로 활용하는 인간이라는 요소까지 철저히 연구해야 한다는 함축을 가진다. 환승에 대한 사회적 논의 속에서, 승객 동선의 물리적 구조는 변화 가능 요소로, 환승을 싫어하는 인간의 심리적 성향은 변하지 않는 일정한 요소로 분석할 필요가 있다는 말로 상황을 정리하고 싶다.

그렇다면 이 변화 불가능한 요소의 값은 얼마나 될까? 일본 측의 지침이 흥미롭다.[43] 이들은 계산 단위를 차내 시간으로 잡았다. 그리고 환승 1회는 실제 시간 소비와 무관하게, 즉 소요 시간이 실제로는 수십 초 정도라도 차내 시간 10분과 같은 가치로, 이와 별도로 환승에 들어가는 소요 시간은 차내 시간의 2배와 같은 가치로 계산하라는 지침을 세워 두었다. 실제 철도 이용자로서 자문해 보아도 느낌과 동떨어진 값은 아니다.

좀 더 세밀한 접근을 위해 국내 학계의 작업을 사용하자. 이들은 실제 국내망의 상황과 한국인들의 응답을 사용해 환승저항 현상에 접근했다. 설문 조사와 실제 통행 데이터를 통계적 기법으로 분석하여, 역의 물리적 요인(수평 거리, 상승 거리, 하강 거리, 에스컬레이터 유무)에 대해 사람들이 어떤 선호 함수를 가지는지 분석한 연구 방향이 우선 확인된다.[44] 이경재가 제안하는 간단한 계산식이 이 방향을 구체화·수치화하는 데 도움이 된다.[45]

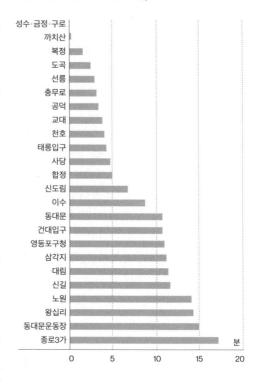

[도표3]   2003년 당시 수도권 광역망 주요 역의 체감 환승 시간 규모. 이경재, 「환승역사의 동선 체계를 고려한 환승 패널티 추정: 서울시 지하철 사례」, 29~31.

체감 환승 시간(분)=(0.012×수평 이동 거리)+(0.086×올라가는 계단 수)
+(0.0597×내려가는 계단 수)+(2.33×에스컬레이터 개수)

42
포스트휴먼론자들이 말하듯, 인간의 심적 성향을 개조할 수 있게 되면 환승저항은 큰 문제가 아닐지도 모른다. 물론 그 경우 1장에서 그 구조를 확인한, 우리가 알고 있는 교통의 세계는 크게 변화하게 될 것이다.

43
이경재, 「환승역사의 동선 체계를 고려한 환승 패널티 추정: 서울시 지하철 사례」, 석사 논문(서울대학교 대학원, 2004), 5. 전거가 "일본의 철도 지침"이라고만 제시되어 더는 추적하지 못했다.

44
양창화·손의영, 「서울시 지하철 이용객의 환승 관련 변수의 가치 추정」, 『대한교통학회지』 18권, 4호(2000): 19~30.

45
제시된 상수는, 설문과 역사 구조 실측 데이터를 통계적 모형을 통해 처리하여 얻은 '한계대체율'에 따른 것이다. 이경재, 「환승역사의 동선 체계를 고려한 환승 패널티 추정: 서울시 지하철 사례」, 28.

이경재는 이 식을 사용해 당시 서울 시계 내부에 있던 모든 도시광역철도 환승역에 대해 체감 환승 시간을 구한다. 역별 체감 환승 시간 계산 결과는 도표 3을 확인하라. 금정(경부선 금정 이남)과 구로(경부 상2선에서 경인 하1선, 그리고 경인급행에서 경부 환승은 계단을 오가야 함)나 교대·사당(혼잡을 이유로 교통공사가 먼 동선으로 유도 중) 정도를 제외하면 이용객으로서 비교적 믿을 만한 수준의 값이다.

      이외에도 전국망 역의 환승 경로·외부 진출 경로에서 일어날 환승저항에 관한 연구,[46] 대중교통 이용자의 인구학적 특징이 한계 환승 시간에 끼치는 영향 추정,[47] 정보 안내 시설이나 역사의 쾌적성과 같은 요소가 승객들의 환승 만족감에 어떤 인과적 영향을 끼치는지에 대한 연구[48]처럼 환승 체계의 다양한 요소들에 관해서도 다수의 연구가 누적되고 있다. 모든 상황에 들어맞는 만능의 자보다는, 다양한 변수를 입체적으로 기술하는 다수의 도구가 들어 있는 상자를 구성하는 작업이 환승저항 연구의 적절한 목적일 것이다.

      실제로 철도망의 개선을 구상하고 평가하기 위해 환승저항에 접근하는 당국의 작업은, 한계대체율[49]에 주목하는 경우가 많다. 다시 말해, 환승을 줄이거나 피하기 위해 승객들이 포기할 수 있는 시간의 규모에 주목하는 경우가 많다. 특히 GTX와 같이, 대심도 지하에 놓여 지상 부설 노선들에 비해 추가적인 마찰시간을 강요하는 노선들은 환승저항도 더 커질 것이다. GTX에 대한 좀 더 세밀한 이야기는 5장 2절에서 계속한다.

7절. 철도망 전반의 기능적 덕목: 유기성과 유연성

이 장의 주된 논의 지점은 객차 바닥 아래였지만, 앞 절, 환승저항에 대한 논의는 객차 바닥 위, 승객에게 일어나는 현상을 다루기 위한 것이었다. 내친 김에 거대도시 철도망 전체가 가진 조금 더 추상적인 기능적 속성에 대해서도 검토해 보도록 하자. 이 속성의 이름은 유기성과 유연성이다.

      두 속성과 관련된 지표 가운데, 1장에서 등장한 값들이 있다. 1장 후반부,

46
김혜란·김황배·오재학·최진학, 「KTX역사 및 일반 철도 역사의 환승저항 산정」, 『대한교통학회지』 27권, 5호(2009): 189~194.

47
송기태·박준식·고승영·김점산·이성모, 「대중교통 이용자 속성을 고려한 환승시간별 환승률 결정 모형의 개발」, 『대한교통학회지』 26권, 4호(2008): 217~227.

48
김황배·안우영·이상화, 「도시철도 역사의 유형별 특성을 고려한 환승 시설의 중요도 분석」, 『대한교통학회지』 32권, 5호(2014): 487~496.

49
'한계대체율'은, 어떤 두 재화 x와 y가 있을 때, 동일한 만족 수준을 유지하면서 x를 1 단위만큼 더 소비하기 위해 포기할 수 있는 y의 양을 말한다. 환승과 관련해서 말하자면 환승 시간 1분 또는 횟수 1회를 줄이기 위해 얼마나 열차 내에서 시간을 더 많이 쓸 수 있는지 보여 줄 수 있다. '한계 환승 시간'이라는 말로 대체할 수 있다.

각 거대도시의 실제 망을 평가하면서 등장한 '철도 병목'과 중심부 우회선이 바로 그것이다. 병목은 방사선을 따라 진입해 들어오는 열차와 승객의 이동을 제약하는 구조이기에 종합 지수를 계산할 때 부정적 요인으로 계산되었다. 반면, 우회선은 열차가 망을 좀 더 유연하게 활용할 수 있도록 돕기 때문에 긍정적 요인으로 계산되었다. 여기서 나는, 병목을 줄이고 우회선을 확보하는 작업은 거대도시 철도망 전체를 하나의 기능적 단위로 보는 관점에서 평가될 수 있다는 데 주목하고 싶다.

이 관점이 무슨 함축을 가지고 있는지 파악하려면, '기능적 단위'라는 말이 무슨 뜻인지 밝혀야 할 것이다. 기능은 어떤 체계 단위, 그리고 그 변화의 이상적인 방향·결과로 분석할 수 있다. 심장의 기능은 인체(체계 단위)의 혈관 내 압력을 일정 범위로 유지해 혈액 순환을 일으키는 데(이상적 결과) 있고, 눈의 기능은 주변의 광학적 자극을 시지각으로 해석하는 작업의 시발점이 되는 원자료를 만드는 데 있다. 그런데 이런 속성들은 심장이나 안구를 해부한 결과 얻을 수 있는 어떤 실체와도, 또는 해부 결과를 측정해 얻을 수 있는 지표와도 같지 않다. 기능은 체계 또는 단위 속에서의 '올바른 역할'[50]을 의미하기 때문이다. 기능을 확인한다는 것은 곧 체계의 작동과 요소들의 역할 분담을 살펴보고 어떤 이상적인 조건을 염두에 둔 채 작성된 평가 기준을 적용한다는 말이다.

망의 유기성은 바로 이런 의미에서 기능적 속성이다. 그리고 이런 기능적 속성을, 예를 들어 철도 병목이나 우회선이 가진 기능을 이해하려면, 이들 개별 선구를 이루는 작은 규모의 체계로부터 이들 선구가 모여 이루고 있는 전체 체계에 이르기까지 이어지는 다층 구조 속에서 이들의 역할을 파악해야만 한다.[51] 특정 본선 선구나 역의 구조를 살피고 고치는 작업은 경화된 관상동맥에 스텐트를 시술하고, 백내장이 온 수정체를 교체하는 작업에 비견할 만하다. 그런데 스텐트나 인공 수정체의 기능을 온전히 이해하려면, 이들 기기와 시술은 여러 층위의 평가적 맥락 속에서 역할을 수행한다는 점에 주목할 필요가 있다. 이들은 무엇보다도 심장, 그리고 시지각 처리 과정을 다시 가동시키는 역할을 한다. 이런 구체적인 개선 없이, 스텐트나 인공 수정체 자체에는 의미가 없다. 하지만 이들의 역할은 좀 더 넓은 맥락 속에서도 이해되어야 한다. 이렇게 치료된 심장과 눈을 가진 사람의 '삶'이 바로 이들 시술이 궁극적으로 의미를 가지는 기반이기 때문이다. 생리학적 메커니즘부터 삶

50

체계를 작동하게 만드는 인과적 역할은 다수의 물리적 기반에 의해 실현될 수 있다. 인공 심장은 이미 등장했으며, 인공 안구도 언젠가는 등장할 것이다. 철학자들은 기능의 이러한 특징을 복수 실현 가능성(multiple realizability)이라고 부른다. 그런데 기능의 이런 특징은 중요한 개념적 난점도 함께 부른다. 목표나 이상적 방향과 같이 주관적 요인에 기반하는 여러 기능 개념들을, 어떤 이유에서 객관적인 성질로 인정할 수 있는가? 철학자들은 이 문제에 답하기 위해 대체로 두 가지 노선을 택한다. 생물학적 기능은 진화적 역사에서 일어난 사건들로 분석되어야 하며, 역

사 속에서 형성된 인공물의 기능 역시 유사한 방법으로 분석 가능하다[Ruth G. Millikan, "In Defence of Proper Functions," *Philosophy of Science* 56 (1989): 288~302]. 또는, 기능은 체계가 현재 가지고 있는 성향을 그 객관적 기반으로 가진다.[Robert C. Cummins, "Functional Analysis," *Journal of Philosophy* 72 (1975): 741~765]. 철도망이 가진 여러 층위의 기능, 또는 이번 절의 주제처럼 망 전체가 가진 것으로 상정 가능한 기능적 속성들이 어떤 입장으로 더 쉽게 이해될 수 있는지는 아직 답이 마땅치 않은 열린 문제다.

의 질이라는 복잡 미묘한 주제까지 모두 다뤄야 하는 의료적 치료처럼, 철도망의 병목을 개선하고, 중심 도시 우회선을 확보하는 작업 역시 여러 층위의 평가적 맥락 속에서 이해될 필요가 있다. 아주 구체적인 토목 시설의 개선 없이 철도망의 개선은 있을 수 없다. 하지만 이들 개선 작업이 궁극적으로 의미가 있으려면, 거대도시 철도망 전체에서 이 선구가 가질 수 있는 의미, 나아가 거대도시와 그 속에 사는 사람들의 발전에서 이 선구가 할 수 있는 역할이 분명하지 않으면 안 된다. 1장 7~10절에서처럼 거대도시 철도망의 각 기관을 구분해 그 수준을 평가하는 작업이 특정 관상동맥 구간의 경화도를 살피는 층위와 유사하다면, 구체적인 투자가 거대도시 철도망이라는 전체 체계의 유기성을 정말로, 그리고 어떤 식으로 개선하는지 평가하는 작업은 스텐트 시술의 가능성·효과성을 대안(예컨대 대동맥~관상동맥 우회술)과 비교하여 순환계, 나아가 이후 환자의 삶이라는 더 폭넓은 관점에서 평가하는 층위와 유사하다.

물론 망의 유기성이라는 개념은 이제 막 제안된 것일 따름이다. 병목과 우회 선로 이외의 유기성 측정 지표가 얼마든지 있을 수 있고,[52] 거대도시 철도망이라는 상위 체계와 그 목적이 구성 요소들로 환원이 될지도 모른다. 이들 의문은, 일단 지금은 뒤로 미뤄 두자. 거대도시 철도망에 대한 기능적 분석을 좀 더 충실히 하려면 망의 유기성과는 독립적인 속성을 하나 더 도입할 필요가 있기 때문이다. 시간에 따른 변화를 포괄하는 속성이 바로 그것이다.

시간 차원이 철도망을 평가할 때 중요한 이유는 이렇다. 도시와 수송 수요는 늘 변화한다. 그리고 이런 변화에 제대로 대응하려면 용량에 여유가 있거나 추가 투자를 쉽게 할 수 있어야 한다. 여건 변화에 따라 철도망 운영 방식이나 물리적 구조를 바꿀 수 있을 가능성을 '유연성'이라고 부르자.[53] 물론 이는 미래에 가능한 시설뿐만 아니라 현재의 철도 시설도 가질 수 있는 특징이다.

유연성은 유기성과 충돌할 수도 있다. 환승저항을 줄이기 위해, 평면 환승

51
전체 체계로 무엇을 상정할지는 분석의 맥락에 의존할 수밖에 없다. 특정 본선 선구나 어떤 역을 전체 체계로 잡는 것 역시 얼마든지 정당하다. 그러나 이 책은 거대도시 철도망을 철도망 유지에 있어 가장 중요한 단위라고 제안하는 것을 중요한 목적으로 한다. 유기성을 좀 더 큰 규모의 체계가 가진 기능으로 보기 위한 내 설명은, 이 제안을 더 구체적으로 만들기 위한 시도이다.

52
이른바 "빈틈 없음"(seamless)은 지금 제안한 '유기성'의 다른 이름일 수 있다. 이 말은 요소들을 개별적으로 다뤘을 때 생기게 될 체계의 비틈으로 인한 사람들의 불편에 주목하기 위한 개념이다. 빈틈을 최소화한 통합 교통 시스템을 만들어 내려면, 교통 체계와 그 주변 주변의 요소를 총괄적으로 분석하는 작업이 있어야 한다. 개괄적인 논의로 다음 문헌을 살펴

보라. International Transportation Forum, "From Here to Seamlessness: Defining the Roadmap for 21th Century Transport," in Seamless Transportation: Making Connections (OECD / ITF, 2012), 13~15. 이 개념을 비판적으로 분석하려는 시도가 이번 절의 내용이라고 보아도 좋다.

53
교통의 세계를 공시적으로 볼 때, 철도는 항공이나 도로에 비해 유연하지 않은 체계라는 점이 명백하다. 하지만 여기서 '유연성'이라는 말로 지시하려는 특징은 철도망 자체의 통시적 특징이다. 즉, 시대와 교통 수요의 변화 속에서 철도망이 얼마나 쉽게 변형될 수 있느냐는 질문에 내응히는 특징이다. 물론 철도망은 이 측면에서도 다른 교통수단에 비해 더 완고하지만, 망을 구성하는 방법에 따라 통시적 변형의 가능성이 달라진다는 점을 부정할 수는 없다.

2장 용량과 저항, 몇 가지 기능적 변수들

이 가능하도록 서로 교차하는 두 운행 계통이 하나의 승강장을 공유하는 역을 지하에 건설했다고 해 보자.[54] 이 역과 두 계통이 이룬 체계는 환승저항을 줄였다는 의미에서 유기적이다. 하지만 이 역은 대규모 토목 투자를 다시 하지 않는 이상 그 구조를 바꿀 수 없고, 열차 운행 방식도 고정되어 있다는 의미에서 유연하지 않다. 일반화하자면, 설비가 고도화되면 될수록, 유기적 체계를 주변 여건에 따라 변화시키기는 어렵다. 꼬이는 배선, 복잡해지는 승객 동선, 점점 더 망을 옥죄어 오는 주변 건물과 다른 유형의 망들… 하지만 거대도시 철도망은, 현재를 위해서는 유기적이면서도 미래를 위해서는 유연해야 한다. 두 상반된 요구 사이의 어느 지점에 각 거대도시의 철도 투자가 위치해야 하느냐는 문제는 아직 탐험가를 기다리고 있는 전인미답의 땅과 같다.[55]

하지만 이 문제에 대한 답 역시, 아주 기본적인 수준에서는 충분히 가능하다. 최선의 철도망은, 유연성에 대한 요구를 만족시키면서도 유기적인 구성을 해낸 망이어야 한다. 우회 선로, 역, 연결 본선의 충분한 용량은 바로 이를 위해 필요한 조건들이다. 반면 각 요소가 유기적으로 설계되었으며 용량도 충분하지만 지하에 건설되어 구조를 변경시키는 것이 사실상 불가능한 철도 시설을 건설하는 식으로 충돌 속에서 어느 한쪽을 택하는 경우라면, 이는 선과 악이 뒤섞인 회색 지대에서 벌어지는 일이다. 한편 최악의 철도망은, 승객이나 열차 운영을 효과적으로 처리하지 못하는 상태에서 별다른 우회선도 확보하지 못한 채 지하로 시설을 집어넣는 경우처럼 유연성도 없으면서 유기적이지도 못한 구조를 만들어 낸 경우다.

모두가 서울 거대도시권의 철도망이 최선의 철도망이 되길 바랄 것이다. 하지만 불행히도, 또는 현실의 압력과 주변 여건 덕에, 그런 날은 아마도 오지 않을 것이다. 이제 곧 시작될 구체적인 검토 속에서 드러나겠지만, 우리에게 가능한 것은 주어진 지리와 역사 속에서 형성되어 회색 지대에 서 있는 철도망을 조금이라도 이상에 가깝게 다가가도록 만드는 일, 그리고 최악의 방향으로 잘못 가지 않도록 경고하는 일뿐이다. 이런 작업을 위한 기능적 분석과 제안은 현 망의 형성사, 그리고 그 위에서 생겨난 오늘의 쟁점을 검토하는 과정 속에서만 가능하다.

---

[54]
금정역과 같은 구조를 지하에 건설했다고 가정하라.

[55]
물론 유연성과 유기성이 서로 구분되지만 충돌하지 않는 경우도 찾을 수 있다. 어떤 역이나 본선의 용량에 여유가 있거나, 확장을 위한 유보지가 마련된 상태라 고 해 보자. 이들은 열차를 지금보다 증편할 수 있다는 의미에서 유연성을 갖추고 있다. 하지만 이런 상태만으로는 철도망이 유기적이라고 평가할 수는 없다. 이 부분이 전체 거대도시망에서 충분히 중요한 역할을 하고 있을 때에만 이런 평가는 합당하다.

보강 5.
철도 유보지와 망의 유연성

철도역을 건설하기 위해서는 본선보다 훨씬 넓은 부지가 필요하다. 복선의 폭은 약 10m 수준이지만, 2면 4선 역을 충분한 규모로 건설하기 위해서는 적어도 34m(승강장 8m, 부본선 4.3m, 본선 4.5m로 상정할 경우)의 폭은 필요하다. 승강장과 측선의 수를 늘리기 위해서는 더 많은 설비가 필요하며, 화물 취급을 위해서는 더 많은 공간이 필수적이다. 실제로 서울역 부지의 최대 폭은 250m에 달한다. 역의 길이 또한 짧지 않다. 여객만 해도 길이 388m에 달하는 KTX를 취급할 수 있어야 한다. 화물열차의 효율은 열차 한 편성의 길이(열차장)가 많은 부분 결정하므로 이 역시 중요한 변수다. 미국, 중국과 같은 대륙적 규모의 철도에서는 열차장이 2km에 육박하는 화물열차를 심심찮게 볼 수 있기도 하다.

하지만 철도역은 마찰시간을 줄여야 하는 임무 또한 만족시켜야 하는 곳이다. 그리고 이를 달성하는 유력한 방법은 인간의 활동이 집중된 지구에 조금이라도 역을 가깝게 접근시켜 환승저항을 줄이는 데 있다. 하지만 이런 지구는 토지의 가치 역시 비싸다. 철도 운행을 위해서는 넓은 부지가 필요하지만, 승객을 위해서는 도심에 근접한 입지가 필요하다는 이런 상황은 철도가 마주하는 결정적인 도전이자 갈등이다.

이런 상황에 대응하기 위한 대책 가운데 하나가 바로 도심에서 조금 벗어난 곳에 철도역을 짓고, 철도역 주변에 유보지를 설정하는 방법이다. 1장에서 살펴본 교통 원리를 떠올리지 않더라도, 전국망이나 주요 광역급행망에 속한 철도역은 중요한 교통 거점인 이상 도시와 인간 활동을 이끌어 오는 힘이 있다. 이때 철도의 미래 확장 가능성, 즉 망의 통시적 유연성을 저해하는 방식으로 개발이 이뤄지지 않도록 하기 위해, 건설 당국은 땅을 미리 확보하거나 규제를 수행하여 토지의 점유나 사용을 억제할 수 있다.

전국 주요 역, 가령 서울역의 적지 않은 부지는 바로 이런 개념하에서 설정된 것이다. 비록 국가의 규제 능력이 완전하지 않던 대한민국 초기에 염천교, 역 남쪽, 남영역에 이르는 철도 연선의 부지에 민간 건물이 들어서기는 했지만 그렇다.[56] 서울 도심과는 개발 압력이 비교도 할 수 없이 낮은 여러 도시에서도 이런 광대한 부지를 여럿 볼 수 있다. 2017년 고속철이 개통된 강릉역의 철도 부지는 폭 200m, 길이 800m에 달한다. 2012년 폐역된 구진주역 부지는 폭 120m, 길이 900m고, 남원(2003년 이설) 역시 100m가 넘는 폭이다. 심지어 1980년에 폐지된 삼천포역 역시 부지 폭이 100m에 달하는 듯하다. 다른 지역에서도 주요 도시의 철도역 가운데 100m 폭에 미치지 않는 곳은 찾기 힘들다. 노선을 거의 늘리지 못하고, 늘리더라도 단선 노선을 겨우 신설하던 1990년 이전 한국 철도의 상황에 비추어 볼 때, 이런 부지 규모는 결국 미래에 증대될 수요에 대비했던 것이라고 보아야 할 것이다.

하지만 오늘날, 철도역 유보지에 대한 정책은 완전히 바뀐 것으로 보인다. 언급했던 강릉역의 부지 가운데 철도용으로

56

포털 사이트 지도의 지적도를 통해, 이들 민간 점유 부지 가운데 적지 않은 부분이 철도 부지라는 점을 확인할 수 있다.

2장 용량과 저항, 몇 가지 기능적 변수들

활용되는 폭은 약 60m 수준이다. 나머지 부지는 일부분만 버스 환승장으로 활용되거나 승용차를 위한 주차장으로 쓰이고 있을 뿐이다. 또한 서울이나 부산 관내의 철도 부지는 최대한 삭감하여 매각하려는 시도가 계속되고 있다. 오늘날, 당국자들은 철도역 인근의 유보지를 돈이 부족할 때 매각하여 사용하라고 남겨놓은 땅으로 생각하고 있는 듯하다.

물론 이런 판단, 또는 생각이 반드시 잘못이라고만은 할 수 없다. 철도 화물의 역할이나 중소도시 철도역의 역할이 점점 줄어들어 온 추세로 보아 강릉, 진주, 남원 등의 철도 부지는 이전 시대의 과도한 준비처럼 보였을지도 모른다. 하지만 이런 생각 속에는 무언가 놓친 부분이 있다. 이 놓친 부분에 내가 붙인 이름이 바로 (통시적) 유연성이다. 그리고 이 유연성은, 열차와 철도 승객, 추가 노선의 취급을 위해 승강장과 부본선을 증설하는 것뿐만 아니라, 유보지 외곽을 활용하여 버스나 택시·승용차, 자전거, 그리고 (소도시의 경우) 미래의 자율 주행차 환승 공간을 마련하는 방법으로도 구현될 수 있다.

망의 통시적 유연성을 보장하기 위한 유보지는 물론 철도역에서만 필요한 것은 아니다. 본선 역시 토지를 필요로 하기 때문이다. 북한 방면 예비 노선(현 경의, 경원선을 뒷받침할 노선), 서울 인근 교통량 증대가 예상되는 선구의 2복선화를 위한 예비 공간이 필요하다. 비록 본선이 들어갈 토지의 길이는 km 단위지만, 그 너비는 복선당 10m 수준이므로 역 유보지보다는 확보가 좀 더 쉬울지 모르겠다. 이런 조치가 충분히 취해지지 못한 채, 도시만 팽창해 온 것은 서울의 도시·교통 성장에서 반성할 부분이라고 생각한다. 이 반성은 바로

통시적 유연성 개념을 좀 더 구체화하고, 앞으로 이어질 북한 철도망의 재건에서, 그리고 아시아 개도국의 철도망 건설에서 이를 적극 구현하는 데 중요한 역할을 할 것이다.

2부
서울의 철도, 현 망부터 미래 계획까지

3장. 서울 지역 철도망의 오늘과 어제

철도망의 지리적 의미, 그리고 철도라는 기술을 실제로 구현하는 공학적 기반에 대한 논의는 이제 구체적인 시공간 속에서 서울 지역 철도망이 형성되어 온 역사에 대한 논의로 넘어가야 한다. 철도망의 지리적 의미, 그리고 철도공학의 목표와 수단은, 철도망과 독립적으로 존재하는 역사적 요인과의 관계 속에서 현실에 구현될 수밖에 없기 때문이다. 지리적 의미 속에서도, 공학적 계산 속에서도 이해하기 어려운 망의 모습에 대한 설명은 바로 이 역사적 요인을 감안할 때만 가능할 것이다.

이 역사적 요인 가운데, 인류와 아무런 상관없이 현재의 모습을 갖춘 한반도와 서울 인근 지형의 중요성은 강조될 필요가 있다. 철도는 대지 위를 달려야 하는 만큼, 산맥과 수로의 패턴을 따르거나 극복하지 않으면 존재할 수조차 없다. 도로보다 한층 장대한 철도의 터널과 교량은 바로 이 필요를 채우기 위한 것이다. 때문에 현실의 구체적인 철도망을 이해하기 위해서는 지형학적 요인을 점검해야만 한다. 크게 변형되거나 부분적으로 대체되어 버린 19세기 이전의 교통로나 중심지 체계와는 달리, 지형 조건은 철도망을 오늘도 물리적으로 구속하고 있다.

이 대지 위에서 이뤄지는 인간의 선택, 그리고 그 동기를 확인하는 것 역시 역사적 작업의 중요한 목적이다. 서울 지역 철도망은 광무 황제, 일본 제국주의자, 미 육군, 군사 정부, 민주 정부 모두의 관심 대상이었다. 이들은 각자의 독특한 목적에 맞게 철도망을 변형시키려 했지만, 20세기 후반, 자동차의 압도적인 침투력이 한국 역시 휩쓴 이후에는 그 중요성이 상대적으로 망각되기도 했다. 여기서 나는, 먼저 철도망의 현 상황을 점검하는 것을 시작으로, 일제강점기 당시의 망은 10년 주기로, 대한민국 시기의 망은 5년 주기로 그 변화를 시각화한 다음, 중요한 행위자들의 선택과 의도를 유형화할 생각이다.

철도망이 달리는 지형에 대한 분석, 그리고 망을 둘러싼 인간의 선택과 동기에 대한 분석은, 망의 구조적 특징이나 공학적 세부 사항에 대한 기능적 분석과 함께 이 구체적인 서울 거대도시 철도망의 현 구조를 설명할 수 있는 주요 원천이다. 동시에 이 분석은 망의 미래에 대한 제안이 따라야 할 현실적인 조건을 드러낸다는 점에서도 중요하다. 서울 거대도시 철노망의 여러 특징이 대체 어떤 변천을 거쳐 현재의 모습을 갖추게 되었는지, 또 이들의 모습을 결정한 역사적 변수는 무엇이었는지 숙지하지 못한 상태에서 나온 제안이라면, 지리적·공학적으로 충분히 설득

력이 있더라도 도시의 역사적 미로, 대지의 완강한 저항을 뚫지 못하고 좌초할 수
있기 때문이다.

1절. 서울 지역 철도의 현황

이 작업의 출발점은 현 망의 상황이다. 1장의 분류·분해 작업에서 확인했던 망의 세
층위는 이런 관찰을 분할하는 단위로도 사용될 수 있다. 전국망, 광역망, 도시망 순
으로 2019년의 스냅숏은 이어질 것이다.

전국망: 경부선과 아이들

한국 철도의 전국망은 서울로 직접 연결되는 열차 없이는 성립하지 않는다. 지금도
충북선, 경북선, 경전선과 같은 동서 방면 철도, 그리고 동남권의 동해선과 같은 지
선 열차를 빼면 서울을 거쳐 가지 않는 열차는 사실상 없다.

[지도 1]   한국 전국망과 도시 분포.(2020년 봄 기준) 경기도계 내부는 주로 광역망으로 연계되므로 경계만 표시했다.

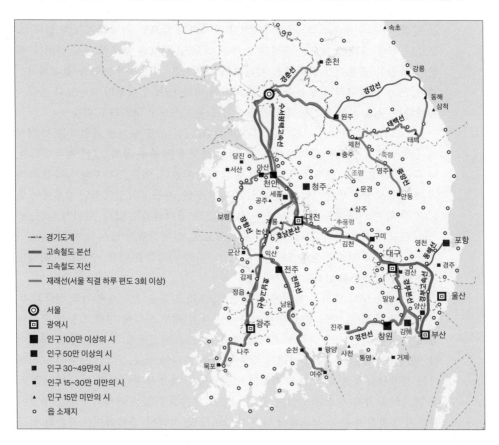

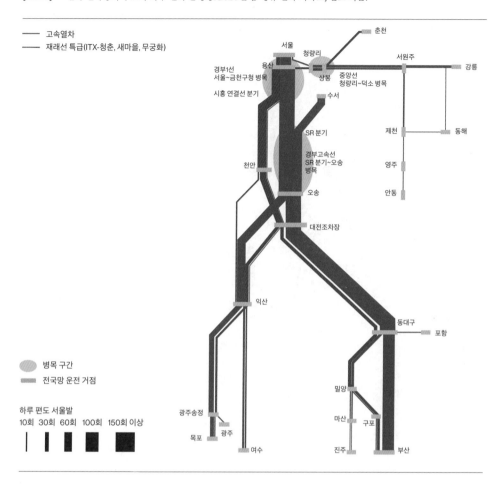

비록 빈틈이 여전하지만, 이들 노선망은 강원, 충청, 전라, 경상도의 주요 도시를 망라한다. 이들 가운데 인구의 대다수, 그리고 전국망 수요의 대부분을 차지하는 충청, 전라, 경상도 방면으로 가는 망은 서울·용산역에 연결되어 있다. 청량리역에서는 강원도와 충북 북부, 경북 북부의 동부 산악 지역으로 가는 열차가 착발하고 있다.

이들 노선 가운데 핵심은 서울·용산역의 경우 경부선, 그리고 청량리역의 경우 중앙선이다. 사실 다른 노선들은 이들 노선의 지선(支線)이라고 보아도 좋다. 호남고속선은 서울역에서 125km 떨어진 오송에서야 별도 노선으로 분기하고, 호남 본선은 오송보다 30km 남쪽에 있는 대전조차장에서야 분기한다. 경전선, 동해선은 고속열차조차 287km 떨어진 동대구부터 세 갈 길을 가기 시작한다. 제일 먼저 분기하는 장항선 역시 서울역에서 97km 떨어진 천안에서야 분기한다. 이들 노선을 운행하는 열차가 서울에서 종착역까지 약 400km 정도 운행한다는 점을 감안

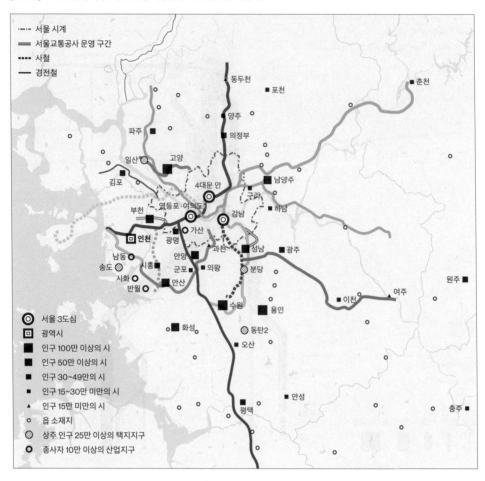

하면, 이들 노선이 경부선의 가지(支)라는 표현을 납득할 수 있으리라. 중앙선을 주축으로 한 산악 노선의 구조도 마찬가지다. 경춘선을 빼면, 이 노선에서 철도 노선이 처음 분기하는 곳은 2017년 말까지 청량리에서 144km 떨어진 제천이었다.(하행으로는 합류만, 상행으로는 분기만 가능한 봉양은 제외) 경강선(강릉선)[1]이 개통한 2020년 봄 현재도 중앙선의 첫 분기 역은 청량리 기점 86km의 서원주다.

　　　서울·용산역에서 출발하는 전국망 열차는 1개의 복선, '경부1선'만을 사용할 수 있다. 서울~용산 사이에 추가로 복선이 있기는 하지만, 이 선로는 현재 용산역을 부분적인 통과역으로 운용하고 서울역과 용산~청량리 간 경원선을 연락하는

1
'강릉선'은 민원으로 인해 변경된 운행 계통 이름이며,
국토부 철도거리표상에 등재된 노선망 자체의 이름은
여전히 '경강선'(京江線)이다.

[도표 2] 수도권 광역망의 하루 열차 운행량. 색상은 공식 수도권 전철망 안내도를 따랐다. 2019년 연말 시각표 기준.

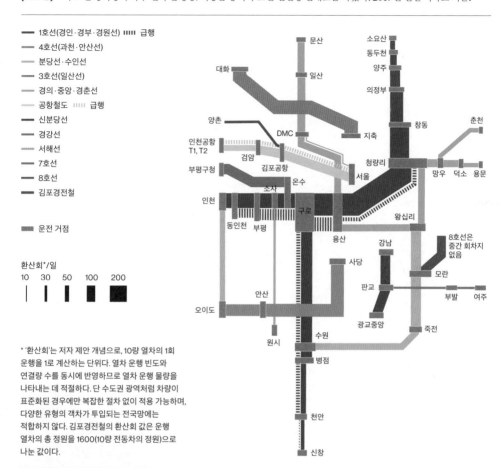

1호선(경인·경부·경원선) ⅠⅠⅠⅠ 급행
4호선(과천·안산선)
분당선·수인선
3호선(일산선)
경의·중앙·경춘선
공항철도 ⅠⅠⅠⅠ 급행
신분당선
경강선
서해선
7호선
8호선
김포경전철

운전 거점

환산회*/일
10 30 50 100 200

* '환산회'는 저자 제안 개념으로, 10량 열차의 1회 운행을 1로 계산하는 단위다. 열차 운행 빈도와 연결량 수를 동시에 반영하므로 열차 운행 물량을 나타내는 데 적절하다. 단 수도권 광역처럼 차량이 표준화된 경우에만 복잡한 절차 없이 적용 가능하며, 다양한 유형의 객차가 투입되는 전국망에는 적합하지 않다. 김포경전철의 환산회 값은 운행 열차의 총 정원을 1600(10량 전동차의 정원)으로 나눈 값이다.

용도로 활용되고 있을 뿐이다. 중앙선은 상황이 더 좋지 않다. 전국망, 화물열차는 물론, 2005년 이후에는 광역망 열차까지 1개의 복선으로 운행하고 있기 때문이다. 2017년 연말부터는 강릉행 KTX까지 운행되어 상황은 더욱 악화되었다. 특히 평창 올림픽 기간에는 거의 1/3의 용량(하루 편도 51회)을 KTX가 차지하여 다른 지역은 큰 불편을 겪기도 했다. 앞서 확인했듯, 성능과 정차역이 서로 다른 열차가 섞여 달리면 달릴수록 선로용량에는 악영향을 끼칠 가능성도 커진다.

광역망: 200만 명의 월경

다음 층위인 광역망 역시 대부분은 한국철도공사가 운행한다. 하지만 서울시 역시 2019년 연말 현재 두 개 노선을 운행하고 있으며(성남 방면 8호선, 부평구청 방면 7호선), 민간 사업자의 노선도 세 개 있다.(공항철도, 신분당선, 서해선)

이 가운데 가장 중요하고도 오래된 노선은 경인선과 경부선에서 출발,

[도표 3]　서울 시계를 통과하는 철도 여객 통행량의 추이.(각 년도 『철도통계연보』) 신분당선과 7, 8호선은 데이터가 부족해 포함시키지 못했다.

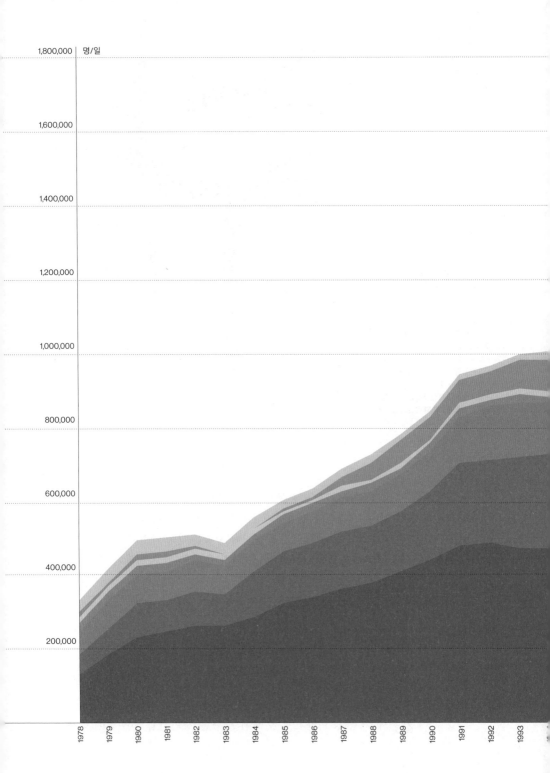

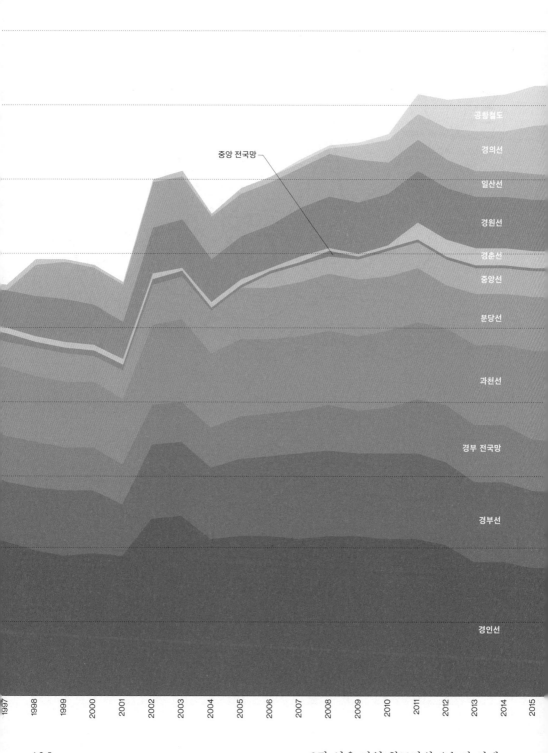

공항철도

경의선

일산선

경원선

중앙 전국망

경춘선

중앙선

분당선

과천선

경부 전국망

경부선

경인선

1997
1998
1999
2000
2001
2002
2003
2004
2005
2006
2007
2008
2009
2010
2011
2012
2013
2014
2015

3장 서울 지역 철도망의 오늘과 어제

[지도 3]　수도권의 도시철도망. 1호선의 점선 구간은 서울시 관할 구간이나, 철도공사 열차가 훨씬 더 많이 운행하므로 광역망의 일부이기도 하다. 서울 시내에는 2030 서울플랜에서 규정한 "3도심·7광역 중심·12지역 중심"에 해당하는 지역의 이름을 적어 두었다. 아래 왼쪽은 인천, 오른쪽은 의정부와 용인. 철도공사 등의 광역망은 굵은 회색 선으로 표시되어 있다.

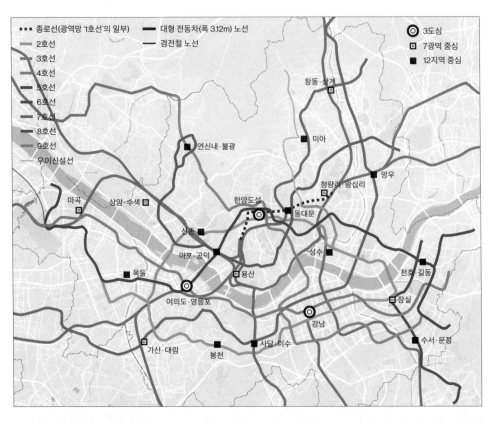

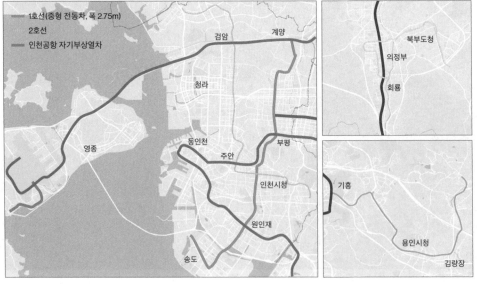

구로에서 합류하여 서울 지하철 종로선(지하 서울역~지하 청량리)을 거쳐 경원선과 직결 운행되는 '1호선'이다. 이 노선은 인천과 서울, 천안·수원과 서울을 잇는 노선답게, 지금도 서울 광역망에서 가장 많은 승객을 수송한다. 1호선 다음으로 꼽을 수 있는 노선은 과천·안산선, 일산선, 분당선, 8호선이다. 이들 축선은 1990년대 중반 1기 신도시의 탄생과 함께 태어났다.

그다음 시기에 생겨난 축선들도 여럿 있다. 경의중앙선, 경춘선, 공항철도, 신분당선, 서울 7호선 부천 연장선 등이 바로 그것이다. 이 시기에는 수인선이나 경강선과 같이 서울 시계 내에 전혀 들어오지 않는 노선도 생길 정도로, 비교적 넓은 범위로 철도망이 확대되기도 했다. 2015년에는 비록 도시철도와 합산한 값이기는 하지만 망의 총 연장이 드디어 1000km를 넘긴 것으로 보인다.

도표 3은 광역망, 그리고 전국망 노선을 이용해 서울 시계를 통과하는 승객 규모의 변천을 보여 준다. 가장 많은 승객이 서울로 유입되는 노선은 경인선이다. 경인선의 이와 같은 승객 흐름이 경부선(경부2, 3선), 그리고 경부 전국망(경부1선)과 합류하는 구로~신도림 구간에서 수도권 철도의 혼잡은 정점에 도달한다. 비록 지속적인 대체 노선과 지선 개통으로 인해 그 양이 줄기는 했지만, 이 구간에 걸리는 교통량은 여전히 하루 평균 왕복 70만 명에 달한다.

도표 3에 포함된 모든 노선의 서울 시계 통과 통행량을 합치면 하루 약 165만 명(2015년)에 달한다. 이 가운데 철도공사 노선의 통행량은 155만 명, 여기서 전국망을 제외하면 140만 명 수준이다. 또한 복선당 승객 통과량은 대체로 하루 15만 명 수준으로 수렴한다. 이 값을 크게 초과하는 노선은 경부 광역(21만), 과천선 정도이며, 경인선은 7호선 개통 이후 43만(복선당 22만)에서 34만(복선당 17만) 정도로 줄어들었다. 한편 일산선(7만), 중앙선(7만), 경춘선(4만), 공항철도(10만)는 15만 명에 한참 모자라는 노선이다.

신분당선이나 서울 7호선, 8호선은 운영사가 데이터를 공개하지 않아 서울 시계 통과 승객이 얼마나 되는지 정확히 알 수 없다. 아마도 그 규모는 유사한 빈도(8~12분)와 크기(6량)의 열차를 운영 중인 공항철도(10만)와 비슷할 것으로 추정된다. 이들 노선까지 합산하면, 2019년 현재 서울 시계를 철도로 통과하는 사람은 하루에 대략 200만 명 수준이다.

물론 인천 시민, 또는 경기도민이라면 누구나 알고 있겠지만, 광역철도망에 대한 불만은 무수히 많다. 수많은 말썽과 문제, 사고에도 불구하고, 방대한 규모로 성장해 있는 광역버스망의 규모와 다양성은 이를 방증한다.

도시망의 상황

수도권망에서 가장 큰 도시철도 사업자는 서울시 산하의 서울교통공사다. 이 회사는 2017년 5월 이전에는 두 개의 사업자였다. 사업지를 나눴던 기준은 건설 사업의 시기, 즉 1기 지하철(1~4호선), 그리고 2기 지하철(5~8호선)에 기반하고 있었다. 지금은 이들 8개 노선이 모두 하나의 사업자 산하에서 운영 중이다. 여기에 대부분의

[도표 4] 수도권 도시철도망의 노선별 수송량 추이. 각 노선의 역에서 승차 게이트를 통과한 순 승차자의 수를 기준으로 했다. 웹상에 공개된 적 없는 20세기의 수송량(역별)은 서울교통공사 본사에 보관되어 있는 각 년도 수송 계획(1987년도부터 존재)을 직접 열람하여 확인한 값이다. 자료 수집에 도움을 준 서울교통공사 황경성 님께 감사드린다. 인천 1호선의 2002년 데이터는 수집할 수 없어 수록하지 못했다.

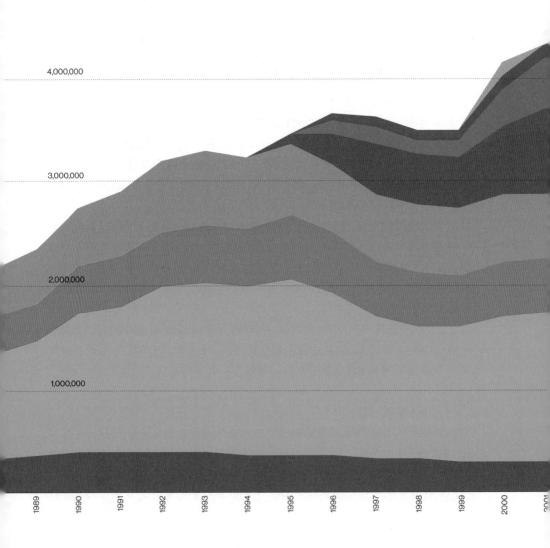

6,000,000 명/일

5,000,000

4,000,000

3,000,000

2,000,000

1,000,000

1989 1990 1991 1992 1993 1994 1995 1996 1997 1998 1999 2000 2001

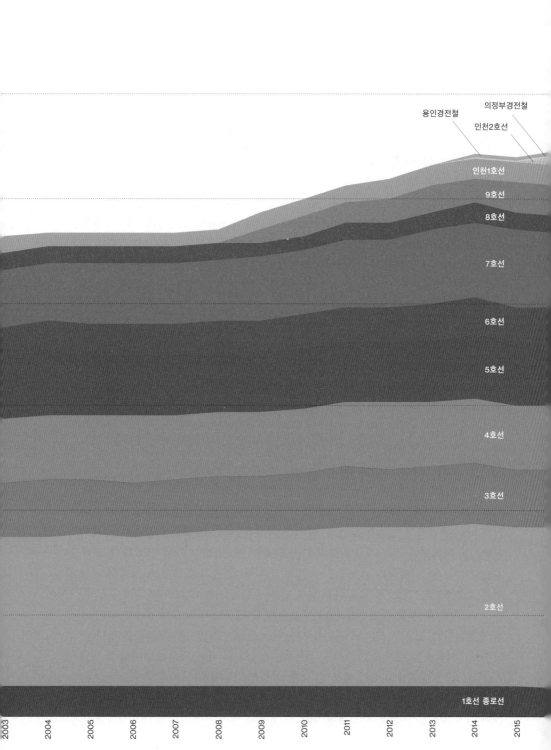

의정부경전철

용인경전철

인천2호선

인천1호선

9호선

8호선

7호선

6호선

5호선

4호선

3호선

2호선

1호선 종로선

2003
2004
2005
2006
2007
2008
2009
2010
2011
2012
2013
2014
2015

3장 서울 지역 철도망의 오늘과 어제

구간을 민간 사업자가 운영하는 9호선과 우이신설선이 더해져 총 10개의 도시철도 노선이 서울 시내에서 영업 중이다.

이들 노선은 위상 기하학을 통해 분류할 수도 있다. 서울 도시철도망은 중심부에서 외곽을 향해 뻗어 나가는 선형 노선인 방사형 노선 9개, 그리고 고리 모양 노선인 2호선 두 종류로 구분되기 때문이다. 서울의 '3핵' 가운데 어디를 경유하는지에 따른 분류도 가능하다. 가장 전통적인 핵인 '4대문 안 도심'은 전통적인 위상을 보여 주듯 노선 번호가 빠른 1, 2, 3, 4, 5호선이 관통한다. '여의도·영등포'를 통과하는 노선은 경인·경부선 광역망, 그리고 2, 5, 9호선이다. 7호선은 약간의 거리가 있다. '강남'을 통과하는 노선은 2, 3, 7, 9호선, 그리고 분당선 광역망이다. 이외에도 서울 시민들에게 익숙한 중심지의 이름은 대부분 이들 도시철도망 위에서 찾을 수 있다.

그다음 규모를 가진 사업자는 인천교통공사다. 인천은 1999년부터 자체 도시철도를 가지게 되었으며, 2016년에는 2호선까지 보유하게 되었다. 비록 2호선은 차량 규모가 작은 무인 경전철이지만 급속도로 인천 시민들의 주요 교통망으로 자리 잡는 듯하다. 인천은 이에 만족하지 않고 야심찬 도시철도 계획을 세우고 있다. 하지만 인천의 도시철도 계획 속에는 실현 가능성이 낮은 노선 계획과 긴요해 보이는 노선 계획이 혼재해 있다.

경기도 도시 가운데서도 2019년 연말 현재 자체 도시철도망을 보유한 도시가 세 개 있다는 점도 빼놓을 수 없다. 이 가운데 의정부, 용인은 고가 경전철을 건설해, 그리고 김포는 지하 경전철을 건설해 도시철도망을 구축했다. 이 노선들의 성공과 실패를 논의하려면 별도의 긴 이야기가 필요하다. 이 책에서는, 언론이 비추는 것보다 좀 더 심층적인 내용을 살필 필요가 있다는 점만 밝혀 둔다.

2절. 서울 지역 철도망 발생의 두 시기

서울 지역 현 망의 상황은 서울·한반도의 지형이나 조선시대 당시의 공간 구조에 의해 미리 결정되어 있지는 않았다. 현 망의 구조는, 이들 지형을 배경으로 20세기 한반도를 지배했던 여러 가지 의도와 힘에 의해 구현되었다고 보는 것이 좋다. 이들 가운데 누구든 그 위력과 중요성을 공감할 힘은 바로 두 가지, 식민지 경영에 나선 일본 제국주의와 '경제 개발'에 나선 한국 정부(중앙과 서울시 모두)다.

이들 두 힘의 경계면을 정하는 것은 한국 사회에서 여전히 첨예한 문제 가운데 하나일지 모른다. 하지만 문제가 서울 지역의 철도라면, 답은 쉽다. 1968년 11월 29일, 서울시는 광무 연간부터 근 70년간 운행해 온 서울 시내 노면전차 노선들을 전격, 전면 폐선해 버렸기 때문이다. 당시 시는 자동차가 도시의 총아로 떠오르는 한편 서방 세계의 많은 대도시에서도 노면전차는 철거되었고 시설과 차량까지 낡아 가고 있다는 사실을 강조했다. 하지만 전차를 철거한 선진국의 대도시들은 대체로 2^5km/h 대역의 표정속도를 내는 도시철도망을 이미 구축해 놓고 있었던 데다 노면전차는 이후에도 공산권은 물론 서유럽과 일본에서도 지속적으로 쓰였으므로 폐선이라는 선택이 불가피했다고 보기는 어렵다.[2] 어쨌든 여기서 중요한 것은, 이 시기의 한국 정부는 수십 년간 누적되어 온 망 구조를 자신의 목적을 위해 완전히 제거하고 다시 만드는 데 충분한 힘과 자신감을 가지게 되었다는 사실이다.

이 경계면을 따라, 역사적 탐구는 두 시기로 나뉘어야 한다. 경계면 앞 시기는 일본 제국주의가 한국 철도망을 자신들의 목적에 따라 주물렀던 시기(1899~1945)다. 해방 후의 혼란과 전쟁, 전후 복구로 철도에 많은 투자를 하기 어려웠던 시기인 점이적 시기(1945~1968)를 지나, 경계면의 뒤 시기(1968~)에 접어들면 한국 정부는 경제와 도시의 개발을 뒷받침하기 위한 수단으로서 자신들의 관점에서 철도를 건설하기 시작한다. 일종의 발생학적 탐구는 이들이 어떤 선택을 했는지, 이러한 선택이 현 망의 상황에 어떻게 남아 있는지 시간 순서를 따라 확인하는 작업이 될 것이다.

3절. 일제 침략과 한국 철도: 1899~1945년

이 시기는 이 책의 희미한 배경이다. 역사의 흐름 속에서, 과거의 결정은 마모되어 현재 상황을 설명하는 데 점점 미약한 영향만을 끼칠 것이기 때문이다. 하지만 이 시기는 결정적인 시기이기도 하다. 서울 지역 전국망의 형태가 바로 이 시기에 결정되었기 때문이다. 이 시기 망을 만들어 낸 일본 제국주의의 의도를, 그리고 그에 대한 학계의 해석을 비판적으로 평가하는 작업은 서울 지역 철도망의 역사를 평가하는 시발역이다. 정재정은 이 시기 한국 철도의 의미에 대해 이렇게 갈파하고 있다.

> 대체로 선진 여러 나라에서는 철도가 지닌 (…) 기능을 최대한 살려서, 철도를 국민경제 형성과 민족국가 수립의 지렛대로서 활용했다고 할 수 있다.
>
> 그러나 식민지 혹은 반식민지에서의 철도는 그 역할과 성격이 무척 달랐다. 여기에서의 철도는 대체로 제국주의 국가의 자본·상품·군대·이민을 침투시키는 한편, 그곳으로부터 원료·식량을 수탈하는 역할을 담당하는 경우가 많았다. 따라서 (…) 총체적으로는 국민경제의 형성을 왜곡하고 현지인의 주체적 성장을 억압하는 역할이 강하였다.
>
> (…) 한국의 철도는 한국과 일본 사이에 존재하였던 침략과 저항,

2
서울전차 폐지 과정에 대해서는 손정목, 「전차와 궤도」, 『서울교통사』(서울특별시사편찬위원회, 2000), 744~773 참조.

지배와 동화, 개발과 수탈, 억압과 성장 등의 상극 관계를 한 몸에 간직하고 있던 민족 모순의 핵심 고리였다고 할 수 있다. 이것은 선진 여러 나라가 별다른 이의 없이 철도를 근대 문명의 총아로서 흔쾌하게 받아들인 것과는 무척 다른 상황이었다.[3]

이 인용문의 내용은 다음 논제로 축약할 수 있다.

제국주의 철도 논제: 제국주의 철도는, 피식민국 인민의 발전과 개발보다는 식민국의 목표를 실현하기 위한 도구로 활용된다.

조금 더 구체적인 쟁점에, 즉 거대도시 철도망의 공간적 구성이라는 영역에 제국주의 철도 논제를 적용하면 다음 논제를 얻을 수 있다.

서울 지역 철도망의 제국주의적 구성 논제: 1) 한국 전국망의 공간적 구성은, 제국주의 철도 논제를 통해 가장 잘 설명된다. 2) 서울 지역 망의 구조는 일본 제국주의의 목적을 위해 설정된 것이며, 서울 지역 전국·광역망의 원활한 기능을 위한 구조가 아니다.

한 가지 주의할 것이 있다. 나는 '제국주의 철도 논제'를 정재정의 작업이 상당 수준 옹호했다고 생각한다. '제국주의 철도 논제'는 철도의 다양한 분야에 적용될 수 있는, 일종의 상위 이론이기 때문이다. 정재정은 철도망 건설 사업의 과정,[4] 운임 제도,[5] 여객과 화물의 출발·도착 구조,[6] 철도국의 인적 구조,[7] 연선 소운송업의 동향[8]과 같은 각각의 쟁점에서 제국주의 철도 논제의 응용 논제를 경험적 자료에 비추어 점검했다. 하지만 나는 여기서, 두 번째 논제로 표현되는 응용 논제가 정말인지 점검하고 싶다. 여기에 대해서는 충분한 점검을 찾아볼 수 없었기 때문이다. 이를 위한 대립 가설은, 다음 논제로 정리할 수 있다.

3
정재정, 『일제 침략과 한국 철도 1894~1945』(서울대학교출판부, 1999), 4~5. 이하 이 책에서 인용·참조한 부분은 필요한 경우 본문에 쪽수를 표기했다.
4
같은 책, 169~370. 제2부의 주제다.
5
같은 책, 392~407. 4등칸에 실려 다니는 조선인들의 모습에 대한 한 논평을 소개한다. "한인 승객은 마치 화물과 같은 취급을 받고 있다고 한다. (…) 무지한 인민이 항상 이와 같은 취급을 받을 때에는, 혹은 반항심을 일으켜 노선에 방해를 시도하든가, 또는 전선을 절단하는 등의 소란을 연출할 우려가 있다." 「京釜鐵道と

韓人」, 『時事新報』, 1905년 4월 25일 자. 같은 책, 398에서 재인용.
6
같은 책, 407~420. 한반도를 통과하는 교통이 매우 중요한 비중을 차지했다는 점을 416~419에 수록된 표에서 확인할 수 있다.
7
같은 책, 504~559. 조선인 간부의 비중이 낮았다.
8
같은 책, 561~633. 특히 조선운송주식회사를 통해 소운송업계 전반을 지배하려는 시도는 조선인 소운송업의 몰락을 가져왔다는 점에서 주목할 만하다.

한국 전국망 지리 구조의 불가피성 논제: 1) 한국 전국망의 공간적 구성은, 제국주의 철도 논제로 포괄하기 어려운 요소로도 충분히 설명할 수 있다. 2) 따라서, 서울 지역 현 전국망의 구조는 일제 침략이 아니더라도 유사하게 형성되었을 가능성이 크다.

두 대립 논제 가운데, 증거의 무게가 무거운 쪽은 과연 어디일까? 10년 주기로 망의 상황을 검토하면서 논의를 이어가 보자.

1900년
이때는 수만 년 동안 동물과 인간의 근육, 그리고 바람과 물의 흐름에 의존하던 한반도의 교통망에 새로운 동력원을 공급한 경인선과 서울 전차가 생긴 지 1년여가 지난 시점이다. 철도는 이미 한강을 건너 남대문까지 접근해 있으며, 전차는 서대문에서 청량리, 그리고 종로에서 남대문 구간에 부설된 상태다.[9]

1910년
20세기의 첫 10년 동안, 서울 일원에는 경부선과 경의선이, 그리고 약간의 전차 노선이 추가되었다. 미국인 모스가 첫 삽을 떴던 경인선과는 달리, 경부선과 경의선은 명백하게 일본에 의해 부설 전 과정이 주도되었다. 경부선은 일본 측 민간 사업자인 경부철도주식회사가, 경의선은 러일전쟁 중 일본 육군 공병이 건설했다는 차이가 있을 뿐이다. 이 시기 경의선과 경부선은 현재의 용산선을 통해, 용산역에서 연결되었다. 한편 서울 전차는 용산(1910)과 마포(연도 미상)로 각각 연장되었으며, '창경원' 연장(1910)도 있었다.

1920년
일본이 조선을 합병한 다음 10년간, 서울에는 경원선이 추가로 연결되었다. 또한 전차망은 고가네마치(黃金町, 현 을지로)로 서울을 횡단, 왕십리에 이르는 두 번째 횡단 노선(1912)이 추가되고, 일본인들이 주로 거류하던 모토마치(元町, 현 원효로)로 들어가는 노선 또한 같은 해 추가되었다. 교통량 증가에 대응해 종로선 등의 복선화도 이 시기 실시되었다. 모토마치선은 부설 당시부터 복선이었던 것 같다. 광화문과 의주로(1915), 그리고 서대문과 서울역 일대를 연결하는 노선(1920) 역시 개통되었다.

1930년
10년이 지나 한반도에 대한 일본의 지배는 더욱 깊어졌지만, 서울 지역의 철도망에

[9]
전차에 관한 서술은 손정목의 『서울교통사』(서울특별
시사편찬위원회, 2000) 240~275를 활용하였다.

[지도 4] 1900년 12월 31일의 수도권 철도망. 작도의 편의상 해안선과 하천의 유로는 2019년 연말의 것을 활용했으며, 확대도의 한강은 개략적인 유로만 제시하였다.

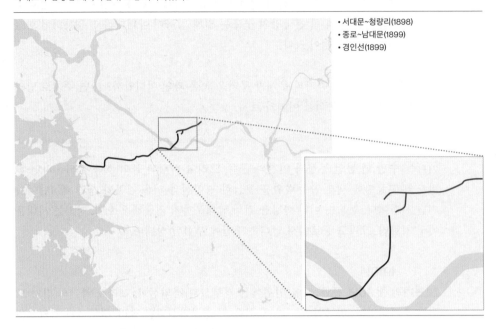

• 서대문~청량리(1898)
• 종로~남대문(1899)
• 경인선(1899)

[지도 5] 1910년 12월 31일의 수도권 철도망.

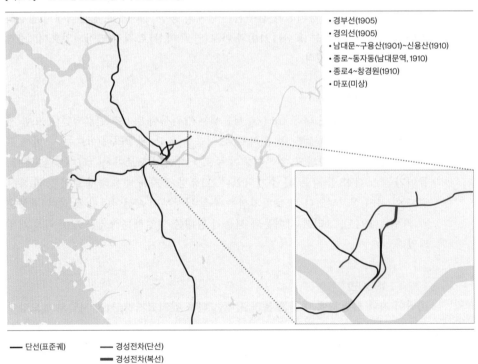

• 경부선(1905)
• 경의선(1905)
• 남대문~구용산(1901)~신용산(1910)
• 종로~동자동(남대문역, 1910)
• 종로4~창경원(1910)
• 마포(미상)

── 단선(표준궤)   ── 경성전차(단선)
                    ━━ 경성전차(복선)

[지도 6]　　1920년 12월 31일의 수도권 철도망.

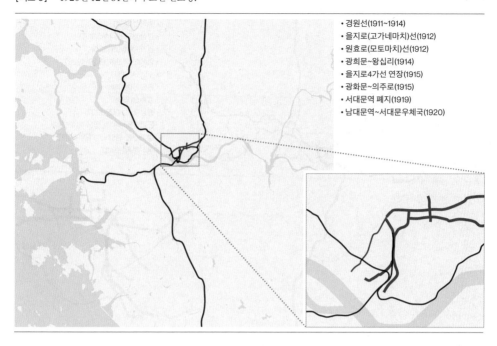

• 경원선(1911~1914)
• 을지로(고가네마치)선(1912)
• 원효로(모토마치)선(1912)
• 광희문~왕십리(1914)
• 을지로4가선 연장(1915)
• 광화문~의주로(1915)
• 서대문역 폐지(1919)
• 남대문역~서대문우체국(1920)

[지도 7]　　1930년 12월 31일의 수도권 철도망.

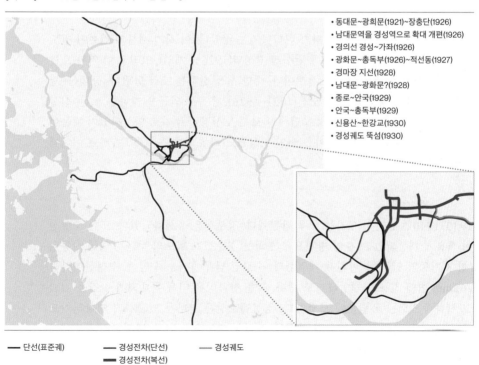

• 동대문~광희문(1921)~장충단(1926)
• 남대문역을 경성역으로 확대 개편(1926)
• 경의선 경성~가좌(1926)
• 광화문~총독부(1926)~적선동(1927)
• 경마장 지선(1928)
• 남대문~광화문?(1928)
• 종로~안국(1929)
• 안국~총독부(1929)
• 신용산~한강교(1930)
• 경성궤도 뚝섬(1930)

━━ 단선(표준궤)　　　━━ 경성전차(단선)　　　━━ 경성궤도
━━ 경성전차(복선)

　　　　　　　　　3장 서울 지역 철도망의 오늘과 어제

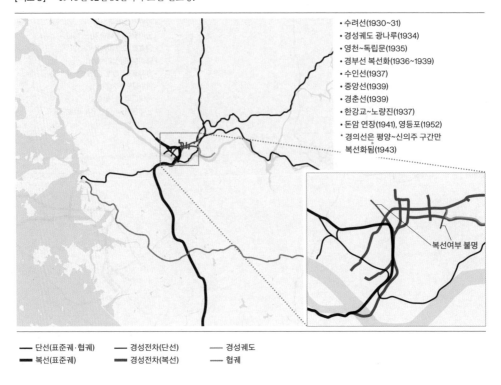

• 수려선(1930~31)
• 경성궤도 광나루(1934)
• 영천~독립문(1935)
• 경부선 복선화(1936~1939)
• 수인선(1937)
• 중앙선(1939)
• 경춘선(1939)
• 한강교~노량진(1937)
• 돈암 연장(1941), 영등포(1952)
• 경의선은 평양~신의주 구간만
  복선화됨(1943)

복선여부 불명

── 단선(표준궤·협궤)　　── 경성전차(단선)　　── 경성궤도
━━ 복선(표준궤)　　　　━━ 경성전차(복선)　　── 협궤

대한 투자에서 두드러지는 성과가 나타나지는 않았다. 이 시기 새롭게 건설된 철도 노선은, 서울 중앙역으로 새롭게 건설된 경성역(1926년 개업), 그리고 이 역과 오늘날의 서울역과 수색을 잇는 노선뿐이다. 다만 서울 전차는 조금 달랐다. 동대문~광희문(동소문)~장충단을 잇는 노선(1921~1926), 총독부 인근을 지나는 노선, 신설동 경마장 지선, 그리고 한강교 북안에 이르는 노선망이 추가로 형성되었기 때문이다. 민간 기업이 만든 교외 전차 노선인 경성궤도(최초 동대문~뚝섬)는 바로 이해에 개업했다.

1940년
1930~1940년 동안의 투자는 매우 활발했다. 경부선은 복선화되었다. 또한 중앙선이 새롭게 개통되었고, 춘천 방면으로 향하는 경춘선도 별도의 두단식 역인 성동역(현 제기동역 인근)을 마련해 개업했다. 수도권 남부에서는 수인선, 수려선이라는 762mm 협궤 철도가 개업하기도 했다. 서울 전차망은 더욱 확대되어 한강을 건넜고 서북쪽으로는 독립문에 도달했다. 경성궤도선은 광나루 인근까지 연장되기도 했다. 전차 노선은 이후 1941년 창경궁~돈암동 방면으로 연장, 그리고 노량진에서 영등포까지 연장된 일을 제외하면 더는 늘어나지 않은 듯하다.

전국, 광역망: 제국주의의 한계

이렇게 약 40여 년간, 일본 제국주의는 서울 지역 전국망의 기본 구조를 결정하는 역할을 했다. 정재정은 이런 상황에 주목하고, 당시 관철된 일본의 의도가 한국 전국망의 구조를 뒤틀어 놓았다는 분석을 내놓는다.

> 일본은 [경부선] 노선의 전반부가 전라가도를 지나도록 하고, (…) 한국 정부가 1898년부터 계획하고 있었던 서울~목포의 철도 부설을 방해하려는 의도를 가지고 있었다. (…) 경부철도합동 제9조는 경부철도 지선의 부설권을 외국인에게 양도할 수 없도록 규정하고 있었다. 일본은 이 규정을 최대한 유리하게 이용하여 열강의 한국 철도 부설권 장악을 방해하려고 고심했다. 이를 위해서는 경부철도의 노선을 절묘하게 선정할 필요가 있었다. 즉 한국 남부의 모든 철도가 경부철도의 지선으로만 부설될 수 있도록 노선을 선정하는 것이었다. (…)
> 　　오늘날 경부철도는 경기도의 서부를 종관하여 남하하다가 충청도의 남동부 대전에서 경상도로 우회하도록 놓여 있고, 호남선은 대전에서 분기하여 전라남북도를 서쪽으로 종관하여 목포에 이르도록 부설되어 있다. 그리하여 서울과 대전 사이는 경상도·전라도의 여객과 화물이 중복됨으로써 항상 심각한 체증 현상을 빚고 있다. 이것은 일본이 제3차 답사 [1899년 3월]에서 간교하게 채택한 제국주의적 노선 선정이 빚어낸 어처구니없는 피해라고 할 수 있다.(54~55쪽)

이런 주장의 배후에는, 일본 제국주의가 아니었다면 황제가, 또는 제정을 혁파한 가상의 혁명 정부가 나서서 좀 더 원활한 열차 운행이 가능한, 그리고 이를 통해 전국 시장과 민족국가 건설에 좀 더 적합한 방식으로 철도망을 구성했을 것이라는 반사실적 가정이 깔려 있다. 20세기 초반 서울 지역 철도망의 동향을 검토하는 작업의 핵심에는, 바로 이런 가정을 지형이나 한국 측의 재정 상황과 같은 다른 요소 속에서 점검하는 과정이 있어야 한다. 먼저 지형 요소를 점검해 보자. 쟁점은 다음 두 대립 논제 사이에 있다.

제국주의적 의도의 우선성 논제: 다른 철도 노선 부설 시도를 배제하려는 의도가 경부선을 현재의 형태로 부설하는 데 가장 결정적인 요인이었으며, 이에 따라 경부선 전국망의 병목은 일본 제국주의자들이 유발한 것이고 그들에게 책임이 있다.

지형과 재정의 우선성 논제: 지형적 요인과 재성 부족은 제국주의자들이든 대한제국이든 따라야 할 불가피한 요인이었으며, 따라서 경부선이 현재의 형태로 부설된 상황을 설명하는 데 가장 중요한 요인은 지형과 재정 요인이다.

[지도 9] 1914년 경성부 지도 위에 그린 서울의 지형과 수계, 그리고 초기 철도망. 배경 지도는 조선총독부 임시토지조사국·경성부청, 「경성부명세신지도」(경성일보사, 1914). 원본 축적은 1:10000. 지질 및 옥천·청계천 간 유역 쟁탈과 회현동 옛 물길(현재 서울역고가 7017의 동쪽 시작지점)에 대한 내용은 다음 참조. 김상주, 「서울분지의 형성 과정에 대한 지형학적 연구」, 「지리교육논집」 45권(2001): 1~13.

두 논제를 점검하기 위해서는 역과 본선의 입지를 나누어 분석해야 한다. 먼저, 최적의 역 입지가 다수 있었으며, 그 가운데 일본이 선택한 현재의 입지 이상의 이점을 가진 입지가 존재할 경우 제국주의적 의도의 우선성 논제를 지지할 수 있다.

전통적인 성읍 도시에 철도가 들어오면, 대체로 역은 주요 성문 인근에 들어선다. 그리고 서울의 주요 성문 위치는 동으로 흘러나가는 청계천 인근(동대문, 동소문), 그리고 분지 서쪽 옥천수계와의 분수령 위(남대문, 서대문)였다. 북쪽으로는 북악산, 서북쪽으로는 인왕산, 남쪽으로는 남산이 가로막고 있었기에 성문이 없거나 있더라도 그 규모가 작았으며, 동북쪽의 낙산은 그 규모가 작긴 했지만 기울기에 약한 철도의 특성을 감안하면 역시 노선이 우선 부설될 것으로 기대하기 어려운 지형이다. 서대문 앞의 경우 북으로는 무악재, 서로 안산, 서남쪽으로 아현이 막아선 덕에 지형상 옥천을 따라 남대문 앞으로 가는 것이 가장 쉬웠으며 실제로도

1920년대까지 존재했던 서대문역은 남대문을 경유하여 경부선으로 접속되었다. 결국 서울의 경우 역의 입지로 경쟁했던 것은 청계천과 욱천, 그리고 그 유로 부근에 건설된 동대문과 남대문이었던 셈이다.

그렇다면 왜 동대문 방면 역(청량리)이 남대문 방면 역(서울)보다 수년 늦게 건설되었고 연결 노선도 오랫동안 빈약했을까? 중요한 요인을 또다시 지형에서 찾을 수 있다. 동대문 방면은 동서 횡단 노선과 영남·관북 방면 종관 노선을 출발시키기 적절한 위치인 반면, 남대문 방면은 항도 인천으로 출발하기 적절한 위치이기 때문이다. 호서, 호남 지역으로 가는 노선 역시 동대문보다는 남대문 방면에서 출발하는 것이 자연스럽다. 관서나 황해 지역으로 향하는 노선 역시 서대문역이 부자연스러운 이상 남대문 방면 역을 공유해야 했다. 동대문은 영남, 관동, 관북 지역으로 향하는 노선의 서울 지역 착발역 입지로만 적절했다. 평야가 넓어 농업에 적절했고 따라서 인구밀도가 상대적으로 높은 한반도 서부 해안 지역을 좀 더 짧게 연결할 수 있는 남대문 쪽 입지는, 상대적으로 인구밀도가 낮은 동부 산악 지역 연결에 적절한 동대문 쪽 입지보다 역이 먼저 들어설 만했다. 따라서, 남대문 쪽 역(서울)이 동대문 쪽(청량리)보다 훨씬 큰 규모를 가지고 더 중요한 역할을 담당하는 현재의 구조는 상당 부분 서울과 한반도의 지형이 설명한다.

그다음 문제는 본선이다. 지형이나 재정 여건상, 현재의 본선과는 다른 구조가 큰 무리 없이 가능했다면 제국주의적 의도의 우선성 논제를 지지할 수 있다. 실제 한국을 남북으로 종관하는 노선은, 서부 해안 지역을 종관하는 노선이 아니라 부산에서 출발, 영남 지역과 충청 중부 지역을 관통하여 경기와 서울에 이르는 경부선이다. 하지만 영남 지역으로 가는 노선은 동대문 방면에서 내륙 길을 사용하는 편이 거리도 가까울 뿐만 아니라 병목을 피하기 위해서도 적절하다. 앞서 확인한 정재정의 언급은, 바로 이 점에서 경부 본선의 지리 구조에는 제국주의적 의도가 배어 있다고 주장한다. 여기 맞서 지형과 재정의 우선성 논제를 옹호하기 위해서는 두 가지 사실을 지적해야 한다.

1.   죽령, 조령, 추풍령 가운데 추풍령이 가장 높이가 낮다:
경기, 충청 지방에서 영남으로 넘어가기 위해 택할 수 있는 길은 크게 이 세 갈래다. 부근에 몇몇 고개가 형성되어 있지만, 신라시대 이래 이들만큼 중요한 교통로로 사용된 길은 없다. 이 가운데 죽령(696m)을 넘어가는 오늘날의 중앙선 축선은 영남, 충청 지역의 주요 도시와 거리가 멀고 가장 험준하기 때문에 택하기 어렵다. 서울과 대구를 잇는 최단 노선인 조령(642m) 역시 그 높이가 상당하다.[10] 반면 가장 남측에 있는 추풍령은 그 최대 높이가 200m 수준에 불과하여 장대 터널을 마련하지 않

10
실제로 죽령은 길이 4.5km의 장대터널과 또아리굴 1개소를 부설하고서야 철도로 넘을 수 있었다. 개통은 1942년의 일이었다. 조령에는 2019년 연말 현재 철도 가 없으며 충주~문경 간 중부내륙선이 개통되는 2020년대 중후반에야 철도가 생길 것이다.

더라도 충분히 철도가 넘어갈 수 있다. 정재정 역시 2차 답사(1894)에서 일본 측이 "추풍령의 호적지를 발견하여"(52쪽) 경부 본선이 영동~황간~김천 간에서 추풍령을 넘게 되었다고 서술하고 있다. 19세기 말의 기술 수준에 비추어 보면, 누구든 서울~부산 간 철도를 부설하기 위해 이 길을 선호했을 것이다. 그리고 추풍령을 이용하기 위해서는, 추풍령 서쪽이자 충청도 동남부에 위치한 영동까지 본선을 남하시키지 않을 수 없다. 따라서 추풍령이 "호적지"인 이상 경부선이 충청도를 종관하는 선형을 취하는 것은 자연스러운 결말이었다.

2.　　　황제 이하 광무 정권은 독자적인 철도 건설을 위한 재정 조달에 실패했다: 민간인들이 기업을 설립하여 전개한 철도부설운동이든, 광무 정권의 기구로 경의선 부설을 위해 설립(1900)되었던 서북철도국이든, 이들은 모두 제대로 된 철도 노선을 부설하는 데 실패할 정도로 재정이 부실했다. 박기종의 '부하철도회사'는 부산~하단 간의 짧은 구간에 대한 철도 부설조차 재정 부족으로 실패했다. 심지어 1902년, 광무 정권 산하의 서북철도국은 서울~개성 간 선구를 저렴한 비용으로 시공 가능한 협궤로 부설하겠다는 계획까지 가졌던 것으로 보인다.(88쪽) 물론 한국 측의 독자적인 철도부설운동이 좌절로 돌아간 일에 일본의 기여가 적었다고 보기는 어렵다. 하지만 이러한 좌절로부터, 일본 등의 침략이 없었거나 실패했더라도, 한국의 독자적인 철도부설운동이 심각한 자금난에서 벗어날 방법이 없었다는 결론만은 분명히 내릴 수 있다. 결국 한국 정부는 철도 건설에 들어가는 자금을 절약하기 위해 각고의 노력을 기울일 수밖에 없었을 것이다.

　　　일본이 경부선 건설을 위해 조달한 자금의 규모(2500만 원)가 당시로서는 방대한 수준이었으며, 이런 자금 조달의 기반에는 일종의 애국 공채를 한일 황실 이하 일본의 일반 국민에게 판매해 낸 경부철도주식회사의 활동이 있었다는 분석(67~72쪽)도 중요하다. 일본보다 경제 상황이 열악했던 당시의 한국에서, 이런 자금 조달이 여러 번 가능했을 것 같지는 않다. 현재의 경부선처럼 하나의 종관 노선으로 최대한 많은 목적지를 서울과 연결해 제한된 가용 자금을 효율적으로 사용하는 것이 당시의 한국 정부에게도 지혜로운 방법이었을 것이다. 이와 함께, 경부선의 지선에 대해서는 외국의 투자를 허락하지 않는 방식으로 철도의 이권을 방어하는 방법 역시 일본뿐 아니라 한국 정부 역시 충분히 활용할 수 있는 방법으로 보인다.

나는 이 두 사실 때문에 경부선을 중심으로 형성된 현 한국 철도 전국망과 수도권 광역망의 구조는 설사 일본이 조선을 병합하지 못했더라도 피하기 어려웠을 것이라 본다. 이에 따라, 일본 제국주의의 의도가 서울 지역 전국망과 광역망의 지리적 구조를 형성하는 데 가장 결정적이었다고 보는 제국주의적 의도의 우선성 논제는 거부돼야 한다고 생각한다. 당시 한국 철도가 일제 침략의 도구로 작동하는 모습은, 철도망 건설 과정의 폭압성, 구체적인 철도 운용에서의 한인 차별, 당시 수송의 흐름 등에서 찾아야 하며, 철도망으로 인해 발생한 지리적 구조에서 찾기는 어렵다.

하지만 좀 더 시야를 좁혀 도시망의 충위로 내려오면, 조금 다른 그림이 나타난다. 경성의 일본인 집단 주거 지역에 대한 투자가 상대적으로 빨랐던 것을 확인할 수 있기 때문이다. 오늘날의 용산 원효로 지역, 즉 당시의 모토마치 지역으로 전차가 1912년에 이미 들어간 것이 한 사례다. 모토마치선은 처음부터 복선을 갖추어 교행으로 인한 운전 지장이 없는 운행이 가능했다. 신용산 방면 노선도 1910년에 개통되었다. 반면 2km 서쪽에 있는 조선인 거주지인 마포 방면 노선은 복선화가 1936년에야 이뤄진다. 개통 이후 약 35년 후(정확한 개통년도는 미상), 모토마치선에 비해서는 24년이나 늦은 복선화였다. 1930년대 초반까지는 조선인 토막민들이 모여 살던 돈암동의 경우 지구 단위 개발(1936년 이후)이 끝난 1941년이 되어서야 전차 개통이 이뤄진다. 이들 사례는 결국 기술적 여건과 무관하게 민족(과 계급) 차별로 설명할 수밖에 없는 격차다. 전차와 제국주의 사이의 연관을 더 깊이 탐구하려면, 서울에 거류하던 일본인들의 이동 편의를 위한 지선망, 그리고 조선인 거주 지역의 지선망 전차 운형 실태에 관한 지속적인 연구가 필요할 것이다.[11]

　　　　다만 이 시기의 상황이 오늘날의 도시철도망에 영향을 주고 있다고 말할 수는 없다. 당시의 도시철도는 전 노선이 전차망이었기 때문이다. 이 망은 1968년 완전히 폐지되어 사라져 버렸고, 그 수송 기능은 도로망과 후세대 도시철도망인 '지하철'로 모두 이전되었다. 조선에 있던 일본인들도 패전과 함께 사실상 전원 일본으로 철수했고, 덕분에 서울과 근교 도시의 망에서 민족 문제를 찾기는 어렵게 되었다. 아시아 개도국 출신 이민자가 지속적으로 증가하고 있는 2010년대 이후의 수도권에서나 민족 문제는 다시 한국 철도에 등장할 수 있을 듯하다.

4절. 경제 개발과 한국 철도: 1968~2019년

1940년대는 태평양전쟁으로 인한 물자 부족과 해방 시기의 혼란 덕분에, 1950년대는 전쟁과 복구 덕분에, 서울 지역 철도망은 제대로 된 투자를 받지 못한다. 1950년 6월 28일 폭파된 한강철교가 7년이 지나서야 부분 복구되었다는 사실은 이를 다시 한번 확인할 수 있게 해준다.[12] 한국 철도가 미래의 수송 능력을 위한 투자에 다시 본격적으로 나설 수 있게 된 것은 1960년대 중반의 일이다.[13]

---

[11]
손정목은 용산 방면으로는 추가 운임을 징수하지 않고, 청량리 왕십리 마포 방면으로는 추가 운임을 징수했던 상황 때문에 1920~1930년대 내내 이어진 논란을 고찰했던 바 있다. 본래 용산 방면의 추가 운임을 경감한 것은 용산이 경성부 관내라는 이유였기 때문에, 이 논란은 경성부가 확장된 1936년까지 계속됐다. 손정목, 「전차와 궤도」, 263~268.

[12]
C선은 1957년 7월, A선과 B선은 1969년 6월에야 복구되었다. 단 1952년 7월에는 전시 용도를 위한 임시 개통이 있었던 것이 확인된다.

[13]
다만 1950년대에는 오류동선, 김포선, 주인선 등 경인선의 부속 산업선이 추가되는 일도 있었다.

[지도 10]   1970년 12월 31일 수도권의 철도망. 이 이후의 지도에 나타난 해안선, 하천 유로, 행정구역 경계는 2019년 연말을 기준으로 그린 것이다.

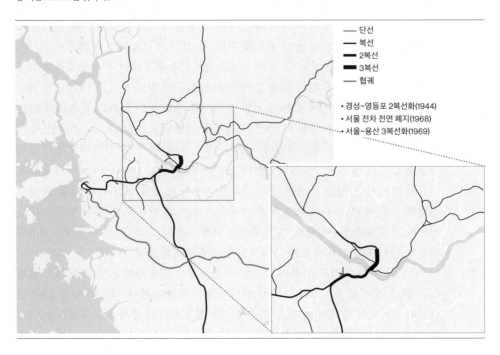

[지도 11]   1975년 12월 31일의 수도권 철도망. 여기서부터는 새롭게 등장한 노선만 색을 제시한다.

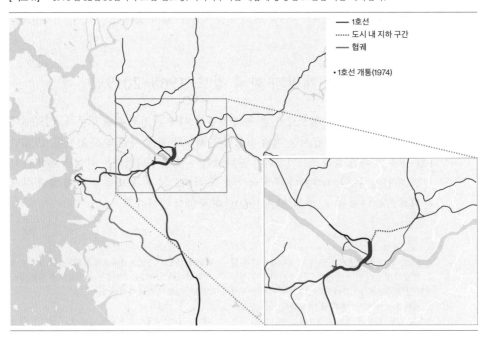

이 시기, 서울시는 전차를 철거하고 생긴 공백에 완전히 새로운 도시철도 망을 건설하기 시작한다. 물론 평면 축선이 겹치는 부분은 있으나, 당시 차량이 달리던 노면 또는 노반은 단 하나도 서울 도시철도망으로 계승되지 않고 도로망으로 전용되었다. 중앙정부는 기존 망을 복선전철화하여 '수도권 전철'이라는 이름의 광역망을 확장하기 시작한다. 1990년대에 들어서면, 인천과 같은 다른 지방정부 역시 도시철도망 투자에 나선다. 이번 절의 목표는, 바로 이 시기 정부의 투자가 어떤 패턴을 그리고 있는지 드러내는 것이다. 이들 패턴 배후에 있는 수많은 이야기 가운데 중요한 것들을 골라내는 것은 이 책 전체의 과제가 될 것이다.

1970년

이 시기는 도시철도망의 공백기이자, 서울 지역 철도망이 지난 30년간 이어진 침체기를 벗어나 경제 개발 속에서 성장을 재개하기 시작한 시점이다. 도시철도의 공백기는 서울 전차가 운행을 중단한 1968년 11월 30일 자정부터, 수도권 전철이 다시 개통하는 1974년 8월 15일까지 이어진다. 그동안 서울과 수도권에는 전국망, 그리고 그에 부가되어 운행했던 약간의 광역망 철도만 유지되었다. 이 시점에 앞서 경인선의 복선화(1965), 경부선 서울~용산 간의 3복선화(1969)가 이뤄진다. 서울~용산 간 경부선은 50년간 이 당시의 상태에서 더 확대되지 못했다. 서울 동쪽에서는 성북에서 성동(현 제기동 인근, 두단식)으로 이어지는 경춘선의 서울 측 말단 구간이 폐지되었지만 망우~이문 간에는 삼각선(망우선)이 마련되기도 했다. 이 삼각선은 중앙선에서 올라온 석탄을 서울 일원에 원활하게 공급하기 위한 노선이었다. 석탄 관련 시설이 있었던 망우선 북단에는 2005년 수도권 전철 이문기지가 들어섰다.

1975년

1974년 개통된 '1호선'은 인천과 수원에서 오는 광역전철을 서울의 전통적인 중심부 종로를 통과하는 7.8km의 도시철도 노선과 직결 운행시켜 성립한 망이었다. 1호선의 건설과 함께, 수도권은 철도에 기반한 초기 광역화를 겪기 시작한다. 이 당시 경부선은 광역망과 전국망 열차가 복선 하나를 공용하고 있었다. 동부 산악으로 향하는 중앙선 방면은 1973년 단선 전철화가 완료되었으나 전기 철도의 우월한 견인력은 석탄과 시멘트 수송에 집중 사용되었다. 광역망 전동차는 무려 32년이 지난 2005년이 되어서야 이 선로에서 영업하기 시작한다. 협궤 수려선(수원~용인~여주)이 폐선(1974)되는 일도 있었다.

1980년

1975~1980년 사이에 개통된 노선은 2호선 동쪽 구간(1980)뿐이다. 1980년 연말 시점 이 노선은 현재의 종합운동장역까지 개통된 상태였으며, 나머지 구간에서는 공사가 한창이었다. 이 시기에는 용산에서 청량리까지 한강을 따라 건설된 경원선 구간(1978)에도 전동차가 다니기 시작했다. 이 운행 계통은 용산에서 출발, 회기역

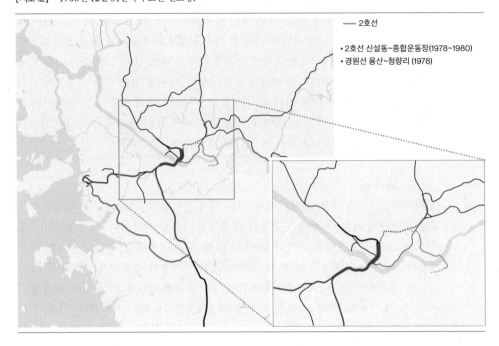

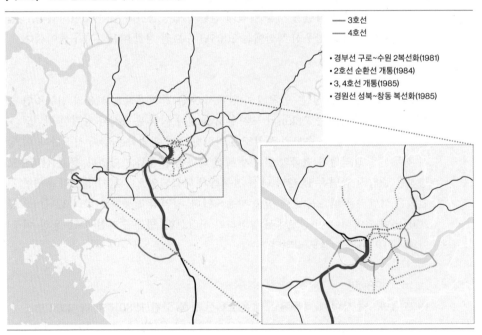

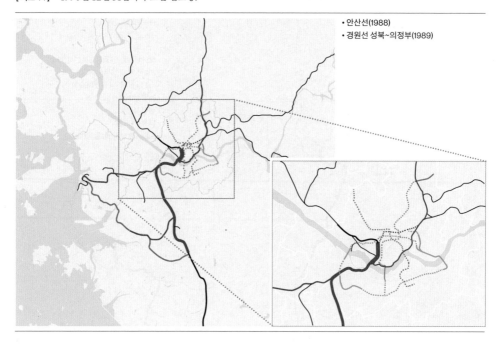

• 안산선(1988)
• 경원선 성북~의정부(1989)

에서 기존 1호선 노선과 합류하여 1호선의 북쪽 끝이었던 성북역에서 함께 종착했다. 이 계통은 지하 청량리에서 올라오는 1호선과 평면교차했기 때문에 교차지장을 일으켰으며, 때문에 2005년 중앙선 개통과 함께 폐지되었다.

1985년
1985년에는 서울 1기 지하철이 완성되었다. 여기에는 1984년 완전 개통된 2호선 순환선, 그리고 1985년 동시에 개통된 3, 4호선이 포함된다. 이들 '1기 지하철'은 지금도 서울 도시철도의 뼈대로 기능한다. 광역망에서도 중요한 투자가 있었다. 1981년에는 경부선 구로~수원 간이 2복선화되었기 때문이다. 이 투자 덕에 경부선 전국망 열차와 광역망 열차는 별개의 복선으로 분리 운행될 수 있었다. 다만, 수원역의 구내 배선은(당시 3면 6선) 대량의 전동차 회차에 적절하지 않았으며, 2003년 수원~병점 간 2복선화가 완성된 다음에야 경부선 전동차의 회차 용량은 충분해질 수 있었다. 이 시기에는 경원선 역시 4호선과 보조를 맞춰 창동까지 개통(1985)되면서 서울의 확대를 지원하게 된다.

1990년
1985년부터 1990년 사이 투자는 그리 활발하지 않다. 서울의 도시철도망은 그대로이며, 광역망 역시 의정부(1989)와 안산(1988)까지 확대된 것을 제외하면 변화가

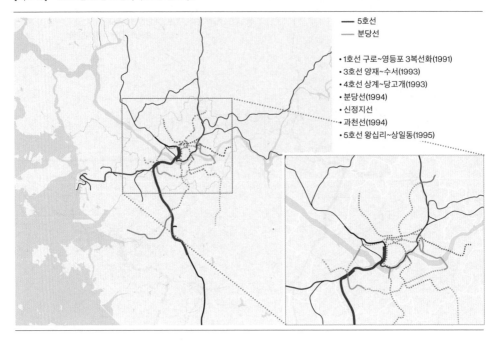

- 5호선
- 분당선

- 1호선 구로~영등포 3복선화(1991)
- 3호선 양재~수서(1993)
- 4호선 상계~당고개(1993)
- 분당선(1994)
- 신정지선
- 과천선(1994)
- 5호선 왕십리~상일동(1995)

[지도 16]   2000년 12월 31일의 수도권 철도망.

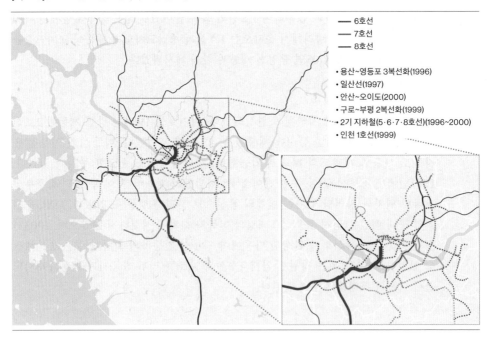

- 6호선
- 7호선
- 8호선

- 용산~영등포 3복선화(1996)
- 일산선(1997)
- 안산~오이도(2000)
- 구로~부평 2복선화(1999)
- 2기 지하철(5·6·7·8호선)(1996~2000)
- 인천 1호선(1999)

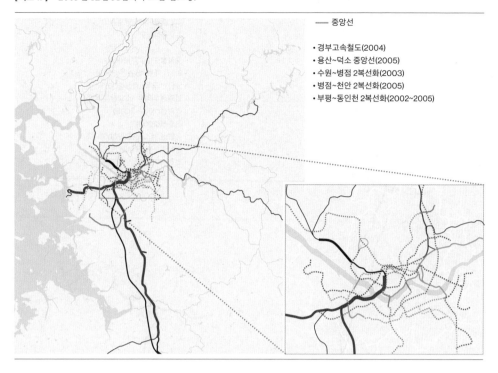

— 중앙선

· 경부고속철도(2004)
· 용산~덕소 중앙선(2005)
· 수원~병점 2복선화(2003)
· 병점~천안 2복선화(2005)
· 부평~동인천 2복선화(2002~2005)

없다. 하지만 한국 경제의 고속 성장과 함께 이 당시 수도권 전철의 혼잡은 사상 최악을 향해 가고 있었다. '지옥철'이라는 말이 나온 것도 바로 이 시기(1989)다.

1995년

수도권 철도망의 심각한 혼잡을 개선하기 위해 정부는 여러 사업을 벌인다. '2기 지하철'과 1기 신도시 철도가 그 핵심에 있었다. 경인선의 2복선화(1991년 개시) 역시 혼잡 개선과 1기 신도시 접속이라는 두 목표를 가진 투자였다. 하지만 동시다발적인 대규모 공사로 인해 망의 확장 속도는 계획보다 느려진다. 이들 망 가운데 1995년 연말까지 개통된 노선은 구로~영등포 간 경부3선(경부선 3복선화, 1991), 3호선 양재~수서(1993), 4호선 상계~당고개(1993), 5호선 왕십리~상일동(1995), 그리고 분당선 수서~오리(1994) 및 과천선(사당~금정, 1994) 전 구간이다.

2000년

1995년에서 2000년 사이의 시기는 2기 지하철과 1기 신도시 철도망이 모두 완성된 시기디. 서울 5호선(1996년 완전 개통)이 가장 먼저 완성되었다. 7호선(1차 1996), 8호선(1차 1996)은 우선 부분 개통된 다음 수년 뒤 완전 개통되었다.(7호선 2000, 8호선 1999) 일산선 또한 완성되어(1997) 1기 신도시 철도 역시 마무리되었

[지도 18] 2010년 12월 31일의 수도권 철도망.

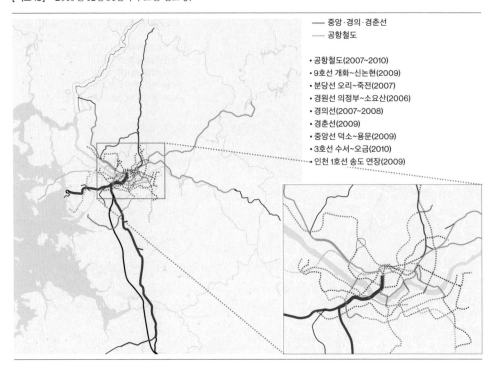

— 중앙·경의·경춘선
— 공항철도

• 공항철도(2007~2010)
• 9호선 개화~신논현(2009)
• 분당선 오리~죽전(2007)
• 경원선 의정부~소요산(2006)
• 경의선(2007~2008)
• 경춘선(2009)
• 중앙선 덕소~용문(2009)
• 3호선 수서~오금(2010)
• 인천 1호선 송도 연장(2009)

[지도 19] 2015년 12월 31일의 수도권 철도망.

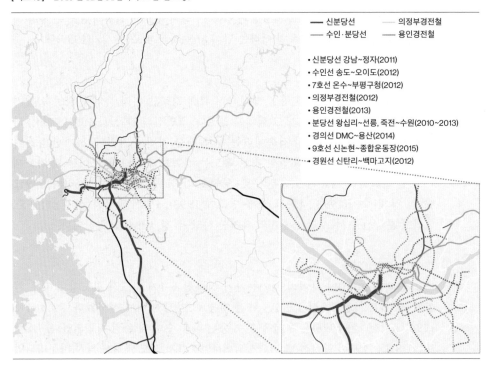

— 신분당선   — 의정부경전철
— 수인·분당선   — 용인경전철

• 신분당선 강남~정자(2011)
• 수인선 송도~오이도(2012)
• 7호선 온수~부평구청(2012)
• 의정부경전철(2012)
• 용인경전철(2013)
• 분당선 왕십리~선릉, 죽전~수원(2010~2013)
• 경의선 DMC~용산(2014)
• 9호선 신논현~종합운동장(2015)
• 경원선 신탄리~백마고지(2012)

다. 경부선 용산~영등포 간 3복선화도 마무리되어(1996) 광역망의 병목 또한 완화되었다. 그러나 추가 사업이 진행 중이던 1997년 12월 닥친 외환 위기는 이들 사업의 속도를 늦췄고, 3기 지하철과 같은 추가 투자를 취소시키는 결과를 낳기도 했다. 6호선의 개통(2000)은 곧 2기 지하철의 완성이었다. 이 시기의 끝부분에는 인천 또한 도시철도를 가지게 되었고(1999), 그보다 조금 앞서(1999) 최악의 지옥철로 꼽히던 경인선에서는 2복선이 구로~부평 간에서 개통되었다. 4호선의 남쪽 끝부분, 안산~오이도 구간이 개통(2000)된 것도 이 시기다. 안산선 연장은 시화산업단지 및 부근 택지와 함께했다는 점에서 1기 신도시 철도와 궤를 같이 한다. 이들 노선의 개통은 같은 시기 확대된 도시고속도로 및 광역 고속도로망과 함께 1990년대 초반의 교통지옥을 완화하는 데 크게 기여했다.

2005년

2기 지하철과 1기 신도시 철도 투자가 마무리된 다음, 수도권 철도망 투자는 잠시 주춤한다. 이는 이 시기의 전반부 철도 투자는 경부고속철도로 집중되었다는 사실에 비추어 이해할 수 있다. 고속철도의 개통(2004) 이후, 경부선 병점~천안 구간의 2복선(2005, 수원~병점 간은 2003년 개통), 그리고 중앙선 복선(회기~덕소)이 개통했다는 점이 2005년까지의 변화다. 분당선 서울 시내 구간(수서~선릉)이 조금 연장되고, 경인선 2복선화 사업이 마무리(부평~주안 2002, 주안~동인천 2005)된 일도 이 시기에 있었다.

2010년

이 시기에는 단선 비전철로 계속해서 운영되던 서울 근교의 노선들이 대부분 복선 광역전철로 개편된다. 중앙선은 2005년부터 순차적으로 개통, 양평군 용문역까지 연장(2009)되었다. 경원선(의정부~소요산, 2006), 경의선(2008, 서울역~DMC~문산), 경춘선(2009)이 그 뒤를 이었다. 이 가운데 경춘선은 성북~퇴계원 간 노선을 폐지하고, 상봉을 종착역으로 하는 방식으로 새롭게 배선을 바꿨지만 결국 서울에 철도 병목을 하나 더하고 말았다. 공항철도의 등장(1단계 2007, 2단계 2010)이나 분당선 죽전 연장(2007)도 이들 기존선 개량과 함께 이뤄져 광역철도 확장이라는 흐름을 강화했다. 한편 서울 3기 지하철 가운데 살아남은 두 노선인 서울 3호선 수서~오금 구간(2010)과 서울 9호선도 이 시기에 개통했고(2009), 서울 바깥에서는 인천 1호선(공항철도 접속 2007, 송도 구간 2009)도 개통해 도시철도망 역시 조금 더 확장되었다.

2015년

2010년부터 2015년 사이의 철노망 확장은 이전에 볼 수 없던 시도를 포함하고 있었다. 의정부(2012)와 용인(완공 2010, 개통 2013)의 경전철이 바로 그것이다. 기초 자치 단체가 도시 내부 교통을 처리하기 위해 시 자체의 능력으로 도시철도를 구

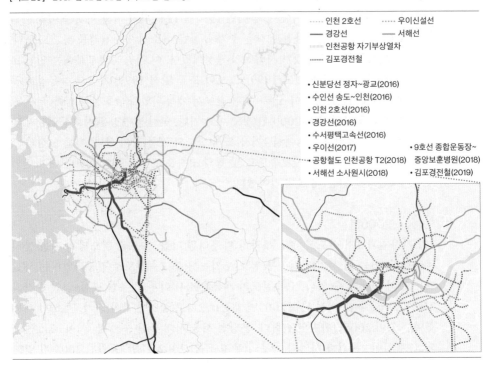

축한 사례라는 점에서 이들 노선은 특별하다. 광역망의 확장은 이 시기에도 계속되었다. 판교 신도시의 건설과 함께 신분당선이 개통(2011)된 일이나, 분당선이 왕십리(2012)와 수원(2013)까지 연장된 일은 수도권 동남부의 성장과 함께 이뤄진 일이었다. 경인 방면에서는 서울 7호선 부천 연장(온수~부평구청, 2012)이 추가되었고, 인천항 확장 공사(1974년 내항 개항) 당시부터 개편이 이야기되었으나 1990년대 초중반 협궤 열차가 폐지된 뒤 20년간 방치되었던 수인선도 다시 살아났다.(2012) 2014년 연말에는 용산선 지하 구간(용산~DMC)이 완전히 개통되어 중앙선과 경의선이 용산에서 직결 운행하는 변화도 일어났다. 이 노선의 상황에 대해서는 4, 5장 모두에 걸쳐 특별히 언급할 필요가 있다. 도시철도망에서는 서울 9호선이 동쪽으로 연장(신논현~종합운동장, 2015)되는 일 정도가 있었다.

2019년

2019년까지도 수도권 철도망은 계속해서 개통되었다. 추가 노선들은 수도권 동남권과 경인권에 집중되어 있었다. 동남권에서는 용인 수지 지구와 광교 신도시를 지원하기 위한 신분당선 남측 연장선(2016), 그리고 철도가 없던 광주~이천~여주를 파고드는 경강선(판교~여주, 2016)이 개통되었고, 영업 방식에 대한 많은 논란 속에 수서평택고속선 또한 이 지역에 추가되었다. 인천에서는 2016년 수인선 인천~

송도 구간과 도시철도 2호선이 상업 운전을 시작해 망이 한층 확대되었다. 시흥시를 남북으로 종관하여 경인선 소사에 도달하는 서해선이 개통(2018)하는 한편, 김포에서는 경전철이 개통(2019)되어 철도 사각지대를 파고들었다. 서울 도시철도에서는 서울 경전철의 첫 번째 주자인 우이~신설선이 개통(2017)하고, 2018년 12월에는 9호선이 완전 개통해 한강 이남 서울을 거의 완전히 횡단하게 되었다.

도시망과 광역망의 확장 패턴: 몇 개의 확장기 그리고 정체기

서울 도시철도망과 수도권 광역망의 팽창은 많은 경우 1970년대 이후 서울시가 도시철도 사업을 부르기 위한 공식 용어로 사용했던 '1기, 2기, 3기 지하철'이라는 범주로 서술된다. 나는 서울시의 이 공식 연대 구분에 수정을 가해 '1기'를 두 개로 나누는 것이 좋다고 본다.

1호선의 등장(1974): 최초의 수도권 전철인 1호선은 등장 시점부터 약 80km가량의 연장이었다. 서울에서 30km 이상 떨어진 인천과 수원을, 서울 도심을 관통하는 망과 연결한 노선이었기 때문이다. 이들 노선은 등장 이후 20년 이상 주변 지역에 대규모 도시화를 일으키는 주요 요인으로 기능했고, 서울 광역권의 모습을 가장 많이 결정한 철도 노선이 되었다.

1기 지하철의 완성(1980~1985): 서울시는 1974년부터 1985년까지 이뤄진 1~4호선 모두를 1기 지하철로 부른다. 하지만 이 시기 내부에는 약 6년 동안 수도권 철도망이 정체 상태에 머물러 있던 시기가 포함되어 있다. 2, 3, 4호선의 개통은 1980~1985년에 걸쳐 이뤄졌기 때문이다. 5공화국 시기에 이뤄진 이들 노선의 개통기를, 4공화국 시기에 이뤄진 1호선의 개통 시기와 구분된 시기로 간주하는 것은 서울 도시망과 광역망 투자를 더 정확하게 서술하는 데 도움이 될 것이다.

두 시기 사이의 정체기를 가장 잘 설명할 수 있는 요인은 4공화국 말기의 교통 투자 축소, 그리고 제5공화국 내내 이어진 긴축 기조다.(7장 참조) 한편 이 시기의 투자는 도시철도에 집중되어 있었으며, 광역망에 대한 투자는 미약했다. 경원선 성북에서 의정부 사이 구간에 대한 연장이 천천히 이뤄졌을 뿐이기 때문이다. 결국 이 시기 광역망은 계속해서 정체 상태였다고 해도 좋다.

2기 지하철과 1기 신도시 철도의 시기(1995~2000): 또다시 대략 10년간 정체기가 지난 뒤, 도시망에서는 2기 지하철이 개통하기 시작하고 광역망에서는 1기 신도시 철도가 개통되기 시작한 1995년부터 가시적인 성과가 나타나기 시작한다. 이 시기와 앞선 시기 사이의 정체기에는 역대 최악이라 할 수 있는 지옥철이 탄생했기 때문에, 여기에 대응해 이뤄진 이들 노선의 개통은 서

[도표 5]   수도권 전철망의 총 연장 추이, 1975~2018. 전국망과 화물만 운행하는 노선의 연장은 제외한 값이다. 각 선구의 분류는 본문에서 제시한 시기, 그리고 각 지역에 따른다.

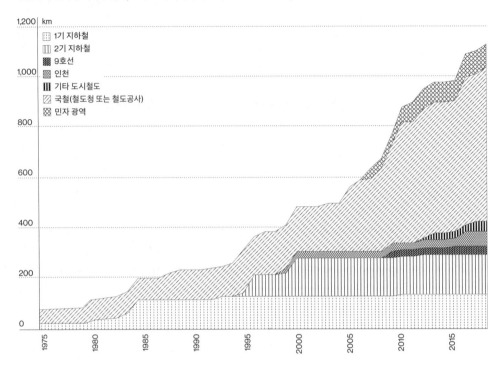

[도표 6]   도시철도 및 광역철도의 km당 이용객(=이용 밀도) 변화.(1988~2016) 광역철도 인킬로 값은 『철도통계연보』에 등록된 1년치 값을 365로 나눈 값이며, 도시철도 측 인킬로 값은 직접 주어지지 않아 각 년도 승차 인원에 서울 도시철도의 1인당 평균 이동 거리인 12km를 곱해 추정한 값이다. 이렇게 얻은 값을 도표 5에서 등장한 영업 거리로 나눈 것이 최종 결과다.

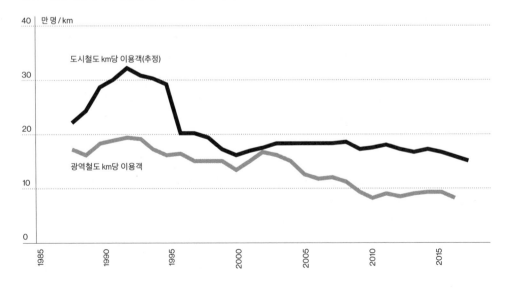

울시의 도시 교통은 물론 광역망을 가장 획기적으로 개선한 투자로 꼽을 만하다.

3기 지하철 또는 기존선 광역화의 시기(2005~2010): 5년 정도의 정체기 이후, 2005년부터는 광역망이 다시 팽창하는 시기가 찾아왔다. 이 시기 서울시의 도시철도 투자는 9호선을 제외하면 이뤄지지 않았으며, 노선 연장의 대부분은 이전 시기에는 미처 투자가 이뤄지지 않아 단선으로 운행하던 서울 근교 철도의 광역전철화를 위한 것이었다.

서울 도시망 및 광역망, 다시 말해 '수도권 전철'망의 연장 추이를 그린 도표 5에서도 네 개의 집중 개통 시기와 그 사이 정체기의 흐름을 확인할 수 있다. 도표 6은 망의 평균 통과 인원 값을 통해 이런 집중 개통 시기들이 망의 혼잡에 어떤 영향을 끼쳤는지 보여 준다. 1기 지하철의 완성 직후, 도시철도망의 km당 처리 승객 수는 1992년까지 급격히 증가한다. 이 값이 크게 떨어진 것은 1996년, 즉 5호선의 완전 개통과 당산철교 차단 공사가 이뤄진 시점이었다. 2기 지하철과 당산철교가 제 역할을 하기 시작한 2000년 이후 도시철도의 혼잡은 안정세를 찾는다. 광역망의 경우 1기 신도시 철도보다는 2005년 이후의 망 개통이 평균 혼잡을 낮추는 데 끼친 영향이 좀 더 뚜렷하게 드러난다. 물론, 이런 데이터는 시계 통과 인원 데이터(도표 3)와 같이 혼잡이 그칠 줄 모르는 지점의 데이터와 함께 사용해야만 할 것이다. 시공간적으로 혼잡이 분산된 것은 사실이지만, 여전히 복잡한 차내는 많은 시민들을 괴롭게 하고 있다.[14]

이들 확장기와 정체기, 그리고 망의 혼잡 상황을 이해하는 일은 수도권 광역망의 현 상황을 역사적으로 이해하는 데 중요한 역할을 할 것이다. 이 책에서 모든 것을 다룰 수는 없지만, 이들 시기 분류는 현 망에 대한 시민들의 불만을 정리하는 4~5장에서, 재정 상황을 분석하는 7장에서 배경으로 활용될 것이기 때문이다.

경제 개발기 도시·광역망의 확장 동력에 대한 스케치
이들 분석에서, 나는 '일제 침략과 한국 철도'라는 쟁점을 다뤘던 20세기 전반기 서울 지역 철도망의 발생에 대한 분석보다 훨씬 더 많은 쟁점을 검토하려 한다. 이런 검토를 위해서는 장절을 옮기는 것이 나을 듯하다. 하지만 그동안 철도를 이용하여 (경제) 개발을 시도했던 중앙·지방 정부가 품었던 의도를 유형화하는 작업 정도는 여기서도 충분히 가능할 것이다.

14
실제로 대중교통에 대한 시민들의 가장 큰 불만은 혼잡이라는 조사 결과가 있다. 교통안전공단, 「대중교통 현황조사 결과보고서」(2015), 167. 그러나 혼잡 해소가 재무적으로 이득이 되긴 어려울 것이다. 6장 주석 88(329쪽) 참조.

<u>생산 공간의 배치와 확장</u>: 제3~5공화국 당시 건설된 광역망과 도시망은, 당시 경제 개발의 초점이었던 공업 단지와 함께, 또는 뒤따라 건설된 노선들이 많다. 각기 광역망과 도시망을 대표할 경인선·2호선 역시 그렇다. 세월의 흐름 속에서 공업의 이미지와 역할은 달라졌지만, (생산자)서비스업으로 수도권 의 산업 정책 초점이 이동한 1990년대 중후반 이후에도 철도와 생산 사이 의 역할은 떨어지지 않았다. 서비스업은 공업보다 더더욱 많은 인력을 철 도역 부근에 집적시킬 수 있으며, 철도역에 운집할 수 있는 대규모의 인파 로부터 공업보다 훨씬 더 큰 이득을 얻을 수도 있기 때문이다. 일례로 구로 ~가산 지역은 광역망(경부선)과 도시망(2호선, 7호선) 없이는 탈산업화와 생산자서비스업 팽창의 현장이 되지 못했을 것이다.

<u>인구 분산과 신도시 건설</u>: 2호선이 오늘날의 잠실, 강남 방면을 순회하는 순환선으 로 건설된 사유가 한강 이남 방면으로의 인구 분산을 유도하기 위해서라는 점은 널리 알려진 사실이다. 이런 의도는 시간의 흐름 속에서도 지속되었 고, 1990년대 1기 신도시 철도에서는 광역망의 영역에서도 본격적으로 실 현되기 시작한다.

<u>교통지옥 해소, 또는 전체 교통망의 효율화</u>: 도로 교통과의 격렬한 경쟁 속에서, 비 수도권의 철도 수송은 (광역시 내부를 제외하면) 1992년을 정점으로 급격 하게 위축되기 시작했다. 하지만 수도권에서는 철도 투자가 지속되었으며, 도시망 투자뿐만 아니라 2005년을 기점으로 이전에는 미처 투자가 이뤄지 지 못했던 광역망에 대해서도 대규모 투자가 성과를 보기 시작한다. 거대 도시가 된 서울과 수도권의 고밀도 환경 속에서는 도로 교통만으로는 수용 할 수 없을 만큼 양과 밀도가 높은 통행이 이뤄지며, 도로 교통의 흐름을 불 안정하게 만들 요소도 아주 많기 때문이다. 경제 개발이 심화하면서, 철도 는 전체 교통망을 좀 더 효율적으로 만들 수단으로서 주목받은 셈이다.

전국망: 기나긴 정체기

그런데 안타깝게도 이 긴 시간 동안, 수도권 내 전국망에서는 그다지 큰 변화가 없 었다. 이들 망 가운데 전국망 열차가 이용하기 위해 1970년 이후에 신설된 망은 오 직 고속철도뿐이다.[15] 중앙선 복선화(2005~), 경춘선 복선전철화(2008)와 ITX-청 춘 투입(2012)은 광역전철과 같은 복선을 공유해 이뤄진 일이라는 점에서 수도권 의 전국망 착발 능력을 강화하기 위한 투자였다고만 보기 어렵다. 결국 서울 지역의 전국망 철도는 1970년대부터 경부고속철도가 개통한 2004년까지 긴 정체기를 겪

---

[15]
경강선 광주~여주 구간에 전국망 열차가 언제 투입될
수 있을지는 아직 알 수 없다.

었고, 이후에도 획기적으로 상황이 나아졌다고는 볼 수 없다. 이런 흐름은 앞서 확인한 서울 지역 중앙역의 빈약한 용량을 설명한다. 이런 역사적 패턴에 비춰 보든, 현 망의 빈약한 용량에 비춰 보든, 전국망 주요부의 세밀한 상황에 대한 논의가 서울 지역 철도망의 상황을 평가하기 위해서는 가장 먼저 이뤄져야 할 듯하다.

4장. 전국망, 표류하는 거대한 병목

1절. 경부1선과 중앙선의 병목

이제 아주 구체적인 노선에, 그리고 그 문제점에 초점을 맞출 시간이다. 경부1선과 중앙선은 이런 작업이 가장 먼저 이뤄져야 할 노선이다. 이들 노선은 거대도시의 전국망 시설로서는 규모가 상대적으로 빈약하지만(1장의 전 세계 거대도시 전국망 점수 참조), 처리해야 할 교통량은 아주 많다. 2장에서 확보한 몇 가지 공학적 도구를 활용해 대체 이들 노선의 실상이 어떤지 점검하는 것이 바로 이번 장 전반부의 주요 내용이다.

경부1선: 한국 철도의 중추, 그러나···

논의의 출발 지점은 2019년 4월[1] 현재 경부1선의 열차 물량이다. 이미 3장에서 확인했듯 하나의 복선 위로 한국 철도의 거의 모든 노선과 등급의 열차가 달린다. 경부, 경전, 동해, 호남, 전라, 장항, 그리고 KTX, ITX-새마을 동차, 기관차 견인 객차형 새마을 및 무궁화호, 누리로 동차, 화물열차···.

『철도통계연보』를 통해 이 선구에서 얼마만큼의 열차가 운행했는지를 연도별로 추적할 수 있다. 고속철도 개통 이전 경부선의 정규 열차 운행 횟수는 하루 평균 128회였다. 이 값은 경부고속철도 1차 개통(2004) 이후 160회로 증가하며, 2차 개통(2010) 이후에는 184회로, 경전선과 전라선으로 고속철도 직결 운행이 확대된 2012년에는 194회로 증가한다. 호남고속철도 개통과 동해선 포항행 고속열차 투입이 이뤄진 2015년에는 200회가 넘었으며, 수서평택고속선이 개통해 경부선을 위주로 승객이 분산된[2] 2020년 봄 현재로서도 열차 수는 200회 수준으로 유지되고 있다.

1

철도공사는 대체로 반년마다 시각표를 개정하는데, 이미 경부1선의 용량이 가득 차 큰 개정은 불가능하다. 따라서 경부1선과 병주하는 별도 노선이 추가되기 전에는 시각표의 대규모 개편은 가능하지 않고, 따라서 4장에서 제시한 값들은 개편 속에서 약간의 변동은 겪겠으나 앞으로 수년 이상 유효한 값이다.

2

그러나 2019년 서울역, 용산역 방면 고속열차의 승객은 꾸준히 증가했다. 코로나19 사태로 인한 수송량 감소 효과가 없었다면 2020년에는 수서평택고속선으로 인한 수요 잠식을 모두 회복할 수 있었을지도 모른다.

[그림 1]   2017년 12월 15일 개편된 경부1선의 다이어그램 일부. 실제 운전 시각표에 따라 작도한 것이다.
https://rail.blue/railroad/mobilerena/rena.aspx?id=112.

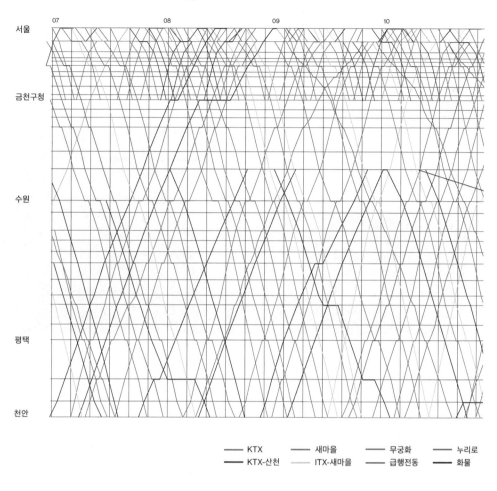

	KTX	새마을	무궁화	누리로
	KTX-산천	ITX-새마을	급행전동	화물

[표1]   경부1선의 2019년 4월 시각표에 따른 열차 투입 수량.(토요일 정규 열차편) 3장 지도 1과 도표 1도 함께 참고하
라. 정기 화물편은 휴일에도 거의 빠지지 않는다. 0.5회는 중련 열차 가운데 한쪽 열차를 뜻한다.

하루 편도 운행	KTX	새마을	무궁화	누리로	급행전철	합계	비고, 주 착발역
경부선	59	7	21	1		88	중련 2, 서울
경전선	11.5	2	1			14.5	중련 5, 서울
동해선	10	2				12	중련 6, 서울
호남선	28.5	6	9	2		45.5	중련 3, 용산
전라선	13.5	2	8			23.5	중련 3, 용산
장항선		5	9	2	3	19	용산
계	122.5	24	48	5	3	202.5	

4장 전국망, 표류하는 거대한 병목

[도표1]   경부1선 서울·용산~금천구청 간 선로용량과 선로 사용량 추이. 이 자료에서 반영된 열차 편수는 평일 운행 편수다. 개통 이래 KTX는 주말에 대체로 편도 20편 정도가 더 편성되어 왔기 때문에, 고속철도 개통(2004) 이후의 값은 이를 감안하여 평가해야 한다.

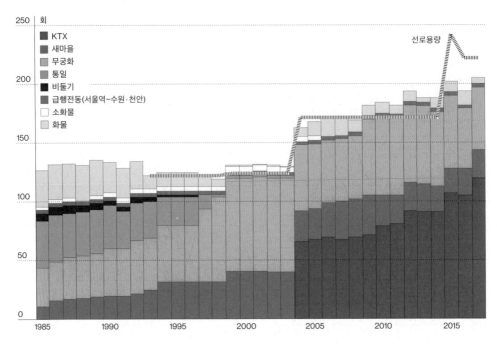

여러 연구를 종합하면, 현재의 조건에서 경부1선의 선로용량은, 즉 경부1선의 원활한 열차 운영을 보장할 수 있는 한계 운행량은 220~230회로 평가하면 적절한 듯하다.[3] 수서평택고속선 개통 직전까지 주말에 경부선에서 운행되던 열차의 횟수가 210회 수준이었다는 사실, 그리고 지금도 200회 수준의 열차가 주말에 운행 중이라는 사실은 경부1선이 용량의 한계까지 사용되었다고 말할 수 있는 근거이다. 최근 조금 숨통이 트이기는 했지만 이런 상황에서는 증편은커녕 조금만 상황이 꼬이면 지연이 일어나는 것이 오히려 당연하다. 열차를 자주 이용하는 통근·출장 승객들이 늘 불편을 호소할 정도로 서울 인근의 KTX 지연은 흔한 현상이다. 특히 이런 지연은 고속선과 경부 재래선을 타고 별개로 올라오던 흐름이 합류(금천구청)해 하나의 복선으로 운행해야 하는 상행선에서 더 심한 것으로 알려져 있다.

당국도 이 상황을 몰랐던 것은 아니다. 3장에서 확인한 전국망의 구조를 안다면, "서울~시흥(현 금천구청) 구간의 선로용량 확충은 수도권 이남에서 추진되고 있는 각종 철도 사업의 성패에 지대한 영향을 미칠 것으로 판단"[4]하는 것이 당연하다. 좀 더 상세한 진술도 확인해 본다.

3
최종빈 등은 경부1선 용산~금천구청의 용량을 226회로 산정한 바 있다. 최종빈·이진선·기형서, 「시뮬레이션 기법에 의한 선로용량 산정방법」, 『한국철도학회논문집』 19권, 4호(2016).

서울에서 시흥 구간에 기존선과 고속철도가 노선을 공유하고 있기 때문에 용량 제약 상황이 발생하고 있기 때문이다. (…) 경부선 2단계 개통이나 호남고속선의 신선 건설이 완료되는 시점이면 그 정도가 더 심해져서 이러한 새로운 고속철도의 운영에 큰 장애를 가져올 것으로 우려되고 있다. (…) 수년 전에 이미 서울~시흥 구간에 대한 고속철도 노선 추가에 대한 예비타당성 조사가 있었으나, 현재까지 특별한 진척이 없는 상황이나, 최근 증가되는 고속철도의 수요를 고려하면 수도권의 고속철도 운행의 용량 제약을 해소하기 위한 대안을 조기에 마련하는 것이 필요하다.[5]

하지만 이런 인식은 철도공학계나 업계, 동호인 사이에서만 공유되었을 뿐, 경부1선을 전국망 철도의 핵심 구간으로서 공유하고 그 위에 서 있는 한국 사회 일반으로 퍼져 나가지는 못했다. 그리고 그 결과, 서울 지역 전국망의 철도 병목에는 고속철도 개통 이후 15년 넘게 충분한 투자가 이뤄지지 못한 채 오늘에 이르고 있다.

영등포역

경부1선 병목 구간 한가운데에는 영등포역이 있다. 이 역은 현재 사실상 모든 열차가 통과하거나 잠시 정차하는 중간역이다. 광명역과 이 역을 오가는 광역 완행 셔틀 전동열차만 이 역에서 착발할 뿐이다.

이 역은 전통적으로 서울 서부 지역의 전국망 정차역이고, 지금도 약간의 열차를 제외하면 모든 재래선 전국망 특급 열차가 이곳에 정차한다. 덕분에 영등포역에 KTX를 정차시켜야 하는지 여부는 철도계의 단골 논쟁거리였다. 수원 경유 경부선 KTX가 하루 편도 2회 정차하기 시작한 2010년 11월 이후에야 논쟁은 잠잠해졌다. 당시 논쟁의 초점은 이것이었다. 현재 영등포역에서는 일반 열차(새마을, 무궁화)가 KTX를 보내기 위해 대피하는 경우가 많다. 이때 영등포역에 KTX를 정차시키면, 안 그래도 부족한 용량에 큰 문제가 생기는 것은 아닌가? 그렇지 않다는 주장이 현직 기관사의 블로그[6]를 비롯한 다양한 출처를 통해 나왔고, 이런 주장은 영등포역 정차 주장에 힘을 싣는 근거가 되었다. 이 문제가 일단락된 지는 물론 여러 해가 지났다. 하지만 당시의 쟁점을 좀 더 정량적인 언어로 평가하는 것이 그리 의미 없는 일은 아니라고 본다. 철도 병목 구간의 통과역 운영에 대한 사회적 이해를 높이기 위해서는 이런 논의가 좀 더 공개된 방식으로 이뤄져야 한다.

논의의 초점이 되어야 할 양적 지표는 2장 5절에서 확인한 지장률이다. 이

4

임원혁, 『경부선 서울~시흥 간 선로확장 사업』(한국개발연구원 공공투자관리센터, 2002). 이 예비타당성 조사에서 서울~시흥(현 금천구청) 간 지하 신선 건설의 비용편익비는 최단 노선이 1.03, 현 경부선 하부 건설은 0.99였다. 단, 지하 서울역의 건설에 소요되는 비용을 제외할 경우 비용편익비는 최대 1.22에 달했다.

5

대한교통학회·한국교통연구원·(주)유신 코퍼레이션, 『수도권 철도망 개선방안 연구』(건설교통부, 2007), 1.

6

류기윤, 「KTX 영등포역 정차에 대하여」, 2005년 10월 26일, 2017년 7월 27일 접속, http://blog.naver.com/gt36cw/100018793165.

[도표 2]　서울 시내 경부선 구조.(2019년 연말 기준) 3복선이 나란히 달리는 서울~구로 간의 방향별 복선을 각각 경부1선, 2선, 3선이라고 부른다. 이 가운데 경부1선은 전국망, 경부2선은 광역완행, 용산에서 시작하는 경부3선은 광역급행 전용이다. 경인선과 분기하는 구로 이남에서는 안쪽 복선이 경부1선, 바깥쪽 복선이 경부2선이다. 천안 이남으로 2복선화가 이어지더라도 이런 명명법은 계속 적용될 가능성이 크다. 노선 좌우로 표시된 얇은 빨간 선은 고가 통과 부분을 뜻한다. 이하의 다른 배선도나 구내 모식도에서도 이는 동일하다.

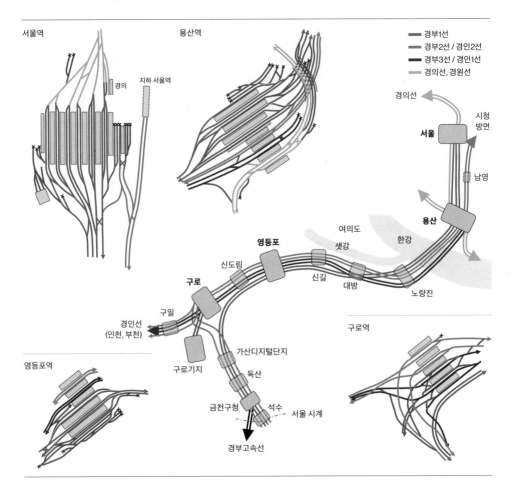

[표 2]　영등포역의 지장률 계산. UIC는 부본선의 지장률을 50% 이하로 관리할 것을 권고한다. 2020년 봄 현재 '철도용량편람'은 아직 발간되지 않았으므로, 각종 변수는 서사범의 책을 따랐으며, 역 이용률은 70%로 설정했다.

구분		지장률	열차 수	취급 시간
전 KTX 내선으로 추월, 전 재래선 열차 외선 대피	내선	37%	124	추월 열차 3분 / 대피 열차 7분
	외선	55%	79	
전 열차 정차	내선	51%	102	5분(정차 3분, 진로 구성 2분)
	외선	50%	101	
KTX 절반 내선으로 추월, 추월 열차 수(62)만큼 재래선 열차 대피, 나머지 단순 정차	내선	45%	115	추월 3분, 대피 7분, 비추월 정차 5분. 비추월 정차 열차는 내선에 2/3, 외선에 1/3 배분.
	외선	56%	88	

를 계산하기 위해서는, 영등포역의 시설 조건을 파악해야 한다. 영등포역은 전국망 상하행이 각각 하나의 승강장, 그리고 2개의 착발 선로를 사용하는 구조로 되어 있다. 이들 선로 이외의 선로는 광역망용이거나(북쪽), 비여객 열차 입환 용도로 쓰이는 측선(남쪽)이다. 이 가운데 안쪽 선로를 통과 선로로, 바깥쪽 선로를 대피 선로로 사용한다.(도표 2 영등포역 확대도 중 경부1선 부분 참조) 물론 고속열차 대피가 설정되지 않은 시간대에는 안쪽 선로에서 여객을 취급하기도 한다.

표 2는 2장 5절의 지장률 함수에 따라 현행 시각표대로 열차를 운행할 경우 영등포역의 지장률이 얼마나 되는지 구한 값이다. 현재의 여건과 유사한 값은 상단의 지장률이다. 내선 지장률은 비교적 낮은 반면 외선 지장률은 50%를 상회한다. 반면 영등포역에 모든 열차가 정차할 때의 지장률은 내외선 모두 50%를 상회한다. 이것은 전 열차를 정차시키려면 승강장을 증설할 필요가 있다는 뜻이다. 2003년 이전 영등포역에 전 열차가 정차했으므로 현 시설을 유지한 채 전 열차를 정차시켜도 좋다는 주장도 있지만, 이는 당시의 열차 편수가 지금의 60% 수준이었다는 점을 감안하면 받아들일 수 없다. 상하행 각 1개 승강장 증설 조치 없이 정차 열차를 대폭 늘리면, 영등포역의 병목은 더욱 심화되고 말 것이다.

서울역과 용산역

이제 전국망 열차의 종착·시발역인 서울역과 용산역으로 시선을 옮겨 보자. 비록 경의선이 북쪽으로 빠져나가고는 있으나, 수색이나 행신으로 가는 회송 열차가 대부분의 용량을 사용하고 있다는 점에서, 또한 고속열차는 다수가 실제로 서울역에서 바로 열차를 돌린다는 점에서 이들 역은 절반 정도는 두단식 역이다. 본격적인 통과역으로 분류하려면 양방향으로 정상적인 영업 운전을 할 수 있어야 한다.

이들 역에서는 특별히 더 많은 시간 동안 열차가 머무른다. 통과역에서는 아무리 승객 승하차가 많더라도 정차에 5분이면 되겠지만, 여기서는 청소나 일상적인 점검, 승무 교대를 수행해야만 하기 때문이다. 현업에서는 통상 종착한 열차 한 편을 다시 출발시킬 때까지 40분 정도의 영업 준비 시간을 할당하는 것으로 알려져 있다.(표 4 참조)

이들 역의 승강장은 충분할까? 지금까지 살펴본 변수를 활용해 계산한 결과는 표 5, 6과 같다. 용산역의 지장률이 서울역의 지장률보다 조금 더 높다는 사실을 알 수 있다. 이런 계산 결과는 출발 열차 편 수의 비율이 2:3(용산 80편:서울 120편)인데 비해 가용 승강장의 수 비율은 1:2(용산 6개:서울 11개)에 달하기 때

[표3]   서울역과 용산역의 전국망 승강장 개수 및 유형별 현황. 용산역의 경부1 하선 통과선 승강장은 집계하지 않았다.

	총 승강장 개수	KTX 가용(400m)	고상 승강장	두단식	구경의선
서울역	15	11	2		1
용산역	12	6	5		
계	27	17	7	1	1

4장 전국망, 표류하는 거대한 병목

[표 4]   시종착역 열차 반복 시간의 구성. 대한교통학회 외,『수도권 철도망 개선 방안연구』, 302.

목적	내용	시간(분)
여객 하차		5
입환	인상선 진입	6
	인상선 진입 후	9
여객 승차		5
차량 정비	청소, 기기 점검, 승무 교대	15
계		40

[표 5]   서울역의 지장률. 도착, 출발 지장시간은 서울역에 도착한 열차의 정차 시간 7분에 진로 구성 및 여유 시간 2분을 더한 값이다. 별도의 회차 또는 입환 없이 열차를 다시 출발시키는 두단식 운용이 흔한 역이므로 도착, 출발 승강장의 수를 나누지 않았으며 차량 정비 시간은 별도로 계산했다. 재래선 전국망 열차(ITX-새마을, 무궁화) 역시 서울역에서 차량 정비를 하는 것으로 가정했다. 두단식인 1~3번 승강장을 사용하는 누리로와 전동열차 8편, 그리고 가장 서쪽에 있는 별도 승강장을 활용하는 강릉선 KTX는 계산에서 제외했다. 화물 8편, 용산 착발 재래선 열차 39편, 행신착발 호남·전라선 열차 8편(모두 편도)을 포함하는 통과 열차는 2개의 통과선으로 진입하는 것으로 가정했다.

서울역	도착선	차량(내)정비	출발선	통과선	계
승강장 수	비정형		비정형	2	11
열차당 지장시간(분)	9	15	9	3	33
총 지장시간	1067	998	1067	165	3296
18시간 대비 지장율				15%	28%

[표 6]   용산역의 지장률. 도착선 지장시간은 용산역에 도착한 열차의 정차 시간 5분에 진로 구성 및 여유 시간 2분을 더한 값이다. 출발선 지장시간은 차량 정비 시간과 같은 15분에 승객 승차 시간 5분, 진로 구성 및 여유 시간 2분을 더했다. 단 재래선 차량의 정비는 수색에서, 고속열차의 정비는 적지 않은 경우 인상선에서 이뤄지는 경우도 많다. 도착 열차의 수는 용산에 종착하는 모든 상선 열차의 수이며, 출발의 경우 서울 등지에서 출발한 열차의 경우 7분의 지장시간만 계산했다. 통과 열차의 물량은 서울역 시종착 또는 통과 열차 및 화물 8편을 포함한다.

용산역	도착선	고속 출발선	일반 출발선	통과선
승강장 수	2	2	2	2
열차당 지장시간(분)	7	22	22	3
총 지장시간	567	699	858	386
18시간 대비 지장율	26%	32%	40%	36%

문에 나오는 자연스러운 결과로 보인다. 단, 용산역의 열차 취급 시간을 서울역보다 조금 더 짧게 계산해, 승강장 수와 착발 열차 수 사이 비율의 차이가 지장률 결괏값 차이에 그대로 반영되지는 않았다. 용산의 시종착 열차 취급 시간이 실제로는 서울역과 비슷할 경우, 이 차이는 더 벌어질 것이다. 결과적으로 이들 역의 지장률은 30~40% 선이다. 대체로 지금보다 1/3 정도 열차를 증편할 여유가 있는 셈이다. 이 정도 증편으로 만족할 수 있을지는 6장 핵심 선구 연구 1에서 상세히 논의한다.

서울역에는 교차지장 문제도 있다. 용산역의 경우 인상선이 있으며, 특히 11, 12번 승강장은 용산역과 연결된 경부1 상선의 열차 운행에는 영향을 주지 않은 채 다시 출발 선로로 열차를 되돌려 보낼 수 있는 구조로 인상선과 연계되어 있다. 하지만 서울역은 이런 식으로 도착 열차와 출발 열차의 진로를 분리할 수 없는 구조다. 때문에 도착하는 열차는 남쪽 분기기를 거쳐 임의의 승강장으로 배분된다. 이런 구조 덕에, 상선 열차와 하선 열차의 진로가 서로 겹치는 사태를 피할 수 없게 된다. 이것이 바로 교차지장 상황이다.

UIC는 (두단식) 역 초입 분기기 구간(switch area)의 교차지장 점유율을 60~80% 정도로 관리할 것을 권고하고 있다.[7] 그리고 안타깝게도, 서울역 남단의 교차지장 점유 실적이 어떤 수준인지에 대해 일반인이 접근할 수 있는 자료는 존재하지 않았다. 하지만 경부1선 본선이 크게 붐비는 이상 이 구간에도 상당한 문제가 있음은 명백해 보인다. 서울 지역 중앙역에 대한 공학적 연구는 더욱 많아져야만 하며, 서울 지역 철도 시설의 처리 능력을 현 수준에서 제약하거나, 축소하거나, 심지어 제거해야 한다는 주장이 계속되고 있는 한국 사회를 계몽할 학계의 책임과 권리를 더욱 적극적으로 행사해야 할 것이다.[8]

역 용량에 영향을 미치는 각종 제약 덕분에, 그리고 수많은 행선지 덕분에 서울의 전국망에서 일어나는 아주 중요한 결과가 있다. 앞서 살펴본 취리히 중앙역에서와 같은 정교한 규칙 시각표를 운영할 수 없다는 사실이 바로 그것이다. 7개 복선이 연결된 취리히 중앙역처럼 정각~10분 그리고 30~40분 사이에 전국 각지로 향하는 열차를 집중 발차시키는 운용을 하지는 못하더라도, 행선지가 간단하다면 사례 연구 2에서 살펴볼 신칸센처럼 매시 같은 시간대에 열차를 발차시키는 운용을 할 수도 있다. 이런 운용은 열차 이용객이 열차 출발 시각을 기억하기 쉽게 만든다는 점에서 큰 편익이 있다. 하지만 현재 서울역 및 용산역은 경부1선과 역의 제한된 용량하에서 다양한 행선지로 향하는 열차를 시간대가 쏠리지 않도록 배차해야 하는 압박을 받고 있다. 경부고속철도 2단계 개통 당시(2010) 시도된 규칙 시각표[9]조차 SRT 개통 이후 약화되고 말았다. 규칙 시각표를 확립해 이용객의 편의를 확보하기 위해서라도 서울역, 용산역, 경부1선은 확장되어야 한다.

서울역과 용산역에는 북한 방면 착발 능력이 매우 부족하다는 문제도 있다. 현재 서울역의 경의선 착발 승강장은 단 하나이며, 4량 열차만 운행할 수 있다. 용산역에서는 용산선(광역전철 경의중앙선이 사용 중)과 경부1선 사이의 연결이 완전히 삭제되었다. 과거 선로가 연결되어 있던 삼각선은 중간이 끊어진 채 터만 남

7
UIC, *UIC code 406 Capacity*, 2nd ed. (2013), 30.
8
최근 평면교차에 대해서는 다음 연구가 발표되었다. 전찬석·정익수·박진영·안성배, 「철도 평면교차 지장율 산정 합리화 방안 연구」, 『한국철도학회 학술발표대회논문집』(2018): 1·2. 이 연구는 확률 문제로 평면교차 지장률을 계산하려는 접근을 보여 주고 있다. 다만 구체적인 역을 배경으로 하는 계산이 수행되지 않았다는 점에서는 아직 한계가 있다.

9
매시 정각과 30분에 서울역, 부산역에서 경부고속선 열차를 발차시키는 한편, 정각 열차는 울산역에, 30분 열차는 신경주에 정차시키는 패턴이 이때 만들어져 여러 해 동안 사용되었다. 하지만 수서평택고속선의 개통 이후, 열차 간 경합으로 시간 배분이 어려워져 철도공사는 이 규칙을 지키지 못하게 되었다. 2019년 시각표에서는 매시 정각 부산행, 매시 1분 강릉행 열차 출발 규칙이 유지되고 있으나, 다른 선구는 여전히 빈도 유지도 어려운 경우가 많다.

[표7]   경의선 서울~가좌 간 사용 열차의 수. 재래선 기관차 견인 열차는 전량 수색으로 회송해야 한다. 서울·용산 구내에 충분한 입환 공간이 없기 때문이다. 이들 물량에 더해, KTX 회송 열차가 추가로 운행할 수 있다. 2014년 6월부터 운행된 인천공항행 고속열차는 평창올림픽이 종료된 직후 폐지되었다.

	KTX 행신행	새마을 회송	무궁화 회송	소계(전국망)	화물	경의선 광역전철	총계
횟수(편도, 일)	23	24	47	94	8	25	127

[표8]   경의선 서울~가좌 간, 남북한 관계 변환 후 증편 예상 편수. 선로용량 기준은 2016년 『철도통계연보』의 값이다. 인천공항 착발 KTX는 2018년 하반기 들어 폐지되었으나, 행신과 수색을 기지로 활용하는 KTX 및 전국망 열차는 현행 회송 물량이 유지될 것이며 향후 서울 지역 망 개통 추이에 따라서는 회송량이 오히려 증가할 수도 있다.

	KTX 행신, 회송	재래선 전국망, 회송	광역망	화물	계	여유 용량
현행 유지 시	23	71	25	8	127	36
광역, 화물 2배 증편 시	23	71	50	16	160	3
KTX 회송, 광역, 화물 2배 증편 시	46	71	50	16	183	-20

아 있고, 용산선 고가 측에는 추후 경부1선과 경의선 사이의 직결선 연결을 위한 여유도 없다. 현재 서울~수색~행신 간 경의1선이 회송, 회차, 그리고 경의선 전동차의 운행 용도로 상당한 수준으로 활용되고 있는 상황(표 7)에서, 경부1선으로 북상한 열차가 충분한 수만큼 추가되어 서울역을 관통해 북한, 나아가 중국 둥베이 지방으로 연계되리라고 기대하기는 힘들다. 하지만 재래선 전국망 열차를 삭감해 용량을 확보하는 것도, 경의 광역망을 감편하여 용량을 확보하는 것도 어렵다.(5장 참조) 현재 1인당 1000달러 수준에 머물고 있는 북한의 소득 수준을 감안할 때 향후 30년은 북한 방면으로 비싼 고속열차뿐만 아니라 재래선 열차 또한 다수 운행해야만 한다. 둥베이 지방과 북한 내륙 방면 화물열차 역시 무시할 수 없는 물량이 될 것이다. 이 모든 상황을 감안하면 현존하는 단 한 개의 복선만으로 서울역을 '유라시아 철도 시발역'으로 만들겠다는 정치권의 전망은 현 서울역과 경의선의 유연성이 부족하다는 점을 무시한 채 내뱉는 공허한 말이다. 서울역 북쪽 경의선의 상황은 남북 철도 연결을 위해서는 수도권 철도망의 절대 처리량과 유기성, 유연성을 증강시킬 필요가 크다는 합의조차 이뤄져 있지 않은 한국 사회의 현실을 보여 주고 있다.

중앙선: 빈약한 용량

이제 논의의 무대를 중앙선으로 옮겨 보자. 3장에서 확인했듯, 중앙선은 투자가 매우 늦었다. 서울 시계를 돌파하는 청량리~덕소 간 복선전철은 2005년 개통했고, 서원주까지의 복선전철이 완공된 시점은 2012년이다. 국토를 종관하는 두 번째 간선 노선이 이런 취급을 받았던 이유는 3장 지도 1과 도표 1에서 다시 확인할 수 있다. 전국망으로 연계되는 도시 가운데 가장 큰 곳이 인구 30만 명 선의 도시인 원주인 이상, 신속한 투자를 기대하기는 어려웠을 것이다.

하지만 이 선구에도 이제는 점점 더 많은 수의 열차가 몰리고 있다. 2020년 봄 현재, 이 노선에는 강릉선 KTX, 중앙·영동·태백선 재래선 특급, 경의중앙선 광역전철, 그리고 경춘선 ITX-청춘과 광역전철이 운행 중이다. 이들 열차의 운행량은 주말 159회, 평일 161회 수준이다. 경부선보다 수는 적지만, 운행하는 열차의 유형은 더 다양하다. 화물열차, 광역전철, KTX가 하나의 복선 위를 달리고 있기 때문이다. 그러나 화물열차는 단양·영월에서 시멘트를 서울로 수송하는 중요한 역할을 하고 있는 만큼 현재보다 줄일 수 없고, 광역전철은 주변 주민들이 배차 횟수가 부족하다고 불만을 표할 정도의 수준이다.

　　용산에서 출발해 경춘선으로 투입되는 ITX-청춘 열차, 청량리역에서 출발해 춘천으로 향하는 전동열차가 상봉역에서 평면교차를 하고 있다는 점 또한 서울 시내 중앙선의 용량을 갉아먹는 데 기여하고 있다. 다행히 하선의 경우에는 별다른 문제가 없지만 경춘 상선 열차가 중앙 상선으로 진입하기 위해서는 중앙 하선을 잠시 점유해야만 하기 때문이다. 도표 3에 실린 상봉·망우역의 배선도에서 이 말이 무슨 뜻인지 확인할 수 있다.

　　2017년 연말 개통한 강릉선 KTX는 예상 이상의 좋은 성적을 거두고 있다.[10] 강릉만큼은 아니겠지만, 이 선구로 연계될 속초·동해(2020년 3월 개통)·삼척·안동 등 동부 산악 또는 동해안 방면의 서울발 전국망 열차 역시 상당한 수송 실적을 기대해 볼 만하다. 하지만 청량리~상봉~덕소 사이의 중앙선에 대한 투자 계획은 장기적으로만 잡혀 있고, 따라서 이들 방면으로 강릉선만큼 열차를 투입할 수는 없을 것이다. 하루 163회 용량(2016년 『철도통계연보』)이 사실상 모두 사용되고 있기 때문이다. 고속 열차를 더 증편해 달라는 동부 산악 지역과 동해안 지역의 불만을 달래기는커녕 광역망 이용객의 불만조차 현 복선으로는 달랠 수가 없다.

　　바로 이런 상황 때문에 지난 평창올림픽 기간에는 광역망 열차를 감편하고 시각표도 일곱 차례나 바꿔야 하는 상황까지 벌어지고 말았다. 그림 2는 당시의 상황을 증언하고 있다. 실제 올림픽 당시 광역전철의 운전 시각표를 분석해 보면, 최악의 경우 용문에서 용산까지 오는 동안 5회나 KTX나 무궁화를 대피해야 했다는 사실을 확인할 수 있다. 물론 이는 애초의 시각표가 이상 없이 돌아갈 경우의 이야기인 만큼 실제 대피는 이보다 더 많았을 것이다.

　　하지만 이를 타개하기 위해 꼭 필요한 청량리~망우 간 2복선화 사업은 누구도 적극적으로 추진하지 않았다. 중앙선 복선화 개통 이후 10년 넘게, 그리고 평창올림픽 개최 결정 후 7년 동안 바로 이곳이 네트워크의 결정적인 빈틈이라는 사실은 알 만한 사람은 모두 알고 있었다. 그러나 주변 이해 관계자들이 철도망의 약점, 그리고 그 보완점에 대해 제대로 논의하고 대응하지 못한 사이 시간만 흐르고 말았다. 올림픽이라는 결정적인 계기에도 불구하고, 중앙선은 유연성 면에서든 유

---

[10]
2018년 『철도통계연보』에 수록된, 강릉선 KTX가 이용하는 선구(경부3선, 경원선, 중앙선, 강릉선)의 인킬로값을 합산한 결과 수송량은 총 7.5억 인킬로였다.

이는 전라선 KTX 수송량 6.9억 인킬로를 상회하는 값이다.

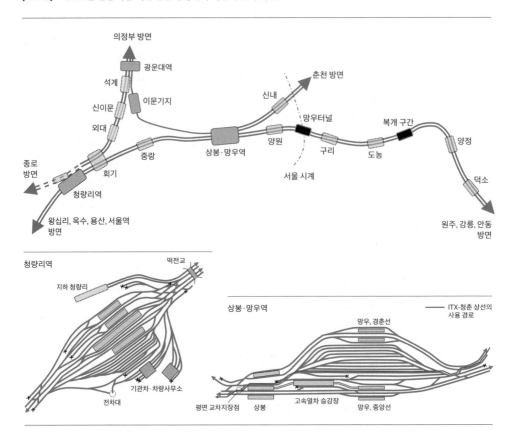

[그림 2] 평창올림픽 당시 중앙선의 운전 시각표 다이어그램 일부.
https://rail.blue/railroad/mobilerena/rena.aspx?id=114.

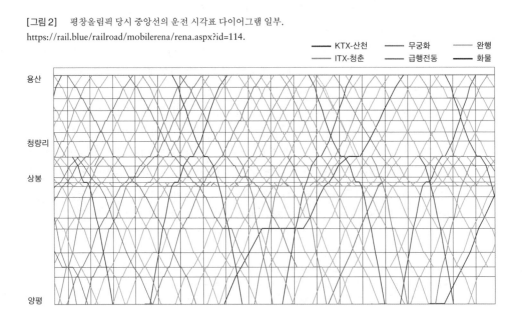

[표9]   중앙선의 2018년 3월 23일 개편 이후 선로 사용 수준.(2019년 여름 주말 기준) 현재의 운전 시각표(여객)와 『철도통계연보』(화물)를 참조하여 작성했다.

주말	KTX	ITX-청춘	새마을·무궁화	전동차	화물	계
강릉선	26					26
중앙선			11	72	6	89
태백선			6			6
경춘선		30		10		40
계	26	30	17	82	6	161

[표10]   중앙선의 평창올림픽 당시 선로 사용 수준. 그림 2의 바탕이 된 운전 시각표를 정리했다.

평창올림픽 당시	KTX	ITX-청춘	새마을·무궁화	전동차	화물	계
강릉선	51					51
중앙선			8	72		80
태백선			5			5
경춘선		30				30
계	51	30	13	72	0	166

기성 면에서든 한국 사회가 바라는 수준의 처리 능력을 가진 철도망으로 거듭나지 못했다.

청량리역: 미약한 규모

병목을 통과한 중앙선은 청량리역에 도착한다. 중앙선, 영동선, 강릉선 열차는 이 역을 종착역이자 시발역으로 삼고 있으며, 경춘선 ITX-청춘 열차는 이 역을 통과하여 용산에, 강릉선 상당수 열차는 서울역에 종착한다. 이 역의 문제는 현재로서는 이들 열차의 수에 있지는 않다. 착발 장거리 열차는 여전히 편도 30편 수준, 즉 과거부터 중앙선을 이용해 오던 중앙선, 태백선 열차보다 조금 늘어난 규모이기 때문이다. 전동열차를 감편하지 않는 한, 현재의 본선 용량으로는 이 이상의 열차를 투입할 수 없다. 그러나 미래에 열차를 대규모로 증편하려면 승강장을 증설해 출발 능력을 추가할 필요가 있다. 그리고 영동 지방이든, 경북과 충북 산악 지방이든, 미래의 관북 지방이든 이들 지역 모두는 가지가 많은 전국망을 필요로 하고, 청량리는 이들 지역과 서울 거대도시를 연결하는 관문으로서 기능해야만 하는 사명을 가진 곳이다. 결국 이 역은, 한국 동부 지역의 개발이라는 미래를 볼 때 확장을 필요로 한다.

수서역과 수서평택고속선: 사실은 빈약한⋯

2016년 12월에는 서울 동남부에서 수서역과 수서평택고속선이 영업을 개시했다. 경부고속철도 이후 12년 만에 전국망에 사용하기 위해 추가된 서울 지역 철도라는 점에서, 이 노선을 반기지 않은 사람은 없을 것이다. 60편(경부선 40회, 호남선

20회)의 고속 열차가 증편되었고, 서울·용산역에서 상당히 멀었던 서울 동남부 지역에도 고속철도 서비스가 제공되기 시작했다.

이 노선의 기원은 2006년으로 거슬러 올라간다. 이해 건설교통부가 작성한「호남고속철도 기본계획 조사연구 보완용역」에 이 노선이 포함되었기 때문이다. 호남고속철도가 개통하면 증편해야 할 하루 수십 편의 열차를 서울·용산역에 진입시키는 것은 앞서 살펴보았듯이 무리라는 사실은 모두가 알고 있었다. 무언가 돌파구가 필요했고, 이를 위해 강남 지역에 정차역을 증설하는 대안이 논의되었다. 2007년 당시 건설교통부가 발주한 연구[11]는 수서~평택 간 고속선이 서울~시흥 간 고속선보다 조금 더 우선순위가 높다는 결론을 내린다. 적어도 당국과 전문가 집단 내부에서는 서울 지역 전국망 병목을 어떻게든 해소해야 한다는 공감대가 있었기 때문인지, 예비타당성 조사를 비롯한 각종 절차들은 신속하게 진행되었다.[12] 2010년부터 설계가, 2011년부터 시공이 이뤄졌고, 개통은 그로부터 대략 5년 뒤였다. 채 감안하지 못했던 중대한 변수[13]에도 불구하고, 그리고 당초 2014년 연말까지 고속철도를 개통시킨다는 목표에 비해서는 2년 정도 사업이 늦어졌음에도, 본선의 대부분이 52km의 초장대 터널로 이뤄졌다는 점(터널 굴착 기간은 장비 진입로인 사갱과 사갱 사이의 거리에 비례하며, 이 거리는 전체 터널이 길수록 길어지는 경향이 있다)을 감안하면 사업은 매우 신속하게 진행되었다.

이 노선은 2019년 연말 현재 철도공사에서 분리된 별도 법인에 의해 영업이 이뤄지고 있다. 이 법인은 큰 사회적 논란을 불러일으켰고, 철도노조는 여기에 반발해 2013년 연말에는 22일간에 걸친 (당시까지는 역대 최장) 파업을 벌이기까지 한다. 이 법인의 설립을 둘러싼 여러 문제에 대한 견해는 다른 지면에서 밝히는 것이 좋을 듯하다. 여기서는, 이 법인의 운명을 둘러싼 논란 속에서 철도망에 대한 사회적 무지가 다시 드러났다는 점만 지적하고 싶다.

지적의 초점은 이렇다. 별도 사업자를 설정하기 위해 생긴 여러 문제들이 수서역과 수서평택고속선을 전국망으로서 유기적으로 활용하는 데 상당한 악영향을 끼쳤음에도 이런 문제는 대체로 여론의 주목을 받지 못했다. 대중들은 와이파이나 콘센트에 반응했을 뿐, 이 회사가 고속선 영업 면허만 취득한 덕에 전라·경전·동해선에는 법적으로 열차를 운행할 수도 없었다는 사실, 이들 노선의 KTX나 여타 노선의 새마을호 또는 무궁화호와 환승을 위해서는 승차권을 별도 발행해야 하며 환승 할인도 되지 않는다는 사실, 그리고 모바일 승차권 구매를 별도의 앱으로 해야 하는 불편이 있다는 사실에는 별다른 반응을 보이지 않았다. 시내버스나 도시·광역철도 사이의 환승이 전국적으로 상식이 된 나라에서, 이처럼 유기적이지 못한 운영

11
대한교통학회·한국교통연구원·(주)유신 코퍼레이션,『수도권 철도망 개선방안 연구』.

12
김강수,『수도권 고속철도 건설사업』(한국개발연구원 공공투자관리센터, 2009).

13
가령 신갈 지역에서는 단층을 통과하여 터널 구조물이 조금씩 변형된다는 사실이 2016년 봄부터 언론 보도를 통해 알려졌다. 탄천을 따라가는 이 단층은 국가지질자원연구소의 국가기본지질도에서도 쉽게 확인할 수 있다.

사업자에게 비판이 거의 없었다는 것은 믿기지 않는 장면이었다.

현재 수서역의 착발선은 6개다. 고속열차 60여 편을 처리하는 데는 큰 무리가 없는 수준이다. 하지만 향후 평택~오송 간 2복선이 확보되어 고속열차를 더 증편할 수 있게 된다면, 이들 착발 선로로는 점점 한계를 보이기 시작할 것이다. 6개의 착발선으로는 하루 75편[14] 이상의 열차가 다닐 경우 지장률이 통상보다 더 높은 수준에 도달하기 때문이다. 비록 양옆으로 2면(4개 착발선)의 승강장을 추가할 수 있다고는 하지만, 인상선을 따로 마련해 놓지 않은 두단식 승강장 구성 덕분에 진입시 교차지장이 커진다는 점에서 더 이상의 승강장 확장은 신중히 검토해야 할 일이기도 하다. 고속선 본선으로 이른바 'GTX' A선 열차가 대량으로 다니게 되어 증편에 생기는 제약에 대해서는 5장에서 광역망을 다루면서 논의한다.

14
이 값은 앞서 가정했던 것처럼 착발 시 40분 정도의 여유 시간, 다시 말해 종착 열차가 진입하여 다시 출발할 때까지 40분 동안 승강장을 점유하는 한편, 역 이용률은 하루 대비 70%, 그리고 지장율의 상한선은 50% 정도 된다는 가정하에 계산된 것이다.

사례 연구 2.
신칸센과 경부1선

일본의 철도, 그 가운데서도 신칸센은 일본의 기술적·사회적 성취를 보여 주는 하나의 상징이다. 특히 후지산을 배경으로 달리는 도카이도 신칸센의 모습은 1964년 이후 50년이 넘는 세월 동안 일본이 얼마나 안정적이면서도 첨단을 달리는 나라인지 표현하는 중요한 이미지로 작동해 왔다.

도카이도 신칸센의 조밀한 배차 간격과 높은 정시성은 이러한 명성을 높이는 데 상당한 기여를 했다. 표 11에서 볼 수 있듯, 도카이도 신칸센 도쿄역은 6시부터 20시까지 15시간 동안 시간당 14편의 열차를 규칙 시각표에 맞추어 발차시킨다. 정각에는 가장 빠른 노조미, 3분 뒤에는 그다음으로 빠른 히카리, 또 7분 뒤에는 다시 노조미가 발차하는 식이다. 본선상의 간이역까지 모두 정차하는 고다마는 매시 26, 56분에 발차한다. 낮 시간에 결행하는 일부 열차를 빼고, 21시부터 발차하는 심야 열차 10편을 더하면, 하루 동안 도쿄역에서 발차하는 열차의 수는 205편에 달한다. 이런 물량은 절반 정도의 열차가 종착하는 신오사카까지 이어진다. 다섯 갈래로 분기하는 덕분에 도카이도만큼의 규칙성은 없지만, 동일본 측의 배차 물량은 한술 더 떠서 시간당 15회, 균일한 4분 배차이기도 하다.

이런 대규모의 열차를 착발시키는 도쿄역의 승강장 가운데 도카이도 신칸센에 할당된 승강장은 6개, 도호쿠 측에 할당된 승강장은 4개에 불과하다. 도호쿠 측의 열차를 분산시키기 위한 우에노역 활용은 제한적이다. 게다가 이들은 모두 두단식

[표 11]　도카이도 신칸센의 배차 패턴.[15] 노조미는 시나가와, 신요코하마, 나고야, 교토, 신오사카에 정차하며, 히카리는 여기에 더해 시즈오카, 하마마츠 등에서 추가로 정차한다. 고다마는 모든 역에 정차한다. 21시 이후에는 3~37분 간격으로 10편의 심야 열차(막차는 22시 47분)가 배차되어 있다.

운행 시간	출발 시각	열차 유형
6~20시	00분	노조미
	03분	히카리
	10분	노조미
	13분	노조미
	20분	노조미
	23분	노조미
	26분	고다마
	30분	노조미
	33분	히카리
	40분	노조미
	47분	노조미
	50분	노조미
	53분	노조미
	56분	고다마

승강장이다. 이렇게 되면, 도카이도든 도호쿠 측이든 영업이 이뤄지는 17시간 동안 승강장은 기본적으로 지장 상태에 있다고 보아야 한다. 그야말로 극악한 조건인 셈이다.

하지만 이런 자료를 보고 JR 도카이·동일본의 운영 능력에 꼭 경탄만 해야 하는 것은 아니다. 도카이도 신칸센의 하루 발차 열차의 수량은 205편, 도호쿠 신칸센의 발차 수량은 거의 250편에 육박하는 것은 사실이다. 하지만 도카이도 신칸센은 하카타까지 분기가 없다. 분기가 5개에 달하는 도호쿠 역시 도쿄에서 오미야까지는 사실상의 평행 운전 선구로

15
JR 도카이의 시각표를 분석한 내용이다. 실제 시각표는 다음 링크에서 확인하라. https://railway.jr-central.co.jp/jikoku/. 일부 운휴 열차도 확인할 수 있다.

운행되고 있는 데다 오미야 이북에서는 도호쿠와 호쿠리쿠·조에츠 신칸센이 서로 별개의 복선으로 분기해 나가 용량이 충분해진다. 서울 시내 경부1선의 최대 열차 운행량은 SRT 개통 이전 주말에 기록된 210~220회 수준이었기 때문에, 이들에 비해 열차 절대 수량도 결코 뒤지지 않는다. 게다가 경부1선에서는 금천구청에서의 분기(하선)와 합류(상선)가 그냥 본선상에서 이뤄지고 있으며, 성능도 다종다양한 열차가 하나의 복선을 달린다. 심지어 경부1선에는 주행과 가감속 성능이 낮은 화물열차[16]까지 진입해, 서울역을 관통해 달리기까지 한다. 경부1선은 적어도 본선 운영의 관점에서 볼 때는 도카이도 신칸센이나 도호쿠 신간센보다 더 심한 악조건 속에 있으면서도, 이들과 동등한 수준의 열차 물량을 처리하고 있다.

경부1선뿐 아니라 수서평택 고속선과 경부고속선이 합류한 다음 다시 호남고속선이 분기해 나가기 이전 선구인 SR분기(평택시 팽성읍 소재, 이하 팽성분기)~오송 간 배차 물량 역시 하루 180회 이상이다. 이는 도카이도 신칸센보다 10% 정도밖에 적지 않은 물량이다.

한국 전국망 철도의 구조(3장 도표 1)에 비춰볼 때 많은 분기와 합류를 피할 방법은 없다. 오히려 수요에 더 정확히 대응하기 위해서는 이를 더 확대해야 한다. 북한 방면으로도 가지는 여러 개가 될 것이다. 그러나 적어도 열차 성능이 다른 재래선 전국망·광역전동·화물열차와 고속열차를 분리하는 투자는 필요하다. 신칸센은 비록 역 구내는 우리보다

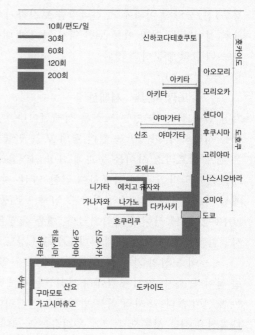

[도표 4]　신칸센 노선 구조. 망 굵기는 2018년 여름의 배차량에 따라 작도했다. 출처: http://www.ekikara.jp/.

더 압축적으로 사용하지만 본선만은 도쿄역까지 완전히 갖춰 놓았다. 대전, 대구(모두 2015), 부산(2010) 시내에서 완료된 이런 작업은, 서울에서만 아직 이뤄지지 못했다.

16
화물열차가 수색역으로 실어 나르는 시멘트는 수도권 서부의 건축물 신축과 유지에 결정적이다.

　　　　　4장 전국망, 표류하는 거대한 병목

2절. 정비되지 않은 노선들

경부1선, 중앙선 이외에도, 전국망을 보강하기 위해 수도권에는 몇 개의 노선이 추가될 것이다. 하지만 이들 노선 역시 알려진 내용에 따르면 서울 지역 병목을 해소하는 데 그리 충분하지 않다.

수도권 서남부: 서해선
가장 먼저 꼽을 수 있는 노선은 서해선이다. 이 노선은 장항선 홍성에서 분기, 북상을 시작하며, 아산만을 건너 평택 포승·안중 지역과 주한 미군 사령부가 이전해 온 캠프 험프리스 사이를 통과해 화성 지역을 지나 시화호 남단에서 2018년 여름 개통한 광역망 노선과 합류하여 인천·안산·시흥 지역과 연결된다. 이 노선은 6장에서 다룰, '서해안 제조업 회랑'을 남북으로 종관한다는 점에서 중요하다. 공사는 2013~2015년 사이에 시작되었다. 개통 예정은 2020년이지만, 예산 투입액과 총사업비를 비교해 보았을 때 아마도 2~3년 정도 지연될 것 같다.

　　　이 노선의 가장 큰 문제는 서울로 진입할 경로를 제대로 확보하지 못했다는 점이다. 소사~원시 구간에서 서해선은 현재 안산선 이외에는 직접적으로 접속하는 노선이 없다. 소사역 이북 방면으로 진행하여 경의선 대곡역에 접속하는 소사~대곡선은 서울 서쪽으로 크게 우회하는 노선이다. 이 노선이 김포공항역을 지나기는 하지만, 김포공항역은 전국망 열차 착발역으로 활용하기에는 도심에서 너무 멀리 떨어져 있다. 초지역의 안산선 방면 접속도 인천 방면으로 이뤄져 있어서, 현재로서 서해선은 인천과 경의선 방면 착발 열차만을 운행할 수 있는 구조다.

　　　물론 시흥시청역에는 신안산선으로 접속할 설비가 마련될 예정이며, 신안산선은 금천구 지역과 구로디지털단지를 지나 영등포·여의도까지 파고 들어가는 노선임을 지적할 수도 있다. 하지만 이 노선에 전국망 열차가 다니기에 충분한 시설이 마련된다는 소식은 아직 없다. 상당히 깊은 심도로 서울로 진입할 노선이기도 하기 때문에, 경부1선과의 접속 또한 어려울 것이다. 결국 서해선을 통해 올라온 열차 가운데 전국망에 준하는 특급 열차를 충분히 서울의 주요 착발역으로 진입시킬 계획은 없는 셈이다. 서해선 방면의 망은 서울 진입이 제한적이라는 점에서 유기성도, 지하 망이 다수 사용되어 변형이 어렵고 주변 망을 적극 활용하는 여러 계통의 운영도 어려울 수 있다는 점에서 유연성도 충분치 않은 망이 될 가능성이 크다.

수도권 동남부: 중부내륙선·경강선과 수서역, 그리고 삼성역
유사한 상황이 수도권 동남부에서도 벌어지고 있다. 경강선, 그리고 여기서 분기(부발역)해 나가는 중부내륙선과 서울 동남부를 직결 운행할 수 있는 접속 노선의 건설이 지지부진하기 때문이다.

　　　중부내륙선·경강선(강릉선) 계통은 현재 판교에서 출발, 광주시를 통과해 이천시 관내의 부발까지 함께 달릴 것이다. 이곳에서 경강선은 동쪽 여주 방면으로

[도표 5] **[도표 5]** 서해선과 주변 망. 서해 본선과 경인선이 직교하는 소사역은 환승만 가능하다.

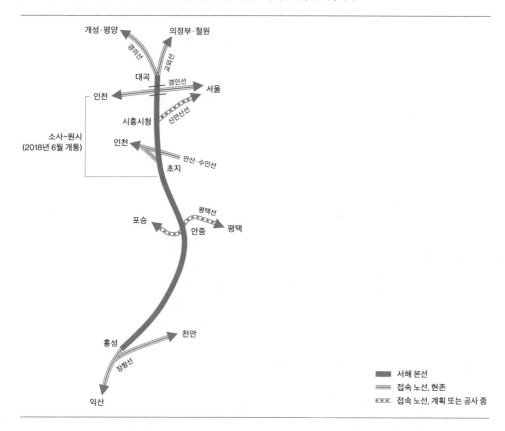

[도표 6] 중부내륙선 및 경강선과 주변 망. 수서광주선은 파선으로 표현되어 있다.

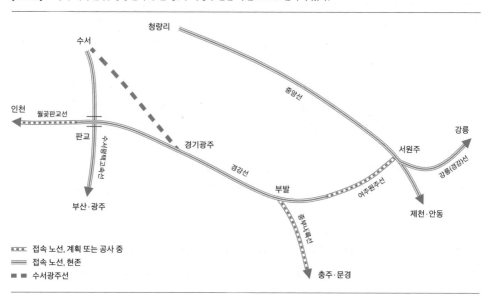

향하며, 2019년 현재 시공 중인 중부내륙선은 남동쪽 장호원·충주 방면으로 향할 것이다. 중부내륙선은 충주를 통과하여 문경까지 연결될 것이고, 경강선은 현재 선로가 멈춰 있는 여주에서 더 동쪽으로 진행해 서원주 방면에서 중앙선, 그리고 강릉 방면 경강선과 접속될 것이다.

현재 경강선 판교역은 지하에 단순 상대식 복선 역으로 건설되어 있다. 다시 말해, 현재의 시설 수준으로는 광역망 전동열차를 회차시키는 운행 이상은 불가능하다. 따라서 서울이나 수도권 남부에서 중부내륙선·경강선 방면으로 고속열차와 같은 전국망 열차를 운행하기 위해서는 이 역을 확장하든가, 어느 정도 시설이 갖춰진 다른 역과 접속시켜야만 할 것이다. 하지만 이런 계획은 제대로 진행되고 있지 않다. 판교에서 안양을 거쳐 인천 방면으로 접속될 노선(월곶판교선)은 서울을 스쳐 지나갈 뿐이고, 인천에 도달한다고 해서 이곳에 충분한 규모의 전국망 착발역 계획이 수립되어 있는 것도 아니다.

수도권 동남부에서 전국망 착발역으로 건설된 유일한 역은 수서역뿐이다. 때문에 중부내륙선과 경강선 방면으로 운행할 전국망 열차를 수서역에서 착발시키는 것은 자연스러워 보인다. 수서역을 증축하는 한편, 수서역과 경강선 사이의 접속선을 확보하면 이러한 기획을 실현시킬 수 있다. 하지만 수서역과 경강선 사이의 접속선(수서광주선)은 2019년 7월 현재 이제 막 예비타당성 조사를 통과한 상태이다. 가장 큰 손해를 볼 중부내륙선·경강선(강릉선) 연선 지역은 이 상황에 대해 별다른 문제 제기조차 하지 못하고 있는 형편이다. 비슷한 성격을 가진 수서~용문 간 복선 전철 계획은 서류 위를 떠돌고 있을 뿐이다.

수서역보다 북쪽에서는 수서~삼성 간 광역급행 철도 전용선을 전국망 노선을 위해 확충하자는 제안을 놓고 논란이 진행 중이다. 영동대로 지하를 배경으로 하는 화려한 지하역 계획도 언론 보도를 타고 돌아다닌다. 삼성역과 같은 노른자위 땅을 놓고 이뤄지는 사업이다 보니, 주변의 관심도 비교적 높다. 서울시와 경기도는 삼성역에 고속열차 직결이 이뤄지길 바라고 있으나, 두단식으로 이뤄진 현 수서역의 구조를 감안하면 구조 개선 없이는 삼성에 정차하는 고속열차는 수서를 통과해야 할 것이다.

앞으로 상황이 어떻게 전개될 것인지는 아직 알 수 없다. 2020년 봄 현재로서는 수서역의 현재 건설 중인 통과역의 규모를 좀 더 확충한 다음, 이 통과역 북쪽으로 나온 복선을 삼성역에 접속시킬 필요가 있다는 정도의 말밖에는 할 수 없을 것이다. 물론 이렇게 되면, 삼성역에는 더 많은 열차가 밀려오게 될 것이다. 과연 얼마나 되는 열차를 삼성역이 처리할 수 있을까? 현재 삼성역은 2면 4선 규모로 설계되어 시공이 진행 중이라는 데서 출발해 보자. 표 12는 목표 지장률을 UIC 권고 수준의 중간 값인 45%로 두었을 때 어느 정도의 열차가 이 역에 정차하게 되는지 간단히 계산한 결과다.

계산 결과, 고속열차의 경우 약 70회, GTX는 대략 편도 140회 정도의 배차를 할 수 있다는 사실이 확인된다. 이들 열차의 수를 합치면 210회 가량이며, 이

[표12]   건설 중인 삼성역과 지장률 계산. 고속열차 지장시간은 용산역에 준한 값이며, GTX에 대해서는 그 절반 값을 사용했다. 다수의 승하차객이 예상되므로 GTX 역시 1분 이상의 정차 시간이 필요할 것이다.

	고속열차	GTX
사용 승강장 수(개, 왕복)	4	2
열차당 지장시간(분)	7	3.5
목표 지장률	45%	45%
목표 지장률 만족 승강장당 열차 수 한계(편)	69	139
목표 지장률 만족 편도 배차량 한계(편)	139	139
하루 총 점유 시간(분)	486	486

용량은 GTX A선 본선을 이용할 수 있는 용량보다 많을 것으로 추정된다. 따라서 A선만을 위해서는 현재의 삼성역 규모는 충분하다.

하지만 이런 상황은 현재의 시설로 GTX C선까지 받아야 한다는 사실[17]을 감안하면 빛이 바랜다. 서울시의 계획대로라면 같은 평면에 C선이 진입할 예정이므로, 3면 6선이라 하더라도 각 2선씩을 할당할 경우 고속열차는 편도 70회, A선과 C선은 140회 정도 투입이 한계다. 이보다 열차 수를 늘리면 지장율은 높아질 수밖에 없고, 정시 운행은 점점 더 어려워질 것이다. 수서광주선을 통해 강남 방면으로 진입시킬 수 있는 추가 전국망 열차들, 그리고 향후 C선이나 다른 접속 선로를 활용해 관북 지역으로 운행하게 될 고속열차가 이렇게 건설된 삼성역에 추가로 진입할 수 있을지는 더더욱 알 수 없다. 광역망과 전국망은 되도록 승강장을 분리해야 승객의 혼동을 막을 수 있다는 지적은 이런 여건에서는 한가로운 이야기에 불과할지도 모르겠다. 어쨌든 현 계획의 삼성역은, 앞으로의 망 확대에 유연하게 대처할 만한 규모라고 볼 여지가 없다. 비록 지금의 삼성역 개발 계획이 여러 철도망 사이의 연계를 유연하게 처리하기 위해 각고의 노력을 기울인다 하더라도, 이 역이 지하 대심도를 관통하는 구조물이라는 사실은 이 역과 연결된 여러 망의 유연성을 수백만 톤의 무게로 옥죌 것이다.

이 방면에는 또 한 가지 문제가 있다. 바로 경강선의 설계 기준이다. 이 노선은 전동차가 다니는 데 적절한 수준으로 건설되었지, 전국망 열차가 고속으로 주행하는 데 적절한 수준의 강도와 여유를 두고 건설되지 않았다. 설계 속도가 120km/h 수준에 불과한 이 노선에서는 전국망 열차가 진입하더라도 광역완행 전동차와 동일한 수준으로 달려야만 한다. 고속 주행이 꼭 필요한 전국망의 시각에서 보면, 경강선은 전국망이 진입하기에는 너무 시설 기준이 낮다는 의미에서 병목이

___

17
「성동대로 지하공간 복합개발 기본계획(안)」(서울특별시 지역발전본부, 2017) 13쪽에 따르면, 지하 4층에 GTX A선과 고속열차, C선이 모두 들어오게 되어 있으나 철도 시설로는 2면 4선만이 제공될 뿐이다. 이

수준의 용량으로는 A선과 현 수준의 수서발 고속열차만으로도 UIC 권고 지장률보다 훨씬 높은 수준으로 구내를 활용해야 한다. C선 예비타당성 조사 보고서에는 배선이 직접 제시되어 있지 않다.

될 것이다.[18] 이 노선은 설계 축중[19]마저 낮아 향후 수도권 화물 우회선으로 활용될 가능성 또한 어둡다.

결국 수도권 동남부에 추가되는 망 역시 서해선과 마찬가지로 유기적이지도, 유연하지도 않은 방식으로 건설되고 있는 것이 현실이다. 삼성역을 주변 교통 시설과 종합 개발하는 안 자체는 유기적 체계를 구성하기 위한 노력으로 높이 평가할 수 있지만, 대규모 지하화 개발은 유연성을 희생하는 방법이라는 점에서 반드시 최선인 것은 아니다. 유기적이면서도 유연한 망을 구성하기 위해서는 좀 더 세밀한 계획이 추가되지 않으면 안 된다.

북한 철도 연결: 세월 속으로
북한 철도 연결 문제는 더욱 심각하다. 2007년의 연구에 담긴 언급에서부터 논의를 시작해 보자.

> 본격적인 열차의 남북 운행을 위해서는 기존 수도권 지역을 열차가 무리 없이 통과하여야 하는 전제 조건이 만족이 되어야 한다. (…) 물리적으로 열차들이 수도권을 원활하게 통과할 수 있는 교통 축의 확보가 필요하다고 하겠다. 이를 위해서는 이미 부곡과 능곡을 연결하는 복선전철의 건설에 대한 예비타당성 조사를 시행한 바가 있으나, 이 사업 역시 현재까지 뚜렷한 진척을 보이고 있지 못하다. 남북 물동량 증가에 대비한 남북축 신선 건설 등 수도권 우회 통과 노선 구축에 대한 방안의 마련이 필요한 이유다.[20]

이 연구는 2018년 6월 개통한 서해선(소사~원시)을 확보하고, 여기에 더해 부곡(현 의왕)~능곡 간 철도까지 확보하는 대안을 평가하는 내용으로 되어 있다. 좀 더 포괄적인 수도권 우회 대안의 내용은 교통연구원의 다른 연구에서 확인할 수 있었다.(지도 1)

그런데 이들 계획은 전혀 매끄럽게 진행되고 있지 않다. 무엇보다도, 철도

18

향후 개량을 위한 최근의 연구 용역은 최고 속도를 150km/h선까지는 올릴 수 있다고 판정하고 있다. 문진수, 「일반철도 고속화 효과 및 추진방안, 4차산업혁명과 교통·물류 혁신」, 토론회 자료집(한국교통연구원, 2018), 222~227. 하지만 이 속도 역시 250km/h 이상 주행을 해야 할 전국망의 관점에서는 여전히 충분하지 않다.

19

축중이란 하나의 축에 실리는 차량의 무게를 말한다. 2축 도로 차량은 총중량을 2로 나누면 구할 수 있다. 대개의 철도 차량은 보기 대차, 즉 회전 기능이 담긴 2축 대차 두 개 위에 올려져 있기 때문에, 총 중량을

4로 나누면 된다. 특대형 기관차는 3축 대차를 사용하여 6축 차량으로 운용되는 경우가 많다. 경부선의 설계 기준은 축중 25톤이지만, 이 노선의 설계 축중은 18톤 수준이다. 이는 자중 132톤, 축중 22톤에 달하는 특대형 기관차는 진입할 수 없어 화물 수송의 일관성이 떨어지게 된다는 뜻이다. 참고로 국내 고속도로의 설계 축중은 10톤이다.

20

대한교통학회·한국교통연구원·(주)유신 코퍼레이션, 『수도권 철도망 개선방안 연구』, 1~2.

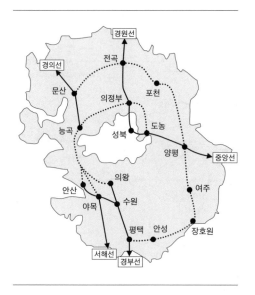

[지도 1] 수도권 우회 대안 지도화. 김훈, 『남북간 철도연결에 따른 수도권 및 지역 간 철도망의 정비방향(2단계)』[교통개발연구원(현 한국교통연구원), 2003], 71을 가공.

와 연계된 내륙항(dry port)[21]이 마련되어 있는 의왕과 경의선을 직접 연결하는 우회선 계획은 폐기되고 말았다. 이는 서해선 북단, 대곡~소사~원시선과 중복된다는 판단 때문이다.[22] 하지만 의왕역에서 서해선 방면으로 연결되는 대체 철도 계획은 3차 국가철도망구축계획에 등재되지 않은 상태다. 이는 의왕 내륙항을 북한 방면 연결에 활용하기 어렵다는 뜻이다. 철도망의 이러한 빈틈 덕분에 별도의 내륙항이나 통관 시설 투자를 해야 한다면, 의왕 내륙항을 유연하게 (미래 북행 수요를 위해), 그리고 유기적으로(미래 망과 원활히 연결시키는) 활용하지 못해 중복 투자가 벌어졌다는 비판을 면하기는 어려울 것이다.

나머지 노선 역시 투자가 원활하게 이뤄지지 않고 있다. 서부 우회 축선은 방금 언급했듯 대곡~소사~원시선 투자가 이뤄지고 있는 상태다. 하지만 이 노선은 2018년 여름 개통된 서해선 소사~원시 구간의 대부분 구간은 물론 대곡~소사 구간 역시 대부분 지하로 통과할 예정이며, 이는 화물열차에게 불리한 조건이다. 석탄 분진이 지하에 누적될 수 있다는 문제 때문에, 석탄 수송 무개차의 지하 진입은 되도록 자제해야 하지만 남쪽으로 가는 철도 화물의 중요한 부분은 몽골·러시아발 역청탄이 될 것이므로 이는 화물 수송 루트를 제약해 화물철도 운영의 유기성을 저해할 구조이기 때문이다.(6장 참조) 게다가 고빈도 운전(러시아워 15분, 평시 20분)을 하는 광역망이 운행하고 있지만, 소사원시선의 역에는 측선도 거의 존재하지 않는다. 이는 화물열차의 대피 운영이 어렵다는 뜻이다. 이처럼 시설 조건이 불리하고 빈약하기 때문에 서부 우회 축선의 용량 가운데 화물이나 전국망 열차에게 할당할 수 있는 물량은 그리 크지 않을 것이다.

동부 우회 축선은 상황이 더 좋지 않다. 극히 일부분만 완성되어 있고, 또 일부분만 계획에 반영되어 있기 때문이다. 여기서 완성된 구간은 앞서 언급한 경강선 부발~여주 구간을 의미한다. 또 계획에 반영된 노선은 평택~부발 간 노선이다. 여주에서 원주로 향하는 노선이 동부 우회 축선으로 사용될 수 있을지는 현재로서는 알 수 없다. 이는 서원주역의 배선 때문에 생기는 문제이기도 하다. 이 역에 삼각

<hr>

[21]
국제 무역 화물을 위한 각종 절차를 수행할 수 있는 자격과 설비가 갖춰진 내륙의 물류 기지. 수도권 지역 내륙항의 정확한 위치는 의왕역 서쪽의 오봉역이다.

[22]
대한교통학회·한국교통연구원·(주)유신 코퍼레이션, 『수도권 철도망 개선방안 연구』, 415.

선을 부설해 여주에서 양평 방향으로
화물열차를 운행시킬 계획은 현재로
서는 확인되지 않는다.[23] 양평에서 전
곡에 이르는 구간이 제대로 반영된 계
획은 아예 찾아볼 수 없었다. 이보다
는 주변 인구밀도가 높은 의정부~도
농~광주~용인~안성 간 노선 계획은
정말 가끔가다 찾아볼 수 있지만, 이
노선이 등장하는 가장 최근 계획은 10
여 년 전의 것으로 보인다.[24]

　　북부 순환 축선의 상황은 서
울 교외선의 현황이 모든 것을 대변할
것이다. 이 노선은 2005년도 이후의
광역망 투자 확대 국면에도 불구하고
단선을 유지한 상태에서의 전철화조
차 되지 못하고 있기 때문이다. 그렇
다면 교외선보다도 주변 인구가 희박
한 전곡~문산 간 순환선이 계획에서
조차 찾을 수 없는 노선이 되어 버린
것은 당연한 일일 것이다.

　　결국 북한 철도 연결을 위한

[지도 2]　동부 순환 축선 일대의 계획선. 출처: 김재영 등, 『여주~
원주 간 철도건설사업』, vii.

수도권 우회선은 서부 우회 축선에서는 유연성도, 유기성도 부족한 불완전한 망으
로 실현되고 말았으며, 동부 우회나 북부 순환 축선은 계획에서조차 잊힌 투자 계획
이 되고 말았다. 이런 상황을 이명박·박근혜 정부의 탓으로 돌리기도 어려울 것이
다. 남한 내부의 망에 투자하면 현재 수도권에서 살아가는 시민들이 우선 편익을 누
릴 것이며, 이는 어느 정부, 정당이든 자랑할 만한 치적이 될 수 있기 때문이다. 동부
나 북부 우회 축선을 지속적으로 요구하는 목소리가 있었다면 계획이 아예 잊혀 버
리는 지경에 이르지는 않았을 것이다. 게다가 이들 정부 역시 서부 우회 축선에 대
해서는 투자 계획을 진척시켰다. 나는 북한 철도 연결을 제대로 할 수 없는 철도망
계획이 개선되지 못하고 있는 상황 역시 철도망을 유연성을 보존하면서 유기적으
로 구성하기 위해서는 무엇이 필요한지에 대해 사회적인 합의가 부족한 한국 사회
의 현실에서 비롯되었다고 설명하는 것이 적절하다고 생각한다.

23
다음 보고서를 참조하라. 김재영 등, 『여주~원주 간
철도건설사업』(한국개발연구원 공공투자관리센터,
2015).

24
미래철도데이터베이스에 따르면 이 노선은 2007년
11월 건설교통부의 「대도시권 광역교통기본계획」에
포함된 다음 어떠한 소식도 없다. 단, 지도 2는 이후에
도 이 노선이 모두의 기억 속에서 아예 잊힌 것은 아니
라는 점을 보여 준다.

3절. 전국망이 해결해야 할 문제

서울 지역 전국망 철도의 현황에 대한 논의를 마무리할 시간이 되었다. 현재의 망과 미래의 망 모두가 충분히 해결하지 못하고 있는 핵심 문제를 꼽아 보는 것이 이런 마무리를 위해 가장 긴요할 것이다.

1.　　　중앙역과 병목: 한국의 전국망은 서울·용산역을 중앙역으로, 그리고 청량리역과 수서역을 보조 중앙역으로 삼고 있다. 다시 말해 이들 역으로 사실상 모든 전국망이 집결해 들어오는 구조를 가지고 있다. 서울의 중앙역과 중앙역 인근이 전국망 전체에서 가장 취약한 병목이 되는 구조다. 그런데 이 중앙역으로 진입하는 본선 철도는 지난 수십 년간 사실상 변함없이 복선(경부1선)뿐이다. 그동안 수도권 바깥에서 이뤄진 전국망의 확충 성과는 바로 이 병목 앞에서 꺾이고 만다. 서울 지역 전국망, 나아가 한국 전국망의 최대 문제는 바로 여기에 있다.

2.　　　변죽만 울리는 노선 추가: 장거리 전국망의 성공적인 영업을 위해서는 가급적 도심과 가까운 곳에 정차 또는 착발역을 건설하는 한편, 이 역에 충분한 용량의 본선을 접속시켜야 한다. 하지만 수서평택고속선의 종착역인 수서역은 강남 도심과 약간의 거리가 있으며, 서해선이나 다른 여러 망은 아직 서울 시내 주요 역 진입에 대한 사항이 확정되지도 않았다. 삼성역 역시 향후 여건 변화에 적응할 만한 유연성을 갖췄다고 평가하기 어렵다.

3.　　　우회선 계획 표류: 망이 커지면 거대도시가 아니라 거대도시를 통과하는 철도 통행량도 생기게 마련이다. 특히 북한 철도 연결은 승객·화물 양면에서 한반도 종관 통행량을 급증시킬 수 있는 계획이다. 하지만 관련 계획은 서류 위에서 맴돌다가 잊히거나(동부 우회, 북부 순환), 광역망만을 위한 노선(서부 우회)으로 그 성격이 변질되었다.

물론 철도 산학계는 수도권 전국망에서 무엇이 부족한지 모르지 않았고, 연구 역시 계속해서 누적되었다. 하지만 이들의 논의와 연구가 대중이나 철도 주변의 행위자들에게 얼마나 다가갔는지는 의문이다. 차근차근 설명하면 누구나 충분히 그 성격과 문제를 이해할 수 있는 것이 서울 지역 전국망의 병목이지만, 한국 사회 전반은 그에 대해 제대로 인지하지 못했다. 철도망의 능력을 실질적으로 강화하는 세밀한 투자가 필요하다는 공감대는커녕, 병목을 악화시켜 철도망의 유기성과 유연성을 악화시킬 것이 분명한 철도 지하화 요구만이 정치권과 지방정부에서 지속적으로 터져 나오고 있을 뿐이다.

　　　이들 요구가 실현되지 않았다면 이번 장의 우려는 철도 관산학계의 소통 방식으로만 향해도 충분했을 것이다. 하지만 현실은 그렇지 않았다. 용산선 사례를 다시 검토해 보자. 지방정부는 최선을 다해 지상 철도를 제거하려는 데 힘을 쏟았고, 경의선 광역망으로 연결된 수도권 서북 지역 지방정부는 아무 말도 없었으며(5장 참조), 철도 건설 당국은 북한 방면 연결과 같은 여러 잠재적인 수요는커녕 용산과 수색 사이의 전국망 재래선(무궁화·새마을) 회송 수요, 수색 등으로 향하는 화물 열차와 같은 지금 당장 필요한 열차 운행을 논거로 들어 연선 지방정부를 설득하는 데 충분히 신경 쓰지 못했다. 경의선 방면 망 운영의 유연성은 저하되었고, 직결된 중앙선 방면으로도 영향이 퍼져 나가게 되어 강화된 유기성은 오히려 독이 될 수 있게 되었다. "경의선 숲길"의 일부인 "연트럴파크"는 화제가 되었지만, 용산선이 망에서 제거되어 유연성이 저하되고 부분적으로 증강된 유기성 덕에 병목의 여파가 중앙선 방면까지 퍼져나가게 된 철도망의 현실은 거의 주목받지 못했다. 전국망 객차 열차의 운행 거점인 수색역을 용산역과 직접 연계하기는 어렵게 되어, 도심, 그리고 수도권의 여러 거점과 이 망 사이의 연계는 유기성이 약화되기도 했다. 철도망의 유연성과 유기성 저하를 불러온 방아쇠는 철도 주변 지방정부였고, 이들 활동의 기반에는 철도망의 기능에는 무심한 채 연선의 개발에만 주목하려는 정치권과 여론의 동향이 있었다.

서울 지역 철도 병목에, 그리고 이 병목의 심화에 기여한 갈등 상황에 어떻게 대처해야 하는지는 광역망의 현황, 그리고 철도망 개선 계획에 대한 논의까지 마치고 이야기하도록 하자. 결국 필요한 것은 철도망에 대한 여러 지식과 눈, 그리고 발언이라는 점만을 먼저 말해 둘 수 있을 것이다.

5장. 광역망, 지연과 불만의 철도

1절. 광역망의 빈틈과 불만

이번에는 광역망으로 시선을 옮겨 본다. 앞서 살펴본 대로 서울의 광역망은 비교적 양호해 보였다. 시계를 관통하는 복선의 수(18개, 12위, 상하이·마드리드와 같은 값)는 추격 그룹의 가장 위쪽에 속해 있어 세계 거대도시 가운데 수준급이었고, 초과 통과 복선 수 지표(3개, 18위)도 낮지 않았다. 중심 도시 내부 광역망의 밀도가 낮긴 했지만(0.18km/km², 21위), 다른 지표와 비교해 보면 전체 등수(22위)와 거의 같은 수준이었다. 또한 철도망 발달 과정을 되짚어 보더라도 1980년대를 제외하면 도시철도와 보조를 맞춰, 그리고 2005년 이후에는 오히려 도시철도보다 훨씬 지속적이고 폭넓은 규모의 투자가 이뤄졌다는 점 역시 확인된다. 하지만 앞서 지적했듯 광역철도 곁에는 거대한 광역버스망이 자라나 있다. 버스는 접근성 면에서는 승용차에, 정시성이나 속도 면에서는 철도에 미치지 못하는 만큼 철도와 경쟁하기보다는 보완 관계를 형성하는 경우가 많다는 점을 감안하면, 이는 수치로 보기에는 그럴듯한 수도권 광역망에 어딘가 빈틈이 많다는 점을 시사한다.

이런 빈틈의 정체를 확인하는 것이 바로 이번 절의 목적이다. 그리고 이런 빈틈 속에서 자라나 광역망에 대한 사회적 논의 전체를 집어삼킬 정도로 거대한 주목을 받게 된 GTX를 비판적으로 검토하는 것이 다음 절의 목적이다. 이 목적을 달성하려면 각 광역 축선을 간략하나마 직접 살펴봐야만 한다. 서울의 광역철도에는 2020년 봄 현재 총 14개의 축선이 있다. 이들 축선에서 제기되는 불만을, 축선 사이의 대체·보완·경쟁 관계에 따라 몇 개의 권역으로 나누어 살펴보도록 하자. 논의의 편의를 위해, 다섯 권역, 다시 말해 경인권, 서남권, 동남권, 동북권, 서북권으로 수도권 광역망을 나누도록 하겠다.

경인권: 역사와 전통의 혼잡

경인선은 서울 시계 통과 광역 노선 가운데 최대 승객 규모를 놓친 적이 없다. 경인선은 19세기부터 서울의 외항 인천을 서울과 연결했으며, 최초의 광역망 1호선이 성립한 1974년부터 1990년대 초반까지 수도권의 광역 성장을 견인한 핵심 기반이었기 때문이다. 이 노선은 광역망의 두 번째 확장기인 1990년대에는 복복선이 되었고, 세 번째 확장기에는 비록 경인선 자체 투자는 크지 않았지만 병행선인 공항철도와 서울 7호선이 추가되기도 했다.

1) 경인선

경인 축의 중심 노선 경인선에서 가장 눈에 띄는 것은 이 노선이 2복선으로 되어 있다는 사실이다. 2복선은 내선으로 급행, 외선으로 완행열차가 서로 영향을 받지 않고 운행할 수 있게 한다. 경인급행은 구로 이동 구간에서는 경부3선을 활용하여 용산까지 운행한다. 하지만 이러한 경인선에도 불만 요소는 있다. 2복선 개통(1999~2005) 이후, 그리고 서울 7호선 부천·부평 구간 개통(2012) 이후, 승객이 폭주해 벌어지는 차내 혼잡으로 인한 불만은 점차 해소되었다. 하지만 구로역에서 빈발하는 지연이나 급행열차의 용산역 종착은 여전히 중요한 불만 요소로 남아 있다.

구로역의 문제는 경부선과의 합류에서도 오지만, 구로차량기지 인입선이 급행선과 평면교차한다는 데서도 온다. 하지만 안타깝게도, 구로기지 이전 계획의 배선은 급행선과의 평면교차도, 경부2 상선 방면 출고 차량이 3선 상선과 2선 하선의 열차 통행까지 모두 막게 되는 문제도 해결하지 못하고 있다.(4장 도표 2 참조) 이들 문제를 해결하려면 궁극적으로 입체교차 시설을 추가해야 하지만, 기지 이전 계획에는 그런 것이 없기 때문이다. 때문에 앞으로도 구로역 평면교차 문제를 해결하기는 어려울 것이다.[1]

급행열차의 용산역 종착에 관해 제시되는 대안은 완행선과 급행선의 교체다. 이에 대한 더 상세한 설명이 필요하겠지만, 여기서는 완행·급행선 교체에 대해 인천시와 구로구의 이해관계가 다르다는 점을 기억하면 된다. 완행역이 많은 구로구의 경우 완행이 용산에서 종착하면 도심 진입이 어려워지고, 급행의 혜택이 큰 인천에서는 급행선이 도심에 진입해야 도심 진입이 더 쉬워지기 때문이다.

2) 공항철도와 7호선

경인 축의 혼잡과 승객 규모 덕분에, 비교적 최근 이 축선에는 두 개의 노선이 추가되었다. '인천국제공항철도'와 '서울 도시철도 7호선'이 두 노선의 이름이다. 두 노선은 각각 2010년, 그리고 2012년에 2019년 현재의 모습으로 완성되었다. 공항철도 이용객은 인천 서구 일대의 개발 덕분에, 그리고 7호선 이용객은 부천과 부평의 인구밀도 덕분에 상당한 규모를 보이고 있다.

이들 노선의 철도 서비스와 관련해서 손꼽을 수 있는 불만은, 공항철도는 초기 계획과는 달리 9호선과의 직결을 위한 준비가 진행되지 않고 있다는 점을, 그리고 7호선은 급행 운행을 위한 시설이 준비되어 있지 않다는 점을 꼽을 수 있다. 전

---

[1] 2018년 지방선거에서 더불어민주당은 구로기지를 이전하기 위해 신설될 선로를 인천까지 연장하자는 안을 내놓았고 계속 유지 중이다. 그러나 이는 구로역 구조 변경 없이는 철도 병목의 수를 늘리는 안이기 때문에 이 책에서는 고려하지 않았다.

자의 문제는 차량 조달이나 배차 빈도 문제 때문에 쉽게 해소될 수 있을 것 같지 않다.[2] 후자의 경우에는 2003년부터 2012년 사이, 즉 9호선과 동시에 건설된 노선임에도 대피선 없이 시공되었다는 점에서 비판을 받을 여지가 있다. 특히 인천 서구 지역까지 이 노선이 연장된다면 이 문제는 더 중요하게 두드러질 것이다. 1장에서 확인했듯 광역급행은 완행 도시철도보다 더 먼 거리에서 힘을 발휘하기 때문이다.

3) 수인선, 그리고 월곶판교선 등의 미래 광역망

최근 인천 남쪽에는 수인선이 들어섰다.(2012년 1차, 2016년 2차 개통) 15분 정도의 배차, 그리고 37km/h 수준의 표정속도는 인천 도시철도이자 안산을 잇는 현 수인선의 기능에 비춰볼 때 충분한 수준으로 보인다.

인천에서 가시권에 들어온 미래 광역망으로는 월곶판교선을 꼽을 수 있다. 이 망은 광명역에서 신안산선과 접속해 서울로 진입할 수 있으며, 광명 이서로는 안양 등지를 통과해 판교 일대에서 경강선과 직결될 예정이다. 아직 삽을 뜨지 않은 미래의 노선이기 때문에 주변의 목소리는 크게 들리지 않는다. 하지만 열차 운영 계획이나 아래에서 다룰 GTX와의 관계가 불투명한 현 상황은 이 노선에서도 여러 불만이 자라날 것이라는 점을 예견할 수 있게 한다.

서남권: 2인자의 불만

이번에는 안양, 안산, 수원 등지로 이어지는 서남권 광역망에서 제기되는 불만을 간략히 짚어 본다.

1) 경부선

구로역에서 경인선과 분기하는 경부선 광역전철은 전통적으로 경인선에 비해 배차 빈도가 낮았다. 바로 이것 자체가 경부선 연선의 가장 중요한 불만이었다. 경부선 천안 연장, 그리고 경인 병행선(공항철도, 7호선) 확보와 함께 완행열차의 배차 비율은 1:1이 되었지만, 여전히 급행열차의 빈도는 시간당 2편 수준이다. 이를 해소하기 위해 2019년 12월 시작된 급행열차 운행 확대는 급행과 완행이 경부2선을 공유하도록 한 덕에 여러 달에 걸쳐 시각표를 개정하는 상황으로 이어지기도 했다.

다만 경부선에는 아주 중요한 강점도 있다. 수원, 평택, 천안 지역에 집중되는 전국망의 새마을·무궁화호 열차를 광역권 이동에 사용할 수 있다는 사실이 바로 그것이다. 영등포~수원 사이에서 추가로 정차하지 않는 새마을·무궁화호 열차는 서울·용산에서 수원까지 30분, 평택까지는 50분, 천안까지는 1시간 만에 주파하며,

---

2

9호선과 공항철도는 전력 공급 방식(공항철도는 교류 25000V, 9호선은 직류 1500V)이 달라서 직결용 차량을 별도로 구매해야 한다. 또 강남 방면으로 일부 열차가 분기할 경우 김포공항~서울역 구간의 열차 빈도는 감소할 수밖에 없다. 지금도 김포공항~DMC 간 러시아워 시간대의 혼잡은 상당하므로, 이런 조치는 불만을 불러올 수밖에 없을 것이나. 필자가 2018년 4월 평일 아침 8시 계양~김포공항~DMC 간 혼잡을 직접 살펴본 결과, 계양~김포공항은 200%, 김포공항~디엠시는 130~150%대의 혼잡도였다.

표정속도는 90km/h를 넘는다. 배차 역시 천안까지 하루 약 75회, 적어도 20분 간격으로는 확보되어 있다. 역의 분포나 표정속도, 그리고 배차 빈도 덕분에 경부선 새마을·무궁화호는 일종의 오래된 GTX라고 부를 만하다.

2) 안산·과천선

'4호선'으로 통칭되는 안산·과천선은, 모습은 서로 다르지만 신도시 철도라는 점에서 궤를 함께하는 노선들이다. 안산선은 1980년대에 안산을 건설하면서 도시의 중심축으로 건설된 노선이다. 평촌·산본은 안산보다 대략 10년 뒤에 건설되었지만 철도와 역이 중심축을 잡고 있는 도시라는 점은 동일하다.

이 축선에서 가장 문제가 되는 것은 역시 속달성일 것이다. 출퇴근 시간대를 제외하면 모든 역에 정차하는 완행열차만 다니기 때문이다. 그나마 출퇴근 시간 급행도 편도 5편 미만에 불과하다. 이 구간 가운데 안산선 구간은 지상인 데다 상당수의 역에 대피선이 설치되어 있어 급행열차를 위한 시설 투자는 필요하지 않은 상황이다. 하지만 대피선이 전혀 없으며, 전 구간이 지하로 건설된 과천선에서 속도를 올릴 방법은 사실상 없다. 다른 역에 비해 승객이 그리 많지 않은 남태령, 선바위, 경마공원, 대공원을 아침에는 통과하자는 제안을 여러 해 전부터 많은 철도 동호인이 하고 있지만 주변 민원 때문인지 이 안이 실행으로 옮겨질 기미는 전혀 없다. 2020년 봄 현재, 정부는 과천정부청사역과 대공원역(모두 지하역)에 대피선을 건설하여 급행열차를 늘리겠다는 안을 내놓은 상태이지만 그 실현은 요원하다.[3]

3) 신안산선 등의 미래 광역망

서남권의 미래 광역망 계획으로는 신안산선이나 2018년 일부 개통한 서해선을 꼽을 수 있다. 서울 서부 우회망의 일부이기도 한 서해선 대곡~소사~원시 구간은 자동차에만 의존했던 위성도시(안산~부천~고양) 간 연결을 강화했다는 점에서 광역교통망으로서 가치가 있다. 한편 현재 신안산선은 안산 측 거점역인 중앙역을 공용하거나 안산선과 직결할 수 있는 시설을 건설하지 않은 채 지하 건설이 예정되어 있다. 이는 사업자에게는 신안산선과 안산선을 유연하게 활용하기 어렵게 만드는 요인이자, 승객에게는 환승 부담을 늘려 망을 유기적으로 활용하기 어렵게 만드는 요인이다.

안양, 의왕, 수원을 통과하여 오산·화성의 동탄신도시에 이르는 인덕원~동탄선 역시 서남권의 광역철도로 보는 것이 좋다. 그런데 이 노선은 2020년 봄 현재 폭 2.75m 전동차를 사용해 규격을 축소한 노선으로 계획 중이다. 이 자체는 비용 절감을 위해서는 훌륭한 선택이다. 하지만 서울 시계 방면으로 접근하다가 인덕

3
국토교통부 광역도시철도과·철도운영과·민자철도팀, 「경부·분당·과천·일산 급행열차 확대, 수도권이 더 가까워진다」, 국토교통부 2017년 7월 7일 자 보도 자료, http://www.molit.go.kr/USR/NEWS/m_71/dtl.jsp?id=95079395.

각 광역 권역도. 서울 도심으로 진입할 때 서로 대체·보완·경쟁 관계가 성립할 수 있는 광역 축선을 기준으로 분할했다. 단, 경원과 경춘·중앙은 회기에 와서야 합류 한다는 점에서 서로 분리해 접근할 수도 있다. 실선은 현 망(2020년 봄 기준), 점선은 논의에 언급될 개통 예정(시공, 계획)선이다.

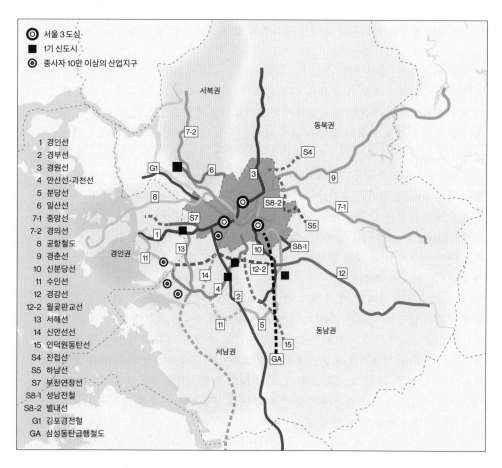

원에서 더 이상 북상하지 않는다는 점은 치명적인 문제가 될 수 있다. 서울시 도시철도 계획과 연계하여 서울 시내 진입을 모색하지 않으면, 이 노선은 환승이 불편해 생길 유기성 부족 문제로 투자의 성과를 충분히 거둘 수 없는 상황에 직면할지 모른다. 이외에도 흥덕 인근에서 노선 경유지를 둘러싸고 벌어지고 있는 논란 역시 이 노선의 미래를 짐작하기 어렵게 만드는 요소다. 모든 작은 중심지까지 연결하기 위해 구불구불한 망을 부설할 것이냐, 주요 지점만을 신속하게 연결할 것이냐 하는 교통 지리의 해묵은 문제가 여기서 다시 반복되고 있다.

동남권: 경부고속도로와의 대결

'강남'으로 연결된 이 축선은 신살 난승과 단천이라는 자연석 틀 위에 있다. 그 위로 건설된 경부고속도로는 이 자연 축선을 인간의 축선으로 바꿔 놓는다. 이 옆으로 분당 신도시와 광역 교통망이 자리 잡았으며, 그다음 용인 수지·기흥구 일대의 여러

5장 광역망, 지연과 불만의 철도

택지 지구가 건설되었다. 2010년대에는 분당과 서울 사이의 빈자리에 판교 신도시가, 그리고 삼성전자를 지나 서울과의 거리가 50km에 육박하는 동탄 신도시까지 이 축선에 들어섰다. 삼성전자나 판교테크노밸리의 존재 덕분인지, 오늘날 이 축선은 수도권의 발전을 선도하고 있다는 평가까지 받고 있다.

1) 분당선, 신분당선

하지만 이 축선에서 철도의 상황은 썩 훌륭하다고는 할 수 없다. 신도시 건설과 함께 개통한 분당선은 죽전 이북 구간에서 완행으로만 운행하고 있으며, 때문에 이 일대의 광역 교통 수요 가운데 상당 부분은 방대한 규모의 광역버스가 처리하고 있는 상황이다. 일례로 이 지역의 광역버스를 상당수 운영 중인 KD운송그룹의 전체 버스는 약 5000대 수준이다. 경기도 시내버스 1만 7000대의 30%, 그리고 서울 버스 7000대의 70%에 달하는 수다. 인천 버스(약 2000대)에 비해서는 두 배가 넘는다. 또 수도권 동남권의 광역버스가 상당수 등록된 경기도 광주시의 시내버스 등록 대수는 2000대에 달한다.(각 년도『광주통계연보』참조) 인구 30만 수준인 이 도시의 버스 수가 인구가 10배 많은 인천만큼 많다는 사실은 그만큼 주변 지역에 광역버스가 발달했다는 점을 방증한다.

신분당선 투자는 이 축선의 광역철도망이 빈약했기 때문에, 판교 신도시 등의 개발과 맞물려 이뤄진 것이다. 이 노선은 속도 면에서는 판교나 수지, 광교 주민들로부터 비교적 만족스럽다는 평가를 받고 있다. 문제는 이 노선이 민간 투자 노선이라는 점이다. 이용객들은 운임에 불만을 표하지만, 사업자는 언론을 통해 재정 상황이 어렵다고 여론에 호소하고 있다. 이 회사의 주요 재무지표는 도표 1과 같다. 영업 비용에서도 손실이 발생하는 한편, 대규모의 금융 비용 때문에 당기순손실이 발생하는 구조라는 점을 알 수 있다.

이런 사업 구조가 지속될 수 있을지, 아니면 철도공사가 개입해야 사업 구조를 정리할 수 있을지[4]는 여기서 검토하지 않겠다. 여기서는 다만 철도 산업을 포괄적으로 이해하기 위해서는 재무적 상황 역시 시야에 넣고 있어야 한다는 점을 지적해 두고 싶다.

2017년 여름 국토부는 분당선의 급행 운행을 확대한다는 계획을 발표했다.[5] 야탑, 그리고 수서 인근 역 1개, 총 2개 역에 대피선을 추가해 전 구간 급행 운영을 한다는 것이 그 골자다. 이런 계획이 어떤 귀결로 이어지든, 지하 역사에 대한 시공은 매우 비싼 일이라는 점을 이 투자에 대한 앞으로의 평가에서 감안할 필요가 있다. 그리고 이런 비싼 값을 치러야 할 만큼 1기 신도시 철도와 이후의 투자가 충분히 성공적이지 못했다는 사실 또한 기억할 필요가 있다.

4

실제로 철도공사는 공항철도를 2009년 인수해 사업 재구조화와 안정화를 수행했고, 작업이 마무리된 2015년 다시 이를 민간(KB금융그룹)으로 매각했다.

5

국토교통부 광역도시철도과·철도운영과·민자철도팀, 「경부·분당·과천·일산 급행열차 확대, 수도권이 더 가까워진다」.

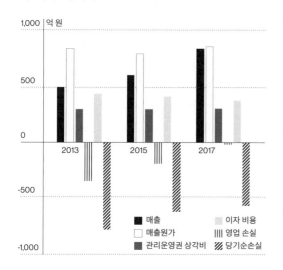

1,000 억원

500

0

2013　　2015　　2017

-500

■ 매출　　　　　　□ 이자 비용
□ 매출원가　　　　‖‖‖ 영업 손실
■ 관리운영권 상각비　 ⫽ 당기순손실

-1,000

2) 삼성~동탄 급행 철도

이 축선을 통과하는 광역망 투자 가운데 그 규모 면에서 거대하며, 여론 또한 전례 없이 주목하고 있는 망은 바로 삼성~동탄 급행 철도일 것이다. 이 노선은 동탄역부터 수서역까지는 수서평택고속선을 활용하는 한편, 수서역 부근에서 분기하여 삼성으로 진행하는 노선이다. 차량은 최고 속도 180km/h급을 사용할 것으로 알려져 있고, 덕분에 현 경부선 무궁화보다 표정속도가 조금 더 빨라 40km를 주파하는 데 대략 20분 정도가 소요될 듯하다. 이 노선과 관련된 'GTX'에 대해서는 아래에 나오는 2절에서 곧 다룰 것이다.

이 노선은 수서평택고속선(총 4조 원) 시공에 투자된 동탄의 개발 분담금 8000억 원에 대한 대가로 건설되는 광역망이다. 즉, 고속철도와 광역망 기능을 함께하기 위해 건설되는 노선이다. 하지만 시설 규모가 복선에 지나지 않는다는 사실은 앞서 경부1선과 중앙선을 다루면서 확인한 병목이 이 노선에서 재현될 수 있다는 우려를 부른다. 60편 수준의 고속열차, 그리고 84편[6] 수준의 광역열차 배차는 현재로서는 충분해 보이지만, 복선으로는 증편 가능 용량이 하루 편도 수십 편에 불과하다는 점에 비춰 보면 꼭 그렇지만은 않다. 2복선 시공이 가능한 부지를 확보하지 못한 덕분에, 이 노선 역시 미래의 병목이 될 우려를 품은 채 달리게 된 셈이다.[7]

동북권: 중랑천에 걸린 고민

시야를 동북 방면으로 돌려 보자. 이 일대의 광역망은 중랑천 일대의 침식 분지를 따라 서울 동북부를 종관해 의정부와 동두천 방면으로 북상하는 경원선, 그리고 전국망을 논의할 때 상황을 잠깐 확인했던 중앙·경춘선으로 나뉜다.

1) 경원선

2020년 봄 현재, 병행하는 고속도로망이 사실상 없는 경원선은 주변에서 가장 빠른 대중교통망이다. 경인선이나 경부선에 비해 수송량이 비교적 적은 수준이며, 주

6

첨두시간(통상 7~9시, 18~20시) 7분 배차, 나머지 시간(14시간) 15분 배차가 계획되어 있다.

7

물론 지하 2복선을 건설했다면 수서평택고속선의 건실비는 4조가 아니라 8조가 되었을 것이다. 사업비를 절감하려면 최대한 지상으로 망을 확보하려는 노력이 필요했지만, 아무래도 주변 연선이 모두 개발된 상태에서는 무리였던 것으로 보인다.

변 신도시 개발 축선은 철도를 부분적으로만 따르는[8] 상황이지만, 이 지역에서 경원선의 중요성을 부정할 수는 없을 것이다.

이 선구에서 불만은 주로 배차와 서울 시내 방면으로 향하는 급행열차의 공급이 부족하다는 데서 온다. 말단인 동두천 지역의 배차는 낮 시간대에는 거의 30분까지 벌어진다. 그러나 동두천과 청량리 사이를 달리는 완행열차의 표정속도는 40km/h 미만으로 도시철도와 지수적으로 동급의 속도를 보인다. 또 서울 시계 내 주요 역에 있는 대피선은 광역망을 위해서는 아침 시간에만 사용된다. 같은 1호선을 구성하는 경인선이나 경부선에는 급행열차가 종일, 절찬리에 운행 중인 모습과는 상반된다.

2) 중앙선과 경춘선

이 노선의 현황은 전국망을 다루면서 간략하게 살펴본 바 있다. 이 노선의 최대 병목 지점은 4장에서 확인한 상봉역이다. 두 노선, 정확히 말해 경춘 하선과 중앙 상선이 여기서 평면으로 교차하기 때문이다. 바로 이 병목 지점 때문에 경춘선 연선 지역과 중앙선 연선 지역 사이에는 희소한 자원을 놓고 갈등 관계가 성립하고 말았다. 특히 4장 표 9에 반영되어 있는 경춘선 전동열차 10편은 이전에는 중앙선 전동차가 활용하던 용량을 가져간 것이다. 다행히 이러한 갈등 관계는 외부에서 볼 때 두드러질 정도로 악화되지는 않았다. 중앙선의 병목이라는 구조적 문제 때문에 이러한 상황이 빚어진다는 상황을 이해하고 있다면, 지방정부나 주민 공동체의 요구는 중앙선의 병목 해소를 위한 망 확대 사업으로 향하게 될 것이다.[9]

경춘선 전동열차는 대부분 서울의 초입인 상봉역에서 종착한다. 이것은 경춘선이 서울 도시철도망과 매우 빈약하게 연결되어 있다는 의미이다. 아쉬운 대로 경춘선에게 도움이 될 수 있는 사업으로 6호선의 신내 연장 사업이 있다. 하지만 그러나 이 사업은 오랫동안, 그리고 경춘선 신내역과 서울버스 공영차고지의 존재에도 불구하고 수행되지 않다가 2019년 연말이 되어서야 단선으로 개통했다.(경춘선 신내역은 2013년 개통)

서울 시계를 벗어난 지점, 도농역과 양정역 사이에서는 다산 신도시를 통과하는 중앙선의 일부가 복개되어 있다. 그런데 이 복개를 위해 설치 중인 박스 구조물은 복선만을 수용할 수 있는 규모로 되어 있다. 남양주 일대의 광역 교통 수요와 전국망 수요를 분리하기 위한 2복선화 공사를 하려면, 이 지점을 벗어난 곳에 복선을 추가하거나 지금의 박스 구조물을 파괴하고 다시 건설해야 하는 상황이다. 다

8

LH의 2기 신도시로 등재되기도 한 양주 옥정 신도시는 경원선에서 동으로 4~5km 떨어진 지점을 중심으로 삼고 있다. 때문에 양주시 측에서는 7호선과 접속되는 새로운 광역철도 사업을 추진 중이다.

9

남양주 오남·진접 지역을 기반으로 하는 지역 온라인 커뮤니티는 실제로 사릉역의 경춘선 급행열차 정차, 그리고 급행 정차역의 ITX-청춘 계승을 이끌어내기도 했다. 이들의 활동은 다음을 참조하라. 김주락, 「지역기반 온라인 커뮤니티 활동이 대중교통체계 변화에 미치는 영향」, 『지리학논총』, 58호(2012): 19~20.

산 신도시 입주, 그리고 양정 역세권 개발 사업과 함께 늘어날 교통량을 처리하기 위해서도 2복선화는 매우 긴요하다.[10] 하지만 다산 신도시 사업자인 남양주시·경기 개발공사는 이를 감안하지 않고 현재의 복선을 그대로 유지한 채 복개 사업을 벌이는 우를 범하고 말았다. 앞으로 십수년 이상, 이 복개 사업은 중앙선의 미래를 옥죄는 족쇄로 남고 말 것이다.

서북권: 일산과 철도

의정부에서 지금은 여객 운행이 중지된 교외선을 따라 북한산 북쪽을 휘돌아오면, 고양시와 파주시가 자리한 수도권 서북 지역이 나온다. 이곳의 현 광역망은 일산선과 경의선 두 노선으로 이뤄져 있다.

1) 일산선

이 노선은 서울 도시철도 3호선의 북쪽 마지막 역인 지축에서 출발, 화정 지구를 거쳐 일산 신도시의 중심을 관통하는 망이다. 100년 넘게 운행되어 온 경의선보다 일산선이 먼저 광역망으로 정비된 이유는, 경의선 정비보다 일산선 신설이 비용편익비가 조금 높다는 토지공사의 판단 덕분이다.

이 노선은 3호선의 말단 부분이라는 특징 덕분에 서울교통공사가 위탁 운영 중인 노선이다. 또한 대곡, 원당을 제외한 모든 역이 지하이며, 대피선 설비도 없다. 서남권·동남권처럼, 문재인 정부는 이 노선에도 대피선을 시공하겠다는 보도를 냈다. 대상 역은 정발산, 화정, 원흥으로 명시되어 있다.[11]

2) 경의선

좀 더 본격적인 철도망의 모습을 하고 있는 곳은 경의선이다. 비록 고속철도 입출고와 미래에 북한 철도와의 연결을 대비한 것이지만, 경의선은 능곡까지 2복선화되어 있고, 고양시 구간의 상당 부분은 2복선 노반이 확보되어 있기 때문이다. 하지만 이런 모습도 서울 시계를 넘어 들어가면 그 위세가 꺾인다. 재래선 특급(무궁화·새마을)의 차량 기지가 위치한 수색을 통과하면, 서울역 방면 복선 용량의 대부분은 서울·용산역 착발 전국망 열차의 입출고선으로 사용되고 있다.(4장 표 7 참고) 1시간에 1편 정도 다니는 경의선 전동열차는 여기에 얹혀 사는 군식구처럼 보인다. 가좌와 용산 방면 복선은 복선이 너끈히 다닐 수 있었던 지상 부지를 버리고 아예 지하로 들어간다.

이 구간의 지하화에 가장 크게 기여한 것은 주변 민원이다. 마포구 구간(가

10

도농까지만 2복선화를 하는 대안도 있지만, 이는 종착 열차를 관리하기 위한 조킹을 추가하는 운영 비용을 부담해야 하는 안이다. 덕소까지 2복선화를 해서 운영하는 것이 운영 비용 추가 지출을 최소화할 수 있는 대안일 것이다.

11

국토교통부 광역도시철도과·철도운영과·민자철도팀, 「경부·분당·과천·일산 급행열차 확대, 수도권이 더 가까워진다」.

좌~공덕)의 지하화는 2003년, 용산구 구간(공덕~용산 직전)의 지하화는 2008년에 확정되었다.[12] 주변 주민들이 지하화를 요구한 이유는 지상 철도의 소음과 분진, 그리고 지역 단절 효과와 철도용 고가교의 경관 훼손 문제였던 것 같다. 이런 갈등은 오늘날 철도 주변에서 흔하다. 어차피 공항철도 공사를 지하로 수행할 것인 이상, 경의선 지하화도 함께 수행하면 된다는 생각도 있었을 것이다. 하지만 이미 복선 궤도는 물론 대피선을 충분히 설치할 수 있는 공간이 확보되어 있었던 역 부지까지 마련되어 있던 상황에서, 그리고 전국망과 북한 철도 연결망 구성을 위해 경부1선~용산선 사이의 연계 및 경의선의 충분한 용량이 매우 긴요했던 상황에서 용산선을 포기했던 것은 망의 유연성을 크게 훼손하고 유기적 운용도 저해한 결정이었다고 평가할 수밖에 없다.

오늘날 가좌~용산 간 경의선의 역은 모두 상대식 복선역뿐이다. 2복선이나 경부1선 연결선은 물론 통과선도, 대피선도 전혀 마련되어 있지 않기 때문에, 경의선의 급행 운용은 서울 시계에서 멈춘다. 용산역 종착 열차가 용산선을 이용해 회송할 수 있었다면 급행으로 운용하기 좋은[13] 서울역행 열차를 더 많이 운용할 수 있었겠지만, 이런 가능성은 용산선~경부1선 간 연결선이 삭제되면서 사라져 버렸다. 용산~효창 간에 기울기가 35퍼밀(‰)에 육박하는 가파른 빗면이 있다는 사실도 문제다. 이 정도의 빗면은 광역망의 관점에서는 문제가 되지 않을지도 모르지만 전국망, 그리고 중앙선에서 올라오는 화물열차의 관점에서 보면 큰 문제다. 빗면을 달리는 선로는 기관차 견인형 열차(현 국내 고속열차를 포함한다)의 운전에 큰 부담이 되기 때문이다. 결국 광역망이든 미래의 북한 연결이든 서북 지역의 철도 서비스를 획기적으로 개선하려면, 바로 이 구간의 철도 시설을 다시 시공할 필요가 있다. 현재의 공원 부지를 일부 뜯어내고 공사를 벌이는 데 대한 여론의 반발은 크겠지만, 나는 이 노선에 대한 투자가 오히려 GTX 등보다 우선순위가 높을 수 있다고 생각한다.

세 가지 불만

이렇게 김포를 제외한[14] 수도권 광역망의 상황을 한 바퀴 돌아 보았다. 이들 여러 선

12
「용산선 지상철로 100년 만에 bye」, 『시정일보』, 2005년 11월 26일 자. 마포구 관내 선구의 경우 2003년까지는 수색으로 진입하는 양회조차가 용산선을 이용한 것으로 보이며, 이후 행신기지 접속을 위한 배선 개조 과정에서 잠정 운휴에 들어가기 시작한 것 같다. 전체 타임라인 확인에는 미래철도DB를 사용했다. 용산구 측의 동향에 대해서는 다음 기사를 참조. 「'의회' 용산선 지하화 꼭 성사」, 『서울신문』, 2005년 7월 29일 자.
13
4대문 도심 바로 옆에 종착하므로, 서북부의 통근 수요를 좀 더 쉽게 공략할 수 있다.

14
김포 경전철은 고가화를 하지 않고 사업비가 훨씬 더 많이(통상 1.5배) 들어가는 지하화를 했다는 점에서 비판을 받을 여지가 있다. 하지만 이 노선은 국비를 받지 않고 지방 내에서 LH 등으로부터 재원을 충당하여 건설하는 노선이다. 재원이 이렇다면, 김포시와 서울 사이의 연결에만 영향을 주는 이 노선을 다루면서 지하화로 잃은 기회비용에 대해 약간 아쉬워할 수는 있어도, 더 세밀한 비판을 할 필요는 없을 것 같다. 다만 김포 방면 망은 북한의 개방 이후 서울 서부나 인천에서 출발, 개성이나 해주 방면으로 연결될 보조 축선이 될 수 있다는 점을 감안하면 지하화가 미래 망의 유연성을 떨어뜨린 결정이라는 비판은 가능해 보인다.

구에서 확인할 수 있는 다양한 불만들은 다음과 같이 세 가지로 요약할 수 있을 것이다.

1.   속달망 부족: 수도권 광역망의 주류는 표정속도 40km/h를 넘기지 못하는 완행열차다. 하지만 오늘날 수도권은 모든 방향에서 서울 도심으로부터 40km 이상 떨어진 지점까지 확대되어 있다. 크리스탈러 G원의 반지름(36km)과 반지름이 유사한 제2외곽순환고속도로까지 건설되고 있는 것이 현실이다. 철도 승차만 1시간 이상 걸린다면, 이는 교외 신도시의 주택에서 서울 도심부 목적지까지의 통행에는 2시간 가까이 걸린다는 뜻이다. 이것으로는 사람들을 충분히 만족시킬 수 없고, 경로 선택이 유연한 버스, 그리고 문전 연결 능력이 뛰어난 승용차와의 대결에서 우위를 점하기 어려운 경우가 아주 많을 수 있다. 2^5km/h급보다 지수적으로 빠른 속도 대역의 서비스가 더 촘촘하게 제공되어야 한다.

2.   배차 부족: 경인선에서도 낮 시간 급행열차 배차에 대한 불만이 있다. 경부선, 경원선은 완행에 대해서조차 그렇고, 중앙선과 경춘선, 경의선 역시 마찬가지다. 사실상 광역망 전체에 걸쳐 배차 빈도는 중요한 불만 요인이다.

3.   네트워크의 유기성 부족: 경인급행조차 서울 도심으로 직접 진입하지 못하고 용산에서 끊기는 바람에 불만의 대상이 되고 있음을 앞서 확인했다. 이 불만은 경부급행도 공유한다. 경춘, 경강선처럼 최근 개통된 망 가운데 다수는 서울 외곽, 또는 아예 경기도에서 종착하며 따라서 서울 도심으로 진입하기 위해서는 환승을 해야만 한다. 또한 여러 미래 광역망들이 기존 망과 유기적으로 연계될 것인지, 구체적인 방안이 어떻게 되는지에 대한 계획이 명확히 밝혀져 있지도 않다. 용산선과 경부1선의 연계가 삭제되었다는 사실도 이 문제를 강화시킨다.

2절. GTX는 해결사일까?

광역망에 대한 이들 복합적 불만을 해소할 수 있는 대안으로 언론과 대중의 주목을 받는 계획이 있다. 'GTX'가 바로 그 계획의 이름이다.

GTX의 핵심 개념: 강점과 약점

GTX(Great Train Express)라는 이름과 개념은 김문수가 도지사 재임 당시 2010년 지방선거의 핵심 공약으로 제시한 데서 유래했다. 경기 전역의 불만을 파고들 이 선거용 무기는 계속해서 구체화되었고, 2020년 현재 개별 사업까지 진행되고 있다. GTX와 현존 광역망을 구별할 차별화 요소를 다음 두 가지로 요약할 수 있다.

1.   고속화: GTX망은 40km/h에 미치지 못하는 완행, 그리고 60km/h 수준의 급행망과는 달리, 100km/h 이상의 표정속도를 목표로 한다. 이는 두 방안을 통해 구현된다. 첫째, 10km 이상의 역간거리를 확보해 거점역에만 정차함으로서, 정차와 가감속으로 잃는 시간을 최소화한다. 둘째, 180km/h급의 차량을 도입하고 선로 규격도 그에 맞추어 본선 주행 속도를 다른 광역망에 비해 크게 향상시킨다.

2.   대심도화: 지하 수십 미터 지점에 역과 본선을 설치한다. 이는 여러 장점으로 연결된다. 먼저 지상 도로망을 추종하지 않고 시가지 하부를 관통할 수 있다는 점에서 고속화를 위해 필요한 곧은 선형에 도움이 된다. 도심에서는 기존 지하 시설물에 저촉되지 않는 선형을 구성하는 데 도움이 된다. 또한 지하 깊숙한 곳을 통과한다는 점에서 보상비를 덜 지급해도 되는 근거가 되기도 한다.

하지만 이들 요인은 각각 결정적인 난점으로도 이어진다. 먼저 고속화를 위해 역간거리를 10km 정도 둔다는 말은 그만큼 이 망을 이용해 혜택을 받을 수 있는 사람들이 줄어든다는 말이기도 하다. 다시 말해, GTX 역으로 접근하기 위해서는 대부분의 사람들이 기존 광역 또는 도시철도망이나 버스망을 이용해 환승해야 한다. 이는 고속화를 위해서는 마찰시간 증가를 감수해야 한다는 뜻이다. 교통연구원은 사람들이 역 접근 시간을 차내 시간보다 5배나 길게 평가한다는 계산 결과를 내놓기도 했다.[15] 그만큼 이런 고차 속도 대역의 철도를 건설할 때는 거점역을 신중하게, 그리고 기존 교통망과 도시의 중심지 기능을 감안하여 선정해야 한다.

또한 지하 깊숙이 역이 건설된다는 것은 GTX 열차를 타기 위해 역 시설을 통과하는 시간이 그만큼 길어진다는 뜻이기도 하다. 통상의 에스컬레이터로 철도역 한 층을 오르내리는 데만 30초 정도 시간이 걸린다. 이로 인해 가령 지하 50m에 역이 위치하는 공항철도 서울역(승강장 지하 7층)은 에스컬레이터를 이용하는 데만 3.5분이 걸린다.[16] 이는 앞서 살펴본 '환승저항'이 GTX의 최대 난적이 될 것이라는 점을 보여 준다. 2장 도표 3을 다시 확인하면, 대림, 신길, 노원처럼 지상과 지하의 수직 거리가 큰 역은 환산 환승 시간이 11~13분에 달한다. 사람들이 환승 시간을 차내 시간보다 더 길게, 아마도 2배 가까이 길게 생각하며, 계단이든 에스컬레이터든 수직 거리는 수평 거리보다 매우 높게 평가한다는 연구 결과가 이미 다수 누적되어 있다는 점은 앞서 환승저항을 다룰 때 이미 살펴보았으므로, 환승에 걸리는 시간은 액면가대로 생각해서는 안 된다는 점 또한 감안해야 한다. 환승 1회 자체도 소요 시간과 무관하게 약 10분의 시간 가치를 가진다. 이렇게 되면, 20분 이상의 속도 개

15
김현·김연규·정경훈·안상웅, 『대심도 철도 건설 정책의 실행방안 연구』(한국교통연구원, 2009), 99~107.

16
필자가 직접 측정해본 바로는, 4호선 역~공항철도가 5.5분, 1호선 역~공항철도가 약 8분, 지상 고속철 역과 공항철도가 5.5분 소요되었다. 성인 남성 기준이므로 다른 인구 집단은 이보다 더 느릴 수밖에 없다. 이 외에도 남한산성입구(지하 55m), 숭실대입구(41m), 신금호(42m) 등지의 깊이가 GTX 역의 깊이라고 생각하면 될 것이다.

선이 없는 경우 기존망에서 GTX로 환승하는 경우는 드물 것이다. 지하로 내려갈수록 사고 대처 역시 어렵고, 긴급 대처와 복구를 위해 훨씬 더 많은 준비를 해 둘 필요도 있다는 점 역시 무시할 수 없다.

재정 문제도 빼놓을 수 없다. 지하 깊은 곳에 건설되기 때문에, 특히 역에서는 상당한 비용 지출이 예상된다.[17] 다른 광역망처럼 전액 재정 사업(중앙 75%, 지방 25%)이 아니라 일정액의 민간 투자가 더해져 건설되는 노선인 만큼 운임 역시 상당한 수준일 것이다. 막대한 투자금을 생각하면 현재의 무궁화(기본 2600원, 40km 초과 시 64.78원/km)보다 비싼 것이 합리적일 것이다. 하지만 한국개발연구원(KDI)의 예비타당성 조사 결과는, 수도권 통합운임제에 참여하여 추가 운임 1250원을 받을 경우에만 사회적 편익이 발생하는 규모의 승객이 GTX 열차에 탄다는 결과를 보여 주는 상황이다. 이 수준의 운임으로는, 민자 유치는커녕 건설비를 부채로 조달하는 고속철도 방식도 적용하기 어려울지 모른다.[18]

이러한 일반적인 득실을 지적하는 것으로 실제로 대지를 달리게 될 철도 계획을 충분히 평가할 수는 없다. 2017년 당시 국토부가 제시한 축선별로, 2014년, 그리고 2018년과 2019년 간행된 KDI의 예비타당성 조사를 기본 자료로 삼아 세밀한 이야기를 계속해 보자.

GTX A선과 동남, 서북권

GTX A선의 남쪽 구간은 2020년 현재 공사 중이다. 앞서 언급한 삼성~동탄 급행철도가 바로 이곳이기 때문이다. 이 구간은 동탄의 개발 분담금 덕분에 건설되고 있는 노선이며, 수서평택고속선의 활용도 또한 올릴 수 있는 노선이라는 점에서 정당성에 큰 문제는 없다. 다만, 정차역의 입지 선정은 상당히 아쉽다.

도표 2는 GTX 역으로 환승객을 실어 나르게 될 분당선의 역별 수요를 보여 준다. 어느 역에 성남시의, 그리고 용인시의 GTX 역이 연결될까? 나는 아마도 많은 사람은 수요를 바탕으로 야탑이나 죽전, 아니면 거리를 바탕으로 기흥 정도를 선택할 것이라고 생각한다. 하지만 실제 GTX가 연결된 역은 성남은 이매역, 그리고 용인은 구성역이다. 이매역은 주변에 비해 현격하게 교통 수요가 적은 조용한 주거 지역이며, 구성역은 주변 도로망이 부실하여 연계 교통이 발달하기 어려운 역이라는 점에서 GTX A선 남쪽의 중간역 계획은 새로운 철도망을 현존하는 연선 교통

---

[17] 개소당 600~800억 원 정도 소요된다. 유재광 등, 『수도권 광역급행철도(GTX-B노선) 건설사업』(한국개발연구원 공공투자관리센터, 2019), 189~192. 환기구 역시 개소당 단가가 통상적인 도시철도보다 2배가량 높은 107억 원으로 산정되어 있다. 같은 책, 194.

[18] A선의 예비타당성 조사 추정으로는 하루 승객 45만 명에 대해 평균 1250원을 징수할 경우, 약 2045억 원

의 연 매출이 예상된다. 또 계속 언급되는 KDI의 2014년 예비타당성 조사는 A선 단독 시행 시 할인 비용은 약 2.9조 원으로 계산했다.(영업비용 포함) 여홍구 등, 『수도권 광역급행 철도 건설사업』(한국개발연구원 공공투자관리센터, 2014), 440. 시회적 할인율은 4.5%로, 또 착공 7년차부터 매출이 발생한다고 가정하면, 전체 (할인율 감안) 매출은 30년간 2.6조 원 수준이 될 것이다. 결국 재무적 상황이 어려울 수 있다는 뜻이다.

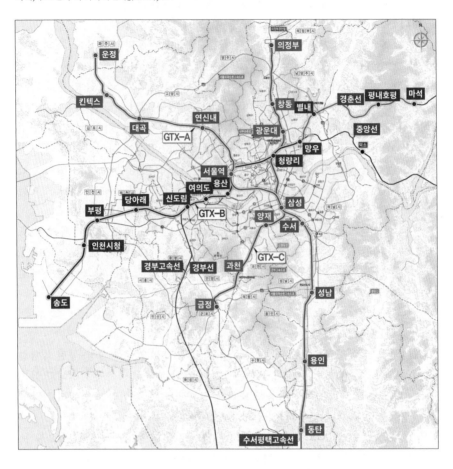

수요와 충분히 유기적으로 연결하지 못하고 말았다. 역 접근 시간을 사람들이 아주 중요하게 생각한다는 교통연구원의 연구 결과(주15 참조)는 망 구성에서 충분히 반영되지 못했다.[19]

　　이번 절에서 쟁점으로 삼고 싶은 구간은 삼성역부터 시작해 일산을 거쳐 파주에 이르는 구간이다. 이 가운데 서울 시내 구간인 삼성~서울역~연신내 구간은 GTX A선으로 서울 시내를 관통하고자 한다면 어찌되었든 건설해야 하는 노선이라는 점에서 따로 평가하지 않아도 될 듯하다.[20] 다만 이렇게 서울을 관통하여 도달한 서북 지역의 상황이 문제다.

　　도표 3은 수도권 동남권과 서북권 광역철도 사이에는 수요 차이가 상당하

19
이매역의 경우 신분당 판교와 분당선, 경강선이 모두 가까운 역이라는 점에서 선택되었을 것이다. 하지만 결국 주변 세 중심지(야탑, 서현, 판교)의 가운데 위치해 어디와도 확실히 가깝지는 않은 역이 되었다는

점에서 아쉽다. 구성역은 분당선만 있을 뿐, 용인 경전철과는 거리가 있고 버스망과도 특별히 연계가 잘 되는 곳은 아니다.

[도표 2] 분당선 수서 이남의 2016년 역별 승차량. 교통 카드 태그 기준이다. 서울시와 성남시의 경계는 수서~가천 대 사이에 있으며, 성남시와 용인시 사이의 경계는 오리~죽전 사이에서, 용인과 수원 사이의 경계는 청명~영통 사이에서 넘는다. 야탑~오리 간 7개 역이 분당 신도시를 통과하는 구간이다.

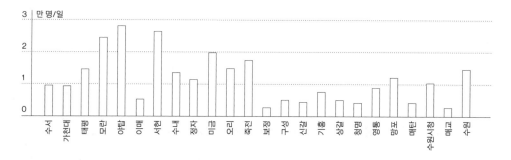

[도표 3] 수도권 동남권과 서북권 하루 광역철도 승차객 비교. 승차량이 발표되지 않은 신분당선은 제외했다.

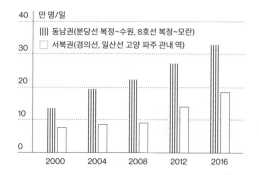

다는 사실을 보여 준다. 이는 시계 진입 인원에 대한 직접 통계는 아니지만, 승차 인원이 두 배 많은 지역에서 더 많은 사람이 서울을 오가고 있다고 추론하는 데 무리는 없다. 이러한 수요의 불균형은, 서북부로 GTX A선을 연장하려는 국토부의 계획이나 고규격 선로의 연장을 바라는 서북 지역 시민들의 요구가 합리적인지 신중히 생각해 봐야 할 근거가 된다.

이러한 수요 차이는 예비타당성 조사를 통해 계산된 수요량을 보여 주는 도표 4에서도 확인할 수 있다. 킨텍스, 대곡역의 승차 물량은 성남, 용인, 동탄을 합한 물량에 비해 매우 적거나(순 승차) 절반 수준(환승)이 될 것이다. 이 정도로 승객 비율이 벌어질 경우, 그동안 광역망에서 철도공사는 주저 없이 배차를 효율화해 왔다. 그렇게 해야만 적자를 최소화할 수 있기 때문이다. 수요에 기반해 서북 지역 GTX A선에 대한 기반시설 투자 규모를 조정하거나 대안을 마련할 필요가 있다.

게다가 유사한 축선을 따라가는 노선인 신분당선 역시 서북권으로 향하려는 계획이 있다. 이렇게 되면 서북권역에는 총 4개의 광역전철 복선이 연결되는 셈이다. 하지만 현재 서북권에서 철도를 이용해 서울에 오가는 인원은 하루 20만 명 수준이며, 이는 복선 하나로도 충분히 수용할 수 있는 수준이다.(3장 참조) 운정 지역으로 연장선을 설치한다고 해서 그 수요가 대폭 늘어나리라고 보기도 어렵다.[21]

20
인사 계획이 신분당선을 공용하는지는 2019년 현재 명확히 공개되어있지 않다. 6장에서는 신분당~GTX A선이 서로 별개의 복선을 사용한다고 가정하기로 한다.

21
운정역에서 탑승하는 인원은 하루 약 2만 명 수준으로 예측되었으며, 이는 A선 전체 이용객의 5% 수준이다. 이승헌 등, 『수도권 광역급행 철도 A노선 파주 연장선 건설사업』(한국개발연구원 공공투자관리센터, 2017), 214~217.

[도표 4]　2031년 GTX A선의 예측 수요. 수도권 통합운임제에 참여하는 한편 별도의 기본요금(1250원)을 징수하고, GTX A선만 별도로 개통된 상태에서의 예측 수요다. 여홍구 등, 『수도권 광역급행 철도 건설사업』(한국개발연구원 공공투자관리센터, 2014), 392.

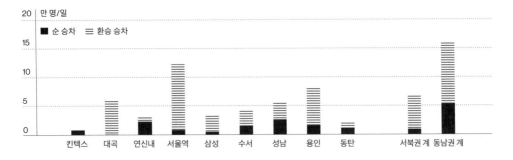

[도표 5]　2031년 GTX B선의 예측 수요. GTX A선과 동일 조건에서, GTX B선만 별도로 개통된 상태에서의 예측 수요다. 여홍구 등, 『수도권 광역급행 철도 건설사업』, 395.

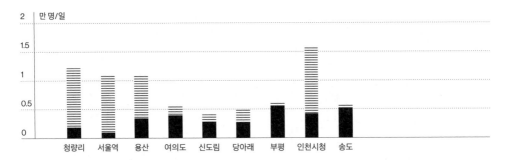

[도표 6]　2031년 GTX C선의 예측 수요. A, B선과 동일한 조건에서, GTX C선만 별도로 개통된 상태에서의 예측 수요다. 여홍구 등, 『수도권 광역급행 철도 건설사업』, 397.

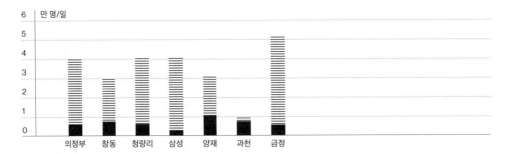

　　물론 서북권은 북한 서부와 서울 거대도시권을 잇는 교량이 될 지역이다. 따라서 오늘의 수요가 판단의 기준이 되기는 어렵다는 반론도 가능할 것이다. 내일의 수요를 위한 장기 대책이 필요한 것은 사실이고, 바로 이를 위해 GTX A선을 활용할 필요는 있다. 이러한 장기 대책은 북한의 개혁·개방 진행이나 황해도 지역의 개발 계획과 연동되어 구현되어야 한다. 나는 그 대책의 내용으로, 김포반도 북쪽이나 강화, 해주까지 시야에 넣고 계획을 벌이는 것이 좋을 것이라는, 그리고 신분당선은 A선이 미치지 못하는 지역을 포괄해야 한다는 제안을 6장에서 하고자 한다.

GTX B선과 경인, 동북권

GTX B선은 인천과 경춘선을 잇는 노선이다.[22] 인천 측에서 이 노선은 송도 신도시 연결, 그리고 경인선 보강을 주요 목표로 한다. 인천 1호선과 나란히 달리는 송도 신도시~부평 구간이 가장 서쪽이며, 부평부터 용산까지는 경인급행과 유사한 축선을 따르기 때문이다. 서울역을 지나 도심을 횡단한 이 노선은 청량리부터 망우까지는 중앙선을 따라 가고, 망우부터는 경춘선을 공용하며 마석에서 종착한다.

경춘선을 그대로 활용하는 방안이나, 청량리~망우 추가 복선을 확보하는 방안은 합리적이다. 청량리~망우 병목을 해소하기 위해서는 중앙선 전동차를 위한 복선이 더 필요하겠지만(6장 핵심 선구 연구 2 참조) 적어도 경춘선 열차를 별도 복선으로 분리해 낼 수 있다는 점은 이 노선의 중요한 기여다.

하지만 용산에서 부평에 이르는 노선 계획에는 문제가 있다. 먼저, 용산역의 경우 춘천~속초선, 중앙선 방면 고속열차(하루 총 21편)의 부분 착발역으로 설정되어 있어 열차 회차를 위한 인상선이 설정되어 있는데, 이들 인상선에 고속열차가 진입하기 위해서는 본선을 가로질러야만 한다. 교차지장이 발생한다는 뜻이다. 이들 고속열차가 서울 관내를 관통하여 운행하도록 하는 대안을, 교차지장을 줄이기 위해서라도 검토할 가치가 있었을 것이다. 게다가 이 구간을 나란히 달리는 경인급행은 완행보다 지수적으로 빠르다.[23] GTX B선이 부평에서 신도림까지 8분 만에 주파한다고 하더라도,[24] 이미 경인급행도 같은 역 사이를 21분에, 일부 열차는 19분에 주파하고 있다. 승객이 양쪽 역에서 환승을 위해 각각 6분만 사용하더라도, 승객들은 경인급행과 똑같은 시간을 들여 이동해야 한다. 환승 관련 한계대체시간 수치(2장 참조)를 감안하면, 부평과 신도림 사이에서 벌 13분의 시간은(인간의 심리적인 시간 예산 제약 덕에) 한쪽 역에서 모두 소모되어 버릴 것이다. GTX B선 부평역은 이미 상당한 심도에 위치한 현재의 인천 지하철 1호선 역보다 더 깊을 수밖에 없으므로, 동인천·주안·동암에서 급행열차를 탄 승객이 환승저항을 무릅쓰고 다시 GTX로 환승하는 것을 기대하기도 어렵다.[25] 이는 지상 부평역을 이용하는 승객들

---

[22]
다음 두 보고서를 참고해 서술했다. 여홍구 등, 『수도권 광역급행철도 건설사업』(한국개발연구원 공공투자관리센터, 2014); 유재광 등, 『수도권 광역급행철도(GTX-B노선) 건설사업』(한국개발연구원 공공투자관리센터, 2019).

[23]
경인급행의 속도는 43~50km/h, 즉 2$^{5.5}$km/h 수준으로 완행망과 차별화되어 있다.

[24]
여홍구 등에 따르면 시뮬레이션 결과 신도림~당아래 간 8.66km를 주파하는 데는 4.16분, 당아래~부평 간

6.64km를 주파하는 데는 3.46분이 소요되었다. 당아래 정차 시간 0.5분을 합치면 8.12분이다. 실제 시각표는 약간의 여유를 두어 9분에서 10분 정도로 잡힐 것이다. 여홍구 등, 『수도권 광역급행 철도 건설사업』, 180.

[25]
이를 감안해 인천발전연구원의 후속 연구는 GTX 경유지를 수안으로 바꾼 대안을 검토하기도 했다. 최병국, 『GTX B노선 변경연구』(인천발전연구원, 2017), 21~29.

에게도 해당하는 이야기이다. 같은 지하에 있는 인천 1호선 승객만이 조금의 이익을 얻을 수 있을 것이다.

　　KDI의 수요 예측 역시 이러한 예상을 뒷받침한다. 특히 2014년도의 예비타당성 조사는 GTX B선만 단독으로 건설될 경우 부평역의 환승객이 불과 476명 선이라고 예상한다. 나머지 노선도 모두 건설되면 이 수요가 증가하기는 하지만, 그래도 4000명을 넘지 못한다. 개통 이후 한 번도 수도권 최대 환승 인원을 놓친 적이 없는 신도림에서조차 환승객의 규모는 극히 미약하다. 비용편익비 역시 0.33이라는 기록적인 수치가 나왔다.(GTX B 노선 단독 개통 시) 이 사업

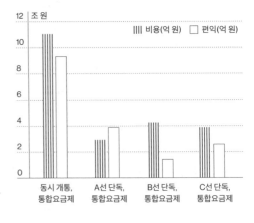

[도표 7]　　통합요금제에 참여하는 한편 약간(1250원)의 추가 운임을 징수하는 시나리오에서 GTX 각 노선의 총비용과 총편익. 할인된 값이다. 여홍구 등, 『수도권 광역급행철도 건설사업』, 467~470.

에 투입한 100원마다 사회가 67원만큼 손해를 본다는 뜻이다. 상황이 좋지 않다는 것을 깨달은 인천시는 다시 GTX B선의 예비타당성 조사를 신청하면서 추가 운임을 900원 수준으로 낮추는 계획을 제출했다. 하지만 이렇게 되면 운영 사업자의 수입이 감소하여 사업의 재무성은 악화될 수밖에 없고, 따라서 사업 진행이 느린 재정 사업을 기다려야만 할 것이다.

　　2019년 예비타당성 조사는 경춘선 연선 지역의 신도시 개발을 전제했을

[도표 8]　　GTX 세 노선을 모두 함께 개통시켰을 때의 역별 승차량 추정. 이 도표의 모든 값은 2031년 시점의 수요 예측량이다. '통합운임제'는 수도권 통합운임제에 참여해 추가 운임 1250원을 받고 운영하는 시나리오를, '별도운임제'는 통합운임제에 참여하지 않고 GTX 간 환승만 무료이며 도시철도나 버스로 환승할 때는 기본 요금을 다시 내야 하는 시나리오를 의미한다. 전체 비용편익비가 0.84 수준이었다는 점을 감안하면, 이 노선이 경인선 병행 신선이 아니라 다른 노선 공용 계획이었다면 경기도가 그토록 염원했던 GTX 동시 착공이 실현되었을지도 모를 일이다. 여홍구 등, 『수도권 광역급행 철도 건설사업』, 384를 가공.

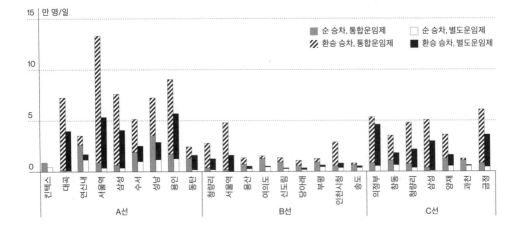

때 GTX B선의 경제성이 있다고 예상한다. 또, 비록 그 운임이 상당히 하락하였으나(2010년 기준 기본 운임 2150원→1500원, 다만 거리 비례 운임은 5km당 100원에서 250원으로 상승), 수요 규모는 대부분의 역에서 2배 가까이 증가했다. 수요가 1.5배 이하로 늘어난 역은 인천시청, 부평, 신도림, 용산 정도이다.(2014년 조사의 GTX A, B, C선 동시 개통 기준) 그런데 이들 역은 공교롭게도 경인급행이 정차하는 곳이다. 특히 부평, 신도림, 용산의 승차자와 환승자 수는 2014년 조사에서 크게 변화하지 않았다. 2019년 조사에 수록된 통행 패턴 변화량(2019 연구 348쪽) 역시, 경인선의 경우 서쪽으로 갈수록 통행량 감소가 미약해지고 부평 이서 구간에서는 통행량 감소량이 그리 크지 않음을 확인할 수 있다. 2014년 조사와 2019년 조사 모두 결과가 이렇다면, 경인급행과 GTX B선을 꼭 경합시켜야만 하는지 의문이 들지 않을 수 없다. 현행 계획으로도 승용차 분담률에 상당한 영향을 미칠 것으로 보이는 이런 노선을(2019 연구 334쪽), 이미 경인급행이 존재하는 현재의 경인선 축선과는 좀 더 거리가 있는 축선에 공급하는 대안이 더 적절하다는 생각이 가시지 않는다. 인천시가 이 노선을 원한다면 경인선 연선보다는 다른 축선을 통과하는 노선을 함께 검토하는 것이 적절하다. 경인 간 연결을 강화할 다른 구체적인 방법에 대한 논의는 6장의 '광역특급'과 '광역급행' 계획에서 전개하겠다.

GTX C선과 서남, 동북권

GTX C선은 서남권의 환승 거점인 금정역에서 동북방의 서울 강남 도심으로 향한다. 과천, 양재를 거쳐 삼성역을 통과하고 나면, 이 노선은 북쪽으로 방향을 돌려 청량리, 창동을 거쳐 의정부에 이른다.

　　　이 노선은 남쪽에서는 수원이나 안산 방면으로 뻗어 나가지 않고, 북쪽으로는 의정부에서 종착한다. 때문에 안산선·경부선(남쪽), 그리고 경원선(북쪽)과 원활하게 직결 운행을 할 수 없다면 그리 큰 효과를 거둘 수 없을 것이다. 수정된 예비타당성 조사 보고서는 이를 반영하여 경원선 직결과 도봉산 이북 공용, 과천선 과천~금정 간 공용, 경부1선 직결과 같은 대안을 노선 계획에 대거 포함시켜 두었다.[26]

　　　수정된 계획은 전체 연장(의정부~금정 48km) 가운데 약 10km, 즉 20%를 현 망 공용 부분으로 잡고 있다. 이를 통해 사업비를 절감하는 한편, 경원선을 따라 덕정까지, 경부1선을 따라 수원까지 내려가면서 수요를 더해, 사업 계획은 비용편익 분석의 문턱을 꽤 준수한 성적으로 넘었다.(비용편익비 1.36) 하지만 선로 확대 없는 선로 공용은 결국 철도 병목을 부르고 만다. 보고서는 경부1선에 C선 열차를 상정한 수준(러시 7분, 평시 10분)만큼 운행하려면 재래선 특급과 의왕 진입 화물열차의 삭감이 필요하다고 말하고 있으며, 과천선과 경원선의 광역완행 열차들의 운

26
김재영·김성규, 『의정부~금정 광역급행철도 건설사업』(한국개발연구원 공공투자관리센터, 2018).

27
같은 책, 132, 134~138, 414.

전 시각표를 균일화하면 C선 열차 역시 균일하게 투입할 수 있다고 말하고 있다.[27] 하지만 이들 대안은 구현이 어려운 부분들이다. 재래선 특급의 삭감은 삼남 지방의 반발을 부를 것이고, 철도 물류는 트럭으로 인한 온실가스와 다른 여러 문제를 줄이기 위해서는 지금보다 훨씬 더 크게 확대되어야 한다. 광역 역시 문제인데, 4호선은 물론이거니와, 특히 1호선 광역완행은 노선 길이가 장대하여 지연과 간섭 요인이 끊이지 않는 노선이기 때문이다. 이 계통이 사용하는 경부2선은 최근 급행열차까지 추가되어 더욱 복잡해졌다. 1호선 완행의 균일한 운행은 사실상 불가능하다고 본다. 결국 현 계획상의 C선은, 사업비 절감을 위해 철도 병목을 부르는 구성을 피하지 못한 상태인 셈이다.

결국 이 노선 역시, 조금 더 제대로 된 투자를 받아야 한다. 나는 GTX 계획의 성격을 재정립하는 과정 속에서 C선 계획을 다듬어야 한다고 제안하고 싶다. 경원선의 용량을 확충하고, 서울 남쪽의 새로운 철도망과 연계되는 서울 관통선으로 이 계획을 다시 다듬는 구체적인 방법에 대해서는 6장으로 논의를 넘기겠다.

3절. 철도망은 혼자 달리지 않는다

서울 거대도시권 광역 철도망에 부족한 점이 많다는 데는 사실상 모든 수도권 주민들이 동의할 것이다. 그리고 이런 부족한 점을 보완하고 병목 구간을 돌파하기 위해서는 많은 면에서 투자가 필요하다는 점에 대해서도 많은 사람이 동의할 것이다. 하지만 실제로 이러한 투자를 어떤 곳에 어떻게 할 것인지에 대한 판단은 열광보다는 철도망이 광역 교통에서 하고 있고, 할 수 있는 역할에 대한 신중한 검토에 기반을 두고 이뤄져야 한다는 데는 사람들의 시각이 그다지 미치지 못하는 것 같다.

GTX에 대한 열광은 이 계획이 기존 노선과는 완전히 독립적이고 새로운 망을 약속하는 것처럼 보였기 때문에 더욱 강력하게 퍼졌을 것이다. 경기도는 세 노선을 동시에 개통해야 한다는 주장을 지속적으로 펼치기도 했다.[28] 완전히 새로운 무언가가 나타나 기존 체계에 대한 불신을 완전히 씻어 버리고 새로운 시대를 열 수 있다는, 일종의 역사철학적 약속이 수도권 광역망을 배경으로 나타났다고 할 수 있을지도 모르겠다. 특히 기존 광역망의 주축이 낡고 오래되었으며 승객들조차 질 나쁜 사람들처럼 보인다는 세평을 듣는 1호선이라는 점은 이들 새로운 노선 계획에 많은 연선 주민들과 지방정부가 열광하게 만드는 이유가 되었을 법하다.

GTX A선은 왜 비교적 괜찮은 평가(비용편익비 1.33)를 받았느냐는 질문에서 다시 출발해 보자. 이런 평가의 핵심에는, 이미 사업이 진행 중이며 추가 비용을 투입할 필요가 없는 삼성~동탄 급행 철도에서 북상하는 광역 수요를 그대로 받을 수 있다는 사실이 있다. 반면 GTX B선은 이미 강력한 경쟁력을 갖춘 경인선과

28
여홍구 등, 『수도권 광역급행 철도 건설사업』, 457.

함께 달리는 노선을 선정하는 실책을 범했으며, GTX C선으로 북상하거나 남하하는 교통량은 A선만큼 많지 않은 데다 기존 망 계획의 도움을 받기도 어려웠다.

세 노선 사이의 차이는 주변 광역망과 맺고 있는 관계를 통해 설명할 수 있다. GTX A선은 수요가 비교적 안정된 선구와 직결 운행하는 개념 덕분에 상당한 편익을 내놓는다. 반면 GTX B선은 지난 120년간 철옹성 같은 지위를 구축한 경인선에게 도전하는 우를 범했으며, 2014년 기존 계획의 GTX C선은 주변 망과의 관계가 어중간한 덕분에 순편익을 가져다 주지 못했다.

결국 GTX가 내놓고, 많은 사람이 열광했던 약속은 거대도시권 시민들의 요구를 만족시키기에는 미진한 수준이었다. 2^7km/h에 준하는 표정속도를 내는 망을, 한 번에 대대적으로 건설한다고 하더라도, 2^5~2^6km/h 속도로 거점 사이를 달리고 있는 기존 광역망과 도시철도의 지지를 충분히 받지 못한다면 그 효과는 반감될 수밖에는 없다.[29] 또한 경부선, 경춘선, 중앙선, 서해선, 중부내륙선과 같이 2^7km/h에 준하는 표정속도를 내는 기존선 또는 신설 재래선 특급망과 별개로 운행한다는 것 역시 이 망의 효과를 반감시킬 것이다. 이들 노선에 대한 투자는 기존 광역망으로는 채우기 어려웠던 빈틈을 주변 망과 최대한 협력하여 메우는 역할을 할 때 가장 효과적이고 효율적일 것이다.

물론 수도권 광역망의 풍경을 완전히 바꿔 버릴 미래 기술은 분명 언젠가 도래할 것이다. 하지만 GTX는 그런 기술적 대안은 아니다. '환승·접근 저항'이라는 변수를 여기서 다시 곱씹어 볼 필요가 있다. 학계는 GTX의 결정적인 난점이 이 부분이라는 점을 명확히 알고 있었다. 하지만 GTX 노선들은 이 문제를 충분히 극복하지 못하고 중요한 약점을 드러냈다. 직결이나 간편한 환승 동선을 구축하여 환승 저항을 줄이고, 기존선과 기존 거점역을 더욱 철저히 활용하여 접근저항을 감쇄하는 모습은 A선과 C선의 일부에서만 확인할 수 있었다. 고속화와 대심도화, 그리고 별도 선로 구축을 강조하는 계획의 방향이 GTX 계획을 이렇게 만들었을 것이다. 그러나 실제로 많은 사람이 편리하게 이용할 수 있는 망을 건설하기 위해 이보다 더욱 중요한 요소는 '망의 유기성 강화'라는 요소다.

결국 GTX의 개념은 수정되어야 한다. 전술적 차원에 가까운 세밀한 계획을 제안할 6장의 논의에 앞서, 이 수정 개념이 만족해야 할 덕목을 짚어 보는 것으로 이번 장을 마무리하겠다. 최대한의 기존선·계획선·기존역 활용, 기존선으로 연계되지 않는 빈틈에 대한 과감한 고규격 투자, 기존선과 신선의 직결 운행과 완행 공용역에서의 대피를 무리 없이 수행할 수 있는 세심한 운행 계획, 역과 본선의 유연한 활용을 위한 대비. 이제, 서로 충돌할지도 모를 이들 목표를 모두 감안하여 계획을 수정하기 위해, 좀 더 면밀하게 지도와 데이터, 현장을 살펴볼 시간이다.

29
실제로 여홍구 등의 연구는 수도권 전체 교통량 가운데 GTX 덕에 철도로 유입될 교통량의 규모를 0.4% 수준으로 예측하고 있다. 물론 이 수치는 15~20만 통행에 달하지만, 4000만 통행이 넘는 수도권의 교통량을 감안하면 양만으로는 정당화를 하기에 불충분할 것이다.(보강 10 참조)

5장 광역망, 지연과 불만의 철도

6장. 철도 도시 서울, 무엇을 할 것인가

1절. 다섯 동심원, 그리고 네 개의 속도

이제 나는 서울, 수도권 철도망을 총체적으로 재편할 계획을 제시하려 한다. 그 출발점은 수도권을 구성하는 몇몇 공간 스케일의 확인 작업, 그리고 이에 따른 망의 계층화 작업이다. 지도 1, 2, 3은 일종의 측정을 위해 크리스탈러의 '중심지 체계'(보강 2의 표 2 참조)에 따른 동심원을 눈금처럼 활용, 서울 주변의 도시 체계가 가진 특징을 보여 주기 위한 시도다. 다만, 7개의 동심원 가운데 마켓(M)과 지구(A) 규모는 여기 등장하지 않는다. 서울특별시의 행정구역(지름 약 30km)보다 훨씬 작은 범위를 포괄하기 때문이다. 따라서 지도의 동심원들은 K에서 시작하는 다섯 개로 이뤄진다.(가장 큰 원부터 L, P, G, B, K) 이 가운데, 서울 시계 내부를 거의 포괄하는 규모인 K(반지름 12km, 면적 400km²)는 서울시 계획의 주요 초점으로 늘 주목받고 있다. 더 새로운 이야기를 할 수 있는 기반은 그 바깥에 있는 네 동심원이다.

  동심원의 가장 외곽인 L의 반지름은 $108=4\sqrt{3}^6$km이다. 경기도를 비롯한 한국의 도 면적은 대개 L(약 3만 2000km²)보다 작은 P 수준(약 1만km²)이기 때문에 이 원이 하나의 지리 단위로서 국내에서 주목받았던 적은 많지 않다. 하지만 이 원은 계획의 단위로 응용하기에 충분히 의미가 있다. 이는 1장에서 확인했던 크리스탈러의 남독일 데이터나 1장 도표 13, 14에서 확인한 전 세계 행정구역 면적 사이의 규칙성 같은 간접적인 값뿐만 아니라, 서울 주변의 도시 분포(지도 1), 서울을 오가는 통근통학 교통량(지도 2, 3) 같은 직접적인 데이터를 통해서도 뒷받침할 수 있는 주장이다.[1] 제천을 포함한 충북의 3개 시는 모두 L 내부에 있거나 그에 인접한다. 충남의 8개 시 가운데 반수이자 도 인구의 2/3(140만 명)가 분포한 서산, 당진, 아

---

[1]
나는 의외의 곳에서 한국의 중심지 체계를 다루는 작업도 확인할 수 있었다. Pavel, E. M., "The Concept of Fuzzy Central Place as the Approach to Compare Distribution of Central Functions within Urban Agglomerations," ERSA conference paper (European Regional Science Associatio, 2014). 파벨은 한국의 도시 성장 데이터를 바탕으로 자신의 "뒤섞인 중심지 접근 방법"(fuzzy central place conception)이 중심지 기능의 분포와 변화를 서술하는 데 더 적절하다고 주장한다. 여기서 내가 주목하는 부분은 파벨이 계산 끝에 천안 인근 지역이 서울 대도시권과 대전 대도시권이 경합하는 구역이라는 결과를 얻었다는 점이다.(5, 12쪽) 이는 초점에 두고자 하는 스케일에 따라 경기도의 경계를 때로 무시할 필요가 있다는 내 주장을 지지하는 독립된 연구 결과로 볼 수 있다.

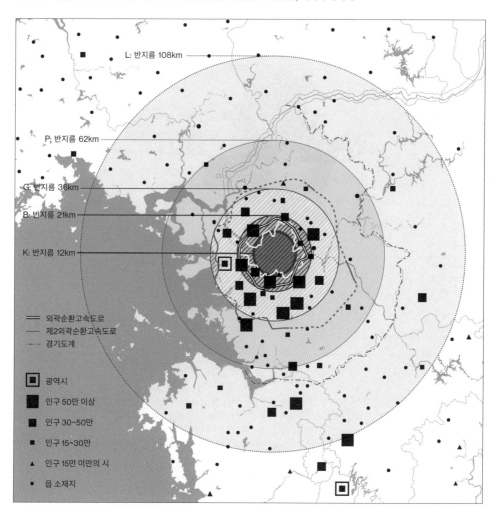

산, 천안은 L 남서측 외곽에 뱀 모양으로 늘어서 있다. 영서 지역에서는 춘천과 원주만이 시가 되었다.[2] 도시의 배열보다 좀 더 심층적인 상황은 지도 2와 3이 드러내 준다. 서울로 들어오는 통근통학객의 수(지도 2)가 다른 도시로 향하는 사람의 수보다 많은 지역의 외곽 한계는 대체로 P원과 일치한다.(가평, 양평, 용인 처인구) 하지만 L원 지역이라고 해도 서울행 통근객의 규모를 무시할 수 있는 것은 아니다. 철도가 없거나 부실한 홍천, 충주, 괴산조차 서울 방면 통근자가 0.5%를 넘는 것 같다.

2

태백은 과거 삼척에 속했던 지역이므로 영서 지역이라고 보기 어렵다. 수계 역시 시가 부분은 낙동강에 속하므로 영서와 구별된다. 또한 영서 남부의 영월, 평창, 정선 3개 군은 언어 면에서 구별되며 산업 측면에서도 광업이 중요한(중요했던) 지역이다.

6장 철도 도시 서울, 무엇을 할 것인가

[지도 2]　서울의 구심력: 지역 내 통근통학자 가운데 서울로 가는 통근통학객의 비중. 색이 진할수록 서울로 향하는 통근통학객이 많은 지역이다. 화살표가 없는 지역은 서울이 1위 통근통학 목적지이다. 지도 2와 3은 모두 카이스트 조천식녹색교통대학원의 김지수 님이 다른 목적으로 가공한 2015년 센서스 통근통학 데이터에 기반해 그린 것이다. 이 값은 만 12세 이상의 수치를 모두 합산한 것으로, 중고생의 광역 이동은 대체로 다른 연령에 비해 적다는 점을 감안하면 광역 통근 비율이 약간 작게 평가될 수 있는 계산 기준이다. 영동, 영남 지역은 표현하지 않았다.

[지도 3]　서울의 원심력: 지역 내 종사자·학생 가운데 서울에서 유입한 사람의 비중. 색깔이 진한 지역일수록 서울에서 온 종사자·학생이 많은 지역이며, 유입 화살표가 없는 지역은 서울이 1위 유입 지역이다.

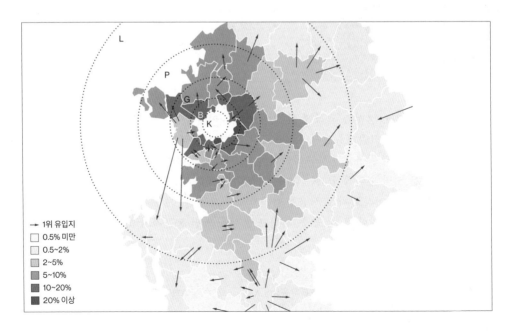

경부선을 따라 천안과 세종, 경춘선의 종착지 춘천의 경우에는 1% 넘는 통근통학자가 서울로 향한다. 반대로, 서울에서 나가는 사람들은 서울로 유입해 오는 사람들이 이동하는 거리보다 더 먼 곳에 있는 일터·학교까지 움직이는 듯하다. L원 곳곳에, 서울이 가장 중요한 종사자·노동자 유입 지역인 도시들이 있다. 특히 충주 이북 지역, 충북과 영서의 주요 도시(충주, 제천, 원주, 춘천)들은 모두 서울이 1위 유입 도시다. 천안, 아산, 세종은 서울로 올라가는 출근객보다 서울에서 내려오는 출근객이 더 많다. 지도 2에서는 서울의 영향이 극히 미미했던(흰색, 0.38%) 음성 역시 지도 3에서는 그 색이 크게 진해졌다.(4.92%) 이천은 서울이 1위 유입 도시다. 아산만 남안 당진·서산의 경우 비록 서울의 영향은 조금 약한 듯하지만, 인천이 1위 유입 도시라는 점에서 서울 근교발 장거리 통근통학의 목적지로서 작동하고 있다는 점만은 분명하다. 결국, 서울에서 출발하는 통근통학자의 도달 한계선은 서울로 유입되는 통근통학자의 출발 한계선보다 조금 더 먼 L원으로 보인다. 나는 충청 남부나 영서 산악·영동과 이들 지역이 도시의 규모나 통근 데이터에서 큰 차이를 보여 준다는 데 기반해 L을 서울 거대도시권 주변부의 바깥 경계로 보려 한다.

L원 지역 가운데, 천안과 조치원(구 연기군, 세종시 북동부), 대전으로 이어지는 경부 축선에는 철도가 중요한 역할을 하는 도시 회랑이 형성되어 있다. 지도 2, 3에서 이 축선은 다른 지역에 비해 색이 진해, 통근 통행 면에서도 서울과 좀 더 밀접한 관련을 보인다. 그러나, L 층위의 철도 연결은 경부 축선을 제외하면 여전히 극히 부실하며, 분주하게 움직이는 장거리 통근통학객들은 대부분의 축선에서 철도의 지원을 제대로 받지 못하고 있다. 특히 충청 북부는 수도권의 주요 제조업 기지라는 점에서, 이들 지역의 장거리 통근객에게 철도를 공급하는 일은 오늘의 산업 혁신에서 점점 더 중요해지는 인적 연계를 지원하는 일이기도 하다.(보강 6) 결국 L 층위는 대전이나 청주와 같이 대규모 수요를 보장할 수 있는 기존 중심지를 활용해, 그리고 현 망이나 투자 중인 새로운 망을 활용해 철도 연계가 확보되지 않았거나 미약한 측면을 공략할 필요가 있는 지리적 구역이다.

L 북서쪽에는 황해 남동부, 북한 강원 남서부 지역이 포함되기도 한다. 노무현 정부 이래 많은 주목을 받았던 해주(황해남도, 현 도청소재지)뿐만 아니라, 황해북도와 북한 강원 남부의 내륙 분지 지역 역시 L에 인접해 있다는 사실을 지도 1은 보여 준다. 북한의 개혁·개방을 진지하게 생각한다면 여기에 주목하지 않을 수 없다. 이들 지역은 현재의 충청 북부 지역과 유사한 방식으로 활용될 수 있으며, 철도 계획은 이 지역의 개발을 더 효율적이고 지속 가능한 방식으로 꾸려 나갈 수 있도록 구성되어야 한다.

그다음 원인 P의 반지름은 $62=4\sqrt{3^5}$km이다. 서울을 중심으로 한 P의 범위는 경기도와 거의 일치한다. 휴전선 너머에 있는 개성 일원 역시 분단 이전에는 경기도에 속했다. 이 지역 내부에는 최근의 광역망 확대 국면(3장) 덕분에 적지 않은 수준의 방사선 망이 갖춰져 있다. 하지만 여전히 방사선 사이를 연계하는 순환선은 존재하지 않으며, 방사선 철도의 포괄 범위는 고속도로를 따라가지 못한다. P 외곽

6장 철도 도시 서울, 무엇을 할 것인가

에서 출발하는 방사선 광역망 열차가 서울의 중심지로 충분히 파고들지 못하는 경우도 다수 존재한다. 지도 2는, P의 외곽 지역에서 서울을 오가는 교통량의 비중은 L 외곽에 비해 더 높다는 사실도 보여 준다. 현 단계의 방사선에 비해 한층 촘촘하고 체계적인 망이 P 규모에서도 필요한 셈이다.

반지름 $36 = 4\sqrt{3}^4$km인 G(약 3600km²)는 '거대도시'라는 이름에 걸맞은, 본격적인 대규모 인구 밀집 지역이다. 이 원 내부의 도시들은 그 바깥인 P, L에 속하는 도시들보다 대체로 규모가 크고(지도 1) 서울 방면 교통량의 비중 또한 여러 배 상승해 있다.(지도 2) 인천·수원·안산은 서울 통근 비율이 조금 낮긴 하지만 도시 자체의 인구 규모가 크고 제조업 중심 산업이 발달한 도시라는 점에서 다른 축선상의 도시보다 오히려 더 중요한 연계 대상이다. 이들 도시는 이미 1호선이 등장한 시기에 광역망을 통해 서울과 연계되었으나, 도시의 성장과 함께 철도망의 빈틈도 커지고 있는 것이 현실이다.

B는 서울외곽순환고속도로와 유사한 범위(약 1200km²)를 둘러싸고 있다. 이 원 내에는 산본(군포시)을 제외한 1기 신도시가 입지해 있으며, 덕분에 대개 이 범위 내부의 도시에서 벌어지는 통근통학 통행 5회 가운데 1회 이상은 서울을 오가는 통행이다. 이 범위를 연계하는 광역망은 비교적 충실하지만, 많은 축선에서 광역버스망이 광역철도망의 틈새를 파고들며 방대한 규모로 성장해 있다. 결국 B 내에서도 철도망은 여전히 보강될 필요가 있다.

K원(면적 400km²)은 서울시(면적 605km²)보다 그 범위가 좁고, 따라서 이 원은 서울 도시철도망에 대해 논의하면서 참고할 수 있을 것이다. 하지만 1장 후반 이후의 논의를 통해 서울의 도시철도망은 수도권 철도망을 이루는 여러 층위 가운데 가장 양호한 편이라는 점이 드러난 이상, 나는 이 층위에 대한 논의는 최소한으로 전개할 생각이다.

네 종류의 속도와 수도권

지도 4는 한반도 위에 서울을 중심으로 하는 여러 동심원을 나타내고 있다. 가장 바깥쪽 동심원은 크리스탈러 L원보다 지름이 약 3배 큰 원, 다시 말해 $729 = 3^6$km를 지름으로 하는 원이다. 이 지름은 부산 앞바다에서 신의주를 잇는 직선거리와 같고, 때문에 이 원 안에는 남한 전역이, 그리고 량강도, 함경북도, 자강도를 제외한 북한 대부분이 포함된다. 이 지름의 원이 부산에서 신의주까지, 한반도를 거의 모두 포괄하는 것은 단순한 우연에 불과할지도 모른다. 하지만 이 원의 지름은 고속철도와 항공 사이의 경쟁을 감안하면 철도망 계획에서 충분히 의미가 있다. $2^{7.5}$km/h 정도의 표정속도로 달리는 KTX가 서울에서 이 영역의 끄트머리에 있는 부산까지 도달하려면 대략 2.5시간을 달려야 한다. 이 시간거리 수준에서, 대개 고속철도는 항공을 압도한다.(서울~부산은 철도 이용객이 항공에 비해 5배가량 많다. 7장 도표 4 참조) 하지만 이를 벗어나면 고속철도의 우위는 점점 약화되고, 철도의 운행 시간이 5시간을 넘어가면 항공이 우세해진다. 도카이도~산요 신칸센의 경우 도쿄~히로시

서울 착발 전국망, 광역특급, 광역급행, 도시철도의 역할 분담 동심원. 수도권 바깥 주요 도시(남한 4개 광역시, 북한 3대 도시 등)의 크리스탈러 L원까지 함께 표시해 두었다.

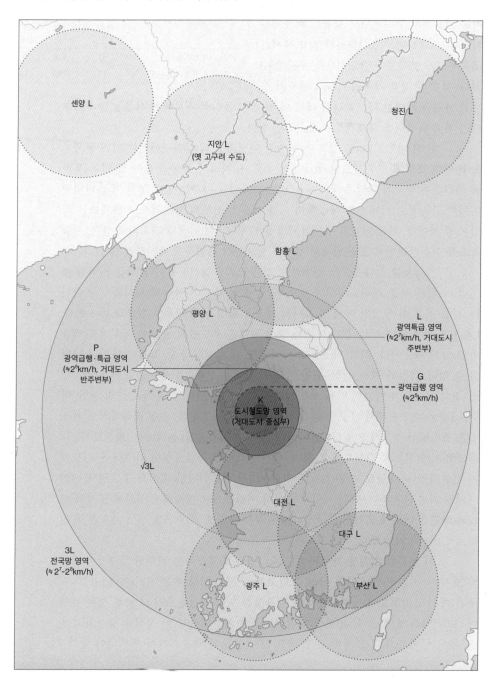

6장 철도 도시 서울, 무엇을 할 것인가

마(820km) 이하에서 고속철도가 우세하며, 중국의 경우 베이징~상해(1300km) 또는 그 이하 거리에서 고속철도와 항공이 백중세를 이룬다. 그렇다면 지름 3^6km의 원 안에서는 고속철도가 항공보다 압도적으로 우세할 수 있다. 북한의 개방 이후에도 고속철도가 우

[표1]　　경기도, 영서, 충청 북부의 시군 평균 면적과 반지름 규모. 2018년 기준.

	시군 (개)	평균 면적 (km^2)	반지름 (km)
경기도(10,183km^2)	31	328	10
영서, 충청 북부(13,265km^2)	17	780	16

위인 연결을 최대한 확보하려면 바로 이 첫 번째 동심원 내부에서 서울을 중심으로 하는 전국망 계획을 체계적으로 갖춰야만 한다.

　　이 원 바깥, 그리고 압록강·두만강 너머의 둥베이 일대에서는 이미 중국이 2010년대 초반에 고속철도망의 틀을 갖추었다. 따라서 한국이 해야 할 일은 북한을 종관하여 중국과 맞닿은 국경에 이르는 고속선을 갖추는 한편 북한 전국 나머지 지역에 고속철도 서비스를 제공하며 이를 서울 도심부의 착발역으로 연계하는 작업이 될 것이다. 이들 연계의 구체적 내용을 다루는 3절 전국망 계획의 초점은, 이들 목표를 실현하려면 수도권 망에서 무엇이 필요한지 세밀하게 제시하는 데 있다.

　　관찰자를 그다음으로 맞이하는 것은 크리스탈러 L원이다. 방금 지적한 것처럼 이 원은 서울 거대도시권의 주변부, 즉 충청 북부와 영서의 도시들을 포괄한다. 나는 바로 이 동심원 역시 또 하나의 계획을 펼칠 공간 단위로 활용하고자 한다. L과 P 사이에 있는 이들 충청 북부와 영서 지역은 수도권의 중요한 배후지로 작용하고 있기 때문이다. 비단 지도 1~3 이외에도, 독립적인 정보 역시 얼마든지 나열할 수 있다. 아산만 일원, 서산~천안 간 도시 회랑은 서해안고속도로로 서울이나 인천·경기 서남부와 연계된 임해 제조업 기지로 변모해 왔다. 경부선 인근의 천안, 청주, 세종은 수도권에서 인구가 유입되어 들어오는 지역이다. 충청 내륙에서도 제조업은 계속해서 성장하고 있다. 2010년대 들어 원주나 진천·음성에는 '혁신도시', 즉 공기업 이주 단지가 건설되었고, 홍성·예산 일대에는 충남도청이 이주해 온 신도시가 건설되었다. 대규모 연구 기능과 정부 제3청사가 입지한 대전과 수도권 사이의 연계는 이미 굳건하다. 이들 지역에서 이미 이뤄졌으며 계속해서 심화될 도시와 산업의 배열을 더욱 효율적으로 구성하기 위해서는 바로 이 층위를 철도 계획의 한 영역으로 편입시켜야 한다.

　　이 계획의 초점을 확인하기 위해, 1장의 도표 7~9를 변형한 도표 1을 활용해 보자. 이는 L~P 사이 전체 거리, 그리고 P~G 사이 상당 부분 거리(약 40~120km 구간)에서 고속철도나 광역급행보다 마찰시간 포함 표정속도가 더 빠른 열차 유형이 '특급'임을 보여 준다. 40분의 마찰시간을 추가하더라도 이 곡선을 달성하려면, 열차는 $2^{6.5~7}$km/h의 표정속도, 그리고 15~40km의 역간거리를 유지해야 한다.[3]

　　3
이동 거리가 아니라 역간거리임에 주의하라. 실제로 운행하는 각 열차 유형의 역간거리와 표정속도의 관계는 1장 도표 11을 확인하라.

철도망의 다섯 유형과 각 유형이 우세한 공간의 규모. 데이터는 1장 도표 7, 9, 11에서 활용된 것이 기본이며, 오른쪽으로 속도-거리 곡선이 연장될 수 있도록 추세를 따라 추가적인 값을 더 입력했다. 1장 도표 7, 9, 11에서처럼, 가장 위에 있는 곡선은 적당한 규모의 마찰시간을 감안하더라도 해당 거리를 가장 빠르게 주파할 수 있는 수단이다. 수평 축의 값은 크리스탈러가 관측한 각급 중심지 반지름의 값, 그리고 그 √3배 값이다.

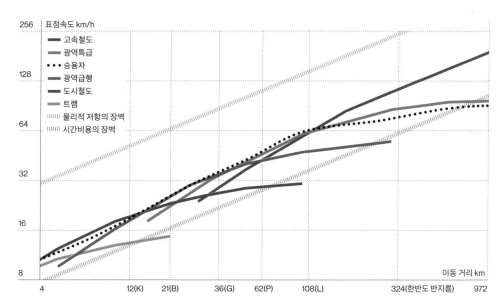

고속철도는 이보다 순 표정속도는 빠르지만, 마찰시간이 길다. 고속철도는 역할에 맞는 속도를 내기 위해서는 50km 이상의 역간거리를 유지할 필요가 있지만, 이는 두 개의 시군마다 하나 정도의 역을 배분할 수 있는 수준의 역간거리일 따름이다. 표 1은 실제로 경기도 시군의 지름은 약 20km, 영서와 충청 북부 시군의 지름은 약 30km 정도라는 사실을 보여 주고 있다. 게다가 마찰시간의 효과 덕분에 고속철도의 속도-거리 곡선은 특급의 곡선보다 120km 이하의 이동 거리에서는 아래쪽에 위치하게 된다.(도표 1) 고속철도의 마찰시간이 극히 짧은 역 부근 일부 구간을 빼면, 특급은 L, P 원 수준의 거리를 연결하는, 또는 영서와 충청 북부 시군의 중심지를 모두 정차해 연결하면서도 가장 빠른 철도 수단이 될 수 있다. 광역급행의 경우, 순 표정속도가 2^6km/h 수준이라는 점이 문제다. 덕분에 이동 거리 40km를 넘어서면 비록 마찰시간은 비교적 짧더라도 고속도로의 힘을 빌려 속도를 올리는 승용차에 비해 한참 아래쪽에 위치한 곡선을 그릴 따름이다.

결국, L원 규모의 공간을 연계하려면, 승용차와 경쟁 가능한 속도-거리 곡선을 이 구간에서 기록하는 열차가 필요하다. 이런 역할이 가능한 특급 열차는 L 원을 관통(지름 약 220km)하는 데 약 2~3시간이 걸릴 것이며, 수도권 주변부 영서·충청 북부의 중심지와 서울을 1시간대 초반에, 즉 출장에 큰 부담 없는 시간이면서 장거리 통근까지 가능한 시간대로 연계할 수 있다. 그렇지만 현재 이 대역의 속도를 내는 재래선 특급열차는 L 외곽의 도시 가운데 서너 군데(춘천, 원주, 세종~조치원,

홍성) 정도만을 연결하고 있을 뿐이다. 따라서 이 층위는 더 섬세하게, 그리고 더 많은 방사·순환 축선에 걸쳐 정비되어야 할 영역이다.

재래선 특급 대역의 정비는 수도권 광역망에 대한 최근 논의에 비추어 볼 때 더욱 중요하다. GTX가 바로 이 속도 대역을 목표로 하기 때문이다. 하지만 GTX는 2020년 현재에도 하루 수만 명이 이용 중인 동일 속도 대역의 재래선 특급과 완전히 별도의 망으로 계획되고 있다.(5장) 나는 양측을 통합해, GTX와 현재의 재래선 특급을 모두 단순히 표정속도만 빠른 망이 아니라 여러 고속도로망을 타고 경기도 너머까지 팽창하고 있는 도시와 산업을 연결하는 망으로 발전시켜야 한다고 본다. 고속철도가 영호남과 영동 지방, 나아가 관서·관북 지역의 주요 도시를 서울 도심과 고속으로 연계할 수 있듯, 이 망은 호서·영서는 물론 황해 남서부 지역의 주요 도시를 서로, 그리고 서울 도심과 긴밀히 연결할 수 있다. 바로 이런 목표를 드러내기 위해, 이 층위의 망에 '광역특급'이라는 이름을 붙이기로 한다.

도표 1은 G원 규모부터 K원과 B원 사이 규모에 이르는 구간, 즉 서울 중심 반경 15~40km 구간에 또 하나의 틈새가 존재한다는 점을 보여 준다. 다시 말해, 승용차에게 대응하기엔 도시철도의 표정속도는 너무 느리고, 광역특급의 마찰시간은 지나치게 긴 공간적 범위가 서울 반경 15~40km 구간에 존재한다. 이곳이 바로 서울을 중심으로 운행하는 표정속도 2^6km/h 언저리의 광역망 급행을 계획 또는 강화해야 할 범위다. 인천과 경기에 사는 1600만 명의 사람들 가운데 대부분(약 1350만 명)이, 그리고 서울 시계를 넘어 통근과 일상 통행을 하는 수백만의 사람들이 거주하는 이 동심원 내부는, 서울 도시망의 영역보다 지름은 3배, 면적은 9배 큰 광대한 지역이기에 도시철도와는 표정속도가 지수적으로 다른 급행망을 필요로 한다.

그런데 광역망의 속달성 부족은 5장에서 확인한 대로 수도권 광역 교통에 대한 핵심 불만이다. 표정속도 2^6km/h대의 속도를 내는 급행 축선은 수도권에 드물다. 경부급행, 신분당선 일부, 그리고 경춘선과 경강선 정도가 이 대역의 속도를 구현할 뿐이다. 이 동심원은 고속도로의 지원을 받는 승용차와 광역버스에게 서울 중심부보다 훨씬 더 깊이 의존하고 있다는 점 또한 감안해야 한다.(8장 참조) 상대적으로 경직된 철도가 유연한 승용차·버스와 대적하려면, 그리고 이를 통해 승용차의 개인적·사회적 비용을 경감하는 데 실질적으로 기여하려면, 바로 이 틈새를 점유하고 있는 광역급행망이 좀 더 체계적으로 정비되어야만 한다.

서울을 중심으로, 도시철도가 가장 우세한 속도-거리 곡선을 그리는 영역은 이미 많은 사람들에게 익숙하다. 1963년 이래 서울시 지방정부가 50여 년간 세심히 관리해 온 단위이기 때문이다. 1장에서 확인했듯, 이 투자는 전 세계 거대도시 가운데 선도 그룹에 속하는 도시철도망의 규모(중심 도시 내 밀도 0.55km/km², 5위)로 서울 시민 곁에 돌아와 있다. 하지만 나는 한국 사회가 이 정도의 성과에 만족해서는 안 된다고 생각한다. 광역망이나 전국망의 측면에서 볼 때, 그리고 논의의 여지는 있으나 철도개발지수 전체를 볼 때 서울은 추격 그룹의 말단에 속할 뿐이었다. 승용차로 인한 비용을 크게 경감시키고 거대도시 곳곳에서 일어나는 혁신을 더욱 효과적으로 주변 공간까지 퍼뜨릴 수 있는 철도 도시를 건설하기 위해서는 네 대 역의 속도가 좁은 지역에서 교차하는 서울 시계 관내의 철도를 가장 정교하게 조직해야만 한다. 우회로 확보가 손쉬운 도로 개발이라면 조금 허술해도 무방할지 모르지만, 경로와 표정속도의 변경이 어려운 열차 사이를 2^2km/h 수준으로 움직일 수 있는 인간의 다리로 연결해야 하는 철도의 개발은 가능한 한 유기적으로 이뤄지지 않으면 투자한 만큼의 성과로 쉽게 이어지지 않는다. 이 계획은 바로 이 문제에 천착하고자 한다. 다시 말해 전국망, 광역특급망, 광역급행망이 서울과 그 부근의 결정적 지점에서 어떻게 구성되어야 하는지 세밀하게 제안하려 한다. 도시망 층위에 속하는 각 노선들은 이들 망 계획이 감안해야 할 주요 배경으로 활용될 것이다.

지도를 단순화하기 위해 동심원 작성에 반영하지는 않았지만, 인천(그리고 공항)이나 수원과 같은 서울 바깥 수도권의 주요 거점 또한 각 층위의 계획에서 감안해야 할 주요 배경이다. 따라서 이들 지역으로 접속되는 철도 역시 주요한 검토 대상이 될 것이다. 철도 계획가의 시각에서, 그리고 교통망을 늘 이용하는 대중의 관점에서 볼 때 서울 시계는 수많은 인과적, 규약적 요인 가운데 하나일 뿐이다. 시계 내부에는 인간 활동이 좀 더 많이 집적되어 있고, 그만큼 철도를 방해하려는 요인은 물론 철도 수요 역시 더 많이 몰려들 따름이다. 더 많은 인구, 더 많은 생산 활동을 철도와 연계시키려면, 그래서 철도를 이용해 거대도시 시민들의 삶을 더욱 풍요롭게 만들려면 철도에서 소외되었거나 연결이 부실한 중심지를 더 많이 찾아내 연계해야만 한다.

2절. 계획의 목적과 신규 투자의 네 유형

철도는 토목, 건설을 통해 별도의 시설을 확보하지 않으면 운행을 계획할 수조차 없다. 따라서 가장 먼저 확실하게 해 두어야 하는 부분은 바로 대체 어디에 새로운 망을 건설해야 하느냐는 문제다. 나는 이 책에서 제시할 신규 철도망 구축 계획(지도 5 및 표 2)의 건설 목적을 크게 세 가지로 나누었다. 여기에 서울관통선 투자에 대한 논의나 기타 주의할 선구에 대한 논의까지 더하면 신설망 계획은 일단락된다.

1.   수도권 우회, 남북 연결 지원(1~15): 남북 철도 연결에 대한 정치적 기대는 높지만, 실제로 그 연결 기능을 수행할 수도권 망의 구조에 대한 논의는 아직 정치적 기대에 걸맞은 수준으로 올라가 있지 못하다. 나는 경의·경원 고속선의 서울 착발, 서울 2중 우회선, 인천공항의 북한 방면 연결, 황해 내륙 방면 별도 복선전철 추가, 남한 내륙 종관선과 북한 신규 내륙 종관선 사이의 직결을 위해 필요한 망을 추가했다.

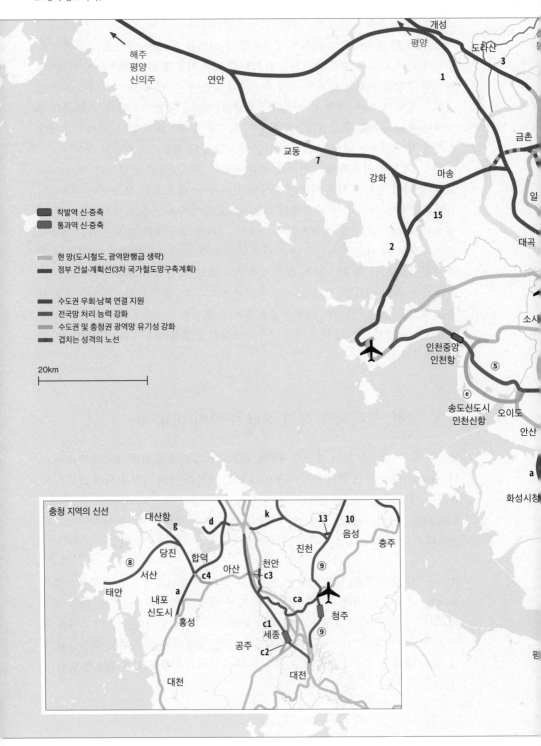

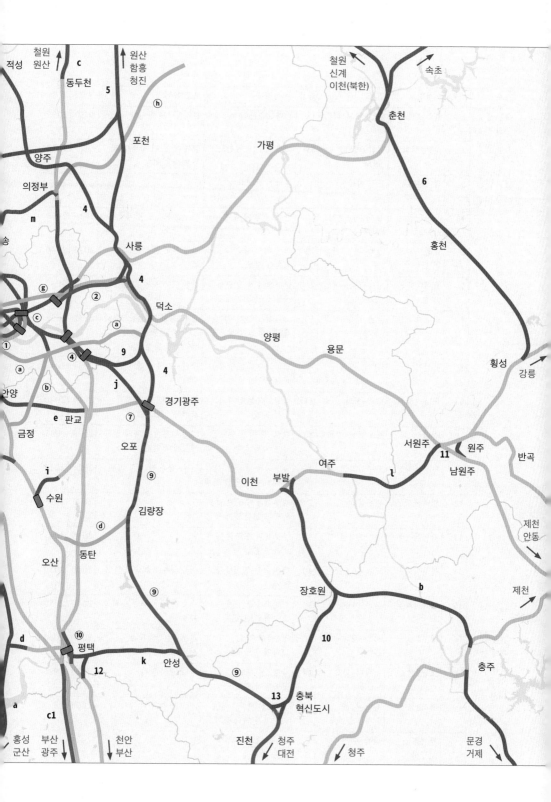

6장 철도 도시 서울, 무엇을 할 것인가

[표 2]   저자 제안 노선망 목록. 서울관통선 및 충청권 광역망, 북한 내 연장을 제외하면 총 946km이다. 각 노선의 성격에 따라 유형을 달리해 지도 5에 표시했다. 연장의 단위는 km. 착수와 개통 년도는 재정 투입 시나리오를 짜기 위하여 저자가 일정한 방법에 따라 정한 것임을 밝힌다. 추가 정보는 제7절을 참조하라.

범주	기호	노선명	구간	연장	주 목적	보조 목적	착수	개통
수도권 우회·남북 연결 지원 (연장 493km, 북한 내 연장 제외)	1	경의고속선	운정~개성~해주	15	경의고속선 운행	광역특급 A 운행	2030	2036
	2	제3공항철도	인천공항 T2 ~강화	35	북한 방면 공항철도	강화~인천 간 광역망 및 북행 화물 철송	2030	2036
	3	경의본선	문산 이북		경의선 현대화			
	4	동부우회선 +신계선	경기광주~적성 ~신계	80	황북, 평남 내륙과 서울 연계	수도권 동북부 광역급행 축선 확보	2026	2038
	5	경원고속선	진접~철원~원산	70	관북 지역 방면 고속선 확보	경원 본선 혼잡 완화	2034	2040
	6	관서내륙선	횡성~춘천~철원 ~신계 이북	130	중앙선과 북한 관서 내륙 종관선 연계	강원 내륙 개발 지원	2035	2047
	7	한강하구선	금촌~마송~강화 ~교동~연안	50	고속철 고양기지와 경의고속선 연계	김포, 강화 방면 광역특급 A 지선, 신분당 연장 광역급행 운행	2031	2037
	8	용산선	DMC~용산	9	경의고속선 열차의 용산 진입	행신기지와 용산역 연계 강화	2034	2040
	9	하남연결선	수서~하남	15	경원고속선 열차의 수서 착발	수서와 수도권 동북간 광역특급 연계	2034	2040
	10	원평선	충북혁신~장호원	30	평택~원주 간 수도권 남부 외곽 순환망 구축	경기 남부와 충북의 철도 사각지대 연계	2029	2035
	11	원주삼각선	원주삼각선	3	중앙선과 경강선, 북한 관서 내륙 종관선 연계	원주~강릉 간 교통 지원	2021	2024
	12	평택삼각선	평택삼각선	3	경부선과 수도권 남부 외곽 순환선 연계		2033	2035
	13	진천삼각선	진천삼각선	3	중부선과 수도권 남부 외곽 순환선 연계		2038	2043
	14	북부우회선	포천~운정	40	경원고속~인천공항 연계	서울 북부 2중 순환 축선	2040	2050
	15	염하삼각선	붉은~마송	10	경원고속선 방면 고속철도 연계	수도권 서부 추가 우회선 확보	2040	2050
전국망 처리 능력 강화 (연장 288km)	①	경부4선	서울~금천구청 ~광명	20	경부4선 확보, 고속열차 증편	경부1선 광역특급 서비스 강화	2020	2034
	②	중앙2선	청량리~덕소	18	중앙2선 확보, 고속열차 증편	중앙 광역 증편	2020	2026
	③	경의2선	수색~서울	11	경의2선 확보, 고양기지 연결 강화	경의 광역 증편	2020	2029
	④	광역특급 A, C선	삼성~수서	7	2복선 확보, 삼성역 기능 강화		2024	2030

범주	기호	노선명	구간	연장	주 목적	보조 목적	착수	개통
	⑤	수인2복선	제2공항철도~인천중앙~월곶	30	인천공항의 전국망 착발 능력 확보	남부 인천 광역망 증편	2028	2034
	⑥	반월삼각선	반월~의왕	6	수인선과 경부본선 연계	경기 남부의 인천공항 접근성 강화	2027	2029
	⑦	광주삼각선	광주삼각선	3	수서광주선과 중부선 연계		2027	2029
	⑧	내포선	당진~태안	50	당진·서산·태안에 여객 철도 공급		2026	2032
	⑨	중부선	용인~청주~신탄진	140	안성, 충북혁신도시, 청주의 철도 연계	경안천 유역 및 경기~충북 인접지의 체계적 개발	2021	2030
	⑩	평택연결선	지제~평택	3	광역특급 A선 열차를 경부본선으로 직결		2021	2024
광역망 유기성 강화 (연장 140km)	ⓐ	남서울급행선	오류동~강남~강동~하남	40	경인선 방면 광역급행 강화	2호선 서남 구간 혼잡 완화	2020	2029
	ⓑ	남서울급행선	남부터미널~금정	17	과천·안양 방면 광역급행 강화	과천선, 사당역 환승 혼잡 완화	2021	2030
	ⓒ	경부3선	용산~서울	3.2	경인·경부 광역급행 연장		2025	2029
	ⓓ	동탄용인선	서동탄~김량장	15	인천·수원발 열차 경안천·동부우회 방면으로 진입	수원~동탄 간 연계	2026	2030
	ⓔ	송도급행선	주안~송도신도시	20	경인급행, 광역특급 B 송도신도시 진입	경인선 회차 능력 보조, GTX B 요구 해소	2027	2036
	ⓕ	신분당선	삼송~금촌~한강 도하점	30	공릉천 일대 개발 지원	경의고속선 연선 광역급행급 연결 대비	2030	2036
	ⓖ	한양도성 동서관통선	회기~혜화~경복궁~가좌	15	경의중앙선 광역급행선의 도심 접근성 강화	용산~경원선 추가 투자 없이 경의중앙선 용량 확충	2026	2035
	ⓗ	포천선	의정부~포천	30	포천 지역 종관선 신설	교외선 연장, 경원고속선 접속 강화	2028	2034
서울 관통선 및 충청권		서울관통선 A, B, C		127	서울 도심 관통으로 광역특급 서비스 기반 구축	A, B선은 전국망 고속열차 운행	2020	2039
	c1	경부고속 복복선	팽성(SR분기)~대전조차장	75	경부고속선 2복선화	수도권 착발 고속열차 세종 경유	2021	2027
	c2	세종직결선	조치원~세종	20	경부본선~고속선 세종 직결	세종 시내 대중교통 축선 확보	2021	2027
	c3	남천안삼각선	신방동(천안~소정리간)~아산	5	장항선~경부본선 연계	충청 북부 동서 연결 철도 축선 확보	2027	2032
	c4	삽교연결선	도고온천~합덕	15	서해선~장항선 연계	아산만 순환 축선 확보	2027	2032

6장 철도 도시 서울, 무엇을 할 것인가

[표 3]   지도 5에 표시된, 현재 사업이 정부에 의해 진행 중인 선구의 목록. 알파벳 소문자를 일련번호로 사용했다. 착공과 완공 시점은 표 2와 같은 기준에 의해 설정한 값임에 주의하라. 현재 건설선은 투입이 필요한 액수를 2018~2019 년 평균 예산으로 나누어 개통 시점을 설정했다. 예산 집행 방침에 따라 상황은 달라질 수 있다. 이외의 정보는 미래철도 DB에서 얻었다.

범주	기호	노선명	구간	연장	착공	개통 예상	비고
건설선 (연장 140km)	a	서해선	송산~홍성	90		2022	
	b	중부내륙	부발~충주	50		2024	충주 이남 논외
계획선 (연장 276km)	c	경원선(복선전철화)	동두천~철원	45	2030	2036	
	d	평택선	창내~안중	15	2022	2028	창내~평택 간 기개통
	e	월곶판교선	월곶~판교	35	2020	2026	
	f	신안산선	광명~송산	25	2020	2026	
	g	서산산업선	도고~합덕~석문	50	2025	2031	
	h	신분당 삼송 연장	삼송~연신내	7	2026	2032	
	i	신분당 수원 연장	광교중앙~경부선	7	2026	2032	
	j	수서광주선	수서~광주	17	2020	2026	
	k	평택안성선	평택~안성	20	2026	2032	
	l	여주서원주선	여주~서원주	25	2024	2030	경강선 직결 예정
	m	교외선	의정부~대곡	30	?	?	현재 단선 비전철 존재
충청권 진행 사업	ca	경부선, 충북선	천안~청주공항	56.1	2020?	2022	EMU-230 운행 예정

2.   전국망 처리 능력 강화(①~⑩): 남쪽 방면 역시 수요에 적절히 대처하지 못할 뿐 아니라 (특히 지선의 경우) 충분히 규칙적이지 못한 열차 운행이 이뤄지는 상황이 계속되고 있으며, 새롭게 추가될 망을 서울 도심과 연결하기 위한 망 구축 역시 제대로 이뤄지지 않고 있는 상황이라는 사실은 4장에서 이미 지적한 대로다. 이를 해소하기 위해 필요한 구간에 대한 투자를 해야 한다. 여기에 더해, 철도가 활약할 수 있는 도시 회랑이 존재함에도 전혀 철도가 존재하지 않았던 지역에 전국망과 광역특급망을 위해 주로 사용할 축선을 부설해야 한다는 제안도 함께 이 범주로 묶었다.

3.   광역망 유기성 강화(ⓐ~ⓕ): 광역망은 한반도 전역, 또는 적어도 광역특급의 동심원 규모에 해당하는 공간을 감안해야 하는 위의 두 기획보다 더 섬세한 연결을 필요로 한다. 따라서 앞의 두 기획으로 추가되는 노선을 활용해서는 연계가 이뤄지지 않는 주요 지점에 광역망(광역급행급)이 주로 이용할 노선을 새롭게 부설해야 하는 과제는 여전히 남게 된다. 이들 노선은 서울시가 이야기하는 "남부급행철도"나, 이른바 GTX C선 남쪽 구간의 변형을 담고 있기도 하다. 이외에 수원역이나 송도 신도시처럼 경기도나 인천이 광역망을 강화하기를 원하는 지점으로 파고드는 노선도 있다.

4.　　　서울관통선 투자(A, B, C선): 이들 세 범주로 묶지 않은 노선이 서울 도심 쪽에 보일 것이다. 이들은 이른바 GTX 선로를 변형한 계획인 서울관통선이다. 이들 노선은 광역특급뿐만 아니라 광역급행급 전동열차, 그리고 KTX나 향후 EMU 250과 같이 전국망 고속열차가 공용하도록 운영될 필요가 있다. 이 선구는 복잡하고 밀도 높은 운영을 필요로 하는 데다, 서울 시내에서는 결국 대부분 지하 깊숙이 들어가야만 하는 구간이기 때문에 '유기성'과 '유연성' 사이의 조화를 위해서는 신중한 계획이 필요하다. 별도의 논의가 필요한 이유다.

이외에, 충청권 망을 확충하지 않으면 이들 계획망은 수도권 주변부까지 뻗어나갈 수 없다. 이 계획은 지도 5 왼쪽 밑에 표현되어 있다.(일련번호 c1~c4)

각론 1. 수도권 2중 우회망과 남북 연결망

첫 번째 각론에서 가장 먼저 다룰 노선은 북한 전 지역으로 뻗어나갈 망의 주축인 경의(1)·경원고속선(5)이다. 경의선의 착발역은 멀리 충청, 전라, 경상도(이하 삼남 지방)의 역과 용산, 수색(DMC)이, 경원선의 착발역은 수서와 삼성, 청량리가 되도록 구성한다. 건설비를 줄이려면 이들이 경기 북부에서는 같은 노선을 사용하도록 해야겠지만, 이는 서울의 철도 병목을 서울 북쪽에 다시 만드는 일이므로 계획가로서는 피해야 한다. 경의고속선은 서울관통선 A선을 통해 부산 등지에서 수도권 고속선을 통해 서울로 올라온 열차나, 수색에서 출발해 경의선을 타고 올라오다가 금촌에서 신분당선(ⓕ)으로 갈아타고 한강하구선(7)으로 진입하는 노선(가칭 '금촌연결선')의 열차, 그리고 용산역에서 용산선(8), 경의선(③)을 타고 올라와 역시 금촌연결선으로 진입하는 열차가 운행할 수 있도록 구성되어야 한다.(도표 6 참조) 또한 경원고속선은 수서와 청량리에서 하남연결선(9)과 동부우회선(4)을 이용해 남양주까지 올라온 열차가 달릴 수 있어야 한다. 부산 등지에서 출발하는 승객의 경우 일단 수서역에서 환승하도록 한다.(도표 6)

　　　2중 우회망은 삼남 지방에서 북한 또는 그 이북 지역으로 향하는 화물 수요를 대비하여 구성된 루트이다. 서울을 기준으로 동쪽으로 더 바깥쪽에 위치한 외측 우회망은 제3차 국가철도망구축계획(이하 3차 계획)에 반영되어 있는 안중~평택~원주 간 우회망(10)을 그 일부로 한다. 나는 이 노선의 이름으로 '원평선'(原平線)을 제안한다. 이 노선은 원주 일원에서 횡성~춘천~철원~신계에 이르는 관서 방면 내륙 종관선(6)으로 연결된다. 이 노선으로 서해(a, 호남·전라 화물 직통), 경부, 중부내륙, 중앙선을 이용해 북상하는 화물이 모두 집결할 수 있도록 삼각선을 추가한다.(11, 12, 13) 이 노선은 황해북도 신계에서 신계~동부우회선(4)과 합류, 관서 내륙 지방을 종관하는 관서내륙선(지도 9 참조)을 타고 평양을 우회하여 북한·중국 국경에 이르게 된다. 또한 이 선구는 철원에서 경원선과 교차하므로, 관북 방면 및 러시아, 지린성 및 헤이룽장성 동부 지역으로 향하는 화물 역시 이 노선을 활용할 수 있다. 이를 통해, 삼남 지방과 북한·둥베이 간 화물을 서울과 수도권, 그리고 평양의 인구 밀집 지역에서 멀리 우회시켜 화물 영업을 활발하게 벌일 여건을 갖춘다.

한편 그보다 서쪽에 위치한 내측 우회선의 주축은 동부우회선+신계선(4)이다. 이 망은 경안천 유역과 남양주·양주 일대에 산재한 이른바 '난개발' 지구를 연계하는 광역망의 역할을 수행하면서, 동시에 수도권 서남부 제조업 지역에서 나오는 화물을 북한이나 동북 방면으로 수송할 수 있어야 한다. 잠깐 언급한 의왕 내륙항(오봉역)과는 용인동탄선(ⓓ)을 통해 연계되는 것이 가장 빠르지만, 이 노선은 이미 지하 깊숙이 들어선 동탄역을 더욱더 깊은 곳에서 통과해야 하므로 화물 운행이 어렵다. 따라서 의왕발 북행 컨테이너 열차는 평택에서 원평선을 타고 영서로 이동한 다음 영서 지역에서는 관서내륙선을 이용하여 북상시키거나, 동서 간 추가 연결선을 더하는 방안을 검토할 필요가 있다. 이 노선들이 북한 측에서는 어떻게 연계되는지에 대해서는 북한 방면 망의 구성에 대한 내 제안을 담고 있는 전국망 지도 9를, 우회선의 영향 범위에 대해서는 지도 15를 참조하라.

인천공항 2터미널과 강화도를 잇는 노선(2)은 북한의 패서·관서 지역을 철도를 통해 인천공항과 연계하기 위한 노선이다. 이 책은 이를 '제3공항철도'라고 부른다. 관북 지방 연계는 당분간 서울을 거쳐가게 하는 한편, 장기적으로는 북부우회선(14)과 한강하구선, 염하삼각선, 제3공항철도를 직결 운행해 해결한다. 막대한 자금이 필요한 국제공항 투자를 북한 지역에서는 뒤로 미루고, 남북 긴장 완화로 인해 공역이 넓어져 용량에 여유가 생길 인천공항을 최대한 활용하기 위한 투자인 만큼, 이들 투자는 그 자체가 아니라 북한 지역 공항 프로젝트와 비교 평가되어야 한다.

황해 내륙 방면 철도(4)나 남북 종관선 간 직결 운행에 대해서는 이미 2중 우회선을 설명하면서 그 내용을 대략 이야기했다. 여기서 '황해 내륙'이란 신계 분지이고, '남북 종관선'은 각각 중앙선 그리고 관서내륙선~동부우회선이다. 신계 분지4에 주목하는 이유는 이렇다. 이곳은 철원처럼 광역시가 너끈히 들어갈 수 있는 규모인 데다 서울 동심원 L에 한 끝을 걸칠 만큼 서울과 비교적 가까운 내륙 평지이다. 북한의 농업 개혁과 함께 황해북도 일원의 농업 인력을 활용한다면,5 내륙에서 가능한 노동집약적 제조업을 육성하는 데 적절한 입지인 셈이다. 이 분지는 진천·음성 분지와 비슷한 역할을 하게 될 가능성이 있다고 본다. 중기적으로는 남한 직원의 출장이나 북한 직원의 통근에 유용하게 쓸 수 있도록 철도망을 따라 도시 계획을 짤 필요가 있고, 장기적으로 북한이 발전했을 때 역시 철도 중심 도시 개발은

4

'신계곡산대지', 이른바 '미루벌'은 철원과 마찬가지로 신생대 제4기 초 발생한 화산 활동으로 인해 생긴 현무암 대지로 이뤄진 곳이다. 면적은 420km² 수준으로 알려져 있다. 서술에는 북한지역정보넷(http://www.cybernk.net/)을 활용했다. 다만 현무암 지역은 한국의 주요 도시 다수가 위치한 화강암 지역에 비해 용수 면에서 불리할 수 있다.

5

북한에서 이뤄진 2008년 센서스에 따르면, 이 분지가 위치한 신계·곡산·수안군의 총 인구는 28만 명에 달하며, 이들 가운데 대부분(21만)이 농촌에 거주하고 있다. 또한 황해북도 군 지역의 총 인구는 137만 명이고, 농촌 거주자는 96만 명이다. 농촌 거주자 가운데 10%만 활용한다 하더라도 종사자 10만 명 단위의 대규모 공업 지역을 건설할 수 있다는 뜻이다. DPRK Central Bureau of Statistics, "DPR Korea 2008 Population Census" (National Report, 2009).

좀 더 지속 가능한 교통 체계를 구현하는 데 근본적인 도움이 될 것이다.

각론 2. 전국망 강화

이 각론에서 가장 중요한 망은 세 노선이다. 이 가운데 경부4선(①)과 경의2선(③)은 이미 제3차 국가철도망구축계획에 포함되어 있으며 국토부의 서울역 마스터플랜에서도 연구 중이지만, 서울·용산역의 열차를 대폭 증편하여 서울 4대문 도심을 전국 및 수도권과 더욱 긴밀하게 연계하기 위해서는 필수적인 망이므로 다시금 강조할 필요가 있다. 이들 선구의 건설에 대한 세부 사항은 '핵심 선구 연구'에서 세밀하게 논의하겠다.

　　　새롭게 추가될 전국망을 서울 도심이나 수도권의 주요 목적지로 더욱 긴밀하게 연결시킬 노선으로 기획된 것은 ④와 ⑤이다. 수서~삼성 2복선화는 수서광주선으로 진입한 일부 고속열차와 광역특급을 삼성까지 진입시키기 위한 방법이다. 수도권 고속선이나 삼성~수서 지하 복선은 고속열차와 GTX(이하 '광역특급'으로 GTX를 포괄해 서술한다) A선 열차로 용량 한계까지 활용될 것이 이미 명백하다. 따라서 이를 극복하고 삼성에 수서광주선을 통해 접근할 강릉·중부내륙·중앙선 고속열차는 물론 광역특급 C선 열차를 무리 없이 투입하기 위해서는 삼성~수서 간에 복선을 추가해야만 할 것이다. 하남연결선(9)을 통해 서울로 내려오게 될 경원고속선이나 동부우회선의 물량을 고려하면 추가하는 노선만 2복선, 즉 총 3복선이 필요할지도 모르겠다. 물론 이들 노선의 건설이 삼성역을 지나치게 깊고 넓게 파야 하는 원인이 될 경우에는 삼성역 직결을 포기하고 수서역의 현재 착발 용량을 활용하는 것도 현실적인 대안이 될 수 있다. 수인2복선(⑤)은 제2공항철도 방면으로 고속열차와 광역특급, 광역급행 열차를 집결시키기 위한 방법이다. 계속해서 이어지는 인천의 성장세를 감안하면, 그리고 인천공항과 삼남 지방 사이의 거리를 상당히 단축시켜 줄 통로라는 점을 감안하면, 이 노선 역시 아주 중요하다. 화성, 평택, 당진, 홍성을 연달아 종관하는 서해선(a) 방면으로 인천과 안산 일대에 있던 제조업이 점차 확장하고 있다는 현실도 감안하여, 서해선 열차를 인천에서 다수 착발시킬 필요도 크다.

　　　내가 염두에 둔 '도시 회랑'에는 방금 언급한 서해안의 인천·안산·화성·평택·당진·홍성뿐만 아니라 내륙의 광주·용인·안성·진천·음성·청주·대전 또한 있다. 중부선(⑨)은 바로 후자의 회랑을 연계하는 노선이다. 2019년 현재 이 회랑은 중부고속도로를 통해 연계되어 있을 뿐이며, 철도와는 아주 거리가 멀다. 충북선이, 그리고 용인 경전철과 경강선 정도가 주변을 스쳐 지나갈 뿐이다. 하지만 진천·음성에는 최근 혁신도시가 들어섰고, 대전과 청주, 청주와 진천·음성 사이에서는 이미 상당한 교통량을 관측할 수 있다. 여기에 이 책에서 '내포선'(⑧)으로 명명한 당진~태안 간 철도 역시 3차 계획에 등재된 당진 측 '아산석문산단선'(g)과 연계될 경우 천안에서 태안에 이르는 아산만 남안 산업 도시 회랑을 대부분 관통할 수 있는 중요한 노선이다. 이들 내용에 대해서는 각론을 마치고 경기 남부와 충청 북부의 지리적 현황에 대해 논의하는 보강 6에서 좀 더 세밀하게 논의할 예정이다.

각론 3. 광역망의 유기성

광역망을 위해 새로 건설할 노선은 무엇보다도 서울 시계 내의 '남서울급행선'(ⓐ, ⓑ)이다. 이 망은 경인선 방면, 그리고 평촌 신도시와 금정 방면 광역급행 전용 노선으로 건설될 것이다. 특히 안양 방면 ⓑ 선구는 GTX C선의 기존 남쪽 구간을 대체한다. 이 방면 노선은 바다 덕분에 돌파할 종심(縱深)이 짧고, 따라서 광역특급에게 부여했던 2^7km/h 대역의 속도, 또는 역간거리 10~40km(1장 도표 11), 이동 거리 40~120km를(도표 1) 포괄하는 역할을 하기에는 그리 적절하지 않기 때문이다. 경인선 방면 노선 ⓐ은 오류동에서 경인급행선과 접속시킨다. 비록 오류동역 남쪽에 오류천이 존재해 공사 난이도는 상당히 높지만, 여전히 서울 시계 통과 교통량이 가장 많은 철도 노선인 경인선(3장 도표 3)의 막대한 수요를 분산시키는 역할을 할 수 있다는 점에서 이 선구의 가치는 높다. 인천과 부천에게도 경인선의 기능을 강화하는 이 투자는 대단히 유용하다. 남부터미널부터 강동까지는 두 계통이 하나의 복선을 이용해야 한다는 점, 그리고 지금도 혼잡이 큰 경인선을 물리적으로 변형시켜야 한다는 점은 부담이지만, 양 선구의 열차가 모두 동일한 광역급행급인 이상 동인천 착발, 금정 착발 각각의 러시아워 배차를 5~6분 이하로 좁히기 어렵다는 점 이상의 문제는 없을 것이다.

경부3선의 연장 ⓒ은 현재 이 선로를 이용해 용산에서 착발하는 경인선과 경부선을 서울역에 진입시키기 위한 투자다. 이를 통해 경인·경부선 일대는 서울역 출발 고속열차, 그리고 서울 4대문 도심과 더욱더 간편하게 연결된다. 단, 경부3선은 서울역 방면으로 연장하기에는 토목구조상 난점이 많다. 이 사업을 위해서는 경부선 동쪽 토지를 수용하지 않으면 안 될 것이다. 아래 '핵심 선구 연구'의 경부4선 부분, 그리고 5절의 경인·경부급행 논의에서 이 내용을 잠시 다루도록 한다.

송도급행선 ⓔ 역시 경인선과 연계된다. 이 노선은 주안에서 지하로 들어간 다음 옥련동 인근 인천대교 고가 아래의 수로는 고가로 넘고, 송도 북쪽 미개발지에서는 토공으로, 다시 송도신도시 시가지에서는 지하로 진입하면 사업비를 조금이라도 아낄 수 있다. 동시에 경인 간 연결임에도 그리 크지 않은 수요가 예측되지만 끊이지 않는 GTX B선에 대한 요구 또한 대체할 수 있으며, 경인선의 방대한 기반 시설을 더욱 효과적으로 활용할 수 있다는 점, 동인천이나 부평에 남서울급행선을 위한 회차선 증편 투자를 하지 않아도 좋다는 점을 감안하면 분명한 이득이 있는 노선이다. 향후 평가, 그리고 인천 내항 방면의 망을 어떻게 구성하는지에 따라, 이 노선은 수인2복선화 사업을 대체할 수도 있고, 공항 접속 광역특급과 삼남 지방 출발 고속열차의 인천공항 접속 노선으로 활용될 수도 있다.

마지막, 삼송에서 금촌 너머까지 상당히 먼 거리를 달려 신분당선이 연장(ⓕ)되어야 한다고 제안한 이유는 이렇다. 삼송과 금촌 사이에 있는 공릉천 주변 토지에 대한 체계적 개발 대비가 그 첫째 이유다. 둘째는 금촌연결선을 활용하여 김포·강화, 나아가 한강 하구를 건너 연안과 해주 방면으로도 광역급행급 열차가 운행해야 한다는 요구가 나올 경우에 대한 대비다. 이들 연선의 개발이 점차 밀도가 높아질 경우, 광역특급 A선의 열차만으로는 연선 교통에 충분히 유연하게 대응하기 어려울 수 있다. A선 기준 서울과 황해남도 연안 사이의 거리는 서울~천안 간 수준으로, 한 가닥의 복선 철도에만 의존하기는 어려운 거리이자 범위이기도 하다. 주변 개발이 계속해서 진행될 때를 대비해, 정부는 A선 주변 토지를 2복선 너비만큼 매입해 둘 필요가 있다. 주요 역 부근에는 망 확대를 대비한 유보지를 남겨 둘 필요도 크다.

각론 4. 서울관통선의 재구성[6]

나는 5장에서 확인한 GTX를 서울 관통을 위해 재구성해야 한다고 본다. 물론 이 가운데 A선은 변형하지 않을 것이다. 이미 예비타당성 조사를 비롯해 많은 조치가 취해진 노선을 폐지하거나 변형할 경우 벌어질 사회적 비용 때문이다. 나는 북쪽 연계 노선을 제외하면 이 노선의 본선에 대해서는 더 이상의 제안을 하지 않겠다. 하지만 B, C선은 그대로 둘 수 없어 크게 변화시키는 대안을 마련하였다.

　　지도 6과 표 4는 기존 GTX 계획과 저자가 제안하는 서울관통선을 구간별로 나누어 보여 준다. 내가 서울관통선에서 배제하거나 광역급행급으로 격하시켜야 한다고 보는 선구는 B-1구간, 그리고 C-1구간이다. 이 가운데 C-1은 광역급행용 노선으로 변형(ⓑ 참조)해야 한다고 보고, B-1은 폐지하고 경인선 연결 광역급행선, 그리고 월곶-판교선(ⓔ)의 서쪽 구간을 활용해 기능을 대체해야 할 것이다. 이렇게 해야만 현재의 노선을 효율적으로 활용하면서 동시에 앞으로 추가될 노선에 효과적으로 전국망·광역특급·광역급행 열차를 운행할 수 있기 때문이다. 세부적인 설명은 광역특급망을 다루는 이번 장 4절에서 확인하라.

　　A선에서 지금보다 더 증축될 필요가 있는 곳은 삼성과 서울역이다. 특히 서울역은 신분당선(광역급행급)을 반드시 별도의 역사로 분리해 빼내야만 한다. 광역급행, 광역특급, 고속열차 모두는 속도 대역도, 운임도, 승객들의 주된 목적도 상당한 차이가 있기 때문에, 이들을 가능한 분리하는 것이 철도망과 역사를 원활하게 운영하려면 절실하다. 물론 토목 공사는 본선 분기부 등 미리 확보할 필요가 있는 부분을 먼저 마련하면서 이뤄질 필요가 있다. 삼성 역시, 북한 방면 고속열차를 원활히 운용하기 위해서는 A선만을 위해(추가 고속열차 투입을 감안하지 않더라도) 2면 4선의 승강장을 확보해야 할 것이다. 본선의 병목 또한 주의해야 한다. A선에 지금처럼 남한 측 망만을 운용할 경우, 수서에서 전국망 고속열차를 계속해서 다수 종착시키는 한편, 삼성~연신내 간 광역특급의 열차 빈도를 일정하게 낮추고 남는

6

이 책의 집필과 편집이 이뤄지는 동안, 정부는 GTX B, C선과 신안산선의 계획을 진척시켜 사업 계획을 거의 확정했다. 계획의 변화는 어려운 상태다. 하지만 나는 준비했던 논의를 계속해서 수록하기로 했다. 철도망 관련 노선망에 대한 조금 다른 각도의 고민을 기록으로 남길 수 있고, 사업이 늦어지면 사회적 논의 또한 계속해서 필요할 것이기 때문이다.

[지도 6]　기존 GTX선 계획(왼쪽)과 서울관통선 계획.(오른쪽) 왼쪽은 5장 지도 2로 소개된 것이며, 오른쪽 지도는 4절에서 제시할 광역특급망 서울 관내 계획을 약간 변형한 것이다.

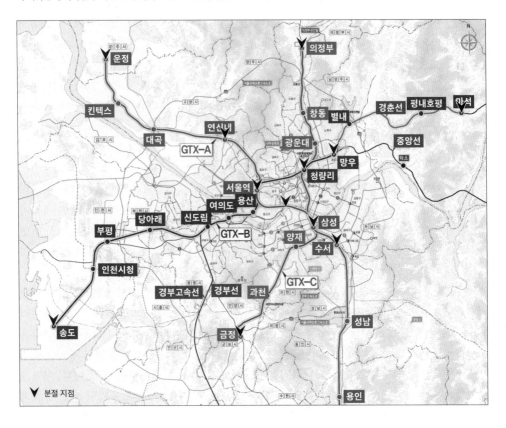

[도표 2]　기존 GTX 계획(왼쪽)과 저자가 제안하는 서울관통선 계획(오른쪽)의 노선별 구간.

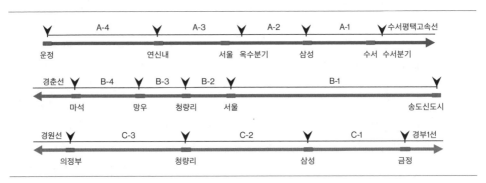

용량에 일부 고속열차를 연장 운행하면 충분하다. 하지만 북한의 개혁·개방이 이뤄진다면 삼남 지방에서 착발, 서울을 통과하여 경의고속선, 나아가 센양 등지로 향하는 열차의 수는 계속해서 늘어날 수 있다. 또한 북한의 개혁·개방 이후 파주 일원의 개발과 함께 신분당선 북쪽 구간의 수요도 점차 늘어날 것이다. 이 시기를 대비하여 우측 지도의 가는 선은 서울 관통선을 사용하지 않는 광역특급망 노선들이다. 수서광주선 공식 계획과 C선 남측 구간이 조금 다름에 주의하라.

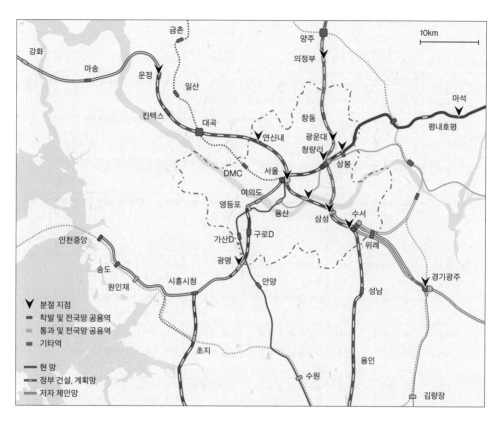

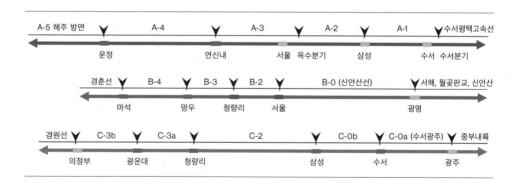

추후 신분당선을 별선으로 빼낼 계획을 준비할 필요가 있다. 신분당선이 광역특급이나 고속열차와 하나의 복선을 공용하는 구간의 길이는 연신내 일대부터 서울역까지 약 8km, 또는 옥수에서 연신내까지 14km 수준(A-3구간)이므로, 대략 1조 원정도의 추가 비용이 필요할 것이다. 이를 A선이 완공된 이후 2단계 사업으로 수행

6장 철도 도시 서울, 무엇을 할 것인가

[표 4]　서울관통선의 구성 제안. 이미 사업이 상당히 진행된 A선은 제안 노선은 변경하지 않고 사업 진행 방식만 바꾼다. 기존 B와 C선 계획에서 전면 폐지나 대체를 제안한 구간(각각 B-0, C-0으로 제안)은 회색으로 표시했다. 현 계획(B-4 구간을 제외하고 149km)에서 유지할 구간 거리는 89km이며, 이 책에서 제안하는 서울관통선 전 구간 거리는 132km이다.

노선명	구간명	구간	연장	목적	현 상황	저자 제안	운행 열차
A	A-1	수서분기~삼성	7	A선 남측 삼성 진입	시공 중	통과역(삼성, 서울) 증축	전국망 고속, 광역특급
	A-2	삼성~옥수 분기	5	삼성 북측 구간 연계	별선 계획		
	A-3	옥수분기~연신내	14	서울역 통과	별선 계획, 신분당선 공유	2단계 사업으로 신분당선 별선화	
	A-4	연신내~운정	25	일산·운정신도시 연계	별선 계획	황해도 방면 연계 대비	
B	B-0	광명~서울역	20	서해선·월곶판교선 도심 진입 정비	민자 추진 중, 서울 종착	도심 관통선으로 정비	전국망 고속, 광역특급, 광역급행, 완행
	B-1	송도신~서울역	40	송도 연계 및 경인선 혼잡 분산	별선 계획	폐지, 인접 광역급행 투자로 대체	
	B-2	서울역~청량리	7	B선 한양도성 관통	별선 계획	증축 대비, 광역급행급 공용, 급행역 추가	전국망 고속, 광역특급, 광역급행
	B-3	청량리~망우	5	B선-경춘선 직결	별선 계획	유지, 광역급행 공용	
	B-4	망우~마석	25	경춘선 도심 진입 정비	직결 계획	ITX-청춘 그대로 활용	
C	C-0a	수서~광주	18	중부내륙, 중부, 동부 우회, 경원고속선과 강남권 연계	전국망 계획	광역특급용으로 증비, 위례~하남 하남연결선 추가	전국망 고속, 광역특급
	C-0b	삼성~수서	5	수서광주선 열차를 삼성으로 접속	계획 없음	복선 추가	광역특급, 광역급행
	C-1	금정~삼성	20	수도권 서남권 연계	별선 계획	광역급행급으로 격하, 남서울급행선과 직결·병합	광역급행
	C-2	삼성~청량리	8	C선 강남 도심 관통	별선 계획	광역급행 공용, 삼성~수서광주선과 직결, 동서울 종관 급행선 역할 추가	광역특급, 광역급행
	C-3a	청량리~광운대	6	1단계, 경원2선 역할	별선 계획	경원 2선·동북 급행철도 역할, 광역특급은 광운대 통과	
	C-3b	광운대~의정부	12	2단계, 경원2선 역할	별선 계획		

하면 재정 부담은 완화될 것이다.

　　B선은 경춘선에서 출발, 서울 시계를 넘어 진입한 다음 별도 지하 복선을 확보하여 청량리역과 서울역에 이르는 구간(B-2, B-3)까지는 기존 국토부의 계획과 동일하다. 하지만 나는 경인선을 따라 인천으로 향하는 구간(B-1)은 경인급행선의

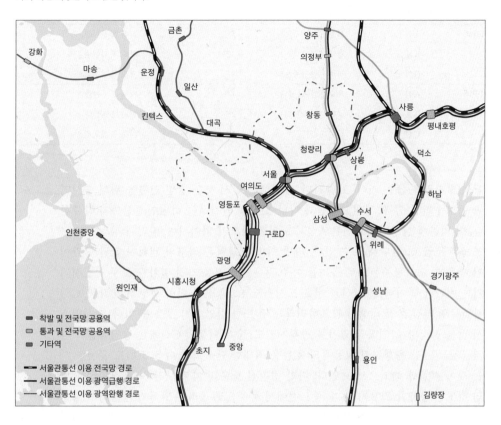

연계망을 강화하는 투자로 대체하는 한편, 신안산선을 활용하여 광명(B-0)으로 방향을 돌려야 한다고 본다. 광명에서 B선은 인천 방면, 그리고 안산 방면으로 분기하여 각각 수인선, 그리고 서해선과 직결된다. 서해선은 홍성에서 장항선과 합류한다. 때문에 B선으로는 장항선~서해선~경춘선을 연결하는 전국망 열차가 서울을 통과하여 운행할 수 있다. 이 열차는 익산·군산에서 속초까지 연달아 달릴 수 있다. 또한 장항선 합류에 앞서 합덕에서는 당진·태안 방면으로 분기해 나갈 선로다. 때문에 B선 광역특급은 인천·태안·홍성 세 방면으로 분기할 수 있다. 여기에 신안산선 서울~광명 구간에는 20km 구간에 역이 12개나 건설될 예정이다. 광역급행급 열차는 물론 도시철도(완행)급 열차까지도 운행할 필요가 있는 것이 현실이다. 결국 전국망, 세 계통의 광역특급, 광역완·급행 열차 모두가 몰려드는 서울~광명 구간은 인접한 경부1선만큼이나 혼잡한 구간이 될 듯하다.(4장 참조) 이 지점 역시 추후 2단계 사업으로 2복선화를 검토할 필요가 있다.

　　C선은 북쪽 구간은 그세 수정하지 않는 대신 남쪽 구간을 완전히 새롭게 정비한다. 삼성~금정 구간(C-1)은 광역급행으로 대체하는 한편, 현재 전국망을 위해 계획 단계에 있는 수서광주선을 C선으로 편입하여 전국망과 광역특급의 수서,

[표 5]   서울관통선의 단계별 사업 제안.

사업 단계	노선명	구간	연장(km)	내용
1단계	A선	삼성~운정	51	지하 복선전철, 민자
	B선	광명~망우	32	지하 복선전철
	C선	광주~수서~광운대	37	지하 복선전철
2단계	A선	옥수분기~연신내	14	지하, 2복선화
	B선	광명~청량리	27	지하, 2복선화
	C선	광운대~의정부	12	지하 복선전철

삼성역 진입을 돕는 것이 그 골자다. 후자에는 앞서 북한 방면 연결을 위해 수서역과 동부우회선, 추후 경원고속선과 강남 도심을 연결하는 하남연결선까지 합류한다. 이 덕분에 삼성에서 C선은 A선과 교차할 필요가 없어지며, 따라서 삼성역의 구조물은 조금 더 간단해질 수 있다. 다만 이미 삼성역은 정부의 계획이 끝난 구간이기 때문에, 수서광주선으로 몰려들 아주 많은 행선지를 가진 열차를 모두 진입시키기는 어려울 것이다. 경원선과 서울 도시철도 4, 7호선이 이미 상당히 혼잡해, C선 광역급행 역시 혼잡 대책이 필요하리라는 점 또한 감안하지 않을 수 없다. 수서역에서 많은 전국망·광역특급 열차를 종착시키고, 수서 이북의 C선에는 광역특급과 광역급행 열차만 운행시켜 교통류의 흐름을 최대한 단순화한 다음 고빈도 운전을 하는 것이 적절한 해법으로 보인다. 다만 경원선 광운대 이북 구간은 현 경원선을 몇 년 정도는 공용할 필요가 있다. 종로선에서 북쪽으로 올라온 열차가 청량리와 광운대에서 절반 정도 회차해 용량이 남기 때문이다. 2단계 사업은 바로 이 광운대에서 의정부까지 이뤄지면 된다.

　　표 5는 1단계 사업, 즉 광역특급과 전국망 열차가 서울 중심부를 우선 관통하기 위해 필요한 구간, 그리고 2단계 사업, 다시 말해 1단계 사업으로는 교통류를 충분히 구분할 수 없거나 용량이 얼마 지나지 않아 포화될 것으로 예상되는 구간을 정리해 보여 준다. 우선 1단계 사업을 추진하는 것은, 가능한 한 최소한의 투자로 서울을 관통하는 전국망 열차, 광역특급, 광역급행 열차를 투입할 시설을 확보할 수 있기 때문이다. 그다음 2단계 투자를 하는 이유는, 이렇게 확보한 구간 가운데 세 종류 이상의 교통류를 처리해야 하는 부담을 지는 구간이 다수 있기 때문이다. 특히 신안산선 구간(B-0)은 네 종류의 열차가, 그리고 여섯 개의 계통이[7] 뒤섞여 다닐 것이다. 몇 년간은 이런 선구가 있을 수도 있지만, 최종적으로는 하나의 복선이 하나 또는 두 종류의 교통류만을 처리해야 한다. 물론 단계적 접근은 재정 지출의 부담을 분산시키기 위한 접근이기도 하다. 1단계 사업에서는 미리 시공하지 않을 수 없

7

익산~속초 간 EMU-250 고속열차, 태안~춘천·홍성~춘천·인천중앙~춘천 간 광역특급(3종), 평내(춘천)~중앙 간 광역급행, 평내(청량리)~중앙 간 광역완행. 수인선 방면 광역급행까지 운행시키면 7종이 된다.

는 토목 구조, 그리고 2단계 시설의 설계만을 준비해 놓는 것을 원칙으로 하여 재정 부담을 최대한 분산시킨다. 2단계 사업의 시공을 시작하는 기준은, UIC 지침을 준용하여 75% 이상(광역망, 러시아워 기준)의 선로용량이 소모되었을 때를 기준으로 하면 적절해 보인다.

이중 교통 환경과 자동차 이후 시대의 철도[8]

이들 망 계획은 도시와 공간의 활용 방법을, 그리고 철도가 자리 잡고 있는 거대도시 교통망이라는 일종의 생태계를 변화시키는 것 또한 중요한 목표로 삼는다. 철도 망은 인간의 행동과 도시의 구조, 그리고 교통 체계 전체에 걸쳐 심원한 영향을 미칠 수 있다. 이 영향력을 활용해, 교통의 세계, 이동의 세계를 좀 더 효율적이면서도 지속 가능하고 형평성 있게 변화시켜야 한다.

하지만 이 계획은 한 가지 단절을 넘어서야 한다. 최근 20년간, 한국과 수도권의 도시 계획은 철도와 거리가 멀어져 왔기 때문이다. 경인선과 인천의 성장 사이의 관계, 강남 개발과 '1기 지하철', 1기 신도시와 신도시 철도에서 볼 수 있는, 새 도시와 새 철도 사이의 연동 관계는 이 시기에 들어서는 미약한 수준으로 전락했다. 토지공사조차 인정한 "난개발" 시기의 신도시는 물론, 2019년 현재 2기 신도시 가운데 광역급행 대역의 표정속도를 기록하는 철도가 건설된 곳은 판교 정도뿐이다. 동탄은 광역특급이 다닐 A선의 공사도 채 끝나지 않았으며, 김포는 도시철도 수준의 망이 서울 2호선에서 한참 떨어진 김포공항에서 종착하는 상황이다. 2005년 이후 광역망 개통이 도시 건설에 부분적으로 뒤따랐다는 점을 3장에서 확인하긴 했지만, 이들은 대체로 기존 철도를 개량한 노선들이었으며 따라서 이 시기 광역망 증강은 기존 시가지 사이의 기존 연계를 더 강하게 만드는 데 만족해야만 했다. 수도권 바깥에서는 상황이 더욱 심각하다. 전국 각지에 새로 건설된 혁신도시 가운데 철도와 연계되는 곳은 김천과 원주뿐이기 때문이다. 심지어 새로운 수도에 준하는 도시로 설계된 세종조차도 도시 중심부에서 15km 이상 떨어진 오송역, 그리고 연계가 충분치 않은 조치원역을 이용해야 한다. 새 도시는 전국의 강산을 가득 채우고 있지만, 이를 따라 들어서는 새 철도는 거의 없다.

빈자리를 차지한 것은 물론 도로였다. 신도시 주변에는 도시고속도로, 그리고 주변 도시를 잇는 거미줄 같은 광역도로망이 건설되었다. 본래 강력했던 자동차의 침투력은 신도시 개발의 도움을 받아 더더욱 막을 수 없는 수준이 되어 갔다. 거대도시 중심부 이외의 지역에서 자동차가 지배적 교통수단으로 등극하는 것은 자동차와 인간의 본성을 생각할 때 피하기 어려운 결말이지만, 지난 20년간 한국의 도시와 광역 공간 계획은 이 현실을 지나칠 정도로 적극적으로 받아들였다. 물

8
이번 항의 논의를 위해 다음 책을 중요하게 참고(특히 3부)했다. 존 어리, 『모빌리티』, 강현수·이희상 옮김 (아카넷, 2014).

[도표 3] 수도권 도시·광역철도 이용객 규모 추이.(1995~2017) 수도권 도시·광역철도 사업자의 데이터를 합산한 값이다.

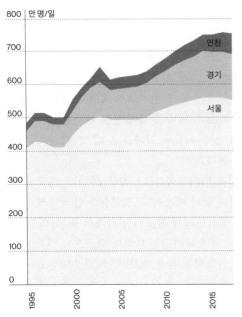

[도표 4] 수도권의 경제활동 인구(15~64세) 대비 대중교통(도시·광역철도, 시내버스) 이용객의 비율.(1996~2016) 인구(분모)는 주민등록 인구를 활용했으며, 대중교통 이용객(분자)은 도표 3에 수록된 도시·광역철도 이용객에 전국버스운송사업조합연합회(http://www.bus.or.kr/)가 발행하는 각 년도 『버스통계편람』에 수록된 수도권 시내버스 승차객의 수를 더해 얻은 값이다.

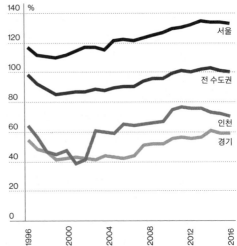

론 이렇게 건설된 도로망을 이용해 버스를 유기적으로 활용하는 방법도 생각은 해 볼 수 있을지 모른다. 하지만 세종시의 대중교통 분담률을 70%로 끌어 올리겠다는 당국의 호언장담은 아직 그 실현이 요원하다는 현실이나,[9] 혁신도시 거주민들의 가장 큰 불만이 교통이라는 현실을 감안해 보면,[10] 버스에 대중교통 기능을 모두 의존하는 방침은 적어도 한국의 최근 도시 개발에서는 그다지 성공적이지 못한 것 같다. 이는 거대한 광역버스망의 규모에도 광역철도망 확대 요구가 끊이지 않는 수도권에도 통하는 이야기이다. 버스망의 약점을 드러내 주는 이들 데이터는 1장에서 살펴본 좀 더 일반적인 설명과도 연결시킬 수 있다. 비록 버스가 철도보다 훨씬 유연하게 망을 구성할 수 있다 하더라도, 이 수단은 승용차보다 최고 속도를 올리기 어려운 데다 경로 선택 면에서도 승용차에 비할 수 없을 만큼 경직되어 있어 마찰시간을 피할 수 없기 때문에 승용차보다 빠른 표정속도를 달성하는 것은 사실상 불가능

9
다음 기사를 참조하라. 「세종시에서 'BMW'를 이용해야 하는 이유?」, 『디트뉴스 24』, 2016년 1월 15일 자.

10
정부의 『「혁신도시 시즌2」 추진방안』(관계부처 합동, 2018) 3쪽에는 혁신도시의 거주 여건을 입주민들이 다섯 부분으로 나누어 평가한 결과가 수록되어 있다. 이 가운데 교통은 44.5점으로 최저를 기록했다. 이는 주거(58.9), 교육(50.9), 편의·의료(49.9)보다 현격히 낮고, 여가 활동(45.2)보다도 조금 낮은 값이다. 전체 평균은 52.4점이었다.

하다는 약점이 있다. 최고 속도 면에서 우세하고, 마찰시간을 관리하면 이를 감안한 표정속도 또한 도로보다 부분적으로 빨라질 수 있는 철도는 승용차와의 속도 경쟁에서 크게 뒤쳐지지 않을 수 있다. 버스망은 여러 스케일에 이르는 철도의 마찰시간을 격감시키는 데서 그 중요한 존재 이유를 찾는 것이 좋지 않을까.

어찌되었든 도시와 공간 개발 전략에서 철도의 역할은 퇴조해 왔다. 도시 내부 구조와 유기적으로 결합된 철도가 구현된 도시는 특히 최근에 건설된 신도시일수록 드물다. 철도망은 구체적인 도시 공간을 설계해 온 한국토지주택공사(LH)나 지방 정부에게 그다지 주목받지 못했다. 이것이 지난 20년간 건설된 신도시들의 현실이다. 그러나 거대도시의 중심부인 서울에서, 그리고 주변에서 철도의 실제 역할은 오히려 확대되고 있었다. 지난 20년 동안 서울 지역의 도시·광역철도 승객은 30% 증가했고, 경기와 인천에서는 그 수가 두 배 이상 늘었기 때문이다.(도표 3) 도표 4는 철도망의 역할 확대가 인구 증가 때문이거나 버스를 희생해 이뤄진 것이 아니라는 사실도 보여 준다. 2000년대 초반까지 축소되어 왔던 대중교통의 역할(=경제활동 인구 대비 하루 승차객)은 2000년대 후반 들어 서울, 인천, 경기 순으로 반등에 성공했다. 2012년부터는 수도권의 경제활동 인구보다 대중교통 이용객이 더 많아지기까지 했다. 대중교통, 그리고 그 주축인 철도의 역할이 확대되고 있는 기존 시가지와 거대도시 중심부, 그리고 철도를 무시한 채 자동차를 중심으로 건설되는 새 시가지와 주변부로 수도권의 교통 환경은 분화되는 듯하다.

수도권의 교통 환경이 이분화되고 있다는 주장은 도시 계획의 경향, 철도 이용 데이터를 넘어 자동차 행동 데이터에도 기반을 두고 있다. 도표 5는 거대도시의 중심지(서울)에서 중간 지대(인천·경기)를 거쳐 주변부(충남)에 이르는 세 지역에서 승용차의 역할이 서로 다른 방향으로 변화하고 있다는 사실을 보여 준다. 중심부에서는 2015년 현재 모든 연령대 남성의 승용차 통근율이 절반 이하이며 노년층

[도표 5] 서울, 인천·경기, 충남의 남성 승용차 통근 비율 변화.(2000~2015) 각 년도 센서스. 참고로 여성은 대부분의 연령대에서 승용차 통근 비율이 증가하고 있으나 같은 연령대 남성보다 높은 경우는 아직 없다. 성, 계급, 연령, 지역에 따른 승용차 통행의 변화에 대한 세밀한 분석은 7장을 참조하라.

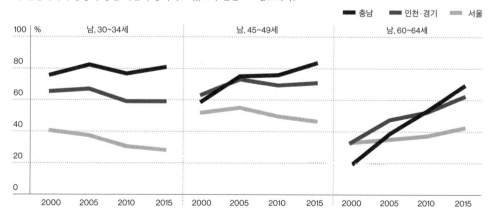

6장 철도 도시 서울, 무엇을 할 것인가

을 빼면 그 감소율도 상당하다. 중간 지대에서 승용차의 역할은 젊은 층에서는 조금 감소, 중년층에서는 대략 유지, 노년층에서는 확대된다. 주변부에서 승용차의 역할은 최소한 유지(30대 초반)되며 특히 노년층에서는 급격히 증가한다. 중심부에서는 자동차화가 종료되고 대중교통이 충실해지면서 자동차 이후 시대의 교통 환경(8장에서 조금 더 상세하게 논의한다)이 어렴풋하게 모습을 드러내는 듯하지만, 주변부에서는 자동차화가 멈추지 않고 진행 중이다.

　　이런 이중 교통 환경은 피하기 어렵다. 지수적으로 넓은 공간, 그리고 이에 따라 지수적으로 낮은 인구밀도 덕분이다. 하지만 계획은 현실의 기반을 냉정하게 바라보면서도 이상을 포기하지 않는 작업임을 잊어서는 안 된다. 철도 계획은, 공간의 규모와 인구밀도 차이를 극복하기 위해 가능한 모든 수를 써야 한다. 물론 현실의 저항은 강력할 것이다. 그러나 그렇다고 해서 최근의 철도·도시 관계를 그대로 내버려 두는 것도 있을 수는 없는 일이다. 방금 지적한 이중 교통 환경은, 신도시나 주변부 도시의 지속 가능성을 훼손하는 한편, 교통 체계의 형평성을 약화시키며, 중심부와 신도시·주변부의 연계 비용을 높여 중심부의 혁신을 주변부로 전달하는 과정은 물론 주변부의 혁신을 중심부나 다른 주변부와 연계하는 과정까지도 방해하고 말 것이기 때문이다. 이제 한국의 도시와 철도 계획은 지난 20년간 심화된 이러한 이중 교통 환경을 완화하는 방법을 찾아내는 데 그 초점을 맞춰야 한다.

　　도시·공간 계획에서 철도의 역할을 확대해야 하는 또 다른 중요한 이유는, 바로 자동차의 지배력을 이제 황혼 속으로 보내야 한다는 중요한 신호가 지구의 기후 시스템에서 들려오기 때문이다. 21세기 인류가 직면한 기후위기에 대응하기 위해서는 지금과 같은 자동차 이용 행태를 지속해서는 곤란하다. 세밀한 논의는 8장에서 이어지겠지만, 차량 기술의 개선만으로 모든 문제에 대응하기는 어렵다. 차량 동력의 전기화는 지난한 과정일 것이며, 전력의 탈탄소화 역시 대단히 어려운 작업일 것이기 때문이다. 수소차의 역할은 아직 미지수다. 교통의 세계 속 승용차의 비중을 유지하는 이상, 어떠한 기술적 대안이라 해도 에너지 수요 자체를 줄여 이행 과정의 갈등을 줄이는 데 도움이 될지 불분명하다. 충분한 수준의 세금이나 다른 행동 유도 장치를 통해 자동차에 대한 수요를 억제하는 작업이 계속해서 이뤄져야 하는 이유다. 그렇지만 이런 작업은 인류가 동력 수단과 함께 얻은 이동의 자유를 최대한 지키는 방법으로 이뤄져야만 한다. 서울과 같은 거대도시에서, 철도는 서로 상반되지만 모두 포기할 수 없는 목표를 달성하기 위한 물리적 장치의 핵심이 되어야 한다.

　　두 목적을 위해, 즉 이중 교통 환경을 완화하고 자동차 시대 이후를 준비하기 위해 철도를 활용하는 구체적인 방법은 바로 수도권망을 네 층위로 나누어 각각을 체계적으로 구성하는 계획을 세우는 데 있다. 그리고 이런 계획은 보강 6에서 다룰 경기 남부·충청·영서 지역 일대에 대한 광역 공간 계획과 같은 공간 계획과 함께 해야만 한다.

교통류의 분리 또는 공용에 대한 원칙

서울 시내 철도에서는 네 층위, 즉 표정속도가 2^5, 2^6, 2^7, 2^8km/h인 열차가 모두 함께 달린다. 중앙선에서는 이들 대역에 속한 열차들이 모두 하나의 복선을 공유하고, 정도는 약하지만 경부선 역시 유사하다는 점을 4장에서 간략히 살펴보았다. 경부선과 중앙선의 병목은 어느 정도 여기서 비롯되었다. 때문에 특히 서울 시계 내의 철도망 확충 작업의 중요한 원칙은 교통류를 속도에 따라 분리하는 데 있어야 한다.

하지만 모든 층위의 열차를 분리하는 작업은 현실적이지는 않다. 거대도시의 중심부에서는 단 한 뼘의 공간이라도 귀중하기 때문이다. 그러나 거대도시의 저항을 뚫지 못한다면, 철도의 가치는 반감되고 만다는 것 또한 현실이다. 동시에, 거대도시의 주변부에서는 하나의 복선으로 네 속도 대역의 열차를 모두 운행해도 무방할 만큼 열차 빈도가 낮은 노선이 있어도 이상할 것이 없다. 어떤 교통류는 궁극적으로 분리하고 어떤 교통류는 함께 두어도 되는지, 그리고 주변부와 중심부의 밀도 차이는 어떻게 다룰 것인지에 대한 원칙을 세워야 한다. 서울관통선 2단계 사업과 같은 막대한 추가 투자를 정당화하기 위해서는 이 원칙을 명시적으로 드러내어 공학계를 넘어 철도를 공유하는 사회 전체의 인준을 받고, 재정 당국의 평가도 바꾸어야 한다.

이미 대략적인 분리 원칙은 2절 전반에 암묵적으로 드러나 있다. 이 원칙을 다시 명시적으로 드러내면 이렇다. 네 개의 대역 가운데 인접한 두 대역이 하나의 복선을 공용하는 것은 선로 용량을 통상적인 방식으로 계산한다. 하지만 세 개 이상의 대역이 공용하는 구간은, 선로용량 활용 허용 수준을 조금 더 낮추어 계산하여 각 속도 대역의 분리 투자를 촉진한다. UIC는 도시권 선로의 혼잡 기준을 75%로 보았으나, 이런 혼합 운전 선구는 선로용량이 60% 이상(UIC 전일 기준) 점유될 경우 혼잡하다고 보고 투자 계획을 세우는 식이다. 경부4선이나 중앙2선 사업은 물론, 서울관통선의 경우에도 이 원칙을 적용하여 2단계 사업의 정당화를 돕는다. 선로용량 점유율을 교통류 분리 원칙에 활용하는 것은, 거대도시 중심부의 철도와 주변부의 철도 사이에 있는 운행 빈도 차이를 철도 건설 물량에 반영할 수 있는 원칙이라는 점에서 의미가 있기도 하다.

보강 6.
수도권 남부의 네 회랑,[11] 그리고 철도

지도 8은 수도권 남부의 주요 거점을 네 개의 회랑으로 묶은 다음, 그 위에 주변을 지나는 고속도로망과 철도망을 그린 그림이다. 누구나 알고 있는 회랑으로 경부선과 그 인근 지역이 우선 눈에 띈다. 서울과 대전을 잇는 이 '경부선 회랑' 주변은 대도시로 가득하다. 지금도 이 회랑은 평택까지는 4개 복선, 천안까지는 3개 복선, 대전까지 2개 복선의 철도로 연결되어 있다. 또 세종과 청주를 제외하면, 이 회랑의 주요 도시는 철도망으로 모두 연계되어 있다.

하지만 나머지 세 회랑은 상황이 다르다. 인천부터 서산까지, 대규모 산업 단지가 연달아 있으며, 남쪽에는 홍성·예산 경계에 내포신도시(충남도청 소재)까지 위치한 '서해안 제조업 회랑'에도 철도는 아직 없다. 2022년경 서해선이 개통한다 해도, 2000년 개통한 서해안고속도로와 비교해 보면 그 시차는 20년이 넘는다. '중부고속도로 회랑' 역시 도로에 의존해 성립해 있다. 이 회랑에는 비록 화성이나 평택처럼 거대한 규모의 제조업이 존재하는 것은 아니지만, 인구 10만 수준 또는 그보다 작은 군인 진천·음성 지역에도 인구가

2배나 많은 안성이나 이천과 비견할 만큼 많은 수의 제조업 일자리가 있을 정도로 회랑 전반에 걸쳐 제조업이 번창하고 있다. 이 지역에는 충북혁신도시까지 자리 잡고 있다. 청주는 이 회랑이 경부고속도로와 만나는 지점이다. 이 회랑의 기반이 된 중부고속도로는 1987년에 개통된 노선이므로, 내가 제안할 중부선 철도가 건설된다면 철도와 고속도로의 시차는 대략 40년에 달하게 될 듯하다. 마지막, '행정수도 회랑'은 원주, 충주, 충북혁신도시, 오송·오창, 세종, 내포신도시에 이르는 충청 북부와 영서 지방의 여러 전략 개발지가 호 모양으로 연달아 있다는 사실에 기반한다. 아직 개발이 시작 단계인 이들 도시 사이에 실질적인 연계가 수립되려면 많은 세월이 필요할 것이다. 하지만 이들 도시들은 수도권의 기능과 인구를 분산시키고 주변 지역을 유의미한 생산 활동의 거점으로 만들기 위한 전략 개발지로 의도된 곳들이다. 이들의 기능을 강화하려면, 이 회랑 역시 하나의 단위로 관리될 필요가 있다.

방금 지적했듯, 이미 그 현존이 뚜렷한 두 개의 회랑은 철도에는 전혀 의존하지 않은 채 발전해 왔다. 서해안고속도로와 중부고속도로는 두 제조업 회랑을 단단하게 묶어 왔다. 하지만 이제 이들 회랑에도 철도가 필요하다. 현재 시공 중인 서해선(a)을 통해서는 서해안 회랑을 인천이나 서울 서부 지역과 더 깊이 연계할 수 있고, 중부내륙선(b)을 통해서는 중부고속도로 회랑과 인접한 이천과 충주를 서울 동남부와 연계할 수 있다. 내가 제안할 중부선(⑨)은 현재 남북 방향 철도 노선 계획이 3차 계획에 등재되지 않은 중부고속도로 회랑을 종관하여 이들

---

[11]
이 글과 독립적인 연구로, 수도권 주변 산업의 지리적 분포에 대해 다룬 연구로는 다음을 참조하라. 문미성·김은경·이성룡·옥진아, 『경기도 산업구조변화와 입지정책방향』(경기연구원, 2018). 특히 55쪽의 그림 2-41은 중소기업청이 지정한 강소기업의 위치를 전국 지도에 표시하고 있으며, 경부 축선 이외에도 중부고속도로 축선 방향으로 진천·음성 분지와 청주 일대에 이들 '강소기업'이 다수 입지해 있음을 보여 준다.

[지도 8]　수도권 남부의 네 회랑과 교통망. 네 회랑의 이름은 저자가 제안한 것이다. 한강 이북과 영남 지역 도시들은 표시하지 않았다. 제조업 및 생산자서비스 종사자의 수는 각 지방정부 통계연보(2017년판)을 참조했다. 각 도형의 위치는 시군의 치소 또는 최대 인구 지역에 맞췄다. 5000명 이하의 종사자가 기록된 지역의 경우 제조업이나 생산자서비스 기호를 생략했다. 여기서 '생산자서비스'의 구체적인 의미는 9차 표준산업분류 이후의 대분류 '출판, 영상, 방송 통신 및 정보서비스', '금융 및 보험', '부동산업 및 임대', '전문, 과학 및 기술서비스', '사업시설관리 및 사업지원서비스'이다. 이들 서비스는 다른 기업의 생산 활동에 투입될 수 있는 요소이므로 '생산자' 서비스라고 불린다. 참고로 2017년 기준 서울의 제조업 종사자는 약 28만, 생산자서비스 종사자는 약 169만 명이며, 지도에 등장한 수도권 남부 도시들의 제조업 종사자는 총 약 175만, 생산자서비스 종사자는 약 107만 명이다.

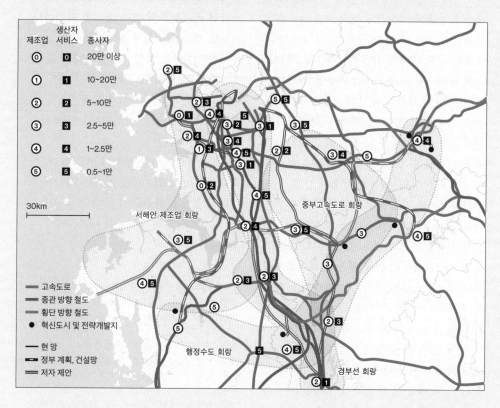

도시를 북으로는 서울 동남부와, 남으로는 청주·대전과 연계할 것이다. 물론 경부본선 조치원과의 연계가 미흡한 세종에도 지선을 부설(충청권 c2)하여 천안이나 경기 남부와 세종시 사이의 연계를 강화할 필요가 있다. 수원 이남 도시에서는 세종에 접근하는 데 오송역에 정차하는 고속열차보다 세종 도심 직결 광역특급 열차가 더 빠를 것이며 세종 관통 고속 별선이 개통히더리도 경부본선 부근의 지역에서는 상황이 다르지 않을 것이다. 물론 세종 관통 고속 별선은 서울과 세종, 그리고 영남의 대도시와 세종을 고속으로 연결할 수 있다는 점에서 세종시의 기능을 강화하는 데, 그리고 대다수 국민의 세종시 접근 편의에 더 큰 도움이 될 것이다.

이들 네 개의 남북 축선은 이들 회랑의 산업을 고도화하기 위해서도 중요한 역할을 할 수 있다. 이들 회랑에 속한 대부분 도시에서, 생산자서비스의 규모는 제조업에 비해 크게 작다는 사실에 주목해 보라. 특히 중부고속도로 회랑의 중앙부 진천·음성, 그리고 서해안 회랑과 행정수도 회랑이

6장 철도 도시 서울, 무엇을 할 것인가

교차하는 홍성·예산의 생산자서비스업 규모는 지도 8에 표시되지 않을 정도로 미약하다. 여기서 '생산자서비스'는 간단히 말해 제조업자와 같은 생산자를 위해 전문가들이 제공하는 서비스를 말한다. 제조업의 상당한 규모는, 이들 제조업자들의 생산 활동을 발전시키고 더욱 효율적으로 구성할 수 있도록 돕는 전문가들의 손길이 필요한 곳도 많다는 것을 방증한다. 그리고 다른 어떤 직군보다도 전문가들은 거대도시 중심부, 더 구체적으로 말해 중심부에 집중된 다른 전문가나 그들의 아이디어와 원활하게 연결될수록 더 활발하고 다양한 활동을 벌일 수 있는 사람들이다. 이 사실에 비춰 보면, 제품 연구소와 같은 생산자서비스 거점들을 서해안 회랑의 남쪽으로, 그리고 중부고속도로 회랑의 안성이나 음성·진천으로 부르고 제조업의 경쟁력을 강화하는 연구 활동을 확대하기 위해서는 철도가 필요하다는 결론이 나온다. 연구소에 취업한 석박사들은 실험 장비 사용을 위해, 학회 참석을 위해, 그리고 무수히 많은 네트워킹 활동을 위해 서울과 전국 각지의 연구 단지, 대학으로 이동해야 할 것이다. 예를 들어 충북혁신도시나 내포신도시처럼 거대도시 중심부에서 100km 떨어진 지역에서 일하고 거주하는 전문가들이 네트워킹의 기회 면에서 서울에 사는 전문가들보다 크게 밀리지 않으려면, 주변 거점 도시로 잘 연계된 광역특급 수준의 철도망은 꼭 필요해 보인다. 지도 3은, 서울(또는 인천)에서 출발하여 이들 지역의 제조업 거점으로 향하는 장거리 통근이 이미 성행하고 있다는 사실도 알려 준다. 이들을 대중교통으로 끌어들이고 붙잡는 역할을 광역특급보다 잘 할 수 있는 수단은 없을 것이다.[12] 지역 내 노동자 가운데 이러한 전문가의 비중이 높아질수록 비숙련자의 임금 또한 올라간다는 미국의 데이터를 눈여겨볼 필요도 크다.[13]

주요 철도역들이 회의실 임대를 통해 짭짤한 수익을 얻고 있다는 사실도 다시 되새겨 볼 필요가 있다. 철도는 분명 전국적 네트워킹의 매우 중요한 기반이다. 철도망 개선에 소극적인 지방정부의 움직임[14]은 바로 이런 메커니즘에 주목하지 못했다는 점에서, 그리고 기껏 건설한 신도시를 승용차의 지배력 앞에 아무런 완충 장치 없이 던져 놓는 방침이라는 점에서 비판받아 마땅하다.

혁신도시와 세종시 등을 하나의 회랑으로 보고 연계해야 한다는 제안은 다른 문헌에서 확인하지 못한 주장이다. 이 덕분인지, 고속도로조차 내가 그린

12
다양한 분야의 전문가들이, 국가의 인위적 조치 없이도 적어도 통근해 오는 도시를 만들어야만 수도권 주변부의 꾸준한 발전이 가능할 것이다.

13
이른바 '인적 자본 외부 효과'에 대한 증거를 소개하는 문헌은 다음을 참조. 엔리코 모레티, 『직업의 지리학』, 송철복 옮김(김영사, 2014), 150, 특히 그림 4. 대졸자 비율 10% 증가가 고졸자 연봉 7% 증가로 연결되고 있다. 미국 305개 도시에 대한 상관관계 분석이므로 한국에서 어떤 값이 나올지는 별도의 조사가 필요하지만, 방향이 크게 다르지 않을 것이라는 예상 정도는 합리적일 것으로 보인다.

14
충북혁신도시에 대한 르포 기사로는 다음을 참조. 『충북혁신도시 재도약 가능할까?』, 『참여와 혁신』, 2017년 7월 3일 자, http://www.laborplus.co.kr/news/articleView.html?idxno=11438. 반곡역 열차 재정차에 대해서도 원주시가 극히 우려하는 반응을 보였다는 점을 지역 언론 보도로 확인할 수 있다. "반곡역이 정차역으로 부활되면서 이전 공공 기관 직원들이 원주로의 이전을 꺼릴 것이라는 우려의 목소리가 적지 않았다. 하지만 열차를 이용한 출퇴근 직원이 생각보다 훨씬 적은 것으로 나타나면서 원주시의 고민을 덜게 됐다." 『원주 반곡역 너무 초라한 '정차역'』, 『강원도민일보』, 2014년 11월 6일 자.

'행정수도 회랑'을 그대로 따라가는 노선은
없다. 하지만 이들 개발지는 모두가 도시와
주변 지역을 의미 있는 생산 거점으로
만들기 위한 일종의 전략적 포석이라는
점을 감안하면, 광역특급 수준의 철도망을
이용해 주변 기존 시가지나 산업 단지, 거점
도시와 고속 대중교통 연결을 제공하는 일은
반드시 필요한 일이다. 이 회랑을 주파하는
열차는 독자적인 대규모 수요를 기대할
수는 없기 때문에 별도의 신선 부설 없이
충북·경부·장항선과 같은 기존선, 그리고
수도권 외곽 여러 선구나 서해선(a) 같은
신규 선구를 활용해 운행해야 한다. 하지만
적절한 속도는 오늘날 철도의 희망이므로,
적어도 2시간 반 이내에 태안에서 제천 또는
반곡까지 주파한다는 목표를 지향해야만
한다.

경부본선의 세종 연결 보강, 그리고
세 회랑에 대한 광역특급 운행은 수도권
남부의 네 회랑을 모두 철도로 연계하는
작업이다. 도로에만 의존하던 이들 연결에
철도를 도입하는 작업은 단순히 교통수단을
하나 더하는 데 그쳐서는 안 된다. 이들 망은
거대도시 중심부와 주변부 사이의 교통 환경
차이를 최대한 완화하는 한편 자동차 이후
시대에도 자동차에 기반해 형성된 현재의
제조업 회랑을 계속해서 유지·발전시키기
위해 꼭 필요한 생산자서비스 기능을 보강할
수단으로 작동해야 한다. 황해도 방면
개발에, 그리고 영호남의 대도시권 교통
개발에 참조할 모형으로서도 이들 사업은
중요하다.

3절. 최대 동심원, 전국망

이제 논의를 전국망으로 넘겨 본다. 이 논의의 범위는 수도권에 국한되어서는 안 된다. 수도권에서 출발한 열차를 받아 줄 반대 망에 대한 투자, 그리고 세밀한 운용 계획이 모두 수립되지 않으면 실제로 작동하는 전국망의 모습을 현실로 구현할 수는 없기 때문이다.

여섯 개의 방침

전국망 계획은 다른 어떤 부분보다도 중요하다. 거대도시의 중심부를 전국을 아우르는 스케일의 공간과 연결하는 사명을 가진, 거대도시 철도망에서 가장 중요한 특권적 기관인 중앙역의 모습을 결정짓는 요인이기 때문이다. 철도 이외의 많은 교통수단 역시 이 중앙역을 중심으로 집결한다. 덕분에, 전국망 투자는 견고한 듯 서 있는 거대도시 중심부에도 강력한 영향을 미칠 수 있다.

중앙역의 규모는 열차의 운행량을 결정한다. 하지만 1장에서 확인했듯, 서울 지역 중앙역의 규모는 세계 거대도시 가운데 그리 크지 않다. 연결 본선의 규모는 추격 그룹에도 미치지 못해 불균형 그룹에 속할 정도였다. 구체적으로 뜯어보더라도, 경부1선과 중앙선의 철도 병목은 심각한 수준이었다. 상황이 이럴진데, 새로 추가되는 전국망이나 북한 방면 연계를 위한 여유를 바라는 것은 사치에 가까웠다.(4장) 문제를 어떻게 풀어나갈 것인지에 대해 정리된 당국의 논의도 충분하지 않았다. 나는 다음 여섯 기본 방침이 상황을 타개하는 데 중요하다고 본다.

1.   경부4선(①), 중앙2선(②)에 투자하여 서울·용산과 청량리 착발 전국망 열차를 증편한다: 관련 투자와 운영 계획의 세부 내용에 대해서는 '핵심 선구 연구 1, 2'에서 세밀하게 논의할 것이다. 핵심은 충분한 용량을 확보하여 규칙 시각표(사례연구 1 참조)를 구현하고 경부1선에 광역특급망 운행을 위한 여유까지 확보하기 위해서는 경부4선 투자가 필요하며, 광역망 열차와의 용량 경합을 해소하고 동부 산악 지역, 그리고 향후 경원선과 관북 방면으로 충분한 양의 고속열차를 규칙적으로 투입하기 위해서는 중앙2선 투자가 필요하다는 데 있다.

2.   북한 방면 망과 착발역에 대한 체계적인 계획을 세운다: 지도 9, 10의 남북 접경지 인근 망은 바로 여기에 대한 제안을 담고 있다. 이들 망은 2절에서 제안한 북한 방면 신규망 계획과 일치하도록 조율되어 있다. 각 부분에 대한 상세 설명은 아래에서 제시할 것이다.

3.   서울관통선 A, B선, 그리고 2중 우회망을 적극 활용한다: 통과역의 열차 처리 능력이 두단식 역보다 우수하다는 사실은 2장에서 살펴본 대로다. 때문에 서울로 진입하는 양측의 수요 면에서 격심한 차이는 나지 않을 것으로 보이는 신규 전

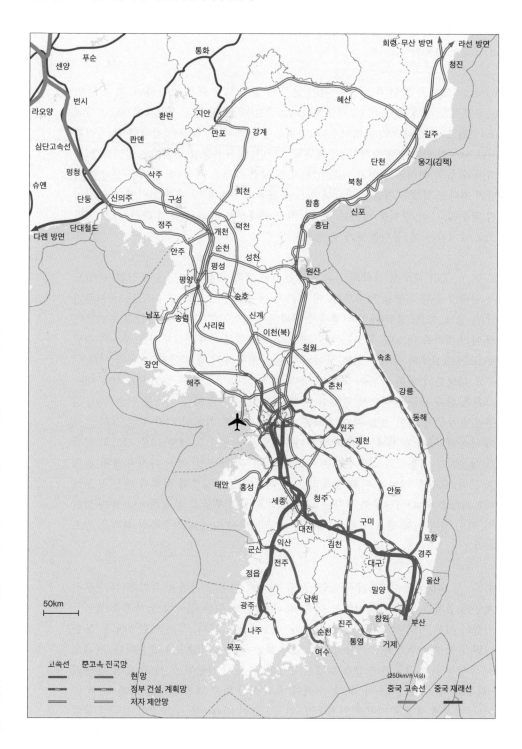

[지도 9] 전국망 총괄 계획. 함경북도 두만강 만곡부 일대는 편의상 지도에 표현하지 않았으며, 표시하지 못한 함북 지역의 주요 도시인 회령·무산·라선은 청진에서의 연결 방향만 제시하였다. 표시 범위 내 중국 측 현급시, 지급시의 이름도 명기했다.

국망은 되도록 통과 방식으로 처리해 서울 밖에서 열차 착발 처리를 하도록 한다. 또 동부우회선(내측 우회선, **4**)은 광역과 도시 교통 수요로 혼잡한 서울 시내망을 관통하지 않고 열차를 배분하는 데, 외측 우회선인 원평선(**d~k~⑨~10~b~l**)과 중앙선·관서내륙선(**6**)은 삼남 지방과 북한·둥베이 지역·러시아·몽골 방면을 오가는 화물 수송에 사용한다.

4. 인천공항 연계 노선을 경기 남부와 강화 방향으로 추가하며, 북한 방면 고속열차를 강화 방면 제3공항철도(**2**)로, 인천·수원 착발 고속열차를 제2공항철도·수인 2복선(**⑤**)으로 운행시킨다: 인천공항 연계 철도 확충은 전국의 각 지역과 세계 사이의 연계를 확충하는 데 매우 중요하다. 인천공항의 노선망은 아마도 21세기 내내 한국 최대일 것이기 때문이다. 또한 북한 지역은 개혁·개방 이후 상당한 기간이 지나도 막대한 자금이 필요한 별도 국제공항 투자를 할 만한 여력이 없을 것이기 때문에, 북한 경제를 세계와 연결시키기 위해서는 강화를 통해 해서·관서 지역으로 넘어가는 제3공항철도가 꼭 필요하다.

5. 공간 재구성 전략의 일환으로 건설된 계획 도시의 기능을 보강할 수 있도록 전국망 운행 계통을 정비한다: 이 목표가 왜 필요한지, 그리고 수도권 남부(경기 남부, 충남, 충북, 강원)에서 어떻게 실현되어야 하는지에 대해서는 제2절 후반부에서 이미 정리한 대로다. 철도는 이중 교통 환경을 완화하여 거대도시 중심부와 주변부 또는 중심부와 전국망 영역 사이의 연결을 원활하게 하는 한편, 자동차 시대 이후를 대비하기 위한 발판이 되어야 한다. 특히 세종 관통 고속철도망은 40분대에 서울 도심과 세종 중심부를 연결할 수 있다. 오송역에서 BRT 버스를 탑승하면, 정부청사 부근에 역이 있을 때 기대되는 시간보다 30분 가까이 시간이 더 걸리는 것이 사실이다.(왕복 시에는 두 배가 된다.) 사람들은 환승 자체를 10분 정도의 시간에 상응하는 비용으로 간주한다는 경험 연구 결과(2장 9절) 역시 다시 떠올릴 필요도 있다. 오송을 지키기 위한 충북의 고집 때문에 중앙정부와 사회의 다른 부분이 네트워킹을 위해 이만큼의 시간을 더 소모하고 심적 부담을 감수해야만 하는 것인지, 깊이 생각해 볼 필요가 있다.(청주에 대한 보상은 광역특급 중부선 계획을 참조하라.)

6. 수도권에서 5개의 중앙역(군)을 지정해 전국망 착발을 관리한다: 경부선 계통의 열차를 집중 착발시키는 서울~용산과 같이, 몇몇 전국망 노선군을 묶어서 이들이 서울 지역 착발역임을 인지할 수 있도록 관리한다. 특히 이런 작업은 북한 방면 전국망이 추가되고 서울발 전국망의 계통 수가 늘어날수록 유용하다. 거대도시 중심부 역의 귀중한 용량을 최대한 활용할 수 있기 때문이다. 서울~용산, 청량리~의정부~수서, 삼성~수서, 용산~수색이 바로 이런 서로 역할 분담을 하게 될 역 군이다. 여기에 새롭게 지어질 인천중앙~인천공항이 더해지면 수도권의 전국망 착발

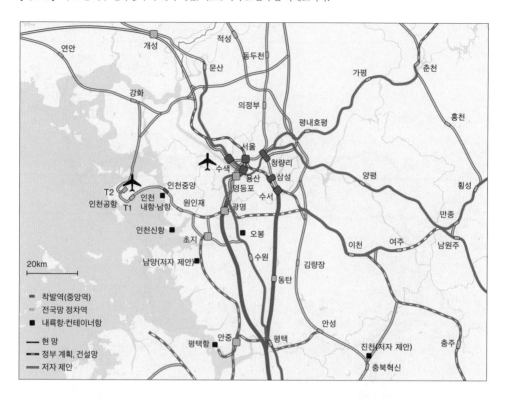

역 군은 총 5개가 된다. 이들의 분담 구조는 지도 10, 11~15, 도표 6, 8~10을 통해 확인 가능하다. 이들 여섯 방침을 구현하기 위해 무엇에 주의해야 하는지 세세히, 그리고 여러 각도에서 짚어 보자. 가장 풀기 어려우면서도 그 규모가 매우 큰 북한 방면 연결과 그 간략한 운용 방침에 대해서부터 논의를 시작해 보자.

북한 연결망과 착발역 처리

3장에서 잠깐 확인한 대로, 2019년 현재 북한 방면 철도 연결은 극히 빈약하다. 북한 내부망뿐만 아니라 한국도 마찬가지다. 경원선, 경의선 단 두 가닥의 단선이 남북을 이어줄 수 있을 뿐이기 때문이다.[15] 이 물량은 정체 상태인 오늘의 북한 경제에는 충분할지 몰라도, 고속 성장이 몇 년만 이어지면 북한 철도는 지금과는 다른 의미에서 지옥철이 되고 말 것이다.

　　나는 동해선을 빼고서도 최소한 6개 복선이 군사분계선을 넘을 수 있도록 준비되어야 한다고 본다.(한강 하구는 중립 수역이므로 한강하구선[7]은 엄격히 말

<hr />

15
동해선은 단선으로 시공된 강릉역의 병목 때문에 강릉시가 우회선을 시공하지 않는 한 남북 연계가 어렵다. 또한 과거 북한 측 경의선에 투자되어 있던 복선은　　단선으로 축소되었다. 특히 북한 측의 동해선은 2018년 겨울 기준으로 재해 복구조차 하지 못한 상태로 알려져 있다.

　　　　　　　　　　　　　　6장 철도 도시 서울, 무엇을 할 것인가

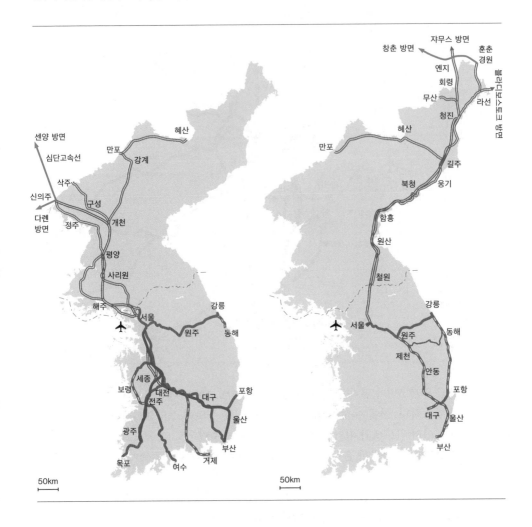

[지도 11]　경부4선, 경의2선 투자로 영향을 받을 선구. 이 선구의 서울지구 착발역은 서울, 용산이다.　[지도 12]　중앙2선 투자로 영향을 받을 선구. 이 선구의 서울지구 착발역은 청량리다.

하면 군사분계선을 넘지 않는다.) 이 가운데 2개는 고속신선, 2개는 기존선이며, 2개는 화물열차가 수도권과 평양 일대의 혼잡을 피해 우회 운행할 노선이면서 동시에 황해북도 내륙의 신계 분지 개발을 지원할 철도가 될 것이다. 북한의 체제 변화 속도를 가늠할 수 없는 상황에서, 이들 노선을 서둘러 건설할 필요는 없다. 현재로서는 유보지를 설정하고, 상황이 무르익었을 때 빠르게 공사를 할 수 있도록 토지 등을 준비하는 작업이면 충분하다.

　　　경의고속선(1)은 현 경의선과는 달리 해주를 경유하는 편이 좋다. 서울관통 A선 및 경의본선, 그리고 강화도 방면으로 건설될 제3공항철도(2)와 직결하기에 좋은 입지이기 때문이다. 평양까지의 거리 손해도 크지 않으며,[16] 황해 해안 방면을 하나로 묶어줄, 기존에 없던 새 철도 노선에 대해 서울 출발 고속열차를 직결시키기

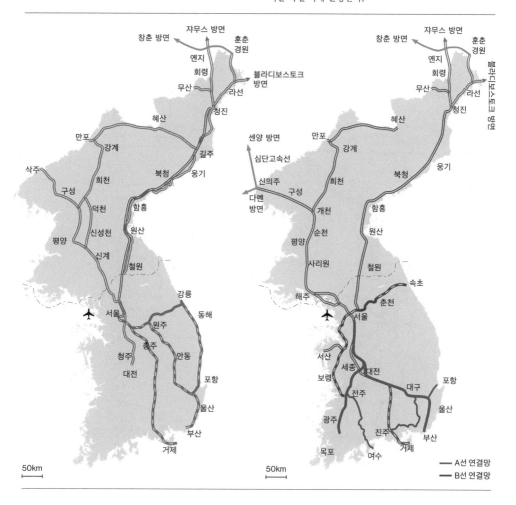

[지도 13] 수서광주선 투자로 영향을 받을 선구. 이 선구의 서울지구 착발역은 수서와 삼성이다.

[지도 14] 서울관통 A, B선 투자로 영향을 받을 선구. 서울역 등은 전국망 통과역으로 건설하며 전국망 착발 기능은 서울 바깥 역에 설정한다.

에도 좋다. 경의고속선을 달릴 고속열차는 일부는 부산에서 출발해 수도권 고속선을 통과, 서울관통 A선으로 그대로 직결하는 서울 통과 열차가, 일부는 용산이나 수색에서 착발해 한강하구선(7)으로 경의고속선에 진입하는 열차가, 또 다른 일부는 인천공항에서 온 열차가 될 것이다.(2)

경원고속선 계획 역시 착발역 계획과 함께 이뤄져야 한다. 지금으로서는 원활하게 열차를 집어넣을 여유가 있는 역이 경원선 서울 내에는 없기 때문이다. 물론 경원본선에도 여유가 없다. 나는 중앙선, 경춘선과 동부우회선을 활용해 청량리

16
운정에서 만우리 축선을 통해 임진강을 건너 개성, 평산 등지를 거쳐 사리원과 평양에 이르는 노선이 강화,

해주 경유 노선보다 대략 20~30km정도 짧을 듯하다. 이는 10분 정도의 소요 시간 차이로 이어질 것이다.

6장 철도 도시 서울, 무엇을 할 것인가

[지도 15] 서울 이중 우회선으로 영향을 받을 선구. 이들 선구를 이용할 열차의 착발역은 하삼도의 주요 역, 그리고 수서가 될 것이다.

[도표 6] 경의고속·관서내륙·경원고속선으로 합류하는 전국망의 계통도.

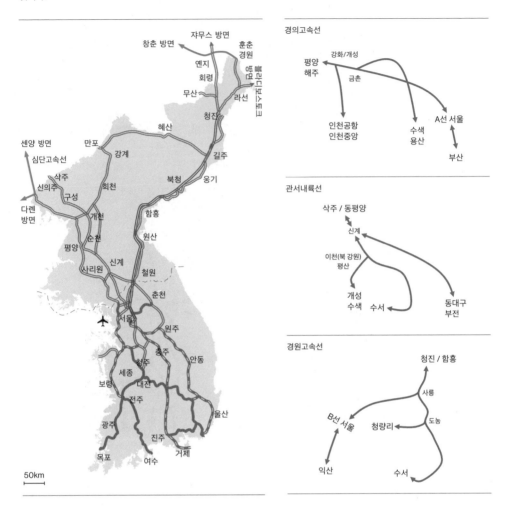

경의고속선

관서내륙선

경원고속선

와 수서로 접근하는 방식으로 망을 구성해야 한다고 본다. 고속신선(5)은 남양주 북쪽 지역에서 출발, 경원본선과는 별도로 북상한다. 물론 이렇게 되면 삼남 지방에서 관북 방면으로 열차를 직결 운행하기 어렵다. 이런 승객은 수서에서 환승을 유도해야 할 것이다. 경원본선과 고속선은 철원에서 잠시 합류한다. 철원은 수도권 외곽 우회선(6)도 교차하는 지점이므로 구내는 화물 조차장, 내륙항, 유보지를 포함해 상당한 크기로 준비되어야 한다. 다만 철원 지역 고속선에서 경원본선이나 관서내륙선(4와 직결)으로 직결하는 연결선을 확보할 것인지는 신중히 검토해야 한다. 경원본선 철원~원산 간 역 연계는 재래선 특급으로도 가능하며, 서울에서 관서로 향할 때 철원을 거치면 우회가 크기 때문이다. 수서, 청량리에서 관북 방면의 소규모 중

[표6]   수도권 종관 남북 연결 6개 철도. '맹장선', 즉 말단부에서 다른 노선과 연계되지 않은 형태의 철도인 금강산선은 계산에 반영하지 않았다. 또한 금강산선의 일부는 임남저수지에 수몰된 것으로 보여, 수도권-내금강 연결에 활용하기는 어렵다.

노선명	구간	목적	조치
경의고속선(1), 한강하구선(7)	서울·용산~강화·개성~해주~평양~개천~신의주	관서 지역 고속선, 인천공항 연계	A선 연장, 금촌, 대곡 연결선 확보, 제3공항철도 직결
경원고속선(5)	수서~동부 우회~철원~원산~청진	관북 지역 고속선, 청진 항공 수요 억제	하남 연결선 확보, 남양주~철원~원산 간 별선 확보
경의본선	현 구간	현 연선 지역 개발 지원	복선전철화
경원본선	현 구간	현 연선 지역 개발 지원	복선전철화
관서내륙선(6)	횡성~철원~신계~평양~개천~삭주	수도권 대순환선 화물 수송 경로(삼남 지방~북한·동베이 화물)	수도권 외측 순환선 직결
신계선(4)	적성~신계	임진강 유역 및 신계 분지 개발 지원, 경의본선 지원	수도권 동부우회선 직결

심지로 가는 표정속도 특급 대역의 전국망 열차는 철원까지는 경원고속선을 공용하며 수도권을 빠져나가 경원본선의 용량 부족에 대응한다.

　　　　경의본선 역시 제대로 된 착발역을 마련하기 어려운 곳이다. 서울이든 용산이든 지금으로서는 대규모의 승강장과 진입 본선 부지를 확보할 수 없기 때문이다. 일단 임시로 사용할 착발역은 수색에 마련할 수밖에 없다. 물론 수색은 서울 3도심에서도, 2호선과도 거리가 먼 지점이다. 구 용산창 부지를 최종 착발역으로 염두에 둘 필요가 있는 이유다. 이들 역에서는 경의고속선을 이용할 고속열차까지 함께 취급해야 한다. 용산 일대에 대한 조금 더 상세한 분석은 아래 경부4선에 대한 별도의 연구에서 확인하라.

　　　　경원본선의 전국망 착발역 사정은 더욱 어렵다. 나는 고속선 시작부를 동부우회선으로 빼낸 이상, 청량리에서 의정부에 이르는 구간의 전국망 열차 운행도 포기할 수 있다고 본다. 다만 의정부 이북의 운행을 포기하긴 어렵다. 빈틈을 메우려면 의정부역 서쪽의 5, 6번 승강장을 활용하여 소수의 전국망 특급을 착발시키는 것이 좋다. 청량리에서는 일부 열차를 중앙2선~경원고속선을 통해 관북 지역으로 운행시킨다. 관서내륙선(4와 직결)은 여객뿐만 아니라 화물 역시 중요한 노선이다. 대량의 화물을 취급하면서 적성까지 광역급행을, 신계까지 광역특급을 병행 운행하려면 충분한 측선이 필요하다. 장대 화물열차를 취급하려면 본선의 빗면 기울기 또한 완만해야 한다. 신계를 넘어 운행하는 서울 착발 전국망 특급열차 또는 준고속열차는 수서에서 착발할 수 있다. 이 계통의 열차가 증편될 필요가 있을 경우 청년이천선 평산~이천 구간을 개량하여 수색이나 일산에서 출발하여 경의본선을 타고 평산까지 온 열차를 넘겨 주도록 한다. 비록 많은 수가 되긴 어렵겠지만, 동대구와 부전에서 출발해 한국 내륙을 종관, 관서 방면으로 향하는 전국망 계통도 중앙선을 거쳐 관서내륙선으로 진입시킨다.

사례 연구 3.
중국의 셴양난역 투자

셴양(沈阳)은 중국 둥베이(東北) 3성의 핵심 도시이자 만주 지방의 역사적 수도다. 비록 고구려나 발해, 요, 금 시기에는 이곳이 그리 두드러지지 않았지만(수양제·당태종이 공격했던 요동성은 지금의 랴오양[辽阳]이며, 요나라나 금나라 시기에도 랴오양이 요동 지역의 수도였다), 이후 고려 충선왕(재위 1298, 1308~1313)이 이곳의 이름을 딴 작위 '심양왕'위를 원 황실로부터 받았다는 사실 덕분에 이곳은 한국사와도 상당한 인연을 맺게 되었다. 사르후 전투(1619)에서 신속한 기동을 통해 3만 미만의 병력으로 10만이 넘는 명-조선 연합군을 격멸하고 만주 지역의 패권을 장악한 누르하치가 1625년 후금의 수도로 삼았던 곳도 바로 이 도시였다. 또한 정묘·병자호란의 거점도 이곳이었고, 조선인 포로들이 모여 살던 도시도, 육로로 베이징을 방문하던 조선의 사신들이 지나게 되는 도시도 바로 이곳이었다. 20세기 초반에는 한국과 만주를 노리고 세력 경쟁을 벌였던 일본과 러시아 세력이 각축을 벌이는 무대가 되기도 했다. 이 경쟁에서 승리한 일본은 현재의 단둥에서 이 도시에 이르는 안봉선(셴양의 또 다른 이름은 펑톈[奉天]이었다)을 부설하고, 다롄에서 하얼빈에 이르는 남만주 철도와 접속시킨다. 이 안봉선은 압록강철교(1911년 최초 개통)를 통해 경의선으로, 다시 말해 한반도 철도망과 연결되었다. 만주국의 수도는 창춘(长春, 당시 이름은 신징[新京])이었지만, 셴양은 여전히 중공업과 상업의 중심으로 중시되었다. 중화인민공화국의 성립 이후에도 이 도시의 중요성은 줄어들지 않았다. 비록 오늘날 이 도시의 경제 규모는 해안 도시 다롄(大连)에 비해 조금 작지만, 동북 지역 고속철도망이 집결하는 지점이라는 점에서 만주 지역을 대표하는 도시로서의 지위는 여전히 강력하다. 또한 지난 역사가 보여 주듯, 북한이 개방과 개혁을 시작하는 한편 한국 방면의 육로 연결을 회복한다면 이 도시는 한국과 만주·중국의 관계를 조율하는 거점으로 다시 기능하게 될 것이다.

　　오늘날 이 도시를 통과하는 고속철도 노선은 네 개다. 이들 고속열차는 셴양, 셴양베이(北) 그리고 셴양난(南)역에서 정차한다. 이 가운데 셴양과 셴양베이는 남만주 철도 시절부터 철도가 통과하던 지점에 있는 역이며, 셴양난은 최근 단둥 방면 고속선을 부설(개통 2015)하면서 새롭게 건설한 곳이다.

　　이들 역 가운데 오래된 두 역, 즉 셴양과 셴양베이가 연결된 본선의 수가 상대적으로 많고, 셴양난의 경우에는 승강장 수가 상대적으로 많다. 그런데 이 가운데, 중국 국내의 대규모 수요가 걸리는 다롄~하얼빈, 그리고 베이징 방면 연결을 주로 처리하는 역은 셴양과 셴양베이이다. 수요가 가장 작은 단둥 방면으로 주로 향하는 역인 셴양난의 규모가 이처럼 크다는 사실은 얼핏 생각하기에는 납득하기 어렵다. 물론 이를 이 역 주변에 고속열차 기지가 마련되었다는 점을 통해 설명할 수도 있다. 하지만 표 8과 지도 16은 이 역의 규모를 기지만으로 설명하기 어렵다는 점을 보여 준다. 셴양난의 규모는 중국 다른 거대도시의 역에 비해 전혀 뒤지지 않는다. 또한 셴양과 셴양베이의 본선 규모는

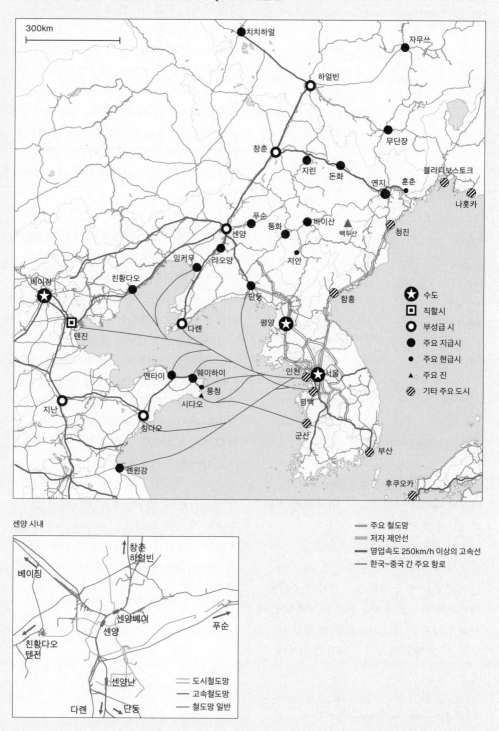

[지도 16]　센양과 한반도·둥베이·중국 본토의 철도·해양 연결, 2019년 현재. 현급시임에도 표시된 지안은 고구려 초기의 수도이자 압록강 중류의 북한~중국 철도 접속점이라는 점에서, 훈춘은 두만강 만곡부 북한~중국의 주요 교역 거점이라는 점에서 중요하다. 철도망 그림은 오픈스트리트맵에서 QGIS로 추출했다.

6장 철도 도시 서울, 무엇을 할 것인가

[표 7] 동북 지역의 4대 대도시. 인구는 시티파퓰레이션(Citypopulation.de)에서 합산한 2010년의 값이며, GRDP는 위키피디아에 수록된 2017년의 값이다.(https://en.wikipedia.org/wiki/List_of_Chinese_prefecture-level_cities_by_GDP)

	도심 구 인구(명)	지급시 인구(명)	GRDP(백만 달러)
다롄	2,660,187	6,690,432	109,050
셴양	5,357,819	8,106,171	86,870
창춘	3,815,270	7,674,439	96,710
하얼빈	4,280,701	10,635,971	94,120

[표 8] 셴양의 주요 착발역과 중국 내 거대도시의 고속철 착발역 규모.(2018년 기준)

	승강장 수	연결 본선 수
셴양	18	7
셴양베이	16	8
셴양난	26	4
베이징난	24	6
상하이훙차오	30	6.5
충칭베이	29	8
우한	20	4
광저우난	30	6.5
청두둥(东)	26	5
톈진시(西)	24	7
선전시	20	4

재래선과 고속철도가 공용하는 역이기 때문에 나타난 것임은 지도 16의 심양 주변 확대도가 보여 주고 있다.

중국 언론에 보도된 랴오닝성 당국의 공식적인 설명에 따르면, 이 역의 건설 이유는 중국 국내 고속열차의 증편을 대비하여 대규모의 교통 허브를 구축하는 데 있다.[17] 하지만 이런 기능을 하는 역을 굳이 단둥, 다롄 방면 열차가 지나가는 길목에

건설해야만 했을까. 비록 셴양난역 주변에 신규 개발지가 넓게 펼쳐져 있긴 하지만, 개발 목적을 위해서라면 셴양난역은 단둥 방면의 수요만을 처리하는 아담한 규모로 건설하는 선택을 했더라도 큰 무리가 없었을지 모른다. 베이징 방면에서 오는 열차 증편에 대비하기 위해서는 이 길목에 대규모 역을 짓는 것은 적합하지 않다. 셴양난역을 이처럼 큰 규모로 건설한 선택을 설명하려면, 다른 요소를 감안해야 한다고 생각한다. 그 요소는 북한과 한국 이외에는 찾기 어렵다.

앞서 지적한 대로, 셴양은 중국에서 만주로, 황해 항로의 거점 다롄에서 만주로 진입하는 길목일 뿐만 아니라, 중국이나 만주에서 한국 방면으로 진입하기 위한 육로의 길목이기도 하다. 그리고 이미 수많은 열차가 착발하는 셴양과 셴양베이를 대신해, 셴양난에 대규모 용량이 준비된 이상, 한국 방면으로 연결할 열차를 아무런 무리 없이 증편할 수 있다. 단둥 방면 투자를 하면서, 랴오닝성 측이 미래를 위한 투자를, 그것도 아주 큰 규모로 결행했다고 보는 것이 적절해 보인다. 또한 랴오닝성과 중국 철도 당국의 이러한 준비와 비교한다면, 한국 측의 부실한 북한 연결 준비는 상당한 문제로 보인다. 셴양난역 수준의 대규모 투자를 할 수는 없더라도, 앞서 제시한 주요 착발역과 본선의 유보지 확보는 중국 측의 역량에 대응하기 위해서라도 반드시 이뤄질 필요가 있다.

17
「沈阳南站将成高铁"集合站"」, 2012년 7월 2일 자, 2020년 2월 접속, https://www.huoche.net/show_143225/.

수서평택~경의, 서해~경춘·속초 간 고속열차 직결과 지하 서울역

서울관통선 A, B선에 전국망 열차가 달려야 할 이유를 다시 짚어 보자. 먼저 A, B선 서울역을 통과역으로 운영하고 외곽 지역의 역에서 회차 기능을 담당할 경우 좁은 공간에 훨씬 더 많은 열차를 통과시킬 수 있다는 점을 꼽을 수 있다. 이를 위해 필요한 A선 증축 방향에 대해서는 2절에서 논의했다. 다만 B선 서울역과 청량리역은 A선과는 구조가 조금 달라야 한다. 신안산선(f) 측 광역완·급행의 빈도가 높을 것이기 때문이다. 북한강을 따라 가는 경춘선 광역 측은 상수원 규제가 지속될 것이기 때문에 도시 성장에 한계가 있겠지만, 신안산선은 대수요처를 다수 지나간다. 따라서 B선 서울역과 청량리는 광역완·급행의 회차가 가능하면서도 2단계 사업을 통한 2복선화를 대비하는 역 구조가 되어야 한다.

도표 7은 이를 반영한 배선 안이다. 물론 현 선로 아래에 지하 역사를 굴착해야 하는 부담은 만만찮지만, 비용을 절약해야 하는 조건에 부딪히더라도 이들 두 역은 4면 8선, 아무리 못해도 4면 6선 규모로 건설되어야 한다. 이보다 작은 규모로 건설할 경우 전국망·광역특급망과 광역완·급행이 승강장을 혼용하는 상황을 피할 수 없고, 이는 결국 열차를 잘못 탑승하는 혼란으로 이어질 것이기 때문이다. 4면 8선(6선) 미만의 시설이 불러올 이런 혼란을 피할 방법은, 고속열차를 서울관통선에서 배제하거나 별도의 운임 구역을 설정해 광역완·급행 승강장을 그렇지 않은 승강장과 분리하는 대안뿐이다.

도표 8은 서울관통선을 타고 서울에 올라온 고속열차들이 어떻게 길을 잡아 올라가는지 간략히 표현한 그림이다. 기지 출입, 광역특급과의 경합, 상대적으로 낮을 관통 수요 등을 감안하면, 수서까지 올라온 전국망 열차 가운데 서울을 통과하는 열차의 비율이 크게 높지는 않을 것이다. 하지만 B선은 경원고속선(5)까지 활성화된다면 양방향 수요 차이가 압도적이지는 않을 것이다. 따라서 B선의 통과 고속 열차 비율은 A선보다 더 높을 수 있다.

[도표 7] B선 서울역·청량리역의 제안 배선도. 역 북동쪽(그림의 오른쪽), 내측 본선 상하선 사이에 있는 선로는 회차선이다. 점선은 2단계 사업 시 서울역에 건설할 추가 본선을 나타낸다. 현재 경춘선의 수요를 감안하면 청량리부터는 복선이면 충분하다. 고속본선 외측에 추가 승강장을 위한 예비 공사를 수행할 필요도 있다. 회차선과 부본선의 연결 배선은 광역특급의 회차를 위한 것이다.

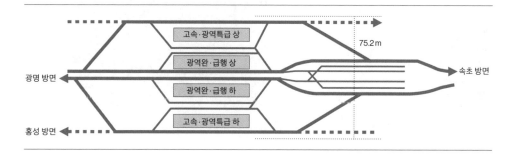

6장 철도 도시 서울, 무엇을 할 것인가

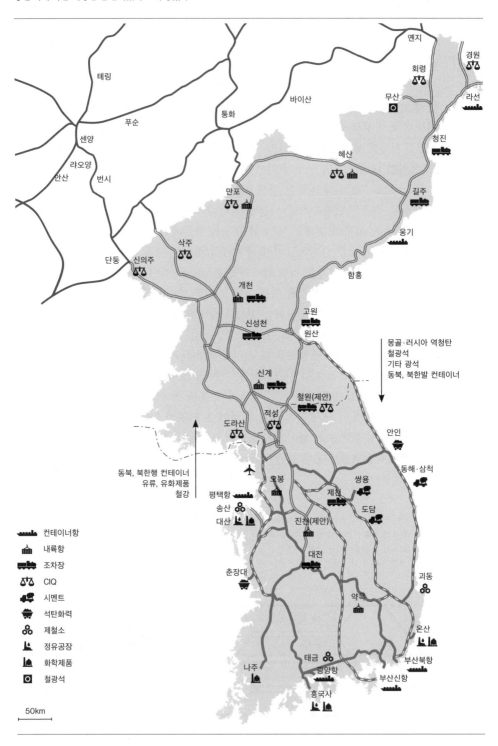

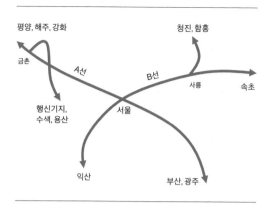

2중 순환망 : 여객과 화물

2중 순환망 가운데, 전국망 여객을 위해 가장 많이 활용해야 할 구간은 수서와 청량리에서 출발한 경원고속선 열차가 이용할 하남~진접 구간이다. 양정~사릉 간에서는 중앙2선을 통해 서울을 벗어난 청량리발 열차 또한 합류하여 북으로 달린다. 신계 이북으로 향할 수서 착발 관서내륙선 열차, 그리고 외측 순환망을 이용할 영남발 관서행 열차 또한 2중 순환망을 이용하게 된다. 이들의 계통도는 도표 6에서 이미 소개되었다.

두 순환선은 한반도 종관 화물 수송에 집중해야 한다. 하지만 앞서 지적한 대로 의왕 내륙항(오봉역)을 이들 두 선구로 원활하게 연계하기는 대단히 어렵다. 이를 보강할 수도권 제2내륙항을 검토할 필요가 있다. 나는 중부고속도로, 평택제천고속도로, 중부선, 원평선이 교차하는 진천 분지를 수도권 제2내륙항 부지로 제안해 본다. 주변 도로의 정체가 비교적 덜한 지점이면서, 중부선 철도가 개통된다면 2중 우회선은 물론 경부본선에도 손쉽게 접근할 수 있는 지점이기 때문이다. 내륙 제조업의 중요한 문제인 물류 비용 문제를 해결하는 데 내륙항은 기여할 수 있다. 물론 내륙항에 앞서, 평택항이나 인천신항 같은 진짜 항만의 컨테이너 야드에 대한 철도 접속, 그리고 제조업이 방대한 규모로 밀집한 서해선 연선의 내륙항 신설을 통해 한반도 종관 화물을 철도로 흡수하는 작업이 진천 내륙항보다 우선이다.

지도 17은 한반도 철도에서 화물 거점이 될 여러 지점을 표시한 결과다. 북한발 화물 물량은 당분간 제한적일 것이다. 북한에서 당장 사용할 수 있는 주요 광물인 무연탄은 기후위기가 진행 중인 이상 즉시 구조 조정을 거쳐 사용량을 감축해야 할 광물이며, 북한산 철강이나 화학 제품의 경쟁력은 낮은 데다, 개혁·개방 초기 10~20년간 북한의 주력 산업은 경공업이 될 것이기 때문이다. 반면 북한 관통 화물, 그리고 한국발 북한행 화물은 적지 않을 것이다. 몽골이나 러시아에서 한국 방면으로 내려오는 역청탄으로 한국의 철강·시멘트용 소비량의 10%를 채우려면 400만 톤 정도를 수송해야 한다.[18] 부산 착발 장거리 해운 컨테이너, 수도권발 북한 북부 방면 컨테이너, 동남 해안의 철강 및 석유화학 제품이 북한으로 올라갈 루트로서도

18
데이터는 대한석탄협회 홈페이지(http://www.kcoal. or.kr/)의 '수입석탄수급실적' 게시판의 「1991년~2017년도별 유연탄 수입 및 용도별 소비 현황」 게시물에서 가져 왔다. 단 이 이상의 비율을 중국과 러시아를 관통하는 원산지에 의존하는 것은 적절하지 않다. 특정 국가에 기간 에너지원을 의존할 경우 정치적, 경
제적 변동에 따른 영향을 조절하기 어려워진다. 석탄 화력은 안인·춘장대 이외에는 철도 접속 지점이 없는 데나 온실가스·미세먼지 통제를 위해 감축해야만 하므로 철도 수송 경로를 추가하지 않는 것이 좋다. 또한 철강을 위한 소비량은 국제에너지기구의 계산에 따라 고로를 급격히 감축하면 그에 따라 감소할 것이다.

철도는 적절하다. 특히 석탄에 의존해 온 북한의 "주체화학공업"을 구조 조정하지 않을 수 없다는 점을 감안하면 북한 지역은 매우 긴 기간 동안 외부에 화학 제품을 의존해야만 할 것이다. 철강 역시 유사한 과정을 겪을 가능성이 크다. 철도 화물 운송 능력은 북한의 개발 자체에 무엇보다도 도움이 될 수 있다는 말이다. 추가로 화물열차는 국경을 넘을 때 통관을 거쳐야 함은 물론, 행선지별로 열차 재조성을 할 필요도 크다. 도라산뿐만 아니라 적성, 철원 등지에도 세관·출입국사무소·검역 본부(CIQ)를 만들어야만 하며, 특히 지형 덕분에 부지가 넓고 삼남 지방 방면 화물과 관서, 관북지역 화물을 모두 집결시킬 수 있는 철원에 대규모 조차장을 확보하여 화차 재조성 작업의 중심으로 삼도록 한다.

제2, 제3공항철도

인천공항은 성공적으로 운영되고 있지만, 그 입지에 대한 불만은 적지 않다. 심지어 인천과 인접한 경기도조차 남부 지역에 공항을 새로 짓기를 원할 정도다. 이 불만에는 인천공항의 제한적인 철도 연계가 일정 부분 기여했을 것이다. 현재 인천공항 방문객 가운데 철도 이용객의 비율은 채 20%가 되지 않을 정도이다.[19] 또한 현 공항철도를 이용한 고속열차 영업 역시 그 실적이 저조해 2018년 평창 패럴림픽의 폐막과 함께 운행이 중지되었다.(완전 폐지는 2018년 6월) 서울역까지 먼 거리를 돌아 들어가는 덕에 소요 시간이 길어졌기 때문이다. 심지어 고속열차가 공항철도 측 직통열차(인천공항-서울역 43분)보다 느린 경우도 일부 있었다. 북인천 일대의 광역 교통 수요 때문에 갈수록 혼잡해지는 공항철도의 상황을 감안하면, 현재의 공항철도를 이용하는 고속열차 계통이 다시 살아나는 상황은 벌어지지 않을 것 같다.

바로 이 문제에 대응하기 위한 방책이 제2공항철도다. 계획의 핵심은 이렇다. 수도권으로 북상해 온 여러 전국망 고속열차를 수인1선(⑤)으로 집결시킨다. 그리고 수인선과 영종도를 잇는 제2공항철도를 건설하여 이들을 공항으로 진입시킨다. 이들 열차는 여전히 성장 중인 인천에 잠재한 전국망 이동 수요를 함께 처리할 수 있는 데다, 공항 접근 경로로서도 그다지 우회하지 않기 때문에 과거 공항철도 KTX의 실패를 만회할 수 있는 카드가, 그리고 인천발 전국망 열차의 수요를 어느 정도 보장해 줄 수 있는 카드가 될 수 있다.

인천공항의 두 터미널을 지난 고속열차는 북한으로 넘어가야 한다. 앞서 지적한 대로, 북한 지역에서는 단기, 중기적으로는 국제공항 투자보다는 인천공항

19
2017년 인천공항의 도착자 수는 하루 평균 8만 5000명인데 반해, 같은 해 인천공항역의 승차자 수는 약 1만 3천 명이었다.

20
지도상의 제3공항철도 노선은 제2터미널 바로 동쪽에 위치한 제1, 2활주로 지하가 아니라 현 제3활주로, 그리고 제4활주로 예정 부지를 지나 북으로 올라간다.

제1, 2 활주로 하부 공사는 활주로의 변형을 유발할 수 있으므로 항공 안전을 위해 피해야 하기 때문이다. 이를 반영하기 위해서는 인천공항 확장 계획을 시급히 수정해야 한다. 제4활주로를 건설하기에 앞서, 제5활주로(현 스카이 72GC)를 제3활주로 대체 시설로 짓고, 제3활주로를 제3공항철도 공사 기간 동안 폐쇄하는 방법을 써야 할 것이다.

[도표 9] 제2, 제3공항철도의 계통도. '제1공항철도'는 현재 운행 중인 공항철도를 의미한다. 이 노선은 공항, 인천 북부와 서울을 연결하는 데 최적의 노선이며, 그 밖의 지역으로는 영동 지방으로 가는 루트 정도만 순로(順路)다.

[도표 10] 수서광주선으로 합류하는 전국망의 계통도.

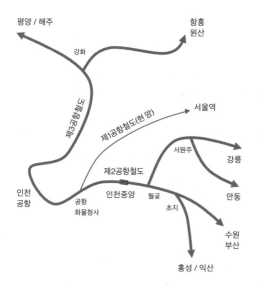

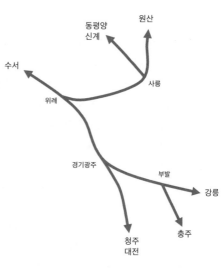

을 공용하는 것이 훨씬 효율적이다. 개혁·개방 이후 수십 년이 지나고, 고속 성장에 성공한다 해도 인구가 적은 북한 지역의 공항이 인천공항만큼의 노선망을 갖출 수는 없을 것이다. 따라서 제3공항철도(2)는 앞으로 수십 년 이상 북한 지역을 세계와 연결하는 다리가 되어야한다.[20]

　　제3공항철도의 노선망에는 약간의 문제도 있다. 경의고속선(1)에는 쉽게 접속할 수 있지만, 경원고속선(5)과는 접속하기 어렵다는 것이 바로 그것이다. 관북 지방에서 인천공항을 오가는 수요는 B선을 이용해 서울역에 도착한 다음, 서울역에서 현재의 공항철도로 환승하는 방법으로 어느 정도는 해결될 수 있다. 하지만 이렇게 되면, 아마도 함경도 사람들은 비행기에 몸을 싣기도 전에 서울역 대심도의 미로 속을 헤매는 신세가 되고 말지도 모른다. 이들이 청진발 내항기나 버스, 아니면 승용차로 걸음을 돌리지 않게 하려면, 제3공항철도 사업을 확대하여 강화~개성~평산, 그리고 청년이천선 평산~신계 간 개량 사업을, 또는 경원고속선 포천~운정연결선 간 북부우회선(14)과 염하삼각선(15)을 후속 사업으로 포함시키는 방법을 써야한다. 도표 9에서는 북부우회선과 염하삼각선을 활용하는 것으로 표기해 두었다.

수서광주선: 내륙 방면 행선지, 그리고 경원고속선
현재 수서광주선은 이제 막 예비타당성 조사를 통과한 노선이다. 하지만 강남 일대의 전국망 착발역으로 자리 잡고 있는 수서역에 노선을 추가한다는 사실만으로도 많은 사람들은 흥분하고 있다.

이 노선을 통해 중앙선, 중부내륙선(ⓑ), 그리고 강릉선 전국망 열차(현 KTX-산천, 차후 EMU-250)를 수서역까지 끌어오려는 안은 2019년 예비타당성 조사 보고서를 통해 세간에 알려져 있다. 나는 여기에 세 개의 전국망 계통을 더 추가할 필요가 있다고 생각한다. 이 가운데 두 개는 북한 방면 계통이다. 여러 차례 언급한 경원고속선(ⓢ)이 한 가지다. 또 한 계통은 신계를 거쳐 관서내륙선을 따라 북상하는 계통이다. 이를 통해, 수서역은 북한을 강남 도심과 연결하는 관문이 될 것이다. 바로 북한 방면 두 계통으로 인해, 수서광주선의 선형은 예타 보고서에 수록된 것보다 북동쪽으로 많이 휘게 되었다.

또 하나의 계통은 중부선(ⓨ)이다. 이 노선에 다음 절에서 소개할 대전행 광역특급 이외에 EMU-250급 열차를 운행할 필요가 있는지는 여기서 결론을 내리긴 어렵다. 하지만 광역특급보다 빠른 열차를 투입해 장거리 이동객의 속도를 최대한 끌어올리는 것은 충분히 의미 있는 조치다. 특히 공사비나 지역의 반발과 같은 요인 때문에 청주중앙역이 청주 도심에 입지하지 못하고 시가지 외곽에 자리 잡게 될 경우 시간 경쟁력은 더욱 절실할 것이다.

내 계획에서 수서광주선(ⓙ)은 서울관통 C선의 일부로 활용될 것이다. C선은 광역특급과 광역급행의 고밀도 운전을 필요로 하므로 이들 전국망 열차는 수서 이북으로 진입하기 어렵다. 나는 C선의 부담을 줄이고 삼성역 재투자 규모 역시 억제하기 위해 수서에서 이들 다섯 계통의 전국망 열차가, 그리고 몇몇 광역특급이 착발하도록 설정했다. 부지 폭도 그리 넓지 않고(70m), 대규모의 지하 시설물과 함께 시공될 삼성역은 A선의 전국망·광역특급, 그리고 C선의 광역특급·광역급행 이상의 열차를 집어넣기 대단히 어렵기 때문이다. 현 두단식 수서역의 용량을 계속해서 활용할 수 있다는 장점 또한 무시할 수 없다. 한반도 종관 고속철도의 한 축이 될 경원고속선조차 삼성에 진입시키기 어렵다는 점은 매우 아쉽지만, 철도 계획이 추구할 가치 가운데 하나가 현재 존재하는 시설을 최대한 활용하는 효율성이기도 하다는 점을 감안하면 이 아쉬움을 조금이나마 달랠 수 있을 것이다. 조금 더 자세한 분석은 핵심 선구 연구 3을 확인하길 바란다.

핵심 선구 연구 1.
서울 시내 경부고속선 확보와
서울역·용산역 확장

왜 경부4선(①) 투자가 필요한가?
3, 4장을 통해, 경부1선이 전국망을 통해
삼남의 거의 모든 도시를 서울과 연결해
준다는 사실을, 그리고 1969년 서울~용산
3복선화, 1981년 구로~수원 2복선화 이후
전국망용 경부본선에 대한 큰 투자가
이뤄지지 않은 덕에 서울~금천구청 간은
거대한 병목이 되었다는 사실을 확인했을
것이다. 서울, 나아가 한국 전국망의 확충
작업은 이 구간에 그 성패가 달려 있다.
　　　　이 구간은 기하학적으로 서울시의
중심이다. 비록 4대문 도심의 전통적인
중심부와는 약간의 거리가 있지만, 그리
멀지 않은 거리, 그리고 알아차리기 어려운
지형 기복 덕인지(3장 지도 9 참조), 도심은
서울역 인근 지역까지 넘쳐흐르 있다. 미
육군의 용산 기지가 철거되면 이 흐름은
옥천을 따라 용산까지 이어질지도 모른다.[21]
그래서인지, 박원순 서울 시장마저 이
일대의 경부선을 모두 지하화한다는
극단적인 발언을 여러 차례 반복했다.
2018년 지방선거에서도 여러 후보가 철도
지하화를 공약으로 내걸었다.
　　　　물론 비용은 막대하고
기술적으로도 난이도가 높지만 편익은
불분명한 경부본선의 지하화가 단시일 내에

가시화될 가능성은 사실상 없다. 서울의
핵심부에서 발생할 부동산 개발 이익 때문에
전국망의 핵심부이자 최대 병목, 광역망의
도심 진입 핵심 통로 지점의 철도 능력을
약화시키는 투자를 해야 한다는 판단은,
중립적으로 기술하더라도 서울의 개발
이익과 서울 바깥의 도심 접근 편의 사이의
충돌에서 서울 측의 손을 들어 주겠다는
뜻이다. 국토부가 지하화 논의에 난색을
표하는 것도 두 이익의 충돌에서 기인할
것이다.
　　　　국토부의 대안 역시 충분해
보이지는 않는다. 서울역 마스터플랜은
2020년 봄 현재 아직 공개되지 않았으나,
GTX A선을 통해 북한 방면 연계와
서울역의 고속열차 증편이라는 과업을 모두
수행하려는 움직임이 보이기 때문이다.[22]
물론 서울관통선을 적극 활용하는 것은
필요한 방향이다. 하지만 이들 노선으로
서울 지역 전국망 투자가 완성되었다고
하기는 어렵다. A선은 복선으로 광역특급과
고속열차를 모두 운행해야 하므로
2복선화를 수행하지 않는 이상 현 SRT
운행량보다 열차를 획기적으로 증편하기는
매우 어려운 데다, 서울이나 한국의 다른
곳에서 착발해 북한 종관 철도를 통과할
모든 열차가 고속열차가 될 수도 없기
때문이다. 초창기 20여 년, 그리고 현재
유럽의 사례를 볼 때 이후에도 상당수의
국제 열차는 객차 견인형으로 유지할
수밖에 없으며, 북한 측의 객차는 물론
중국, 러시아의 구형 객차까지 서울에
진입할 수 있다. 사상 최대의 고속철도

---

[21] 「서울플랜 2030」은 용산에 "역사 도심인 한양도성 안에서
수용하기 어려운 고밀·고층의 대형 상업·업무시설 등을
흡수하고 한양도성 및 영등포·여의도와 연계 (…) 고차 업무
기능을 집적"(144쪽)하는 기능을 부여했다.

[22] 「통일시대 대비한 국토계획 새판 짠다」, 「매일경제」, 2018년
3월 14일 자, http://estate.mk.co.kr/news2011/view.php
?year=2018&no=167280.

건설 러시를 보여 준 중국이지만, 여전히 거대한 규모의 재래식 객차 열차(Z열차 등)는 대륙을 연결하고 있다. 운전 조건이 비교적 나쁜 이들 열차가 광역특급 및 A선 이용 고속열차와 경쟁하여 선로용량을 소모하는 상황은 피해야 한다. 일부 심야 운행 열차는 전력 설비 보수 시간 확보를 위해 유류 열차를 운용해야 하므로 배기 문제도 있다. 대륙행 침대 열차나 식당차 서비스를 위해서는 작업용 수송로 또한 더 잘 정비되어야 한다.

경부본선의 확장은 결국 필요하다. 하지만 이 노선 주변에는 서울 도심과 서울시의 개발 욕구라는 아주 커다란 장애물이 있다. 이 장애물을 어떻게 극복할 것인가? 그리고 이런 작업은, 서울 도심이라는 중요한 공간을 공유하는 한국 사회와 서울 거대도시권에게 무슨 이득이 될 것인가? 바로 이 질문에 가능한 한 세밀하게 답하는 것이 이 선구 연구의 핵심 목적이다. 비록 내 제안은 정부의 공식 계획으로 작성 중일 '서울역 마스터플랜'과는 상당한 차이가 있긴 하겠지만, 이는 내 기술적 한계뿐만 아니라 좋은 역과 철도, 도시에 대한 관점 차이에서 기인한 결과이기도 하다. 서울역 마스터플랜은 구현되기까지 아마도 여러 해가 필요할 것인 만큼, 이 기간 동안 서울역을 어떻게 바꿔야 하는지에 대한 활발한 사회적 논의가 계속되었으면 한다. 이러한 논의를 만들기 위한 일종의 선의의 경쟁을 시도하는 작업으로 이 구간 연구를 바라본다면 더 이상 바랄 것이 없다.

핵심 목적

서울 시내에 신설하는 고속열차용 복선, 즉 '경부4선' 사업의 핵심 목적은 네 가지다.

1.   **고속열차 증편과 규칙 시각표 확립:** 경부고속선의 열차 밀도는 현재로서도 상당한 수준이다. 그러나 여전히 전라·경전·동해 연선에서는 고속열차의 증편을 요구하고 있으며, 경부선 역시 좌석 이용률이 수서에서 착발하는 SRT 개통 이후에도 100%에 육박한다.(2019년 기준) 그런데 이들은 서울 시내에서는 경부1선의 제한된 용량만을 활용해야 하므로 규칙 시각표와는 거리가 멀게 운영되고 있는 상황이다. 특히 지선망 고속열차를 증편하고, 전 노선의 열차를 규칙 시각표에 따라 서울·용산역에서 출발시키기 위해서는 고속열차 전용 복선이 필요하다.

2.   **고속선과 경부1선 교통류 분리:** 고속열차와 경부1선을 달리는 재래선 특급 열차의 성능은 상당히 다르다. 물론 서울 시내의 다양한 마찰 요인을 감안하면, 고속열차라도 시계 내에서 200km/h 이상으로 달릴 이유는 없다. 하지만 이들은 정차 패턴, 가감속 성능 면에서 서로 다르기 때문에, 별개 노선으로 분리할 이유는 충분하다. 마치 도시고속도로가 시내 도로와 별도로 필요한 것과 다르지 않다.

3.   **경부1선 광역특급 투입:** 4절에서 다룰 광역특급망은 어느 노선보다도 현재의 경부본선에 필요하다. 이미 새마을·무궁화호가 $2^{6.5}$km/h 수준의 표정속도로 연선 대도시들을 연결해 하루 약 4만 명의 승객을 수송 중이기 때문이다.(도표 25) 고속열차가 빠져나가 남는 용량을 바로 이들을 위해 활용할 수 있도록 경부1선 주요역 설비를 개편할 필요가 있다.

4.　　　서울, 용산, 영등포역 정비와
확장: 이들 사업을 통해 본선이 확대되면,
서울역과 용산역의 용량 또한 늘려야 할
것이다. 특히 서울역 또는 용산역에는
서울발 북한 종관 열차를 위한 구내가
마련될 필요가 있다. 영등포 역시 수요를
최대화하기 위해 되도록 고속선 측 정차역을
확보해야 한다.

기본 대안: 지상·지하 병용

그렇다면 경부4선은 어디를 지나가야
하는가? 현 경부1선 옆에 경부4선을
지상으로 신설하는 방법이 가장 간단하다.
기술적 검토가 별도로 필요 없는 데다가,
2면 4선을 증설하기만 한다면 현 지상
영등포 정차를 통해 고속열차의 (서울
서부, 경인선 방면) 마찰시간을 절감시킬
수 있다는 점에서 이 대안은 매력적이다.
하지만 이는 독산역부터 대방역까지 철도
주변을 에워싸고 있는 민간 건물 덕분에
실현하기 어렵다. 특히 가산디지털단지,
신도림, 영등포역 주변에는 고층 건물이
밀집해 있으며, 이들에게 지급해야 할
보상비만 해도 수조 원에 달할 것이다.
정치적으로도 이는 큰 문제가 될 것이다.
경부4선 투자가 필요하다는 사회적
공감대가 형성되더라도, 재정 당국과
정치권이 이 부담을 받아들일 것인지는
분명하지 않다.

　　　또 한 가지의 극단적인 대안은
2002년 예비타당성 조사에서 확인할 수
있는 전면 지하화다.[23] 이는 금천구청~용산
간 경부4선의 본선 전체는 물론 용산역과
서울역 역시 그 승강장을 지하에 매설하는

[도표 11]　서울역 고속철도와 주변 광역·도시철도망 사이
의 환승 시간. 저자가 직접 걸어서 측정했다.(2018년 6월 30
일 10~11시경) 에스컬레이터에서는 걷지 않았다. 다만 서울
역 지하 환승 통로의 무빙 워크 둘 가운데 한 곳에서는 걸었
다. 서울역 9·10번 승강장은 서쪽에서 세 번째, 동쪽에서 다
섯 번째 승강장이므로 공항철도에 조금 더 가까운 지점이
다. 에스컬레이터가 철도역 1개 층(약 7m) 높이를 오르는 데
는 약 30초가 걸리며, 승강기는 대기 시간을 피할 수 없다.

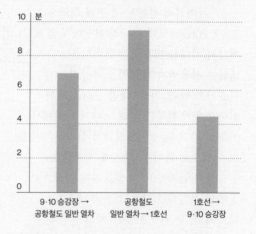

것을 그 핵심으로 한다. 하지만 여기에는
중요한 난점이 있다. 사업비부터 문제다.
2002년도 기준 1.5~1.7조 원 수준인
사업비의 규모는 물가 상승을 감안하면
2020년 시점 기준으로는 두 배 이상
늘어날 것이다. 지하 깊숙이 설치되어야
하는[24] 서울역에 5000억 원밖에 투자되지
않는다는 전망 역시 의심스럽다. 서울역의
규모를 축소하는 것은 곧 열차의 발차 능력
축소를 뜻하기 때문에 선택해서는 안 된다.
또한 대심도 역사는 지상으로 진출하는
데 상당한 시간을 추가로 소모할 수밖에
없으며(도표 11), 사고 시 대처 또한 어렵다.
지상 서울역과 지하 서울역을 이원 운영할
경우, 하나의 선상역사에서 여러 등급의

23
임원혁, 「경부선 서울~시흥 간 선로확장 사업」
(한국개발연구원 공공투자관리센터, 2002).

24
공항철도 서울역이 한 사례가 된다. 이 역은 그 상부에
옥천(일명 만초천)을 두고 건설되어 있기 때문에 지하 7층,
40m 지점에 승강장과 본선을 건설해야 했다.

열차를 탈 수 있는 편리함도 사라질 것이다. 현재의 서울역, 용산역 시설을 그대로 사용하지 못하고 별도의 투자를 해야 한다는 점 자체도 손해다. 효율적이면서도 효과적인 투자를 위해서는, 현존 자산을 최대한 유효하게 활용해야만 한다.

여기서 선택할 세 번째 대안은 2007, 2009년도에 이뤄진 연구에서 검토된, 지상과 지하를 병용하는 안이다.[25] 이 대안은 서울역과 용산역을 확장해 그대로 사용하는 한편, 가산~대방 간의 밀집된 건축물을 우회하기 위해 노량진 일대에서 지하로 파고 들어가 광명역과 접속하는 것을 그 핵심으로 한다. 노량진에서 지상으로 진출할 것인지(2007), 용산에서 지상으로 진출할 것인지(2009) 그 권고 내용은 다르지만, 두 연구 모두는 지하 신선을 현 서울역 및 용산역과 접속시켜 현존 자산을 최대한 활용하는 선택이 가능하다고 말하고 있다. 나는 바로 여기에 기반해 이 계획선의 세부 사항에 대해 살을 붙여 볼 것이다.

3단계 분할

서울 도심을 관통하는 이 노선은 공사도 쉽지 않을 뿐만 아니라 사업비 역시 대규모로 투입되어야 한다. 또한 서울 한가운데에서 벌어지는 사업인 만큼 주변의 관심과 논의 또한 크고 복잡하게 전개될 것이다. 이들 문제를 완충하려면 사업을 세 단계로 분할해야 할 것이다. 각 단계에 7년을 사용한다면 총 21년, 10년을 소비한다면 총 30년이 걸릴 것이다.

1.   첫 번째 단계로 서울·용산 착발 고속열차를 증편하기 위한 최소한의 조치를 취한다. 서울역은 지장율에 여유가 있으므로 현 망을 사용하면서, 두단식 승강장을 광역특급용으로 정비한다. 서울~용산 간 경부4선은 토목 공사 소요와 보상 필요를 분산할 수 있도록 단선을 추가한다. 용산역은 지장율이 상대적으로 약간 높기 때문에 전국망 측 승강장을 9면으로 확대한다.(1면 2선 확장) 용산~노량진 간에는 4선용 복선을 추가하며, 한강은 철교로 넘는다. 노량진~금천구청 간 복선 터널은 최우선적으로 개통시키며, 영등포 정차 고속열차는 일단 현재의 지상역을 사용한다. 경부1선에는 광역특급 운행을 시작하며, 증가하는 고속열차 회송 용량을 받아내기 위해 서울~수색 간 경의본선을 2복선화한다.(지도 5의 ③)

2.   두 번째 단계에서는 1단계에서 확보한 시설을 좀 더 확장한다. 서울~용산 간 경부4선은 토지 보상을 통해 부지를 추가 확보하여 복선으로 완전히 분리한다. 서울역은 3면 5선을 추가하여 남행 열차 증편과 북한발 열차의 정차·통과를 준비한다. 용산역 역시 추가로 확장하여 남행, 북행 방면 용량을 모두 충실하게 만든다. 고속선 복선 터널의 지하부에는 지하 영등포역을 신설하여 영업을 개시한다. 수색은 경의고속선 정차역을 건설하기 위해 이전해야 할 일부 시설을 외곽으로 돌리는 한편, 화전(행신기지선 분기역) 또는 시설 이전 지점까지 복선을 추가해 회송 용량을 충실히 한다. 또한 이 단계에서 경부3선을 서울역으로 연장하는 사업을 수행해 경인선 방면의 서울역 접속을 강화한다.

25
건설교통부, 「수도권 철도망 개선방안 연구」(2007)와 한국개발연구원 공공투자관리센터, 「수도권 고속철도 건설사업」(2009). 이후 이번 핵심 선구 연구에서 이 문헌을 지시하는 경우 본문에 년도와 쪽수만 표기했다.

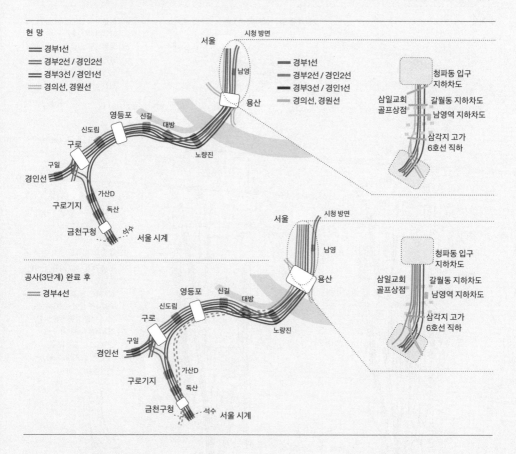

3.　　　세 번째 단계에서는 북한 방면 연결을 확충하는 사업을 벌인다. 이를 위해 용산~수색 간에 복선전철을 추가(지도 5의 8)하며, 수색에서 경의고속선 분기 역까지 고속열차가 회송 열차나 광역망 완·급행열차와 경합하지 않도록 추가 선로와 배선 개량도 벌인다. 용산에는 대규모 두단식 역사를 신축한다. 이어서 아래부터는 각 부분별, 장소별 세부 제안을 계속하겠다.

서울역: 단계별 확장과 운용 방법
서울역의 변화는 주로 2단계에서 이뤄질 것이다. 현 서울역 승강장의 지장율(4장

표 5)에 어느 정도 여유가 있기 때문이다. 하지만 이것이 서울역에 변화가 필요 없다는 뜻은 아니다. 많은 부지가, 적지 않은 확장이, 그리고 서울관통 A, B선 지하 서울역과의 정교한 분업이 필요한 만큼, 서울역 역시 크게 변화해야 한다.

1) 서울관통 A, B선과의 분업
서울관통 A선은 수서평택고속선 및 경의고속선(지도 5의 1) 방면 고속열차가, B선은 서해선(지도 5의 a, f) 및 경춘, 경원선 방면 고속열차가 이용할 것으로 설정된 노선이다. 이들 방면 연결은

[도표 13] 현재의 서울역 시설과 2단계 사업 완료 후 배선도 및 시설 배치도. 현 배선은 4장 도표 2를 확인하라.

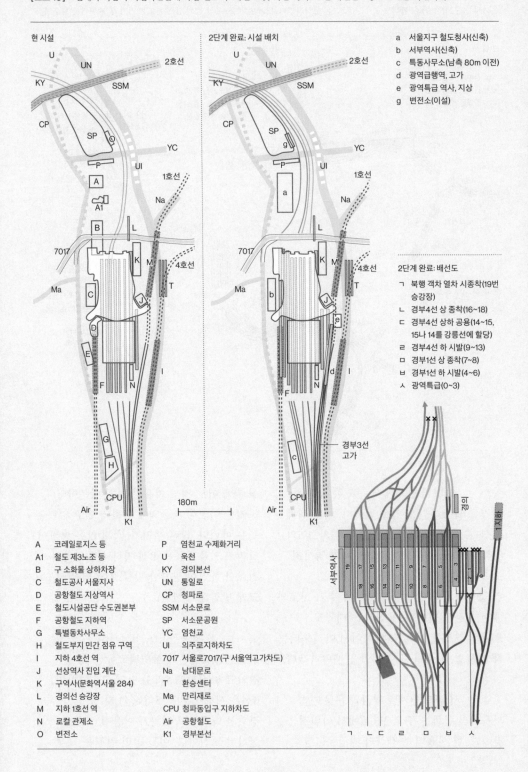

현 시설

2단계 완료: 시설 배치

a 서울지구 철도청사(신축)
b 서부역사(신축)
c 특동사무소(남측 80m 이전)
d 광역급행역, 고가
e 광역특급 역사, 지상
g 변전소(이설)

2단계 완료: 배선도

ㄱ 북행 객차 열차 시종착(19번 승강장)
ㄴ 경부4선 상 종착(16~18)
ㄷ 경부4선 상하 공용(14~15, 15나 14를 강릉선에 할당)
ㄹ 경부4선 하 시발(9~13)
ㅁ 경부1선 상 종착(7~8)
ㅂ 경부1선 하 시발(4~6)
ㅅ 광역특급(0~3)

A	코레일로지스 등	P	염천교 수제화거리
A1	철도 제3노조 등	U	욱천
B	구 소화물 상하차장	KY	경의본선
C	철도공사 서울지사	UN	통일로
D	공항철도 지상역사	CP	청파로
E	철도시설공단 수도권본부	SSM	서소문로
F	공항철도 지하역	SP	서소문공원
G	특별동차사무소	YC	염천교
H	철도부지 민간 점유 구역	UI	의주로지하차도
I	지하 4호선 역	7017	서울로7017(구 서울역고가차도)
J	선상역사 진입 계단	Na	남대문로
K	구역사(문화역서울 284)	T	환승센터
L	경의선 승강장	Ma	만리재로
M	지하 1호선 역	CPU	청파동입구 지하차도
N	로컬 관제소	Air	공항철도
O	변전소	K1	경부본선

수서평택고속선을 빼면 경부4선으로 대체되지 않는다는 점에서 지상 서울역과 이들의 관계는 분업 관계여야 한다.

분업 관계를 좀 더 정교하게 구상해야 할 노선은 B선보다는 A선이다. 평택 이남부터는 A선과 경부고속선은 동일한 행선지를 공략할 수 있기 때문이다. 양측의 열차 운행 사이에는 무언가 차별화가 필요하다.

A선의 가장 큰 한계는 광역특급과 복선을 공유하는 혼합 교통선이라는 데 있다. 광역특급과의 경합 덕분에 고속열차 배차는 하루 편도 100회 수준이 한계일 것이다. (특급과 고속을 합쳐 총 200회). 따라서 경부4선 건설이 없다면, 삼남 방면 고속열차 물량은 현재 서울역과 수서역을 합친 배차량 180회보다 약 40회 정도 증강될 수 있을 따름이다. 이것만으로는 삼남 방면 고속열차를, 모든 방면에 대해, 그리고 경부선의 수요에 걸맞은 규칙 시각표를 구현할 수 있을 만큼 충분히 증편하기 어렵다. 실제 고속열차의 수요 증가세도 경기가 둔화된 2018, 2019년 경제 성장률을 상회하였다. 경부4선은 이 잠재 수요를 위한 투자이다. 경부4선 200회, 그리고 A선 100회 투입 시 서울발 고속열차를 현재의 거의 2배인 편도 300회 수준으로 증강할 수 있기 때문이다. 이런 용량을 당장 채우기는 어렵더라도,[26] 중앙역과 연결 본선의 충분한 용량을 확보하는 작업은 상황 변화에 대응할 수 있는 유연성을 제공한다는 점에서 철도망의 기능적 덕목을 증진시키는 작업이다.

[26] 그러나 취리히 중앙역의 IC급(전국망 특급) 출발 횟수는 시간당 23회(18시간 운영 시 414회)에 달한다. 취리히 도시권이든, 스위스 전국이든 서울보다 인구가 적음에도 그렇다.

A선을 서울 통과 고속선으로 운용할 경우 피하기 어려운 구조적인 문제점도 있다. 이미 한국 고속철도는 남쪽으로 6갈래로 분기하며, 추후 남부내륙선까지 개통할 경우 7갈래로 분기하게 될 것이다. 이런 가지치기 구조는 북한 측에서도 반복된다. 지도 9에서 제시한 가지는 3갈래지만(신의주, 혜산·만포, 황해도 해안), 다른 전국망 지선에도 고속열차를 직결시킬 수 있으며(라선, 회령, 무산 방면), 센양, 다롄 방면 등 중국 측 망과 직결되면 가지는 더 늘어날 수밖에 없다. 긴 운행 거리, 그리고 많은 분기와 합류는 시각표 운용을 어렵게 하는 데다 지연을 부를 수밖에 없으며, 따라서 A선의 열차 운행은 서울에서 끊기는 경부선 측보다 좀 더 불안정할 것이다. 중간 정차역이기 때문에, 규칙 시각표를 구현하기 어렵다는 문제도 있다. 그렇다면 A선 측의 통과 열차는 규칙 시각표에 구애받지 않은 채 운용하고, 북쪽에서 오는 영향을 어느 정도 차단한 운용이 가능한 지상 서울역을 규칙 시각표의 초점으로 삼는 것이 노선 구조의 차이를 활용하는 분업 구조로서 적절할 것이다.

2) 개량의 초점

1단계 사업에서는 광역특급을 위한 다음 사업의 완료만을 목표로 진행한다. (구조물의 위치는 도표 13 참조)

1. 두단식 승강장을 광역특급 거점으로 변경(0~3번): 현재 서울역의 두단식 승강장(1~2번)은 통과식 승강장으로 개량할 수 없다. 북쪽 50m 지점에는 서울역 진입 계단(J)이, 그리고 그 북쪽으로는 서울역 광장이 자리 잡고 있기 때문이다.

6장 철도 도시 서울, 무엇을 할 것인가

두단식 승강장을 최대한 활용하려면, 승하차가 신속하게 이뤄질 수 있으며 열차 운행 준비 역시 빠르게 이뤄질 수 있는 열차를 투입할 필요가 있다. 경부4선으로 고속열차가 빠지고 남는 용량을 활용해 광역특급 계통을 신설하면 여기에 꼭 맞는 계통이 생긴다.[27] 승강장 1개 면을 역 서쪽, 현재의 고상 승강장 옆이자 지하 서울역 상부 잔디밭에 추가 설치할 수도 있다.(이 승강장을 이 책에서는 0번 승강장으로 지시하겠다.) 0번 승강장에는 이미 측선이 설치되어 있기 때문에 선로를 추가할 필요는 없고, 승강장 시설물만 보강하면 된다. 단 구조물의 길이가 짧아 열차장 120m 이상의 열차를 수용하기는 어렵다는 점은 0번 승강장의 한계다. 승강장 확대 덕에 보선 장비를 유치할 유치선이 부족해질 수 있으므로 현재의 중선을 걷어내지는 않는다. 0번 승강장 서쪽에 있는 지하 서울역 상부의 공터를 활용해 새롭게 지상 역사(e)를 건축하여 광역특급의 가시성을 올리는 방법도 가능하다. 다만 이 역사 건축은 서울역 광장 남쪽의 빌딩들을 매입하는 비용이 필요한 일이므로, 2단계에서 진행해도 무방할 것이다. 역사 구내에는 4호선과 지상 서울역 사이를 더 빠르게 연결할 환승 통로를 뚫을 수 있다. 역사 건축 이전에는 현재의 지상 서울역의 수도권 전철

개찰구를 조금 이동시켜 광역특급 승객 동선을 짠다. 물론 1단계 사업을 벌이는 시간 동안에도 2단계에 필요한 토지를 마련하기 위한 여러 예비 조치를 취할 필요는 있다.

2단계에서 전개될 서울역 개량 제안은 다음 세 항목으로 정리할 수 있다.[28]

2. 승강장 증설: 승강장은 2개 면을 증설하여 총 11면 20선 규모로 늘린다. 증설할 승강장은 현재 역 서쪽의 주차장, 공항철도 지상 역사(D), 그리고 현재 철도공사와 철도시설공단이 서울 지역 사무소로 사용하고 있는 건물(C, E)을 철거하고 설치한다. 서쪽에 추가할 승강 시설의 규모는 2면 5선이며, 승강장을 9m 규격으로, 부본선의 궤도중심 간격을 4.3m로 잡을 경우 필요한 부지의 너비는 약 40m가 될 것이기 때문에, 공항철도 지상역사와 철도 서울청사 건물 부지를 대부분 철거하여 활용하지 않을 수 없다. 철도 기관들의 서울 사무실은 현재 코레일로지스가 사용하는 건물(A)의 부지를 활용하여 신축한다. 맨 왼쪽 1면을 북한 착발 또는 중국 착발 침대 열차 및 객차 열차 승강 전용 승강장(19번)으로 활용할 수 있다.[29]

3. 배선 정리. 0~3번, 4~8번 홈은 현 경부1선과 연결되도록 하며, 11~19번 홈은 경부4선과 연결되도록 한다. 이들 승강장은

27
현재 1, 2번 홈을 사용하는 서울~천안 간 녹색 광역급행은 광역특급 개통과 함께 폐지하면 된다. 하루 3회 운영하는 이 계통의 역할은 용산발 광역급행이 대체 가능하다.

28
단, 이 계획은 현 서울 지역 철도 기관 청사나 물품 상하차용 주차장(서쪽)의 철거, 공항철도 지상역사의 재건축 등의 실현 가능성이 높지 않아 그대로 구현되기는 어려울 수 있다. 그럼에도, 15번선(구 경의선 승강장, 현 유령 승강장)과 16번선(현재 없음) 1면 2선을 단편성 고속열차를 위해 추가하는 정도의 개량은 가능해 보인다.

29
서울에서 베이징이나 하얼빈 방면 고속열차는 중국 측에서 G열차급으로 운용되더라도 6시간 이상의 시간이 걸릴 것이며, 따라서 오히려 항공이 부실한 현급시 연결이 가능한 D열차급을 운행하는 한편 심야 침대열차 운행으로 승부를 보는 것이 적절할 수 있다. 실제로 최속달 G열차 역시 8시간 걸리는 베이징~광저우 구간에서는 D열차급 침대 고속열차(저녁 8시 출발, 오전 6시 도착)가 하루 편도 5회 정도 운행 중이다.

각기 도착 승강장과 출발 승강장으로 나누어 운용한다. 이렇게 배선을 조정하면 교차지장을 최소화할 수 있다. 다만 9번, 필요한 경우 10번 홈은 경부4선과 경부1선으로 모두 연결될 수 있도록 배선을 구성한다. 예비 승강장으로 활용할 뿐만 아니라, 경부1선을 활용해 지상 영등포를 경유하는 KTX를 운용하기 위해서이다. 경부4선과 16~19번 홈을 연결하는 부본선 부지를 저촉하는 특동사무소(G)는 주변으로 이전한다.[30] 주변 철도 부지의 건축물을 매입하여 조금 남쪽으로 내리거나(c), 용산역으로 이전하는 것이 가능한 방법이다.

4. 북쪽에 인상선과 수색 방면 경의2선 직결선 부지 마련: 도착 승강장과 출발 승강장을 분리해 운용하기 위해서는 반드시 인상선이 마련되어 있어야 한다.열차의 진행 방향을, 본선에 교차지장을 주지 않고서도 바꾸기 위해서는 그렇다. 고속선 측 인입선은 과거 소화물 취급장(B), 그리고 서소문공원을 활용해 건설한다. 이들 선로 가운데 일부는 원활한 입출고를 위해 경의선 방면으로 직결되어야 한다. 변전소 또한

철도공사 사무 건물 바로 옆으로 옮겨야 할 것이다. 또한 염천교 하부로 이들 인상선이 통과해야 하므로, 칠패로를 부분적으로 통제하는 한편 수제화를 취급하는 건물군(P)을 건드리는 난공사는 불가피하다. 또한, 서소문공원과 관련해 각종 성지화 사업이 전개되고 있으므로, 서소문공원 부지를 서울역 인상선과 경의2선을 위해 폭 30m 이상 사용한다는 계획을 실현하려면 서울역 확장과 그에 연관된 각종 철도 계획을 이들 성지화 사업의 주체에게도 잘 설명하고 그 필요성을 납득시키는 작업이 필수적이다.

지상 역사 확장을 추진하는 핵심 이유는, 대심도 시공이 상당한 부담이 되기 때문이다. 이미 서울역 지하에는 많은 지하 시설물이 존재하며, 부지 서측 바로 옆에는 욱천까지 있다. 운행 중 선로 아래쪽에 대단면 굴착을 수행하려면 지하 30m보다 깊은 대심도 굴착이 필수다. 2002년의 예측이 5000억 원이라면, 2020년대에 들어갈 비용은 거의 2배 수준인 1조 원으로 예상하는 것이 합당하다.[31] 현 노선의 운행에 생길 차질, 지상 역사와 지하를 오갈 때 승객들이 감수해야 할 부담, 재난 대처의 어려움 또한 무시할 수 없는 부분이다. 1호선, 4호선, 경의선, 시내버스, 택시로 환승하는 승객, 또는 바로 주변 지역으로 도보로 이동하는 승객 또한 지금보다 훨씬 더 긴 수직 거리를 감당해야만 한다. 아무리 많은 승강기를 설치한다고 해도, 지금의 지상 승강장과 선상역사를 중심으로 형성된 동선보다 더 빠른 환승 거점 간 이동을 실현하긴 어려울 것이다.[32] 승강기 운용으로 인한 대기 시간, 승강기 가동으로 인한 전력비 또한 추가 비용이다. 남영~서울 간 경부선 서쪽 부지에 대한 보상 규모는

30
대통령 전용 특별동차를 운용하는 조직이다.

31
한국건설기술연구원이 매월 발표하는 '건설공사비지수'에 따르면, 철도 공사비는 2002년 12월의 지수로 59.99인데 반해 2017년 10월의 값은 118.61로 1.98배 차이가 난다. 참고로 2007년 연말의 지수는 80.19, 2009년 연말의 지수는 96.13이다.

32
서울역의 고속열차 이용객은 2015년 총 2457만 8553명이다. 또한 도표 11은 공항철도 대심도 역사에서 지상 승강장에 도달하는 시간이 1호선에서 도달하는 시간보다 대략 2.5분 정도 더 길다는 점을 보여 준다. 여기서 1시간의 가치를 2019년 최저 임금과 유사한 9000원으로 가정해 보자. 고속열차 승객이 대심도 역사로 인해 모두 2.5분의 손실을 본다면, 이 시간 손실의 규모는 1년에 약 92억 원에 달한다.

6장 철도 도시 서울, 무엇을 할 것인가

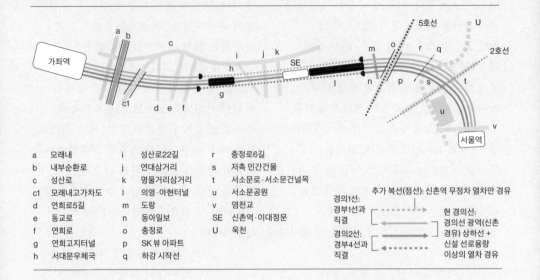

a 모래내
b 내부순환로
c 성산로
c1 모래내고가차도
d 연희로5길
e 동교로
f 연희로
g 연희고지터널
h 서대문우체국

i 성산로22길
j 연대삼거리
k 명물거리삼거리
l 의영·아현터널
m 도랑
n 동아일보
o 충정로
p SK 뷰 아파트
q 하강 시작선

r 충정로6길
s 저촉 민간건물
t 서소문로·서소문건널목
u 서소문공원
v 염천교
SE 신촌역·이대정문
U 욱천

추가 복선(점선): 신촌역 무정차 열차만 경유

경의1선:
경부1선과
직결

경의2선:
경부4선과
직결

현 경의선:
경의선 광역(신촌
경유) 상하선 +
신설 선로용량
이상의 열차 경유

생각보다는 적을 것이다.[33] 추후 서울역 통과선이 더 필요할 때를 위해, A선과 B선 역을 건설할 때 경부5선용 지하 공간의 여유를 충분히 남겨 두는 것 정도가 경부4선 투자를 행할 미래 20~30년 내 시점에 취할 투자 방침이라고 본다.

서울~가좌~수색: 경의2선(③)

남쪽으로 내려가기에 앞서, 서울역 북쪽 연결에 대한 이야기를 해 두자. 서울~수색 간 복선 역시 용량 한계 근처까지 사용되고 있다.(4장 표 7, 8) 하지만 두 배 가까이 늘어날 고속열차 및 재래선 열차의 운행량을 감안하면 경의선을 이용해야 하는 회송 열차의 수는 지금보다 많아질 수밖에 없다. 한편 이 구간은, "대륙철도" 연계를 진심으로 서울 시민들과 나머지 전국의 사람들이 원한다면, 또 서울역에 도착한 열차를 대거 북행시키려면 반드시 확장될 필요가 있는 구간이기도 하다.

제1단계 사업은 서울에서 가좌를 거쳐 수색에 이르는 구간에 복선을 추가하는 사업이다. 기존 연구는 여기서도 지상과 지하 병용 대안을 내놓고 있다. 이 가운데 2007년 연구는 지상 서울역을 유지할 경우 서울역에서 충정로까지는 복선을 지상으로 추가해야 하며, 충정로부터는 2호선과 간섭하지 않아 지하로 들어가 수색까지 진행할 수 있다고 말한다.(379쪽) 반면 2009년 연구는 염천교부터 터널 시공이 가능하다고 말한다.(14쪽) 하지만 염천교부터 하강을 시작하면 토피 두께가 4m에 불과한 것으로 알려진 2호선과 간섭이

33
대략 5000제곱미터 정도의 민간 건물을 수용하는 작업이 필요하다. 공시지가(2019년 약 600~700만 원, 편의상 650만 원으로 계산)에 따라 보상할 때, 이 면적에 대한 토지 보상비는 대략 325억 원 수준일 것이다. 유사한 조건이었던 노량진~대방 간 철도 남안의 건물군에 대해서도 2012년경 정비가 이뤄졌다. 서울역 북쪽으로 이전할 철도 사옥의 경우, 2006~2009년 건설된 현재의 철도공사 본사 사옥에 들어간 사업비가 대략 2000억 원, 영등포경찰서 사거리 구 홍익상가 부지에 2016년 신축된 코레일유통의 사옥에 들어간 사업비가 대략 800억 원이라는 점을 계산에 감안할 수 있다.

벌어지는 만큼, 2호선을 통과하는 부분까지 경의2선은 지상 구조만을 택할 수 있다. 단 충정로 하부 5호선의 토피는 17m로,[34] 그 상부로 터널을 통과시키는 일이 가능하다. 따라서 여기서는 2007년 연구가 밝히는 대로 충정로까지 지상 시공을 전제로 경의2선 건설 방법을 그려 보기로 한다.

서소문공원에서 충정로까지는 약 400m, 그리고 아현터널 초입까지는 600m 정도 떨어져 있다. 경의선 북쪽의 경우 민간 건물 보상이 필요 없다. 노폭이 8~9m에 이르는 충정로6길(r)을 좁히는 한편, 이 길과 충정로 사이의 교차점에 있는 녹지까지 일부 활용할 수 있기 때문이다. 이 길은 이미 평일에는 주차장으로 쓰는 지점이므로 좁히는 데 큰 문제가 없어 보인다. 하지만 남쪽의 경우에는 문제가 크다. 도로가 좁은 데다, 상수도사업본부와 서소문건널목 사이의 부지는 민간 건물(s)이 꽉 채우고 있기 때문이다. 서소문건널목 측 약 100m 구간은 건물 철거가 필요하다.[35] 한편 충정2교로 충정로와 접속된 경의선 남쪽 도로는 접속되는 SK 뷰 아파트(p) 주차장 진입로 때문에 유지해야 한다. 따라서 남쪽 단선은 서소문 건널목을 지나고 나서 바로 하강을 시작해야 한다. 서소문 건널목에서 남쪽 도로까지는 180m, SK 뷰 아파트 주차장 출구까지는 220m 수준이다. 200m를 수평으로 진행할 때, 30% 기울기 빗면을 진행하는 철도는 6m를 수직으로 오르내릴 수 있다. 하지만 철도의 건축

한계(높이 6.45m)와 여타 구조물의 높이를 감안하면, 개착 박스 바로 위에 토피 없이 도로를 올린다고 하더라도 도로의 기면을 2~3m 올리는 것을 피하긴 어렵다. SK뷰 주차장을 활용하기 위해서는 결국 아파트 기단에 붙은 화단과 소공원을 철거하여 도로로 편입하지 않을 수 없으며, 이렇게 하더라도 도로의 노폭 감소는 피할 수 없다. 이에 따라 아파트 측에게도 상당한 보상이 필요할 것이다. 8m 이상 지하로 진입하여 현재 충정로의 도로 구조물을 변형하지 않을 수 있는 지점은 SK뷰 아파트가 끝나고 소로와 접속되는 지점부터다. 물론 이 노선을 실현하려면 잠시 동안의 도로 차단 공사까지 이뤄져야 한다. 이 기간 동안은 아파트의 주차장(201면) 대체를 위해 서울상수도사업본부나 국민연금공단 같은 주변 공공기관의 주차장을 전용하지 않으면 안 될 것이다. 남북 측의 주변 보상을 위한 조치 규모가 다르다는 점을 빼면, 결국 이들 노선은 상선이든 하선이든 서소문부터 하강하여 충정로를 횡단하기 전에 지하 8m 이하 지점으로 들어가게 된다. 양측 노선은 5호선의 토피 17m를 활용하여 충정로를 도로 노면 아래로 횡단하게 될 것이다.

이어서 충정로에서 아현터널에 이르는 구간은 반지하로 시공할 수 있다. 남쪽과 북쪽 모두 단선(최소 선로 중심 간격 4.3m) 반지하선이 통과할 수 있는 폭의 부지가 있기 때문이다. 물론 이들은 아현터널 옆에서 지하로 진입해야 한다. 동아일보 사옥 북측에는 작은 도랑(m)이 있으나, 현 경의선 노면 바로 아래에 작은 수로가 있음을 육안으로도 확인할 수 있을 정도의 적은 유량이므로 처리에 큰 지장은 없어 보인다.

현 신촌역 구내로 추가 선로가

---

[34] 투피 두께에 대한 정보는 대한교통학회 외, 「수도권 철도망 개선방안 연구」, 375.

[35] 철로 남쪽에 바로 접한 토지의 공시지가는 대략 450만 원/㎡이므로, 단선 철도 100m를 짓기 위한 토지 보상비는 약 23억 원 수준일 것이다.

6장 철도 도시 서울, 무엇을 할 것인가

직접 접속하는 것은 사실상 불가능하다. 아현터널과 이화여대 정문의 복개 구조물(l)과 신촌 민자 역사로 덮힌 이 구간의 토목 구조를 뜯어내기는 어렵기 때문이다. 또한 명물거리삼거리(k)를 이전하기도 힘들고, 명물거리삼거리부터 연대삼거리(j)까지 노반을 상승시키는 데 쓸 수 있는 길이가 최대 300m에 불과하여[36] 빗면, 토피 등 토목 구조를 구성하는 데 큰 무리가 따른다. 명물거리삼거리와 연대삼거리 사이의 녹지는 경의2선 충정로~신촌 간 터널 시공 차량 진입을 위한 사갱 부지로나 사용할 수 있다.

신촌에서 가좌까지의 경의2선 진행 방법은 이렇다. 연대삼거리부터 서쪽 200m, 성산로 22길에 속한 굴다리까지는 그대로 지하로 진행한다. 이 굴다리부터 연희로까지는 약 670m이며, 양 지점의 도로 해발고도가 같고 빗면 각이 30%이라고 가정하면, 연희로 상부를 횡단하기 위해서는 성산로 22길 굴다리 지점 경의2선의 기면 심도가 15m보다 얕아야만 한다. 성산로22길 굴다리 이서 곡선 구간에서는 서대문우체국 서쪽, 연희고지(해발 68m)를 활용하여 주변 영향을 최소화하면서 2선 터널의 기면을 상승시킨다. 연희로 횡단 철교에 도달하기

전에 2선을 지상 진출시키고 1선과 같은 기면에 맞춘다. 연희로에서 모래내에 이르는 구간에서 지상으로 선로를 진출시킬 수도 있으나, 이 구간은 굴다리 사이의 거리가 짧은 데다 용산선이 지하에서 경의본선 부지로 진입하고 주변에 고가와 제방이 다수 있어 공사가 좀 더 어렵다고 보았다. 연희로 5길의 굴다리를 폐쇄하면 문제가 조금 쉬워지지만 이는 고려하지 않기로 한다. 이곳부터 가좌까지 1.5km 구간은 방향별 복복선으로 망을 구성하여 경의2선을 지상으로 진행시킨다.

제2단계는 가좌 이서 구간의 추가 복선 부설 사업이다. 그런데 이 사업의 구체적인 내용은 수색역과 기지의 구조 변경 구상과 함께가야 한다. 다시 말해, 수색역의 배선과 기지의 시설 재배치 내용까지 대략 제시할 수 있어야 한다. 하지만 이는 2019년 현재의 공개 자료를 통해서는 확인이 어려운 부분인 데다, 북한 방면 여객 및 화물의 운용에 따라 상황은 유동적으로 변할 수 있다. 따라서 이 책에서는 이 문제를 별도로 연구하지 않겠다. 어찌되었든, 비록 가좌역의 구조 때문에 어렵긴 하지만, DMC 서쪽의 경의2선(고양기지 연결 복선)과 이 선로가 큰 방해 없이 연결된다면 서울에서 행신에 이르는 고속열차 전용 복선 역시 완공되게 된다.

36
300m는 30%로 노반을 상승시켰을 때 총 9m를 상승시킬 수 있는 거리지만, 명물거리삼거리를 횡단할 때 경의2선은 반드시 도로 아래에 있어야 한다. 철도 시설의 높이는 레일 상면부터 전차선 상부까지 6450mm이며, 노반 기면부터 계산하면 약 7m지만, 개착박스의 상하부 높이를 감안하면 노반 기면부터 지표면까지는 최소 8~9m선이어야 한다. 도로 차량의 통과를 위해 도로 상부 높이 또한 5m는 되어야 한다. 결국 지하에서 올라온 철도가 도로를 횡단하는 높이에 도달하려면 13~15m의 고저차를 극복해야 하며, 이를 위해서는 30% 기울기의 오르막 450m를 올라와야 한다.

서울~용산: 경부4선

서울~용산 간에는 지금도 3복선이 달리고 있다. 이 가운데 가장 서쪽에 있는 선로인 경원 직결선은 1969년 완공된 이래 서울역에서 경원선 방면으로 열차를 보내기 위한 용도로 사용되어 왔으며, 이 가운데 오늘날 가장 많은 사람이 이용하는 계통은 강릉선 KTX다. 경부1상선과 1하선 사이에

있는 경부3선은 용산역에서 수색·행신을 오가는 회송 열차가 사용하고 있다. 이 구간의 선로를 4복선으로 증강하는 것이 이 구간 사업의 핵심 목표다. 이 구간에 대한 도해는 도표 12 우측에 그려진 확대도들이다.

제1단계에서는 경원 직결선 서쪽에 단선을 추가한다. 복선 추가를 한 번에 하지 못하는 이유는 지장물이 대단히 많은 데다 복선 시공을 위해서는 주변과의 합의는 물론 도로 구역 조정, 보상까지 필요하기 때문이다.[37] 이 구간에서는 남영역에서 갈월동 지하차도에 이르는(약 330m) 구간에 밀집한 상가에 대한 보상이 필요할 뿐만 아니라 삼일교회 측 건물과 새로 부설하는 복선이 극히 인접하게 되어 극렬한 반발이 제기될 수 있다. 보상을 빠르게 수행하여 불확실성을 줄이는 것이 낫지만, 삼일교회와의 협의는 지난한 과정이 될 가능성이 있다. 경부4선용 선로로 단선만 추가된 1단계 사업 완료 상태에서는 고속열차와 경원 직결선 열차(일부 화물, 강릉행 KTX)가 서쪽 복선을 공용하고, 경부1선 열차와 용산역 회송 열차가 가운데 3개 선로를 사용하도록 하여 용량 상황을 조정하도록 한다. 따라서 이 시기에는 고속열차의 획기적인 증강은 어려울 것이다. 물론 용산에서 상당량의 열차 착발을 처리할

수 있어 이 문제는 두드러지지 않을지 모른다.

2단계에서는 1단계에 추가한 선로 서쪽에 단선을 더 부설한다. 이렇게 4복선화를 완성하여 고속열차와 경원 직결선을 분리하면, 서울역의 전국망 열차 착발 능력은 두 배 가까이 커지게 된다.

이 구간의 최남단이자 용산 구내와의 경계인 삼각지고가 인근[38]에서는 경원연결선이 따로 분기해 나오는 한편, 삼각지고가 남쪽 50m 지점부터는 본선도 2복선이 된다. 따라서 삼각지고가 남쪽부터는 배선 교체 말고는 큰 토목 개량 없이 경부4선을 통과시킬 수 있다.

용산역 확장: 북한 방면 착발역

용산역의 모습은 한강을 어떻게 넘느냐에 따라 달라진다. 한강을 하저 터널로 넘으면 용산역의 경부4선 역은 반지하에 있게 되거나(2009, 12쪽) 고속열차 정차역 설정이 어렵다.(2007, 300쪽) 반면 한강을 철교로 넘게 되면 지금과 같은 높이에 역을 입지시킬 수 있다. 여기서는 용산역에서 고속철도 착발 기능을 계속해서 수행하는 것 또한 중요하다고 보고, 철교를 택한다.

용산역은 현재 7면 13선으로 운영 중이다. 이 가운데 6번 홈까지는 광역망이 사용 중이며, 이 구역을 경부4선 사업과 관련해 개량할 이유는 없다. 다만 경부3선~경인급행선을 서울역으로 연장하기 위해서는, 아래에서 논의할 한강철교 A, B선 재건축과 동시에 용산역 경부3선 구역을 폐쇄하고 빗면을 끌어올려

---

[37] 삼각지고가 철도 측 기둥 이설 또는 부분 재건축, 삼각지고가 하부 공간의 유지, 남영역교차로~삼각지고가 간 520m 구간에 대한 청파로의 축소(단선 확보 시 인도, 복선 확보 시 여기에 1개 차로), 남영역교차로~갈월지하차도 330m 구간 가옥 매입, 삼일교회에 철도가 극히 인접하게 다니는 데 대한 합의, 동서골프프라자와 그 이북 건물 일부 매입. 이 가운데 삼각지고가 차단은 단선 추가만을 위해서도 필수적이며, 삼일교회와의 합의는 복선 건설을 위해 필수적이다. 4복선 구간을 조금이라도 더 빨리, 더 길게 확보해 용량을 최대한 확보하기 위해서는 삼일교회와의 협의가 절실하다.

[38] 교차 지점 인근이 바로 경원선 측의 토공 빗면 구간이다. 삼각지고가 남쪽 약 250m 지점에서 경부선을 넘기 위한 고가가 시작된다.

6장 철도 도시 서울, 무엇을 할 것인가

[도표 15] 용산역 단계별 개량 계획. 2단계 이후의 고속 인
상선은 용산 이북 4선의 부담을 줄이기 위해 필요하나 4상
선이 옥천과 옥천고가를 침범하지 않고서는 상하선 사이에

위치시킬 수 없었다. 공간이 부족하여 고속 인상선과 4상선
사이에 간섭이 생기는 상황을 피하기 어려웠다는 뜻이다. 더
나은 방법에 대한 논의가 좀 더 필요하다.

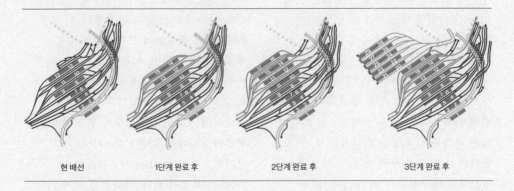

| 현 배선 | 1단계 완료 후 | 2단계 완료 후 | 3단계 완료 후 |

경의중앙선과 입체교차를 할 수 있도록
재건축할 필요가 있다. 지금 논의할 부분은
7번 홈부터 13번 홈에 이르는 구역, 그리고
그 서쪽에 신설해야 할 시설이다.

먼저 통과선을 별도로 집어넣는
이유는, 경부4선을 이용해 서울역에서
착발하는 고속열차가 원활하게 운행할
수 있도록 하기 위해서다. 또한 통과선의
선형을 최대한 완만하게 구성할 수 있도록,
14~17번 홈은 현 12번 홈보다 서남쪽으로
상당히 많이 내려간 곳에 자리 잡아야 한다.
또한 지금과 마찬가지로, 재래선 승차
승강장과 고속열차 승차 승강장, 그리고
각 열차 유형의 도착 승강장을 별도로
운용하는 것이 좋다.

용산역에서는 지금처럼 KTX를
포함한 호남, 전라, 장항선 방면 전국망
열차를 출발시킨다. 경부1선 상하선 사이에
있는 용산역 북측 인상선은 현 구조를
유지하는 한편, 고속열차를 위한 인상선은
2단계 사업에서 추가한다.

경부 광역특급은 서울역과의
연계를 편리하게 하기 위해 이 역에
정차하는 것을 검토할 필요가 있다.

다만 용산역의 경부1선 승강장이 모두
저상홈이라는 점은 빼놓을 수 없는 문제다.
열차 측의 출입 계단을 구동시키는 방식은
고장을 배제할 수 없으므로, 경부선에
ITX-청춘 열차를 운행하면서 했던 것처럼
고상 승강장 열차에 대응하기 위한 고정식
발판을 설치하는 방법을 사용하는 것이
단기적으로는 효율적인 대안일 수 있다.(4절
참조) 단, 이 역의 높은 지장률을 감안하면
광역특급은 통과시킬 수 있다.

용산역 서쪽에는 구 용산창 부지가
아직 남아 있다. 이 부지는 남쪽으로 열차를
착발시키기에는 그 형태가 부적절하지만,
북쪽으로 향하는 두단식 역을 건설하기에는
나쁘지 않다. 특히 북한과 중국 둥베이
방면 열차를 착발시킬 서울 측 역이 마땅히
마련되어 있지 않은 상황에서, 구 용산창
부지의 일부에 5면 10선 가량의 두단식
역(폭 약 100m) 부지를, 그리고 이 역과
연계될 복선 철도의 부지를 유보지로 남겨
두어야 할 것이다. 바로 이 유보지를 채울 역
건설이 용산역의 2, 3단계 사업이 될 것이다.
물론 이 노선은 용산역 북쪽의 협애지의
난맥(도표 16 e, g 구역)을 뚫고, 그리고

용산선 부지를 따라 경의선으로 연결되어야 한다. 이 사업(지도 5의 8)은 3단계 사업에 속한다.

　이들 계획을 모두 만족스럽게 수행하려면, 철도 부지가 가장 좁은 구역인 신용산 지하차도, 그리고 선인프라자 일대(g)의 배선 계획을 신중하게 구성해야 할 것이다. 부지와 선형이 제대로 나오지 않을 경우, 현존하는 10·11번, 12·13번 승강장까지 지금보다 서남쪽으로 이동시켜 선형을 확보하는 방법까지 고려할 필요가 있다.

한강철교와 노량진역

구 용산창을 옆에 끼고 이촌고가에 이르는 500m 구간은 복선 철도를 추가하는 데 아무런 어려움도 없는 구간이다. 하지만 이촌고가에서 한강에 이르는 대략 150m 구간은 복선 철도를 추가하기 아주 어렵다. 천주교 측의 순교 성지인 새남터성당은 물론, 한강 조망을 끼고 있는 아파트(도표 17 c, f)가 그야말로 철도의 턱밑에 자리 잡고 있기 때문이다. 대림아파트 부지와 철도 부지 사이의 거리는 불과 5~6m이며, 현대한강아파트 부지와 철도부지는 아예 바로 맞닿아 있다.

　용산국제업무지구 개발 계획을 벌이며 서울시가 주장했던 강변북로 지하화는 완전히 취소된 것이나 다름없는 이상, 2009년 예비타당성 조사의 판단처럼 한강의 지하 통과가 최선의 답일지도 모른다. 하지만 여기서는 이런 가능성은

[도표 16] 용산역 약도. 3단계 완료 시 기준. 각 망과 주요 건물의 선형, 상대적 규모를 보존하고 있다.

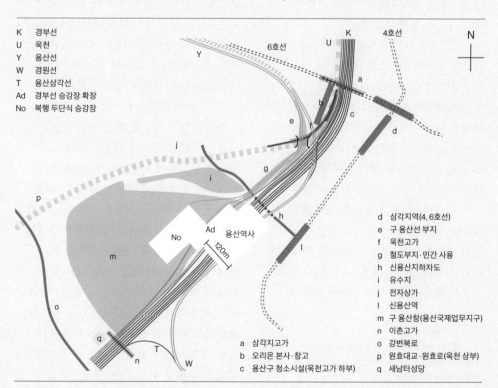

K　경부선
U　옥천
Y　용산선
W　경원선
T　용산삼각선
Ad　경부선 승강장 확장
No　북행 두단식 승강장

a　삼각지고가
b　오리온 본사·창고
c　용산구 청소시설(옥천고가 하부)
d　삼각지역(4, 6호선)
e　구 용산선 부지
f　옥천고가
g　철도부지·민간 사용
h　신용산지하차도
i　유수지
j　전자상가
l　신용산역
m　구 용산창(용산국제업무지구)
n　이촌고가
o　강변북로
p　원효대교·원효로(옥천 상부)
q　새남터성당

6장 철도 도시 서울, 무엇을 할 것인가

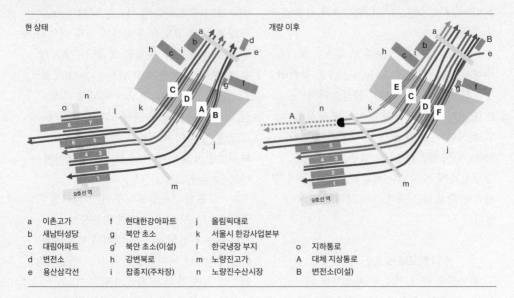

현 상태　　　　　　　　　　　　　　　　　　　　개량 이후

a	이촌고가	f	현대한강아파트	j	올림픽대로	o	지하통로
b	새남터성당	g	북안 초소	k	서울시 한강사업본부	A	대체 지상통로
c	대림아파트	g'	북안 초소(이설)	l	한국냉장 부지	B	변전소(이설)
d	변전소	h	강변북로	m	노량진고가		
e	용산삼각선	i	잡종지(주차장)	n	노량진수산시장		

일단 한쪽으로 넘겨 두고, 지금의 노선별
착발역 체계를 계속해서 유지한다고 가정한
채 지상으로 경부4선을 부설하려면 어떻게
해야 하는지 논의하겠다.

　　　가장 간단한 방법은 물론 복선
철교를 현재의 경부1선, 철교 C교 서북쪽에
부설하는 방법이다. 그러나 이 경우, 경부4선
부지는 대림아파트 그리고 새남터성당의
턱밑에 자리 잡게 될 것이다. C교와 이격
거리 2m, 그리고 복선전철에 필요한 10m,
도합 12m의 너비를 현재 경부1선에서
더하면, 두 부지를 침범할 수밖에 없다.

　　　다행히 북안 동남쪽(현대한강
측)에는 활용할 여지가 있는 공간이 남아
있다. B교의 옆쪽, 유사시 철교를 통제하기
위한 초소가 그것이다.[39] 이 초소의 부지
너비는 대략 4m로, 단선전철이 통과할

　　　39
여기서는 현대한강 부지를 일부 수용하여 초소를 지금 형태
그대로 동남쪽으로 5m 이동시킨다고 가정한다. 여기에는
화단과 놀이터가 위치해 있다.

수 있다. 경부4복선을 구성하는 8개
선로 가운데, 최소한 하나는 이 공간을
활용해 북안에 상륙해야 한다. 다만, 초소
뒤편으로는 부지의 너비가 조금 좁아지고,
현 부지에 단선을 집어넣을 여유가 생기는
것은 초소에서 50~60m를 진행하고
나서라는 점을 감안할 필요는 있다.

　　　나머지 단선을 어떻게 북안에
상륙시킬 것인지가 문제다. 선택지는
서북쪽에 단선 철교를 신설하는 방법,
그리고 동남쪽에 복선 철교를 신설하여
한꺼번에 선로를 넘기는 방법 두 가지다.
나는 서북쪽에 단선 철교를 신설하는 것이
현 상황에서 조금 더 낫다고 생각한다. 단선
철교의 연결을 위해 사용해야 할 부지가
현재 주차장과 화단으로 사용되고 있는
도로 부지이고, 도로 부지는 공용 토지인
만큼, 원칙적으로는 대림아파트나 천주교
측에게 보상을 할 필요가 없기 때문이다.
물론 이 도로 부지를 점유하고 있는 주차장
47면을 대체할 수 있도록, 대림아파트

동북쪽에 있는 잡종지에 주차 타워를 건설하는 보상은 필요할 것이다.

한강철교는 한강 양안에 걸려 있는 만큼, 철교의 기능을 조정하기 위해서는 남안 노량진 방면도 함께 살펴야 한다. 앞서 논의한 대로 서북쪽에 단선 철교, 가칭 E교를 신설할 공간은 노량진 측에 충분하다. 경부선 철도 부지 옆에는 서울시 한강사업본부의 시설(k)이 자리 잡고 있기 때문이다. 포털 사이트에 수록된 지적도상으로는 수도사업본부 측의 땅 가운데 경부선 철도에 접한 부분, 그리고 그 외에도 철도 인근 상당 부분이 철도 부지이기도 하다. 다만 경부3선 측, B교의 동남쪽에는 절벽이 자리잡고 있기 때문에, B선 남쪽에 공간을 마련하기 위해서는 별도의 토목 공사가 필요하다. 마침 별개의 교량으로 남안에 도달하는 한강철교 A(1900), B교(1912)는 그 교각이 건설된 지 100년이 넘었으므로,[40] 재건축을 한다. 당산철교의 전례로 보아, 재건축에는 대략 2년 반이 소요될 것이다. 이 기간 동안 경인·경부급행은 노량진에서 회차한다. 기존 경부3선 사이에 인상선 2선을 추가하면 용산역과 용량 차이는 없다. 환승 불편에 시달릴 이용객들에게는 앞으로 경부1선에 더 많은 열차가 달릴 것이라는 점을 잘 설명해야 한다. 비교적 한산한 대방, 신길에서 강북 방면 통행객들이 완행으로 환승하도록 유도하는 것도 방법이다. 신설 교량은 3선 교량으로 건설해, 북안에 한꺼번에 도달시키는 방법을 취해야 한다. 노량진 측 한강 남안에 있는 충분한 공간

40
C선은 1944년 처음 개통되었으며, 한국전쟁 당시 폭파된 이후 1952년 임시 개통, 1957년 정식 재개통되었다. A, B선은 1969년 재개통됐고, D선은 1995년 영등포~용산 간 3복선화 사업의 일환으로 개통되었다.

덕분에, 선로 절체와 조정 작업에는 큰 문제가 없다.

물론 이렇게 되면, 도표 17에서 볼 수 있듯 경부1 하선과 경부2 상선이 D교를 통해 함께 주파해야 한다는 문제는 남는다. 특대형 기관차와 현용 완행 전동차가 같은 교량에서 교행해도 괜찮을 것인지는 그리 분명하지 않다. 단선 철교와 3선교를 따로 짓기보다는 2복선이 한꺼번에 통과하는 교량을 현 A, B교 자리에 집어넣는 것도 고려해 볼 필요가 있다. 물론 이를 위해서는 현대한강아파트 구내의 화단과 놀이터 부지를 길이 약 100m, 너비 약 7m 정도 수용해야만 한다. 그리 넓지 않은 부지이긴 하지만, 민간 부지에서는 어떤 항의가 제기될지 알 수 없는 법이므로 이런 계획은 신중한 설득과 함께해야만 한다.

이외에 이촌고가차도를 재시공해야 하는 부분, 용산삼각선 분기를 설정해야 한다는 부분, 구 용산창에서 경부선 맞은편 변전소(d)를 일부 이설해야 한다는 점, 노량진고가 북단을 재시공해야 한다는 사실, 노량진 수산시장 부지의 일부인 구 한국냉장 부지(l)에 대해 보상을 지급해야 한다는 점 정도가 한강철교 인근에서 주의할 부분이다. 방금 언급한 구 한국냉장 부지 가운데 복선전철에 필요한 10m 너비의 땅을 수용할 경우 수용해야 할 면적은 대략 700m² 수준일 것이다. 경부1선과 대림아파트·새남터성당 사이의 도로를 제외하면, 이 구간에서 필요한 전체 수용 면적은 1000~2000m² 정도일 것이며 건드려야 하는 민간 건축물은 이 한국냉장 건물군뿐이다.

이렇게 경부4선이 도달한 노량진 구내에는, 현재 사용되지 않는 저상 승강장과 측선이 자리 잡고 있다. 한강

269

6장 철도 도시 서울, 무엇을 할 것인가

제방을 넘고 나서 100m 지점부터 노량진 고상 승강장의 종점까지는 약 600m로, 30‰로 18m 하강이 가능하다. 이때, 지장이 되는 9호선의 수산시장 방면 지하 통로만 지상 통로로 일부 대체하면 된다. 측선을 모두 걷어내면, 오히려 시장을 지상으로 진입할 수 있게 될 것이다. 이제 경부4선은 지하 대심도로 접어든다.

경부4선 남서울터널과 지하 영등포역

지하로 들어간 경부4선 터널을 이 책에서는 '남서울터널'로 지시하겠다. 남서울터널이 가장 먼저 만나는 장애물은 9호선, 그리고 샛강을 건너 여의도로 진입하는 상하수도관과 같은 중요한 지하 시설물들이다. 앞선 연구들은 9호선을 뺀 이들 지장물을 이설하지 않으면 경부4선이 안정적으로 진행하기 어렵다고 밝히고 있다. 여기에, 대방역 지하로는 신림선이 지나간다는 문제도 염두에 두어야 한다.

　　　이들 지장물들을 넘어서면, 남서울터널은 서울 시가지 지하를 통과해야 한다. 이를 위해, 터널은 이른바 고층 시가지의 "한계심도"[41] 보다 깊은 심도에서 순항할 필요가 있다. 지하 45m로 달리기만 한다면, 국토부의 고시에 따른 낮은 보상 비율을 적용시킬 수 있기 때문이다.[42] 기울기를 30‰로 설정할 경우, 이 깊이에

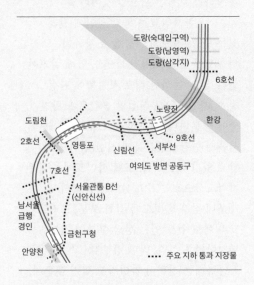

[도표 18]　남서울터널 계획. 금천구청역을 통과하는 대안 1에 따라 그린 것이다.

도달하기 위해 철도는 빗면을 따라 지상으로부터 약 1.5km 진행해야 한다. 그리고 이 정도의 거리만큼 진행한 지점은 노량진 측 시점에서는 대방역 앞이다. 한편 금천구청 측에서는 현 시흥연결선을 통해 광명역으로 진입하는 노선(대안 1, 아래에서 상술)을 택할 경우 독산역 인근 준공업 지역의 지하에서 지상으로 상승하기 시작하면 되고, 광명주박기지를 활용해 광명역으로 진입하는 노선(대안 2)을 택할 경우 시흥대교 인근에서 지상으로 상승하기 시작하면 된다. 현 국토부 고시가 효력을 발휘하는 한, 양 지점 사이의 6~10km 구간에 대한 보상액은 크게 걱정하지 않아도

---

[41]
"토지 소유자의 통상적 이용 행위가 예상되지 않으며 지하 시설물 설치로 인하여 일반적인 토지 이용에 지장이 없는 것으로 판단되는 깊이." 「국토교통부, 철도건설을 위한 지하부분 토지사용 보상기준」, 제2조 4항, 국토교통부 고시 제2017-161호(2017년 3월 7일).

[42]
지상을 어떤 방식으로 사용하든 한계심도를 초과하는 지하 40m보다 더 깊은 지점에 대한 개발에 대한 보상 비율은 0.2% 이하로 설정되어 있다. 같은 고시 제8조 6항.

[43]
복선전철 터널의 폭 10m가 5km 이어져 있다면 보상 면적은 대략 5만 제곱미터. 여유분을 두어 10만 제곱미터에 대해 보상한다고 가정해 보자. 보상 기준액인 공시지가를 제곱미터당 400만 원으로 가정하면, 지하 45m 이하로 진행하는 대심도 구간에 대한 보상액은 대략 8억 원이면 된다. 한편 2017년 현재 독산동 일대의 지가는 위에서 사용한 가정보다 저렴한 수준인 200~300만 원 선이기에, 보상 비율이 조금 오르더라도 큰 걱정은 없다.

될 수준이다.[43] 한계심도보다 아래쪽 공간에 대한 보상비를 낮추기 위한 법적 근거를 만드는 작업 덕분에, 지난 연구가 모두 심각하게 우려했던 보상 문제는 해결된 셈이다.

남서울터널은 영등포역 인근을 경유하는 것이 좋다. 2단계, 또는 여건에 따라서는 3단계 사업에서 역을 건설해 수요를 증대시킬 수 있기 때문이다. 단, 1단계에는 사업비 분산을 위해 분기 준비 공간을 제외한 역 시설을 확보하지 않는 한편 수요 검증을 위해 경부1선을 주행, 지상 영등포에 정차하는 고속열차를 운행한다. 노선 연장은 영등포 미경유시보다 약 2km 정도 길어지며, 2면 6선(통과선 2선 포함, 유효장 400m) 정도의 역 시설을 갖추기 위해서는 수천억 원의 비용이 추가로 필요할 것이다. 다만 역사 건설에 꼭 필요한 개착 공사를 위해서는 남서쪽의 측선 부지 및 구 화물역 부지를 활용할 수 있고, 따라서 대심도 역을 건설하기 위해 추가로 필요한 토지 비용은 최소화할 수 있다.

경부4선 역이 경부1선보다 남쪽에 위치할 경우, 경부2, 3선을 활용하는 1호선 광역망, 그리고 경인로 하부에 위치할 가능성이 클 신안산선(서울관통 B선) 광역망과의 환승에는 어려움이 생길 것이다. 이를 피하기 위해서는 현 역 직하 공간을 활용한 대심도 대합실 시공이 필요하다. 어떤 방법을 택하든 예정된 환승저항을 최소화하기 위해서는, B선 역사를 선형에 무리가 가지 않는 한 경부2선 쪽에 붙여, 지금의 민자 역사 건물이 부분 점유하고 있는 광장 지하를 활용해 건설해야 한다고 본다. B선 영등포역에는 고속, 광역특급, 광역급행, 심지어 신안산선 광역완행까지 통과해야 하므로 대규모 시설이 필요하다는 데도 주의할 필요가 있다. 결국 필요한 것은 신안산선과 경부4선을 포함하는 영등포역 개량 마스터플랜이다.

이때 영등포역의 구조는 다음 두 가지 가운데 하나를 골라야 한다. 경부4선이 경부1~3선, 현 영등포역 직하 대심도를 통과하며 여기에 고속선 영등포역의 승강장이 건설된다면 신안산선과 고속선 사이의 환승은 좀 더 편리해진다.

[도표 19] 영등포 지하역 증축의 기본 구조 제안도.

B	서울관통 B선	K4	경부 4선
K1	경부1선	YDP	영등포 현 지상역사
K2	경부2선	P	영등포 지상 승강장(1선)
K3	경부3선		

a	영중로
b	경인로
c	서울관통 B선 지하역, 4면 6선(폭 67m)
d	영등포고가
e	영등포공원
f	영신로
g	신길로
h	영신로 19·20길
i	경부4선 지하역, 2면 6선(폭 47m)
j	현 지하통로
k	추가 지하통로 제안

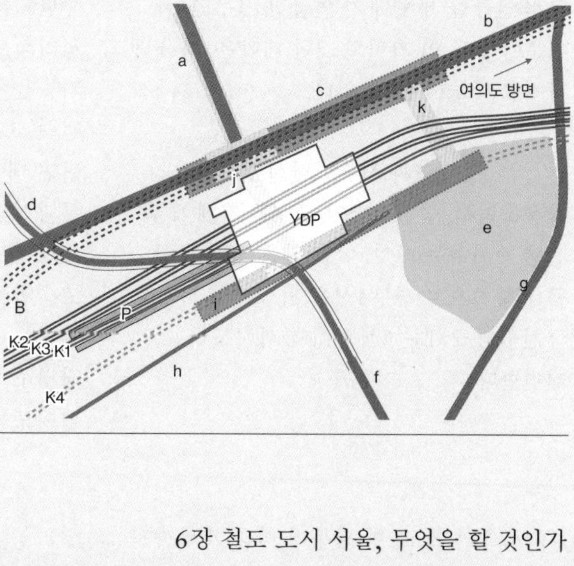

6장 철도 도시 서울, 무엇을 할 것인가

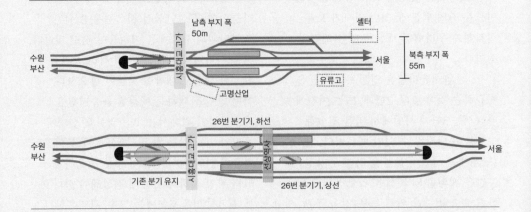

영등포공원 하부부터 승강장을 건설한다면, 400m의 직선 승강장은 확보할 수 있다. 다만 경부4선의 선형은 비교적 나빠질 것이다. 경부4선을 공사 편의를 위해 경부1선 남측에 부설하고 역 또한 이곳에 설치할 수도 있다. 이때는 신안산선과 경부4선의 거리가 멀어지고, 따라서 여의도 접근성이 상당 부분 약화될 것이다.

금천구청역, 광명역 접속

그동안의 연구는 모두 금천구청~광명역 간의 연결을 허술하게 다루었다. 광명역에서 현 경부고속선과 접속시킨다는 것이 앞서 언급한 세 연구가 언급한 전부였기 때문이었다. 이 지역의 개량 대안은, 다음 두 가지로 나누어 볼 수 있다.

1.　　광명역과 시흥연결선 현 망을 활용하면서, 금천구청역 구내를 그에 맞춰 전면 개편하는 대안. 이를 위해, 금천구청 구내 북쪽으로 경부4선을 지상 진출시키고, 금천구청 구내는 3복선이 통과하도록 개편한다.

2.　　광명역에서 경부4선으로 분기하는 선로를 확보하면서, 시흥연결선과 광명역 통과선은 경부1선으로 진입, 지상 영등포에 정차하는 일부 열차를 위해 활용하는 대안. 이 대안은 광명주박기지와 주박기지선을 활용해야 한다.

대안 1은 4km에 달하는 시흥연결선을 그대로 활용한다는 점에서 1000억 원 이상의 비용 절감을 기대할 수 있다. 하지만 금천구청역 구내의 전면 재배치가 필요하다는 점에서 실현 가능성은 매우 낮다. 시공 중에는 일부 광역 영업이 중단돼야 할 수 있으며, 경부1선 차단 공사는 물리적으로야 가능하지만 전국망 철도의 기능을 생각하면 사실상 어렵다. 시흥대교 접속 고가의 재시공 또한 중요한 비용이다. 반면 대안 2는 시흥연결선과 광명역 통과선의 활용도가 낮아진다는 점, 또 광명에서 분기해 나오는 광명주박기지선이 고속열차 영업에 사용하기에는 설계 속도가 낮다는 문제가 있지만, 지상으로 노출된 광명주박기지를 그대로 활용할 수 있어 공사 난이도는 상당히 낮다.

1) 대안 1의 세부 계획[44]

이 계획의 핵심은 고속선이 금천구청역 북쪽에서 지상으로 진출해 금천구청 구내를 통과한 다음, 지상 진출부에서 약 1km 남쪽에 있는 현 시흥연결선을 그대로 활용해 경부고속선으로 진입하는 데 있다. 이를 통해 얻을 수 있는 최대의 이득은, 남서울터널의 길이를 4km 정도 감소시켜 사업비를 줄이고 감가상각도 채 끝나지 않은 시흥연결선을 현 상태 그대로 활용하는 데 있다. 광명역의 본선을 그대로 활용할 수 있기도 하다. 속도는 이 대안이 좀 더 유리하다. 현 망을 이용하는 대안 1은 세 자리대 속도를 전 구간에서 유지할 수 있는 반면, 대안 2는 그렇지 못하기 때문이다. 물론 이 대안은 금천구청역 구내를 완전히 뜯어 고치는 비용을 필요로 한다. 하지만 이는, 시흥연결선을 그대로 활용하면서 절감할 수 있는 사업비를 통해 상쇄될 수 있다.

금천구청 구내에는 현재 연탄공장(고명산업) 인입선과 유류고가 연결되어 있으며, 화물열차가 잠시 대기하는 측선이 몇 개 마련되어 있다.(하선 3개, 상선 2개) 승강장은 경부1선과 2선 사이에 존재한다. 철도 부지의 폭은 대략 50m 수준이다. 이를 3복선 본선(4.5×6=28m), 섬식 승강장 2면(6×2=12m), 그리고 측선 상하선 각 1개(4.5×2=9m)씩으로 조정한다. 이 시설을 배치하고 나면, 측선 1개 선로 정도를 부분적으로 추가할 공간이 조금 남을 듯하다. 측선은 구로삼각선을 통해 경인선으로 화물열차를 보낼 때 요긴하게

쓰일 것이다. 승강장은 서로 엇갈려서 배치한다. 이는 경부1선에서 고속선으로 진입·진출하는 26번 분기기(길이 92m)[45]를 승강장에 있을지도 모를 악한(惡漢)이 접근할 우려가 낮은 지점에 설치하기 위해서이다. 부지의 폭이 남측 시흥대교로 갈수록, 그리고 북측으로 갈수록 좁아진다는 점 또한 감안해, 동쪽 상선 승강장을 좀 더 남쪽에, 서쪽 하선 승강장을 조금 더 북쪽으로 배치할 필요도 있다. 승강장은 선상역사로 연계한다. 물론 이 계획을 위해서는 금천구청역의 현 승강장은 철거하고, 그 자리에 철로를 부설하는 난공사를 거쳐야 한다. 역의 영업을 중지하지 않고 공사를 진행하기 위해서는, 현재의 측선 옆에 임시 승강장을 설치해 2선 완행 전동차를 측선으로 진입시키는 한편, 승강장 사이에는 가설 육교를 설치하여 영업을 유지해야 한다. 광역특급 개업 전까지 영업해야 할 급행열차는 모두 통과시킨다.

금천구청 구내에 고속선으로 진입할 수 있는 26번 분기기를 설치하면서도, 시흥연결선 초입의 현 분기기를 유지하는 이유는 경부고속선과 경부1선 사이의 연락을 위해서다. 이들 분기기는 우선 1단계 사업 완료 시부터 증편할 수 있는 지상 영등포 정차 KTX가 고속선으로 손쉽게 진출입할 수 있도록 하는 데 유용하게 사용될 수 있다. 또한 시흥연결선 초입의 기존 분기기는 고속선에 이상이 생겨 경부4선에서 1선으로 고속열차를 보내야 할 때도 활용할 수 있다. 두 분기기가 망의 유연한 활용을

---

[44] 제시된 안 이외에, 경부4선과 경부1선을 교환하는 방법을 원고 검토 과정에서 제안받기도 했다. 하지만 이는 앞서 제시한, 서울역 두단식 승강장 활용 계획을 실현할 수 없게 만든다는 점 때문에 추가로 검토하지 않았다.

[45] 제한 속도 130km/h. 분기기에 대해서는 서사범, 『철도공학』(북갤러리, 2006), 305~317 참조.

6장 철도 도시 서울, 무엇을 할 것인가

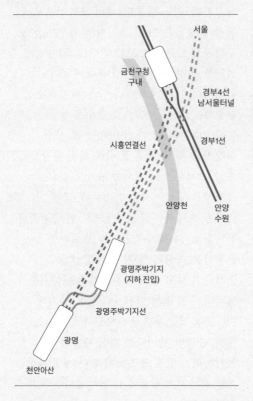

위해 필요하다는 말이다. 또한 구내 남측의 3복선화를 위해서는 부지 남측의 시흥대교 고가교의 재시공과 부영 보유 부지 관련 협조 또한 필수적이다.

2) 대안 2의 세부 계획

현재의 광명역 부본선에서는 역 북쪽 2km 지점에 있는 광명주박기지로 진출할 수 있다. 이 입출고선을 활용하여, 서울과 용산으로 향하는 고속열차를 경부4선으로 진출시킨다. 이 노선은 영업용으로 설계되지 않아 선형이 불량한 편이지만(최소 곡선 반경 약 300m, 이 경우 제한 속도는 통상 80km/h), 지금 존재하는 2km 정도의 복선 철도를 그대로 활용하여 시내 접속망을 구성할 수 있다는 점은 비용 절감에 크게 기여할 수 있다. 또한 광명주박기지의 활용도는 그리 높지 않으며, 그마저도 광명셔틀 열차가 폐지되면 특별한 쓸모는 없을 것이다. 주박기지의 일부를 남서울터널의 남측 출입구로 활용하면 되는 이유다. 기지의 연장은 충분히 길기 때문에(700m, 30% 빗면으로 23m 하강 가능), 안양천 등 지장물을 통과하기 위한 빗면을 마련하는 데도 큰 문제가 없다. 단, 신안산~서울관통 B선과의 교차 지점 위치에 따라 공사의 난이도가 올라갈 수 있고, 차후 건설될 B선의 2복선화 선시공부 역시 감안하여 시공을 할 필요도 크다. 광명역의 통과선과 시흥연결선은 그대로 두고, 현 경부1선을 활용해 영등포에 정차할 열차를 투입하는 데 사용한다.

수도권 고속열차 운행 계통 정리

이 모든 계획은, 정교한 열차 운행 계획에 기반하지 않으면 아무런 의미도 없다. 대략 360회의 서울·용산 착발 열차를 설정하면 지금 제시한 경부4선 계획을 최대한 활용할 수 있을 듯하다.

경부4선 이외에, 서울 착발 전국망 고속열차 설정을 위해서는 다른 두 계획을 함께 감안해야 한다. 하나는 경부고속선 팽성(SR)분기~대전 간 고속신선(지도 5의 충청권 추가 사업 c1) 추가 확보 사업이다. 2016년 12월 수서평택고속선의 개통 이후, 경부고속선 팽성분기~오송 구간은 한국 철도 최대의 병목 구간으로 떠올랐다. 바로 이 구간을 돌파하기 위한 고속 신선 투자 사업이 계속해서 추진되고 있으며, 여러 차례 예비타당성 조사에서 탈락한 이후 2019년 연초에는 결국 예비타당성 조사 면제 사업에 포함되게 된다. 이 노선을 더 효과적으로 활용하기 위해 필요한 것은 결국

[표 9]   운행 계통별 목표 배차량. 비록 정확한 점유 시간의 길이는 다르지만, 중련 역시 용량 점유 약 1회로 계산할 수 있기 때문에, 특히 지선 운행을 위해서는 최대한 많은 중련 편성을 투입하는 것으로 계산했다. 세종, 오송 방면 분리 병결은 시행하지 않는다.

		행선지	시간당 배차 목표	세종 방면	오송 방면
서울, 용산(경부본선)	경부선	부산	4	2	2
		영등포 정차	1	1	
		2개 역만 정차	1		1
	호남선	광주송정	2	1	1
		목포	1	0.5	0.5
		영등포 정차	1	1	
	전라선	여수	1	0.5	0.5
	경전선	마산	1	0.5	0.5
	동해선	포항	1	0.5	0.5
	남부내륙선	거제	0.5	0.5	
수서(서울관통 A선)	경부선	부산	2	1	1
		2개 역만 정차	1		1
	호남선	광주송정	2	1	1
		목포	1	0.5	0.5
	전라선	여수	1	0.5	0.5
	경전선	마산	1	0.5	0.5
	동해선	포항	1	0.5	0.5
	남부내륙선	거제	0.5	0.5	
인천(수인1선, 수원 경유)	경부선	부산	1	0.5	0.5
	호남선	광주송정	1	0.5	0.5
		목포	0.5	0.25	0.25
	전라선	여수	0.5	0.25	0.25
	경전선	마산	0.5	0.25	0.25
	동해선	포항	0.5	0.25	0.25
	남부내륙선	거제	0.3	0.3	

경부4선 계획과 같은 수도권 고속철도망의 정비다. 이 노선은 추가 수요를 확보하고 세종시의 취약한 전국망 연계를 강화하기 위해 세종시 관통 노선(c1)으로 건설될 필요가 있다.

경부고속선에는 인천과 수원에서 각각 출발하는 운행 계통 또한 추가될 예정이다. 나는 두 계통을 현 계획과는 달리 하나의 계통으로 설정해야 한다고 생각한다. 첫 번째 이유는, 각자 계통을 운용하는 것보다 배차를 늘릴 수 있다는 사실이다.

실제 시각표를 설정해 보니, 시간당 2회 정도는 무리 없이 투입할 수 있는 것으로 보인다. 물론 이렇게 운행 계통을 설정하면, 인천 착발 열차는 고속선을 대략 30km 정도 남쪽인 지제역에서부터 이용하게 되어 시간 손실이 일어난다. 하지만 시간 손실은 대략 15분 정도일 것이다. 인천에서 열차를 탑승하는 시민들 역시, 가지가 늘어나 30분 이상 배차 간격이 길어진다면 이로 인해 시간적으로 손해를 볼 것이다. 또한 고색에서 건설된 연결선부터 팽성에 이르는 경부고속선 선구의 열차 밀도가 올라가는 한편 합류 지장도 생기게 된다는 점에서 서울 방면 열차량을 줄인다는 점이 두 번째로 감안해야 할 이유다. 세 번째 이유는 제2공항철도가 확보되면 이 계통이 수원 방면 공항철도가 될 수 있다는 사실이다. 인천만 설득한다면, 이는 연선 지역 모두를 위한 노선 계획이 될 수 있다.

열차 운행 계획

이렇게 갖춰진 철도망에 어떻게 열차를 투입할 것인지는 아래 원칙과 표 9로 설정한 선구별 목표 배차량에 따를 것이다.

1. 규칙 시각표 실현: 특정 목적지를 향해 매시 일정한 시각에 열차를 발차시킨다. 물론 선로용량이 부족하기 때문에 0~9, 30~39분 사이에 전국망 열차가 일제히 발차하는 취리히 중앙역과 같은 광경은 만들어 낼 수 없으나(사례 연구 1), 일정 시간대에 열차를 출발시키는 것만으로도 승객에게 충분한 각인 효과는 거둘 수 있다. 또한 규칙 시각표를 실현하기 위해 전라선은 호남선과, 경전선과 동해선은 서로에 대해 중련을 적극 활용한다.

2. 등속 열차 또는 선행 저속-후행 고속열차 간 최소 시격 3.5분: 비록 한국고속철도가 사용하는 TVM 430 신호의 최소 배차 간격은 3분이지만, 최근 한 연구는 46번 분기기(제한 170km/h)를 막 통과한 열차가 300km/h까지 가속하기 위해 필요한 주행 시간(171초)은 본선을 정속으로 주행하는 고속열차가 같은 거리(약 11.16km)를 달릴 때보다 30초가량 긴 것으로 밝히고 있다.[46] 분기기 통과로 인한 감속은 팽성분기에서 분기선을

이용하는 열차뿐만 아니라 모든 역의 모든 정차 열차에도 적용되며, 따라서 전 구간에서 등속 열차 간 또는 선행 저속-후행 고속 열차 간 시격은 아무리 좁아지더라도 3.5분 미만이 되어서는 안 된다.

추월 시 선행 고속-후행 저속 열차 간 시격은 선행 고속열차의 폐색 점유 시간에 따른다. 다만, 추월 등의 이유로 선행 열차가 고속으로 달리고 후행 열차가 저속으로 달릴 경우에는 선행 열차의 속도 덕분에 후행 열차와의 간격이 지속적으로 늘어나기 때문에 3.5분 규칙을 완화하여 적용한다. 현재 잦은 추월 취급을 하고 있는 영등포역의 경우 통과 열차의 통과 이후 1~1.5분 뒤에 대피 열차를 발차시키고 있다는 점을 현장에서 확인할 수 있으며, 광역망의 공식 운전 시각표에서도 선행열차 통과 1.5분 뒤 발차를 확인할 수 있다. 공학 논문의 최소 시격 연구를 통해서도 이 시간을 지지할 수 있다.[47] 운전 시각표에는 후속 열차를 1.5분 뒤 발차시키는 것으로 반영한다.

3. 경부, 호남 영등포 정차편 확보 및 경부4선 남서울터널 이용: 경부 4선 영등포역이 설치되지 않은 1단계, 또는 지하 영등포역 설치가 타당성을 인정받지 못한 경우, 영등포 정차 열차를 경부선과 호남선

46
김형준, 「병목구간을 고려한 고속철도 선로용량 산정 연구」, 『한국도시철도학회논문집』, 제5권 2(2017): 825~832.
47
김정태, 「무선통신 열차제어시스템 선로용량에 대한 정보 전송시간의 영향 분석」, 『전자공학회논문지』 54권, 10호(2017): 91~99. 김정태는 시뮬레이션을 통해 본선(400km/h 주행 가정) 최소 시격은 81.2(이동 폐색)~104.4초(고정 폐색, 폐색 거리는 1500m)로, 역(100km/h 주행 가정) 최소 시격은 약 170~300초 수준으로 계산했다. 현업에서는 추월을 위해 본선 최소 시격을 준용하는 것으로 보인다.

[표 10] 서울, 용산, 수서, 인천중앙의 고속선 이용 열차에 대한 규칙 시각표. 부록 3의 시각표 도해를 함께 참조하라.

	서울	용산	수서	인천중앙
00분	부산, 울산·세종			목포·여수
01분			부산, 2개 역 정차	
07분	마산·포항 중련	광주송정		
09분			광주송정	
14분		여수	GTX A 하선에 12~26분 할당	
15분	부산, 영등포 경유			
20분		목포		
30분	부산, 신경주·세종			부산
31분			부산	
34분			(홀)마산·포항 중련, (짝)목포·여수 중련	
36분	목포·여수 중련, 영등포 경유(1선)			
37분	(홀)거제, 남부내륙, (짝)예비			
40분			GTX A 하선에 37~57분 할당	
45분	부산, 2개 역 정차			
48분	3교대 포항/마산/거제(남부내륙)			
53분	예비			

[표 11] 서울, 용산, 인천중앙의 경부1선 이용 열차에 대한 규칙 시각표.

	서울	용산	인천중앙
00분		(홀)장항 ITX	
01분	광역특급, 대전		
04분	경부 ITX		
12분		(홀)호남, (짝)전라 ITX	
15분	부산 KTX, 영등포	무궁화(기타 축)	
17분	광역특급, 세종		
23분	ITX 예비(마산, 포항, 해운대, 진주, 충북선 등)		
26분	무궁화(경부 축)		
35분			인천발 ITX
36분	목포여수 병결 KTX, 영등포	ITX 예비	
39분	광역특급, 대전		인천발 ITX
49분	광역특급, 세종		

각각 시간당 1회 확보한다. 이는 영등포가 김포공항과 가까워 국내 내륙 항공편에 더 큰 영향을 줄 수 있는 데다, 여의도와 매우 가까운 것은 물론 최근 크게 성장한 가산, 구로디지털단지와도 가까워 업무 출장객을 더 많이 끌어들일 수 있는 기반이 되기 때문이다. 광명시의 반발은 광명 정차 편수는 고밀도 배차를 유지하기 위해 결코 줄일 생각이 없다고 설명하여 잠재운다.

4. 광명셔틀 폐지: 영등포에 시간당 2회 이상의 KTX가 정차하고, 광명역 역시

6장 철도 도시 서울, 무엇을 할 것인가

[표 12] 제시한 경부1, 4선 시각표에 따른, 단위(3시간) 시간 동안의, 인상선을 추가한 서울역 및 용산역 지장율. (2단계 기준) 서울역의 많은 승객을 감안하여 여객 하차에는 3분의 여유를 더 부여했다. 도착한 고속열차가 인상선을 통해 회차할 때까지 43분이 걸린다고 가정한 셈이다.

		점유 선로 유형	편당 지장시간(분)	이용 편수 (3시간)	할당 승강장 수	평균 지장률	비고
서울 (승강장 19개, 9번홈 미합산)	경부4선	출발선	20	20	6	36.1%	강릉선 열차는 계산에 반영하지 않음
		인상선	15	15	2	60.9%	행신 시종착 열차 25%
		도착선	8	20	4	21.7%	강릉선 열차는 계산에 반영하지 않음
	경부1선	출발선	20	15	3.5	47.6%	3번 승강장 광역특급과 공용
		도착선	8	15	2	33.3%	
	광역특급	두단식	20	12	3.5	38.1%	광역특급 0, 1, 2 전용, 3번 공용
용산 (승강장 10개)	경부4선	출발선	20	9	4	25.0%	
		인상선	15	6.75	2	28.1%	행신 시종착 열차 25%
		도착선	8	9	2	20.0%	
	경부1선	출발선	20	7.5	2	47.2%	광역특급 분산 이용, 점유 5분
		인상선	15	5	1	37.5%	무궁화 전량 및 ITX 50% 수색 회송
		도착선	8	12	2	22.2%	광역특급 분산 이용, 점유 5분

수도권 남부의 주요 역으로 자리 잡았다는 점을 감안해 폐지한다. 완행 기능은 서울관통 B(신안산)선이 대체한다.

이 원칙에 따라, 실제 3시간 단위의 하선 시각표를 구성해 부록에 수록했다. 등장한 열차의 수를 6배 하면 하루 배차 물량이 나오고, 이를 통해 앞서 논의한 선로용량의 값과 대조할 수 있다. 전국 각지에서 출발하는 제각기 다른 소요 시간의 열차를 조정해야만 하는 상선 시각표는 연구와 집필 시간이 부족하여 구성하지 못했음을 양해 바란다.

시각표의 주요 구성은 다음과 같다. 우선 행선지별로 규칙 시각표를 적용한다. 물론 취리히 중앙역과 같은 방식은 택할 수 없었지만, 주요 행선지에 대해, 매시 동일한 시각에 열차를 출발시키는 방식은 충분히 적용시킬 수 있었다.(수서 제외) 규칙 시각표의 편성 결과는 표 10, 11과 같다. 경부선의 대전·동대구만 정차하는 부산행 열차, 그리고 경부선의 15분 간격 열차 출발이 다른 노선 열차를 설정하는 기준이 되었다.

서울역에서는 부산행 열차를 매시 정각, 15분, 30분, 45분에 출발시킨다. 이 가운데 45분 출발 열차는 대전과 동대구만 정차해 서울~부산 간 이동을 신속하게 할 수 있도록 지원한다. 또한 정시 출발 열차는 울산에 반드시 정차하고, 15분 열차는 경부1선 측 승강장에서 출발하여 영등포를 경유하는 한편, 30분 열차는 신경주에 반드시 정차한다. 정시 출발 열차와 30분 출발 열차는 세종 방면 고속선을 이용하여 경부 축선 전체와 세종 사이의 연결을 확보한다. 또한 홀수 시간대 37분에는 거제 방면 남부내륙선 열차를 운행한다. 07분에는 경전선(마산)·동해선(포항) 중련 열차를 출발시켜 이들 노선에 매시 열차를 공급하는 한편, 48분에는 3교대로 포항 또는 마산 또는 거제 방면으로 단독 편성 열차를 공급하여 승객이 몰리는 시간대에 대응할 수

2부 서울의 철도, 현 망부터 미래 계획까지 278

있도록 한다. 한편 경부1선을 이용해야 하는 영등포 경유 호남·전라선 중련 고속열차도 서울역에서 매시 36분 출발하도록 한다. 영등포 경유 목포·여수행 고속열차를 통해, 2017년 이전까지 계속해서 제기되었던, 서울역 방면 열차가 없다는 호남 지역의 불만을 잠재울 수도 있다. 지상 영등포 경유 열차는, 경부4선 경유 열차에 비해 소요 시간이 5분 남짓 길어질 것이므로 규칙 시각표에 무난히 포괄시킬 수 있다.

용산역에서는 07분에 광주송정 종착 열차를, 14분에 여수행 전라선 열차를, 20분에 목포행 열차를 출발시킨다. 열차 출발이 06~20분에 집중된 문제는 서울역에서 36분에 출발하고 영등포를 46분에 출발하는 중련 고속열차를 활용하여 푼다.

수서역은 광역특급 A선과의 공용을 감안하여 고속열차 배차를 정각~10분, 30~40분 사이에 집중시킨다. 01분에는 대전, 동대구에만 정차하는 부산행 열차를 운행하고, 31분에는 더 많은 역에 정차하는 고속열차를 배차한다. 09분에는 광주송정 종착 열차를 배차한다. 34분에는 중련 열차를 활용, 홀수 시간대에는 마산·포항 방면 열차를, 짝수 시간대에는 목포·여수 방면 열차를 함께 발차시켜 호남선 광주 이남 구간, 경전, 전라, 동해선에 대해 2시간에 1회 배차를 확보한다. 다만 이런 패턴은 경의고속선 방면 연장이 이뤄져 북한, 중국 측 열차 운행 지장의 여파가 A선 서울 구간까지 번져 오게 될 경우 지켜지기 어려울 것이다.

인천중앙(핵심 선구 연구 4 참조)에서는 매시 정각에 호남·전라선 방면 열차를, 30분에 경부선 방면 고속열차를 출발시킨다. 경전·전라·동해·남부내륙 방면 열차는 열차의 중련 기능을 활용하여 확보한다. 인천공항 연장 이후에도 이 패턴은 유지될 필요가 있다.

표 10에 제시된 규칙 시각표를 통해, 표 9에서 제시된 배차량은 대부분 선구에서 채울 수 있다. 진주가 최대 수요처인 남부내륙선은 동대구 수요에 의지할 수 있는 경전·동해선에 비해서는 수요 기반이 불충분하므로 수요 추이를 보면서 배차를 확대한다. 만약을 위해 남겨둔 서울역 기준 짝수 37분, 매시 53분에 마련해 둔 예비 시간대를 활용할 수 있다.

표 11은 경부1선에 대해 유사한 원칙을 적용하여 작성한 운전 시각표를 반영하고 있다. 경부1선의 운전 시각표는 앞서 언급한 서울발 영등포 경유 KTX, 의왕~성대 간에서 경부1선으로 진입하는 인천발 고속열차를 기준으로, 사이 사이에 시간당 1편의 경부선 ITX, 시간당 0.5편의 호남선·전라선 ITX, 시간당 0.5편의 장항선 ITX, 기타 행선지를 포괄하는 시간당 1편, 도합 3.5편의 ITX를 투입하여 고속열차가 포괄하지 못하는 서울 직결 수요, 그리고 삼남 지방의 특급 수요를 계속해서 유지할 수 있도록 한다. 23(서울), 36(용산)분은 예비 출발 시간으로 상정한다. 객차형 열차, 즉 지금의 무궁화호는 서울역에서 26분, 용산역에서 15분 발차하여 명맥을 잇는다. 북한 종관 국제 열차와의 호환을 위해, 객차 열차는 앞으로 수십 년간 유지될 필요가 있다. 나머지 빈틈에는 1시간에 4편의 광역특급 열차를 집어넣어, 경부1선이 아래에서 다룰 광역급행 계획의 주요 축선으로 활용될 수 있도록 만든다.

다음으로 승강장 활용 수준을 살펴보자. 표 12는 제시한 시각표, 그리고 4장에서 살펴본, 착발역에서 열차가

6장 철도 도시 서울, 무엇을 할 것인가

[도표 22] 조정된 경부선 관련 전국망의 구조도. 3장 도표 1을 변형해, 이번 절에서 구성한 시각표의 내용을 시각화했다. 광역특급(성대~병점 간 합류하는 E선 제외, 세부 내용은 4절 참조) 경부선, A선, 중부선은 경부1선의 이용 열차로 포함시켰으며, E선(성대~병점 간) 경부선 이용은 무시했다.

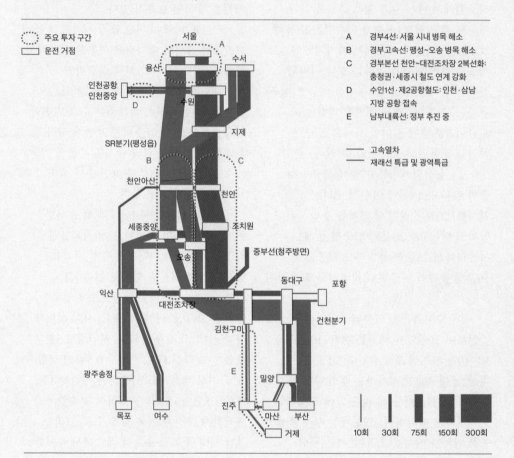

A   경부4선: 서울 시내 병목 해소
B   경부고속선: 팽성~오송 병목 해소
C   경부본선 천안~대전조차장 2복선화:
       충청권·세종시 철도 연계 강화
D   수인1선·제2공항철도: 인천·삼남
       지방 공항 접속
E   남부내륙선: 정부 추진 중

소모하는 시간의 규모를 기준으로 계산한 서울역과 용산역의 승강장 지장율이다. 이 계산의 결괏값은, 서울역과 용산역의 승강장을 얼마나 더 확보해야 하는지, 그리고 가능하다면 인상선을 어느 정도나 집어넣어야 하는지 판단하는 데 기준이 될 값이다.

계산의 결론은 이렇다. 확장의 결과, 경부4선(고속선) 측은 상대적으로 여유가 있으며, 경부1선 측은 상대적으로 높은 지장률을 기록하게 된다. 서울역의 고속선 측 인상선 지장률이 비교적 높지만, 이는 출발선·도착선 대기 열차 비율을 높여 해결할 수 있는 비율로 보인다. 서울과 용산의 고속 도착선, 1선 도착선의 지장률이 25%를 밑돌기는 하지만, 특히 용산의 경우 도착선을 줄이면 1개 면만 사용할 수 있게 되어 지장률이 50%에 육박하게 되니, 도표 15보다 규모를 축소하긴 어렵다.

도표 22는 경부4선 구간 연구의 내용이 실제로 구현될 경우 운행될 전국망의 열차 운행량을 시각화한 것이다.

3장 도표 1과 비교하면, 이 운행량의 규모를 짐작할 수 있을 것이다. 가지가 하나 늘었음에도(구포 경유 삭제, 그러나 남부내륙선이 추가), 지선망 고속열차는 최대 2배까지 늘릴 수 있을 듯하다. 동시에 대전까지의 광역권에 광역특급을 대거 투입하면서도, 대전 이남으로 내려가는 장거리 재래선 특급의 수량을 줄일 필요는 없다. 세종 연계 고속선을 설정한 이상, 세종 연계가 더 편해지는 귀결은 당연한 일일 것이다. 투자가 그대로 실현되기만 한다면, 한국 철도의 대동맥은 두 배 굵고 튼튼해질 것이다.

　　　이들 계획은 수많은 장애물을 넘어야 개통에 도달할 수 있을 것이다. 하지만, 1장에서 살펴봤듯이 서울의 전국망 점수는 거대도시 가운데 불균형 그룹에 속한다. 그 핵심 이유, 즉 중앙역 시설이 불충분하다는 사실, 그리고 병목을 이룬 데다 용량 여유가 사실상 없는 용산~금천구청 간 경부1선과 평성분기~오송 간 경부고속선의 상황을 생각하면, 이들 사업은 고속철도는 물론 서울 지역 철도망의 전국망 수송 능력을, 나아가 한국 철도 전체의 수송 능력을 확충하는 데 근본적인 기여를 하게 될 계획임이 분명하다.

　　　이 사업의 필요성에 대해서는 이미 20년 가까운 합의가 철도 관·산·학계에 있어 왔다. 하지만 서울시를 비롯한 이해관계자들은 주변 지역의 개발 계획을 위해 현존 노선까지도 모두 지하로 집어넣어야 한다는 무리한 주장을 해 왔다. 나는 이런 주장이 더 폭넓은 범위에서 견제되어야 하며, 또한 서울 시내 경부고속선은 망의 유연성을 상실하지 않는 방식으로, 즉 지금의 철도를 위해 활용할 수 있는 토지를 최대한 활용하면서 미래 확장의 여지를 남기는 방식으로 강화되어야 한다고 본다. 서울·용산역 일대 지상 철도 시설의 강화와 활용에 대한 논의는 더욱더 확장되어야만 한다.

　　　　　　　　6장 철도 도시 서울, 무엇을 할 것인가

핵심 선구 연구 2.
청량리역과 중앙2선 계획

이번에는 서울 동쪽으로 이동해 본다.
이곳에는 중앙선의 병목이 있다. 이 구간의
2복선 투자는, 아직 장기 계획으로만
제시되어 있을 뿐 그에 관해서는 오래 전
수행된 예비타당성 조사[48] 이외의 출판물이
나와 있지 않은 상태다.

　　　이 구간을 2복선화하는 목적은
물론 고속열차를 포함한 전국망 열차와
광역망 열차를 분리 운영하기 위해, 즉
표정속도 대역이 달라 역할도 다른 두
유형의 열차에 각각 복선을 할당하기
위해서이다. 단, 이 노선에서 화물열차는
이러한 원칙의 예외가 될 수 있다. 새로운
복선은 고가 또는 지하로 건설되어야
하는데, 이러한 노선에는 경사 극복 능력이
취약한 화물열차가 운행하기 어렵기
때문이다. 두 복선을 각각 어떤 유형의
열차가 쓰게 되든, 화물열차는 현재 선로를
달려야 할 것이다.

　　　여러 논의는 이 구간의 동쪽
끝을 망우 구내로 잡고 있다. 하지만 이
사업의 종점은 덕소가 될 필요가 크다.
'다산신도시'는 물론 '3기 신도시'까지

48
김연규, 「중앙선(청량리~망우) 2복선 전철화
사업」(한국개발연구원 공공투자관리센터, 2001).

49
다산신도시는 이미 분양이 되었기 때문에 시행이 어렵지만,
새로 건설하는 신도시의 경우 기존선 시설 개량이 있던
중동이나 산본신도시의 사례를 들어 개발 분담금을 징수해
도농~망우 간 복선 추가 사업비에 투입하는 것이 가능하다.
2만 가구 규모로 광역망에 유의미한 분담금을 낼 수 있는
다른 신도시로는 삼송지구(일산선 연선, 삼송~원흥역
위치)가 있다.

도농역 인근에 건설될 예정이므로 광역망의
수요 역시 더욱 증가할 것이고,[49] 양정~덕소
간은 지도 5 등에서 제시된 동부 순환망이
중앙선과 병주해야 하는 구간이다.
양정~망우 간은 관북 지역으로 북상할
경원고속선을 지상 청량리역으로 진입시킬
거의 유일한 통로이기도 하다. 물론 이
사업을 위해서는 도농역 인근, 다산신도시
건설 과정에서 복선에 딱 맞게 건설된 복개
구간(길이 240m, 추가 복개 논의 중)부터
뜯어내야만 한다. 시작부터 극복이 어려운
큰 난관이 있는 셈이다.

　　　도농부터는 대안을 둘로 나눌
필요가 있다. 대안 하나는 (특히 서울 시계
내에) 고가 복선을 신설하여 현 망 상공으로
달리게 하고 이곳으로 광역망을 운행하는
안이다. 또 다른 대안은 별도의 복선
터널을 신설하고 이를 청량리 구내로 바로
진입시키며, 이곳으로 전국망 열차를 모두
옮기는 안이다. 먼저 전자의 대안을 심도
있게 검토해 보도록 한다. 이들 대안 모두에
걸쳐 기존 복선을 1선, 새로 건설하는 복선을
2선이라고 지시하겠다.

대안 1. 광역선 고가 건설

이 대안의 동쪽 부분인 도농~구리 간은
무난한 구간이다. 도농역 부본선과 구리역
서쪽의 300m에 달하는 노반을 활용할
수 있기 때문이다. 기존 복선 외측으로 약
800m의 쌍단선만 더 부설하면 두 역 사이의
공사는 끝난다.

　　　구리~망우터널 간은 심각한
난공사가 예상되는 구간이다. 가장 큰
문제는 망우터널 입구가 도로 및 아파트와
바로 인접해 있기 때문에, 병행하는 터널을
추가하는 것이 사실상 불가능하다는 점이다.
가능한 대안은 단선 시절의 철도 부지를

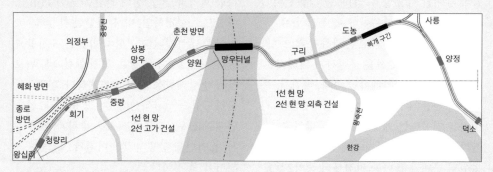

[도표 23] 중앙2선 대안 1. 광역선 고가 건설. 회색 부분이 시가지, 하얀 부분이 미개발지이다. 아래 경춘선 처리안은 상봉의 병목을 해소하고, 광역특급(GTX) B선과 중앙선 사이의 교통을 정리하기 위한 제안이다.

활용하여 현재 망우터널 좌우로 단선 터널의 입구를 확보하는 방법뿐인 듯하다. 하지만 이렇게 되면, 이미 구 철도 부지에 들어선 공원을 훼손할 수 있을 뿐만 아니라 2005년 이후 지속적으로 활용된 시가지 도로의 소통 능력도 저해할 수 있다. 고가에서 분기해 나온 철도 구조물이 주변 도로를 단절시키지 않고 터널로 연결될 수 있을지는 분명하지 않다.

　　상황은 반대편도 마찬가지다. 현 선로 북쪽에는 건물이, 터널 입구 주변 전 구간에는 경사지가 자리 잡은 탓에 쌍단선 터널을 지나 양원으로 넘어온 중앙2선(②)의 터널 입구로 좋은 위치를 찾기 어렵다. 양측 가운데 축구장 등 중랑구 공원 시설이 있는 남쪽이 그나마 나은 편이다. 물론 이 판단은 망우터널 북쪽에 면한 건물 4개동에 대한 보상비 규모에 따라 달라질 것이다. 현 양원역 승강장 가운데를 통과하는 중앙1선에는 완행 광역이 다니지 않을 것이므로 승강장은 철거하고 중앙2선 부지로 활용하며 2선 바깥에 재건축한다.[50]

50
임시 역사 설치→2선 부지 바깥 임시 신승강장 신설→구 승강장과 구 역사 철거→구 승강장 부지에 2선 부설 후 새 역사와 승강장 건설, 재개통 순으로 작업을 진행하면 임시 폐역하지 않을 수 있다.

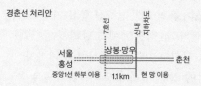

경춘선 처리안

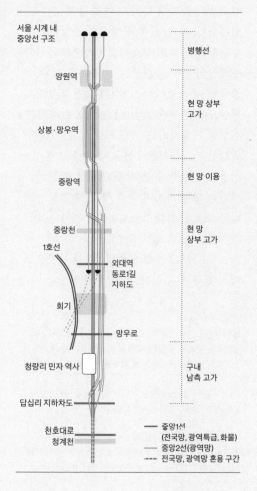

서울 시계 내 중앙선 구조

6장 철도 도시 서울, 무엇을 할 것인가

양원역부터 중앙2선은 중앙1선 북쪽 부지를 사용할 수 없다. 곧 경춘선이 합류해 들어오기 때문이다. 경춘선 합류 지점부터는 철도 부지도 존재하지 않으며, 현 기면으로 중앙2선을 부설하기 위해서는 부지를 추가로 매입해야만 한다. 여기서, 나는 부지를 매입하기보다는 중앙2선용 고가를 건설하는 게 적절하다고 말하고 싶다. 이 고가는 이렇게 진행할 것이다. 먼저 양원역 구내가 끝나는 지점부터 중앙2선을 위로 들어 올리고,[51] 경춘선 합류 지점부터는 중앙1선의 7m 상공[52]에 도달해 중앙1선의 상공을 달린다. 이 고가는 상봉 구내까지 이어지며, 상봉 구내가 끝나자마자 중랑역 현 부본선을 활용하기 위해 중랑역 양측으로 접속한다. 이때, 상봉과 망우의 중앙1선 승강장은 면적을 축소하고 중앙2선 본선과 승강장의 하부 공간으로 전용할 수 있다. 중랑 구내 서측에서는 1선과 같은 기면으로 한양도성 동서관통선(ⓖ) 방면으로 빠지는 선로를 진행시키는 한편, 추가로 분기하여 중랑천 인근부터는 2선을 다시 중앙 본선 상공으로 달릴 수 있게 한다. 동서관통선 방면 선로는 회기역 동측 첫 번째 철도 하부 도로인 외대역동로 1길을 지나 지하로 진입시킨다.[53]

중앙2선 본선은 중앙1선 상공으로 계속 진행한다. 이때, 회기역 현 역사는 부분 파괴하여 본선의 기울기를 최소화한다. 다만 회기역 중앙2선의 기면을 높이 11m 이상으로 설정하면, 비록 대합실 천장의 높이는 낮아지더라도 현 대합실은 유지할 수 있다. 중앙2선 승강장은 현 대합실에서 위로 올라가는 계단을 설치해 연계한다. 한편 한양도성 동서관통선(ⓖ)과 고가 중앙2선을 연계할 경우, 그 분기 지점은 중랑과 회기 사이, 기면을 상승시키기 이전의 지점이 되어야 할 것이다.

회기역 최서단에서 망우로 과선교까지의 거리는 약 180m다. 2m 정도 기면을 상승시켜 1선 기면 대비 높이 13m, 도로 대비 5m 높이 정도로 중앙2선이 통과할 수 있도록 한다. 중앙2선은 그대로 떡전교, 청량리역 고가 구조물로 진행해 입체로 교차한다. 다만 현재의 롯데 민자 역사 건물을 노반과 역사 구조물이 파고 들어가면 상당한 면적 손실이 일어날 것이므로,[54] 건물을 우회하는 선형을 택해야 한다. 이를 위해서는 남측 고가 위에 직선 승강장을 확보할 수 있도록 하거나, 북측의 좁은 부지 및 롯데백화점의 입구 위로 통과하는 곡선 승강장을 감수하는 선형을 짜야 한다. 공사가 좀 더 어려워 보이지만, 1호선 청량리역이나 버스 환승센터(망우로 중앙)와의 거리를 생각하면 북측에 승강장을 설치하고 영업을 하는 것이 적절하다. 백화점 건물의 상업 시설에 일광 조명이 필요 없다는 점은 큰 다행이나, 승강장이 백화점 입구 건물 위에 건축되어야 하므로 토목 보강이 필수적이라는 점은 상당한 문제다.

51
다만 중앙2 하선 고가가 양정역 동쪽에 있는 송곡여중의 일조권을 침해할 수 있다. 여기에 대해 시간에 맞춰 조도가 조정되는 조명을 설치하는 등 대책을 마련할 필요가 있다.

52
30‰ 적용 시 7m 상승에는 200m, 10m 상승에는 286m, 12m 상승 시에는 343m가 필요하다.

53
그보다 회기역 쪽으로 150m 진행한 지점에 있는 지하보도는 2선 고가 하부의 육교로 갈음한다. 이를 위해 1선 고가의 기면을 2~3m 정도 상승시켜야 할 것이다.

54
다만 철도가 관통하는 건축물의 외형은 큰 화제를 불러올 수 있다. 이 효과를 노릴 경우, 민자 역사 임대 기간을 20~30년 정도 늘려 주는 것으로 영업 보상을 갈음할 수도 있을 것이다.

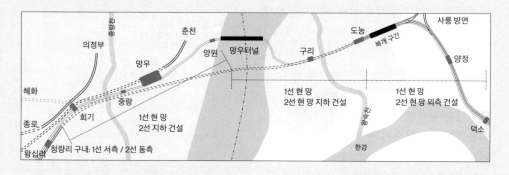

[도표 24-1] 중앙2선 대안 2. 전국망 지하 건설. 흰 부분이 시가지, 회색 부분이 미개발지이다.

중앙2선을 운행하는 광역망 열차는 회기 일대에서 서울 도심 관통선으로 진입하거나, 청량리에서 더 진행하여 왕십리에 도달해야 한다. 서울 중심부로 광역망 승객을 환승 없이 접근시키기 위해서이다. 한양도성 동서관통선(ⓖ)에 대해서는 도표 23과 함께 5절 지도 25를 참조하라. 왕십리 구조 개량은 일종의 플랜 B,[55] 또는 한양도성 동서관통선의 보강 조치가 될 것이다.

대안 2: 전국망 지하 건설

지하 건설 대안에서는 현 망을 사용하는 열차 유형이 바뀐다. 현 망은 완행 전동차와 서울 진입·관통 화물이 사용하며, 광역 운행 계통은 기본적으로 지금과 동일하다. 하지만 한양도성 동서관통선(ⓖ)을 구현하지 못할 경우 청량리~왕십리 간 혼잡은 계속될 것이다. 따라서 청량리~왕십리의 2복선화는 여기서도 플랜 B로서 검토해 둘 필요가 있다. 주로 지하로 건설될 중앙2선은

<hr/>

[55] 플랜 B의 핵심은 이런 내용이어야 할 것이다. 첫째, 왕십리~청량리 간 2복선화. 둘째, 왕십리의 양방향 회차 능력 강화. 첫 번째 조치를 통해 분당선의 네트워크 효과를 극대화할 수 있고, 두 번째 조치를 통해 중앙선 광역의 배차를 증강하고 계통을 짧게 해 운전을 안정화시킬 기반을 만들 수 있기 때문이다. 물론 이들 조치를 취할 부지는 부족하며, 상당한 난공사가 기다리고 있다.

강릉·안동 등지로 향하는 전국망 열차, 그리고 향후 경원고속선 방면 열차가 이용한다.

이 계획의 핵심 문제는, 청량리를 출발한 중앙2선(전국망용)이 지하로 들어갈 길이 여유가 절대적으로 부족하다는 데 있다. 터널이 성립하려면 기면이 10m는 하강해야 하지만, 구내 분기기의 위치를 고려해 볼 때 기면 하강이 가능한 시점은 현 망이 떡전교에 거의 도달한 시점이다. 전국망 별도 복선의 지하 진입을 위해서는, 청량리부터 떡전교를 지나 망우로 과선교까지는 3복선 부지를 확보해야 하는 셈이다. 4장 도표 3을 다시 확인하면, 전국망용 추가 복선은 청량리 구내 남측의 전국망 승강장 방향과 연결되는 추가 복선이 될 것이다. 한편 터널 상부의 토피가 수미터 이내로 얇은 지점 위로 민간 건물이 들어서기는 어렵고, 들어서더라도 철거 후에 다시 건설해야만 한다. 결국 이 대안을 택하더라도, 상당한 규모의 토지 보상은 피할 수 없다.

다행인 것은 망우로는 철도가 자연스럽게 빠져나갈 수 있는 선형이며, 서울 시내의 평면 선형은 오히려 철도보다 더 좋다는 점이다. 비용 절감을 위해서는 상봉~망우 구내를 이용해 지상의 중앙1선과

6장 철도 도시 서울, 무엇을 할 것인가

합류하는 것이, 구리·남양주의 획기적인 광역망 운행 빈도 증강을 위해서는 도농까지 지하로 진행하여 중앙1선과 합류하는 것이 적절하다. 나는 이 가운데 후자를 지지한다. 이때, 도농 합류는 현 노선을 사이에 둔 쌍단선 터널로 이뤄져야 할 것이다. 먼저 종착하는 광역망 열차들이 내측 선로를 사용하도록 구성하는 것이 상식적인 배선이기 때문이다.

관련 연구에 따르면, 당국은 GTX B선용 복선을 중앙선(강릉선) 전국망 열차가 공용하는 대안을 구상하고 있다.[56] 이에 따르면 중앙선 현 망은 현 기본 구조를 유지하게 될 것이다. 하지만 이렇게 되면 광역망, 전국망 모두에 걸쳐 아쉬움이 남는 망이 구성될 것으로 보인다. 우선 망우에서 덕소까지는 현재의 운행 상태가 계속될 것이며, 중앙선 광역망 열차의 획기적인 증편은 어렵다. 신도시 입주가 지속되는 도농까지는 2복선을 확보해야 할 것이다. 양정 일대도 남양주시와 LH에 의해 곧 개발이 이뤄질 것인 이상, 도농~덕소 간 2복선도 충분히 의미가 있다. 철도공사로서는 승무 관련 조직을 도농에 별도로 만들기보다는 덕소 측 조직을 증편하는 것이 더 적절하다. 내 계획에서는 동부우회선(4)이 중앙선과 팔당에서 양정까지 병행하므로, 이 교통량의 원활한 처리를 위해서도 덕소~양정 간 2복선은 필요하다. 북한이 개방된 미래에 필요한 경원고속선 직결 운행을 위해서도 도농~사릉 간 삼각선은 물론 2복선 역시 필요하다.

56
유재광 등, 『수도권 광역급행철도(GTX-B노선) 건설사업 예비타당성조사』(한국개발연구원 공공투자관리센터, 2019).

[도표 24-2] 중앙2선 대안 2. 서울 시계 내 구조.

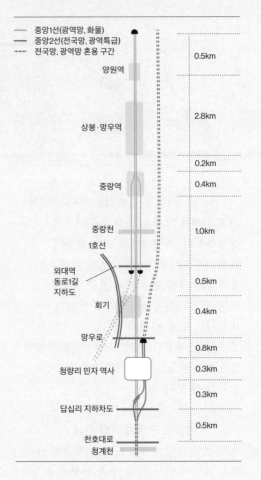

대안 1과 2의 결정적인 차이는, 회기부터 서울 시계까지 대심도로 전국망 열차가 들어가느냐, 아니면 광역선을 상당히 높은 고가로 올리느냐 사이에 있다. 둘 사이의 사업비 차이가 어떻게 될 것인지에 대해서는 이 단계에서 추정하긴 어렵다. 다만, 고가 부설이라고 하더라도 중앙2선을 1선 위에 부설하는 한편 현재 기면보다 10m 이상 올라간 구간이 많아 상당한 난공사를 각오해야 하며, 그에 반해 대안 2의 대심도 터널은 7호선이나 절리(節理)[57]와 같은 장애물을 제외하면 양호한 조건의 화강암반을 뚫고 진행할 수 있다는 점에서 오히려 후자가 공사에는 더 용이해 보인다는 정도의 예상은 할 수 있다.

청량리역 확장과 단점 보완

이런 대안을 좀 더 완결성 있게 평가하기 위해서는 청량리역의 확장과도 연계시켜 상황을 살펴보아야 한다. 청량리역은 평창올림픽에도 불구하고 저상 2면 4선, 고상(광역) 2면 4선에서 승강장을 더 확장하지 못했다는 데서 출발해 보자. 이 가운데 전국망이 출발하는 저상 출발 승강장은 2선이며, 여기서 시간당 3편 이상의 열차를 출발시킬 경우 UIC 권고 지장율을 넘게 된다. 청량리역도, 적어도 현재의 용산과 같은 저상 3면 6선의 철도 시설을 갖추어야 한다. 출발 승강장을 4면 할당할 수 있어, 시간당 6편의 출발 열차를 처리할 수 있게 되기 때문이다.[58] 시간당 6편이라는 발차 능력은, 이 역에서 착발하는 강릉선(강릉), 중앙선(안동), 동해선(동해·삼척), 영동·태백선(태백 등 강원 내륙) 열차를 시간당 1편씩 발차시키고도 추가로 2편을 발차시킬 수 있는 여유가 생기게 된다는 의미다. 언젠가는 관북 지역과 둥베이 동부로 투입할 열차에 이 소중한 용량을 활용해야 할 것이다.

하지만 이렇게 부족한 규모조차, 현재의 모습은 2007~2010년 사이에 민자 역사를 건설하면서 7~8번 승강장을 확보했기 때문에 이뤄진 것이다. 객차

입환이 없어지는 날이 오기 전에는, 9~10번 승강장을 건설할 수 있을 만큼 청량리역에 여유가 생기는 날도 오지 않을 것이다.

바로 이 사실 때문에, 광역완행을 별도 기면상의 1면 2선으로 뽑아내는 대안 1이 의미가 있다. 현 승강장 가운데 광역이 사용하는 3, 4번을 전국망 승강장으로 바꿀 수 있기 때문이다. 대안 1의 강점은 청량리역의 용량을 확충하는 계획의 일부로서 바라볼 때 드러나는 셈이다. 반면 대안 2는, 청량리역의 승강장을 그대로 사용하는 계획인 만큼 승강장 수를 늘려 청량리역의 착발 능력을 증강하지 못한다.[59] 두 대안 모두가 중요한 이점을 가지고 있는 만큼, 두 안으로부터 영향을 받을 많은 시민들이 이들 안을 접하고 여론을 만들어 나가는 것이 그다음에 필요한 일일 것이다.

이외에, 청량리역 북동쪽에는 선로를 걷어냈지만 두단식 승강장이 들어갈 수 있는 자리가 남아 있다. 비록 롯데백화점 정면의 파사드와 청량리역 횡단고가가 가로막고 있어 서울역의 두단식 승강장처럼 사용하기는 어렵지만, 롯데와의 협의하에 역 광장 방면으로 이 두단식 승강장의 출입구를 배치한다면 배차 빈도가 조금 낮은 광역특급 착발 승강장으로 이 공간을 활용할 수 있을 듯하다. 물론 청량리역 고가도로가 서쪽에서 급하게 내려온다는 문제가 있기 때문에, 120m 이상의 열차장을 가진 열차를 이쪽으로 집어넣긴 어려워 보인다. 이와 관련된 논의는 5절에서 논의할 중앙선 광역특급 계획에서 계속하겠다.

57
암석이 외력 때문에 변형되다 결국 끊어진 부분. 탄천~중랑천은 하나의 연속된 절리를 따라 형성되어 있다. 이 가운데 남쪽의 긴갈단층은 수서평택고속선의 건설을 어렵게 만들고 지금도 서행을 유발하는 요인이다.

58
서울 출발 열차를 감안해 통과 승강장을 1면 설정하더라도 최대 출발 열차는 4.5편이 되게 된다.

59
2020년 봄, 청량리역의 승강장을 개량하는 공사가 있었으나 부본선 수는 변하지 않았다. 따라서 당분간 이 역의 착발 능력은 현 상태를 유지할 것이다.

6장 철도 도시 서울, 무엇을 할 것인가

4절. 큰 동심원, 광역특급

계획의 다음 층은 광역특급의 층위다. 이는 서울에서 반지름 110km 내에 있는 영서와 충청 북부 지역(=서울 크리스탈러 L원), 나아가 황해 남서부 지역을 2^7km/h급의 표정속도로 연결하는 것을 목적으로 한다. 이 층위를 규정하는 요소가 둘이라는 점을 나는 다시 강조하고 싶다. 속도뿐만 아니라, 포괄하는 반지름의 크기 또한 중대하다. 지도 1~3에서 드러나듯, 서울 주변의 도시 체계가 경기도 경계에서 끝난다고 보기에는 무리가 크다. 반지름 110km에 달하는 원의 가장자리에는, 적지 않은 인구를 가진 여러 도시, 광역 통근, 산업 활동, 다수의 전략 개발지, 나아가 북한 측의 황해도 남동부가 위치해 있다. 하지만 이들을 연계하는 철도망은 여전히 듬성듬성하다. 이들 지역을 모두 적절한 속도의 철도 교통으로 연계하는 것이 바로 광역특급 계획의 기본 목표다. 수도권의 이 스케일 공간에서는 이미 표정속도 $2^{6.5}$~2^7km/h 사이를 기록하는 재래선 특급(무궁화, 새마을, ITX-청춘)이 경부, 중앙, 경춘선을 이용해 영업하고 있으며, 실적도 준수하다. 경부선의 경우 승객이 계속해서 늘어왔고, 이제는 서울~천안 사이를 오가는 승객만 하루 평균 4만 명에 육박하는 수준에 도달해 있다.(도표 25)[60] 운임이 훨씬 저렴한 광역완·급행(1호선)이 천안을 지나 아산시 신창역까지 연장되어 있음에도 그렇다. ITX-청춘의 경우에도 하루 승객이 2만 명에 육박하며, 중앙선 측 역시 서원주까지의 개량 이후 수송 실적이 개선되고 있다. 이미 이 층위의 열차에 대한 수요는 경부, 경춘, 중앙선에서 상당한 기간에 걸쳐 입증된 셈이다. 이처럼 표정속도 $2^{6.5}$km/h를 내는 열차로 반지름 100km가 넘는 공간을 포괄하는 데 성공하고 있는 경부선 등의 모습을, 새로 건설될 여러 철도 노선을 활용해 수도권 전역으로 넓혀 나가야 한다. GTX 계획은 바로 이 층위 속에서 그 자리를 찾아야 할 것이다. 서울에서 출발하는 주요 방사선에, 그리고 서울 주변의 여러 거점 도시를 직접 연결하는 순환망에 광역특급을 투입해야 한다. 그리고 이를 통해, 서울과 주변부 사이의 이중 교통 환경을 완화하고 자동차 이후 시대에 일어날 변화를 좀 더 효율적이고 지속 가능하게 이끌어 가기 위한 도구로 수도권 철도망을 더욱더 정교하게 구성해 내야만 한다.

계획의 기본 원칙

1) 표정속도

광역특급의 효과를 보장하는 필요조건은 높은 표정속도다. 가능하다면 2^7km/h를 구현하면 좋다. 하지만 지금 경부선 등을 달리는 재래선 특급열차의 실제 표정속도는 80~100km/h 수준이다. 경부1선이나 중앙선, 경원선처럼 서울 주변의 혼잡 선구를 통과한다거나, 역간거리가 비교적 짧기 때문에 표정속도가 낮아진 부분도 있

---

[60]
고속철도 천안아산역은 별도로 통계가 집계되므로, 이 역의 승객은 합산되어 있지 않다. 또한 2016년 이후 천안역을 중심으로 수송 실적이 하락하는 상황이 벌어지고 있다는 점은 문제다.

[표 13]   재래선 특급의 수도권 주요부 표정속도. 2018년 4월 시각표 기준.

		거리(km)	소요 시간	표정속도(km/h)
경부선, 무궁화	서울~천안	97	1시간 9분	84
경춘선, ITX-청춘	청량리~남춘천	83	54분	92
	가평~남춘천	26	14분	112
중앙선 무궁화	청량리~원주	98	1시간 10분	84

[도표 25] 무궁화, 새마을호와 같은 전국망 재래선 열차를 이용하여 서울~천안 간을 왕복한 승객의 역별 승차자 수, 그리고 GTX A선 예비타당성 조사에서 기록된 순 승차자의 수 비교. 1980년대에는 이 구간에 대한 매표 제한으로 승객이 저조했지만 1990년대 초반부터 제한이 완화되어 승객이 늘기 시작했다. 2004년에는 고속철도 개통으로 재래선은 좌석이 비어 수원, 천안, 평택의 승객이 다시 늘었으나, 2005년에는 수원~천안 간 수도권 전철이 개통되어 승객이 급감했다. 이후 서울~천안~신창 간 누리로의 편도 9회 투입(2009) 등과 같은 공급 증대, 그리고 주변 인구 증대와 맞물려 승객 수는 2015년까지 증가한다. 이 구간을 오가는 승객이 가장 많은 역은 수원으로 1만 명을 넘는 수준이다. 이 구간의 총 승객은 약 4만 명으로, 발권과 환승의 장벽에도 통합환승제에 참여한 GTX A선 예측 순 승차의 절반 수준, 그리고 별도 요금제를 유지하는 GTX A선 예측 순 승차에 대해서는 거의 유사한 수준이다.

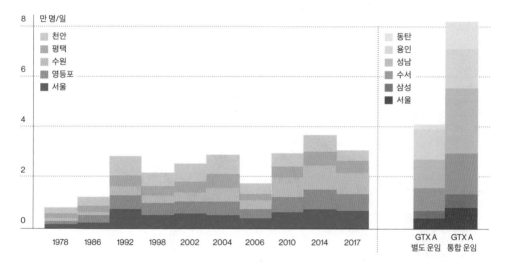

다. 하지만 실제로 180km/h 운전이 이뤄지는 가평~남춘천 구간 역시 표정속도는 112km/h 수준이다.(표 13) 180km/h 운전을 할 수 없는 구간이 중간 중간에 위치해 있기 때문이다. 결국 현실적인 표정속도 목표는 100km/h다.

이 목표도 지나치게 높은 운행 계통이 있을 수 있다. 역간거리가 짧거나, 설계 속도가 낮은 선구를 너무 길게 운행하거나, 여러 선구를 오가야 하기 때문에 연결선을 활용하면서 감속을 해야만 하는 운행 계통이 그렇다. 이런 노선에서는 비교적 현실적인 목표인 75km/h 수준을 목표로 한다. 한편 운전 속도가 150km/h 이하이지만 수요가 많은 경부1선, 그리고 광대한 수도권 주변부를 연계해야 하는 장항선이나 중북선은 180km/h 이상으로 증속 개량을 시도해 광역특급의 효과와 효율을 모두 높인다.

6장 철도 도시 서울, 무엇을 할 것인가

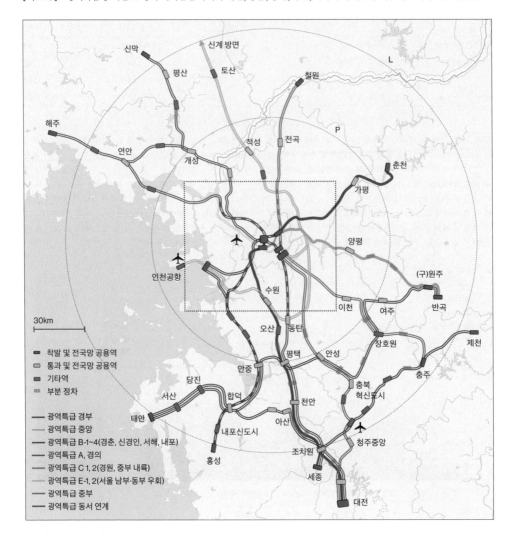

2) 역간거리

높은 표정속도를 달성하기 위해서는 역간거리를 관리해야만 한다. 1장 도표 11
에서 확인한 현행 특급열차의 표정속도-역간거리 관계에 따라, 권장 역간거리는
20~30km, 최소 역간거리는 원칙적으로 10km로 한다.[61] 부득이 그 이하의 역간거
리를 택해야 하는 경우도 있다. 이때는 운전 취급상 필수적이거나, 도시철도·광역
완·급행과 교차하는 환승역이거나, 일정 규모 이상의 업무·상업지구, 또는 지방정

61
경부선의 경우 정차역을 서울(용산), 영등포, 안양, 수
원, 오산, 서정리, 평택, 성환, 천안으로 설정하면 평
균 역간거리는 12.1km 수준이 된다. 다만 이 경우,

누리로 열차의 운전 실적을 감안할 때 현재의 경부 본
선으로는 80km/h 중반대의 표정속도만을 기록할 수
있다.

부의 도시 계획상 도심에 위치하는 역으로 입지를 제한한다.

3) 배차와 규칙 시각표 적용

배차 간격은 30분 이내를 원칙으로 한다. 이보다 배차 간격이 넓어질 경우, 시간 계획을 미리 하지 않은 승객들은 지나치게 긴 대기 시간을 감수해야 하기 때문이다. 시간 계획에서 어느 정도 자유롭지 못하면 승용차와의 대결에서 이미 크게 지고 들어가는 것이고, 광역권의 중장거리 승용차 통행과 대결하는 광역특급의 기능 역시 약화될 것이다. 다만 4량 편성을 운행하더라도 30분 배차를 하기에는 지나치게 수요가 낮거나, 선로용량이 부족한 구간 또는 시간대에는 1시간을 기준으로 배차한다. 시발역에서는 매시 또는 매 30분마다 일정한 시각에 열차를 출발시켜 규칙 시각표의 기반을 만드는 한편, 되도록 역간 운행 시간을 균일화하여 중간역에서도 규칙 시각표를 지킬 수 있는 운전 시각표를 작성하도록 노력한다. 화물 공용 선로는 여기에 대비해 다수의 측선을 확보해야 할 것이다.

4) 차량

차량은 현재 경춘선에서 운행 중인 ITX-청춘과 동급 차량을 활용한다. 이는 GTX

[지도 19] 서울 주변 광역특급망의 구성 및 계통도. 지도 18에서 서울 인근 부분을 확대한 것이다.

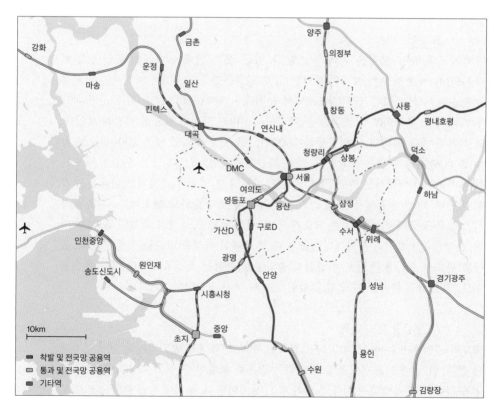

6장 철도 도시 서울, 무엇을 할 것인가

계획과 마찬가지다. 이 열차는 선로와 신호
조건만 맞다면 180~200km/h 영업 운전이
가능하며, 출입문 주변 입석 공간 넓이가 이
미 상당하고, 고상 승강장 차량으로 승객 승
하차가 신속한 데다 교통 약자도 자력으로
타고 내릴 수 있다. 대량의 수송력을 제공할

[표 14]   현 재래선 특급의 임률. 2019년 연말 기준.

	임률(원/km)	비고
ITX-청춘	100.5	15% 할인 중
새마을	96.36	
무궁화	64.78	

수 있도록, 경부선과 A선, B선에 운행할 열차는 입석 승객을 위해 좌석이 창문에 평
행하게 배열된 '롱시트 객차'(이하 입석 객차)를 다수 설정한다. 예상 수송량에 따라
10량(경부, A, B), 8량(C, 중부), 6량(E, 경의, 중앙), 4량(동서 연계) 전동차를 탄력적
으로 운행할 수 있다. 승객이 집중될 경부선, A선, B선은 12량 증결도 대비한다. 수
요 폭주 시의 증결, 또는 평시의 감량을 통한 배차 간격 보장을 위해서는 4~6량 가
량의 모듈로 열차를 구성하고 이들의 분리·병결을 자동화하는 방안 또한 세밀하게
검토할 필요가 있다. 모듈화 차량은 광역망 차량 운용의 유연성을 증진하는 데 도
움이 될 수 있다. 남한 내 계획이 내가 제시한 변수대로 모두 실현될 경우 필요한 차
량은 대략 1000량 수준일 것이며[62] 북한의 개혁·개방이 이뤄져 본격적으로 황해도
방면 광역특급이 운행될 경우 이 물량은 100량 또는 그 이상 증가할 수 있다. 규모
의 경제를 확립시켜 차량 조달 비용을 낮추는 것은 광역특급 계획에 필요한 막대한
재정 투자 규모를 조절하는 데도 도움이 된다.

5) 운임

광역특급의 운임 설정을 위해 참조할 수 있는 값은 현재의 재래선 특급 운임이
다.(표 14) 이 운임들은 현재의 광역완·급행 임률(5절 도표 40)에 비해서는 비교적
높은 수준이다. 광역완·급행(35km에서 50원/km, 80km에서 약 30원/km)의 대략
두 세배이자, 무궁화보다 조금 높은 75원에서 100원 사이의 임률이 적절해 보인다.
단 최저 운임은 2018년 현재 무궁화(2600원, 50km)보다 약간 낮은 2000원으로 맞
춰 좀 더 단거리 승객을 공략한다. 기존 특급열차처럼, 이보다 낮은 운임이 나오는
짧은 거리[63]에 대해서는 일괄 기본 운임을, 이보다 먼 거리에 대해서는 임률을 추가
해 받는다. 다만 수송량을 크게 늘리면서 입석 승객의 불만도 해소하기 위해, 입석
의 임률은 무궁화 이하로 맞출 필요가 있다. 현행 재래선 특급보다 할인 폭을 더 키
워, 운임을 1/3 할인하면 적절하다고 본다.[64] 쾌적한 여행을 바라는 승객을 위해, 운
임과 별도의 요금을[65] 받으며 입석객 출입을 제한하는 특실을 1~2량 정도 운행할
수도 있다. 발권 문제는 아래 환승 할인 문제와 함께 점검한다.

6) 승강장 분리 원칙

별도의 운임을 받는 이상, 광역특급 열차는 광역완·급행과 별도의 승강장에 정차해
야 한다. 완·급행 이용객이 잘못 탑승하는 경우를 예방할 수 있기 때문이다. 이는 무
임 승객을 미리 예방하는 행동 유도가 담긴 설계이면서, 동시에 승무원의 검표 업무

를 줄여 도움이 필요한 열차 내 현장으로 승무원이 신속하게 움직일 수 있게 만드는 설계이기도 하다. 물론 이를 위해서는 정차역마다 2면의 승강장과 최소 2선 최대 4선의 추가 부본선을 확보하거나, 광역완·급행 승강장과 광역특급 승강장 사이를 펜스로 분리해야만 한다. 서울 시내에서는 이를 관철하는 데 막대한 비용이 들 수밖에 없다. 하지만 이는 승객의 실수를 줄이고 승무원들이 안전과 접객 업무에 좀 더 집중할 수 있게 만드는 설계 원칙이므로, 승강장을 추가·변형하는 비용을 이를 통해 예방할 수 있는 철도 사업자 측의 손실 및 안전 손실과 비교하여 정당화할 수 있다.

7) 환승 할인과 발권 문제

광역특급망의 최소 역간거리는 앞서 규약한 대로 10km에 달한다. 세 자리대 표정속도를 달성하려면 평균 20km의 역간거리는 필요하다. 이는 광역특급은 한 시군에서 통상 한 개 또는 그 이하, 많아 봐야 두 개 역에서 정차할 수 있다는 뜻이다. 따라서 주변 버스나 도시철도, 광역완·급행과의 환승 체계를 제대로 갖추지 못하면 이 망은 역 주변의 좁은 지역에만 영향을 미칠 수 있을 것이다. 이를 극복하기 위해서는 환승에 인센티브를 주는 체계가 반드시 확립되어야 한다.[66]

가장 간단한 답은 물론 수도권 통합환승제에 광역특급망을 편입시키는 것이다. 하지만 이를 기존의 교통수단처럼 태그 시 자동으로 승차 자격이 생기는 방식으로 처리하긴 어렵다. 가장 중요한 문제는 좌석과 입석 요금을 차별화해서 받기 어렵다는 데 있다. 교통카드의 데이터 구조가 개선되어, 좌석 사용이나 특실 출입 요금을 징수하는 데 카드 측의 문제가 없어지더라도 그렇다. 일반실은 좌석이 기본적으로 접혀 있으며 카드 태깅을 해야 펼쳐지는 한편, 특실은 출입문에서 별도 요금을 카드로 징수하는 시스템이 설치되었다고 가정해 보자. 하지만 좌석 및 특실 요금을 차내에서 징수하는 이 모형은, 태그 대기 인파 덕분에 차내의 혼잡을 피하기는 어렵다. 바로 이 차내 혼잡을 막기 위해, 운임 구역 초입에 교통카드를 태그하여 승차 자격을 부여하고, 광역특급 요금이 발생하는 지점에서 다시 태그를 해 서비스 자격을 부여하는 지불 방식은 피해야 한다. 물론 기존 통합환승제에 광역특급망을 직접 편입시키는 것 역시 곤란하다.

62
경부선 140량, A선 180량, B선 320량, C선 88량, 중부선 64량, E선 102량, 중앙선 56량, 동서 연계 56량.

63
75원/km의 경우 26.7km, 100원/km의 경우 20km.

64
현재 입석 임률은 거리가 멀어질수록 그 할인 폭이 크며, 수도권 인근에서는 거의 내려가지 않는다. 다만 할인을 적용하더라도 2000원보다 운임이 내려가지는 않게 될 필요가 있다. 1400원은 현행 광역완 급행의 기본 운임(카드 1250원, 일회용 카드 1350원)과 거의 같은 값이기 때문에, 단거리 승객이 지나치게 몰려들 것이기 때문이다. 따라서 입석 할인은 기준 운임이

3000원에 도달하는 거리부터 시작한다.(30~40km) 즉, 좌석 승객이 2000~3000원을 내는 거리에서 입석 승객은 여전히 일괄 2000원을 내면 된다.

65
운송업에서 '운임'(fare)은 출발지에서 목적지까지의 수송에 대해 지급해야 하는 가액을 의미하며, '요금'(fee/charge)은 특실이나 침대칸처럼 추가 객실 서비스에 대해 지불하는 가액을 말한다.

66
다만, 이는 현재의 카드 기반 지불 방법이 유지된다는 전제하에서 전개되는 논의다. 완전히 다른 지불 방법이 생길 경우 논의는 원점에서 이뤄져야 한다.

좌석에 사실상의 요금을 물리고, 특실 서비스도 제공하려면 결국 승차권을 별도로 발권하는 방식을 유지해야 한다. 나는 조금 다른 환승 할인 참여 방식을 제안하고 싶다. 광역특급망의 운임 지불과는 무관하지만, 환승 할인 적용 시간을 늘려 주는 태그 장치를 승강장이나 맞이방~승강장 연결 통로에 설치하여 간접적으로 환승 할인을 돕는 방법이 바로 그것이다.

이 대안을 구현하기 위해 고려해야 할 경우의 수는 세 가지다. 이미 도시철도나 광역완·급행 승차 구역에 들어온 상태에서 특급 승강장으로 넘어온 사람들, 버스에서 내려서 광역특급 열차를 타러 오는 사람들, 그리고 순전히 광역특급만 탑승하지만 도착 역에서는 내려서 다른 대중교통 수단을 이용하는 사람들. 이들 모두가 도착 역이나 인근에서 다른 대중교통 수단을 탑승할 때 기본 운임을 면제받으면 간접 환승 지원이 성립된다. 이를 위해 이들이 쓴 교통카드의 데이터를 모두 버스나 광역완·급행 하차 이후 환승 할인이 유효한 상태로 변경하면 된다. 첫 번째 경우(카드는 열차 승차 상태)에 대해서는 광역특급 리더기가 카드에 하차 처리를 함과 동시에 충분한 환승 할인 적용 시간을 부여하면 목표를 달성할 수 있다. 두 번째 경우(카드는 환승 유효 상태)에 대해서는 광역특급 리더기가 환승 할인 시간만 적당량 늘려주면 목표를 달성할 수 있다. 이들에 대해서는 환승 할인 시간을 2~3시간 적용하면 충분해 보인다. 세 번째 경우(카드는 디폴트 상태)에는 광역특급 리더기가 운임을 0원 징수하고 버스 하차와 동일한 상태로 카드의 내용을 바꿔 주면 된다. 이 경우 오남용을 막기 위해 승차역이 아니라 도착 역에서 리딩을 유도할 수 있을 만큼 짧은 환승 할인 시간을 부여한다. 통상적인 환승 시간인 30분이면 문제가 없을 것이다.

물론 이런 카드 리더기를 운용하면 악용하는 사람들이 나올 수 있다. 이를 막기 위한 방법은, 의도에 맞지 않게 리더기를 사용해 도시철도나 버스를 이용하는 사람을 최대한 차단하도록 일정한 패널티를 부과하는 데 있다. 광역특급 리더기에 의한 하차 상태로 도시철도·광역완·급행 하차 게이트 진출 시 완행 기본 운임의 두 배를 부과하는 방법을 제안해 본다. 또한 태그한 역과 같은 시군구, 또는 일정 거리 내의 정류장에서는 광역특급의 간접 환승 참여를 무효화한다면 태그기를 운임 절약을 위해 악용하는 장면은 대부분 사라질 것이다. 다만 현 용산역과 같이 광역완·급행과 광역특급(ITX-청춘)이 승강장을 공유하는 역의 경우 급하게 환승하다 보면 이들 패널티를 피하기 어려울 수도 있다. 특히 용산역 2~3번 승강장(도표 15

[표 15] 현용 교통카드의 데이터 구조. 다음 특허에서 카드 데이터의 내용을 확인할 수 있었다. 오석문 등,「교통카드자료를 활용한 대중교통 통행분석 시스템 및 방법」, KR 20120068580A, 2010년 12월 17일 출원, 2012년 06월 27일 공개, 도면 2.

구분	스키마
1	DF
2	카드ID
3	승차 일시
4	환승 구분자
5	수단ID
6	환승 횟수
7	노선ID
8	사업자
9	차량ID
10	사용자 구분
11	출발 시간
12	승차ID
13	하차 일시
14	하차ID
15	이용객 수
16	승차 금액
17	하차 금액

배선도 참조)[67] 또는 천안역의 장항선 측에서는 이런 사례가 얼마든지 일어날 수 있다. 이런 승강장이 발생할 경우, 충분한 수의, 그리고 승강장에 균등하게 분포하는 일반 승하차 단말기를 승강장에 설치해 패널티 부과 상황을 최소화해야 한다.

이 시스템은 현재 전국망의 신용 승차 시스템을 그대로 활용하는 시스템이다. 따라서 많은 단거리 통근객들이 광역특급 발권은 하지 않은 채 환승 할인의 혜택만 누리기 위해 열차에 탑승하러 올지도 모른다. 신용 승차 시스템은 승객으로서는 매우 간편하고, 운영자로서도 승강장 초입에서의 혼잡을 줄일 수 있다는 점에서 유용하므로 큰 틀에서는 유지하는게 좋다. 이를 유지하기 위해서는 적어도 확실한 적발과 처벌이 가능하도록 기동 검표 인력을 더 많이 확충함은 물론, 반드시 완·급행과 승강장을 분리해야만 한다.

내가 제안한 패널티 조치나 광역특급 리더기 태그의 효과는 원리상 모두 현재의 카드 데이터(표 15)로 구현할 수 있는 값임도 밝혀 둔다. 환승 할인 시간(3번 데이터 승차 일시, 13번 하차 일시), 승차 후 하차 요청 시간(동일), 승차 상태와 하차 상태(3, 13번 그리고 12, 14번 승·하차ID), 그리고 역과 버스 사업자(9번 차량ID, 8 사업자) 데이터의 자리를 모두 표 15에서 확인 가능하다. 물론 개별 승하차 사건마다 제시한 판정을 내리게 하려면 방대한 전산 작업이 있어야겠지만, 여기서는 그에 대해 더 논의하지 않는다. 추가로, 광역특급 리더기 태깅은 성공 시 무조건 환승 횟수(6번 데이터) 1회를 차감하도록 하는 조치 역시 광역특급 태그기 남용을 막기 위해 충분히 유용하다고 본다.

환승 할인제에 간접 참여하며 별도 발권 제도를 기본으로 운영하는 이상, 승차권의 형태는 현재와 같은 형태로 한다. 즉 종이와 모바일 등을 활용한 전국망 발권 시스템을 그대로 활용한다. 전국망 열차와의 환승 발권, 고속열차와의 환승 발권 시 할인도 적용한다. 이는 이미 ITX-청춘에서 시행 중이다.

8) 수도권 통합환승제의 강원, 충북, 충남, 대전 확대

현재 수도권 통합환승제는 서울, 인천, 경기만 참여하고 있다. 2005년부터 광역망이 다녔고, 인구도 60만이 넘는 대도시 천안조차도 이 제도에 아직 참여하고 있지 않다는 말이다. 하지만 광역특급은 경기도 경계를 넘어 뻗어나가 있는 거대도시 주변부까지 철도의 효과를 확산시키기 위한 망이다. 따라서, 이 망과 연계된 통합환승 할인제 역시 도계를 넘어선 지역까지 확대해야 한다. 물론 이 조치는 각 지방정부와 버스 회사에게 재정적 타격을 줄 수밖에 없다. 중앙정부는 충청과 강원 지역 지방정부에서 발생한 환승 손실액을 일정 부분 보전해 재정 형편이 열악한 이들 지역의 지방정부를 보조하는 것을 대중교통 활성화 대책의 주요 안건으로 고려해야만 한다.

환승 할인 시간 연장의 혜택은 전국망으로도 확대할 수 있을 것이다. 서울

67

2번 승강장에는 ITX-청춘 열차가 종착하며, 3번 승강장에는 경인·경부선 광역급행 열차가 출발해 같은 평면상에서 환승이 이뤄진다. 현재 승강장에 승하차 단말기 여러 개를 설치해 운용 중이다.

6장 철도 도시 서울, 무엇을 할 것인가

역 승강장에서 3시간이라면, 부산역에 도착한 다음 간단한 용무를 마치고 나서 1호선이나 버스를 탑승하는 데도 아무런 문제가 없는 시간이기 때문이다. 다만 이 경우, 철도 하차객 대부분이 도착지 도시·광역철도나 버스 승차 시 기본 운임을 지불하지 않게 되어 상당한 재정 투입이 필요하게 된다. 대중교통을 활성화하는 데는 더할 나위 없이 좋은 효과를 낼 수 있겠지만, 전국에서 이를 시행할 경우, 부담액을 조절하는 데 상당한 시간과 사회적 노력을 소모하는 작업을 피하긴 어렵다. 이때 무엇이 문제일지 식별하기 위해, 충청·강원권 환승제도 통합을 시험적으로 활용할 수 있을 것이다.

9) 정차역 주변 정비

서울이나 다른 지역의 도시 계획은 광역특급 정차역 주변을 높은 수준의 중심지로 지정하는 한편, 이들 역 주변에는 열차 착발이나 승강장 및 부본선 확충, 버스 환승을 위한 시설 확장 유보지를 추가로 확보하도록 유도한다. 이런 용도의 교통 용지는 미래 교통에서 계속해서 철도를 활용하기 위해서도 중요할 것이다. 자율 주행의 주요 문제인 공차 회송 거리를 줄이기 위해서는 소도시 철도역 인근에 차고지를 확보할 필요가 있고, 유보지는 바로 이 부지로 유용하게 사용될 수 있기 때문이다.

10) 사업자

광역특급은 전국망을 운영 중인 철도공사의 여객사업본부가 전담하기도, 광역완·급행망을 운영 중인 광역사업본부가 전담하기도 곤란한 사업 형태다. 두 망과 별도의 스케일을 포괄하는 조금 새로운 개념의 망인 만큼, 가칭 '광역특급본부'와 같은 사업본부를 철도공사 내부에 창설하여 광역특급의 운행을 맡길 필요가 있다고 본다. 차량 기지나 역, 운전 시각표 운영과 구성의 편의를 생각하면, 별도 기업으로 만드는 것은 그다지 지혜로운 일은 아닐 것이다. A선이나 신안산선 민간 사업자의 권리는 운영 사업을 보장하기보다는 투자액에 상응하는 원금과 이자를 철도공사와 정부가 일정한 원칙(7장 참조)에 따라 분담하여 지불하는 방법으로 보장하는 것이 어떨까 한다.

이러한 원칙 아래 달릴 광역특급 노선의 전체 연장은 1600km에 달한다.(표 16) 동서 연계 계통만이 다니게 될 충북선 등을 합치면 이 값은 1800km에 달하게 될 것이다. 이것은 현재 한국 철도 연장의 약 40%에 달하는 방대한 규모이다. 이 가운데 기존 선을 활용한 구간의 연장은 대략 500km 수준이며, 저자가 건설을 제안한 구간은 약 370km, 현재 건설 중인 구간은 140km, 기존 계획 선은 170km에 달한다. 북한 측 구간 220km 역시 이 표에는 포함되어 있다. 때문에, 지도 18에 표현된 방대한 망을 모두 구현하기 위해서는 북한 측 망을 빼더라도 약 600km에 달하는 신선을 부설해야 하는 셈이다. 이들의 완성을 보려면 수십조 원은 필요해 보인다.(7절 참조) 다만 이 가운데 내가 지도 5에서 제시한 수도권망 보강을 위한 신규 철도에 포

[표 16] 광역특급 노선별 정리. 기존 선의 총 연장은 667km. 남북 연결, 전국망 확충, 광역급행과 겹치지 않는 저자 제안 광역특급 전용 신선 거리는 12km이다. 총 연장(1571km)은 일부 병행 구간을 중복 집계하고, 동서 연결 영업 거리는 제외한 길이이다.

노선명	구간	연장(km)	건설중	기존계획	저자제안	북한연장	주 목적 / 보조 목적	주요 조치(비고)
경부	서울~대전	166					현 무궁화, 새마을을 광역권 연결을 위해 정비 / 수도권 제조업 연계 지원	경부4선을 확보하여 1선 용량 보장
중앙	용산~청량리~반곡	107					현 무궁화를 광역권 연결을 위해 정비 / 원주혁신도시 철도 연계 확충	중앙2선 확보, 만종~반곡 간 현 망 유지
A	대전~삼성~강화~해주	211	7	50	50	50	강남 방면 광역권 연결 정비 / 황해 해안 연결 대비	A선, 주요역 통과 용량 확보, 경부본선 연결(연장에서 평택~대전 제외)
세종지선	조치원~세종	12			12		세종 방면 철도 연결 확보 / 경기 남부, 천안, 조치원과 세종 철도 연계	지선 부설, 세종 중앙역 확보
경춘(B1)	청량리~춘천	85					현 ITX-청춘을 정비 / 남서-북동 도심 관통선의 북쪽 축 역할	청량리~망우 경춘 별선 확보
신경인(B2)	인천중앙~광명~청량리~	60		45	15		남인천 방면 특급 공급으로 GTX B에 대한 요구 정리 / 송도 연결, 경인 축 혼잡 분산	신안산선 및 서울 도심 관통선 대피선 확보
서해(B3)	홍성~합덕~광명(신안산선 직결)	110	90	20			서해선 EMU-180급을 연선 특급 연결을 위해 정비 / 화성, 평택 일대 대중교통망 강화	신광명역 및 신안산선 측 대피선 확보
내포(B4)	태안~합덕(서해선 직결)	60		20	40		아산만 산업 철도를 여객용으로도 활용	태안 연장, 당진·서산 본시가 접근성 확보
경원·중부내륙(C)	충주~삼성~철원	200	50	30	5		경원 축선과 중부내륙 축선의 강남 고속 연결 정비 / 접경지 개발 대비	의정부~광운대~삼성~수서~광주 간 복선전철로 접속
남부우회(E1)	인천공항~수원~김량장	90			20		인천공항~수원~동탄~경안천 유역 연계 확보	동탄용인선, 반월삼각선 신설(수인1선 중복 집계)
동부우회(E2)	수서~적성~신계~곡산	170			90	80	수도권 동북부의 강남권 진입 / 백석분지, 적성, 신계분지 개발 대비	동부우회선, 하남연결선 확보(수서역 착발 용량 활용)
중부	수서~충북혁신~청주~대전	150			135		안성, 충북혁신도시, 청주 방면 2^7km/h 철도 서비스 공급 / 용인 및 광주 일대 철도 공급	중부선, 광주삼각선 신설(수서역 착발 용량 활용)
경의	서울~개성~신막	150		10		85	경의선 축선 활용 광역권 연결 정비 / 기존 경의 축선 활용	서울역 북측 증축, 남북 철도 연결
동서연결1	태안~평택~여주~원주~반곡	240		30	30		행정수도 회랑 간 북측 연계 / 수도권 주변부 도시간 연계 강화	원평선 및 부속 삼각선 신설(연장 합산에서 제외)
동서연결2	태안~천안~청주~충주~세전	250					행정수도 회랑 간 남측 연계 / 충청 북부 도시간 연계 강화	충북선 고속화, 천안에 장항선~경부선 간 삼각선 신설(연장 합산에서 제외)
합계		1571	147	175	367	215		

6장 철도 도시 서울, 무엇을 할 것인가

함되지 않는 노선은 없다는 점도 함께 밝혀 둔다. 이들 노선이 모두 제 값을 할 것이라고 미리 말할 수는 없다. 그러나 광역특급 열차가 달릴 선구들은 모두 수도권에서 철도의 역할을 획기적으로 확충하려면 체계적으로 정비해야 할 부분들이다. 노선별로 특징과 쟁점을 살피면서 이를 확인해 보자.

경부선

경부1선 무궁화호와 새마을호는 광역특급 망의 모형 노선 가운데 하나다. 비교적 높은 표정속도(표 13), 그리고 상당한 영업 실적 (도표 25) 덕분이다. 하지만 GTX 논의가 그 토록 큰 각광을 받는 와중에도, 지금 이 순간 절찬리에 운행 중인 경부1선의 상황에 관심을 기울인 사람은 거의 없었다. 그러나 이 노선은 수요가 이미 검증된 노선인 만큼, 정비하여 운행할 경우 가장 효율적인 광역특급 계통이 될 것이다.

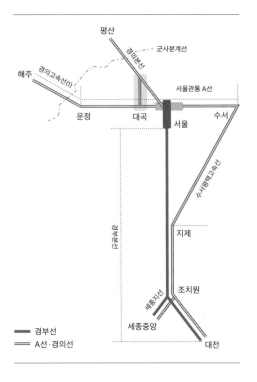

[도표 26] 경부선, A선, 경의선의 기본 구조와 운전 거점. 대곡역은 A선에서 경의본선으로 연결되는 연결선을 포함한다.

물론 경부선에는 아주 큰 문제가 있다. 경부1선 금천구청~용산 사이가 병목에 걸려 있기 때문이다.(4장) 이 계통을 30분 이내의 배차 간격으로, 즉 하루 36회 이상 운행하기 위해서는 두 가지 방법이 있다. 대전 이남으로 내려가는 재래선 특급을 절반으로 감축하거나, 경부4선을 확보하여 서울 시내 경부1선의 용량을 충분히 확보하거나. 하지만 재래선 특급을 이렇게 급격하게 감축할 경우 삼남 지방의 적지 않은 지역에 상당한 피해를 줄 수밖에는 없다. 때문에 이 계통의 운행은 경부4선의 1단계 개통과 함께 본격화되어야 한다. 그 이전에는 잘해 봐야 시간당 1회 정도의 배차, 또는 수원 착발 정도의 임시방편만 사용할 수 있을 뿐이다. 다만, 광역특급 운행 확대의 편익이 경부4선의 편익으로 계산될 수 있다는 점은 사업의 정당화를 위해 꼭 참고할 필요가 있다.

이 계통에는 또 다른 문제도 있다. 밀도 높게 개발된 역사가 다수 있어, 승강장 분리 원칙을 구현하기 어렵다는 것이 바로 그 문제다. 이 문제는 광역특급 전

68

단, 신탄진은 하루 수십 명 수준의 환승객이 잔존하므로, 대전선을 이용해 호남선으로 향하는 광역망이 개통하기 전에는 장거리 특급을 존치한다. 이를 위해 천안역 장항선 승강장처럼 본선 측은 고상으로 개조하고 부본선 측은 저상홈을 그대로 사용한다.

69

안양역의 경우 같은 평면에 450m 길이의 승강장이 연달아 있어 별도 승강 공간을 구성할 수 있다. 한편 KTX-1을 제외한 철도공사 보유 열차의 대부분은 고상 승강장에 임시 정차가 가능하다.

[표 17]   경부본선 광역특급 전용역 및 공용역 설정.

구분	해당 역
광역특급만 정차	안양, 오산, 서정리, 성환, 전의, 부강
전국망 특급 공용역	수원, 평택, 천안, 조치원, 신탄진, 대전

용역과 전국망 특급(ITX-새마을, 무궁화) 공용역을 분리하면 부분적으로 해결할 수 있다.(표 17)[68] 광역특급 전용역은 현재 재래선 특급이 정차하는 저상 승강장을 고상 승강장으로 개조하고, 광역완·급행 승강장으로 진입하는 지점에 승하차 단말 기를 설치해 주면 필요한 조치가 끝난다.[69] 하지만 공용역은 추가 승강장을 확보해 야 승강장 분리 원칙을 지킬 수 있다. 조치원이나 천안은 승강장 확보에 큰 무리가 없다.[70] 그러나 수원이나 평택은 구내가 거의 완전히 민자 역사로 덮여 있어 승강장 을 추가하는 것은 어렵다. 이들 역은 1선 저상 승강장 가운데 부본선 측 250m가량 을 고상화하여 광역특급 승강장으로 활용해야 한다. 전국망 승강장이 이미 혼잡하 다는 문제는 고상화 승강장의 열차 정차 위치, 저상 승강장의 열차 정차 위치를 서 로 다르게 조정하여 완화한다. 고상 승강장 측에 진출 계단이나 광역완·급행 환승 계단을 추가 건설해 진출 계단의 혼잡을 완화할 필요도 있다. 대전은 승강장의 수(6 면 11선)가 충분하므로 가운데 1개 면을 고상화하고 남측에 인상선을 보강하는 조 치를 취하면 될 것이다. 다만 경부, A, 중부 3개 계통이 집결하는 역인 이상, 세종 착 발 열차, 천안 착발열차를 적절히 운용해 대전역 구내의 부담을 줄일 필요는 있다. 회차 용량이 부족할 경우 일부 열차를 옥천까지 연장하는 것도 가능하다. 용산, 서 울의 경우 경부4선에 대한 세부 연구 부분을 참조하길 바란다.

2017~2018년 1년여 간 잠시 경부선을 달린 ITX-청춘의 운전 시각표에 따 르면, 주요 구간의 표정속도는 100km/h 수준이었다. 하지만 이 열차는 당시 1선 진 입 후 수원, 평택, 천안, 조치원, 대전에만 정차하는 열차였다. 안양, 오산에 정차하 면서도 100km/h 수준의 높은 표정속도를 유지하려면 선로와 신호, 전력을 보강하 여 직선 선구의 제한 속도를 180km/h 이상으로 높일 필요가 있다. 현용 ITX-청춘 보다 가속도를 높인 차량을 도입하는 것도 검토할 가치가 있다. 열차는 10량 편성 을 기본으로 하되, 12량 증결을 대비한다. 기지는 우선 병점을 활용하고, 추후 A선, 중부선과 충청도 일대의 추가 기지도 공용한다.

중앙선

지금의 중앙선 무궁화호 역시 광역특급의 한 모형이라고 할 수 있다. 물론 이 계통 부근의 최대 도시는 원주 정도인 데다, 이 도시는 곧 옛 역을 버리고 중앙고속도로 보다 도심에서 먼 새 역을 사용하게 되므로 경부선보다는 그 수요 규모가 크게 작 을 수밖에 없다. 하지만 원주는 춘천보다 인구가 많으며, (건강보험공단과 건강보

70

천안은 하부본선 동측 현 주차장 자리에 1면을 신설하 는 한편 상부본선 서측 측선 2개를 걷어내고 승강장을 확보한다. 모자란 측선 용량은 배방~풍세 간 남천안

삼각선을 확보하면서 인근에 소규모 조차장을 만들어 확보한다. 조치원은 현재 주차장으로 사용 중인 서측 철도 부지를 활용해 구내 시설을 확장할 수 있다.

험심사평가원이 있는) 혁신도시는 물론 기업 도시도 개발되고 있어 적어도 업무 출장객 수요는 경춘선보다 기대할 만한 도시다. 2015년 현재 중앙선에서 청량리~원주 내부를 달리는 통행은 하루 7000여 명 수준이지만, 원주 부근의 혁신도시, 기업 도시 개발을 감안하면 이 수는 더욱 늘어날 것이다.

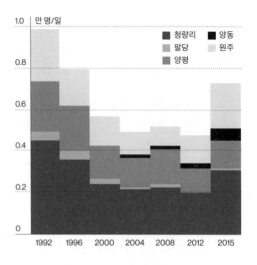

[도표 27] 중앙선 청량리~원주 구간의 이용객 변화. 출처는 각 년도 『철도통계연보』.

　　이 노선은 청량리부터 서원주까지는 현재의 본선을 사용한다. 다만 중앙선의 2복선화 이전에는 이 계통에 배분해 줄 수 있는 용량이 없다는 점은 이미 4장에서 세밀하게 보았다. 덕소까지 확보해야 할 2복선 가운데 광역특급이 사용할 복선은 물론 중앙선 전국망과 같은 쪽이다. 광역완·급행과 같은 복선을 이용하며 이들을 추월할 경우 서로의 속도에 모두 악영향을 미치기 때문이다. 이 계통은 동부 산악 지역과 경원고속선 열차가 주로 달려 열차 수가 많지는 않을 전국망용 복선 구간의 활용도를 올리는 역할을 할 수도 있다. 서원주부터는 경강선 방면으로, 그리고 만종을 지나서는 아예 구 선로로 넘어가야 한다. 구도심에 위치한 옛 원주역(이하 구원주), 나아가 혁신도시 바로 옆에 있지만 폐역 예정인 반곡[71]으로 진입하기 위해서이다. 원주 방면 연계를 강화하기 위한 운행 계통인 이상, 원주 구도심과 혁신도시에서 거리가 먼 새 원주역은 원주를 통해 제천, 안동 등지로 향할 전국망 열차를 위한 역으로만 활용하고, 광역특급 역으로는 계속해서 구원주와 반곡을 활용한다. 한편 서울 측 종착역으로는 청량리뿐만 아니라 용산까지 활용한다. 시간당 1회 이상의 투입은 어렵지만, 현재 운행 중인(그리고 서울관통 B선으로 빠지게 될) 경춘선 ITX가 점유 중인 용량은 충분히 활용할 수 있기 때문이다. 물론 이 계통과 중앙선 완급행 모두를 충분히 수용하려면 경원선 청량리~용산 구간의 본선 용량을 확보할 계획이 필요하다. 여기에 대해서는 광역급행망 계획의 한양도성 동서관통선(ⓖ)을 참조하라.

　　속도 부분에서는 문제가 없다. 이미 덕소부터 서원주에 이르는 구간에서 KTX는 200km/h 이상의 속도로 질주하고 있기 때문이다. 이는 ITX-청춘급 열차를 투입하는 즉시 180km/h 이상으로 운전할 수 있다는 뜻이다. 따라서 양평 이외에 한 역에 더 정차하더라도 청량리~구원주 간을 58분 이내로 주파해 표정속도 100km/h를 달성하는 데는 큰 문제가 없을 것이다.

71
2007년 6월 1일 여객 취급이 중지되었다가 2014년부터 다시 열차가 정차(편도 2회)하게 된 역이다. 2016년 1월 1일부터는 편도 4회의 열차가 정차할 정도로, 혁신도시의 정착과 함께 수요가 늘고 있다. 다만 역 자체는 시가지보다 20m 이상 높은 지점에, 그리고 중심가와는 0.5~1.5km 떨어진 곳에 자리 잡고 있어 마을버스를 붙여 줘야만 그 수요를 극대화할 수 있을 것으로 보인다.

[표 18] 중앙선의 광역특급 전용역 및 공용역 설정.

구분	해당 역
광역특급만 정차	덕소, 용문, 지평, 양동, 원주, 반곡
전국망 특급 공용역	양평, 서원주, 만종

[도표 28] 반곡역 구조 제안도. 현 역사는 문화재(등록문화재 제165호)이기 때문에 원형을 보존해야 한다. 다만 역 북동 측의 측선과 일부 공터, 축대는 얼마든지 변형할 수 있다.

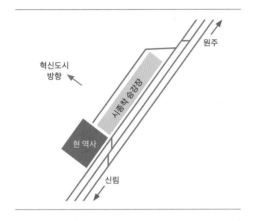

2복선이 확보되면 청량리 정차 편을 합쳐 30분에 한 편을 청량리에서 출발시킨다. 필수 정차역으로 꼽을 역은 구원주를 제외하면 덕소, 양평 정도다. 용문, 양동은 시간당 1회, 규모가 작은 지평, 석불 등은 두 시간 단위로 정차한다. 서원주와 만종은 각각 중앙선과 강릉선 고속열차에서 원주 도심 방면으로 진입하는 승객이 환승할 역인 만큼 환승객의 추이를 보고 정차 열차 수를 결정한다. 반곡으로는 전 열차의 절반 정도를 연장한다. 현 경춘선 정도의 수요를 목표로 하는 이상, 차량의 규모는 8량 편성을 취한다. 기지는 용문기지를 공용할 수 있다.

역 개량도 필요하다. 구원주는 운행할 전 열차가 광역특급이므로 현 승강장을 그대로 고상 승강장으로 개조한다. 반곡은 도표 28과 같은 두단식 설계를 적용한다. 반곡의 현 측선은 회차선 및 유치선으로 활용하며, 현 선로를 따라가면 나오는 백척교(百尺橋)나 신림(제천시)까지 일부 열차를 연장할 여지를 둔다. 만종과 서원주는 1면 2선을 신설할 수도 있고, 전국망 승강장의 부본선측을 고상화할 수도 있다. 양동, 석불, 일신, 매곡, 삼산은 전국망 장거리 특급 열차가 더 이상 정차하지 않아도 되는 만큼 쌍섬식 승강장의 일부를 고상 승강장으로 개조한다.(이미 지평은 고상 승강장이 있다.) 양평과 용문은 저상홈 외측 승강장을 고상화하여 광역특급을 부본선에 정차시킨다. 덕소의 경우, 비록 전국망 계획에 따라 수서발 경원고속선 열차가 통과하기는 하지만 정차시키지 않고 광역특급만 정차시킨다. 역 확장 부지가 불충분하기 때문이다. 광역완·급행과 광역특급 분리는 덕소역의 승강장 총 길이가 450m이기 때문에 어렵지 않게 가능하다. 청량리 측으로 고상 승강장을 조금 더 연장하는 한편, 양평 측 저상홈을 고상화한 다음, 현 역사는 광역완·급행용으로 계속 사용하고, 양평 측으로는 선상역사를 약간 증축하여 광역특급 역사로 삼는다. 상봉, 청량리의 구조는 핵심 선구 연구 2에서 정리된 중앙2선 계획을 참조하기 바란다. 한편 용산은 지금 경춘선 측이 착발하는 1, 2번 승강장을 그대로 사용할 수밖에 없다. 승강장 분리 원칙에 반하는 일이지만, 계통 전체에서 단 한 역만 이렇다면 오승 문제를 어느 정도 관리할 수 있을 것이다.

A선

이 노선은 2020년 현재 시공 중이며, 운정부터 동탄까지 수많은 신도시 주민들의

6장 철도 도시 서울, 무엇을 할 것인가

시선을 집중시키는 GTX의 주축이라는 점은 5장에서 확인한 대로다. 나는 이 계통을 남북 두 방향에서 변형하고자 한다. 남측에서는 지제에서 경부선과 연결하여 대전까지 운행하고, 북으로는 운정에서 한강을 건너 현재 철도가 없는 김포반도 북측과 강화, 그리고 경기만 건너편의 아산만·태안반도와 비슷한 입지 조건을 갖춘 황해남도 연안의, 해주 지역까지 계통을 연장하는 것이 바로 그 변형의 내용이다.

GTX A선에 신도시 주민들이 주목하는 이유는 물론 이 노선이 강남 심장부를 그대로 관통하기 때문이었다. 이것은 강남에게도, 수도권 나머지 지역에도 매우 중요하다. 강남은 자동차화의 충격이 한국에 퍼져나갈 때 이를 받아들여 건설된 첫 번째 신도시였고, 전국망은 물론 광역망도 부실하게 구성된 상태에서 건설된 도시였다. 자동차화 이후 교통 환경의 밑그림을 그리기 위해 이뤄지는 체계적인 철도 투자가 강남을 관통하여 북한 재건의 주요 거점이 될 해주, 그리고 충청권 최대 도시 대전까지 연결되는 일은, 상징적이면서 동시에 실질적이다.

고속열차는 지제부터 해주까지 이 노선을 공용할 것이다. 그런데 신분당선과 A선이 서울 도심 인근에서 선로를 공용하게 만들어야 한다는 계획 또는 주장도 있다. 이는 A선 서울 시내 구간이 심각한 병목 구간이 될 가능성이 있다는 뜻이다. 현격하게 표정속도가 낮고 정차 빈도 또한 높은 광역급행급 노선 신분당선의 교통류는 A선 고속열차 및 광역특급과 반드시 분리되어야 한다. 즉, 신분당선 강북 구간은 A선과는 별도의 복선으로 건설될 필요가 있다.

GTX A선 준비 상황을 점검한 감사원의 지적에 따르면[72] 고속열차와의 선로 공용으로 생기는 문제[73]를 최소화하면서 운용할 수 있는 광역특급의 최대 배차 빈도는 시간당 9회 수준이다. 이는 광역완·급행으로서는 불충분할 수 있으나 특급으로서는 상당히 많은 수준이다. 하지만 용량 제약과 그에 따른 혼잡에 대비해 열차 편성을 장대화하고 대량 수송에 대비할 필요는 분명히 있다. 따라서 초기부터 10량 열차 및 대량 수송을 위한 입석 객차를 투입하는 것을 검토하는 한편, 나아가 12량 증결도 준비해야 한다. 또 건설이 확정된 운정기지 이외에도 차량 운용을 더 쉽게 하기 위해 충청권에 경부·중부선과 공용하는 기지를 추가할 필요도 있다. 이미 규모 있는 철도 시설이 위치한 오송기지 옆에 시설을 증축하면 적절할 것이다.

A선 역은 동탄부터 운정까지는 이미 대략 설계가 되어 있으며, 동탄, 서울, 삼성을 제외하면 전용역이기 때문에 광역급행이나 완행과 승강장 분리를 위해 별도의 조치를 취할 필요는 없다. 다만 서울역은 신분당선과는 확실하게 승강장 분리를 해야 한다는 점을 적어 둔다. 평택 이남의 경우 경부선을 공유한다. 다만 이 계통의 서울 북측에서는 승강장 분리 문제를 조금 더 신경 써야 할 것이다. 신분당선에

72
「수도권고속철도 건설사업 추진실태」(감사원, 2016년 6월), 30~32.

73
광역 차량의 유리창이 고속열차의 대심도 터널 내 고속 주행으로 발생하는 최대 풍압을 견디기 어려운 강도로 설계되었다는 문제나 열차 기밀성 부족으로 승차감이 나빠질 수 있다는 문제가 명시적으로 지적되었다.

서 연장할 광역급행급 노선이 역을 공용할 수 있기 때문이다. 이들 지역에는 공간 여유가 여전히 남아 있는 만큼, 광역급행이 같은 구내로 진입하는 것을 전제로 승강장 6면을 확보하는 것을 목표로 한다. 마송이나 강화, 교동에서는 유보지를 확보해야 할 것이며, 연안 등의 황해 해안 지역에서도 향후 북한의 개혁·개방시 이런 방침을 관철시킨다.

A선은 상당한 구간에서 고속열차가 300km/h 이상으로 달려야 하는 선로이기도 하다. 따라서 특히 지상으로 다시 나온 다음 첫 역인 김포 마송부터는 부본선 진출 분기기를 고번화할 필요가 있다. 다시 말해, 고속열차 정차역뿐만 아니라 광역특급 전용역에도 46번 분기기(제한 170km/h)를 설치해야 한다. 대피와 정차가 상대적으로 잦을 광역특급 열차의 본선 점유 시간을 최소화하기 위해서이다. 지하역 역시 연신내부터는 분기기 호수를 가능한 한 높여 남부 지방에서 출발, 서울을 관통하는 고속열차의 속도를 최대한 보장하는 것이 좋다.

A선 열차가 표정속도 100km/h 이상을 유지할 경우, 삼성에서는 천안까지 1시간, 세종까지 1시간 반, 대전까지도 1시간 45분 이내로 주파할 수 있다. 성남, 용인, 동탄에서는 이 시간이 당연히 더 단축된다. 특히 고속열차를 이용하기 위해서는 마찰시간을 감수해야 하는 특급 전용역의 경우 대전, 세종, 해주까지의 직결 운행은 시간적으로 큰 이득이 될 수 있다. 따라서 A선 직결 운행은 경부본선 평택 이남의 개량 사업에 상당한 수준으로 편익을 보탤 수 있다. 이런 방향을 충청권에서도 원하고 있다는 사실도 확인할 수 있었다.[74] 북쪽으로는 서울역에서 강화까지 40분, 연안까지 1시간, 해주까지는 1시간 반 정도로 연계가 가능할 것이다. 물론 이런 표정속도는 신분당선 교통류가 광역특급 교통류에 영향을 주지 않도록 관리했을 때 가능한 일이다. 경의본선과 이 노선의 관계에 대해서는 아래에서 별도로 다루겠다.

B선

나는 이 계획에서 'B선'은 서울 동북~남서 방면 관통선과 관련된 여러 노선과 총 다섯 개의 운행 계통을 한데 묶어 지시하는 말로 사용했다. 경춘선, 서해선(a)은 서울측 병목 구간을 빼면 확립되어 있는 노선이다. 여기에 월곶판교선(e)과 수인선을 활용하면 남부 인천 연계 계통을 만들 수 있고(가칭 '신경인'), 합덕에서 당진 방면 산업선(g)과 연계할 합덕~태안 간 내포선(⑧) 역시 광역특급을 위해 활용할 수 있다. 인천~홍성, 인천~태안 직결 운행도 가능하다. 다만 인천~홍성은 계통 수를 억제하기 위해 홍성 이남 장항선을 통해 익산까지 운행할 전국망 열차가 포괄할 수 있다.

경춘선을 달리는 ITX-청춘은 현재의 모습을 거의 바꾸지 않고 광역특급으로 편입할 수 있는 노선이다. 이 계통의 수요는 도표 29에서 확인할 수 있듯 현재로서도 하루 2만 명에 육박하고, 1인당 이동 거리 역시 70km 수준이다.(용산~가평

74
세종시의 19, 20대 국회의원 이해찬의 홈페이지에서 2017년 여름 확인했던 의견이다. 다만 2018년 6월 현재 홈페이지가 개편되어 가입하지 않고서는 검색을 할 수 없는 상태다.

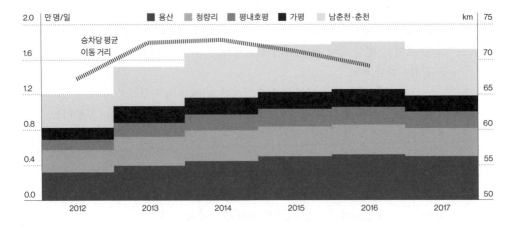

[도표 29] 경춘선 ITX-청춘의 각 역별 승차객 수와 승차당 평균 이동 거리. 표시된 역 주변의 작은 역까지 합산한 값들이다.

간 거리) B선이 서울 중심부로 연계될 경우 이런 모습은 서해선에서도 충분히 재현될 수 있을 것이다. 2절 말미에서 확인한 서해안 제조업 회랑이 뒷받침하는 노선인데다, 250km/h로 운전할 수 있는 노선이므로 경춘선보다 높은 표정속도를 달성할 수 있기 때문이다. 이 두 노선은 서울 바깥에서 B선의 주축이 될 것이다.

　　이 노선을 달리는 열차를 인천 남부로, 그리고 태안반도의 당진, 서산, 태안 방면으로도 연장하자는 것이 내 제안이다. 먼저 인천 방면 연장선은 기존에 논의되어 왔던 경인 병행 GTX B선 계획을 대체하는 성격의 노선이다. 이 노선에는 기존 경인선과 경쟁하는 어리석음을 범한 현 B선 계획선을 기존 계획선을 활용하여 대체할 수 있다는 중요한 장점이 있다. 경인 간 연결은 적어도 수송 인원수만큼은 얼마든지 보장할 수 있기도 하다. 또한 태안반도 측 내포선 방면 연장은 그동안의 산업 성장이나 상당한 규모의 인구에도 철도 연계에서 소외되어 온 이 지역의 교통 환경을 변화시키기 위한 충격이 될 것이다. 홍성, 예산보다 태안반도 3개 시군의 인구나 산업 규모가 더 크다는 사실(지도 8)은 다시 강조하지 않아도 될 것이다.

　　인천에서도 홍성, 태안 방면 열차를 운행해야 하는 이유는 이렇다. 인천과 충남 해안 지역 사이에는 산업화 시기의 이주에 기반한 오래된 인적 연계가 있다.[75] 또, 이러한 연계에 기반해 두 지역 사이에는 새롭게 산업 연계가 활발하게 이뤄지는 듯하다. 인천에서 충청권으로 향하는, 세종시와 전혀 무관한 시기부터 일어난 인구 순 유출 행렬은 물론(도표 30), 서산과 당진에서 일하는 사람들이 가장 많이 유입해 오는 통근 출발지가 인천이라는 사실도 확인할 수 있다.(지도 3) 하지만 이러한 연결은 오직 고속도로에만 기반하고 있다. 그런데 인천 역시 미약하게나마 자동차화의 물결이 약화되기 시작한 지역이었다.(도표 5) 이 경향을 강화하는 한편, B선 남

[75]
신수현·김윤환, 「확장하는 외지인의 도시 Part 2」, 『확 장도시 인천』(마티, 2017), 187~202.

[도표 30] 수도권에서 충청권으로 향하는 순 유출 인구의
각 지방정부 총 인구 대비 비율.(2000~2017) 2011~2012년
을 제외하면, 21세기 들어 모든 기간 동안 인천의 총 인구 대
비 충청권 유출자의 비율이 수도권에서 가장 많다는 사실을

확인할 수 있다. 경기도의 인구와 산업이 밀집한 경기 남부
지역은 인천보다 충청권에 물리적으로 더 가깝다는 점을 감
안하면, 인천의 높은 비율은 이례적이다.

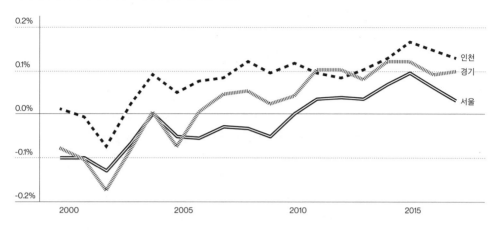

[도표 31] 광역특급 B선의 기본 구조도와 운전 거점.

측 구간을 서해안 회랑의 대중교통 중심 줄
기(말 그대로 간선[幹線])로 육성하려면 인천
과 서해안의 연결 역시 심도 있게 공략할 필
요가 있다.

하지만 B선 남측의 형태에는 중요
한 문제가 있다. 무려 세 갈래로 분기 운행을
해야 한다는 사실이 바로 그것이다. 귀중한
서울관통선의 용량을 세 계통이 나누어 써
야 하기 때문에, 각 가지에게 모두 풍족한 배
차를 보장하긴 어렵다. 인원이 가장 많을 인
천 방면으로 30분 배차를, 홍성과 태안 방면
으로 각 1시간 배차를 하더라도 서울 시계로
진입하는 열차의 수는 15분에 1편이 될 것이
다. 러시아워에 몰릴 막대한 승객을 처리하
기 위해 이보다 배차 간격을 절반 또는 그 이
하로 줄일 경우, 광명에서 서울 사이에는 광
역특급만 시간당 8회 또는 그 이상 배차되어야 한다. A선보다 고속열차 배차 물량
이 적어도 된다는 점은 장점이지만, 신안산 연선에 분포하는 완행역 연계를 위한 열
차들이 끼치는 용량 부담을 무시할 수 없다. 결국 이런 구조 덕분에, 신안산선과 함
께 추진되는 한 얼마 되지 않아 B선의 교통량은 복선으로 처리할 수 있는 한계를 넘
을 듯하며, 따라서 앞서 언급한 2단계 사업 즉 2복선화가 필요한 시기는 머지않아
도래할 듯하다. 상황을 완화하려면 인천중앙~춘천 간 계통만은 12량 및 입석 객차

6장 철도 도시 서울, 무엇을 할 것인가

절반으로 운행하는 식의 대책을 세워야 할 것이다.

승강장 분리 작업은 모든 역이 지하에 건설될 서울 시계 내에서는 막대한 투자를 필요로 한다. 앞서 예시했던 구조(4면 8선, 도표 7)만 구현하더라도 역의 폭은 75m에 달한다. 따라서 기존 선의 여러 역을 개량할 때 예시했던 것처럼 전국망 승강장의 부

[표 19] ITX-청춘의 구간별 표정속도. 2018년 4월 21일 운행한 #2015 열차의 운전 시각표에 따라 계산했다. 용산에서 시발한 열차는 청량리, 평내호평, 가평, 강촌, 남춘천에 중간 정차 후 춘천에서 종착했다.

	거리(km)	시간(분)	표정속도(km/h)
용산~청량리	12.7	16	47.6
청량리~망우	4.6	9	30.7
망우~춘천	80.7	50	96.8

본선 측을 고상화하여 공용하는 것이 효율적인 대안이다. 비용을 들여서라도 최대한 많은 역에서 관철할 필요가 있는 것은 광역완·급행과 광역특급·전국망 탑승 위치를 분리하는 조치다. 이를 위해 광역특급과 전국망 고속열차가 함께 정차할 서울, 영등포, 청량리는 4면 8선을,[76] 광역특급이 정차할 가치가 있는 구로디지털단지, 여의도는 3면 6선을 확보해야 한다. 더불어 경춘선으로 시간당 8회의 광역특급 열차를 보낼 필요는 없으므로[77] 서울과 청량리에는 회차선도 광역특급이 공용 가능한 구조로 충분히 부설해야 한다. 또한 회차선 배치를 용이하게 하기 위해, 광역완·급행용 승강장은 내측을 써야 한다.(도표 7) 경춘선 구간에서는 현재 광역완·급행과 ITX-청춘(광역특급 급)의 승강장 분리가 전혀 되어 있지 않다는 데 주의해야 한다. 이는 본의 아니게 오승하는 승객이 그만큼 많을 가능성이 있다는 뜻이다. 승강장 분리 투자로 이를 줄여야 한다.[78] 적어도 전 열차가 정차하는 역에서는 그렇다. 사릉, 평내호평, 가평, 남춘천, 춘천의 경우, 부본선 바로 외측에 승강장을 추가한 다음 광역완·급행의 승차 위치를 추가 승강장으로 이동시키는 조치가 필요하다.

경인 간 차량은 길게 편성할 수 있어야 한다. 서해선 방면 두 계통 역시 10량이 필요할 수 있다. 다만 인천~홍성·태안 간 열차는 아무래도 서울관통선만큼의 수요를 기대할 수 있는 노선은 아니다. 6량, 또는 4량 운행이 적절한 규모일 것이라고 예상한다. 기지는 다행히 B선 운행 지역 주변에 시흥, 평내, 송산기지 3곳이 있어 단기적으로는 걱정이 없다. 물론 장기적으로는 균형을 위해 충남 지역에도 추가로 기지를 건설하면 좋다.

B선 가운데 서해선은 표정속도 100km/h를 달성하는 데 문제가 되는 구간이 아니다. 250km/h 주행이 가능한 선구이기 때문이다. 경춘선은 청량리~남춘

76

단, 신분당선과 서울관통선 A선을 별개로 구성할 경우 A선 역은 3면 6선(폭 50.2~56.2m) 정도면 충분할 것이다. 한편 GTX B선 예비타당성 조사 보고서에 따르면 지하 2면 4선 정거장의 공사비는 약 841억 원이다. 금액이 단면적에 비례한다고 가정할 경우 4면 8선 역에는 약 2000억 원의 사업비가 들어갈 것으로 보인다. 유재광 등, 『수도권 광역급행철도(GTX-B노선) 건설사업 예비타당성조사』(한국개발연구원 공공투자관리센터, 2019), 191.

77

2019년 연말 현재 ITX-청춘은 최대 시간당 2편 투입된다. 선로용량의 제약이 없어지더라도 춘천행 특급을 시간당 4회 이상 투입할 필요는 없을 것이라고 본다.

78

공개된 데이터는 존재하지 않지만, ITX-청춘과 경부선 무궁화호 승무원들과 무료 승객의 수에 대해 이야기를 나누어 본 결과 고의가 아닌 무표자의 수에 여러 배 차이가 있음은 분명한 사실로 보였다. 승무 현업의 경험을 데이터로 옮기는 작업이 절실하다.

천 간 표정속도가 약간 부족한데(85km/h 수준), 망우~청량리 구간 덕분에 표정속도가 내려가는 부분이 많기 때문에(표 19) B선을 위한 별도 복선이 확보될 경우(도표 23 경춘선 처리안 참조) 개선을 기대할 만하다. 다만 신안산(f), 월곶판교(e), 수인선은 설계 속도가 120km/h 수준이기 때문에, 인천중앙 방면 열차는 표정속도 100km/h를 결코 달성할 수 없다. 한 가지 대책은 아직 시공되지 않은 신안산선 및 월곶판교선 광명 이남 구간의 설계속도를 200km/h선으로 올리는 데 있다. 하지만 이렇게 조치하더라도 광역특급의 위상에 걸맞은 표정속도는 신경인선 계통에서는 달성할 수 없을 것이다. 정차해야 할 역이 상당히 많기 때문이다.[79] 때문에 인천~춘천 간 노선의 목표 표정속도는 75km/h 수준이 될 것이다.

C선

광역특급 C선은 2절부터 지적한 대로 광역급행급과 유기적으로 조합하여 그 효과를 극대화하고, 철도 서비스의 범위를 최대화하기 위해 현 정부안에서 크게 변형한다. 북쪽 구간의 경우, 승객이 더 많은 역에서 광역급행급(동서울급행선)이 서울 도시철도망과 환승할 수 있도록 노선 경유지를 조금 바꾼다. 남쪽은 현재의 금정 방면 노선이 가진 여러 한계를 감안하여 수서광주선(j)과 경강선~중부내륙선(b)을 활용하여 현재 서울 방면 철도 연계가 매우 부실한 광주, 이천, 충주 방면으로 광역특급을 남행시킨다. 기존 금정 방면 노선은 금정역의 구조 한계로 열차를 경부1선에 진입시키기 까다로운 데다, 사업비 절감을 위해 과천선과 경부1선을 공용하도록 설계된 이상 변형하여 광역급행급(표정속도 2^6km/h, 5절 '남서울급행' 참조) 노선으로 활용한다.

경원선(c) 즉 북쪽 방면 광역특급이 종착하기에 적절한 역은 철원이다. 삼성에서 대략 100km 떨어져 있어 춘천, 원주와 거의 같은 거리인 데다, 2절에서 제시한 수도권 외측 우회망이 경원선과 만나는 주요 운전 거점이기도 하기 때문이다. 이후 평강고원 지역으로 일부 열차를 연장하더라도, 이들 지역이 철원보다 중요한 역할을 하기는 어려워 보인다. 물론 현재로서는 언제 철원까지 대규모의 광역특급 열차를 보낼 수 있을지 알기는 어렵다. 하지만 북한의 개혁·개방과 함께, 이 일대 역시 충청 내륙에 비견할 수 있는 산업 입지가 될 수 있을 가능성은 얼마든지 있다.

경강~중부내륙선 측의 이천과 충주는 현재의 수요를 위해서도 철도가 기여할 수 있는 도시이다. 특히 이천에는 하이닉스가 있으며, 덕분에 중부고속도로 회랑에 속한 도시 가운데 청주 다음으로 생산자서비스 종사자가, 다시 말해 전문가가 많다. 이들의 네트워킹 활동에 거대도시 중심부로 향하는 철도가 매우 중요하다

79
인천중앙~서울역 간 약 50km의 구간에서 위인재, 시흥시청, 광명, 구로디지털단지, 영등포, 여의도에 정차해야 한다. 평균 역간거리는 약 6~7km 수준이다. 신안산선 완·급행과 복선을 공유하고, 최고 속도마저 낮은 이상, 구간 내 표정속도는 60~70km/h 선에서 그칠 것이다. 다만 인천 남측의 GTX 요구를 무마하기 위한 운행 계통인 이상 최대한의 표정속도를 달성하기 위해 노력할 필요는 있다.

는 점은 다시 강조할 필요가 없다. 충주의 경우, 도시 규모는 비록 춘천이나 원주보다 작지만 노무현 정부 당시 지정된 기업 도시(충주 메가폴리스)가 들어서고 있다는 점을 감안할 필요가 있다. 반곡보다는 멀리 떨어져 있지만, 충북선 주덕(기업도시 중심부까지 약 4km 이격)까지 일부 광역특급 열차를 연장하면 비교적 적은 비용으로 이 지역의 산업 개발을 지원할 수 있을 것이라고 본다. 충주역 구내에 건넘선과 고번 분기기만 확보하면 충분하다. 수요가 확인되면 기업 도시 내부로 진입하는 추가 역도 건설 가능할 것이다. 지금으로서도 이천과 충주는, 이들 도시로 출근해 오는 사람들 가운데 서울에서 오는 사람이 가장 많은 도시라는 사실(지도 3) 또한 잊어선 안 된다. 결국 여기서 변형된 C선 남측 구간은 서울 외곽의 제조업 생산기지로 향하지만 철도망의 도움을 받지 못하는 통근객에게 즉각 도움을 줄 수 있는 노선인 셈이다.

한 가지 문제는 있다. C선의 남측 노선을 아래에서 제시할 중부선(⑨)으로 바꿀 수도 있기 때문이다. 특히 청주는 인구가 80만이 넘는 대도시이며, 이 노선은 대전과 청주 사이의 교통량 또한 분담할 수 있다. 덕분에 중부선 광역특급은 중부내륙선보다 훨씬 더 파급력이 클 수 있다. 이런 상황에도 C선의 남측 노선을 중부내륙선으로 잡은 이유는 현재 시공 중이며 개통을 앞둔 노선이기 때문이다. 10년은 더 빠르게 개통을 볼 수 있는 노선부터 특급을 운행하는 데는 분명 자연스러운 면이 있다. 향후 논의에 따라, 그리고 서울 시내 회차선 투자 규모에 따라, C선을 중부내륙선과 중부선의 분기 노선으로 운용하고 중부선 측의 배차를 강화하는 방법도 얼마든지 가능한 일이다.

경원선 방면이든, 중부내륙 방면이든 현재 C선 연선에는 특급열차에 대한 계획 자체가 없거나 부실하다. 때문에 이 선구의 개통 초기에는 광역특급의 최소 기준으로 설정한 30분 배차(하루 36회) 정도로도 얼마든지 유의미한 충격을 연선 지역에 미칠 것이다. 배차를 강화하기 위해서는 물론 수서광주선 병목에 주의해야 한다. 이 선로에는 비록 광역급행급 열차는 다니지 않는 것으로 설정했지만, C선 광역특급은 물론 경원고속선 열차나 강릉선·중앙선·중부내륙선 고속열차, E선 광역특급, 중부선 광역특급까지 모두 몰려들 노선인 만큼 병목 구간이 될 위험성은 얼마든지 있다. 계통이 방금 제시한 것만 7개인 이상, 평행 운전을 한다 해도 이들 계통의 최대 한계 배차량은 계통별로 시간당 3편 수준이다. 이보다 평균 배차량이 많아질 경우, 수서부터 하남연결선(9)이 분기하는 역으로 설정된 위례까지의 2복선화를 2단계 사업으로 추가할 수 있다.(핵심 선구 연구 3 참조)

C선 1단계 사업은 사업비 분산을 위해 광운대 구내에서 지상으로 올라올 필요가 있다. 또한 의정부는 2단계 개통 이후 지상 구간의 시발점으로 기능할 것이다. 따라서 이 두 역과 그 사이의 창동은 현재의 구조를 바꿀 필요가 있다. 창동(지상)은 승강장을 남북으로 연장할 공간이 충분하므로 4호선 북측의 승강장을 잠시 광역특급용으로, 남측의 승강장을 광역완·급행용으로 사용한다. 의정부의 경우 경원선 전국망에게 할당할 5, 6번 홈은 광역특급용으로 사용하기 곤란하다. 평면교차

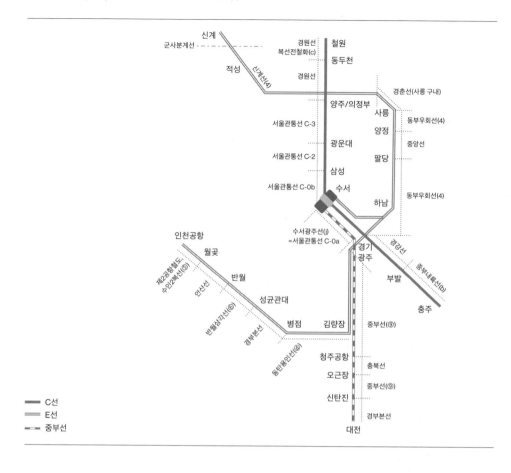

가 발생하기 때문이다. 또 의정부에 종착하는 1호선 광역완·급행이 지금도 상당수임을 감안하면 3, 4번 승강장을 광역급행 전용 승강장으로 바꾸기 어렵다. 다행히 민자 역사 남측으로 1, 2번 홈, 3, 4번 홈과 각각 연결된 화단이 200m 정도 늘어서 있으므로, 이들 네 승강장을 남측으로 연장하여 광역특급 승강 위치와 광역완·급행 승강 위치를 분리할 수는 있다. 이때, 광역특급 승강장과 완·급행 승강장의 경계 면에는 게이트를 설치하고, 이 게이트는 간접 환승 기능을 겸하도록 한다.

      남쪽에서는 현재 경강선 열차가 정차하는 경기광주, 이천, 부발을 개축해야 한다. 다행히 이천과 부발의 경우 역이 토공 구간에 위치하고 있으며, 따라서 부본선을 추가하고(이천) 부본선 외측에 광역완·급행 승강장을 설정(이천, 부발)하는 작업에 별다른 문제는 없을 것이다. 하지만 경기광주는 고가 역인 데다 역사의 건축물을 뜯어내고 부본선과 승강장을 증축해야 하기 때문에 시공이 쉽지 않다. 심지어 경강선 구간의 승강장은 그 길이가 145m로 7량 열차까지만 정차할 수 있고, 따라서 현재의 승강장조차 연장 공사를 해야 한다.

C선은 경부선이나 A, B선에 비해서는 승객이 적을 것이다. 주변 도시의 규모가 그에 미치지 못하기 때문이다. 하지만 이 운행 계통 역시 서울 도심(강남)을 그대로 종관하는 노선이다. 따라서 열차의 규모는 8량은 되어야 하며, 입석 객차도 마련되어야 한다. 기지는 남측은 부발기지를 공용하고, 북측은 이문기지를 활용하기 위해 1단계 연결선을 2단계 개통 이후에도 계속 살려 쓰도록 한다. 서울과 철원의 거리가 상당하므로 철원 측에 소규모 기지를 건설할 수도 있다.

이 노선은 표정속도를 확보하기 어려울 것이다. 경원선 의정부~동두천 구간의 선형이 썩 좋은 편이 아닌 데다, 경강선 광주~부발 간의 설계 속도 또한 120km/h에 불과하기 때문이다. 경강선의 경우 고속열차 운행을 위한 개량 제안이 있긴 했으나 150km/h 이상의 속도를 내기는 어려울 듯하다.[80] 결국 표정속도 개선을 위해서는 경원선 동두천~철원 구간의 선형을 과감하게 개선하는 한편 충주~부발 간 선로의 250km/h급 개량 사업 또한 계속해야 한다.

E선

지금까지의 노선은 서울을 중심으로 하는 방사선이었다. 하지만 E선은 서울 주변의 거점을 잇는 순환선의 역할이 더 크다. 이름 알파벳을 E로 택한 것은 D선이 서울시가 조금씩 언급 중인 '남부급행철도', 이 책의 계획에서는 '남서울급행'의 다른 이름으로 널리 알려져 있기 때문이다. 이 이름과 중복을 막기 위해, 순환선에는 그다음 글자를 택했다.

E선을 좀 더 분해하면, 네 개의 세부 목적과 두 개의 운행 계통이 나온다. 먼저 G원 인근, 또는 제2외곽순환고속도로 인근의 주요 거점을 직결하는 목적을 확인할 수 있다. 인천과 수원, 수원과 동탄 및 경안천 유역, 경안천 유역과 남양주에 산재한 시가지들 사이의 연결망을 구축하면 그 목적이 달성된다. 인천에서 제2공항철도와 수인 2복선(⑤)으로 E선 열차를 직결 운행할 경우, 이들 경기 동남부 지역을, 그리고 E선과 환승되는 방사선들을 인천공항과 연계하는 목적도 달성할 수 있다. 서울 북쪽에서 E선은 방사선으로 변화한다. 북한의 개혁·개방이 이뤄질 경우 개발 압력이 높아질 양주분지와 적성 방면 연계라는 목적을 위해서이다.(4) 적성에서 임진강을 넘어 군사분계선을 넘어가면, 이 노선의 목적은 황해북도 내륙 개발로 바뀐다. 비록 개성 북쪽의 산악 지형을 40km, 임진강과 예성강이 유역 쟁탈을 벌였을 구릉 지역을 20~30km 돌파해야 하지만, 이 길을 택해야 황해 내륙에서 규모 있는 개발이 가능한 신계분지와 서울을 최단 거리로 연결하는 목적을 달성할 수 있다.

이들 네 목적을 달성하기 위해 필요한 광역특급 운행 계통은 두 가지다. 하나는 인천중앙 또는 인천공항에서 출발해 서울 외곽을 남, 동쪽으로 돌아 적성, 신

80
문진수, 『일반철도 고속화 효과 및 추진방안』, '4차산
업혁명과 교통·물류 혁신' 토론회 자료집(한국교통연
구원, 2018), 222~227.

[도표 33] 양주역, 의정부역의 광역망 이용객 추이. 2006~
2017년.

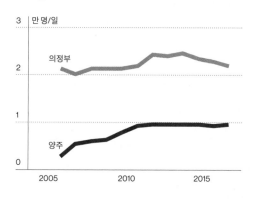

계에 이르는 계통이다.(⑤~안산~⑥~경부~
ⓓ~⑨~4, 이하 E1) 또 하나는 수서에서 출발
하여 서울을 동으로 돌아 남양주, 양주, 적
성, 신계를 연결하는 계통(j~9~4, 이하 E2)
이다. 두 계통 모두 양주에서 경원선을 만나
기 전까지는 순환선의 역할을, 양주 분지부
터는 방사선의 역할을 할 것이다. 신속한 서
울 진입을 원하는 사람은 C선이나 경원 광
역완·급행으로 환승하면 된다. E2 계통을
수서로 진입시킨 이유는 양주, 남양주, 하남
일대에서 서울 강남으로 직결시키는 망을
확보하는 한편, 기본적으로 경원고속선을 위해 건설하는 하남연결선의 활용도를
올리기 위해서이다. 인천에서 착발할 E1 계통은 대부분의 방사선 광역특급 노선[81]
을 연계할 뿐만 아니라 수원, 동탄의 전국망 열차로 승객들을 끌어올 수도 있다.
　　　　북측 구간에는 한 가지 논쟁점이 있다. 바로 경원선(C선)과 어디서 교차
할 것이냐는 문제다. 여기에는 양주분지 서측 연계 방법 면에서 서로 다른 두 대안
이 있다. 의정부, 그리고 양주가 두 대안이다. 의정부는 수도권 북부의 웅부(雄府)이
며, 의정부역은 회기역을 제외하면 경원선 최대의 승객 수가 기록되는 역인 데다 주
변에는 상당한 규모의 상업 지구가 펼쳐져 있다. 반면 양주역은 승객 수가 의정부의
40% 수준이며, 주변 지역은 별다른 개발이 이뤄지지 않은 상태다. 의정부를 택하
면 이 역 일대에 분포한 지하상가와 지하 차도, 경전철 고가를 피하기 위해 난공사
를 펼칠 수밖에 없지만, 상당한 수요와 여기서 일부 출발할 경원본선 전국망 연계를
얻을 수 있다. 양주역을 택하면 지상 고가를 부설할 수 있어 공사 부담이 없는 데다
양주분지 동측에 이미 들어선 옥정신도시의 수요를 분담할 역을 신도시에 좀 더 인
접해서 건설할 수 있고 경원본선과 동부우회선 사이의 연결선도 쉽게 확보할 수 있
다. 두 선택지 사이에는 뚜렷한 장단점이 있는 셈이다. 어디를 환승역으로 택할 것
인지는 추후의 평가에 맡긴다.
　　　　아직 별다른 수요가 없는 양주분지 이북 구간이나 북한의 상황을 감안하지
않더라도, 수도권 외곽을 순환하는 E선은 30분 배차되는 광역특급 열차를 모두 채
울 만큼의 대규모 수요를 기대하기는 어려운 계통이다. 하지만 이 계통은 인천~안
산~수원~동탄처럼 복잡한 구간도 통과하며, E2 계통은 수서역에 종착하여 서울에
진입하기도 한다. 제2공항철도를 활용해 공항으로 가는 승객은 짐도 많을 것이다.
이들 여건을 감안해, 6량 열차 정도는 투입할 필요가 있다. 모든 열차가 인천공항으
로 넘어갈 필요는 없지만, 운용의 효율성을 위해 모든 차량의 출입문 인근 공간을

81
서해(B-3), 경부, A, 중부, 중부내륙(C 남측), 중앙, 경
춘(B-1), 경원(C 북측).

캐리어 보관대로 만드는 조치는 필요할 것이다. 기지는 E-1 계통이 통과하는 시흥과 병점을 공용하는 한편 추후에 양주분지나 적성에도 추가로 마련한다.

수원, 덕소, 사릉의 경우 다른 노선의 광역특급을 위한 개량이 이뤄질 역이다. 수원과 덕소는 다른 특급 계통과 같은 승강장을 활용한다. 다만 사릉역은 경원고속선 분기역으로 쓸 수 있는 역 가운데 주변 시가지와 광릉수목원을 피하는 선형에 가장 적절한 역이므로 고속 전용 통과선을 더한 분기역으로 개축해야 한다.(지도 20) 이외에 안산에서는 가용 공간이 넓은 중앙을 정차역으로 삼아 개조한다. 즉, 구내에 부본선을 설치하고 부본선 외측 승강장으로 광역완·급행을 옮긴다. 인천공항 1, 2터미널은 현재 서울역행 직통 열차가 사용하는 승강장을 공용한다.

사릉~신계 구간은 250km/h급 설계가 거의 전 구간에서 가능하다. 또 동탄에서 경안천 유역을 거쳐 하남에 이르는 구간 역시 충분히 고속으로 설계할 수 있을 것이다. 하지만 수인~안산선 공용 구간, 경부·중앙·경춘선 병행 구간, 병점기지선 공용 구간에서는 기존선 덕분에, 그리고 여타 새 접속선 구간 덕분에 표정속도가 저하될 수 있다. 속도가 제한되는 구간(수인선, 안산선)이 대부분인 동탄 이서 구간의 표정속도는 75km/h 정도를 목표로 할 수밖에 없다.

중부선

2절에서 제안했듯, 중부선은 고속도로에만 의존해 발달한 중부고속도로 회랑의 교통 환경에 충격을 주기 위한 사업이다. 대전~청주~진천·음성 간의 중부고속도로 회랑 남측에서는 적지 않은, 그리고 지속적으로 증가 중인 통근 통행이 확인된다.(도표 35) 특히 청주에서 진천·음성으로 향하는 통근 통행은 지난 20년 동안 3배 이상 증가했고, 이미 2005년부터 대전과 청주 사이의 통근보다 더 많아지기도 했다. 음성~남이 간 중부고속도로의 확장 또한 추진 중이다(음성~호법 간이 오히려 후순위이다). 이들 데이터가 아니더라도, 대전과 청주처럼 30~40km 떨어진 150만, 80만의 대도시 사이에 제대로 된 철도 연계가 없다는 사실은 곧 중부선 연선에 잠재한 방대한 대중교통 수요를 예상할 수 있게 하는 기반이다. 여러 차례 언급한 충북혁신도시 역시 이 노선의 정당화에 중요하다. 이 도시는 혁신도시 가운데 공공 기관 근무자 이주율이 가장 낮으며, 정주 여건을 개선하고 전략 개발지로서의 제 역할을 할 수 있도록 하는 투자가 필요한 곳이기 때문이다.

이 계통의 서울 측 출발역은 수서다. 수서광주선(j)을 통해 C선과 함께 서울을 벗어난 중부선은, 경기광주에 도착하기에 앞서 분기하면서 경안천을 따라가는 동부우회선(4)과 합류하게 된다. 김량장에서 동탄용인선(d)과 분기하고 나면, 이 노선은 지금까지 철도가 없었던 지점으로 접어들게 된다.(⑨) 안성은 과거 안성선(천안~안성~장호원)이 있었지만, 진천·음성분지는 내가 아는 한 최근까지 철도계획선조차 존재했던 적이 없는 지역이다. 중부선의 중요한 목표는 이 세 도시에 새롭고 빠른 철도를 공급하는 데 있다. 진천분지 남측의 산악 지형을 지나 미호천변 오창읍에 도달한 중부선은 청주공항에서 충북선과 잠깐 합류한 다음, 오근장을 지

[지도 20] 사릉역과 그 주변. 사릉역 북서쪽에는 이름의 기원이 된 사릉, 진건읍 시가지 등이 있으며, 북쪽의 구릉 사이사이에는 빽곡하게 가옥이 들어차 있다. 반면 왕숙천 건너편의 산악은 비교적 침식곡이 적은 높은 지형이며, 터널 입구를 확보하기에도 좋다. 동부우회선은 남쪽에서는 중앙선 양정을 지나 분기해 올라온다. 진접 측 4호선 환승역에서 분기하여 북상할 경우 광릉수목원을 저촉하는 선형을 피하기 어렵고, 따라서 이 지점에서 분기하지 않으면 안 된다. 단, 2018년 연말에 지정된 대규모의 신도시가 바로 이 인근에 들어설 예정이므로, 특히 경원고속선 분기를 여기서 실제로 수행할 수 있을지는 전혀 분명하지 않다.

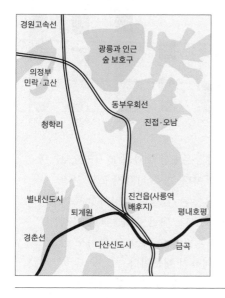

서울 동부 우회 축선 부근의 주요 회피 필요 구역과 경원고속선·동부우회선의 제안 선형

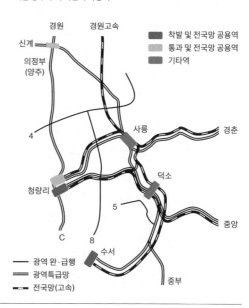

서울 동부 우회 축선과 사릉역

[도표 34] 사릉역의 제안 배선도. 가운데 복선은 고속열차 통과 선임을 밝혀 둔다. 광역완·급행 승강장 외측에는 경춘선과 동부우회선 완·급행이 모두 정차하고, 내측에는 안전 펜스를 세워 고속열차 통과선을 승객과 완전히 격리시킨다.

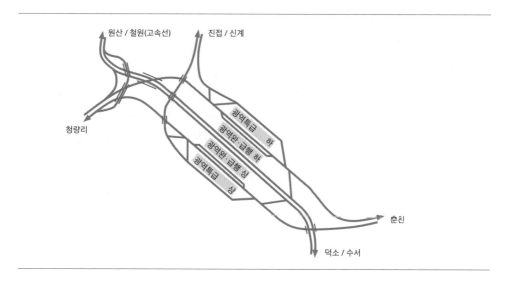

6장 철도 도시 서울, 무엇을 할 것인가

나면 청주 시내 돌파를 위해 다시 헤어진다. 비록 무심천에 청주 종관 고가 철도를 건설하는 것이 투자 규모를 억제하는 가장 적절한 방법이지만, 이 대안은 격렬한 논쟁과 저항을 부를 가능성이 크므로 청주 시가지는 무심천 인근에서 대심도로 진행하는 터널로 돌파한다. 청주중앙역은 가능한 한 최대 중심지인 서문교 일대에 짓는다. 다른 중심지에는 광역급행급만 정차하는 역을 설치한다. 시가지를 종관해 남으로 나온 중부선 철도는 현도면 일대(부용~신탄진)에서 경부본선과 합류해 대전 방면으로 진입한다.

김량장, 그리고 청주 시가지의 대심도 역이 이 노선에서 공사가 가장 어려운 구간일 것이다.[82] 특히 동탄용인선이 분기해야 하는 김량장은 E선 등과의 분기역으로서 충분한 구내를 확보하려면 막대한 예산이 필요할 것이다. 청주 시가지 돌파 구간은 예산 문제가 해결되지 않는 한 역을 최대한 억제한다. 완·급행급만 정차할 추가역은 청주시나 충북도의 자금으로 짓는 것이 현명해 보인다. 대전~청주~진천·음성에 이르는 중부선 구간은 충청권 광역완·급행용으로 공용할 수 있고 그 효과도 상당할 노선이긴 하지만, 대심도 철도역은 그 비용이 막대하기 때문이다.

중부선은 대부분 신규 선로이다. 따라서 충북선 공용 구간을 뺀 전 구간을 200~250km/h급으로 설계하여 180km/h 이상의 주행이 쉽게 가능하도록 만든다. 이 덕분에 100km/h 이상의 표정속도를 달성하는 것도 어려운 일은 아닐 것이다. 다만 진천분지부터 청주공항까지는 경유지가 많아 선형이 불량한 것이 문제다. 평면 선형이 지나치게 휘어진다면, 오창읍 시가지에 직접 역을 공급하는 것은 포기할 수 있다.

이미 형성된 회랑을 따라가는, 그리고 청주와 대전이 있는 노선인 만큼, 열차는 8량 편성을 투입할 필요가 있다. 철도 연결이 없던 곳이므로 30분 배차만으로도 상당한 효과를 불러올 수 있겠지만, 지속적으로 제조업 성장이 일어나고 있는 회랑인 이상 15~20분 배차를 대비할 필요도 있다. 기지는 경부선, A선과 함께 충청권 공용 기지를 확보하는 한편, 안성 측에도 용지를 준비하여 지나치게 남쪽에 쏠려 있는 기지 배치의 균형을 잡는다.

충북연구원이 최근 이 노선과 유사한 노선을 제안한 만큼,[83] 기본적으로

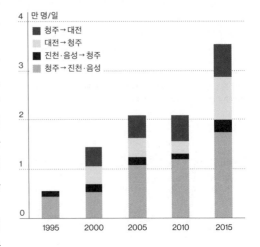

[도표 35] 중부고속도로 회랑 대전~청주~진천·음성 간의 통근자 변화. 각 년도 센서스.

82
다행히 국립지질자원연구원의 지질도(https://mgeo.kigam.re.kr/map/)를 확인하면, 청주 지역의 기반암은 비교적 균일한 화강암으로 보인다.

83
김대웅, 「철도 노선 청주 도심 통과 추진」, 청주MBC, 2018년 5월 14일 자 보도.

이 노선에 대한 지역의 반발은 없을 것이다. 다만, 충북연구원 측의 방안에는 북쪽에서는 동탄에서 광역특급 A선과 합류하거나 환승해야 한다는 문제가, 그리고 남측에서는 청주 시가지를 산악터널로 우회하여 시가지 외곽에 "동청주역"을 부설하려고 한다는 문제가 있다. 나는 북쪽의 문제는 동부우회선과 수서광주선을 활용해 풀었으나, 남쪽의 문제를 시내 관통으로 풀 경우 문제가 적지 않을 가능성이 있다. 다만, 최대한의 대중교통 수요 흡수를 위해서는 시가지를 관통하는 대안이 어떤 방식으로든 실현될 필요가 있다.

경의선

한국 북서부를 종관하는 전국망의 간선인 경의선이 수도권 광역특급망의 말석에 오는 이유는 두 가지다. 우선 이 운행 계통이 2^7km/h로 주행해 효과를 내기 위해서는 북한 방면까지 넘어가야 한다. 복선전철의 종착지인 문산은 서울역에서 46km 떨어진 지점으로, 이곳을 종착역으로 2^7km/h급 특급열차를 운행하기에는 너무 가깝다. 서울 측의 북행 착발 능력이 거의 없다는 점도 문제다. 중앙선과 경의선을 연계하는 용산선의 한계나(4, 5장), 서울역의 착발 능력(4장)은 이미 살펴본 대로이며, 회송 열차나 북한·중국망의 상황을 고려할 때 필요한 북행 객차 열차의 착발, 광역완·급행 운행을 감안하면 경의2선(③)이 추가되더라도 서울역을 거점으로 광역특급을 대규모로 운행할 여건은 형성되기 어렵다.

이 선구의 북쪽 종착역은 우선 평산이나 신막으로 삼는다. 서흥, 봉산, 나아가 사리원도 광역특급이 2시간 내로 도달할 거리다. 다만 평양으로 직접 가는 계통(사리원에서 약 50~60km)을 광역특급으로 운행할 필요가 있을지는 좀 더 숙고가 필요하다. 나는 운영 책임이나 망의 연계 거대도시권을 확실히 해 두기 위해 평양 측 광역특급과는 신막 등의 역에서 운영 구역을 나누는 편이 낫다고 생각한다.

열차의 남한 측 착발(도표 26)은 우선 A선에서 분기하는 열차를 활용한다. 다시 말해, A선 광역특급 열차는 대곡에서 해주 방면과 개성·신막 방면으로 분기한다. 행신기지, 수색 등지에서 출발하는 고속열차와 교환이 가능하므로, 대곡에서 양 노선은 교차할 뿐 병목을 형성한다고 보긴 어렵다. 추가로 경의2선 확보와 서울역 개량을 마친 다음, 서울역 착발 계통 또한 신설한다. 현재의 고상 승강장을 조금 더 연장하여 광역특급 열차 착발을 취급하면, 귀중한 서울역 방면 용량을 광역완·급행보다 단가가 높은 승객들에게 배분할 수도 있다.(핵심 선구 연구 1 참조) 다만 서울역 북쪽에는 고상 승강장을 길게 만들 공간이 충분하지 않고, 단선 운행을 역 구내에서 하게 되는 만큼 열차 수도 제한적일 것이다. 따라서 수요가 어떻든, 서울역 착발편은 6량보다 긴 편성을 투입하기도, 1시간 배차보다 높은 빈도로 운행하기도 어렵다.

경의본선에서 광역특급 취급을 위해 개량할 역으로는 금촌을 꼽을 수 있다. 이 역은 2면 4선이기 때문에, 광역완·급행과 광역특급, 그리고 전국망 열차를 모두 분리 운용하긴 어렵기 때문이다. 하지만 금촌은 고가역이기 때문에 별도의 광역

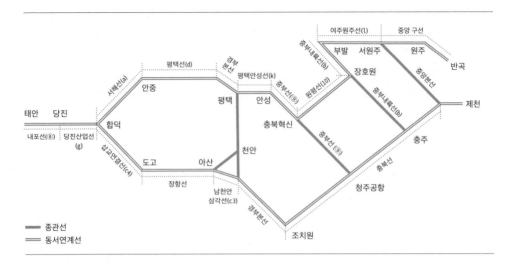

완·급행 승강장을 부본선 외측에 붙이는 방법 정도만을 적용할 수 있다. 일산이나 문산은 별도 증축 없이 가운데 승강장을 광역특급 상하선 공용 승강장으로 활용한다. 추후 경의본선을 활용하는 전국망 또는 국제 열차를 이들 역에 정차시키려면, 두 역은 1면 2선을 추가하여 가운데 2면 4선은 전국(국제)망과 광역특급을 위해, 가장자리 2면 4선은 광역완·급행을 위해 사용한다. 물론 북한 측 경의본선은 복선 전철화와 함께 모든 것을 완전히 새롭게 정비해야 한다.

　　　　이 노선은 북한 측 개혁·개방의 추이에 따라 수요가 완전히 달라질 것이며, 따라서 2030년 이전에는 본격적인 운행이 어려울 것이다. 표정속도 역시 한계가 뚜렷하다. 서울 시내 구간이 부실한 데다, 서북 지역의 개발과 이로 인한 경의선 완·급행 열차의 지속적인 빈도 증가가 예상되기 때문이다. 경의선 2복선화 이전에는 금촌 이북 구간에서나 원활한 고속 주행이 가능할 것이다. 북한 지역 역시 상황을 낙관하긴 어렵다. 개혁개방이 더뎌지고 있을 뿐 아니라, 지형조차 개성에서 예성강을 따라 평산에 이르는 구간의 산악은 생각보다 험준하며, 따라서 경춘선처럼 일부 구간에서는 180km/h 운행이 어려운 구간이 나올지도 모른다. 200km/h 운행이 가능하도록, 설계자들의 주의가 필요한 대목이다. 기지는 문산을 일단 사용하며, 운행이 활성화되면 황해도 측에도 추가 기지를 확보한다.

동서 연계

이 계통은 서울 P, L원의 외곽 지역 사이를, 또는 2절 지도 8에서 확인한 '행정수도' 회랑을 연계하는 목적을 가진다. 거대도시 주변부를 따라가는 이 계통에서는 대규모 수요를 기대할 수는 없다. 하지만 다행히, 이들 회랑의 주요 도시를 연결하기 위해서는 충북선이나 경부선, 장항선 같은 기존 선구, 그리고 서울 우회선과 같은 구축 예정 선구를 활용할 수 있다. 따라서 이 운행 계통의 원활한 영업에 필요한 투자는 차량, 그리고 충북선과 장항선의 개량 정도다. 바로 이 덕분에, 이 계통에 들어갈 비용은 오히려 방사선이나 서울 우회선 투자의 편익을 높여 줄 것이다. 이미 다른 목적으로 구축된 노선을 더 철저히 활용하는 것이 이들 계통의 목적이기 때문이다.

동서 연계선의 북측 계통은 크게 원주와 평택을 연결하며, 그 사이에 있는 여주, 이천, 진천·음성, 안성을 하나로 연결한다. 일부 열차는 서해선을 따라 태안반도 지역까지 연장 운행할 수 있다.(⑧~g~a~d~경부~k~⑨~10~b~l~중앙) 한편 남쪽 계통은 제천에서 조치원까지 충북선을 따라 남하하면서 충주, 청주 등을 연계한 다음, 경부선을 타고 천안으로 북상하다가 장항선으로 빠져 내포 방면으로 향한다.(⑧~c4~장항~c3~경부~충북)

대규모 수요를 기대하기 어려운 계통이라는 점에서, 이들 계통은 4량 편성과 1시간 배차를 기본으로 한다. 이보다 배차를 좁히기는 어려울 수 있다. 그러나 이들 계통은 현재 2~3시간 수준의 배차 간격을 보이는 충북선 등을 이용하므로, 거대도시 주변부의 기준으로 볼 때는 적지 않은 공급과 열차 빈도 증대를 가져올 것이다. 비록 열차의 규모는 작지만, 이 공급 증대를 기반으로, 방사선 광역특급망 사이를 연계하면서, 주변부와 거대도시 중심부의 이중 교통 환경을 완화하는 아주 중요한 역할을 동서 연계 계통은 담당하게 될 것이다.

핵심 선구 연구 3.
삼성과 수서,
새로운 병목?

이 책의 계획 속에서, 삼성과 수서로 집결하는 노선은 현 망과 계획선, 저자 제안 노선을 합쳐 총 4개다. 수서평택고속선, GTX(이 책에서는 광역특급) A, GTX C, 수서광주선. 여기에 정부는 수서광주선을 활용해 중부내륙선과 경강선에 고속열차를 투입하는 계획을 가지고 있으며, 나는 여기에 경원고속선과 광역특급 계통 2개를 더 추가해야 한다고 제안했다. 또한 신계를 거쳐 관서내륙선을 이용하는 고속열차를 운행할 수도 있다. 신계 경유 북한 관서내륙 종관 고속열차를 합쳐 9개의 운행 계통이 이 방면으로 집결하는 셈이다.(도표 37) 이대로라면 삼성과 수서는 본선과 역 시설 양 측면에서 새로운 병목으로 떠오르게 된다.

표 20은 앞서 전국망과 광역특급망 운용과 관련해 가정한 열차들이 수서, 나아가 삼성역에 진입했을 때의 열차 물량을 나타낸 것이다. 삼성~수서 간에서 기록되는 450회는 2.5분 시격이 18시간 동안 유지되는 평행 시각표로도 복선으로는 결코 처리할 수 없는 수준이다. 내가 추가한 광역특급 계통을 배제하더라도, A와 C의 열차 횟수를 모두 100회로 맞추고, 경원고속선 방면 고속열차 용량도 감안할 경우 열차 횟수는 하루 350회에 달할 것이다. 결국 이 책의 계획을 실현하려면 삼성~수서 간에는 2복선이 부설되어야 한다.[84]

삼성역의 발차 및 통과 용량도

우려스럽다. 이들 모든 노선을 집결시켰을 때, 그리고 UIC 권고 수준인 지장률 50%를 만족시켰을 때 몇 선의 승강장이 필요한지에 대한 계산이 담긴 표 21를 보자. 이들 조건을 모두 만족하기 위해서는 통과선 6선, 그리고 착발선 9선이 필요하다. 물론 일본처럼 UIC 권고 수준을 한참 넘어서는 극단적인 운용을 벌일 수도 있다. 하지만 이런 운용이 어떤 부담으로 연결되는지에 대해서는 아직 충분한 정리가 학계에 의해 제시되어 있지 않다. UIC 권고 수준을 넘었을 때 어느 정도의 부담을 철도 운영사, 관련 노동자, 승객들이 져야 하는지에 대한 충분한 데이터가 공개될 필요가 크다.

물론 이런 병목 현상 예측은 내가 광역특급 계통을 변형하고 추가했다는 데 많은 부분 기반한다. 하지만 광역망을 배제하더라도, 전국망 고속열차 운영의 유연성을 위한 본선과 역 투자가 강남 지역에 필요하다는 요구를 부정하기는 어렵다. 삼남 지방에서 서울을 통과, 한반도를 종관할 계통이나, 이미 장기 계획이 있는 중부내륙·경강선 고속열차, 그리고 언젠가는 필요할 강남 착발 북한 방면 고속열차 운행을 위해서는 충분한 시설, 또는 유연성 있는 시설 투자가 필수다.

1차 대안으로, 현 수서역을 활용하여 강남 착발 열차를 모두 처리하는 한편, 현 광역특급 수서에는 고속열차 통과선을 추가하고, 삼성역은 충분한 통과 용량을 보장하기 위해 3면 6선으로 확장하는 방법이 있을 수 있다. 현재 수서역으로 운행 중인 경부·호남고속철 착발 열차는 삼성역과 지하 서울역을

---

[84]
현 계획상 GTX C선은 삼성~수서 간을 달리지 않고 A선과 입체교차하여 양재 방면으로 빠져나간다.

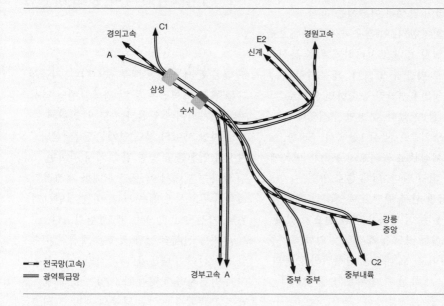

[표 20]　삼성~수서로 집결하는 열차의 하루 편 수. 2020년 봄 현재 정부 계획 반영 여부는 비고에서 확인하라.

(편/일)	삼성~수서	수서~성남	수서~위례	위례~광주	강남 관통	비고
경부, 호남고속	100	100			O	수서 이북 미결정, 현 60회에서 증편
중부내륙, 강릉, 중앙	50		50	50	X	장기 계획
북한 방면 고속	50		50		X	저자 추가, 경원 등
광역특급 A	100	100			O	확정, 건설 중
광역특급 C	50		50	50	O	A보다 감편, 정부 계획 중
광역특급 중부	50		50	50	X	저자 추가
광역특급 E2	50		50		X	저자 추가
합계	450	200	250	150		

[표 21]　표 20에서 제시된 열차가 삼성역, 또는 수서역에 모두 진입했을 때 예상되는 총 지장시간을 적정 지장률로 관리하기 위해 필요한 승강장의 수. 여기서 '고속 통과'는 경부선과 호남고속선 열차를, '광역 통과'는 A, C선을 지시하며, '고속 착발'은 중부내륙, 경강, 중앙, 북한 방면 열차를, '광역 착발'은 중부와 E1선을 지시한다. 고속 통과선의 지장시간은 용산역보다 1분 짧은 시간이며, 고속 착발선의 지장시간은 반복에 총 30분, 광역 착발에는 전국망 고속보다 절반의 시간이 걸린다고 가정하고 작성했다. 총 지장시간은 물론 상하선 열차를 모두 반영한 것이다.

	고속 통과선	고속 착발선	광역 통과선	광역 착발선
승강장 개수	4	6	2	3
열차당 지장시간(분)	6	15	3	7.5
총 지장시간(분)	1,200	3,000	900	1,500
18시간 대비 지장율	28%	46%	42%	46%

관통하여 일단은 수도권 서북부에서, 그리고 북한의 개혁·개방이 안정화되어 경의고속선이 완성된 이후에는 북한 지역에서 회차한다. 이 경우 수서광주선으로 진입하는 열차 물량을 처리하기 위한 본선 투자를 뒤로 미룰 수 있으며, 현 수서역은 광역급행 착발용 3면만 증축하면 되므로 급한 불은 끌 수 있다. 하지만 수서역에서 종착하는 열차들은 앞서 1장에서 규정한, 거대도시 핵심부로 들어오지 못하는 병목에 걸린 꼴이 되고 만다. 대체 경로가 있는 E2선, 강남발 관북 방면 고속열차를 제외한 모든 열차들은 이 병목을 넘을 필요가 있다. 언젠가는 이들 병목을 해소하기 위한 투자를 해야 할 것이고, 그 내용은 삼성역의 증축과 수서~삼성 간 복선 추가 확보가 될 것이다.

핵심 선구 연구 4.
수인2복선화와 송도급행선

또 다른 문제는 인천 내부 구간이다. 지금껏 다룬 전국·광역망은 물론, 광역급행망 역시 여럿 추가되어야 인천과 수도권, 인천과 삼남 지방 사이의 철도 연계는 물론, 삼남 지방과 인천공항 방면 접속 역시 강화될 수 있다는 점에서 이 구간에 대한 체계적 계획의 필요성은 매우 크다. 이를 실현하기 위해, 가장 중요한 것은 제2공항철도다. 삼남 지방 전체의 공항 접속을 개선시킬 수 있는 노선이기 때문이다. 하지만 이 노선은 이제 인천시마저 잊어 가고 있는 듯하다. 날로 촘촘해지는 인천 남부의 개발, 그리고 전국망 열차 운행을 그리 감안하지 않고 건설되고 만 수인선의 현 시설 덕분에, 전망은 어둡다. 또한 GTX B선에 대한 인천시의 지속적인 요구도 감안해야 한다. 이 노선은 2019년 가을 어쨌든 예비타당성 조사를 통과하기도 했다. 송도신도시의 개발 동력을 확보하려는 계획인 만큼, 인천시는 지금보다 훨씬 체계적인 대안만을 받아들일 것이다. 두 요구를 모두 실현하려면, 수인선 주변 노선을 정비하고 필요에 따라 송도신도시에 진입, 이 도시를 횡단하는 철도망을 부설할 필요가 있다. 이들 노선에 대한 내 제안은 지도 21에 그려져 있다.

노선 개요
현 수인선에 추가될 2복선(⑤) 사업은 오이도, 또는 월곶부터 시작한다. 오이도역에서 동남쪽으로 진행, 상록수역에 이르는 안산선 구간은 주변 부지 여유가 충분하여 2복선화에 큰 무리가 없으나

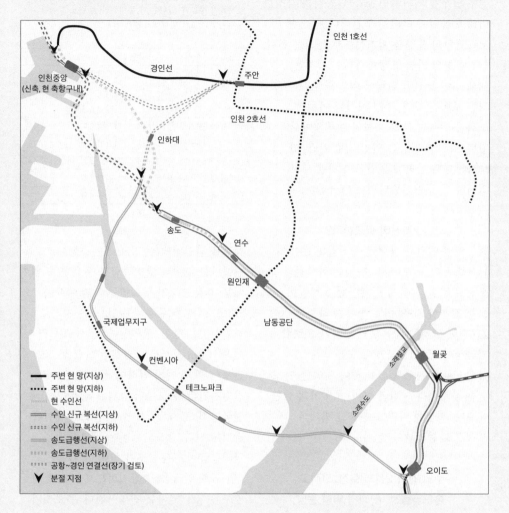

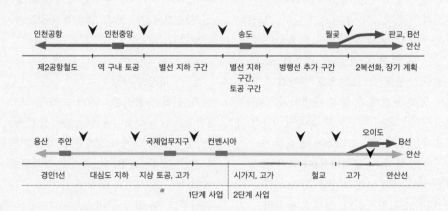

6장 철도 도시 서울, 무엇을 할 것인가

북서쪽, 특히 소래철교를 넘어 인천 구간의 경우 일부를 제외하면 모두 난공사와 극심한 이해 충돌이 우려되는 구간이다. 인천발 고속열차의 물량을 획기적으로 늘리는 한편, 인천공항의 기능을 강화한다는 목적을 내세워 이 노선이 전국에 이익을 준다는 점을 보이는 한편, 주변 시설과 어느 정도 조화를 이루는 추가 투자가 이뤄져야만 한다. 착발역 기능은 인천 내항 인근, 현 축항구내와 인천세관 인근 부지에 새로 입지하게 될 인천중앙역이 담당한다.

과연 2복선이 필요한가?

지금의 수인선은 완행열차만 최대 10분에 1편(하루 약 80회) 정도 다니는 한산한 노선일 뿐이다. 하지만 제안한 노선들이 모두 집결할 경우, 이 노선에는 하루에 270회에 달하는 대규모의 열차가 운행할 가능성이 있다.(표 22) 이 교통량은 복선으로는 평행 운전을 해야 처리할 수 있는 물량이라는 점은 이미 여러 차례 살핀 대로다. 기능에 따라 교통류를 별개의 복선으로 분리해야 할 이유다.

수인1선과 2선의 설정, 그리고 송도급행선(ⓔ)과의 역할 분담.

수인선 현 망과 신규 복선의 역할은 송도역을 경계로 바뀔 필요가 있다. 기능에 따라 전국망(및 광역특급)으로 운용할 노선을 수인1선, 광역망(완·급행)으로 운용할 노선을 수인2선으로 칭하겠다. 송도 동쪽 구간에서, 현재 완행이 주행하는 복선은 광역특급과 전국망 고속열차(1선)가 사용하는 한편, 현 망 외측에 건설될 새 복선에는 현행 완·급행(2선)이 달린다. 반면 송도 서쪽 구간의 경우 현 노선이 수인2선으로 활용된다. 현재의 지하역

[표 22] 인천 관내 수인선으로 집결시킬 수 있는 열차의 물량. 전국망 및 광역특급, 광역급행을 다룬 본문의 서술과 일치하지 않을 수 있다는 데 유의하라. 중련을 감안해 최소의 물량만을 표에 반영했기 때문이다.

유형	노선	횟수	비고
전국망	경부고속	18	시간당 1회
	기타 고속	9	시간당 0.5회
	ITX-새마을	9	시간당 0.5회
광역특급	B2(신경인)	44	시간당 2회, 러시아워 4회
	B3(서해)	36	시간당 2회
	E1	44	시간당 2회, 러시아워 4회
광역급행	여주인천	36	시간당 2회
광역완행	수인	72	시간당 4회
총계		268	

시설을 감안하면 현 망으로는 공항으로 넘어가는 고속과 광역특급을 운용할 수 없기 때문이다. 송도역 부지에는 약간 여유가 있으므로 이를 활용해 수인1선은 지하로 진입시키는 한편, 광역완·급행 선로는 역 서쪽 300m 지점까지 별개의 병행 선로로 진행한 후 현 지하 인하대역 방면 선로로 진입시킨다. 송도부터 광역완·급행(2선)과 전국망 및 광역특급(1선)은 별도의 복선을 달리게 된다. 송도급행선은 광역급행 및 광역특급이 공용하도록 하며, 초기에는 경인급행 연장을, 중장기적으로는 B2선과 일부 전국망 열차를 진입시킨다. 유보지가 넓은 국제업무지구역 인근에 송도 중앙역을 건설해 전국망 용으로 활용하는 것도 검토한다.

구간별 사항

먼저, 월곶은 월곶판교선의 분기역이므로 2면 4선을 증축하여 인천공항에서 출발, 제2공항철도를 거쳐 강릉을 오가는 전국망, 인천발 광역특급 B2선, 추가로 광역급행 여인(여주인천)선의 원활한 분기를 지원한다. 현 월곶 구내 양옆에 1면 2선씩을

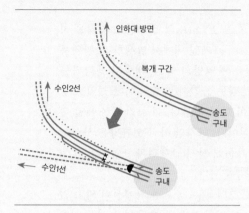

[도표 38] 송도역 구조 개편 계획. 상단이 현 구조이다.

인하대 방면

복개 구간

수인2선

송도 구내

수인1선

송도 구내

추가하고, 동남쪽에는 지금의 시흥기지 인입선과 별개의 분기선을 증축한다. 소래철교부터는 내측 복선을 외측 쌍단선이 둘러싼 형태로 진행하는데, 이미 건설된 수인선 고가의 열차 운행에 지장을 주어서는 안 되므로 약간의 이격거리를 두고 고가를 건설해야 한다. 도중 역의 경우, 인천논현은 부본선을 그대로 외측 수인2선 용도로 활용하는 한편 소래포구역과 호구포역 외측에도 복선을 건설한다.

남동공단부터 연수까지는 토공 구간이므로 공사에 무리는 없다. 다만, 전국망 고속열차와 광역특급 열차가 원인재역에 정차할 수 있도록 원인재 구내를 확장해야 한다. 아마 4면 6선, 또는 8선역이 필요할 것이다. 연수역부터 현 망은 지하로 진입한다. 비록 지역 내 논란이 크겠지만, 나는 이 구간에서 새 복선(2선, 광역용)이 고가를 활용해야 한다고 본다. 현 망은 청학지하차도를 피해 역을 신설할 수 없을 만큼 가파른 터널로 구성되어 있기 때문이다. 수인선 구 철도부지, 도로 상부, 그리고 한전 남인천지사 부지 등을 활용해 이 지역을 고가로 통과하면, 수인선은 송도역에 진입하게 된다.

송도역의 1, 2선 교차 처리 방안에 대해서는 이미 앞서 언급했다. 송도에서 인천항 구내까지 수인1선은 대심도로 파고 들어간다. 물론 제2경인고속도로를 따라 그 남쪽에 토공 구간을 만드는 것도 충분히 가능한 일이지만, 매립지의 여러 수로, 그리고 지반 침하를 피하려면 필요한 대심도 공사를 감안해 지하로 들어가는 편이 나을 수 있다. 이 노선은 인천 남항의 제2외곽순환고속도로(고가)를 횡단해야 하는 이상, 고가를 택할 수는 없다. 인천항 구내에서는 방향을 틀어 지상으로 진출하면 된다. 지상 접속 부분은, 현재의 남항 석탄부두 방면으로 가는 철도에 설정한다. 내항 제2여객터미널 진입을 위한 도로는 신흥동 방면에서 별도로 개설한다.

현재의 축항구내와 인천세관 소유지는 최대 폭이 100m에 달하여, 4면 8선의 구내, 그리고 선상역사를 건설하면 인천의 중심 착발역 기능을 수행하기 적절한 곳이다. 단, 역은 현 기면에 건설해 사업비를 절약해야 한다. 이 역 북서쪽에서 인천항 구내와 부근 공업 용지를 활용하여 제2공항철도를 영종도로 넘기는 터널과 연결하면 수인1선은 끝난다.

송도급행선의 초점

비록 자동차에 깊이 의존하는 송도의 교통 환경에 비추어 보아 철도의 장래가 어두울 가능성은 크지만, 주변 망과 도시 구조를 감안했을 때 송도급행선은 송도의 교통을 대중교통 중심 구조로 바꿀 몇 안 되는 카드로 보인다. 경인선 방면 연계, 시흥·안산 방면 연계, 광역특급, 나아가 전국망의 송도 권내 진입을 모두 구현할 수 있는 노선이기 때문이다. 세부 사항은 아래 광역급행 계획에서 언급하기로 한다.

6장 철도 도시 서울, 무엇을 할 것인가

5절. 중간 동심원, 광역급행

이제 반지름 36~62($4 \times 3^2 \sim 4 \times 3^{2.5}$)km, 그리고 속도 2^6km/h의 스케일로 내려올 시간이다. 현재 대부분의 수도권 철도망 이용객은 이 스케일 내에서 발생한다. 광역특급망이 자리를 잡게 된 다음에도, 이들 스케일은 광역망의 중점, 대중이 생각하는 서울의 외피로서 계속해서 기능하게 될 것이다. 나는 공간과 속도의 이 스케일을 광역급행의 층위로 지정하여 체계적으로 관리해야 한다고 본다. 이 공간의 스케일 속에 광역망 방사선이 어느 정도 갖춰진 것은 사실이다. 하지만 아직 순환망은 사실상 존재하지 않으며, 서울로 진입하는 여러 축선 가운데 상시 급행열차 또는 60km/h대에 육박하는 표정속도를 기록하는 노선은 일부뿐이다.

이런 상황을 타고, 서울 시계는 교통 환경의 매우 중요한 경계선이 되고 있다. 서울에서 승용차를 이용하는 사람들의 비율이 가장 높은 통행 유형은 서울 시계를 통과하는 광역 통행이다.(보강 10) 2절에서 살펴본 자동차 통근자 비율의 추이에서도 서울과 인천·경기는 큰 차이를 보였다. 서울에서 자동차의 지배력은 퇴조하고 있으나, 아직 인천·경기에서 그 퇴조는 그리 뚜렷하지 않다. 광역급행 계획은 바로 여기에 더 강력한 쐐기를 박는 것을 목적으로 해야 한다. 속도 증가 폭보다 훨씬 더 넓은 공간을 커버해야 한다는 약점은 여전하지만, 광역특급망보다는 망을 좀 더 조밀하게 구성할 수 있으며 주변 연계 교통도 좀 더 충실하다는 점은, 그리고 경인선이나 9호선 급행열차에 대한 시민들의 높은 호응은 상황을 낙관할 수 있게 한다.

자동차 시대 이후의 교통 환경·행동을 좀 더 넓은 범위로 확산시키려면, 광역급행 계통, 즉 60km/h 수준의 표정속도를 구현한 운행 계통 역시 최대한 넓은 범위로 확산되어야 한다. 물론 이런 작업은 지난 20년 동안 부분적으로 구축된 급행망을 충분히 활용·개선하는 작업과 함께해야 하며, 동시에 산발적으로 제시되는 서울시 등의 제안도 종합해야 한다. 기존 급행선, 건설 또는 계획 중인 노선, 세간의 제안 노선, 저자 제안 노선까지 더해져 지도는 극히 복잡해져 있지만, 곧 소개할 몇 가지 기본 원칙, 그리고 노선망 정비 방침을 확인하면 이들 망의 복잡성이 어떤 의미를 가지고 있는지 어렵지 않게 확인할 수 있을 것이다.

계획의 기본 원칙

1) 표정속도

구성 운행 계통의 목표 표정속도는 60km/h 수준으로 한다. 이를 이미 달성한 경부급행과 같은 망은 꼭 필요한 경우를 제외하면 정차역이 증가하지 않도록 관리하며, 단일 계통만이 운행 중이면서 60km/h 이상의 표정속도가 기록되는 경강선에서는 일정 수 이상의 정차역이 증설되어 60km/h 이하로 표정속도가 저하될 경우 급행 계통과 완행 계통을 분리하여 대처한다. 여기에 표정속도가 미치지 못하는 경인급행선과 같은 계통의 경우 아래에서 제시할 차량 도입과 같은 방식으로 증속 투자를 계속한다.

2) 역간거리

역간거리는 3~5km 수준으로 관리하는 것을 목표로 한다. 이는 서울이나 수도권 대도시에서 구당 한두 개 정도의 역이 들어서는 수준이며, $2^{5.5}$km/h 이상의 표정속도를 현재의 광역망 전동차로 달성하기 위해 필요한 최소한의 역간거리다. 다만 도심에 인접했거나 타 노선 환승역, 그리고 주변 버스의 중요한 집결지인 경우 이보다 좁은 역간거리라 해도 정차역으로 설정할 수 있다.

3) 배차와 규칙 시각표

광역망에 대한 배차 불만은 전 수도권, 전 축선을 관통하고 있었다. 여기에 대응하려면 완행급 배차는 유지하면서 급행급의 배차를 증강하고 동시에 규칙 시각표를 관철해야 할 것이다. 평시 기본 배차 간격은 15분, 수요가 낮은 구간이라도 30분 정도의 배차 간격을 구현할 수 있도록 한다. 수요가 집중될 러시아워에는 배차를 2배로 증강한다. 그런데 현재 철도공사는 "알뜰경영"을 위해 광역망의 평시 배차를 러시아워 대비 1/3까지 감편하고 있다. 바로 이 덕분에, 경인선에서조차 낮 시간에는 급행 배차 간격이 20분을 넘겨 규칙 시각표가 구현되지 못하고 있다. 철도공사의 이런 선택을 승객 편익을 위한 방향으로 바로잡기 위해서는 별도의 재원 충당 계획이 필요하다. 주요 대책 가운데 하나는 아래 '운임 문제'에서 확인하라.

4) 차량

목표 표정속도가 완행 차량보다 약 두 배 빠른 이상, 차량을 분리하지 않으면 광역급행을 완행과 차별화된 서비스로 제공하기는 어려울지 모른다. 차량의 목표 성능은 일본을 참조할 수 있다. JR 서일본의 223계 전동차는 '신쾌속' 등급 등에서 130km/h 운전을 시행하고 있다. 1067mm 케이프케에서, 그것도 통근 전동차가 이런 속도로 운전하는 것은 극단적이다. 하지만 우리 수도권의 교통망 경쟁 상황은 일본보다 철도에게 불리하다는 사실, 그리고 그럼에도 시설 (개량) 여건은 일본보다 유리하다는 사실을 감안하지 않을 수 없다. 승용차는커녕 몇몇 축선에서는 광역버스에게도 판정패를 당하는 광역철도의 현실을 타개하려면, 그리고 120km/h를 넘어 외곽으로 나가면 150~250km/h 운전까지 가능한 시설 여건이나 극도로 혼잡하여 가능한 한 평행 운전에 가깝게 운용해야 하는 몇몇 선구의 운전 여건을 감안하면 광역급행망 전동차의 속도(110~120km/h)나 가감속 성능은 현재의 수준을 넘어서야만 한다. 가능하다면 최고 속도 140~150km/h급 차량을 개발한다. 누구나, 모든 지역이 급행 정차역을 바라는 현실 속에서, 최고 속도와 가감속 성능 개선은 표정속도 증강을 가능하게 하는 몇 안 되는 물리적 요인이 될 것이다.

5) 완·급 결합 원칙

승강장 역시 체계적으로 정비해야 한다. 정비의 목표는 같은 노선을 같은 방향으로 달리는 완행열차 승객이 급행 공용 역에서 손쉽게 급행으로 갈아탈 수 있도록 하

6장 철도 도시 서울, 무엇을 할 것인가

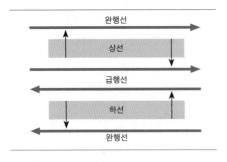

는 데 있다. 이를 위해서는, 완·급행이 같은 승강장에, 그리고 급행은 본선에 완행은 부본선에 정차하여 완행과 급행 사이의 환승 거리를 승강장 너비 수준으로 줄이는 조치가 필요하다. 손쉬운 환승 덕분에, 급행의 효과는 큰 장벽 없이 완행 역으로 파급될 것이다. 모범적인 급행 역 구조인 쌍섬식 구조(도표 39)는 경인선 동인천~개봉 구간에서, 그리고 일부 9호선 급행 정차역에서 확인할 수 있다. 완·급행이 함께 운행하는 노선의 주요 급행 정차역의 구조는 장기적으로 모두 이러한 쌍상대식 구조로 바꾸는 한편, 복선으로 완·급행을 함께 운용하는 노선의 경우 추월 대기가 이뤄지는 역에서 완·급 결합이 함께 이뤄질 수 있도록 정비한다. 일례로, 경부2, 3선 용산~신도림 구간의 경우 완·급 결합을 위해서는 계단을 경유해야 하는 불편이 있다. 이를 개선하기 위한 배선 개선 투자를 계속한다.

6) 운임 문제

별도 차량 도입과 고속, 고가감속 운전은 상당한 비용을 유발할 수밖에 없다. 무난한 수준의 운전과 차량 표준화를 통해 비용을 절감하려는 사업자의 행동을 바꾸려면, 사업자가 추가로 치러야 할 비용을 보전하는 조치가 필요하다. 하지만 현재 광역망의 운임 제도는 이를 뒷받침하기 어려운 구조로 되어 있다. 도표 40을 보면서 논의해 보자.

현재 광역망의 운임 수준은 거리가 멀어질수록 급격히 낮아진다. 도시철도의 평균 이동 거리인 12km 선에서는 km당 112원 수준이지만, 서울 도심에서 인천, 수원 정도의 거리인 35km 선에서는 km당 50원에 해당한다. 급행 투자에 사업자들이 소극적인 현재의 상황은 바로 이런 운임 제도를 통해 설명할 수 있다. 수송 거리보다는 수송 인원이 수입에 훨씬 더 큰 영향을 미치기 때문이다. 이와 대조할 수 있는 자료가 바로 단거리 승객을 거부하고 장거리 승객을 주로 태우려는 것으로 잘 알려진 택시의 임률이다. 택시의 km당 임률은 대략 15km부터 800원 수준으로 유지된다. 택시 기사들이 장거리 승객을 좋아하는 현상은, 바로 이처럼 수송 거리에 따라 균일하게 지불 금액이 증가하는 임률 제도, 그리고 장거리를 빠르게 달릴 수 있어 시간당 운임을 크게 끌어올릴 수 있는 고속도로로 설명할 수 있다.

광역급행 투자는 탑승 인원보다는 인킬로를 더 크게 늘릴 것이다. 따라서 임률 제도를 개선하는 작업 없이는 사업자가 급행 투자와 운용에 나서게 할 동기를 만들 수 없다. 하지만 여기에는 중요한 난점이 있다. 원활한 완·급 결합을 위해서는 급행에 완행과 별도의 승강장이나 운임 구역을 할당해 운영해서는 안 되기 때문이

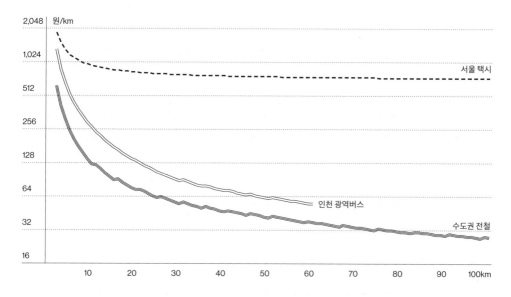

[도표 40] 수도권의 교통수단별 km당 임률 비교. 서울 택시는 2019년 2월 인상된 임률 기준이며 나머지는 2018년 연말 기준이다. 인천 광역버스는 경기 광역버스보다 기본 운임이 300원 높다는 점에 유의하라. 수직 축은 2를 밑으로 하는 로그 스케일로 그렸다.

다. 교통 카드 데이터 역시 저장할 수 있는 변수의 종류(표 15)가 제한적이다. 한편 현 수준의 완행을 탑승한 승객에게 지금보다 높은 운임을 받는 조치는 최대한 피해야 할 것이다. 사용할 수 있는 패는 제한적이다.

완행의 운임은 증액하지 않으면서, 제한적인 카드 데이터만을 활용해 광역급행의 운임을 증액할 수 있는 합리적인 기준은 결국 광역급행 승객이 절약한 시간뿐이다. 이 시간을 계산하여, 예를 들어 3분이나 5분마다 100원 정도를 추가로 과금하자.[85] 구체적인 절차는 다음과 같다. 도착 역에 도착했다는 태그가 이뤄졌을 때, 전산 측에서는 먼저 출발 역 카드 태그 이후 역에 처음으로 도착할 완행열차를 타고 도착역에 도달하여 카드 태그까지 걸리는 시간을 현행 운전 시각표에 기반해 구한다. 이 시간을 급행 운임 부과 기준 시간으로 삼는다. 그다음, 카드에 기록된 승차 시간(3번)과 하차 시간(13번)의 차이 값이 이 값보다 3n분 또는 5n분(단, n≥1) 짧을 경우 하차 시 징수액에 n백 원을 추가한다. 급행이 따로 존재하지 않는 경로는 이 액수를 0으로 설정한다. 3분을 기준 시간으로 할 때, 동인천~용산 간 급행열차(12분 단축) 승객은 최대 400원을 더 내게 될 것이고, 5분이라면 200원을 더 내게 될 것이다. 물론 지연 운행이 벌어질 경우 급행 요금은 줄어들거나 징수할 수 없다.

계산 기준을 이렇게 잡으면, 사업자에게는 급행의 운전 시간을 단축할 동기가 생길 뿐만 아니라 완행에 비해 급행의 배차를 좁히게 될 동기도 생긴다. 다만

85
1회용 승차권의 경우 보증금의 액수를 크게 증액하고, 보증금에서 급행료를 감액하는 방법을 생각해 볼 수 있다. 유사한 방안이 없다면 1회용 승차권으로 승객이 유출될 가능성을 배제할 수 없다.

6장 철도 도시 서울, 무엇을 할 것인가

[도표 41] 도시·광역철도용 대형 입석 전동차의 정원과 혼잡도 계산 및 인원 배열 예시. 입석형 전동차의 혼잡도 기준은 b에 해당한다. 좌석 만석은 약 34% 수준의 혼잡도다. 한국 철도에서 최악의 혼잡도 기록은 경인선에서 나왔으며, 보통 출근 시간에 308%(1991), 1994년 6월 철도 파업 기간 동안에는 380%(편성당 6000명)가 기록되었다는 보도가 있다. 같은 시기 서울 도시철도의 혼잡도는 250% 선으로 기록되어 있다.

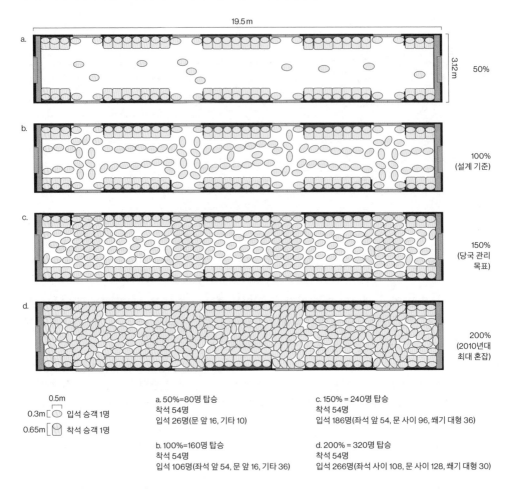

19.5m

3.12m

50%

100% (설계 기준)

150% (당국 관리 목표)

200% (2010년대 최대 혼잡)

0.5m
0.3m ⬭ 입석 승객 1명
0.65m ⬜ 착석 승객 1명

a. 50%=80명 탑승
착석 54명
입석 26명(문 앞 16, 기타 10)

b. 100%=160명 탑승
착석 54명
입석 106명(좌석 앞 54, 문 앞 16, 기타 36)

c. 150% = 240명 탑승
착석 54명
입석 186명(좌석 앞 54, 문 사이 96, 쐐기 대형 36)

d. 200% = 320명 탑승
착석 54명
입석 266명(좌석 사이 108, 문 사이 128, 쐐기 대형 30)

이것만으로는 급행의 효과를 확산시키기 위해 환승 경로를 단축하거나 통로의 혼잡을 해소하는 투자에 기여하기는 어렵다. 환승 관련 투자의 효과는 완행 운행의 기준 시간에 그대로 반영될 것이기 때문이다. 그렇다면 악영향을 받을 수 있는 완행의 배차, 그리고 영향이 분명치 않은 환승 동선 개선 작업은 지금까지처럼 중앙·지방 정부의 개입을 통해 해결할 수밖에 없다.

　　조금 더 단순한 방법도 생각할 수 있다. 급행 정차역 간의 통행에 대해서만 급행 통행과 관련된 부가금을 징수하는 것이 바로 그 방법이다. 이런 방법은 여러 이유에서 지연이 자주 발생하지만, 부가금을 통한 투자로 상황을 개선할 수 있는 노선에서 활용할 수 있을 것이다.(7절 '제3의 재원' 참조)

7) 혼잡 관리

경인선이든 9호선이든, 급행열차의 혼잡도는 대개 완행보다 높다. 빠른 속도 덕이다. 또한 별도 운임, 별도 승강장, 별도 발권을 통해 혼잡을 관리할 광역특급망과는 달리, 광역급행망은 완행열차에서 넘어오는 승객을 막을 만한 장치를 도입하기 어렵다. 함께 급행열차에 오르는 다른 승객을 빼면 그렇다.(혼잡이 심해지면 승하차 지연도 심해지고, 결국 망 전체의 열차는 지연되어 급행의 효과는 약화된다.) 문제에 대응하기 위해서는 혼잡 관측을 지금보다 좀 더 자주 수행하는 한편,[86] 증량과 증편을 위해 예비 차량수를 법령[87]보다 좀 더 높은 수준으로 유지해야 한다. 국토부는 150%를 하루 중 최대 혼잡도로 권고하고 있으나, 이를 모든 노선의 출근 시간대에 유지하는 것은 현실적으로는 어렵다. 다만 200%가 넘는 혼잡 역시 높아진 승객들의 눈높이에는 만족스럽지 못하다. 170~180%를 넘길 경우, 예비 차량을 동원하여 혼잡을 낮추기 위한 조치를 취하도록 한다. 예비 차량은 차량의 연결량 수를 늘리는 증결에 투입할 수도, 혼잡 구간에 열차를 추가 투입하는 데도 쓰일 수 있다. 후자의 조치를 위해, 급행의 혼잡도가 크게 변화하는 중간역에 회차선을 설치하는 투자를 광역급행선 전반에서 계속한다. 혼잡에 대응할 만한 대규모 예비 차량을 보유하고서도 큰 손해를 보지 않을 수 있는 광역망 사업자는 철도공사뿐이라는 사실 역시 기억할 필요가 있다.[88]

8) 정차역과 도시 계획

수도권의 모든 도시는 광역급행 정차역을 도시 계획에 반영해야 한다. 또한 정차역 주변의 용도지역을 단순히 상업 지역으로 지정할 뿐만 아니라, 생산자서비스 산업 집적을 장려하는 조치를 취해 철도역 주변을 소비는 물론 생산 측면에서도 더욱 중요한 장소로 만들어 지역 성장과 분업의 과정 속에 생길 수밖에 없는 장거리 통근과 업무 통행을 최대한 철도로 끌어들여야 한다. 한편 광역특급망에 대해 논의했던 것

---

[86]
2기 지하철 이후 도입된 도시철도 차량에서는 차축에 걸리는 하중 데이터를 통해 혼잡은 물론 승객 분포까지 확인할 수 있다. 이 기능을 적극 활용해야 한다.

[87]
전체 차량의 10%는 예비 차량이어야 한다. 대략 5% 정도의 추가 차량을 혼잡 구간 대응 예비 차량으로 보유하는 것을 제안해 본다. 물론 이 비율은 단순히 광역용 전동차 전체가 아니라 일정한 성능 조건을 갖춘 차량의 전체 수를 분모로 하는 값이어야 한다. 동력 장비가 설치되지 않은 부수차를 혼잡 대응 예비차로 보유할 수도 있으나, 이는 가감속 성능을 약화시킬 것이므로 되도록 피한다. 2017년 연말 현재 철도공사가 광역 완·급행 운행을 위해 보유하고 있는 차량은 총 2482 량이다.

[88]
혼잡 완화의 수준에 따른 지불 의사 금액을 추정한 연구가 하나 있다. 김훈·안정화·우태성, 「광역철도 서비스 특성 및 사회적 효용을 반영한 운임체계 개편」(한국 교통연구원, 2016), 103~114. 이 연구는 차내 혼잡도를 175%에서 100%로 낮추는 데 대한 사람들의 지불 의사는 대략 300원 수준이라고 밝히고 있다. 그런데 혼잡도가 175%(280명)에서 100%(160명)으로 낮아졌다면, 이는 곧 운임 지불자 7명 가운데 3명이 빠져나갔다는 뜻이다. 하지만 혼잡 감소로 인한 지불 의사는 기본 운임의 1/4 수준 액수에 불과했다. 결국 혼잡 감소는 사회적 편익이 될 수 있지만, 재무적으로는 사업자에게 큰 타격이 될 수밖에 없다. 혼잡 감소에 대한 지불 의사 액수가 훨씬 더 커지지 않는 이상, 사업자가 적극적으로 혼잡을 감소시키도록 움직이게 만들기 위해 가격을 사용하긴 어려우며 규제를 활용하지 않을 수 없다.

6장 철도 도시 서울, 무엇을 할 것인가

과 마찬가지로, 역과 바로 인접한 필지는 향후 철도 시설 확장이나 연계 버스, 자율
주행차 등의 주박지로 활용할 수 있도록 최대한 유보지로 남겨 둔다.

9) 사업자 간 조율

광역급행망으로 지정된 몇몇 노선에는 현재 민간 사업자가 영업을 하고 있다.(신분
당선, 공항철도) 무리하게 소유권을 바꿀 시도를 할 필요는 없다. 사업권 구매를 위
해서는 막대한 자금이 필요하기 때문이다. 다만, 이들 망의 연장선 사업이나 직결
운행, 그리고 지금 제시한 원칙을 반영하는 작업처럼 이들 사업자들과 철도공사, 그
리고 국토부나 지방정부의 규제 당국이 협력해야 하는 상황은 얼마든지 벌어질 수
있다. 이들의 이해관계에서 비교적 중립적인 별도의 광역급행 관리 특별위원회[89]를
조직하고, 이를 통해 가능한 갈등을 조율할 필요가 있다.

광역급행 전체 계통 설정: 도심 접근과 외곽 연계

광역급행 계통은 서울 3도심으로 진입하는 방사망, 그리고 서울 외곽 거점을 연계
하는 순환망으로 이뤄진다. 지도 22~24에서 실선으로 표현된 망은 현존하는 망으
로서, 이들 노선에 대해서는 표정속도와 혼잡도 등의 서비스 수준을 유지하기 위한
관리와 투자가 이뤄지면 충분하다. 한편 저자 제안 노선은 겹선으로 제시되어 있다.
점선과 겹선을 혼합한 선, 즉 광역급행급 신선과 운행 계통 계획이 정부 차원에서
확립되어 있는 구간은 신분당선뿐이다.

3개 도심 가운데 연계 광역급행선이 가장 많은 곳은 4대문 도심이다. 현재
로서도 광역급행의 목표 표정속도를 기록하는 노선(경부, 공항, 경의중앙), 그리고
경인급행이 이곳으로 접근한다. 현재 이 지역에 부족한 노선은 수도권 동남, 동북
방면을 연결하는 광역급행급 노선이다. 신분당 연장, 신안산~서울관통 B~경춘 직
결 노선, 한양도성 동서관통선은 4대문 도심에게 바로 이 두 방면의 연계를 제공할
수 있다는 점에서 중요하다.

그다음으로 많은 곳은 영등포 도심이다. 이 가운데 현재 영업 중인 광역급
행 계통은 경부·경인이며, 도시철도 급행망으로 9호선이 통과한다. 현재 이 지역은
경인권과 수도권 서남부로 향하는 연계는 매우 충실하지만, 다른 지역으로 향하는
연계는 불충분하다. 여기서 동북부로 향하는 연계는 서울관통 B선을 통해 확보할
수 있다. 수도권 서북부, 동남부로 향하는 연계는 한 차례의 환승으로 만족해야 할
것 같다. 단, 남서울급행을 광주로 연장하면 동남부 방면 연계는 상당히 강화될 수
있다.

강남 도심에 있는 광역급행급 노선은 현재 수도권 동남부로 향하는 신분당
선뿐이다. 도시철도 급행망 9호선은 공항철도와 같은 평면에서 환승이 가능하기에

---

[89]
문재인 정부가 제안한 광역교통청 산하 조직으로 창
설할 수 있을 것이다.

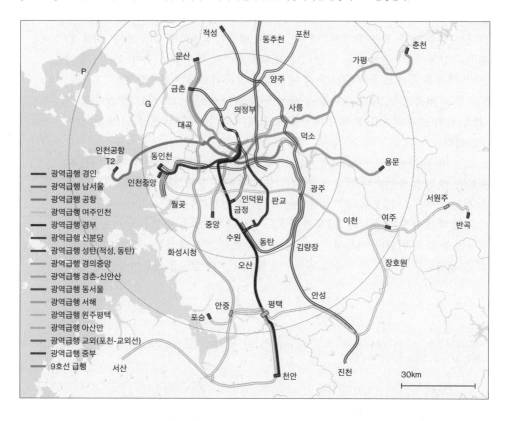

경인권 북부 방면 광역망과 간접 연계가 되는 노선이다. 이 지역과 서북쪽의 연계를 강화할 수 있는 노선으로 신분당선에 대한 사업이 진행 중이다. 하지만 경인, 동북, 서남부 방면 연계를 수행할 광역급행망은 아직 구체화되지 않은 상태다. 강남 도심에게는 이들 지역을 연계하기 위한 광역급행급 운행 계통이 필요하고, 이와 관련해 서울시 등이 산발적으로 제시한 대안을 체계적으로 정리할 필요가 있다.

한 가지 문제도 있다. 김포, 그리고 경안천 유역(광주, 용인 처인구)으로 향하는 광역급행급 축선이 기존 계획이나 앞 절까지의 내 계획에서는 충분하지 않다는 점이 그것이다. 전자는 완행망(김포경전철)이,[90] 후자는 광역특급망(C선, E선, 중부선)이 공략하는 지점이지만, 완행망은 속도 면에서, 그리고 광역특급망은 중단거리(광주, 용인) 구간 연계 면에서 충분치 못한 노선일지 모른다. 특히 후자 방면 연계를 위해, 동부우회선을 일부 활용하여 남서울급행을 광주까지 연장하는 것이 가능해 보인다.

00
단 이 노선의 표정속도는 경인급행과 유사한 $2^{5.5}$km/h 수준이며, 따라서 환승, 혼잡 문제를 빼면 실제 운용 시에는 큰 불만이 없을지도 모른다. 내 계획에서, 이 망으로 포괄할 수 없는 김포반도 북단과 강화 일대는 특급 A선의 북측 구간이 담당할 수 있다.

6장 철도 도시 서울, 무엇을 할 것인가

외곽 간 노선은 인천·경기의 주요 거점을 연계하는 노선이다. 그리고 이를 통해 결과적으로 서울 외곽 순환망을 구성하도록 했다. 둘 이상의 운행 계통이 만나는 광주, 양주 또는 의정부, 대곡, 그리고 시흥시청에서 환승을 하면, 서울 순환이 가능하다. 각 운행 계통의 빈도나 속도를 충분히 확보하는 것이 우선이기 때문에, 서울을 실제로 순환하는 운행 계통에 집착하기보다는 가능한 한 직선으로, 빠르게 운행하는 네 개의 계통을 통해 순환망을 구성한다. 추가로, '행정수도 회랑'을 달리는 광역특급 동서 연계선을 보조할 수 있는 광역급행급 망 또한 함께 구성한다.

이들 망을 모두 합산하면, 그 연장은 총 1445km에 달한다. 하지만 이는 대부분 현재 영업 중이거나 건설 또는 계획 중인 선로를 활용하는 것이다. 다른 등급을 위해 쓰이지 않고 오직 광역급행망을 위해서만 신설하는 망은 120km 수준이며, 이 가운데 절반은 서울시의 "남부급행철도"와 GTX C선을 변형한 남서울급행선이라는 점 또한 밝힌다. 허투루, '방만'하게 망을 쓰는 것은 용납되지 않는 수도권인만큼, 광역급행 투자 역시 망을 효율적으로 활용하는 데 심혈을 기울여야만 한다.

[지도 23] 광역급행망의 서울 부분 확대도. 급행이 운행하지 않는 도시철도망은 얇은 선으로, 개통 예정인 경전철 및 도시철도망은 얇은 점선으로 표시했다.

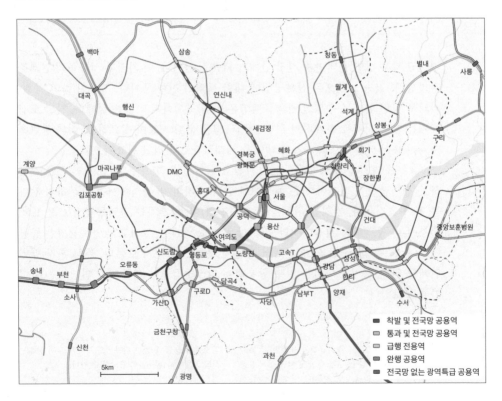

경인선과 경부선("1호선")

이제 개별 노선에 대한 논의로 넘어가 보자. 경인선은 이들 논의의 필두에 올 필요가 있다. 이 노선의 혼잡은 유서 깊은 현상이며 따라서 이 노선을 개선하는 조치는 그만큼 많은 사람들에게 영향을 줄 수 있기 때문이다. 5장에서 나는 GTX B선 계획의 경인 병행선 구간은 여전히 미흡한 면이 있는 사업이라고 평가한 바 있다. 하지만 인천시는 이 사업을 포기하지 않고 있다. 덕분에 경인선에 대해서는 시의 요구에 답할 지속적인 투자가 필요한 것은 사실이다. 나는 여기에 크게 세 대안을 제시하고 싶다.

첫째는 현재의 경인급행에 대한 증속 투자다. 현 경인급행은 인천과 부천

[지도 24] 핵심 연결 목표와 접속 광역급행망.

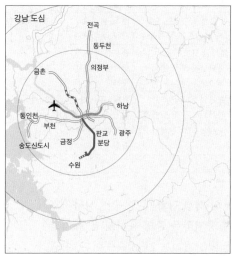

6장 철도 도시 서울, 무엇을 할 것인가

[표23] 광역급행 각 계통의 연장과 주 목적. 필요한 전체 신선 연장은 정부 계획과 저자 제안을 합쳐 520km이다. 이 가운데 저자 제안 신선 거리는 433km이지만, 이 가운데 남북 연결, 전국망 확충, 광역특급과 겹치는 부분을 빼면 123km이다.

선구	구간	연장 (km)	기존 계획	저자 제안	주 목적 / 보조 목적	주요 조치	비고
경인급행	동인천~서울역	35			현 경인급행의 속도 증강 및 망 정비 / 서울역 연결	경부3선 서울역 연장, 열차 증속	
경인 남서울급행	동인천~강동~하남 ~경기광주	60		40	경인선~가산·구로~강남 간 광역급행 연계 / 경안천 유역 광역급행 추가 공급	오류동 직결선, 부평·동인천 회차 용량 확충	서울시 제안 변형
금정 남서울급행	금정~남부터미널~	17		17	강남~안양 간 광역망 강화 / 인덕원 병점선 연계		GTX C 남측 구간 변형
경인 송도급행	주안~송도신도시	11		11	송도신도시 연계로 인천시 민원 해소 / 회차 용량 확보	주안~제물포 간 지하 연결	GTX B 부분 대체
경부급행	천안~서울역	97			현 경부급행의 속도 증강 및 망 정비 / 서울역 연결	경부3선 서울역 연장, 열차 증속	
공항철도	인천공항~서울역	60			현 망 속도 증강	증속	
여인급행	인천중앙~여주	110	50		인천~판교 간 축선 구축 / 수도권 순환 남부 구간 기능		서울외곽순환
신분당	수원~금촌	80		40	현 망의 연계성 강화 / 추후 강화, 연안 방면 연장 대비	도심 관통	
성탄급행	성균관대~수원~ 덕소~적성	120		110	경안천 유역과 남양주 일대의 철도 강화 / 수원, 동탄 전국망 연계, 수도권순환 동부 구간		서울외곽순환
경의중앙	문산~용산~용문	128		15	현 망 운행하는 급행의 증편 / 경의·중앙 축선 한양 도성 접근성 강화	중앙2선 확보, 증편 대비, 회기~ 경복궁~가좌 간 동서관통선 확보	완행 구간 집계 제외, 동서관통선은 합산
경춘~신안산	춘천~서울	126	12		신안산선 열차의 서울 관통 / 경춘선 측 도심 연계	광역특급 B선 용량 확충	
동서울급행	연천~수서	75	25		경원선 급행 운행 / 동서울 남북 급행선 확보	광역특급 C선 용량 확충	
서해급행	문산~안중	110			서해선 급행 운행 / 수도권 순환 서부 구간, 외곽 순환 용량 분담	대곡~원시 간 지하 증속 투자	서울외곽순환
중부급행	경기광주~ 청주중앙	110		110	중부선 광역특급 보조 / 중부선 연선 읍면 단위까지 모두 철도 연계 제공	중부선 투자, 광역급행급 설비 확보	
원평급행	포승~평택~원주	150		50	수도권 남부 광역철도 공급 / 충북, 원주혁신도시와 주변 연계	평택~원주 간 철도 투자	제2순환
아산만급행	평택~천안~합덕~ 평택, 평택~태안 등	200		40	아산만 연안 산업 지역 광역망 확보	충청남도 참여 필수	
합계(병행 구간 중복 집계)		1489					

교통, 나아가 도시 전체의 뼈대를 이룬다. 이 계통의 핵심 정차역(즉, 주변 시가지로부터의 접근저항을 줄이고 도시철도·버스와의 환승저항을 줄일 유기성)을 유지할 필요가 있는 이유다. 하지만 이들 정차역의 평균 역간거리는 2km 수준이다. 이런

조건에서 속도를 개선하려면, 앞서 언급한 고가감속 차량 투입이 필요하다.

둘째는 송도급행선에 대한 투자(ⓔ)다. 핵심 선구 연구 4에서 이미 등장한 이 노선의 구조는 지도 21의 녹색 노선과 같다. 경인급행선에서 분기, 주안~도화 간에서 지하로 진입한 다음 송도신도시 북서부 지역으로 빠져 나오는, 그리고 여기서 서측으로 더 진행에 오이도에 이르는 노선이 바로 그것이다. 비록 경인선 주안~도화 간에서 지하로 진입하는 과정이나 도화역 인근 시가지를 관통하는 구간에서는 상당한 난공사가 필요하긴 하지만, 수봉산을 이용해 지상 지장 없이 지하 대심도로 진입할 수 있다는 점, 옥련동부터 송도신도시 북쪽까지 뻗어 있는 인천대교 고가와 병주할 경우 지상 진출과 공사비가 저렴한 토공에 문제가 없다는 점을 감안하면 사업비를 통제하는 것은 충분히 가능해 보인다. 현재 가용 토지가 충분한 국제업무지구역 옆 토지에 토공으로 거점역을 건설한 다음 인천 1호선과 환승시키고, 송도 컨벤시아 앞에 1단계 종착역을 설정하면 신도시 내 업무 지구 교통망도 크게 개선할 수 있다. 물론 국제업무지구 이서 구간 역시 고가로 건설되어야 충분한 수의 역을 건설하면서도 건설 비용을 절감할 수 있다. 전략 개발지 '카나리 워프'를 고가로 통과하는 런던 도클랜드 경전철의 사례를 감안하여, 인천시 측이 전향적 태도를 취하기를 기대해 본다. 향후 평가를 거쳐 신도시 동측 지역, 나아가 소래수도[91] 건너편 배곶신도시와 오이도까지 망을 연결하는 안도 추진할 수 있을지 모르겠다. 소래수도는 철교로 넘는다. 물론 이 노선은 신도시 동쪽 지역부터는 서울 연계를 빠르게 할 수 있는 망이라기보다는 인천과 시흥 사이의 연결망을 제공하는 기능을 하는 노선에 가까워질 것이다. 아니면, 광역특급 B선 일부를 월곶에서 수인1선으로 진입시키는 대신 송도급행선 서부에 진입시키는 안, 그리고 수인선을 타고 올라온 고속열차를 국제업무지구에 토공으로 건설한 거점역에 종착 또는 통과시켜 제2공항철도의 전국망 기능을 분담하는 방안도 가능하다. 물론 이 노선의 사업비는 수익자인 인천시와 인천개발공사에게 상당액의 분담금을 물려 조달해야 할 것이다.

마지막으로 셋째는 경부3선(경인급행선)의 서울역 연장(ⓒ)이다. (저자 계획상의) 인천중앙과 원인재, 또는 국제업무지구에 전국망 열차가 정차한다 해도, 인천의 경인 연선 지역이나 부천 지역은 여전히 경부선 방면 전국망 열차를 탑승할 때 서울역을 이용하는 것이 더 빠를 수 있다. 또한 인천 측보다 서울역의 열차 빈도는 훨씬 높을 수밖에 없다. 결국 경인 연선의 전국망 연계를 더 원활하게 만들기 위해서는 서울역 연장이 필요하다. 경부3선의 서울역 연장은 경인 연선의 서울 4대문 도심 연계 역시 조금 더 편리하게 만들 수 있다. 그 자체로 4대문 도심의 남서쪽 끝인 데다, 4호선 환승도 좀 더 쉽게 가능한 위치이기도 하기 때문이다. 서울역을 거점으로 하는 노면전차[92]가 생긴다면 이 역시 경부3선 서울역 연장의 가치를 올릴 것이다.

91
공식 지명은 아니다.

92
몇몇 동료들과 논의한 결과를 수록하려 했으나 정리가 부족해 이 책에는 싣지 못했다.

6장 철도 도시 서울, 무엇을 할 것인가

2019년 연말 개편 이전에는 경부선 급행 역시 경부3선을 공유했고, 지금도 평시에는 이 선구를 활용할 수 있다. 따라서 경부3선 투자의 이익은 경부선 역시 함께 누릴 수 있다. 다만 현재로서는 경부3선을 서울역까지 연장하기 위해서는 복선 고가를 서울역까지 연장해야 하며(약 3km), 이렇게 서울역에 도달한 복선 고가는, 지상에 공간이 없어 고가 승강장에서 종착해야만 한다. 용산역에서 경의중앙선 연결 고가를 넘어가야 한다는 점 또한 난공사 요인이다. 용산역 3, 4번 승강장을 잠시 폐쇄하고 공사를 벌이지 않으면(핵심 선구 연구 1 한강철교 부분 참조),[93] 그리고 3선 고가로 인한 경부선 동쪽 주민과 상인의 반발을 누그러뜨리지 않으면 이 대안은 실행하기 어렵다.

경부선 급행 역시 광역급행선으로 지정하여 관리해야 한다. 경인선에 비해 급행 배차가 부족하다는 경부선 연선의 전통적인 불만을 해소하기 위한 투자는 계속해서 필요할 것이다. 이 계통은 적어도 천안까지 운행하는 계통이기도 하다. 앞서 이야기한 140~150km/h급 차량을 사용하기 아주 좋은 구간인 셈이다. 지금도 천안 급행의 표정속도는 70km/h 급이므로, 이 정도 성능의 차량을 투입할 경우, 광역특급에 준하는 표정속도가 기대된다. 물론 이런 속도 증강이 광역특급과의 역할 분담을 흐려 운임 수익 감소로 이어지지 않도록, 급행료 체계를 갖추는 것은 필수다. 이후 이 노선은 혼잡이 심해지지 않는지, 정차역이 증가하거나 배차 간격이 무너지는 등의 변화를 겪지는 않는지와 같은 요소 측면에서 지속적으로 관리받아야 할 것이다. 경부선 광역특급의 표정속도를 확보하기 위해, 서정리, 성환, 전의, 부용의 특급 정차는 빈도가 증가한 광역급행으로 완전히 대체하는 것도 검토할 만한 일이다.

남서울급행(ⓐ, ⓑ)

이 노선의 주축은 비록 제3차 철도망구축계획에는 포함되어 있지 않지만, 서울시가 여러 매체를 통해 그 필요성을 널리 이야기해 온 노선이다. 여기서는 광역급행 계획 전체의 맥락에서 이 망을 어떻게 활용할 수 있는지에 대해 간략히 논의해 두고자 한다.

남서울급행은 인천, 그리고 금정 방면으로 향하는 두 갈래의 가지로 이뤄진다. 노선 방향에 따라, 두 가지의 이름은 각각 '남서울경인'(ⓐ), '남서울안양'(ⓑ)이라고 붙이기로 한다. 서울시가 쓰는 이름 '남부급행철도'는 외곽순환 급행 계통과의 혼동을 피하기 위해 쓰지 않는다.

남서울경인선은 오류동에서 경인선과 분기하여 가산·구로디지털단지, 신림, 사당을 지나 강남 도심으로 진입한다. 서울시 안은 테헤란로 직하에 새 복선을 건설하는 것이지만, 나는 러시아워에는 보행자가 너무 많아 걷는 데 방해가 될 정도

---

[93] 노반 기울기를 35‰로 설계할 경우, 노반 고도를 10m 상승시키기 위해 필요한 고가교의 길이는 286m 수준이다. 현 용산역 경부3선 회차선의 길이는 약 300m 수준이지만, 경의중앙선 노반 역시 상승하고 있기 때문에 종단선형 구성은 매우 어렵다. 따라서 승강장을 조금 남쪽으로 옮기고 3, 4번선의 기면 상승 지점을 더 남쪽으로 당기는 방법을 사용하지 않으면 경부3선을 북쪽으로 연장하는 작업 자체가 어렵다.

로 복잡한 데다 대심도에 역을 건설해야 하는 부담이 있는 테헤란로는 그대로 두고 도곡로나 역삼로에 동서 횡단망을 공급하는 접근도 가능하다고 생각한다. 테헤란로 접근성이 약화되는 데 대한 대책으로는 아낀 지하역 비용을 활용하여 급행선 역사에서 테헤란로 방면으로 향하는 초 단거리 경전철을 부설하는 것을 생각해 볼 수 있다. 강남대로와 교차 지점에 있는 역에는 환승에 반드시 이런 경전철이 필요하다.

　　남서울안양선은 GTX C선의 남측 구간, 그리고 위례~과천선을 광역급행의 층위로 편입한 노선이다. 본선이 테헤란로로 진행하든 도곡로나 역삼로로 진행하든, 남서울안양선이 분기하는 지점은 남부터미널이 적절하다. 교대의 수요가 더 크지만, 분기역에 필요한 2면 4선의 대규모 역 시설을 현 환승역 지하에 건설하는 것은 막대한 비용 지출을 의미하기 때문이다. 분기역이 어디가 되든, 다음 정차역은 현 정부과천청사(4호선) 옆에 설정한다. 이렇게 하면 역간거리가 8km에 달하게 되어 표정속도를 확보하는 데 유리하기 때문이다. 4호선 역과의 환승을 위해서는 역을 정부청사 앞 광장에 신축할 필요가 있다. 공공 청사 부지는 보상비가 불필요해 도심지 철도 공사에 있어 중요한 자원이다. 인덕원으로 남하한 노선은 현 망에서 거리가 있는 의왕 내손동에서 한차례 정차한 다음 금정에서 종착한다.

　　이들 노선의 동쪽 끝은 하남 남측과 광주 시가지이다. 서울에서 하남이나 광주 방면으로 향하는 광역급행망은 현재 존재하지 않고, 따라서 남서울급행을 시계 내에 종착시키기보다는 두 방향 가운데 한 곳으로 연장할 필요가 있을 것이다. 나는 남서울급행선은 하남 남부 춘궁동의 '교산신도시'를 횡단한 다음 동부우회선(4)과 접속해 복선을 공용(이는 일부 열차를 합류 이전 회차시킨다는 뜻이다)하면서 광주 시가지를 종관하여 경기광주역에 이르는 노선으로 운행하는 한편 이미 4단계 사업의 방향이 정해진 9호선은 하남 북부 방면으로 향했으면 한다.

　　이 계통은 오류동 이서에서는 경인급행선을 달리며, 때문에 경인선과 차량 및 차량 기지를 공용해야만 한다. 앞서 언급했던 고가감속 차량은 비교적 조밀한 역간거리(한티~오류동 간 약 20km / 9개=2.2km)를 통과하는 남서울경인 계통의 표정속도 확보에 특히 큰 도움이 될 것이다. 지하 선로라 해도, 표정속도 확보를 위해서는 시설의 설계 속도 역시 120km/h 수준은 확보해야 할 것이다.

　　이 계통이 투입되어 경인급행선의 열차 빈도가 올라가면, 동인천과 부평의 회차 능력으로는 두 계통의 배차를 모두 유지하는 데 불충분할 수 있다. 실제로 지금도 아침의 경인급행선은 원활한 회차에 어려움을 겪고 있다.[94] 그러나 두 역 주변

<hr/>

94

회차를 위해서는 차량 앞뒤의 차장과 기관사가 자리를 교대해야 하는데, 200m는 4km/h로 걸어도 약 3분이 걸리는 거리다. 잠무나 돌발 상황 대비 여유 시간, 신호니 연동 시스템의 진로 구성 시간을 합쳐, 회차에는 최소 5분이 걸린다고 보아야 한다. 이 값을 사용했을 때, 현재 아침 러시아워 평균 6분 배차, 즉 시간당 10편 배차인 경인급행의 동인천 회차선 지장율

은 42%로 보인다. 이는 UIC 혼잡 기준인 40%를 넘는 값이다. 남서울경인선 직결을 위해 급행열차가 두 배로 증편될 경우, 회차선 지장율은 84%에 도달해 정상적인 회차선 활용은 힘들 것이다. 이 계통이 생기면, 부평 회차를 삭제하여 본선에서 최대한의 평행 운전이 이뤄질 수 있도록 할 필요도 있다.

부지에 회차선을 증설할 여유는 없다. 바로 이 부족한 회차 용량을 경인선 논의에서 제시한 송도급행선이 제공할 수 있다. 송도와 강남 도심간 연계가 생기는 투자인 만큼, 인천 측 GTX B선은 인천 급행 송도급행선과 남서울경인선, 그리고 경인선 증속 투자로 완전히 대체하는 것이 좋다.

동서울급행(경원급행)

동서울급행선은 서울관통 C선을 공용하지만, 서울 시계 내에 총 7개 역을 건설하여 운영할 노선이다. 이 선구에 광역급행을 도입해 서울 시내 역을 보강하는 이유는, 강남 도심을 기준으로 했을 때 서울 동북 방면의 종심(縱深)이 남부급행철도가 건설된 서남부만큼 깊기 때문이다. 20km의 거리는 2^5km/h급 표정속도를 내는 기존 도시철도로 돌파하려면 40분이 걸리고, 따라서 경원선 방면과 도봉·노원 구간에서 강남으로 진입하는 통행객의 소요 시간은 1시간을 넘게 될 것이다. 동서 방면 도시철도와의 환승을 더해, 동북 축선의 철도망을 보강하고 경원선과 7호선의 급행망 역할을 담당하는 것이 이 운행 계통의 역할이다.

이미 지적한 대로, C선은 이 광역급행과 광역특급 두 등급만 운행하여 교통류를 최대한 균일하게 만들어야 한다. 완행 기능(2^5km/h)은 이미 경원선과 7호선이 수행하고 있기도 하다. 다만 광역완행의 빈도가 낮아지는 의정부 이북 경원선에서는 세 종류 이상의 교통류가 함께 다녀도 큰 문제가 없을 것이다.

남부급행철도보다는 조금 낮지만, 이 노선 역시 의정부 이남의 평균 역간 거리가 3km에 미치지 못할 것으로 보인다. 회룡(1, 의정부경전철 환승), 도봉산(1, 7), 창동(1, 4), 월계(1, 경전철 동북), 석계(1, 6), 청량리(1, 중앙), 장한평(5), 건대입구(2, 7)까지 중간 정차역을 총 8개 설정했기 때문이다. 따라서 이 구간에서의 표정속도 확보를 위해서는 고가감속 차량, 120km/h 이상의 시설 설계 속도와 같은 조건이 만족되어야 한다. 의정부 이북에서는 140km/h 이상 운전을 시행해 일본 이상의 차량 성능을 유감없이 발휘하는 한편, 전국망과 광역특급의 정차역을 억제(동두천, 전곡, 연천, 철원만 정차)하는 역할을 담당한다.

서울외곽순환급행

'서울외곽순환급행'은 지도 22와 24에서 서울을 둘러싸고 있는 네 개의 운행 계통을 지시한다. 여기서는 인천에서 여주 방면으로 향하면서 서울 남쪽 외곽을 연결하는 계통의 이름을 '여인선', 파주에서 평택 동쪽의 안중에 이르는 계통은 '서해선', 적성에서 남양주·경안천 유역을 지나 동탄과 수원에 이르는 계통은 '성탄선', 포천 축선과 교외선을 직결하는 계통은 '포고선'이라고 가칭하기로 한다. 이들 계통은 서울 방향 방사선에 비해 훨씬 더 넓은 공간을 연계하는 것을 그 목적으로 하며, 따라서 일본을 능가하는 주행 성능을 가진 광역급행 차량을 개발한 성과를 가장 크게 볼 수 있는 지점이 될 것이다.

1) 여인선(麗仁線, ⑤~e~경강)

이 이름은 계통의 양쪽 끝인 여주와 인천의 앞 글자에서 따온 것이다. 이 선구를 가능하게 하는 핵심 투자는 월곶판교선(e)이다. 인천 남부 지역, 시흥, 판교와 분당, 이천과 같은 주요 산업 지대를 연계하는 노선으로서 이 노선의 가치는 상당할 것이다. 또한 서울을 남쪽으로 벗어나는 여러 방사선을 연계하는 기능 또한 중요하다. 이미 그 표정속도가 70km/h에 육박하는 여주~판교 간 경강선을 활용하는 만큼, 목표 표정속도를 달성하기 위해 집중 관리해야 할 구간은 판교에서 인천중앙에 이르는 서부 구간이다. 이 지역은 오랜 도시화의 역사 덕분에 정차 요구를 제기할 시가지가 다수 있고, 따라서 표정속도 관리는 결코 쉬운 일이 아닐 것이다. 요구를 억제하려면, 충분한 완행열차 배차만이 대책으로 유효할 것으로 보인다.

이 노선은 현행 경강선 배차에 따라 러시아워 15분, 평시 20분에 1회 정도로 배차하는 것으로 영업을 시작한다. 추후 승객 증가에 따른 1편성당 차량 량수(현 경강선 4량) 증대는 러시아워 10분 배차가 달성된 이후에 수행한다.

2) 서해선(경의~서해)

이 계통은 경의선, 원시 이남의 서해선, 그리고 "서해선"으로 이름이 공시되어 남부 구간이 2018년 여름 개통한 대곡~원시선을 활용한다. 경의선과의 직결 운행을 위해서는 대곡역에서 연결선을 확보하는 작업이 필수적이다. 이 계통의 목표는 크게 두 가지다. 첫째, 극심한 혼잡을 보이는 외곽 순환 서부 구간을 보완하는 광역급행망을 제공하여 도로 교통의 부작용을 완화한다. 둘째, 인천에서 아산만에 이르는 서해안 제조업 회랑 내부의 이동 수요를 분담한다. 이 두 목적을 위해서는 수도권 서부의 고속도로와 경쟁을 벌여 우위를 점할 수 있는 속도가 필요하다. 바로 이 목적을 위해 이 계통을 광역급행선으로 지정하여 표정속도, 차량, 배차 등을 지속적으로 관리해야 할 것이다. 경의선 대곡~문산 구간, 서해선 원시 이남 구간의 여유 용량을 최대한 활용하는 운행 계통이 되기도 할 것이다. 배차 간격은 수도권 서부 도로망의 극심한 혼잡을 감안하여 현재의 서해선보다 조금 더 강화된 평시 15분, 러시아워 10분으로 잡으면 어떨까 한다.

3) 성탄선(城灘線, 4~⑨~ⓓ~경부)

계통의 이름은 적성과 동탄에서 뒤 글자를 하나씩 따온 것이다. 이 계통의 목표는 크게 세 가지다. 첫째, 경안천 유역과 남양주 일대의 난개발 지역을 철도로 연계하여 질서 있는 개발이 이뤄질 수 있도록 지역의 교통 환경을 전환한다. 둘째, 수도권 동부 지역에 계속해서 추가되는 동서 방향 방사선을 남북 방향으로 꿰어 모두 연계한다. 셋째, 수원·동탄 간 연계를 강화하고, 수원·화성·용인 지역의 전국망 접근성을 개선한다.

첫 번째 목표와 두 번째 목표는 경안천 유역, 남양주 일대 도시 개발과 철도 건설의 난맥상을 해결하는 데 순환망이 중요한 역할을 해야 한다는 내용이다. 광주시, 특히 오포읍 지역의 "난개발"은 악명이 극히 높다. 남양주 일대 역시 기존 시가지와 얽힌, 또는 기존 시가지를 부분적으로 헐고 건설된 아파트 택지가 가득하다. 하지만 이들 지역의 지형은 도로망 확충이 어려운 소구획형 산지이다. 비용을 투입해 도로를 건설하더라도 길목으로 교통량이 집중되는 현상을 피하기는 어렵고, 산악 도로의 특징인 오르막과 내리막, 잦은 커브는 정체를 가중시키고 연비를 악화시킨다. 이러한 상황을 타개하기 위해, 이들 지역은 방사형 철도를 유치하는 데 적극적이다.(진접, 별내, 하남선) 하지만 이들 방사선을 연계하는 순환 철도망에 대한 제안은 사실상 존재하지 않았고, 남북 연계는 전적으로 도로에 의존하고 있는 상황이다. 지역의 인구가 증가하고 개발이 심화되면서, 외곽 순환 동부 구간의 혼잡 또한 계속해서 가중되어, 2018년 현재 외곽순환에서 가장 많은 차량이 통과하는 구간은 바로 하남 일대이기도 하다.

세종포천고속도로를 통해 도로 공급을 강화하는 것이 2018년 상반기 현재 이 지역의 상황에 대한 공식적인 정부의 대응이다. 하지만 고속도로를 통해 문제를 해결하는 것은 자동차 시대의 관행을 미래로 계속 연장하겠다는 뜻일 뿐만 아니라, 이 일대의 소구획형 산지 지형과 잘 맞지 않는 해법이기도 하다. 결국 이 축선에는 철도가 필요하다. 광역특급망 E선이 2^7km/h의 속도로 이 축선의 대규모 중심지를 관통한 다음, 성탄선 광역급행이 2^6km/h의 속도로 그보다 작은 중심지를 연결시켜야 한다. 이를 위해 성탄선은, 동서 방면 방사선, 즉 진접선(4호선 연장), 경춘선, 중앙선, 하남선(5호선 연장), 3호선 연장(교산신도시 광역 교통 대책으로 추가됨), 경강선, 용인경전철을 연결하여 방사선의 효율성을 높이는 한편, 4~5km 수준의 역간 거리를 확보해 60km/h를 상회하는 표정속도를 확보해야 할 것이다.

이 계통의 착발역은 성균관대로 한다. 지금보다 더 많은 전국망, 광역특급 열차가 몰려들 수원에 회차선을 확충하기는 어렵기 때문이다. 성균관대역에는 반월삼각선 건설과 함께 북측 방향에 회차선을 확보할 수 있을 것이다. 이 계통은 수원, 병점, 동탄을 경유하여 김량장으로 진입한다. 전국망 열차의 거점인 수원역과 동탄역 사이의 연계를 제공할 수 있을 뿐만 아니라, 경안천 유역 일대를 전국망과 연계하는 데도 도움이 되기 때문이다. 물론 수원역 자체가 일대의 거점이기에, 수요를 확보하는 데도 도움이 될 것이다. 이 계통 역시 앞의 두 노선에 준해 러시아워 10분, 평시 15분 배차를 하는 것으로 설정한다.

4) 포고선(抱高線, ⓜ~ⓗ)
이 계통의 이름은 포천과 고양의 앞 글자를 딴 것이다. 이 계통은 현재 방사선 연계를 확충하기 어려운 포천 방면 연계(ⓗ)를, 그리고 교외선(ⓜ)의 영업 재개를 위해 설정한 것이다. 서해선 방면으로 직결 운행을 한다면 수요를 끌어올리는 데 어느 정도 도움이 될 수 있겠지만, 대피선이 부족한 상태에서 완행과 광역급행을 운행해야 하는 원시 이북 구간, 그리고 고속·광역특급·광역완행 모두가 투입되어야 하는 혼잡 구간일 서해선 남측 구간의 상황을 감안하면 직결 운행이 쉽지는 않다. 다만 포천 일대에는 경원고속선이 통과할 것으로 설정되어 있기 때문에, 또 양주분지 동측의 몇몇 신도시로 접근하여 수요를 이끌어 낼 수 있는 노선이기 때문에 이 노선은 경원 축선의 남북 방면 노선을 동서 방면으로 연계해 효과를 확대하는 역할을 수행할 수 있을 것이다. 다만 외곽순환 광역급행망 가운데 가장 수요가 낮을 것인 만큼, 4량 편성 열차를 평시 30분, 러시아워 15분 간격으로 운행하는 것으로 영업을 시작하는 것이 필요한 노선이기도 하다.

이들 계획의 북쪽에서는 광역특급 E선에서 살펴본 쟁점이 다시 반복된다. 의정부 인근을 지나는 경원선, 성탄선, 포고선 3개 계통을 의정부역에서 환승시킬 것인지, 아니면 양주에서 환승시킬 것인지가 바로 그것이다. 의정부에서 이들 세 계통을 환승시킨다면 수요는 최대가 될 것이며, 의정부 경전철의 수요도 오를 것이다. 하지만 이 경우 의정부역의 지하는 대단히 복잡해지고, 비용 또한 크게 상승할 것이다. 양주를 3개 노선 환승역으로 지정할 경우 공사는 좀 더 간편하지만 수요는 의정부만 못할 것이다. 환승역을 3개로 분산시키는(즉, 한 역에서 두 노선씩만 환승하게 하여 토목 비용을 절감하는) 해결책은, 선형을 희생해서라도 피해야 한다는 것 이상의 결론은 여기서 내리지 않겠다.

서울 관통 광역급행 계통

1) 신분당~A, 경춘~B~신안산선

전국망과 광역특급이 주인공인 A, B선이지만, A선과 인접한 신분당선, 그리고 B선과 직결할 경춘선과 신안산선 광역급행급 열차 역시 서울을 철도의 도시로 만드는 데 아주 중요한 역할을 할 노선들이다. 특히 신분당선 광역급행은 서울 서북과 4대문 도심·강남을 잇는 3호선의 급행 역할을 할 수 있으며, 경춘~B~신안산 광역급행은 서울 동북과 4대문 도심·영등포 도심을 잇는 급행 역할을 할 수 있기 때문에 서울 시계 내부의 관점에서도 중요한 노선이다.

나는 신분당선을 북쪽으로도 길게 연장시켰다. 당장은 아니지만, 파주 일대의 개발이 가속화된다면 이 노선 역시 고속 운전을 통해 표정속도를 관리해야 할 것이다. 하지만 신분당선의 차량은 완전 무인 운전이 이뤄지는 차량으로, 철도공사 노선과는 차량 공용이 상당 기간 동안 불가능하다. 이 때문에 이 노선에서는 내가 주문했던 고속화 투자도, 그리고 혼잡 완화를 위한 예비 차량 공용도 어렵다. 이들 차량 관련 문제를 해결해야 신분당선의 표정속도와 혼잡을 충분히 관리할 수 있을 것인 만큼, 광역급행 계획을 진행하면서 정부는 신분당선 차량이 궁극적으로 타 노선과 호환될 수 있도록 관리해야 할 것이다.

경춘~B~신안산 광역급행은 물론 B선 청량리 이남 구간의 병목 덕분에 1단계 상태에서는 청량리부터 광명까지는 완행 운행만, 그것도 제한적인 빈도로 가능할 것이다. 2단계 사업이 개통하려면 아주 긴 세월이 필요한 만큼, 이들 노선의 원활한 운행을 위해서는 높은 속도와 고가감속 성능이 절실하다.

이들 두 노선은 4대문 도심을 정확히 관통한다. 강남대로에 5개나 되는 역

6장 철도 도시 서울, 무엇을 할 것인가

을 건설하고 있는 신분당선처럼, 4대문 도심 내부에서도 이들 노선에는 적절한 수의 역이 건설되어야 한다. 광역특급은 서울역에서만 정차하면 충분하지만, 광역급행망은 도심의 곳곳을 좀 더 세심하게 연결하여 마찰시간을 최소화해야만 한다. 나는 신분당의 경우 시청(1, 2호선)과 광화문·경복궁(3, 5호선)에, B선의 경우 동대문(1, 2, 4, 5호선)과 을지로3가(2, 3호선), 소공로(한국은행 앞)에 추가로 정차역을 확보하여 광역완·급행 전용 역으로 활용해야 한다고 본다.

　　　이들 노선은 궁극적으로는 서울 도시철도에 준하는 배차 간격을 달성해야만 한다. 남서울급행이나 동서울급행과 마찬가지로, 서울의 종심 깊은 부분을 뚫고 들어가 광역 공간 및 서울 변두리를 서울 도심과 고속으로 연계하는 것이 목적인 망이기 때문이다. 물론 이 목표는 서울관통선 2단계 사업이 끝나 광역급행선의 교통류가 전국망·광역특급망과 완전히 분리된 다음에야 온전히 달성할 수 있다.

　　　2) 경의중앙선과 한양도성 동서관통선(ⓖ)
한편 경의중앙선은, 서울을 관통하기는 하지만 서울 초입에서 그 속도가 꺾이는 조건을 벗어나기 매우 어렵다. 용산선 구간(가좌~용산)은 지하에 있는 데다 그보다 깊은 심도에 있는 공항철도 구조물을 감안하면 대피선 건설이 사실상 불가능하다. 경원선 구간(회기~용산) 역시 공간이 좁아 대피선 부설이 어렵다. 중앙선 역시 2복선화가 급선무이기 때문에 광역 완행과 급행의 교통류를 분리할 대피선을 확보하기 어렵다. 따라서 현 망을 유지하는 한, 이 선구의 급행 운행은 서울 시계 내에서는 제한적으로만 이뤄질 수 있고 중앙선 방면의 2복선화 효과 또한 반감될 것이다. 이들 제약을 근본적으로 돌파할 동서관통선을 제안해 두는 이유다.

　　　지도 23에 수록된 동서관통선의 노선은 수색 구내에서 회기 인근에 이른다. 이 노선은 극도의 지연과 배차 부족에 시달리는 경의중앙선 광역의 상황을 개선하기 위한 것이다. 우선, 이 노선은 지상의 중앙 광역선과 중랑~회기 간에서 연결된다. 이를 위해 중랑역은 분기역으로 구조 정비가 이뤄질 필요가 있다. 회기역 북동쪽, 경원~중앙 분기부에는 비교적 쉽게 지하로 파고들 수 있는 부지가 있다. 지하역은 회기로 지하에 설정한다. 한편 이 노선의 선형을 감안하면 동서관통선에 청량리역을 새롭게 짓기는 어려우므로 현 망을 이용하는 열차로만 연결한다. 고려대역에서는 6호선과 경전철 동북선을 동시에 환승할 수 있도록 한다. 혜화는 4호선 환승이 가능함은 물론, 그 자체로 '한양도성' 북동부의 주요 거점이므로 정차역을 확보한다. 사갱 입구는 서울대 병원 부지를 활용한다. 다만 혜화~안국 사이에는 중요한 문제가 있다. 평면 선형을 곧게 만드는 한편, 혜화역의 환승 거리를 최소한으로 좁히고, 3호선 터널과의 간섭을 최소화하는 한편 율곡로 하부를 6절에서 설명할 3~4호선 간 노선 섞기(reshuffling)용 노선을 위해 활용할 여지를 남기기 위해 창덕궁과 창경궁 부지 지하를 파고들어야 하기 때문이다. 문화재청 당국이나 여론을 잘 설득하는 것이, 즉 이 노선은 기존 시가지를 관통하기 위해 지하 대심도에서 진행해야 하므로 지상에 영향이 없을 것이라는 점을 설명하고 설득하는 것이 중요한 과제다.

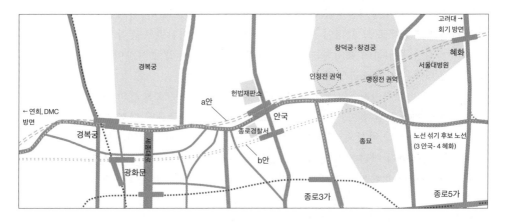

안국~혜화 간 창덕·창경궁 관통 노선의 선형은 제안도(지도 25)에서 확인하라. 안국역은 3호선 환승이 가능할 뿐만 아니라 도심 북부의 주요 거점이기도 하다. 사갱입구는 헌법재판소 부지를 활용한다. 광화문에도 역을 추가하여 경의중앙선 연선의 도심 접근성을 강화한다. 이어서 안산을 관통, 서부선 교차 지점에 연희역을 건설한다. 연희역 서쪽으로는 DMC에서 경의1선과 연결되도록 가좌~DMC 사이에서 지상으로 올라온다. 현재의 경원~용산선(청량리~용산~DMC)은 배차를 조금 삭감하는 한편, 증편된 열차는 바로 이 방면으로 주로 돌리면 경의중앙선의 광역급행급 영업 환경을 크게 개선할 수 있다.

물론 이런 대규모 사업에는 대략 10년은 걸릴 것이므로, 단기적으로도 광역급행 운행을 강화할 필요가 있다. 매시 1회 운행되는 서울역 급행뿐만 아니라, 용산을 정차, 통과하는 급행열차도 매시 1회가량 동서관통선이 개통할 때까지 운행하는 것이 어떨까 한다. 이 노선은 이촌, 옥수 환승이 가능한 만큼 강남 방면 연계를 보조할 수 있을 것이다.

도성 내부 동서관통선은 2019년 봄에 시 계획[95]을 통해 발표된 청량리~목동 간 강북횡단선(연장 약 26km)과 상당 부분 병주하는 노선이다. 서로 경쟁하는 노선이기 때문에 사업성에 좋지 않은 영향을 받을 수 있으며, 특히 장거리 축선에 걸맞게 강북횡단선 측의 차량 규모가 커지면 커질수록 그럴 것이다. 나는 완행 도시철도보다는 광역급행망을 우선하는 방침이 필요하다고 생각하며, 따라서 두 노선 가운데 동서관통선을 우선해야 한다고 본다.

95
「서울시, 제2차 서울시 도시철도망 구축계획(안) 발표」, 서울시 도시교통본부 교통정책과 보도자료, 2019년 2월 20일.

공항철도와 9호선

이들 두 노선은 이미 광역급행급 속도를 시민들에게 선사하고 있다. 하지만 이들 노선의 열차는 혼잡으로 그 악명이 높다.[96] 바로 이러한 노선이야말로 혼잡 대응을 위한 예비 차량을 투입하여 대처하는 것이 필요한 노선이지만, 차량 사양이 호환되지 못해 이런 대책은 시행되고 있지 못하다.

　　과거의 계획이자 일각에서 제기되고 있는 공항철도~9호선 간의 직결 운행은 공항철도 자체의 혼잡이, 특히 계양~김포공항보다 동쪽 구간인 김포공항~마곡나루~DMC 간 혼잡 역시 높기 때문에(아침 8시 기준 대략 140%), 열차를 증편하기 전에는 시행하기 어려운 대안이라고 본다. 물론 이는 추가 차량 구매를 필요로 한다. 결국 차량의 호환성을 확보해 혼잡 여건에 따라 유연하게 열차를 추가 투입할 수 있도록 하는 변화가 이 계통의 관리를 위해 필요한 과제인 셈이다. 이외에 9호선 동쪽 망을 지금도, 미래에도 광역급행망이 없을 하남 방면으로 연장시키는 방안 역시 검토할 필요가 있다.

경기 남부 순환망, 아산만 급행, 중부선

지도 22와 24의 남쪽 경계선에서는 원평선(d~k~⑨~10~b~l), 그리고 아산만 급행(⑧~g~a~d~경부~장항~c4, 순환 형태)을 확인할 수 있다. 이들 급행열차는 광역특급 동서 연계보다 한층 낮은 속도로, 한층 작은 중심지까지 철도망으로 포괄하는 역할을 한다. 기존선, 그리고 기존 계획 선이나 이를 저자가 변형한 노선을 활용하는 운행 계통이라는 특징 또한 동서 연계선과 공유하므로, 경기 남부와 충청 북부 지역의 철도 투자를 좀 더 효율적으로 활용하는 계통이라는 특징 또한 이들 계통은 공유한다. 2절에서 확인한 수도권 주변부의 네 회랑은 이 계통을 통해 좀 더 촘촘하게, 면 단위 중심지까지 연계될 것이다. 이를 통해, 대읍과 시 중심부에만 정차하는 광역특급의 빈틈을 채우면서 자동차 중심 교통 환경에 균열을 내는 기능을 이들 망은 담당하게 될 것이다. 이 노선은 수요가 많기는 어려운 만큼, 2~4량 편성으로 차량을 조성하는 한편 현재의 경강선 수준인 러시아워 15분, 평시 30분 배차를 기본으로 영업을 시작할 필요가 크다.

　　중부선 역시 읍면 급의 작은 중심지에도 촘촘한 철도 서비스를 제공하기 위해 김량장역같이 용량에 여유가 생기는 지점에서부터 광역급행 서비스를 제공할 필요가 있다. 광역특급은 광주~김량장~안성~충북혁신도시~진천~청주공항~청주중앙~신탄진~대전 정차가 표준적일 것이며, 이들 사이의 작은 중심지에 충분한 빈도의 열차를 보장하려면 광역급행급 운행이 필수적이다.

---

[96]
공항철도의 혼잡에 대한 보도는 드물지만, 직접 탑승하여 관찰한 결과 평일 아침 상행 러시아워의 정점인 8시경 계양~김포공항 구간에서는 실제로 200%의 혼잡을 관찰할 수 있었다. 9호선 혼잡은 염창역부터 심각해진다.

6절. 가장 작은 동심원, 도시망

이제, 가장 작은 동심원을 대상으로 삼는 도시철도의 층위에 도착했다. 이 층위는 특히 서울 시민들의 삶과 매우 밀접하다. 하지만 나는 앞서 제시한 것과 같이 개별 축선을 세밀하게 짚는 작업은 시도하지 않을 것이다. 지금도 도시철도는 서울 시계 내부의 중장거리 통행에서는 매우 강력한 수단이며(보강 10), 비록 영업 km당 이용객의 수는 중간 정도지만 도시철도 밀도 면에서 서울은 세계 거대도시 가운데 선도 그룹에 속할 정도로 상황이 양호하기 때문이다.

서울 도시철도: 여섯 쟁점
그럼에도, 여전히 몇 가지 쟁점은 남아 있다. 그 수는 여섯 가지 정도다.

1) 추가 장거리 축선
1998년 서울시가 3기 지하철 계획을 축소한 이래, 서울시는 더 이상 도심을 관통하여 서울의 지름(27.8km)보다 긴 거리[97]를 달리는 장거리 노선을 계획하지 않고 있다. 이런 포기의 이유를 명시적으로 찾을 수는 없지만, 짐작하기 어려운 것은 아니다. 투자 대비 효용, 다시 말해 '비용편익비'가 높은 노선을 발굴하기 어려울 뿐만 아니라, 장거리 노선에 필요한 곧은 선형은 곧 철도 사각지대를 해소하기 위해 필요한 구불구불하고 세밀한 선형과는 함께하기 어렵기 때문이다. 계속해서 떨어져 온 주요 노선의 혼잡도, 그리고 국가의 지속적인 방사형 광역망 투자 역시 이런 판단에 한몫했을 것이다.

　　　　나 역시, 거점 간 연계를 강화하면서도 도시철도 사각지대를 채울 수 있는 새로운 장거리 도시철도 축선에 대한 아이디어를 얻을 수는 없었다. 3기 지하철의 버려진 장거리 축선 계획인 10, 11호선 역시 장거리 연계는 광역망으로, 사각지대 연계는 경전철망으로 나누어 진행 중이다. 2019년 2월, 시 계획 속에는 서울시의 지름에 육박하는 연장을 가진 장거리 도시철도 축선으로서 '강북횡단선'이 등장했지만, 이 역시 사업비를 절감하기 위해 경전철 규모의 시스템으로 계획 중이다.

2) 기존선 급행화
9호선 덕분에, 비로소 도시철도 이용객들도 급행열차에 눈을 떴다. 서울시 역시, 기존선 급행화에 대해 상당한 관심을 기울이고 있는 것이 확인된다.[98] 하지만 운행 중인 철도 바로 옆에서 공사를 벌여야 하는 기존선 급행화는 대단한 난공사를 필요로

97
이보다 노선 길이가 긴 서울 도시철도로는 2, 3, 4, 5, 6, 7, 9호선이 있다. 그 외에 대부분이 광역망인 1호선, 전 망이 광역인 경의중앙선의 서울 시계 내 구간이 이보다 더 길다. 강북순환선(청량리~목동)의 계획 연장은 약 25.7km다.

98
예를 들어 손기민, 「도시철도 끊김 없이 달리다」, 『진화하는 교통』(서울연구원, 2016), 157~163.

6장 철도 도시 서울, 무엇을 할 것인가

[지도 26] 서울 "3기 지하철"의 노선도. 계획은 1991년부터 전개되었으나, 2기 지하철의 지연이나 정부 보조금 문제로 인해 표류하다 1998년 IMF 사태 이후 10~13호선은 폐지되는 운명을 맞았다. 서울특별시 도시기반시설본부, 『서울지하철 9호선 건설지: 개화~신논현』 상권(서울특별시 도시기반시설본부, 2010), 99~100. 여기서 12호선은 분당선과, 13호선은 인천공항철도와 직결 운행이 예정되어 있었다. 10호선과 겹치는 신분당선은 그리지 않았다.

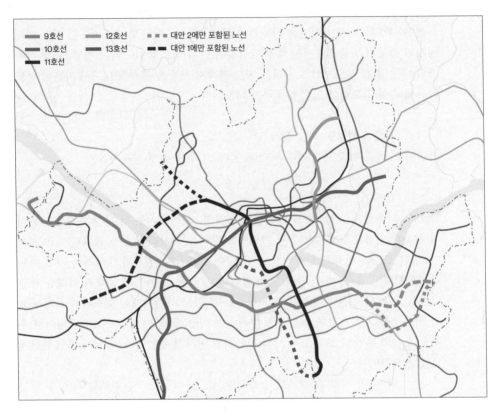

하는 데다, 막대한 예산이 필요해 쉬운 일이 아니다. 또한 대피선을 이용하는 방식의 급행은 9호선에서 볼 수 있듯 완행열차의 속도 저하를 부른다. 결국 기존 도시망 급행화가 효율적인지 여부는 실제로 계산해 보기 전에는 잘 모르는 영역이라고 할 수 있다.

　　실제로 3호선에 대해 구체적으로 급행화의 편익을 계산했던 연구가 하나 있다. 이 연구는 일산선을 포함하는 3호선의 승객 출발·도착 데이터를 활용하여 단축 시간을 추정해 냈다. 이 결과를 그대로 서울교통공사가 영업하는 도시철도망 전체에 적용한 결과가 표 24이다. 나는 급행화의 편익을 짐작하기 위해 타당성 평가에서 보통 사용되는 변수[99]를 활용하여 계산을 해 보았고, 그 결과 급행 구간에 별선을 설치하면 6.3조 원, 대피선 건설 시 2.88조 원, 홀짝법 적용 시 2.81조 원[100] 정도의 편익이 발생할 것이라는 결과를 얻을 수 있었다.

　　문제는 비용이다. 서울교통공사 관할 구간 약 297km에 대해 모두 급행 별도 선로를 건설할 경우, 30조 원에 가까운 막대한 투자가 필요하다. 6조 원의 이익

[표 24] 서울 도시철도 기존선 급행화의 편익 규모. 첫 번째와 두 번째 열의 값은 양시욱·한은총·강준석·남종우, 「OD데이터를 활용한 급행화 방법별 시간효용성 비교에 관한 연구」, 『한국철도학회 춘계학술대회 논문집』(2016). Skip-Stop 방식(이하 '홀짝법') 급행 운전이란, 두 열차 계통을 설정한 다음 한 계통은 시발역으로부터 짝수 번째 역에, 다른 계통은 홀수 번째 역에 정차하는 방식으로 정차역을 줄이고 표정속도를 높이는 방법이다. 일 평균 승객은 2017년 서울교통공사 승객이며, 편익은 할인율 4.5%, 7년 뒤부터 편익 발생을 가정한 값이다.

	1인당 평균 단축 시간(초)	단축 시간 최저임금 환산(원)	일 평균 승객(인)	30년간 발생 편익(조)
별선 방식	137	287	4,789,915	6.32
대피선 방식	62	131	"	2.88
SKIP-STOP 방식	61	128	"	2.81

을 위해 30조 원을 투자할 수는 없는 노릇이다. 또 대피선 1개소에 1000억 원이 든다고 가정하면, 10km에 1개소꼴(3조 원어치)의 대피선보다 더 많은 대피선이 필요할 경우 대피선 방식의 경제적 가치는 없어지게 된다. 그렇지만 9호선의 대피선은 8개소[101]로 평균 거리는 약 4km였다. 그렇다면 그나마 효율적인 급행 운영 방식은 홀짝법 정도인 셈이다. 시민들이 이런 홀짝 정차 방법에 대해 과연 긍정적인 반응을 보일 것인지에 대해 수행한 연구는 내가 아는 한 아직 존재하지 않는다. 그렇다면 현실적인 급행화 계획은 바로 홀짝법에 대한 시민들의 반응 연구에서 시작해야 할 것이다.[102]

3) 리셔플링

표현은 낯설지만, 리셔플링(reshuffling, 이하 '노선 섞기')은 10여 년 전부터 지속적으로 연구되어 왔던 주제다. 서울연구원 논문으로 가장 상세히 분석되었던 연결은 5호선과 9호선을 강동 구간에서 직결시키자는 제안이었다.[103] 비록 실현되지는 못했으나, 시민들의 지속적인 관심이 있다면 살려 볼 수 있는 연계는 여전히 남아 있다. 특히 굴곡이 큰 3호선은 지도 27에서 볼 수 있듯 최소한의 투자를 통해 아주 많은 계통을 섞어 투입할 수 있는 노선이다. 비록 "독립망", 즉 하나의 물리적 노선에 하나의 운행 계통만 투입하는 망의 형태를 유지하는 데 중요한 이점이 있긴 하지

99
30년간 발생한 편익으로 투자의 가치를 합산, 사업 개시 7년 후(완공 시점)부터 편익 발생 가정, 할인율 4.5%, 시간의 가치는 2018년 최저임금과 유사.

100
다만 홀짝법은 운전 시각표를 작성하는 한편 승객과 시민들에게 운영 방법을 공지하는 과정만을 필요로 하므로 지방정부의 결심만 있다면 몇 달 내로 시행 가능한 방법이며, 따라서 편익이 당장 발생한다. 할인율을 동일하게 둔 채 사업 1년차부터 바로 편익이 발생한다는 가정하에 경제성 평가를 수행한다면 편익의 규모는 3.7조 원이다.

101
마곡나루, 가양, 선유도, 샛강, 동작, 사평, 신논현, 삼성중앙.

102
물론 전망이 그리 밝지 않다는 사실을 부정할 수는 없다. 많은 승객들에게 혼동을 불러오면서, 표정속도 개선은 10km/h 미만(2^5km/h가 $2^{5.5}$km/h로 늘어나는 수준 미만)일 것이기 때문이다.

103
손기민, 「도시철도 노선개편 실행방안: 5, 9호선 직결을 중심으로」(서울연구원, 2008).

6장 철도 도시 서울, 무엇을 할 것인가

[지도 27] 과거 서울연구원의 노선 섞기 제안도. 출처: 손기민, 『서울시 지하철 노선체계 개편방안』(서울시정개발연구원, 2005), 96. 언급되지 않은 광역망 노선은 빼고 그린 것이다.

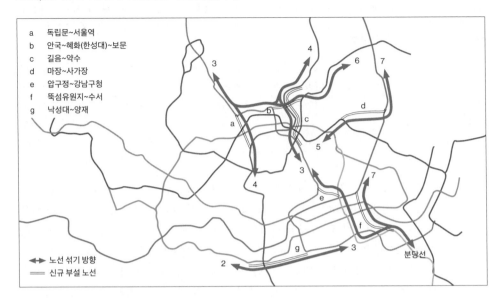

a   독립문~서울역
b   안국~혜화(한성대)~보문
c   길음~약수
d   마장~사가장
e   압구정~강남구청
f   뚝섬유원지~수서
g   낙성대~양재

◀▶ 노선 섞기 방향
=== 신규 부설 노선

만,[104] 꾸준한 광역급행 투자가 이뤄지면 신분당선, 경의선 등으로 장거리 승객이 빠져나가게 될 3호선인 만큼 앞으로 노선 섞기 시도의 거점 노선으로 활용하는 것도 그리 나쁜 계획은 아닐 것 같다.

지도 27에 표현되지 않은 연계도 몇 가지 있다. 일례로 7호선 까치울역과 5호선 까치산역을 연결하는 망도 충분히 가능한데, 아마도 이 노선은 현재 광역완행급으로 지역에서 논의 중인 "원종홍대선"을 통해 중단거리 광역망 노선으로 대체될 가능성이 높아 보인다. 이외에 성수지선과 우이신설선을 직결 운행하지 못한 선택은 아마도 두고두고 후회할 결정으로 꼽힐 가능성이 커 보인다.

4) 경전철망

경전철 시스템의 능력은 분명 도시 지선 또는 완행망을 구성하는 데 충분하다. 그러나 어디까지나 그 정도라는 점을 염두에 둘 필요가 있다. 열광해서도 안 되고, 무조건 비난해서도 안 된다. 지금까지 국내외에서 기록된 실적을 냉정하게 분석하는 자세가 경전철망을 이해할 때 필요하다. 여기서 간략히 짚을 부분은, 도시 교통수단에 대한 투입 자금의 효율과 처리 용량에 기반해 경전철이 파고들 틈새가 어디이며 이

104
승객이 운행 방법을 쉽게 파악할 수 있으며, 한 방향으로 최대한 많은 열차를 배차할 수 있고, 분기와 합류로 인한 운전 정리 부담이 없어 이상적인 평행 운전 선구를 구현할 수 있다.

도시 교통수단의 시간당 편도 통과자 수, 그리고 건설비 1억 원당 1시간 편도 통과 인원수 사이의 관계. 도보의 경우 속도 4km/h에 간격 2m, 자전거의 경우 속도 15km/h에 간격 10m를 우측 한계로 삼았다. 승용차(시내도로, 고속도로)의 재차인원은 1.5명/대로 가정했으며, 시내 도로 차량 통과량의 우한계점은 666대/시·차선으로 잡았다. 철도 수단은 3분 배차를 기준으로 혼잡도 70%부터 200%상황까지 표현했으며, 고속도로는 차선당 2000대를 오른쪽 한계로 하여 선을 왼쪽으로 그었고, 버스 전용차로의 경우 최대 250대에 대당 50명이 탑승한 상황을 우측 한계로, 가로변 버스 전용차로의 설치 기준인 3000명/시(100대/시에 대당 30명, 중앙차로는 1.5배)를 좌측 한계로 삼았다. 건설 비용의 경우 도보는 2억 원/km, 자전거 도로는 이명박 정부 시기 전국에 건설된 자전거 도로망 8000km의 평균 단가 3.6억 원/km, 시내 도로는 30억 원/km로 잡았고, 나머지 수단들은 2019년 현재 한국의 대략적인 값을 활용했다. 속도 대역이나 서비스 수준 요구가 다른 광역망, 전국망 영역에 적용하기는 어려운 도표임에 주의하라. 무동력 수단은 겹선, 도로는 실선, 철도 수단은 점선을 사용했다.

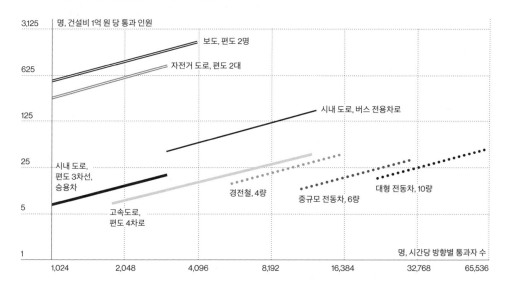

들이 왜 유리하거나 불리한 입지에 있는지에 대한 논의다.

도표 42는 그 도구다. 보도나 자전거와 같은 비동력 수단은 비용 효율성은 매우 높지만, 용량 면에서 대략 편도 2^{11}명/시 이상의 물량을 처리하는 데 한계를 보인다. 한편 동력 수단의 경우 건설비 효율성(y축의 높이)은 고만고만한 수준이다. 다만 버스 전용차로는 다른 모든 동력 수단에 비해 훨씬 높은 비용 효율성을 보인다. 실제로 서울의 주요 버스 전용차로는 시간당 200대 이상의 버스 통과량을 기록하고 있으며, 러시아워에는 1만 명 이상의 수송 밀도를 기록하는 것으로 보인다. 하지만 버스의 처리 능력은 대체로 2^{13}명 수준을 넘어서면 한계에 도달하게 된다. 이보다 더 밀집된 인간 흐름은 철도만이 처리할 수 있다는 뜻이다. 특히 편도 $2^{15\text{-}16}$명/시 수준의 흐름은 대형 전동차가 아니면 처리할 방법이 없으며, 편도 $2^{14\text{-}15}$명/시 수준의 흐름 역시 적어도 중형 전동차를 활용해야만 처리할 수 있다. 경전철이 노릴 틈새는 바로 편도 $2^{13\text{-}14}$명/시 수준의 흐름을 처리하는 역할에 있는 것으로 보인다.

하지만 이러한 틈새는 다소 불안한 측면이 있다. 먼저, 용량 면에서 경전철은 버스 전용차로에게 위협받는 듯하다. 중대형 전동차는 도로로는 결코 대응할 수 없는 수준의 밀도를 가진 인간 흐름을 처리할 수 있는 데 비해, 경전철의 곡선은 틈새 초반부(편도 $2^{13\sim13.5}$명/시)에서 버스 전용차로보다 한참 아래에 있다. 실제 서울에서 가장 혼잡한 전용차로에서는 편도 $2^{13.5}$명/시 수준의 수송 밀도가 가능하다.(시간당 200대 이상의 버스, 버스당 60명 이상 탑승 시) 표정속도 면에서 약 2배의 차이가 있고, 노동 집약적이라는 점에서 운영 비용이 저렴할 가능성이 있지만, 건설비 효율성이 5배 가깝게 벌어진다는 사실 앞에서도 경전철을 선뜻 선택할 도시는 아마도 없을 것 같다. 한편 경전철망이 중대형 전동차에 비해 비용 효율성을 가진(선이 위에 있는) 구간은 편도 $2^{13.5\sim14}$명/시 정도를 처리하는 구간인데, 사실 이렇게 2의 n승별 구간의 후반부에 위치한 인간 밀도를 처리하는 철도망은 혼잡이 상당히 높은 상태에 처한 망이다. 그렇다면 경전철은 그 틈새의 좌측에서는 버스에게 특히 건설비 덕에 입지를 위협받는 한편, 우측에서는 혼잡에 대한 여론이 악화되면 그보다 더 규모가 큰 시스템에게 입지를 위협받을 수 있는 처지인 셈이다.

이런 분석을 조금 뒤집으면, 반대로 경전철이 살아남을 수 있는 조건도 비교적 분명해진다. 경전철은 버스 전용차로가(차내든, 도로 용량 면에서든) 극히 혼잡하거나 전용차로 확보가 힘든 축선에서, 그리고 중대형 전동차로는 과잉 공급이 될 것이 분명한 축선에서 살아남을 수 있다. 버스 전용차로로는 달성하기 어려운 2^5km/h의 속도는 버스, 그리고 최대의 강적인 승용차와의 대결에서 이 망이 우위를 차지하게 해 줄 것이다. 서울 내 지선망뿐만 아니라, 인구 100만 이하 도시들의 주 축선이나 광역시의 보조 축선 가운데서도 이런 특징을 공유하는 축선을 찾아내야만 한다.

5) 노면전차(tram)

도심과 신 업무 지구에 노면전차를 (재)도입하자는 논의 또한 서울을 비롯한 전국에서 계속되고 있다. 하지만 이는 경전철 시스템과는 달리 아직 국내 사례가 없다. 이 망이 도로를 점거해 도로의 용량을 잡아먹기 때문이라는 설명도 가능하고, 속도가 느리기 때문에 중장거리 승객에게 별다른 이익을 주기 어렵다는 설명도 가능하며, (마찬가지로 중앙 차로로 도로를 점거하는) 버스에 비해 낯선 시스템이기 때문이라는 설명도 가능하다. 어찌되었든, 방금 지적한 것처럼 이 시스템은 경전철이나 버스와 비교했을 때 단점이 많다. 대규모의 단거리 교통이 밀집해 있는 도심에 짧게 놓는 노선이 아니라면, 그리고 대규모 간선 버스 축선을 개편하기 위한 방법이 아니고서는(이 경우 버스 승객들의 환승저항을 우려하지 않을 수 없다), 현재로서는 노면 전차가 교통 개선에 얼마나 도움이 될 것인지는 의심스럽다.

6) 제3의 재원

민자를 유치해 사업 기간을 단축하겠다던 서울 경전철 사업은 그 진척이 지지부진하다. 또한 문재인 행정부는 초기 2개년 예산에서 철도 건설 예산을 축소했으며, 서울시 역시 2020년 봄 현재 선언만 하고 있을 뿐 재정을 동원한 경전철 투자를 본격화하고 있지는 않다. 물론 재정은 언제나 희소한 것이고, 비수도권의 상황이 나빠질

[표 25]   수도권 주요 사업자별 가상 부가금의 규모. 승객 수는 2017년 기준.

	일 평균 승객(만 명)	100원 징수 시(억 원)	300원 징수 시(억 원)
서울교통공사	479	1,748	5,245
철도공사	206	751	2,253
인천교통공사	30	109	328
9호선	26	95	284

수록 중앙정부가 재정 여건이 매우 양호한 서울시의 도시철도 투자에 계속해서 보조를 해 줘야 하느냐는 의문은 더욱 확산되어 갈 것이다.[105] 그렇다면 일반 재정도, 민자 유치도 특히 서울 도시철도에 필요한 막대한 자금을 빠르게 조달할 수 있는 길은 아닌 셈이다. 이럴 때, 동원할 수 있는 수단은 결국 운임이나 준조세이다. 다시 말해, 운임에 부가액을 붙여 건설비를 조달한다든가, 준조세인 도시철도채권의 발행액을 더 늘려 세입 이외의 재원을 만들지 않으면, 도시철도나 서울시 관내 광역망의 개선 속도는 재정과 민자의 제약 앞에 가로막히고 말 것이다.

　　　　표 25는 승객 1인당 100원, 또는 300원의 부가금이 모이면 어느 정도의 규모가 되는지 보여 준다. 100원만 걷어도 서울교통공사는 1년에 1748억 원, 철도공사는 751억 원, 인천교통공사는 109억 원, 심지어는 9호선도 95억 원의 돈을 만들 수 있다. 300원 징수 시 모이는 돈은 서울시가 도시철도 건설에 투자하는 1년 예산(약 5000억 원)을 상회하는 수준이다. 9호선이라면, 95억 원의 돈으로 매년 15억 원짜리 전동차 6량을 구매할 수도 있다. 이것은 개통 이후 매년 1개 편성을 추가 구매할 수 있었다는 뜻이다. 승차당 100원으로 지옥철을 쾌적하게 만들 수 있는 대안을 마다할 시민은 생각보다 많지 않을 수 있다.[106]

　　　　계산 결과에 따라, 시민들에게 큰 부담이 되지 않는 선(100~300원)에서 충분한 설명과 설득을 통해 시민들이 누구나 쉽게 인지할 수 있는 개선 사업비를 운임에 추가하여 받는 것은 망 개량 사업 속도를 올리는 데 상당한 의미가 있는 조치다. 지방정부가 운영하는 일종의 목적세로서, 시민들에게 동의를 얻고 시 조례를 통해 규율된다면 이들 자금은 도시철도 개량을 위해 활용할 수 있는 소중한 제3의 재원으로 충분히 의미가 있을 것이다.

다른 도시의 도시철도

서울에만 도시철도가 있는 것은 아니다. 서울 밖에서 도시철도를 고민하다가 포기

105
총사업비 또는 재정 투입 부분의 40%를 중앙정부가 지원하며, 이는 타 대도시의 지원 비율 60%, 광역철도망의 75%에 비해 조금 낮은 수치다.

106
물론 서울 시내에서 특별히 부유하지 않은 강서구민들을 상대로 더 많은 비용을 분담케 하는 데 대해 강서

구 주민들 상당수가 항의할 가능성을 배제할 수 없다. 여기에 대응할 수 있는 방안은 아마도 급행역 사이에서 이뤄진 통행에 대채 급행 차량 구매용 부가금을 징수하는 데 있었을 것이다. 여기에 해당하는 승객은 대부분 편익을 보는 것이 명백하므로, 무턱대고 불만을 가지지 않을 것이다.

[지도 28] 오포 지역 도시철도 제안선. 겹선이 제안 노선이다. 동쪽의 굵은 선은 수도권 동부우회선(4, ⑨)으로, 제안 노선은 분당선과 이 노선 사이를 연결하는 교량의 역할을 하게 된다. 시가지 외곽선은 용도지역과 포털사이트 지도의 항공사진을 활용해 그렸다.

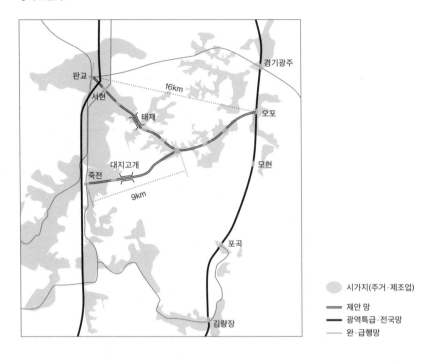

했던 도시의, 또는 아직까지 도시철도가 없지만 그에 관심을 가진 대도시의 시민들이 숙고해야 할 주제를 몇 가지 던져 보고 싶다.

1) 도시철도의 역할

노면전차가 아닌 이상, 도시철도는 2^5km/h 수준의 표정속도를 내게 될 것이다. 이 속도는 현대 철도로서는 말석에 해당하는 속도지만, 2^1km/h부터 2^{10}km/h까지 펼쳐져 있는 현대 교통 체계 전체(1장) 속에서는 일종의 중간 속도다. 도시철도는 위로는 동 단위의 작은 역 주변 사람들을 전국망과 광역망의 고속·특급·급행열차, 나아가 항공기에 탑승할 수 있도록 수송하며, 아래로는 이 작은 역에 도착한 사람들이 지선·마을버스나 자전거, 도보로 갈아타는 것을 돕는다. 다시 말해, 훌륭한 도시철도는 다른 대중교통 수단이 채울 수 없는 틈을 정확히 파고드는 위치에 있다. 광역망이나 전국망 철도역 또는 버스 터미널 주변, 지선·마을버스 수송이 집중되면서, 5~15km 남짓 되는 길이로 늘어져 있는 시가지 축선을 찾아야 한다. 버스 수송이 시간과 용량 모두에 걸쳐 한계에 봉착한 축선에 도시철도를 확보하고 버스를 주변부 연계에 돌릴 수 있는 도시는, 도시철도를 좀 더 튼튼한 대중교통 체계를 건설하는 수단으로 활용하는 도시라고 평할 수 있다.

2) 주변 도시와의 협력

행정구역은 중심지 체계를 부분적으로만 반영할 수 있다는 점을 보여 주는 크리스탈러의 이론과 그에 대한 여러 경험적 증거(1장)들을 떠올리지 않더라도, 수도권 도시가 대체로 주변 도시와 연계되어 있다는 점은 일반적인 상식이다. 버스 노선 역시 관청이 그어 놓은 시계를 무시로 넘나든다. 서울 7호선과 같은 일부 도시철도 역시 바로 이러한 현실을 반영하여 세 도시(서울, 부천, 인천)의 시계를 넘어 건설되었다. 하지만 몇몇 도시철도는 버스로 이미 형성되어 있는 축선도 무시한 채 시계가 마치 넘어서는 안 되는 경계선인 것마냥 그 앞에서 멈춰서고 만다. 시흥 신천동 시가지를 동쪽으로 불과 2km 앞에 둔 채 인천 시계 코앞 운연역에서 종착하는 인천 2호선은 좋은 사례다. 신천이나 그 이동 지역으로 이 노선을 연장해야 한다는 이야기는 아주 많지만, 2호선 본선은 남쪽 방향으로 향해 있어 신천동으로 향하려면 차량 기지 진입 선로를 별도로 두고 본선을 다시 건설해야 하는 상황이다. 2호선을 뒤로 두고 오늘도 인천 시내버스 22번은 시계를 넘어 달리고 있으나, 연장에 대한 요구는 계속된다. 도시철도를 검토하고 있는 모든 지방정부는 인천 2호선 동쪽 구간의 사례를 거울로 삼아야 한다.

따로 다룰 지면이 없기에 여기에서 짚고 넘어가고 싶은 도시철도급 축선도 있다. 판교(신분당)·서현(분당)에서 출발, 태재를 넘어 오포읍 일대를 지나 경안천에 도달하는 축선이 바로 그것이다. 이 축선의 중심에는 태재와 광주·성남 시계가 있다. 이를 경계로, 한쪽에는 1기 신도시의 필두 분당이, 그리고 반대편에는 극심한 난개발이 펼쳐진 오포읍 능평리·문형리가 있다. 자연과 인간이 함께 만든 경계인 셈이다. 하지만 이 축선은 태재를 상습 정체 구역으로 만들 만큼 상당한 인적 유동을 관찰할 수 있는 지점인 데다, 오포 측에는 도로망 확충이 사실상 불가능한 소구획형 산지 지형에 지금도 인구가 늘어나고 있다. 따라서 광주, 성남, 용인은 함께 이 축선을 따라가는 도시철도를 기획하고 건설할 필요가 크다.

3) 비용과 토목 구조

최근 본선용 터널 공법(NATM)의 가격이 크게 내려가, 고가와 비슷한 수준에 도달했다는 사실은 널리 알려져 있다. 하지만 지하에 짓는 도시철도는 역, 그리고 환기구 비용 덕분에 여전히 고가보다 비싼 선택이 될 것이다. 제한된 재정 조건에서 도시철도의 포괄 범위를 최대한 넓히기 위해서는 고가망을 다수 확보하지 않으면 안 된다. 고가망을 마뜩찮게 생각하는 사람들에게는 도쿄나 런던에 최근 건설된 고가 경전철 사례에 주목해 달라고 말하고 싶다. 도쿄의 도네리~닛포리 라이너나 해안 지역의 도쿄모노레일, 런던의 도클랜드 경전철이 바로 그 사례다. 특히 도클랜드 경전철은 비교적 최근 도시 재생이 이뤄진, 그리고 금융업을 비롯한 대규모의 생산자 서비스가 밀집한 지역을 고가로 통과하는 노선이다. 잘 건설된 고가 철도는 그것을 가진 도시에게, 그리고 승객들에게 미래적이고 진취적인 경관을 선사하게 될지 모를 일이다.

7절. 영원한 숙제, 재정

지금까지 실제 철도망의 서비스를 체계화고 그 적용 범위를 넓히기 위해 당국과 사업자, 지방정부 등이 적극적으로 해야 할 일들을 짚어 보았다. 하지만 이런 계획을 현실화하려면 아주 중요하면서도 해결이 난망한 문제를 넘어야 한다. 재정 문제가 바로 그것이다. 수도권의 중심부부터 주변부에 이르는 모든 공간을 공간의 스케일과 표정속도가 연동된 다층 철도망을 통해 체계적으로 연결하려는 이번 장의 계획을 모두 실현하려면 필요한 철도 연장은 거의 1500km에 육박한다. 현 건설선이나 기존 계획선, 서울관통선을 빼더라도 그 규모는 900km에 달한다. 총사업비로 수십조 원이 필요할 것이다. 이미 제3차 철도망구축계획이 1년에 총 7조 원, 국비만 4조원 정도 투입해야 한다고 진단하고 있다는 점을 감안하면,[107] 추가로 거의 네 자리대 km의 철도를 구축해야 한다고 요구하는 계획을 좀 더 현실성 있게 만들기 위해서는 재정 투입 계획을 점검해 두지 않으면 안 된다.

시나리오를 그리기 위해 사용한 중요한 가정은 다음 다섯 가지다.

1.　　　사업별 총사업비의 규모는 연장에 일정액의 km당 단가를 곱해 추정한다. 여기서 "일정액의 단가"는 네 유형이다.(표 27) 통상적인 복선전철에는 400억원/km를 적용하고, 서울 부근 광역 지역을 통과하면서 역 개수가 비교적 적은 사업은 600억 원/km를, 대부분이 서울 관내에 위치하거나 도시철도에 준할 정도로 역이 다수 존재하는 사업의 경우에는 1000억 원/km를 적용한다. 400억 원/km는 실제 많은 복선전철 사업에서 확인되는 단가이며, 1000억 원/km는 도시철도에서 흔하게 확인 가능한 값임을 밝혀둔다. 몇몇 특수 노선은 800억 원/km를 적용해 계산한다.

2.　　　총사업비는 일정 기간 분할하여 투입한다. 분할 기간은 전체 다섯 유형을 설정한다.(표 28, 29) 통상적인 사업은 7년, 삼각선이나 연결선 사업은 3년, 공사 구간이 극히 짧거나 공사 여건이 양호한 사업은 5년, 규모가 크고 공사 여건이 극히 어려운 사업은 10년, 사업 규모가 장대하고 공사 여건이 어려운 사업이나 수도권 우회망 사업처럼 그 효용이 천천히 발생할 것으로 보이는 사업은 13년을 반영한다.

3.　　　거대 사업은 사업을 2단계로 나누어 투자 계획에 반영한다. 가장 큰 사업인 서울관통선, 그리고 신중히 평가해야 할 송도급행선이 대상이다. 1단계 사업과 2단계 사업의 구분은 2절에 따른다. 서울관통선 1단계 11년차에 2단계 1년차 사업을 시작시켜 총 투자 기한은 20년으로 맞춘다.

---

[107]
국토교통부, 「제3차철도망구축계획」(2016), 60~64.

[표 26]　각 범주별 철도 투자 계획 물량. 이번 장 2절에서 제안된 선구들을 정리한 값이다. 참고로 2019년 연말 기준 수도권 도시·광역망의 연장은 1169km이다.

범주	연장(km)	주 목적	보조 목적	비고
수도권 통과, 남북 연결 지원	503	서울과 북한 지역 연계 확보	수도권 2중 외곽 순환선 확보	
전국망 처리 능력 강화	288	고속열차 착발 능력 증대	수도권 기능 분업화 (서울의 '원심력') 지원	
광역망 유기성 강화	133	광역급행 층위 기반 확보	수도권 내 주요 거점 연계 강화	남서울급행철도 포함
서울관통선 A, B, C	127	서울 도심 관통으로 광역특급 서비스 기반 구축	A, B선은 전국망 고속열차 운행	중복 집계 제외
건설 중인 노선	140			
기존 계획선	246			3차 국가철도망계획
서울시 도시망, 경전철	60			남부급행철도 제외
신설 합계	1497			

[표 27]　km당 기준 단가 유형과 적용 대상 선구.

기준 단가	노선명
400억 원	강화선, 경원고속선, 경원선 복선전철화, 경의고속선, 경의본선, 관서내륙선, 광주삼각선, 금촌연결선, 내포선, 동부우회선+신계선, 동탄용인선, 반월삼각선, 북부우회선, 서산산업, 서해, 여주서원주, 염하삼각선, 원주삼각선, 원평선, 중부내륙, 중부선, 진천삼각선, 평택, 평택삼각선, 평택안성, 평택연결선, 포천선, 하남연결선
600억 원	송도급행선(1단계), 수서광주선, 신분당선, 신안산, 월곶판교선
800억 원	송도급행선(2단계)
1,000억 원	경부3선, 경부4선, 경의2선, 광역특급 A, C선, 남서울급행선, 남서울급행선, 수인2복선(제2공항철도), 신분당 삼송, 신분당 수원, 용산선, 중앙2선

[표 28]　투자 기간 유형과 적용 대상 선구.

투자 기간	노선명
3년	광주삼각선, 반월삼각선, 원주삼각선, 진천삼각선, 평택삼각선, 평택연결선
5년	경부3선, 동탄용인선, 송도급행선(1단계)
7년	강화선, 경원고속선, 경원선 복선전철화, 경의고속선, 경의본선, 관서내륙선, 광역특급 A, C선, 금촌연결선, 내포선, 북부우회선, 서산산업, 서해, 송도급행선(2단계), 수서광주선, 수인2복선(제2공항철도), 신분당 삼송, 신분당 수원, 신분당선, 신안산, 여주서원주, 염하삼각선, 용산선, 원평선, 월곶판교, 중부내륙, 중앙2선, 평택, 평택안성, 포천선, 하남연결선
10년	경부4선, 경의2선, 남서울급행선(경인), 남서울급행선(안양), 서울관통선(2단계), 중부선, 한양도성 동서관통선
13년	동부우회선+신계선, 서울관통선(1단계)

[표 29]　투자 기간 유형에 따른 연차별 투자액 분배. n년차에 총사업비 가운데 얼마를 투입하는지를 나타낸다.

사업 기간	1년차	2년차	3년차	4년차	5년차	6년차	7년차	8년차	9년차	10년차	11년차	12년차	13년차
3년	33%	33%	33%										
5년	10%	20%	30%	30%	10%								
7년	5%	10%	20%	20%	20%	15%	10%						
10년	3%	10%	10%	15%	15%	15%	15%	10%	5%	2%			
13년	3%	5%	7%	10%	10%	10%	10%	10%	10%	10%	7%	5%	3%

4.　　　　북한 방면 새로운 망 투자 시작 시점은 2030년경으로 잡는 한편, 2020년 대에는 남한 측 전국망과 광역망 확충 사업에 투자 초점을 맞춘다. 북한의 개혁 개방 시점은 아직 미지수다. 따라서 북한 방면 망에 먼저 투자를 할 경우 이들 망이 제대로 활용되지 못한 채 감가상각만 당하는 상황이 벌어질 위험이 있다. 대규모 교통 수요를 관찰할 수 있고, 개통 즉시 상당한 효과를 낼 수 있는 삼남 방면 노선에 투자 우선순위를 맞추는 이유다.

5.　　　　첫 번째 목표 년도는 2030년, 두 번째 목표 년도는 2040년으로 설정하고, 우선순위와 노선 체계에 따라 투자 시점을 선택한다. 2030년은 남한 방면의 전국망·광역망 사업 가운데 우선순위가 높은 사업들을 대체로 일단락하는 것을 목표로 하는 시점이다. 각 10년의 전반기에 우선순위 높은 노선 투자를, 후반기에 차순위 노선의 투자를 시작한다. 운행 계통이 서로 연계된 사업은 본선에 사업비를 우선 투입하고 연결선 등의 사업은 본선 개통과 동시에 또는 그 이후에 사업이 완료될 수 있도록 조정한다. 이 책의 집필 마무리 시점에 맞추어 시나리오의 시작 시점은 2020년으로 잡았다.

다섯 가정을 적용하여 각 사업별 투자액을 조정한 다음, 그 값을 합산한 결과가 바로 도표 43이다. 2022년부터 2029년까지, 수도권망 정비에 들어가야 할 돈은 4조 원을 상회한다. 또한 저자 제안 사업의 사업비 역시 2조 원에 육박하거나 그 이상이다. 물론 남서울급행이나 경부4·중앙2·경의2선과 같은 사업은 기존에 검토되지 않던 사업은 아니지만, 어쨌든 3차 철도망구축계획의 언급에 비해서도 2조 원/년 이상 투자를 늘려야 하는 규모의 계획을 제시한 것이 사실이다. 한편 북한 방면 연결

[도표 43] 서울 거대도시권 철도 투자 계획을 20년 내 이루기 위해 필요한 투자 액수. 각각의 범주에 속한 구체적인 노선이 어디인지는 표 2, 3, 4를 참조하라. 남한 영토 내부에 대한 투자액만을 포함한 값이며, 조건이 현격히 다른 북한 지역 철도망 투자에 대해서는 별도 계산이 필요하다.

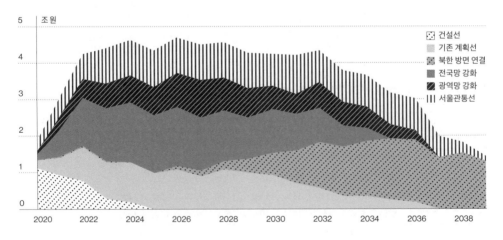

사업이 본격화되는 2030년대에는 수도권 내부에서만 북한 방면 사업비로 매년 1.5조 원을 지출해야만 한다. 물론 2023년부터 2036년까지 거의 15년 가까이 1조 원 가까운 투자를 필요로 할 서울관통선은 이들과 별도로 논의해야 한다. 결국, 서울 거대도시권을 중심부부터 주변부까지, 그리고 남한 방면뿐만 아니라 북한 방면으로도 철도를 통해 체계적으로 연계하려는 계획을 구현하려면 2020, 2030년대 내내 총 4조 원/년 수준의 재정 지출이 필요하며, 내가 제시한 수준으로 망의 밀도를 촘촘하게 만들기 위해서는 2조 원 정도 추가 지출이 필요할 것으로 보인다.

　　　이는 아주 중요한 과제를 한국 철도에게 남긴다. 지금까지 철도 건설에 투입된 정부 예산의 최대 액수(5.5조, 2017년. 7장 참조)의 대부분에 해당하는 막대한 금액을 20년 가까이 수도권 철도망을 보강하는 데만 투입해야 한다는 뜻이기 때문이다. 비록 계획의 공간적 범위가 충청·강원을, 그리고 북한 방면 연계를 포괄하고는 있으나, 전라·경상 지역 철도에 투입되어야 할 비용, 그리고 북한 지역 철도에 투입해야 할 규모도 짐작하기 힘든 막대한 비용을 감안하면 수도권에만 이런 투자를 집중시키는 것은 현실적으로 불가능하다. 개정 당국이 철도 투자 액수를 지금보다 대폭 늘리지 않는다면, 서울 거대도시권은 철도의 도시가 되기 어렵다.

　　　상황을 정밀하게 조명하고, 철도 투자 제도와 정당화 방식을 점검하는 한

편 어느 지점을 수정해야 이런 재정 문제를 돌파할 수 있을지 논의하는 과제는 3부
로 넘기겠다. 여기서 밝힐 수 있는 것은, 거대도시가 형성된 수도권의 경우 지상 교
통 투자의 중점을 도로에서 철도를 중심으로 하는 대중교통 체계로 옮기도록 한국
사회를 설득해야 한다는 점, 그리고 앞서 언급한 '이중 교통 환경'을 약화시키고 특
히 기후위기 시대에 알맞은 방식으로 도시와 교통의 세계를 재조직하려면 지금까
지와는 확연히 다른 수준의 투자가 이뤄져야 한다는 방향 정도뿐이다.

8절. 선도 그룹을 넘어

조금 더 총괄적인 관점에서 지금까지 전개한 제안의 효과를 검토해 본다. 이를 위해
우선 1장 후반부에서 도입한 '거대도시 철도개발지수'를 활용해 보자. 표 30과 도표
44는, 몇 가지 가정하에 서울의 미래 철도개발지수를 구한 결과를 보여 준다.
　　　　현재 서울 지역 철도망의 지리적 구조와 역할을 평가하는 철도개발지수
의 총점은 41.2점, 전체 50개 도시 가운데 22등이었다.(1장 도표 27) 철도 병목에

서의 감점, 우회순환망에서의 0점이 뼈아팠고, 도시망의 점수는 비교적 양호했으나 광역, 전국망의 점수는 양호하다고 보기 어려운 수준이었다. 하지만 내가 이번 장 7절에서 설정한 투자 일정을 기준으로 할 경우, 이 점수는 2030년에는 대략 64점, 2040년에는 75점으로 상승할 수 있다.(도표 44) 2030년의 점수는 선도 그룹의 말석, 그리고 2040년의 점수는 최상위 그룹 수준의 점수다. 물론 이 기간 동안 다른 도시들 역시 철도에 투자할 것이기 때문에, 이 시점이 되어 서울을 평가한 상대 점수는 실제로 이보다는 낮을 수밖에 없을 것이다. 하지만 이런 비현실적 가정을 무시하더라도 요소별 절대 수치의 성장 또한 거의 모든 지표에서 견실하다. 도표 44의 곡선은 거의 모든 면에서 바깥 방면으로 성장하고 있으며, 전국망 착발역의 규모, 시계 내 광역철도의 연장, 시계 통과 복선의 수나 2복선 공급 축선의 수와 같은 지표의 절대 수치는 두 배나 증가했다.

　　다만, 도표 45는 철도개발지수나 여러 요소 점수를 통해 드러나는 2030년경의 성과는 3차 철도망구축계획에 등재된 철도망만 건설하더라도 거의 비슷하게 달성할 수 있다는 점 또한 보여 준다. 차이는 2030년 이후의 투자, 그리고 외곽 우회선이나 초과 복선 수, 전국망 착발역과 같이 서울과 그 바깥, 또는 광역도시권 사이를 연결하는 철도망의 구조 지표에서 주로 벌어진다. 이로부터, 재정 문제가 남아 있긴 하지만, 대규모의 철도망 투자를 서울 거대도시권에 수행해야 한다는 공감대

[도표 44] 철도개발지수 개별 요소별 백분위 점수 변화. 표 30의 값을 바탕으로, 다른 거대도시의 점수가 1장에서 변화하지 않았을 때 서울의 점수가 어떻게 변하는지 계산한 결과다. 바탕이 되는 백분율 값은 표 30에 제시된 절대 수치와 동일한 거대도시의 수치, 또는 해당 값 앞뒤로 위치한 두 도시의 중앙값(즉, 상위 74%와 80%일 경우 77%를 부여하는 식)이다. 부정적 지표는 음수로 값을 제시하여, 지표 개선 시 곡선이 움직이는 방향(바깥쪽)을 다른 지표와 맞추었다.

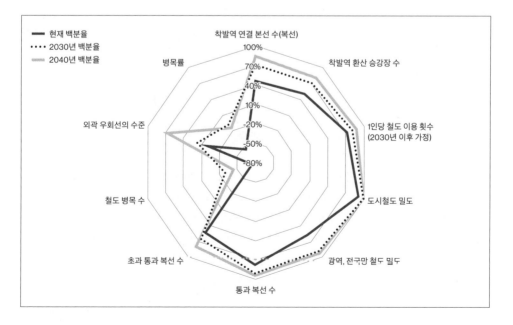

6장 철도 도시 서울, 무엇을 할 것인가

[표 30]　서울의 철도개발지수 지표별 변화. 여기서 '3차 계획'은 국가의 현 계획인 3차 철도망구축계획을 의미한다. 중앙역으로는 현 망에 2030년까지는 서울·용산, 청량리의 확장(2복선, 9면) 및 수서·삼성의 망 추가(3복선, 6면)를 포함했고, 2040년까지는 서울관통선 A·B선 지하 서울역의 값과 용산역 북한행 승강장을 포함했다. 3차 계획은 2030년 값에서 청량리와 중앙2선을 뺀 값이다. 인구 1인당 철도 이용 횟수는 도표 44에서는 현재~2030년 사이 1.2배, 2030~2040년 사이 1.1배 증가하는 것으로 가정한 값이다. 도시철도 밀도는 서울시의 경전철 60km가 2030년까지 부설된다고 가정하고 추가했다. 이 두 값은 그대로 3차 계획의 값으로도 사용되었다. 광역·전국망 밀도는 서울관통선 1단계, 남서울급행선이 2030년까지(서울 관내 총 108km), 2040년까지는 신분당선 북부 일부, 서울관통선 2단계, 경의중앙 연락 동서관통선(서울 관내 총 30km)이 완성된다고 가정하고 계산했다. 3차 계획의 값은 서울관통선 A, B, C선에 신분당선을 합산한 값이다. 시계 통과 복선의 수는 현 망에 7호선, 진접선(4호선), 중앙2선(②), 별내선(8호선), 하남선(5호선), 수서광주선(j, 서울관통 C), 남서울안양선(ⓑ), 신안산선(서울관통 B), 서울관통 A선 북쪽 구간까지 9개가 2030년까지, 여기에 2040년까지는 신분당선 북쪽 구간, 서울관통 C선 북쪽 구간, 하남연결선(9), 신안산선

(서울관통 B) 2복선화까지 4개가 추가된다고 가정했다. 3차 계획에서는 여기서 4개 복선(중앙2선, 하남연결선, 남서울안양선, 신안산2선)을 뺐다. 이 가운데 2030년까지 2복선 확보가 되는 구간은 중앙2선이며, 2040년까지는 신안산선, 서울관통 C선 북쪽 구간(단 지상, 지하로 양분)이 2복선 확보, 경의선은 경의고속선 직결선 1복선(이하 경의3선)이 더 추가된다고 계산했다. 3차 계획상 초과 복선으로 추가될 선구는 C선 북쪽 구간, 경의3선이다. 철도 병목은 2030년까지 상봉(경춘~서울관통 B), 수서(수도권고속~서울관통 A), 금천구청(경부4선) 병목까지 3개가 해소되지만, 2040년까지는 하남연결선이 서울관통 C선에 접속되면서 병목이 1개 추가된다. 이를 적용하면 2030년의 병목률은 4%, 2040년은 6% 수준이다. (경의중앙선 동서관통선과 남서울급행(안양)선은 도심지 내부에 진입하므로 병목으로 취급하지 않았다.) 3차 계획에서는 하남연결선으로 추가되는 병목을 감안하지 않았다. 외곽 우회선은 2030년까지는 극히 일부분 추가될 수 있으므로 0.5점을, 동부우회선과 평택~원주 간 연계가 대략 완성되는 2040년에는 순환선을 이중 반원으로 평가하여 2점을 부여했다. 3차 계획에 대해서는 평택~원주 간 외곽 연결선 구축을 감안해 1점을 부여했다.

	현재	2030년	2040년	3차 계획 반영 노선만 포함 시
착발역 연결 본선 수(복선)	8	14	19	13
착발역 환산 승강장 수	25.5	42.5	51.5	40.5
1인당 철도 이용 횟수(2030년 이후 가정)	0.56	0.67	0.74	0.67
도시철도 밀도	0.55	0.65	0.65	0.65
광역, 전국망 철도 밀도	0.18	0.38	0.43	0.37
km당 철도 이용객	12,678	?	?	?
통과 복선 수	18	27	31	27
초과 통과 복선 수	3	4	7	4
철도 병목 수	4	1	2	1
외곽 우회선 수준	0	0.5	2	1
병목률(%)	22	4	6	4

는, 그리고 중심지에 수행해야 하는 투자의 대략적인 규모에 대한 합의는 철도 관산학계에 널리 퍼져 있다는 것이 드러난다.

　　　　내가 제시한 계획의 여러 요소들은 바로 이런 공감대를 좀 더 날카롭게 다듬기 위한 방법이었다. 같은 규모의 투자라고 해도, 그리고 각 지표에 반영되는 수준은 같은 투자라고 해도, 그 질과 효과는 천차만별일 수 있다. 바로 이것이 이 대규모 투자로 무엇을 노릴 것이고, 서울 거대도시권의 교통 환경을, 그리고 시민들의 삶과 거대도시권의 분업 구조 속 생산의 모습을 어떻게 바꾸어 나갈 것인지에 대한 논의에도 힘을 쏟았던 이유다. 내가 제시한 계획이 기존의 철도망 구축 계획 논의와 어떤 방식으로 다른지, 그리고 거대도시 철도망의 특징이나 가치 가운데 무엇을 고

[도표 45] 철도개발지수의 부분별 점수와 총점 변화. 지옥철 감점은 현 지표에서 변화가 없을 것이라고 가정했다. 도표 44의 바탕이 된 백분위 점수에, 1장 표 4에서 제시한 공식을 사용해 나머지 세 점수를 계산했다.

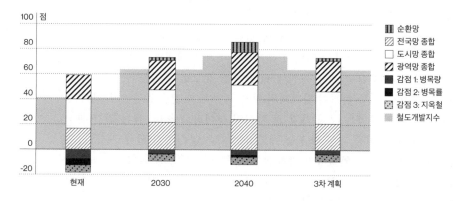

취하는지 분명히 하려면 바로 이 부분에 조명을 비추어야 한다.

조명 아래에 놓인 내 계획은, 이렇게 요약된다. 표정속도와 공간의 스케일 사이에 있는 연동 관계를 확인해 망 구성에 참조해야 한다. 철도망으로부터 이익을 얻을 수 있는 전형적인 기하 구조를 가진 개발지 군집, 즉 회랑 지대를 확인해 적절한 속도 대역의 다층 망으로 연계해야 한다. 거대도시 중심부와 주변부의 교통 환경 차이를 불러오는 중요한 요인은 철도라는 데 대해 한국 사회가 더 주목해야 한다고 역설하는 한편, 이중 교통 환경과 철도를 무시해 온 도시 계획이라는 현재의 악조건을 완화하고 거대도시 중심부에서 일어나는 자동차화의 퇴조에 부응하는 투자의 뼈대로 철도를 활용할 수 있도록 광역특급·광역급행망을 구성해야 한다. 이런 큰 그림 아래에서 전국망과 광역망에서 확인한 많은 불만, 그리고 내가 제시한 여러 비판에 응답하는 망을 구성하는 작업이 이어졌다. 서울 주변 반지름 $35(4×3^2)$km 규모의 공간을 연계하는 수단으로만 주목받았던 "GTX"는 반지름 $110(4×3^3)$km 규모의 공간을 관통하는 광역특급으로 재편시켜 기존선의 기능을 강화하는 한편 자동차에만 의존해 형성된 수도권 반주변부, 주변부 여러 회랑의 교통 환경을 뒤흔드는 역할도 맡기자. 전국망 착발역과 착발 본선의 용량을 관리하여 병목과 누적 투자 부족 상황을 타개하고, 광역급행의 서비스를 체계적으로 관리하여 광역망의 배차·속달성·유기성에 대한 불만을 해소해 나가자. 그리하여, 거대도시 서울을 철도 도시 서울로 만들어 나가자.

철도 도시 서울과 '지방 균형 발전'의 결합 전략[108]

하지만 아주 중요한 항의가 한 가지 들어올 것이다. 서울에 이토록 대규모의 투자를 집중시킨다면, 이른바 '지방 균형 발전'은 뒷전이 되는 것이 아닌가? 계획의 공간적

108
여기서도 존 어리의 『모빌리티』 제3부의 내용은 중요한 참고가 되었다.

범위가 전국을 모두 포함한다는 반론, 한국의 철도망은 서울을 가장 중요한 연결점으로 삼아 연계되어 있는 구조이며 대중교통이 가장 효율적인 곳은 거대도시 중심부라는 말만으로는 여기 답하기 어려울지 모른다.

여기에 답하는 길은 다음 질문 속에 있다. '철도 도시 서울'이라는 목표가 실현되지 않은 어떤 가능 세계가 있다고 해 보자. 이 가능 세계와 '철도 도시 서울'이라는 목표가 실현된 가능 세계 사이에 있는 가장 중요한 차이는 무엇일까? 나는 내가 규정한 이중 교통 환경이 완화되지 않은 채 지금과 같은 수준으로 남아 있거나 상황이 더욱 악화되는 것이 가장 큰 차이일 것이라고 본다. 물론 인간 활동의 밀도 차이 덕분에 이중 교통 환경을 제거하는 것은 불가능한 일에 가깝다. 그럼에도, 이중 교통 환경을 완화하기 위한 조치는 가능하고 또 각 지역의 스케일에 맞게 이뤄질 수 있다. 충청 남부, 영동, 전라, 경상 지역에서도, 광역특급과 광역급행의 층위를 정비하는 한편 환승 할인을 비롯한 시스템 통합이 가속화되어야 한다. 서울의 전국망 정비는 이들 지역의 광역망 운행을 강화하는 데 도움이 된다는 점에서 이들 지역과 수도권 중심부의 교통 환경 차이를 완화할 수 있는 중요한 투자다.

이중 교통 환경의 차이를 완화하는 작업이 개인의 활동에 어떤 의미로 다가올 것인지는 이번 장 2절에서 잠시 짚어본 대로다. 나는 생산자서비스에 종사하는 고학력 전문가에게 필요한 이동 활동을 예로 들었지만, 다른 분야에 종사하는 사람들 역시 상황은 다르지 않다. 거대도시의 중심부에는 그 높은 밀도 덕분에 공통의 관심사를 가진 사람들 역시 밀집해 있을 가능성이 높다. 인구의 규모가 작은 지방에서 벌이는 일은, 거대도시 중심부의 인구와 좀 더 가깝게 연결되어야 더 많은 사람들이 참여할 수 있어 성공할 가능성이 더 커질 수 있다. 하지만 중심부에서 출발하는 전국망 열차를 각 지역에 충분히 배분할 수 없다면, 이런 가능성은 줄어들고 말 것이다. 바로 이런 메커니즘을 타고, 서울 지역 전국망 병목의 해소는 지방 균형 발전 과정의 마중물로 작동할 수 있다.

9절. 한국 철도의 수송 총량 목표

철도 투자의 결과는 철도 수송량 증대로 나타나야 한다. 수송량은 빠르고 안전한 이동을 향한 사람들의 마르지 않는 갈증을 메우는 데 철도가 어떤 역할을 하는지 보여 주는 명확하고 정량적인 지표이기 때문이다. 3차 철도망구축계획은 이 지표의 대표로 철도 수송분담률을 제시하고 있으며, 그 값은 약 20%이다.(계획 67쪽)

하지만 분담률은 철도 수송의 규모를 입체적으로 드러낼 수 있는 지표는 아니다. 나는 이 값과 함께 총 인킬로 값과 1인당 철도 수송 거리 역시 주 지표로 삼는 것이 적절하다고 생각한다. 이런 입장은 OECD 주요국의 수송 통계 추이에 기반한다.(1장 도표 1~3) 이들 통계에 따르면, 철도 수송분담률이 내려가거나 제자리걸

[표 31]   한국 철도의 주요 단위별 현 수송량 및 향후 수송 목표 설정. 각각의 추측 근거를 비고에 최대한 명기하였다. 기준 자료는 2018년『철도통계연보』다. 단위는 1억 인킬로. 별도로 명기되지 않은 노선은 2030년 수송량이 정점이며, 2040년에는 2030년보다 수송량이 5% 줄어드는 것으로 상정했다.

범주	노선	2018	2030	2040	비고
전국망	경부	169	199	189	고속열차 1/3 증편(서울·용산발 기준), 효과는 경부 2단계 개통 효과(+33%)와 SR 경부선 측 효과(+15%)의 중앙값으로 상정
	호남	22	28	27	고속열차 +50% 증편, 효과는 호남고속 개통(+30%) 상정
	전라	7	9	9	고속열차 2배 증편, 효과는 최근 증편 및 SR 개통(+35%) 상정
	경전	5	14	14	서울발 열차 50% 증편 및 부산~광주 간 열차 추가, 기존 3배
	동해(포항)	3	4	3	열차 50% 증편, 호남선과 동등 효과 상정
	강릉(+동해)	8	11	11	초기값은 2018년 기록, 동해 개통 및 중앙2선 효과로 50% 강화 상정
	인천(제2공항철도), 수원 KTX	-	10	21	약 30회 기준, SRT(2018년 52억 인킬로)의 20(2030년)~40%(2040년) 상정
	남부, 중부내륙선	-	6	6	하루 약 15회 투입, 전라선 2017년과 동급 상정
	서해, 속초, 중앙	-	12	12	EMU-250, 각 시간당 1회 투입 가정, 전라선 2017년의 2배 상정
	북한, 둥베이 방면	-	-	8	임의, 일 3만, 인당 70km, 한국 내 이동
재래선 특급	새마을(경부선)	9	9	9	유지
	새마을(경부선 외)	4	4	4	유지
	무궁화(경부선)	33	16	16	50% 감소, 도태는 반영하지 않음
	무궁화(경부선 외)	19	12	12	35% 감소, 도태는 반영하지 않음
광역 특급	경부, 경춘, 중앙	-	23	22	2018년 약 19억 인킬로, 증편으로 20% 증가 상정
	서해(B-1~4), A, 중부, 중부내륙	-	31	29	노선당 3만 명, 인당 70km(ITX-청춘, 경부선 서울~대전)로 산정
	순환망(E-1~2, 동서 연계)	-	8	7	총 3만, 인당 70km로 산정
	북한 방면(A 북쪽, 경의, 경원, E-1 북쪽)	-	-	15	방사선 3, 순환 방사 1, 노선당 1.5만 명, 인당 70km 이동
광역 완·급행	수도권 광역(현 망)	176	159	151	사철 포함, 타 노선 유출 감안(-10%)
	남서울급행, 서울관통 B, C, 신분당 북쪽	-	22	29	노선당 10만 명 추가, 인당 20km 이동, 30년에는 25% 감소
	서울 및 경기 외곽 순환망	-	-	38	노선당 7만 명(아산만~원평선은 1개로 합침), 인당 30km 이동
기타 광역	대구, 대전 광역	-	6	5	두 도시 합쳐 부산 광역의 절반으로 상정
	부산권 광역	1	11	11	2018년 값을 차후 울산·창원 연장 반영하여 10배함
	기타 지역	-	6	5	대구, 대전 광역과 같은 규모라고 가정
철도공사 계		455	602	652	2040년은 2030년에 비해 5% 감소, SR 및 광역 민자 합산
도시철도 계		288	332	315	2017『철도통계연보』기준, 증가율은 임의로 15% 추정
한국 철도 총계		743	933	967	
인구 1인당 인킬로(인km/인)		1443	1763	1853	2017년 5163만, 2030년 추계 인구 5294만, 2040년 5220만

음을 하고 있는 나라들이 대부분이지만, 동시에 대부분의 유럽 주요국은 1인당 연평균 철도 탑승 거리 값은 상당히 증가하고 있기 때문이다. 유럽의 철도 투자는 분담률보다는 절대 수치를 통해 그 효과를 더 잘 확인할 수 있는 셈이다. 이들의 사례를 볼 때, 그리고 외부 여건 변화에 상대적으로 안정적인 지표라는 점에서, 한국 역시 절대 수치 측면에서도 총량 목표를 설정하는 것이 적절하다.[109] 자율 주행 차량의 등장, 또는 기후위기의 가속화처럼 가시권 안에 들어오고 있는 외부 여건 변화와 무관하게, 철도의 사회적 역할을 총괄 측정하는 데 유용하기 때문이다.

현재 한국 철도의 수송량은 총량 면에서는 철도공사와 도시철도를 모두 합쳐 대략 700억 인킬로, 그리고 1인당 수송량(인구 5100만 기준)은 약 1300km 수준으로 보인다. 나는 과감한 장기 목표를 당국이 제시했으면 한다. 2040년 기준 총량 1000억 킬로미터, 그리고 1인당 2000km 수준의 철도 이용이 바로 그 목표다. 이 목표가 어떤 식으로 구성되어 있는지는 표 31을 확인하기 바란다. 다만 이들 계산을 통해, 2030~2040년까지 달성 가능하다고 기대할 수 있었던 수송량은 실제로는 총 900억 인킬로, 1인당 1800km 수준이었다. 100억 인킬로, 1인당 200km가 여전히 모자란 셈이다. 수도권 철도망의 체계적 정비, 전국망 고속열차 확대와 더불어, 삼남 지방의 광역망 및 재래선 특급 운행 강화, 그리고 북한·동북 방면 망의 활성화가 있어야만, 표 31에서 추정한 수치보다 더 큰 여객 수송 증대가 가능할 것이다. 물론 이는 기후위기에 대응하기 위해 증대시켜야 하는 양은 포함하지 않은 수치다.

물론 경제가 성숙해 있으며, 인구 감소가 시작된 듯하며, 노령화 속도 또한 매우 빠른 한국에서 300억 인킬로미터라는 막대한 수송량 증가가 현실적인 목표일지에 대해 회의적인 시각을 가진 사람들은 적지 않을 것이다. 일본 철도에 대한 후쿠이의 전망처럼, 한국 철도에게도 "우아한 쇠퇴", 그리고 "틈새산업이 된 철도"[110]를 인정하는 태도가 필요할지 모른다. 나는 이런 회의론에 (기후위기와 무관한) 세 가지 근거를 들어 반론하고 싶다.

첫째, 한국 철도의 수송량 증대는 아직 추격 그룹 수준에 머물러 있는 서울 지역 철도의 투자 수준에 가로막힌 바가 크다. 1장 후반부에서 확인했듯, 서울 지역 철도망의 구조는 전 세계 거대도시의 철도망 가운데 썩 높은 점수를 받기 어려운 상태였다. 철도 병목은 절대량이든 상대 수치든 모두 높았다. 또한 남쪽에서 올라온 화물이 서울 시내를 통과하지 않아도 되게 하는 우회 선로가 전무하여 노선의 유기적 활용도 어려운 구조였으며, 전국망 착발역의 규모 또한 거대도시 가운데 상당히

109
동시에, 극단적으로 높은 철도 수송분담률을 자랑하는 일본의 1인당 내륙 교통량은 프랑스나 독일과 같은 유럽 대륙 국가는 물론 비슷한 지리적 여건인 섬나라 영국보다도 작다는 사실도 확인할 수 있다.(1장 도표 3) 그렇다면, 일본의 높은 철도 수송분담률은, 도로 수송을 적극적으로 억제한 결과라는 해석이 가능하다. 도로를 억제하여 철도 수송분담률을 증대시키는 방침을 받아들일 수 있는 지역은 현재로서는 서울과 같은

거대도시의 중심부 정도일 것이다. 물론 기후위기를 이유로 중과세를 한다면 상황이 달라지겠으나, 이 경우에도 도로 수송의 역할은 도시의 밀도에 따라 크게 변화하는 경향은 달라지지 않는다.

110
후쿠이 요시타카, 「철도는 살아남을 것인가」, 심철보 옮김, 『철도기술과 화제』 제62호(2016년 1월): 119~120.

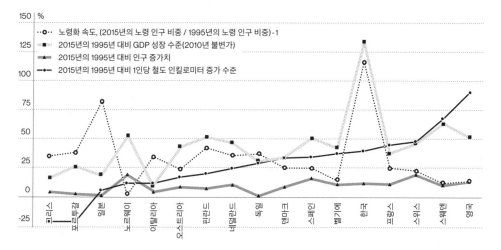

작은 수준이었다. 초과 복선 수, 중심 도시 내부의 전국·광역망 밀도 면에서도 서울은 선도 그룹이 아닌 추격 그룹의 수준을 보이고 있다. 이들 요소를 종합한 철도개발지수의 측면에서도 서울은 분명히 추격 그룹 수준이다. 이 상황을 돌파하기 위한 체계적인 투자가 이뤄질 경우, 서울 지역 철도망의 수송량은 상당한 수준으로 성장할 것이다.

둘째, 일본이나 유럽과는 달리 한국은 비수도권 광역망이 매우 빈약하다. 2019년 현재 영업 중인 비수도권 광역망은 동남권의 동해선과 김해~부산 경전철뿐이다. 부산은 거대도시 철도개발지수 측면에서 30위권에 머무르는 수준이기도 했다. 대구나 대전처럼 경부1선의 용량에 여유가 생긴 지역에서도 아직 전국망 운영과 분리된 별도의 광역망은 존재하지 않는다. 도시철도망이 제공되지 않는 지역에서는, 고속철도가 운행되더라도 버스 이외에는 철도 이용객들이 갈아탈 수 있는 대중교통 수단이 마땅히 존재하지 않는 셈이다. 이 상황을 바꿀 투자를 진행한다면, 지역 교통에 철도가 더 크게 기여하게 될 뿐만 아니라 고속철도의 수요 기반도 좀 더 탄탄해질 것이다. 지방정부와 철도 당국은 오늘날의 철도는 교통수단의 분업 체계 속에서 속도·포괄 범위를 기준으로 할 때 가운데 부분에 자리 잡고 있다는 1장의 분석을 꼭 기억해야만 한다.

셋째, 유사한 여건에 있는 서유럽 주요국을 살펴보면, 인구보다는 GDP 성장이 철도 수송량 증대를 설명하는 데 더 중요한 요인임을 확인할 수 있다. 도표 46은 각국의 1인당 철도 수송량의 증가율이 대체로 인구 증가율과 GDP(총량) 성장률 사이에 있다는 사실을 보여 준다. 다시 말해, 구대륙의 선진국에서 철도 수송량

[도표 47] 1인당 철도 수송량 증가율과 GDP 성장률 사이의 관계. 모든 값은 1995년 대비 2015년에 증가한 물량이다. 다만 추세선의 R^2값은 0.19로, 통계적 의미는 강하지 않다. Y축 기준 가장 높은 점인 한국과 낮은 점인 이탈리아를 빼면, 기울기는 조금 완만해지지만(약 Δ 0.1) R^2은 0.46으로 적지 않게 높아진다.

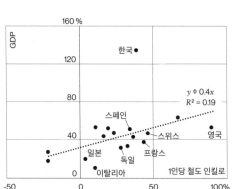

[도표 48] 1인당 철도 수송량 증가율과 인구 성장률 사이의 관계. 모든 값은 1995년 대비 2015년에 증가한 물량이다. 추세선의 R^2값은 0.25로, 설명력이 높지는 않다. 단, 인구 증가율 극단치를 아래위로 두 개국씩 네 개(스위스, 노르웨이, 일본, 독일)를 빼면 기울기는 거의 변하지 않은 채 R^2은 0.57에 달했다.

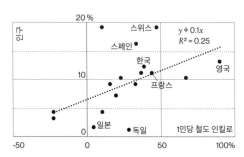

은 인구보다 더 빠르게, 그리고 GDP 성장보다 조금 느리거나 빠르게 성장하는 경향이 있다. 도표 46에 등장한 유럽의 국가 가운데, 인구 증가율보다 철도 수송량 증가율이 낮은 나라는 그리스, 포르투갈, 노르웨이뿐이다. 또한 각각의 변수와 철도 수송량 사이에는 일정한 상관관계를 찾을 수도 있는데, 이들 세 변수 가운데 철도 수송량과 가장 밀접한 관계를 보여 주는 값은 GDP 성장률이었다. 인구가 1% 증가할 때 철도 수송량은 10% 증가하지만, GDP는 4% 증가할 때 철도 수송량은 10% 정도 증가하기 때문이다. 노령화 속도가 끼치는 악영향의 규모는 인구 증가의 긍정적 영향

[도표 49] 1인당 철도 수송량 증가율과 노령화 속도 사이의 관계. 모든 값은 1995년 대비 2015년의 증가 물량을 나타낸다. 추세선의 R^2값은 0.04 수준으로 설명력이 미약했다. 단 노령화 속도 아래위 극단 값이 4개국(한국, 일본, 노르웨이, 스웨덴)을 빼면 기울기는 크게 변하지 않은 채 R^2값은 0.49였다.

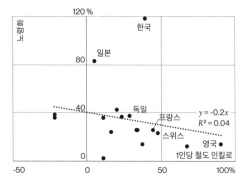

보다 크지만, GDP의 긍정적인 영향에 비해서는 작다. 결국, 지속적인 경제 성장을 구현해 낼 경우 한국 철도의 수송량은 인구 감소나 노령화 가속에도 불구하고 계속해서 늘어날 것이다. 매년 2%씩 성장하더라도, 20년간의 경제 성장은 기준 년도 대비 48%에 달한다. 한국 경제가 심각한 정체 상태에 빠지지 않는 한, 노령화와 인구 감소로 인한 악영향을 감안하더라도, 한국 철도의 수송량은 지속적으로 늘어날 것이다.

개별 국가의 추이도 살펴본다. 영국, 스웨덴, 스위스, 프랑스에서는 GDP 추이보다 높은 철도 수송량 증가가 관찰된다. 지난 20년간 인구가 사실상 동일하게

[도표 50] 독일, 일본, 한국의 총인구 대비 이민자 비율 추이.(2000~2015) 총인구는 유엔 인구국의 값(World Population Prospects: The 2017 Revision)을, 이민자 수는 OECD의 값(International Migration Database, 변수는 Stock of foreign population by nationality 적용)을 사용했다.

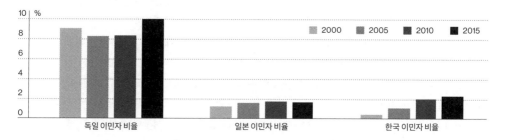

유지되었고, 곧 감소가 시작될 일본과 독일에서도 수송량 증대가 있었다. 독일의 여객 수송량 증가율은 29%에 달한다. 물론 앞으로 수십 년간 북한, 그리고 중국과의 관계가 순탄할 리는 없지만, 한국 철도가 처한 지리적 여건은 일본보다는 독일에 조금 더 가까워 보인다. 다시 말해, 북한의 개혁·개방과 한국망의 둥베이 방면 연결은 한국 철도의 수송량을 상당 수준 증대시킬 요인이다. 게다가 서울에서 북한까지 가장 가까운 철도 연결로인 서울~도라산의 거리 역시 56.1km인 이상,[111] 북한과 동북 방면 승객은 한국 관내에서만 1인당 수십 km는 이동해야 한다.[112] 한편 철도 수송량 감소가 있었던 나라는 그리스와 포르투갈 정도다. 다시 말해, 철도 수송량의 감소는 구대륙 선진국에서는 중대한 경제 위기 상황에서나 일어나는 일로 보인다.

　　지난 20년간, 한국의 철도 수송량 증가 수준 자체는 비교적 높은 편이었다. 하지만 한국은 이보다 거의 세 배에 달하는 규모의 경제 성장을 이룩했다. 좀 더 야심 찬 철도 수송량 증대를 목표로 하는 것이 가능하고, 또 필요하다.

　　독일의 사례는 여러 모로 흥미롭다. 지난 20년간, 독일의 전체 인구 증가량(1%) 추이는 일본과 비슷했다. 하지만 일본(5%)에 비해, 독일의 1인당 철도 수송량은 더 큰 폭으로 증가(29%)했다. 일본의 노령화 속도나 노령 인구 비율이 독일보다 높다는 점이 이를 설명할 수도 있지만, 독일의 다른 요인이 이 현상을 설명할지도 모른다. 예를 들어, 독일은 이번 세기 들어 프랑스, 스위스, 오스트리아, 베네룩스, 영국 방면 국제 고속철도망의 확대를 경험했으며, 상대적으로 젊고 소득이 높지 않은 대규모의 이민자 인구를 품고 있다. 비록 그 시점을 가늠하기는 어렵지만, 한국 역시 중국(센양, 멀리는 베이징·하얼빈) 방면 고속열차 연계가 가능하며 북한의 개혁·개방은 그 수요를 더욱 늘릴 수 있다. 또한 한국은 일본보다 훨씬 더 빠른 속도

<hr />

111
서울 관내의 착발역에서 출발, 철원이나 교동을 통해 북한으로 넘어가는 승객은 남한 내에서 100km 가까이 이동하게 될 것이다.

112
남한 내부 이동 거리가 70km일 경우, 북한 방면 이동 승객만으로 100억 인킬로를 채우기 위해서는 하루 40

만 명이 철도를 이용해 남북 경계를 넘어야 한다. 쉬운 수치는 아니지만, 황해도 서남부가 현재의 충청 북부와 유사한 역읠, 즉 제조업 생산 기지의 역할을 서울 거대도시권에서 담당하게 되어 유사한 수준의 유동 인구가 발생한다면 불가능한 수치는 아니다.

　　　　　　　　　　　　6장 철도 도시 서울, 무엇을 할 것인가

로 아시아 개도국에서 이민자를 받아들이고 있는 나라이기도 하다.(도표 50) 그런데 국내에서, 이민자들의 교통 행동에 대해서는 충분한 데이터가 구축되어 있지 않다.[113] 이들이 자동차로 유출되게 하기보다는, 대중교통과 철도 수송량 증대에 긍정적인 영향을 끼칠 수 있도록 하는 방법에 대해 고민이 필요한 시점이다.

'철도 수송 1000억 인킬로'[114]라는 값이 가진 의미에 대해서도 잠깐 논의할 필요가 있다. 총 수송량 1000억 인킬로가 넘는 나라는 손에 꼽는다. 1조를 한참 상회하는 중국과 인도, 4000억 인킬로 규모인 일본, 1200억 인킬로 규모인 러시아, 2010년대 들어 1000억 인킬로를 넘긴 프랑스 철도만 이 값을 넘는다. 독일도 이 수준에는 미치지 못한다.(모두 2015년 기준) 결국 1000억 인킬로를 달성할 경우, 한국의 여객 철도 수송량은 절대량 면에서도 세계 6위권에 들게 된다. 비록 물량이 모든 것은 아니지만, 대륙적 규모의, 그리고 철도를 1세기 먼저 건설한 나라들과 한국이 어깨를 나란히 하게 되는 것은 고무적이다. 20세기 말에 들어서야 철도망의 상황이 눈에 띄게 개선되기 시작한 '추격 그룹' 서울, 그리고 한국이 이러한 성과에 다가갈 수 있다는 것은, 다른 많은 지표처럼 한국의 성장을 보여 주는 하나의 직관적 수치가 될 수 있을 것이다.

1인당 2000킬로미터라는 값은 이보다 더 흥미롭다. 이는 시민 개개인이 철도에서 얻는 이익의 크기를 보여 주기 때문이다. 그리고 이보다 큰 값을 실현한 나라는 전 세계에서 일본과 스위스뿐이다. 현재의 수치로는, 한국 철도는 서유럽 국가들에 비해 특별히 시민들의 이동 능력을 증진시키는 데 더 기여한다고 할 수 없으나, 1인당 2000킬로를 달성한다면 한국 철도는 시민들의 이동 능력에 스위스를 제외한 서유럽 국가보다 더 큰 수준으로 기여한다고 평가할 수 있게 된다.

이 두 수치를 조합해 수사를 하나 만들 수도 있다. 철도 수송 "(총량)1000억-(인당)2000인킬로 클럽"과 같은 수사가 바로 그것이다. 이 두 값을 모두 넘는 나라는 일본뿐이다. 물론, 기후위기 상황에 부응해 전 세계가 철도 투자에 나선다면 상황이 달라지기는 하겠지만 지금으로서는 그렇다. 아마도, 이른바 "20-50 클럽"과 같은 수사가 널리 회자된 데 비추어 보면, 이런 식의 수사 역시 철도에 대한 대규모 투자에 대해 대중적 설득력을 배가하는 데 상당한 기여를 할 수 있을 듯하다.[115]

---

[113]
다만, 나는 특히 제조업이 산재해 있는 전국 각지(특히 서해안, 충청 북부, 동남 해안)를 답사하면서 적지 않은 이민자들이 대중교통을 다수 이용한다는 점을 확인할 수 있었다. 때로 이민자들 없이 유지되기 힘들어 보이는 노선도 있었다. 물론 이들에게서도 성차는 적지 않을 것으로 보인다. 다른 인구 데이터와 통근통학 통행의 관계에 대해서는 7장 참조.

[114]
OECD의 한국 데이터에는 도시철도가 합산된 값이 등재되어 있다. 일본 역시 사철이나 지방정부 도시

철도 회사의 값이 포함되어 있다. 독일의 경우에는 DB 그룹의 수송량만이 등재된 것으로 보인다. 다른 국가의 수송량의 경우, 도시망 사업자의 수송량을 모두 합산한 값인지는 명확히 확인할 수 없었다.

[115]
이것은, 내가 '20-50 클럽'과 같은 수사의 모든 용법에 동의한다는 뜻이 아니라, 어쨌든 사실을 조합하여 설득력 있는 수사를 만들어 낸다는 기준에 비춰볼 때 이런 조합 방법이 유용하다는 데 동의한다는 뜻일 뿐임을 적어 둔다.

3부
철도라는 사회계약

7장. 세금 위를 달리는 철도

1절. 예정된 재정적 파멸, 그리고 대응

오늘날, 전 세계 상당수 지역에서 철도망에 대한 투자는 돈을 버리는 일에 가깝다. 다시 말해, 세계 각국의 정부는 철도망에 누구도 갚을 의무가 없는 거액의 돈을 투자하고 있다. 철도 투자의 대부분은 열차의 운행과 함께 마모되어 사라진다. 민간 여객 사업자들이 다수 존재하는 일본조차도 국철 민영화 당시의 막대한 부채 탕감, 최근의 건설 보조금을 감안하면 이런 경향에서 예외가 아니다.

승객으로서는 이런 구조가 아주 반가울 것이다. 수송 서비스를 매우 싼 값에 누릴 수 있기 때문이다. 하지만 철도를 산업으로 바라본다면, 이런 상황은 아주 기형적이다. 경제의 다른 부분에서 유래한 대규모의 보조금을 철도에 투입하고 있다는 뜻이기 때문이다. 달리 말해, 오늘날의 철도는 산업으로서의 자생력이 없다. 정말로 철도에 이런 대량의 보조금을 투입할 만한 가치가 있을까? 지금까지 이뤄진 이 책의 논의는 이런 질문에 긍정으로 답해야 한다는 일종의 설득이었다. 하지만, 그럴 가치가 있다고 해서 자동적으로 재정적 지원을 얻을 수 있는 것은 아니다. 세금 지원을 받기 위해서는 그야말로 국가가 할 수 있는 모든 일과 비교했을 때 상대적으로 철도가 중요하다는 인정을 받지 않으면 안 된다.

물론 처음부터 철도에 대한 투자가 그 가치를 인정받지 못했던 것은 아니다. 19세기부터 20세기 전반에 걸쳐, 철도는 막대한 이득을 보는 산업이었기 때문이다. 하지만 20세기 후반, 철도가 처한 상황은 크게 변화한다. 1장의 도표 7~9를 떠올려 보라. 장거리 여객은 항공과, 단거리 여객은 자동차와 격렬한 경쟁을 벌여야 했다. 두 왕자 사이에 낀 여객 철도의 입지는 고속철도가 없는 축선에서는 점점 좁아졌다. 손쉬운 해결책, 운임을 올리는 선택은 사실 쉽지 않았다. 철도는 여전히 대중교통의 중추였고, 대중교통 운임이 크게 상승하면 승용차가 없는 사람들의 이동 기회는 줄어들고 말 것이기 때문이다. 격렬한 경쟁에 노출되었지만 운임 상승은 극히 제한적으로만 허용된다면, 결국 철도 사업자는 재무적으로 몰락의 길을 걷게 될 수밖에 없다.

날이 갈수록 심각해져만 가는 재무 상황을 타개하기 위한 방책으로 '철도 민영화'가 추진되기도 했다. 이는 국영 기업의 방만한 경영 풍토를 해소하고, 수요에 적극적으로 대응해 궁극적으로는 철도 산업에 필요한 재원을 스스로 책임질 조직을 목표로 했다.[1] 실제로 민영화 이후 영국은 결코 무시할 수 없는 실적 개선을 달성하기도 했다. 그러나 영국의 실적 배후에서는 지속적으로 증대된 정부의 지원을 확인할 수 있다.² 21세기 들어, 정부의 직간접 지원 없이, 자체 매출만으로 망의 경쟁력을 유지하는 철도망은 지구상에 사실상 존재하지 않는다. 중국 철도망의 기록적 확장 역시, 결국 정부가 보증하는 방대한 부채로 이뤄지고 있다.³

　　이러한 현실 속에서, 20세기 후반 이후 각국이 철도 산업에 대해 취하는 방침은 크게 세 가지로 분류할 수 있다. 철도를 사실상 포기하는 방침이 첫 번째다. 이 방침은 적지 않은 제3세계 국가와 그 도시들의 선택이며, 1장 후반부, 철도개발지수가 낮았던 개도국 거대도시에서 그 결과를 확인할 수 있었다. 두 번째, 근본적으로 운임 수익으로 유지될 수 있는 사업 부분에 대해서만 철도 영업을 계속하고, 그렇지 않은 부분에 대해서는 지속적으로 사업 정리를 수행하는 방침이 있다. 미국의 화물철도, 그리고 일본 거대도시권의 여객 철도가 이 방침의 실제 사례일 것이다. 세 번째 방침은 이들 두 방침보다 좀 더 복잡한 논리와 제도, 절차를 필요로 한다. 운임 수익으로 반영되지 않는 철도망의 사회적 가치를 좀 더 적극적으로 산출해, 운임 수익과 상대적으로 자율적인 방식으로 철도망에 투자하는 것이 그 내용이기 때문이다. 세계적으로는 유럽에서 주로 이 방식을 관찰할 수 있으며, 한국 철도에서도 수십년 간의 우여곡절 끝에 이 방식이 정착되었다.

　　첫 번째와 두 번째는 비교적 쉬운 방침이다. 철도의 생존을 다른 산업과 마찬가지로 시장에 맡기는 방침이기 때문이다. 하지만 세 번째 방침은 그 성격이 완전히 다르다. 정부는 시장 대신 철도를 위해 아주 많은 일을 해야만 한다. 시장 대신 이 노선의 합리성을 판단하기 위한 제도적 기틀을 만들어야 하고, 재정 집행 과정에서 마주치는 수많은 방해 요인을 뚫고 철도로 들어가는 예산을 지켜야 하기 때문이다. 시장으로 유지할 수 없는 산업을 유지하기로 결정한 이상, 정부는 시장에서 결정되던 무수히 많은 요소를 계획하고 결정하는 복잡한 과제를 떠안아야만 했다. 이 과제의 성격이 무엇인지, 그리고 앞으로 어떻게 하면 이를 더 잘해 나갈 수 있는지에 대한 논의가 바로 이번 장의 초점이다.

1
철도 민영화에 나선 정부의 입장과 논리를 보여 주는 대표적인 문건은 다음을 참조. Department for Transport, "New Opportunity for The Railways" (London: HMSO, 1992).

2
1986년부터 2018년에 이르는 영국 교통부(DfT)의 철도 지원금 통계는 다음에서 확인할 수 있다. 특히 '철도 직접 지원'(direct rail support)은 2000년부터 지출되기 시작해, 2006년 이후에는 매년 40억 파운드 이상 지급되었다. 정부의 철도 순 지출은 2003년 이후 40억 파운드를 넘겼다.(2017-18년 현재 가치 기준) Office of Rail and Road(ORR), "Government support to the rail industry: Table 1.6," http://dataportal.orr.gov.uk/statistics/finance/rail-

investment-and-subsidies/government-support-to-the-rail-industry-table-16/.

3
상해청산소(上海清算所)에 게시된 중국 철로총공사의 재무 지표(2015)를 통해 확인할 수 있는 사실이다. 철로총공사는 2013년 이후 영업 손실을 겪고 있으며, 2011, 2014, 2015년의 신규 부채는 수송 수익을 상회하는 규모다. 수송량은 계속 늘겠지만, 신선으로 연계되는 도시의 규모가 점차 작아져 신선 개통의 효과가 감소할 수 있으며, 중국인들의 소득 증대와 공항에 대한 지속적인 투자로 항공 수요도 늘어날 수 있다. 특히 항공에 대한 대규모 탄소세나 공항 투자 억제가 없다면 중국 고속철도의 사업 구조는 구조 조정을 피하기 어려울지 모른다.

2절. 한국 철도 120년, 네 개의 재무적 국면

오늘날 세계 주요국의 정부가 철도를 세심하게 관리하게 된 이유를 좀 더 심층적으로 이해하기 위해서는 역사적 시각을 갖추지 않으면 안 된다. 예를 들어 유럽 철도의 경우, 구 공산권뿐만 아니라 서유럽에서도 국가의 영향력은 강력한데, 이런 관계는 대체로 양차 세계대전으로 인한 전시 동원의 경험에 기반해 이뤄진 전후의 국유화 조치 덕에 성립된 것이다.[4] 1980년대 이후 각국의 국영 철도가 해체되고 민영화, 공사 설립 등의 조치가 이뤄진 원인 역시 영업 실적의 악화뿐 아니라 전 세계적인 흐름, 즉 '신자유주의'나 공산권의 해체 또는 개혁·개방 속에서 정부의 직접적인 서비스 산업 운영에 대해 회의적 시각이 득세했다는 사실 또한 중요한 원인으로 꼽을 수 있다. 한국 철도의 투자와 지배 구조를 이해하는 과제 역시, 철도 안팎의 상황을 모두 포괄하는 역사적 관점에서 가장 잘 이뤄질 수 있다.

이런 역사적 관점을 한국 철도사에 적용하려면, 다수의 맥락과 흐름을 복합적으로 활용할 필요가 크다. 누가 철도 사업을 수행했는지에 따라 1911년 이후 2019년에 이르는 108년을 여섯 구간으로 나눌 수도 있고, 철도 수송 수요에 중요한 영향을 미치거나 그 동향과 관련된 일련의 사건들을 나열하는 식으로 흐름을 짚을 수도 있다. 그러나 철도의 재정을 다루는 이번 장의 목적, 즉 현재의 서울·수도권의 망과 한국 철도가 처한 상황에 대한 적절한 역사적 설명을 제시하려면 여기에 다른 방법을 더할 필요가 있다. 도표 1에 제시했듯 영업 비용 대비 매출액 비율 곡선의 흐름, 인킬로 곡선의 움직임을 결합해 아래와 같이 네 개의 재무적 국면으로 전체 한국 철도사를 분할하는 방법이 그것이다.

철도 독점기(1911~1969): 이 시기는 한국 종관 철도의 완성 이후 일제강점기를 지나 경제개발기의 초기에 이르는 시기다. 일본 제국의 통치권 내에서 조선 철도가 어떤 위상을 가지고 있었는지는 널리 알려져 있다. 당시 여객과 화물 양면에 걸쳐 한국 철도와 경쟁할 수 있었던 수단은 오직 장거리 대량 화물 수송 부문에서의 해운뿐이었다. 1911년 압록강 철교와 안봉선(安奉線, 오늘날의 단둥~셴양)의 개통 이래, 부산에서 신의주에 이르는 한국 종관 철도는 일본 본토와 한국 만주를 연결하는 핵심 교통로였기 때문이다. 비록 다롄 착발 해운과 화물열차를 연계하려 한 남만주철도의 견제가 있긴 했으나, 일본의 경제 블록 확대를 위한 제도적 정비나 지속적인 고속화 투자 덕분에 조선 철도의 지위는 점점 강고해졌다. 조선 철도는 1911년 이후 해방에 이르기까지 단 한 해도 영업 손실을 본 적이 없다. 만주사변 이후, 1930년대로 접어들면 영업 비용 대비 매출액의 비율은 140%에 육박하는 수준에 도달한다. 특히 일제강점기의 화물 수송은 오늘날과 비교했을 때 여객 수송에

4

특히 2차 세계대전으로 인한 전시 통제는 사실상 전 세계 철도를 지배했다. 예를 들어 영국 철도는 1939년 부터 종전까지 국가의 통제를 받았으며, 당시의 경험에 바탕을 두고 1947년 영국 국철이 출범한다.

비해 상대적으로 규모가 더 컸다. 분단으로 인한 영업 거리 감소, 그리고 전쟁의 여파에도 불구하고, 전쟁 이후 한국 철도의 수송량은 꾸준히 늘어나고 흑자 기조 역시 제3공화국 후반까지 지속된 것으로 보인다. 안타깝게도 해방 후 혼란으로 인해 1946~1962년의 철도 회계 데이터는 알려져 있지 않지만, 철도청이 생긴 1963년 이후 회계 데이터는 1969년까지 영업 이익률이 꾸준히 개선되고 있음을 보여 준다.

파국의 유예(1970~1990): 하지만 한국 철도의 견고한 지위는 1970년대에 접어들면서 흔들리기 시작한다. 영업 수지는 1973년부터 급격히 악화되며 1974년부터는 매출보다 영업비용이 커지고 만다. 이때부터 한국 철도는 영업 외 비용을 감안하지 않더라도 재무적 손실을 보았다는 뜻이다. 1977년을 빼면, 한국 철도는 공사 수립 및 고속철도 개통 이후 8년이 지난 2013년까지 이 상황을 벗어나지 못한다. 한국 철도의 적자는 사실상 40년 동안 이어진 현상인 셈이다.

철도청의 재무 상황 악화를 설명할 수 있는 중요한 요인은 바로 고속도로, 그리고 수도권 광역망의 영업 개시다. 경부고속도로 개통 다음해인 1971년, 그리고 수도권 광역망 영업을 준비하던 1973년 이후의 수지 악화를 통해 그 영향을 짐작해 볼 수 있다. 경부고속도로는 여객과 화물 수송량에도 실제로 악영향을 미쳤으며, 수도권 전철은 인킬로 폭증을 부르긴 했으나 같은 시기 재무적 실적은 오히려 나빠지고 있다. 이유야 어쨌든, 매출보다 영업 비용이 큰 상태는 철도의 현재를 유지하기 위해 미래를 잠식해야만 하는 상황이다. 민간 기업은 이런 상황에서 사업을 축소하거나 도산하고 말 것이다. 하지만 국영 기업으로서 사업을 유지해야 할 정치적 이유가 있던 철도청은 이런 조치를 취하기 어려웠다. 상황은 계속해서 악화되어, 1975년부터 철도청은 정부로부터 철도 운영 자금까지 받는 상황에 처한다. 이 돈이 끊기면(예를 들어 1981년), 여지없이 영업 손실은 막대한 수준으로 커졌다. 영업 손실이 이어지는 상황 속에서, 미래를 위한 투자의 상대적 규모는 축소된다.

특히 1980년대는 이후 한국 철도 투자에 대한 불만을 이해하는 데 매우 중요한 시기다. 철도청의 철도 신설 투자액은 1981년부터 1990년까지 매출액의 10% 미만에 불과했으며, 개량 투자액 역시 크게 다르지 않은 규모를 보여 준다.(도표 5) 이 시기 투자 부진의 중요한 원인은 제5공화국의 전반적인 긴축 재정 방침으로 보는 것이 적절하다.[5] 당국은 이른바 신자유주의적 경제 정책[6] 즉 정부의 적극적인 경제 개입을 최소화하고 시장의 역할을 확대하는 방식의 경제 정책을 수행했으며, 이를 위해 경제 개발 예산은 물론 교육 예산, 심지어 국방 예산의 GDP 대비 비율까지

[5]
황성현,「한국의 1980년대 긴축 재정정책 연구」,『한국재정학회 2015년도 추계학술대회 논문집』(한국재정학회, 2015): 1~25.

[6]
5공화국 경제관료들의 활동과 성향에 대한 정리는 지주형,『한국 신자유주의의 기원과 형성』(책세상, 2011), 111~120 참조. 정부에 좀 더 우호적인 정리는 다음을 참조. 조동철·강영욱,『2012 경제발전경험모듈화사업: 1980년대 한국의 안정화 정책』(기획재정부·KDI 국제정책대학원, 2013).

삭감했다.[7] 하지만 5공화국의 긴축은 1980년대 후반이 되면 경제 성장으로 인한 교통 수요 폭증과 만나게 되고, 결국 서울 도시철도망은 '지옥철'이라는 불명예를 얻었으며(1989), 교통은 고통이 되고 만다. 다만 이 시기에는 철도의 매출과 영업 비용 사이의 간극이 심각하게 벌어지지는 않아, 영업 수지 자체는 비교적 안정적이었다. 경제 성장과 함께했던 철도 수송량 증대가 그 원인일 것이다.(도표 3)

파국 전야(1991~2004): 하지만 1980년대의 안정은 불안정한 것이었다. 1990년대로 접어들면서, 한국 철도는 극심한 위기 상황에 처한다. 한국 철도 여객(도시철도 제외)의 수송량은 1992년을 정점으로 감소하기 시작한다. 화물의 감소 역시 거의 동시에 시작되었다. 이 시기 이후, 거의 20년간 한국 철도의 수송량은 꾸준히 성장한 같은 시기 한국 경제의 규모와는 달리 제자리걸음을 걷는다. 1992년의 여객 수송량 정점을 다시 넘어선 해는 경부고속철도 2단계 구간이 개통한 2010년이었다. 화물은 한층 상황이 심각해, 수송량은 2017년에도 회복을 모르고 급락하고 있다. 1993년 이후, 한국 철도는 급격하게 증가하는 영업 비용, 그리고 수송량 감소로 제자리걸음을 걷는 매출 속에서 재무적 파멸의 길로 들어서기 시작한다. 1995년, 철도청의 당기 순손실은 최초로 1000억 원대를 넘는다. 정부의 막대한 지원금이 철도청의 경상 운영비를 지원하기 위해 매년 수혈되었지만, 그야말로 밑 빠진 독에 물 붓기였다. 1996년 이후, 철도 운영을 위해 철도청에 투입된 자금만 3조 7000억 원에 달했고, 그 값은 매년 증식했다.[8] 2003~2004년, 철도청의 영업 비용 대비 매출액 비율은 60%를 기록한다. 사실상 반값 열차를 운행하고 있었다는 뜻이다. 철도청 말기, 한국 철도는 분명 깊이 병들어 있었다.

1980년대의 불안한 안정이 무너진 이유는 자가용 차량의 증가와 항공 교통의 확대로 요약할 수 있다. 무엇보다도 1990년대는 '자동차 시대'였다. 한국의 자동차화는 1980년대 후반부터 2000년대 초반에 이르는 약 20년간 이뤄졌으나,[9] 절대량 측면에서 가장 폭발적인 자동차 보급은 1990년대 초중반에 관찰되기 때문이다. 1990년부터 1996년 사이, 서울을 제외한 한국의 모든 지역에서 승용차는 매년 한국인 100명당 3대씩 증가했고, 서울에서도 그 값은 시민 100명당 2대에 달했다.[10] 결국 1995년, 한국의 자가용 보급률은 4인 가족에게 한 대 정도 돌아가는 수준에 도달한다.(도표 2) 이 시기, 철도청 광역망의 주요 수요처였던 인천과 경기의

7
황성현, 「한국의 1980년대 긴축 재정정책 연구」, 11.

8
『철도통계연보』를 통해 합산한 값이며, 건설 비용은 배제했다.

9
노표 2 서울 곡신을 기준으로 한 진술이다. 2010년대에도 비수도권 지역에서는 지속적으로 인당 승용차 대수가 증가하고 있다.

10
각 년도별 상황을 언급하지 않는 이유는, 활용한 국가 교통 DB의 "자가용" 합계 대수 값에서 오류가 있는 것으로 보이기 때문이다. 모 데이터를 검토해 보면, 각 범주별(승용, 승합, 화물, 특수) "자가용" 대수의 합계 값과, 전체 자가용 대수 합계로 제시된 값은 서로 맞지 않는다. 도표 2에서 확인 가능한 1994년도의 급증은 바로 이런 데이터 자체의 오류 때문인 것으로 보인다. 따라서 개별 년도보다는 좀 더 긴 시간을 기준으로 자동차화의 속도를 서술하는 것이 적절하다.

7장 세금 위를 달리는 철도

[도표 1]　한국 철도의 영업 비용 대비 매출액과 수송량 추이.(1911~2017) 조선 철도의 매출 대비 영업이익 값은 재단법인 센코카이(鮮交会), 『조선교통사』, 최영수·황세정 옮김, 1권(북갤러리, 2012), 150 참조. 인킬로, 톤킬로 값은 직접 제시된 것은 아니며, 같은 책, 131~140쪽의 영업 거리당 수송량(=수송 밀도), 그리고 연도별 영업거리[『조선교통사』, 최영수 옮김, 3권(북갤러리, 2018), 85~110] 데이터를 활용해 구했다. 1944년에는 조직 개편이 있어 제대로 된 통계가 수집되지 못한 것으로 보이며, 1945년에는 전후의 혼란으로 데이터 수집은커녕 철도 운행 자체가 어려웠다. 해방 후의 데이터는 1963년 철도청 성립 이후 지금까지 발행되고 있는 『철도통계연보』의 값에서 계산했다. 2012년 이후의 영

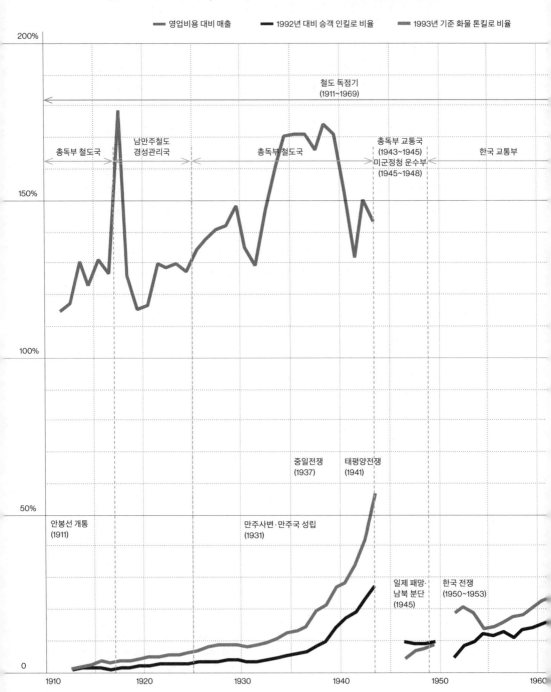

 — 범례: 영업비용 대비 매출 ／ 1992년 대비 승객 인킬로 비율 ／ 1993년 기준 화물 톤킬로 비율

철도 독점기 (1911~1969)

총독부 철도국 ／ 남만주철도 경성관리국 ／ 총독부철도국 ／ 총독부 교통국 (1943~1945) 미군정청 운수부 (1945~1948) ／ 한국 교통부

안봉선 개통 (1911)

만주사변·만주국 성립 (1931)

중일전쟁 (1937)

태평양전쟁 (1941)

일제 패망· 남북 분단 (1945)

한국 전쟁 (1950~1953)

업 비용은 직접 공개되지 않아 다음 방법에 따라 추정했다. 1) 영업 가운데 "다원사업"은 그 액수가 크지 않기 때문에, 2) "일반수탁사업", "유지보수사업"은 정부로부터 사업 비용을 보전받는 사업이기 때문에 이들 세 요소로부터 얻은 매출을 전체 영업 비용에서 그대로 빼면 추정 운송 비용을 구할 수 있다. SR의 수지는 2017년 계산에서 제외했다. 두 곡선의 기반이 된 절대값은 인플레이션을 감안하여 제시하

지 않았다. 1992년은 고속철도 개통 이전 여객 수송량이 정점인, 1993년은 한국 화물철도 수송량의 역사적 정점인 해이기 때문에 수송량 비율 계산의 기준점으로 삼았다. '자동차화 시기'의 시작은 전국 평균 승용차 대수가 100명당 5대를 넘긴 1987년, 끝은 서울의 승용차 대수가 세 명당 1대 수준에서 안정세를 보이기 시작한 2003년으로 보았다.

⟷ 제도적 변화   ⟷ 재무적 국면

파국의 유예 (1970~1990)
파국 전야 (1991~2004)
구조 개혁 이후 (2005~)

철도청
철도공사

자동차화 시기, 서울

경부고속도로 개통 (1970)

수도권 전철 개통 (1974)

서울~부산 간 항공 여객 수 철도 추월 (1997)

경부고속철 1단계 (2004)

경부고속철 2단계 (2010)

수서평택 고속선 (2016)

1970   1980   1990   2000   2010

7장 세금 위를 달리는 철도

[도표 2]　　한국의 GDP 변화, 그리고 1인당 승용차 수의 추이, 1980~2016. GDP는 세계은행 데이터, 인구는 각 년도 센서스로부터 추산, 자가용 수는 국가교통 DB 활용. '기타'는 전라, 충청, 강원, 제주를 포함하며, 이들 지역의 합계 인구는 나머지 세 지역의 인구와 대략 비슷하다.

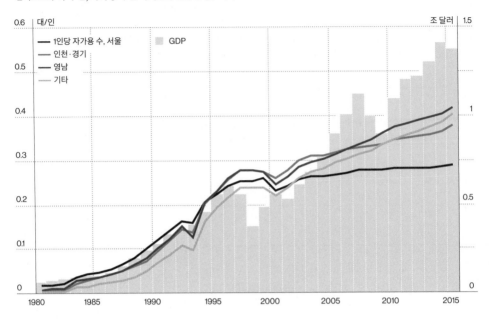

[도표 3]　　한국 철도의 수송량과 GDP. 각 년도 『철도통계연보』와 세계은행 데이터 활용.

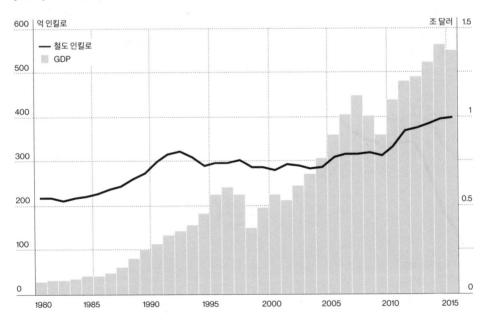

[도표 4]　서울~부산 간 항공과 철도 승객 변화.(1980~20 17) 항공 데이터는 1996년까지는 각 년도 『교통통계연보』 에서, 1997년 이후에는 한국공항공사 홈페이지에서 가져왔 으며 철도 승객은 『철도통계연보』를 활용했다. 서울 측에는 영등포·광명·수서를, 부산 측에는 구포를 포함시켰다.

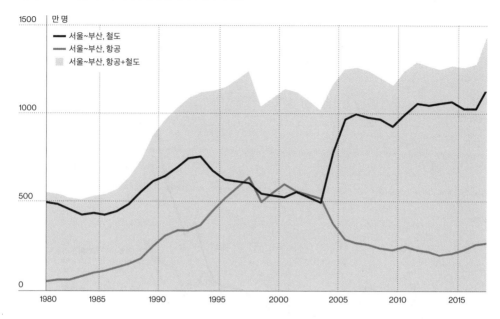

가구당 승용차 수 증가율이 영남과 함께 전국에서 가장 빨랐다는 사실은, 경인선과 경부선 광역망의 수송량 감소(3장 참조) 또한 설명한다. 또한 내륙 지역 전국망에서 일어난 철도 수송량의 감소는, 서해안·중앙·대전~진주 간 고속도로와 같이 김영삼· 김대중 정부 시기 급속히 확충된 종관 고속도로망을 통해 설명할 수 있다.

　　　전국망의 층위에서는 항공 교통이 철도에게 큰 타격을 준다. 도표 4는 그 수준이 어느 단계까지 이르렀는지를 보여 준다. 서울~부산 간 철도 승객과 항공 승객은 1993년까지는 함께 증가하지만, 1994년부터 철도 수요는 항공에게 잠식당한다. 1997년부터 항공으로 서울과 부산을 오가는 사람의 수는 철도로 두 도시를 오가는 사람의 수보다 더 많아졌다. 김포공항에 연결된 서울 도시철도(5호선, 1995년 개통)와 더불어, 소득이 증가하면 시간이 비싸진다는 상식은 철도를 버리고 항공으로 사람들이 옮겨갔던 상황을 설명할 기반이 된다. 김포와 동남해안 일대를 오가는 여러 항공 노선에서 유사한 변화가 이어졌다.

　　　이 시기 철도청은 객 단가가 낮았던 비둘기호와 통일호를 차례로 도태시키면서, 그리고 무궁화호의 운행을 확대하고 새마을호의 운임을 올리면서 양 방향의 압박에서 벗어나려 했다. 하지만 이러한 몸부림에도 매출은 거의 증가하지 않았다. 가파르게 증가하는 영업 비용, 그리고 2000년 이후 한층 강화된 고속도로망의 압력 앞에, 철도청의 자구 노력은 모두 무위로 돌아간다. 철도청 말년, 한국 철도는 결국 고속철도의 개통만을 기다려야 하는 상황에 처하고 만다.

[도표 5] 한국 철도의 신설, 개량 비용 및 일반회계 전입금의 상대 규모 추이.(1970~2017) 각 년도『철도통계연보』를 분석한 값이다. 단, 2005년 이후의 신설 투자액은 전적으로 국회 제출 각 년도 예산안에 등재된 값을 활용했다. 철도청 자료와 비교해야 하므로 2005년 이후 신설 비용에서 도시철도에 대한 국비 투자는 제외되어 있다.

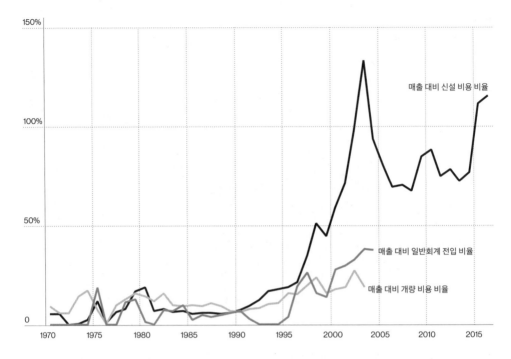

철도 구조 개혁과 그 이후: 도표 5는, 철도청이 재무적으로 파멸해 가던 1990년대 후반부터 오히려 철도 신규 투자가 지속적으로 늘어나고 있다는 사실을 보여 준다. 이 곡선은 2003년 이전 별도 법인(고속철도건설공단)에 의해 이뤄지고 있던 고속철도 투자와는 무관한 선구에 이뤄진 금액만 가지고 그린 것이다. 철도 운영에, 다시 말해 철도의 오늘을 유지하는 데 사용하기에도 크게 모자랐던 운임 수입이 이들 사업에 투입될 수는 없었다. 1998년부터 본격적으로 증가하기 시작하던 신설 투자 비용은 2002년에는 영업 수익보다도 많아진다. 정부가 철도 투자의 재원이 될 만한 다른 자금을 확보했기 때문이었다. 이 자금의 핵심은, 유류에 부과된 '교통세'를 기반으로 신설된 '교통시설특별회계'였다. 여기서는, 이 세금이 2020년 오늘에 이르기까지 한국 철도 시설 투자의 대부분을 만들어 낸 독보적인 재원이었다는 점 정도를 기억하면 충분하다.

철도청은 2005년 정초에 해체된다. 이들 가운데 영업 조직은 한국철도공사(이하 철도공사)로 계승되고, 건설 조직은 한국철도시설공단(이하 철도시설공단)으로 계승된다. 철도 영업을 계속할 책임은 철도공사에게, 새로운 철도를 건설할 책임은 철도시설공단에게 부과된다. 철도시설공단은 2004년까지 경부고속철도 1단계 사업을 건설했던 고속철도건설공단 역시 흡수했다. 또한 철도 운행에 필요한 토목 시설이나 그 상부 구조, 토지는 철도시설공단의 자산으로 귀속되며, 철도공사에

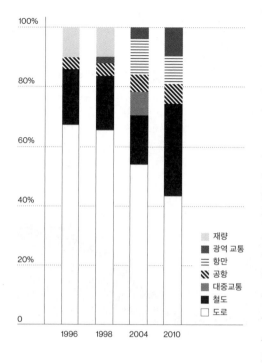

[도표 6] 「교통시설특별회계법」시행 규칙이 규정한 투자 비율의 변동. 다음 절에서 제시할 실제 비용 지출과는 차이가 있다.

범례:
재량
광역 교통
항만
공항
대중교통
철도
도로

(막대그래프 x축: 1996, 1998, 2004, 2010)

게는 철도 차량과 역 등 철도 운영에 필요한 건축물에 대한 소유권이 남는다. 이 구조를 소위 "상하 분리"라고 부른다.

대부분의 산업에서, 설비 투자는 그 설비를 생산에 활용할 수 있는 사업을 운영하는 사업자의 결단, 그리고 그에게서 채권을 회수할 수 있다고 보고 자금을 빌려주는 금융 기관의 평가에 의존한다. 하지만 구조 개혁 이후 한국 철도에 대한 투자 판단은 이보다 복잡한 과정이 된다. 철도공사는 철도시설공단이 건설한 토목과 건축 시설 위에서 영업한다. 또한 철도시설공단의 투자는 투자 방법과 노선을 결정하고 교통시설특별회계를 집행하는 국토부에 의해, 그리고 이 국토부가 제출한 계획과 예산 집행 요청을 다시 평가해 집행 여부를 결정하는 재정 당국과 국회에 의해 규율된다. 결정의 권한은 분산되었고, 이런 분산은 긍정적으로 보면 서로를 견제하면서 균형을 이루기 위하여 결정의 과정과 판단의 기반을 일반에게 공표하는 제도화 과정으로 향하는 압력으로, 그리고 부정적으로 보면 기관 사이의 관점 차이에 따른 갈등을 부르는 압력으로 작용한다.

3절. 정부의 역할 1: 파국에서 부흥까지, 1984~2019

시계를 파국 이전 시기로 되돌려 본다. 철도의 영업 적자가 피할 수 없는 현실이 되었던 1980년대이지만, 정부의 태세 전환은 매우 느렸다. 이렇게 전환이 느렸던 이유의 원천은 5공화국의 긴축에 있다. 하지만 긴축의 끝에는 지옥철 또는 교통지옥이 기다리고 있을 뿐이었다. 결국 정부는 순차적으로 철도에 재정을 투입하는 선택을 했다. 미래 철도 투자의 방향에 대한 논의를 위해서는, 이런 서술의 해상도를 올려 지금까지 이뤄진 철도 투자에 대해 세밀한 그림을 그려 둘 필요가 있다.

데이터 1: 세입세출 법령의 변화, 교통세와 교통시설특별회계

정부가 교통 재원을 마련하기 위해 만든 특별법의 시초는 1968년의 「도로정비촉진법」이다. 이 시기 정부는 경부고속도로를 건설하고 있었고, 바로 이를 위해 휘발유와 영업용 여객 자동차에 대한 과세가 시작된다. 세출 규율을 위해 「도로정비사업

381   7장 세금 위를 달리는 철도

[도표 7] 휘발유와 경유의 가격 구성, 1990~2016. 석유공사 오피넷의 데이터(소매가) 및 법령이 규정한 세율(특별소비세, 교통세, 주행세, 교육세, 부가세)에 따라 작성했다.

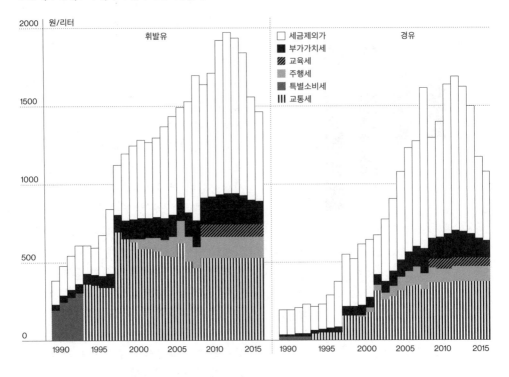

[표 1]   교통 투자 세입세출 법령 연혁. 국가법령정보센터 데이터.

	세입법령	내용	세출법령	내용
1968년	도로정비촉진법	국가: 휘발유 석유류 세율 75%, 여객자동차 통행세	도로정비사업특별회계법	세입액 도로 투자 전용
		지방정부: 자동차세, 면허세 2%		
1977년	특별소비세법	휘발유 세율 160%, 경유 10%	폐지, 별도 규정 없음	일반회계로 이관
1983년				
1989년	특별소비세법	세율 인하, 휘발유 100% 경유 10%	도로사업특별회계법	휘발유 특소세, 승용차 특소세 투입
			도로사업특별회계법	휘발유 특소세의 90%, 승용차 특소세 투입
1991년			도시철도사업특별회계법	휘발유 특소세의 10% 투입
1994년	교통세법	정액 부과, 대통령령으로 조정	도로 및 도시철도사업 특별회계법	두 법 통합
1996년				
2007년	교통·에너지· 환경세법	세출 대상 확대	교통시설특별회계법	도표 6 참조

특별회계법」도 신설되며, 재정 수입은 물론 차입금까지 투입하여 경인, 경부고속도로 및 연결망(호남, 영동)의 건설을 보조한다. 지방세인 자동차세와 면허세도 이들 고속도로와 연계된 망을 정비하기 위해 사용되었을 것이다. 당시 수준에서 대규모 고속도로 건설이 일단락된 1977년, 정부는 특별회계를 폐지하고 해당 세원에서 유입되던 세입을 일반회계로 돌린다. 같은 해부터는 휘발유의 특별소비세(이하 특소세) 규모가 크게 증가한다.(1977년 160%, 1983년 100%) 이들 유류세는 일반회계로 전입된다. 즉 교통 투자의 규모는 재정 당국의 재량에 따라 결정되게 된다. 그러나 5공화국의 긴축 기조 덕분에 교통 투자는 최소한도로 억제된다.

다시 교통 세출 법안이 제정된 시기는 5공화국의 긴축 이후 교통 투자액이 심각하게 부족해졌다는 점이 널리 인지되고 있던 1989년이다. 휘발유와 승용차에서 얻은 특소세를 통한 도로사업특별회계 운영이 이때 시작되었다. 도시철도는 2년 뒤의 법령 개정으로 특소세의 10%를 건설비 등으로 지원받게 된다. 재정 당국의 재량에 의해서만 이뤄지던 일반 철도에 대한 세출이 법안에 포함된 것은 1994년의 일이다. 하지만 이것은 어디까지나 고속철도로 인한 입법 조치였다.[11] 세입 법령 정비도 같은 해에 이뤄져, 휘발유와 경유에 부과되는 주 세금은 특별히 '교통세'라는 이름을 얻는다. 주행세가 2000년, 교육세가 2009년에 추가되었지만, 2020년 현재도 교통세는 휘발유, 경유 세금의 핵심이다. 이들 세금은 유류 출고 시에 정유사에게 부과된다.

교통세가 도입된 이후 세율의 추이는 도표 7과 같다. 1994년부터 1997년까지 교통세는 과거의 특소세에 비해 높은 금액이었으나 여전히 리터당 300원대(휘발유), 50원대(경유) 수준이었다. 1998년 김대중 정부는 교통세를 리터당 2배(휘발유)~4배(경유)로 인상하는 조치를 단행한다. 휘발유에 대한 교통세는 명목가격으로도 역사상 이때 가장 비쌌다. 김대중 정부가 내린 이 증세 조치 없이는 당시 집중되었던 대규모 교통 시설 투자를 결행하면서도 외환 위기에 대응하여 재정 건전성을 지키는 이중 과제는 달성할 수 없었을 것이다. 하지만 바로 이때 휘발유의 소매가격은 최초로 리터당 1000원을 넘었다. 당시 국제 유가는 안정세였다는 사실까지 더해져, 유류세에 대한 대중적인 불만이 고조된다. 세녹스를 필두로 하는 유사 유류가 수면 위로 등장하기 시작한 것도 바로 이 시기였다.

경부고속철도를 비롯해 대규모 교통 시설 투자가 한 단락을 맺게 된 노무현 정부 시기, 유류세에는 특별한 변동이 없었다. 하지만 이 시기 후반부에는 이라크 전쟁 이후 중동의 정치적 불안이 확대되어 급격하게 국제 유가가 상승하며, 이에 따라 세금을 배제한 유류 가격 역시 큰 폭으로 상승한다. 2008년, 경유의 가격 역시 세금을 한 푼도 받지 않는다 처도 1000원을 넘게 된다. 결국 이명박 정부는 운전자들의 불만을 받아들여 교통세를 일부 인하하기에 이른다. 2009년의 조정 이후 유

11

"특별회계의 계정을 도로계정, 도시철도계정, 고속철도 및 공항계정과 항만계정으로 구분함" 「도로등교통시설특별회계법」(법률 제4692호, 1994년 1월 1일 시행), 제정 이유.

7장 세금 위를 달리는 철도

[도표8]　육상 교통망 투자액과 교통세 수납액의 규모 비교. 교통세 수납액은 각 년도『국세통계연보』에서, 교통 시설 투자액은 국회에 제출된 각 년도 정부 예산안에서 가져왔다. 도로 투자는 고속도로 및 국도를 비롯해 국가가 건설하기로 되어 있던 도로 신설과 개량에 들어간 돈, 국도 유지 보수 그리고 민간 자본 도로의 신설과 수익 보증에 들어간 돈을 합산한 값이다. 철도 투자는 고속, 일반, 광역, 도시철도의 신설, 개량 투자 및 철도공사와 민간 사업자에 대한 지원액을 합산한 값이다. 명목 가격에 따라 그렸다.

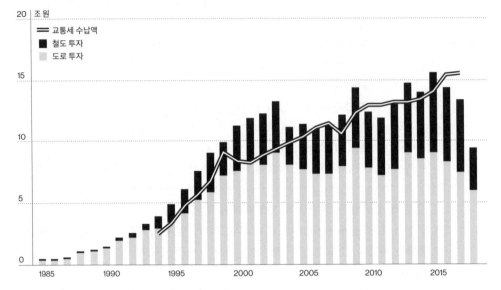

류세의 기본 세율은 2019년 현재까지 동일한 수준으로 유지되고 있으며, 이 시기의 유류 소매가 변동은 대체로 국제 유가의 등락에 따른 것이다. 단, 문재인 정부는 경기 부양을 위해 2018~2019년에 걸쳐 이를 일시 감면한다.

　　세출 법령은 각 수단별 세출 비율 또한 명시적으로 규정한다. 도표 6은 대통령령에 의해 규정된 각 요소별 세출 비율의 중앙값이다.(2004, 2010년에는 범위로 규정) 법령은 모든 시기에 걸쳐 도로에 대한 세출이 가장 많은 부분을 차지해야 한다고 말한다. 하지만 그 비율은 지속적으로 감소했다. 반면 철도의 비율은 계속해서 상승 중이다. 상당액이 (도시)철도에 투자되는 대중교통계정과 광역교통계정을 합해도, 1996년에 철도에 쓸 수 있던 돈은 18%, 1998년에는 20%였지만, 2004년에는 29%, 2010년 이후에는 43%에 달한다.

데이터 2: 교통 투자 집행의 내역, 1984~2018

그러나 법령은 규범일 뿐이다. 현실 속에서 이 규범이 어떻게 실현될지 살펴보려면, 현실의 데이터를 확인해야만 한다. 교통 재정 역시 마찬가지다.

　　교통시설특별회계에서 비롯된 지출은 1994년 이후 국가의 도로 투자, 그리고 한국 내에서 이뤄진 철도 투자 가운데 대부분을 채우고 있다. 도표 8에서 확인할 수 있듯, 1994년 2.46조 원으로 시작한 교통세 수입은 1999년 9.15조 원에 도달할 만큼 급속도로 팽창했다. 이 시기 교통세는 매년 거의 2조 원 정도 상승한다. 이

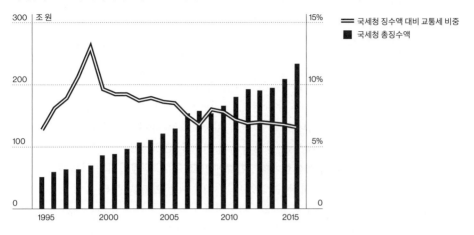

[도표 9] 국세청의 총 징수액과 교통세의 상대 규모, 1995~2016. 원자료는 각 년도『국세통계연보』. 유류 제세금은 모두 국세청이 관할한다. 명목 가격을 기준으로 그렸다.

[도표 10] 정부의 총지출과 중앙정부 육상 교통 투자액의 비교, 1985~2019. '총지출 및 순 융자'는 정부 지출의 총량을 나타내는 데 쓰는 표준적 지표로, 중앙, 지방정부의 재정 지출, 그리고 그해에 증가한 정부의 순 융자액 합계를 말한다. 이를 분모로, 도표 8에 소개된 도로와 철도 투자액의 합을 분자로 삼아 구한 값이 선 그래프다. 명목 가격에 따라 그렸다.

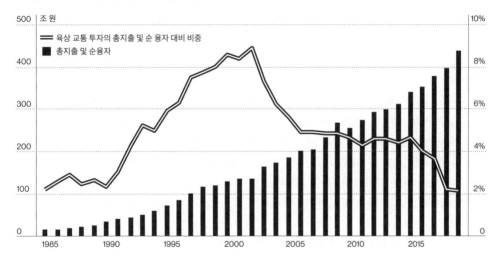

후 교통세는 5년여 간 8~9조 원대에 머무르며, 2005년 처음으로 10조 원대에 도달한다. 이후에도 교통세 수납액의 규모는 매년 약 4000억 원가량 증가하는 추이로 꾸준히 상승하고 있다.

국세 징수액 전체와 비교했을 때, 교통세의 비중은 1999년을 기준으로 그 추세가 비낀다.(도표 9) 1999년 이후 교통세의 비중은 감소하기 때문이다. 1994년, 교통세의 비중은 전체의 6%이지만, 1999년에는 사상 최대인 13%에 도달한다. 이후 교통세의 비중은 2006년까지 9% 선에서 안정적이었으나, 국세청 총 징수액이

7장 세금 위를 달리는 철도

더 빠르게 팽창해 최근 교통세의 비중은 약 7% 수준까지 떨어졌다.

이제 교통세 수납액과 도로, 철도에 투입된 재정의 규모를 비교해 본다.(도표 8) 2005년까지 교통세 수납액은 육상 교통망 투자에 필요한 수준에 조금 미치지 못했다. 게다가 교통세 징수액이 급감했던 2000, 2001년에는 도로 투자에 쓸 수 있는 돈만이 남아 있었고, 철도 투자는 사실상 모두 일반회계에서 전입되어 온 금액으로 수행되었다. 교통시설특별회계를 통해서는 공항과 항만, 기타 물류 산업 투자까지 수행되었다. 결국, 2005년 이전 육상 교통망 투자에도 모자란 규모였던 교통세는, 역사적 시각에서 보았을 때 최대의 교통 투자 비중을 기록하던 시기에도 1990년대의 교통지옥을 개선하기 위해서는 일반회계의 적지 않은 도움을 받아야 했던 것이다. 도표 8의 데이터를 통해 계산한 결과, 이렇게 18조 원이 더 전입되지 않았다면 현재의 지상 교통 투자조차 이뤄질 수 없었을 것이다. 다만 2006년부터 육상 교통 투자액은 교통세 수납액보다 대체로 약간 적어졌다. 유류세로 교통 투자를 하고도 돈이 남는 경우가 많아졌다는 뜻이다. 이 돈을 교통 인프라가 아니라 다른 곳에 쓰는 것이 더 낫다는 지적에 대해서는 제4절 3항에서 논의한다.

다음에는 교통 투자와 정부의 전체 지출 사이의 관계를 살펴본다.(도표 10) 5공화국 중반인 1984년부터 노태우 정부 3년차인 1990년까지, 정부의 전체 지출 가운데 육상 교통 투자는 2~3% 수준에 불과했다.[12] 1991년도부터 이 비중은 크게 상승하기 시작한다. 교통시설특별회계에 앞서 설치된 도로, 도시철도 회계의 효과다. 정부 지출 가운데 교통 투자의 비중은 1990년대 내내 상승했고, 2002년에는 9%에 육박하게 된다. 이후 이 비중은 약 4년에 걸쳐 빠르게 감축된다. 2006년 이후 교통 투자의 비중은 5% 수준에서 서서히 하락하고 있다. 이는 정부 총지출액이 교통 투자보다 훨씬 빠르게 증가하고 있기 때문에 벌어지는 현상이다. 교통 투자는 경제 성장과 정부 재정의 팽창 속에 점점 더 그 상대적 부담이 줄어들고 있다. 특히 문재인 정부는 기존 정부보다 교통 예산 비중을 더욱 떨어뜨려, 2% 초반까지 낮춘 상태이다. 이것은 2015년 OECD 평균 비중인 2.6%에 못 미치는 수준이다.[13]

도표 11은 도표 6이 제시하는 법률상 투자액 비율과 관련이 있다. 계산의 편의를 위해, 다른 수단을 배제한 채, 철도와 도로의 상대 비중만을 뽑은 결과가 도표 11이다. 1994년 이전, 철도에 대한 투자는 육상 교통망(도로, 철도) 투자액의 20% 수준에 불과했다. 반면 1994년부터 철도 투자의 비중은 30%대에 진입한다. 약간의 부침은 있지만, 철도 투자의 비중은 꾸준히 상승해 왔고 2016, 2017년에는

---

[12]
지방정부에 의한 도로 투자, 도시철도채권 발행액, 한국도로공사의 채권 발행액 등을 감안하지 않은 계산이기 때문에 일반 정부 전체 지출을 포괄하지 못했다는 한계는 있으나, 제5공화국 시기에 이들 액수가 제6공화국 시기보다 극적으로 컸을 가능성은 거의 없기 때문에 이 책의 계산에서는 감안하지 않는다. 향후 좀 더 정밀한 규명 작업에서 밝힐 과제로 남긴다.

[13]
OECD 통계 시스템에서 직접 제공되는 값은 아니며, 정부 지출의 GDP 대비 비중을 GDP에 곱해 분모를 얻고('goverment at glance' 통계를 활용), 교통 통계 부분에서 제공되는 데이터(total inland infrastructure investment)를 분자로 삼아 구한 값이다.

국가 재정에 의한 도로 투자와 철도 투자액의 상대 비율 비교, 1984~2018. 자료는 국회에 제출된 정부의 각 년도 예산안. '철도'는 도시철도 역시 포함한다. 전체 값의 분모는 도로, 철도 투자액의 합이며, 공항·항만에 들어간 비용은 배제했다.

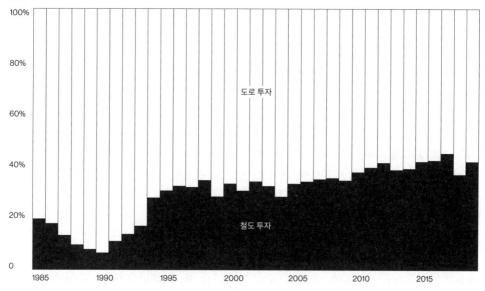

40%를 넘기기도 한다. 하지만 문재인 정부 들어 철도 투자의 비중은 다시 30% 후반대로 떨어진다. 법령이 정한 최대치 부근까지 치고 올라갔던 철도 투자 비중이 다시 하락했다는 뜻이다.

　　1984~2018년 동안, 정부 지출 가운데 대략 5.4%가 육상 교통에 투자되었다. 이 전체 비중만으로도 채 2.5%에 미치지 못하는 5공화국 시기의 교통 투자가 얼마나 적은 양이었는지가, 그리고 1990년대 정부가 교통시설특별회계라는 비상 수단을 동원해야만 했던 이유가 드러난다. 노태우 정부 이후에도 3%, 즉 5공화국 수준의 교통 투자에 만족했다면, 교통 시설에 투자한 누적 액수는 절반 수준에 불과했을 것이기 때문이다. 1991년부터 2006년까지 정부 총지출 대비 교통 시설 투자 액수 비중 그래프(도표 10)가 커다란 산을 이루고 있다는 사실은, 이 시기의 집중 투자가 없었다면 한국의 교통망 구축이 아마도 10년은 느려졌을 것이라는 추론의 토대이다. 비록 2006년 이후 교통 투자의 비중은 천천히 하락하고 있긴 하지만, 여전히 이 재원은 육상 교통 투자 재원을 일정 규모로 보장하는 데 도움이 되고 있다.

데이터 3: 중앙정부 철도 투자 내부의 흐름, 1984~2018

이제 철도망 내부의 배분 상황으로 논점을 옮겨 본다. 도표 12는 국회의 각 년도 예산안에 등록된 중앙정부의 각 노선별 사업비 지출액을 몇몇 범주로 나눈 다음, 건설업의 GDP 디플레이터를 활용해 주어진 명목 가격을 2010년 실질 가격으로 변환한 결과다. 논의에서는 명목 가격과 실질 가격을 함께 언급하겠다. 1980년대 후반, 중앙정부의 철도 신규 건설 투자는 도시철도를 합쳐도 명목 가격으로는 1000억 원을 넘긴 적이 없고, 실질 가격으로도 2000억 원 남짓이었다. 당시 철도청은 이미 만성 적자에 빠져 있었으므로, 철도 자력에 의한 신규 투자는 거의 이뤄질 수 없었다. '5 공의 긴축'은 정부의 철도 투자를, 그리고 그에 따라 사실상 전체 철도 투자를 동결 하는 귀결로 이어진다.

상황은 도시철도 건설에 대한 자금 투입이 본격화된 1991년부터 변화한 다. 철도에 대한 정부의 명목 투자 액수가 최초로 1000억 원을 넘기면서, 투자액의 급증 국면이 시작되기 때문이다. 도표 12에는 표현되지 않았지만, 1기 신도시 철도 에 대한 개발 분담금도 이 시기에 투입이 시작되었다. 철도 건설 투자액은 계속해서 급격히 증가해 1994년에는 명목 가격 1조 원, 실질 가격 2조 원을 넘기고, 1998년 에는 명목 가격 2조 원, 실질 가격 3조 원에 육박한다. 1990년대의 투자를 이끈 것 은 서울과 부산, 대구의 도시철도망, 그리고 경부고속철도였다. 수도권 광역망의 경 우 투자액의 태반은 1기 신도시의 분담금이었고, 재정 투입은 1990년대 후반에 들 어서야 본격화된다. 5대 전국망 기존선에 대한 개량 투자는 초기 단계였고, 그에 포 함되지 않는 기타 선구나 새로운 노선 확보에 건설 예산을 투자할 여유는 없었다.

2000년대, 중앙정부의 철도 투자는 명목 가격 면에서는 대체로 2조 원 대 후반에서 안정세를 이루지만, 실질 가격 면에서는 1조 원 정도의 깊이를 가진 일종 의 골짜기를 이루게 된다. 골짜기가 가장 깊은 해는 2007년으로, 2004년 상반기 중 에 경부고속철도가 개통된 이후 철도 투자는 상당 수준 주춤했다는 것을 확인할 수 있다. 이 시기에는 서울 도시철도에 대한 투자가 급격히 줄어들고, 경부고속철도 1 단계 개통 이후 고속철도 투자 규모가 축소되었다. 하지만 수도권 광역망과 5대 전 국망 기존선 투자 면에서는 이 시기의 투자는 지난 10년보다 그 비중이 더 커졌고, 철도 투자의 주된 영역으로 자리잡는다. 5대 기존선에 속하지 않은 비수도권 노선 에 대한 개량 투자 사업 역시 이 시기에 본격 시작되었다.

2010년대의 투자는 명목 가격 면에서는 이전과는 규모를 달리하는 수준에 도달한다. 2012년에는 4조 원, 2015년에는 5조 원에 달하는 투자가 이뤄지기 때문 이다. 실질 가격 면에서도 2012~2016년의 철도 투자 규모는 사상 최대 규모로, 이 시기 철도 투자액의 실질 가격은 4조 원을 넘겼다. 이 시기 철도 집중 투자의 주역 은 고속철도였다. 호남고속철도와 수도권고속철도에 대한 투자가 2010년대 전반 기에, 그리고 강릉선 KTX가 달리는 경강선(기타에 포함)에 대한 투자는 중반기에 집중되었다. 도시철도에 대한 투자는 전반적으로 감소했지만, 수도권 광역망에 대 한 투자의 절대 규모는 2000년대 후반부와 마찬가지로 유지되었고, 5대 간선과 기 타 노선에 대한 개량 투자는 확대되었다. 다만 문재인 정부가 편성한 2018년의 철 도 예산은 명목 가격으로도 3조 원에 미치지 못하며, 실질 가격 면에서는 1996년 수준으로 돌아왔다. 아마도 토건 사업에 비판적인 재정 관료들이, 이명박, 박근혜 정부가 철도에 지나치게 많은 재정을 지출했으며 이제 이를 줄일 필요가 있다고 판 단했던 것이 아닐까 추정해 본다. 2019년의 철도 건설 예산의 명목 가격 규모는 3 조 원대 후반, 2020년의 예산 규모는 4조 원대 초반을 기록하고 있는 상태다.

[도표 12] 철도망 투자 금액(실질 가치)에 대한 주요 범주별 분류, 1984~2018. 국회의 각 년도 예산안에서 얻은 각 사업별 명목 투자 액수를 철도망 유형별로 합산한 다음, 한국은행이 제공하는 건설업의 GDP 디플레이터(2010년 기준)를 이용해 각 년도 투자를 실질 가치로 환산한 결과다. '도시철도'는 서울과 광역시, 기타 시의 도시철도, '광역철도'는 수도권 광역완·급행이 운행하는 노선에 대한 투자를 의미한다. 신도시 분담금은 집계하지 않았다. '5대 기존선'은 경부, 호남, 전라, 장항, 중앙선을 의미하며, 수도권 광역완급행이 운행하는 경부선 천안 이북, 중앙선 서원주 이북에 대한 투자는 수도권 광역으로 계산했다. 고속철도 본선은 경부, 호남, 수서평택고속선에 대한 투자를 의미하며, '기타'는 여기에 포함되지 않는 선구(예컨대 원주~강릉선)를 의미한다.

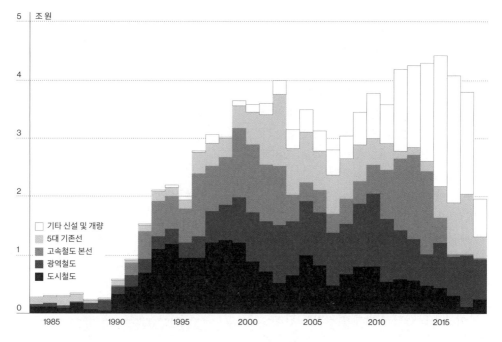

데이터 4: 고속도로와의 비교, 그리고 '코레일 타임'

이제 고속도로와 철도에 대한 예산 배분, 그리고 철도의 투자 효율에 대해 검토하는 관점으로 이동해 본다. 도표 5에서 확인했듯, 1996년 이후 철도 투자액은 정부의 재정 투입 없이는 불가능한 수준으로 상승한다. 그리고 이런 투자는 방금 데이터 2의 논의에서 확인할 수 있듯 도로와의 경쟁 속에서 이뤄진 것이다. 여기서는 이런 경쟁 속에서 철도가 어떤 평가를 받았을지를 수치화하여 보여 주기 위하여 수송량 대비 투자액의 규모를 계산해 보고자 한다. 여기서 도로 측의 대표 선수는 고속도로가 될 것이다. 비록 도로 사업 투자금의 대부분은 국도에 투자되었으나, 국도는 전국 및 광역 도로망을 구성하는 기초적인 요소이므로 사용료를 받기 곤란하며(적어도 지금까지는) 속도 역시 광역급행의 표정속도(2^6km/h) 수준[14]이므로 광역망이나 재래선 특급과 제한적인 경쟁을 벌이는 망일 따름이기 때문이다.

14
설계 속도 자체가 90km/h 미만일 뿐만 아니라, 평면 교차로의 교통을 조정하는 신호등을 주기적으로 배치, 차량을 정차시켜 속도를 조정하는 것이 일반적이다.

       7장 세금 위를 달리는 철도

도표 13은 2017년 고속도로의 차량 운행 거리 총량과 각 유형 철도망의 인킬로 총량을 분모로 삼고, 1995년부터 2018년에 이르는 23년간 고속도로와 각 유형의 철도에 투입된 재정과 그에 대한 설정 이자 총액을 분자로 삼아 고속도로와 철도에 대한 재정 투자의 효율성을 비교해 본 도표다. 이들 값은 재정을 투자한 금액만큼의 건설 자금을 금융 시장에서 조달했을 경우 해당 망을 이용하는 승객들이 짊어져야 했을 추가적인 부담액이 최소한 어느 정도 수준일지를 보여 준다. 도로공사 측의 고속도로는 이 관점에서 볼 때 철도에 비해 매우 효율적이다. 40년간 연리 3.5%의 조건에서도 고속도로 이용객[2017년 약 623억 주행킬로(VKT)]이 분담할 액수는 km당 25원 수준이기 때문이다. 80년간 연리 2.5% 조건으로 원리금을 상환하는 경우에는 km당 15원 수준으로 떨어진다. 이는 현재 고속도로 통행요금의 요율에 비해 1/3~1/2 수준에 불과하다. 이자율을 상당히 낮게 설정하여 원리금 부담을 낮게 평가하는 면은 있으나, 이들 값은 한국도로공사에 대한 건설 재정 지원이 없어지는 경우에도 도로 요율은 현재와 비교해 크게 바뀌지 않을 것이라는 추측의 기반이 된다.

반면 철도를 이용하는 승객이 인킬로당 부담해야 하는 금액은 도로에 비해 매우 높다. 상황이 가장 양호한 고속철도조차 고속도로 부담액의 1.6배에 달한다. 고속철도 이용객(2017년 약 178억 인킬로, 경부·호남선, 수서평택고속선 이용객만 합산)은 고속도로 이용객의 29% 수준인데 반해, 재정 투입액의 규모는 절반 수준에 달하기 때문이다. 광역망(2017년 약 166억 인킬로) 이용객은, 어떤 시나리오에서든 고속철도보다 약 10원/km 정도의 건설비 부담을 추가로 짊어져야만 한다. 게다가 이 망은 고속철도에 비해 km당 운임이 훨씬 저렴하기 때문에, 실제 투입된 건설비를 모두 금융 시장에서 조달했을 경우 광역망의 운임은 두 배 또는 그 이상으로 상승했을 것이다. 가장 상황이 좋지 않은 것은 전국망 전체(2017년 약 263억 인킬로, 고속철·새마을·무궁화 합산)로서, 40년 상환 조건에서 80원/km 이상의 임률이 나

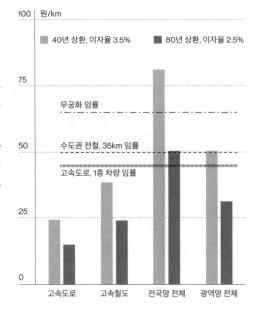

[도표 13] 고속도로와 철도의 인(차량)킬로당 건설 사업비 분담 필요 액수의 규모. 이 값은 단위 수송량당 건설비 부담을 얼마나 짊어져야 하는지 보여 주기 위한 도표다. 분자인 건설 예산의 경우, 도로·철도 모두 국회에 제출된 예산안에 따라 1995~2018년 투입된 국비를 합산해 계산했다. 이어서 분모인 인(차량)킬로의 경우, 도로공사 홈페이지와 『철도통계연보』에 수록된 2017년 실적을 활용했다. 이자율은 도로공사와 철도공사의 적정투자보수율(각기 2018년 2.29%, 2015년 3.91%. 최근 철도공사의 투자보수율은 2016년부터 5~6%대에 달하기 때문에 그대로 계산에 활용하기 어렵다)을 감안했고, 이어서 미래 저성장기에는 이보다 금리가 더 낮을 것이라는 점을 감안해 설정했다. 따라서, 이 값은 지난 23년간 투자된 금액을 현재의 망 이용 승객이 그 수가 유지된다고 가정했을 때 얼마만큼 부담해야 하는지 보여 주기 위한 그림이다. 이 기간 동안 고속도로에 32.2조, 고속철도에 14.6조, 광역망에 17.9조, 전국망 전체(고속철도 포함)에는 45.5조 원의 중앙정부 재정이 투입되었다.

[도표 14] 주요 철도 노선 및 유형별 건설 사업비 분담 필요 액수의 규모. 전국망, 광역망, 도시철도 주요 노선의 2017년 인킬로를 분모로, 이들 노선에 대해 1984년부터 국회에 보고된 재정 투자액과 가정에 따른 이자액의 합계를 분자로 삼아 구한 값이다. 다만 동해선, 수인선은 2017년 현재 미개통 구간에 대한 투자까지 합산되어 분자가 과대평가된 경우일 수 있다.

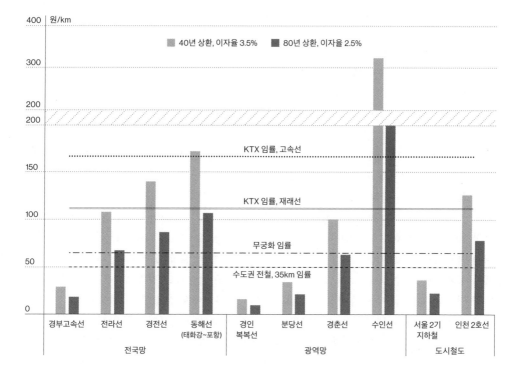

온다. 건설비를 전국망 열차의 운임에 기반해 갚아 나가야 했다면, 고속철도의 운임도 1.5배 이상 상승했을 것이고, 무궁화나 새마을과 같은 재래선 특급의 임률은 2배 이상 상승했을 것이다.

　　도표 14는 철도 노선별 건설 재정 투입액을 노선별 수송량으로 나눈 결과를 보여 준다. 도표는 수도권 도시·광역망 임률 이하의 금액만을 부담해도 되는 경부고속선이나 경인선, 그리고 고속철도 임률 이상의 가격을 부담해야 하는 여타 노선 사이의 격차를 보여 주고 있다. 고속철도가 직결하는 동해선의 경우에도 40년 상환을 기준으로 할 때 승객에게 고속선을 달리는 고속철도의 운임만큼을 더 받아야만 건설비를 갚아 나갈 수 있다. 수인선의 경우, 300원/km가 넘는 값이 나오고 만다. 이는 서울 거대도시권에서도 외곽 지역 사이를 연계하는 노선의 경우 그 건설비를 사실상 부채로 조달할 수 없다는 뜻이다. 삼남 지방 도시권의 광역망 투자를 부채로 조달하는 것은 수인선보다 어려웠을 것이다. 도시철도의 경우에도 격차는 무시할 수 없는 수준이다. 20~40원/km 수준의 부담을 더 지면 재정 투입을 억제할 수 있었을 서울 2기 지하철과는 달리, 인천 2호선은 100원/km가 넘는 부담을 짊어져야만 하기 때문이다. 결국 철도에 재정이 투입되지 않았다면, 지금과 같은 수준의

망 확장은 경부선 등에서 기타 선구로 향하는 지원금의 규모를 여러 배로 늘렸을 것이고, 따라서 막대한 운임 상승과 이용객 축소를 불러왔을 것이다.

철도와 도로 사이의 재무적 차이는 두 사업의 진행 과정에서 중요한 차이를 불러온 듯하다. 바로, 도로망은 지연이 적거나 조기 개통까지 흔하게 일어는 데 반해 철도망은 조기 개통은커녕 수년 이상의 사업 지연이 일상적이라는 인상이 바로 그것이다. 몇몇 사례는 극단적이다. 부산과 울산을 잇는 동해선 광역전철 사업은 연장이 채 100km도 되지 않는 사업이다. 하지만 이 사업은 거의 30년 가까운 기간 동안 개통을 보지 못했다. 1993년 예산안부터 국비 투입을 확인할 수 있으나, 2020년 봄 현재 절반도 개통되지 못했기 때문이다. 꼭 이만큼의 시간 투입을 확인할 수는 없더라도, 이런 사례는 한국 철도의 거의 모든 주요 노선에서 찾을 수 있다. 다시 말해, 한국에서 철도 사업은 개통시키는 데 대하 드라마로 다룰 만큼 긴 시간이 필요했던 경우가 많다. 온라인에는 '코리언 타임'이라는 속어에 빗대 이런 현상을 일으킨 철도 당국을 비난하는 '코레일 타임'이라는 말까지 돌았던 적이 있기도 하다.

철도 사업 사례들을 고속도로 사례와 비교해 보자. 서해안고속도로 전 구간의 착공부터 개통까지는 10년(1991~2001)이, 중앙고속도로의 착공부터 개통까지는 9년(1992~2001)이 걸렸다. 이들 노선은 서해안 전체, 한국 동부 내륙 지역 전체를 종관하는 한편, 과거 군사 정권 시절 사용된 토목 기술과는 질적으로 다른 거대한 터널과 교량 없이는 성립할 수 없었던 장대 노선임에도 그랬다. 서해대교(연장 7310m)와 죽령터널(4600m)은 이들과 나란히 달리는 장항선이나 중앙선 철도를 상대적으로 왜소하게 만들었다. 반면 이들과 병행하는 전국망 철도 개량 투자는 구간구간 나누어, 그리고 사업비를 최대한 분산하여 20년 넘는 시간 동안 이뤄지고 있으며,[15] 아직 그 완성 시점은 알 수 없다.

정부가 도로망에 우선 투자하고, 철도망에 대한 투자는 나중으로 미뤘던 이유는 이미 도표 13, 14를 통해 확인한 대로다. 대부분의 고속도로는 대부분의 철도보다 재정 투입의 효율이 높아, 통행료를 부과해 운전자에게 건설 비용을 분담시키는 것이 기본이다. 운임만으로는 철도의 오늘조차 꾸리기 어려웠으므로, 철도는 이와는 반대되는 성격을 가진다. 대규모 교통망 확충에 나선 6공화국 초기의 여러 행정부들이 고속도로를 우선했던 이유도 이를 통해 설명할 수 있다.

이렇게 개별 사례를 지적하고, 또 왜 고속도로망이 철도망을 왜소하게 보이게 만들었는지 지적하는 것만으로는 상황을 이해하는 데 충분하지는 않다. 개별

15
장항선 1차 개량(천안~신창 간 복선전철화 및 홍성 인근, 대천 인근, 서천~대야 단선 유지 복선 노반 선형 개량)은 1998년에 시작해 2009년에 종료되어 12년이 걸렸고, 익산 대야 복선전철을 포함하는 2차 개량 사업은 2010년경에 본격 예산 투입이 시행되었지만 최소한 2022년까지는 사업이 계속될 것으로 보인다. 중앙선은 사업이 총 6단계(청량리~덕소, 덕소~서원주, 서원주~제천, 제천~도담, 도담~영천, 영천~신경주)로 분할되어 진행 중이며, 2018년 현재 개통 구간은 3개(서원주 이북과 제천~도담)로 이들 구간을 개통하는 데는 착공으로부터 평균 10.3년이 걸렸다. 이 가운데 첫 번째 착공은 청량리~덕소 구간에 대해 1997년에 있었으므로, 중앙선 개량 사업 역시 착공 이후 20년을 넘긴 상황이다.

[도표 15] 철도 유형 및 완공 시기별 착공 후 완공에 이르는 기간의 변동. 1990년부터 2018년에 이르는 기간 사이에 완공된 58개 철도 건설 사업의 건설 기간을 앞서 정의한 유형에 따라 정리한 결괏값이다. 착공은 실제 보도나 미래철도 DB 등에서 확인되는 시점을, 완공은 개통 시점을 사용했다. 인천·경기 도시철도의 경우 사례 수가 1개뿐인 경우가 많아 도표에 표출시키지 않았다.

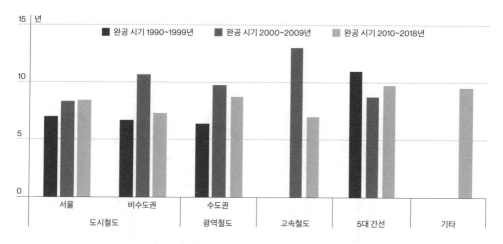

[도표 16] 1990~2018년 사이 개통한 철도 건설 사업 58개와 고속도로 신설, 확장 사업 52개의 완공 시기별 건설 기간 비교. 철도는 도표 15에 사용된 값을 전체 평균낸 결과이며, 고속도로의 착공 및 개통 시점은 한국어 위키피디아를 이용해 수집했다.

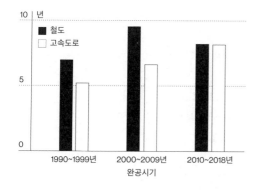

사례는 전체를 반영하지 못할 수 있고, 그럴듯한 메커니즘 설명 역시 데이터와 연결되지 않으면 안 하느니만 못할 수 있다. 데이터가 필요한 시간이다.

핵심 질문은 이것이다. 정말로 철도 사업 일반이 고속도로보다 더 오래 걸렸는가? 언제, 왜 그랬는가? 여기에 답하기 위해, 나는 철도 사업과 고속도로 사업의 완공 시점을 세 구간(1990~1999, 2000~2009, 2010~2018)으로 분류한 다음, 망이 개통되기까지 착공 이후 지나간 시간의 길이가 얼마였는지를, 그리고 동시 진행 사업 수와 건당 평균 투입액의 추이를 검토했다. 예산에 알맞은 규모와 수의 사업을 진행했는지, 아니면 예산에 걸맞지 않게 사업의 수만 방만하게 늘렸는지에 따라 철도 사업의 건설 기간은 변할 것이다.

도표 15는 철도망의 여러 유형이 따르는 공통의 경향을 보여 준다. 2000~2009년에 개통된 철도 노선의 사업 기간이 앞 뒤의 두 구간보다 여러 해 길다는 사실이 바로 그것이다. 물론 예외가 있긴 하지만, 5대 간선 부분은 전라선 신리~순천 간 개량 사업(1989년 착공, 1999년 개통) 덕분에 1990년대 사업의 개통 기간이 길어져 2000년대 개통 노선의 평균 개통 기간이 상대적으로 짧아졌던 것이며, 서울 도시철도의 경우 예외이긴 하지만 2000년대와 10년대의 개통 기간이 비슷하

동시에 예산을 투입해 진행됐던 고속도로 건설 사업과 전국·광역망 철도 사업(전철화, 단선 유지 선형 개량 포함, 도시철도 배제)의 수와 각 년도 개별 사업당 평균 국비 투입액의 실질 규모, 1985~2018. 각 년도 사업당 투입 국비 규모는 한국은행이 제공하는 2010년 기준 건설업 분야 각 년도 GDP 디플레이터를 활용, 각 년도의 명목 지출액을 실질 지출액으로 변환하여 표기한 것이다. 도로공사에 대한 개별 사업별 국비 건설 지원 내역은 1995년 예산안부터 확

인할 수 있었다. 고속도로의 동시 진행 사업 수는 위키피디아에 등재된 착공과 개통 시점을 활용하여 계산했으며, 전국 광역망 철도 사업의 수 역시 미래철도 DB에 등재된 착공(기공)과 개통 시점을 활용해 계산했다. 더 완전한 정보는 예산이 아니라 결산 정보지만, 결산은 공개 범위가 제한적이다. 수탁(여기서는 토지공사가 입주민에게 거두어 건설 당국에게 제공한 돈) 사업비가 대부분인 광역철도(일산선, 분당선 수서~오리)는 계산에서 배제했다.

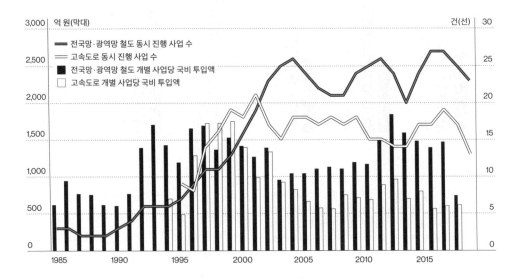

다는 점에서 그렇다. 나머지 부분은, 결국 2000년대의 사업 기간이 앞뒤 두 시기보다 상대적으로 길다.

개통 시점별 철도 전체의 평균 사업 기간은 도표 16에서 확인할 수 있다. 2000~2009년 개통된 철도의 사업 기간은 앞뒤 두 구간보다 평균 2~3년 길다. 반면 고속도로 사업의 기간은 지속적으로 길어지고 있었다. 고속도로와 철도 사이의 기간 차이 또한 흥미롭다. 1999년까지 개통한 철도망의 사업 기간은 고속도로보다 평균 2.4년, 2000~2009년 동안 개통한 철도망의 사업 기간은 3.2년 길었기 때문이다. 전국, 광역망 철도는 대개의 경우 고속도로보다 좀 더 짧은 단위로 쪼개져 진행되었다는 사실을 감안하면, 이 차이는 실제 한국 종관·관통선의 단위에서는 더욱더 증폭될 수밖에 없다. 양측의 차이가 없어진 것은 2010년대의 일이다.

도표 17은 동시에 몇 개의 사업이 진행 중인지(선), 그리고 사업당 평균 사업비가 얼마인지(막대) 보여 준다. 가장 먼저 눈에 띄는 것은, 두 건설 사업의 수에서 볼 수 있는 격차다. 진행 중인 평균 고속도로 건설(신설, 확장) 사업 수는 1990년대 후반부터 15~20개 선을 유지한다. 민자나 수도권 광역 고속도로 역시 포함했음에도 그렇다. 한편 철도 사업의 수는 고속도로와는 달리 1990년대 후반 동안에는 계속해서 증가하며, 현재와 비슷한 수의 사업이 동시에 진행되기 시작한 시점은

고속도로보다 5년여 늦은 2000년대 초반이다. 도시철도 사업을 모두 배제했음에도,[16] 철도의 동시 사업 수 곡선은 고속도로보다 더 높은 곳까지 올라가 있다. 1990년대 초반 한 자리대였던 사업 수가 2002년에는 20개를 넘게 되었기 때문이다. 철도 사업의 수는 이후 지금까지 20~27개 선으로 유지된다. 철도 사업의 수가 3배 가까이 증가한 결과, 철도 예산 총액은 대폭 증액되었으나 철도 사업의 사업당 1년 사업비는 2000년대 초반부터는 물가를 감안했을 때 소폭 감소하기 시작한다. 반면 김대중 정부 후반기, 고속도로망이 대규모로 개통하는 시기 동안 고속도로 사업당 평균 국비 투입액 수준은 (총액과 마찬가지로) 사상 최대 수준에 도달한다. 고속도로의 대규모 개통 뒤에는 비교적 집중적인 재정 투입이 있었고, 반면 철도망 건설이 고속도로보다 평균 2~3년이나 늦어진 데에는 늘어나는 사업 수를 따라가지 못하는 불충분한 재정 투입이 있었던 셈이다. 고속도로는 절반 또는 그 이상의 건설비를 통행료로 징수한다는 점을 감안하면, 실제로 고속도로 개별 사업에 한 해에 투입되었던 개별 사업당 사업비는 도표 17에 제시된 값의 두 배 가까운 수준으로 보아야 한다. 철도의 사업당 투자액이 두 배 가까이 많아야 철도 투자가 고속도로 투자를 추격할 수 있다는 뜻이다. 이러한 상황 변화는 2005년 이후의 현상이다. 사업별 철도 투자액의 명목 가격이 노무현 정부 후반부터 증가해 박근혜 정부 시절 고속도로의 두 배 가까운 수준에 도달했기 때문이었다. 2010년대 개통한 철도 사업이 2000년대 개통한 사업보다 평균 2년 빠르게 개통할 수 있었던 이유는 바로 박근혜 정부 시기 건설 당국의 집중적인 재정 투입에서 찾아야 하는 셈이다.

2018년 철도 예산은 크게 삭감되었고, 2019, 2020년 예산안을 거치면서도 그 회복은 더디다. 그 배경에는 박근혜 정부 시기의 철도 투자 집중이 비정상적이었다고 본 문재인 정부 재정 당국의 판단이 있을 것이다. 충분히 이해할 수 있는 판단이다. 하지만 이런 판단에는 매우 중요한 난점이 있다. 진행 중인 철도 사업의 수를 충분히 조정하지 못한 덕분에, 철도 사업의 개별 사업당 사업비가 고속도로의 개별 사업당 사업비와 비슷한 수준으로 떨어져 버렸기 때문이다. 도로공사의 부채를 통해 건설비를 원활하게 조달할 수 있는 고속도로와는 달리, 대부분의 노선에서 철도 건설비를 승객에게 부담시키기 매우 부담스럽다는 점은 이미 도표 13, 14를 통해 정량적으로 살펴본 바 있다. 이런 현실을 감안하면, 문재인 정부는 한정된 철도 예산을 긴 기간 동안 분산 투자하는 방침을 택한 것이나 다름 없다. 별다른 변화가 없을 경우 2020년대 개통할 철도 노선들은 2000년대 개통했던 철도 노선 정도의 시간이 걸려, 또는 추가 비용이나 높아진 사회적 요구 덕분에 더 긴 시간이 걸려서야 개통할지 모른다.

16
대응하는 국가 도로 사업이 없고, 지방정부와 공동 투자하는 비율이 높은 사업이므로 배제했다.

7장 세금 위를 달리는 철도

4절. 정부의 역할 2: 효율과 형평 사이

철도 예산과 그 집행과 관련된 역사적 흐름과 기본적인 사실을 보여 주는 데이터는 이쯤 하면 될 듯하다. 이제 이들 흐름과 사실을 평가하는 단계로 넘어가 보자. 이를 위해, 나는 다섯 논점을 택했다.

가장 먼저 다룰 쟁점은 5공화국의 긴축이다. 2절에서 나는 5공화국 시기의 긴축이 1990~2003년 사이에 있었던 한국 철도의 재무적 파멸을 불러온 중요한 원인이라고 주장했다. 그렇지만 이런 평가는 1980년대 경제 당국이 '안정화 시책'을 수행하고 있었다는 점을 감안해 이뤄져야만 한다. 인플레이션을 통제하고 부채 규모를 늘리지 않으면서 대규모 교통 투자를 추진하려면, 결국 정부는 세금을 더, 그 것도 그렇게까지 부담스럽지 않은 수준으로 거둬야만 했다.[17] 안정화 시책과 정합적인 교통 투자가 가능했다고 주장하려면, 한국 교통 부분의 충분한 담세 능력을 확인해야 할 뿐만 아니라, 세출액 역시 전체 정부 재정에 비해 지나치게 크지 않아야 할 것이다. 나는 여기서 1984년부터 1995년 사이의 유류 판매량과 정부 총지출 및 순 융자액을 주변 역사적 상황과 결합하여, 증세를 통해 철도에 투자할 수 있었던 잠재 액수가 얼마나 되었는지, 그리고 그 액수가 정부에게 어느 정도나 부담이 되었을지 계산해 보려 한다.

그다음 쟁점은 재정 관료와 건설 관료 사이에 있었던 대립, 그리고 여기서 태어난 한 제도다. 이 갈등은 지금도 매년 집행될 예산을 구성하는 과정에서는 살아 있지만, 적어도 시행할 철도 사업을 선택하는 의사 결정의 방법에 대해서는 제도적 합의가 이뤄져 있다. 이 제도적 합의의 핵심은 이른바 '예비타당성 조사'다. 이 제도는 약 20년간 꾸준히 수행되어, 철도와 깊이 연루된 행위자라면 무엇이 되었든 일정한 입장을 취할 필요가 있는 중대한 쟁점이 되었다. 이 제도는 2010년대 말 정치적 쟁점이 되기도 했다. 여기서 나는 이 제도가 탄생한 배경인 재정 관료와 건설 관료 사이의 갈등에서 출발, 이 제도에 대한 회의적 태도와 맹목적 태도 모두를 비판적으로 검토하려 한다. 보강으로 좀 더 구체적인 개선 제안 또한 덧붙였다.

세 번째로 다룰 쟁점은, 이른바 토건 사업에 대한 정치적 입장 사이의 대립이다. 한쪽에는 토건 사업은 부동산 자산의 가치를 높일 기회이며, 따라서 가능한 한 최대화하는 것이 좋다고 생각하는 정치적 입장이 있다. 반면 다른 한쪽에는 토건 사업을 최소화하고, 사람에게 투자해야 한다고 생각하는 정치적 입장이 있다. 그런데, 이들 가운데 전자는 이미 20년간 재정 관료들이 수행하는 예비타당성 조사 등의 제도에 의해 상당한 수준으로 견제받고 있다. 따라서 나는 후자의 견해를 좀 더 집중적으로 검토하고, 여기에 답할 기본 방법에 대해 논의하려 한다. 이 논의는 철

---

[17] 관련 논의는 조동철·강영욱, 『2012 경제발전경험모듈화사업: 1980년대 한국의 안정화 정책』, 37~42. 40쪽에서 저자들은 "긴축 재정 운용으로 사회 간접 자본에 대한 투자가 줄어들어 이후 경제 운용에 어려움을 가져왔다는 해석"을 언급하기도 한다.

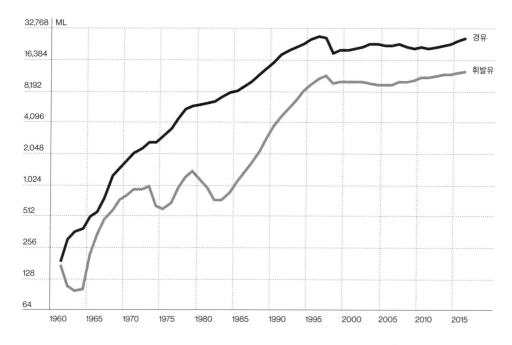

[도표 18] 차량용 유류의 국내 소비량, 1961~2016. 출처는 각 년도 『에너지통계연보』. ML는 '메가리터'를 뜻한다. 경제개발기의 소비 증가 전체, 그리고 오일쇼크 시기의 충격을 보이기 위해 수직 축은 밑이 2인 로그 스케일로 그렸다. 1차 오일쇼크 시점은 4차 중동전쟁('욤 키푸르' 전쟁) 직후인 1973~1974년, 2차 오일쇼크 시점은 이란 혁명 직후인 1979~1981년이다. 이들 시기 다음으로 유류 소비량에 큰 충격이 있었던 1998년에는 IMF 구제금융 요청으로 인한 경제 위기, 원화 가치 하락 및 2~4배 수준의 유류세 상승(3절 데이터 1 참조)이 있었다.

도 투자를 바라보는 이 책의 관점을 다시 한번 명료하게 만들 것이다.

네 번째로 다룰 쟁점은 유류세 그 자체를 둘러싼 불만이다. 한국에서도 운전자 집단의 주요 불만인 이 세금은 특히 2018년 말 유류세 상승 덕에 촉발된 것으로 알려진 프랑스의 노란 조끼 시위대로 인해 더욱 세간의 주목을 받고 있다. 노란 조끼의 불만에 주목하면, 그리고 자동차에 의존하는 것은 마찬가지인 한국 비수도권의 교통 환경에 주목하면, 이 불만은 단순히 유류세의 용처(3절 데이터 1)에 대한 대중적 무지가 아니라 교통의 세계가 품고 있는 중요한 문제와 연결될 수 있다. 그 문제는 바로 대도시와 소도시, 수도권과 지방 사이의 격차다. 이 격차를 어떻게 이해해야 하는가? 철도를 확장해야 한다는 주장에서 무언가 놓친 것은 없는가? 나는 지역뿐만 아니라 연령, 성, 계급 역시 교통 체계의 형평성을 증진시키기 위해 배려해야 하는 요인이라는 사실을 지적하면서, 유류세의 집행 역시 이제는 이 돈이 무엇을 개발하기 위해 쓰여야 하는지에 대한 좀 더 근본적인 성찰 위에서 이뤄져야 한다고 말하고자 한다.

이번 절의 말미에서는 방금 다룬 논점에서 파생된 쟁점을 다룬다. 한국에서 각급 철도의 지역 분포 자체가 불균형하다는 것은 재론의 여지가 없는 명백한 사실이다. 그렇다면 철도 노선들의 분포 가운데, 정말로 수도권 집중 투자 때문에 생

[도표 19] 실제의 휘발유, 경유 소매가, 1975~2000, 그리고 1981~1995년 사이 소매가에 30원을 추가한 가격의 수준. 1973~1974년 1차 오일쇼크 이후의 가격이며, 2차 오일 쇼크는 1979년부터 1981년 사이에 전개되었다. 유류 소매가는 각 년도 『에너지통계연보』에서 확인할 수 있다.

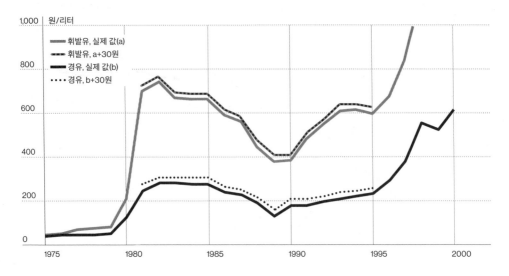

[도표 20] 현실에서 이뤄진 교통 투자, 그리고 리터당 30원 증액된 유류세로부터 계산된 추가 액수를 합산한 총 교통 투자액 사이의 비교, 1984~1995. 두 막대의 높이 차이가 바로 유류세를 리터당 30원 올려 획득할 수 있는 추정 추가 액수다. 1982~1983년의 현실 데이터는 수집하지 않아 표현하지 않았다.

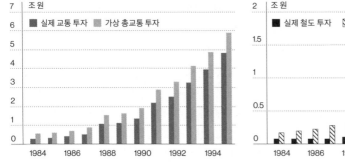

[도표 21] 현실에서 이뤄진 철도 투자와 반사실적 투자 사이의 비교. 1984~1995년간 평균 철도 투자율(=철도 투자액/육상 교통 투자액)은 20.6%다. 이 값, 그리고 이후의 투자를 참조하여, 가상의 철도 투자율은 30%로 계산했다.

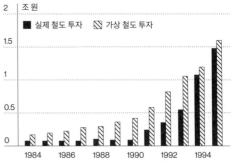

겨난 불균형은 어떤 것이고 그렇지 않은 부분은 어디일까? 이런 논의는, 여론이 어렴풋이 느끼고 있는 지역 불균형의 정체가 대체 무엇이고 이를 완화할 방법이 무엇인지에 대해 구체적인 기반을 제시할 수 있을 것이다.

지옥철과 수송 실적 붕괴를 피할 방법은 있었는가?: 5공화국의 긴축에 대한 약간의 반사실적 계산

문제는 이것이다. 5공화국 시기, 한국 교통 부분의 담세 능력은 어느 정도였는가?

이들 영역의 담세 능력이 부족했다면, 5공화국의 교통 투자가 긴축 재정 정책 때문에 축소되었다고 평가하는 것은 지나치게 가혹한 것이고, 지금보다 더 빠르거나 더 잘 준비된 교통 투자, 특히 철도 투자를 수행할 여력은 한국 경제에 존재하지 않았다고 볼 수 있다.

교통 부분 담세 능력을 나타내는 핵심 지표는 수송용 유류의 국내 소비량이다. 이미 3절의 데이터 1과 2에서 1990년대 이후의 교통 투자를 설명하는 자금원은 바로 이들 세금에게 부과된 유류세라는 점을 확인한 바 있다. 휘발유와 경유의 소비량은 도로망 이용량과 매우 밀접한 관련이 있는 만큼, 다른 기술이 없는 이상 도로 투자 비용을 유류에 부과하는 것은 합리적이다. 논란의 여지는 있을 수 있으나, 철도망 투자 역시 도로망의 효율을 높이는 데 기여할 수 있다는 점에서 도로망 투자와 유사한 성격을 가진다. 현실과 이론 모두가 육상 교통망의 주요 세원으로 유류세를 사용해야 한다는 점을 알려 주고 있는 셈이다.

도표 18은 한국의 실제 유류 소비량 추이를 보여 준다. 현재의 유류 소비량이 정착된 것은 1990년대 후반임을 알 수 있다. 1998년의 경유 소비 급감은 유류세 등의 요인으로 2년새 2배로 오른 가격 덕분인 듯하다. 또한 1990년대 후반에 마무리되는 급격한 유류 소비 증가 현상은 (특히 휘발유의 경우) 1980년대 후반부터 있었던, 다시 말해 자동차화와 동시기의 현상임도 알 수 있다. 그러나 경유는 그보다 앞서 1970년대 후반에도 상당한 소비량 증대가 있었다는 사실도 함께 알 수 있다. 비록 1980년대 초반 유류 소비량이 정체된 것은 사실이지만, 이미 경유의 출고량은 1980년에 2015년의 1/4을 넘은 상태였다.

이들 값에 일정액의 유류세를 곱해 본다.(도표 19, 20) 이는 현재의 제도와 액수만 다른 간편한 과세 방법이다. 1980년대의 유가를 감안했을 때, 추가 유류세는 리터당 30원을 넘기기는 어려웠을 것 같다. 30원/ l 로 계산하면, 1982년(경제가 다시 안정을 찾은 시점)에는 총 2162억 원 정도 징수가 가능했을 것이다. 1982년부터 1995년(교통특별회계가 현 형태가 되기 직전 해)까지 14년간 30원의 유류세를 교통 시설 구축을 위해 현실보다 더 많이 징수했다면, 총 7.5조 원의 세금을 더 징수할 수 있었을 것으로 보인다. 같은 기간 실제로 이뤄진 중앙정부의 교통 시설 투자가 약 17조 원임을 감안하면, 5공화국 재정 당국이 소폭의 유류세 인상만 단행했더라도 1995년까지 1.5배 더 많은 교통 투자가 가능했을 것이라는 뜻이다.

물론 유류세와 같은 소비세는 소비에 악영향을 미칠 수 있다. 하지만 30원 수준의 유류 소매가 인상이 1980년대의 유류 소비, 특히 경유 소비에 끼칠 효과는 매우 미미했을 것으로 보인다. 이란 혁명(1978)과 이란-이라크 전쟁(1980~1988), 사우디의 석유 무기화 선언(1981) 등으로 인해 발생한 제2차 오일쇼크의 영향으로 휘발유 소매가는 1979~1982년 사이 10배, 경유 소매가는 5배 상승했음에도, 같은 기간 휘발유의 소비량은 절반 정도(54%)로 삼소하는 네 그쳤고, 경유 소비량은 오히려 미약하게 상승(9%)했기 때문이다. 1차 오일쇼크 시기에도 유류 소비 변화율은 2차 시기와 비슷했다. 그런데 리터당 30원 정도의 유류세는 지수적 가격 상승을

7장 세금 위를 달리는 철도

불러온 오일쇼크에 비해 극히 미미한 충격만을 유류 소매가에 가한다.(도표 19) 따라서 이 세금은 차량 운행에 사실상 타격을 주지 않았을 것으로 보아도 무방하다. 게다가 1980년대 후반으로 접어들면서 국제 유가는 안정세를 되찾고, 소매가 역시 1981년의 절반 수준으로 떨어진다. 1980년대 중후반에 충분한 명분이 있는 약간의 세금 인상을 단행하는 것은 그리 어려운 일이 아니었다고 봐야 하는 이유다.

이 가상 시나리오에 살을 더 붙이기 위해, 전체 육상 교통 투자 가운데 철도 투자를 30%라고 가정해 본다.(도표 21) 이렇게 되면, 정부는 1993년까지 매년 실제 투자액의 2배에 달하는 철도 투자를 집행할 수 있었을 것이고, 1995년까지 현실(12년간 총 4.3조 원)보다 더 투입할 수 있었던 금액은 거의 3조 원에 달했을 것이다. 물론 이 돈은 한국 전국망을 대폭 현대화하기에는 극히 부족한 만큼,[18] 서울, 수도권의 광역망이나 지방 도시 광역망, 그리고 경부선의 수송력 애로 구간에 주로 투자되었을 듯하다. 철도의 현대화가 좀 더 폭넓은 범위에서, 그리고 현실보다 수년 정도 빠른 템포로 이뤄졌으리라는 말이다.

지금까지의 계산은 아주 거친 가정 위에서 이뤄진 것이다. 비록 1, 2차 오일쇼크 사례를 감안하긴 했으나 유류세 부과에도 수요가 변화하지 않는다는 것은 어디까지나 가정인 데다, 5공화국 시기부터 꾸준히 투자가 이뤄진 것을 근거로 김대중 정부 시기의 재정 당국이 교통 시설에 대규모 투자를 해야 한다는 건설 당국의 요구를 꺾어 버리는 상황도 벌어질 수 있기 때문이다.[19] 하지만, 5공화국 당시의 교통 부분에 현실보다 조금 더 많은 투자 비용을 부담시킨다 해서 차량 운행 비용이 급증하지 않았을 것이라는 점, 그리고 차량 운행량이 큰 타격을 입었을 가능성 역시 높지 않다는 점만은 조심스럽게 이야기할 수 있을 듯하다. 특히 경유 소비량은 그 소비량이나 가격이 이미 1980년대에 상당했던 데다, 1, 2차 오일쇼크 모두에 의해 큰 타격을 받지 않았으며 대형 차량이 주로 사용하는 연료임에도 교통 과세가 충분히 되지 않았다.[20] 또한 도표 20에서 상정한 가상의 교통 투자 액수는 당시 정부의 실제 총지출 및 순 융자 액수에 비해 약 4~7% 수준으로, 전체 정부 재정과 비교

18
이 시기의 전반부(국비 투입 1984년 이전~1989)에 이뤄진 호남선 복선화의 경우 투입된 국비는 1190억 원, 후반부에 이뤄진(1987~1995) 경부선 용산~구로 간 3복선화 사업에 투입된 국비는 2303억 원이다. 또한 3, 4호선(1981~1985)의 총사업비는 1.5조 원에 달했다. 12년간 3조 원은 경부선 3복선화와 같은 사업 10여 개를 할 수 있을 정도의, 또는 3, 4호선 규모의 도시 철도를 2배 건설할 수 있었을 귀중한 재원이지, 1980년대 당시 수준의 설비를 과잉 투자할 수 있을 정도의 재원이라고 보기는 어렵다. 도표 5에서 활용한 지표인 매출 대비 신규 투자 비율은 현실보다 16(1984년)~48(1992년)% 올라갈 것이며, 이것은 80년대의 투자 부진은 해소할 수 있지만, 1996년 이후의 대규모 철도 투자를 구현할 수는 없는 값으로 보인다.

19
다만, 1990년대의 교통량 팽창과 자동차화 수준, 그리고 철도 실적의 붕괴를 감안하면 이런 결정을 당시 김대중 정부가 내렸을 가능성은 크지 않다고 본다.

20
1994년, 경유에도 교통세가 부과되기 시작(44원)했으나, 1997년까지도 경유에 대한 교통세는 두 자리(1997년 48원)에 불과했다. 도로의 개선을 늦추고, 철도를 결과적으로 약화시킨 경유에 대한 1997년 이전 재정 당국의 미약한 과세가 제조업 성장에 정말로 도움이 된 것인지, 아니면 경유 과세를 늘리는 선택이 성장에 도움이 되었을지 분석하는 반사실적 과업은 향후의 연구에 맡긴다.

했을 때 지나친 부담이라고 말하긴 어려운 수준이다. 결국, 1980년대 말 이후의 지옥철과 1990년대 한국 철도 실적 붕괴의 책임은, 안정화 시책에 부합하는 교통 투자 방법을 찾아내는 데 소극적이었던 데다, 상당한 담세 능력을 가진 상태였던 경유에 대한 과세를 최소화하여 제조업을 간접 지원하려는 의도를 가지고 있던 당시까지의 경제 당국에게 돌아가야 하는 것으로 보인다.

재정 대 건설: 믿을 수 있는 건설 사업을 찾는 방법, 예비타당성 조사

교통지옥을 가져왔던 긴축 재정은 1990년대 후반 끝을 맺는다. 그러나, 쓰는 돈이 늘어나면 책임도 늘어나게 마련이다. 건설 당국과 재정 당국은 서로의 관점 차이를 여러 차례 확인해야 했다. 교통세를 대폭 증액한 시기인 김대중 정부 초반의 한 보도에서부터 논의를 시작해 본다.

> 정부 일부 부처에서 획기적인 실업 대책 마련을 위해 20조 원 이상의 사회기반 시설(SOC) 투자를 추진하고 있다. 그러나 예산 당국과 한국은행 한국개발연구원 등은 일시적으로 일자리를 늘리는 미봉책보다는 유망 수출 기업과 중소기업 지원에 재원을 집중해야 한다며 반대하고 나섰다. (…) 건교부 관계자는 "획기적인 SOC 투자를 통해 산업 경쟁력을 높이는 동시에 실업 문제를 해결해야 한다"고 말했다. (…) 진념 기획예산위원장은 "SOC 투자보다 유망 수출 기업에 투자하는 편이 중장기적으로 고용 효과를 훨씬 더 높일 수 있다"며 "유망 수출기업 지원에 예산을 더 배정할 수밖에 없다"고 말했다. (…) 기획예산위 관계자는 "SOC 투자는 막대한 재원이 소요돼 결국 재원을 해외에서 조달해야 하기 때문에 외채가 늘어날 수밖에 없다."고 지적했다. (…) 김대일 KDI 부연구위원도 "SOC 투자 확대는 제대로 된 사업을 고르기가 어려워 재원을 낭비할 우려가 있고 실업 구제 효과도 당해 사업연도에 그칠 가능성이 높다"며 "단기적 실업 구제보다 급한 것은 기업과 금융 산업의 구조 조정 지원"이라고 말했다."[21]

양측의 쟁점은 이렇다. 대폭 증액한 유류세를, 교통 시설과 같은 사회 기반 시설에 사용하는 것이 경제 성장에 더 큰 도움이 되는가 아니면 (수출) 기업에게 지원하는 것이 더 큰 도움이 되는가? 고속철도는커녕 서해안·중앙고속도로도 완전히 개통되지 않은 시점에 이런 이야기가 나왔다는 것이 놀랍긴 하지만, 어쨌든 재정 당국의 반대 논거는 아주 흥미롭다. 건설 당국이 제시한 이 사업을 믿을 만한 사업이라고 볼 이유는 대체 무엇인가? 실제 재정 당국은 1994~1998 5년간 이뤄진 타당성 조사 33건 가운데 32건이 타당하다고 평가되었다고 지적하면서,[22] 당시까지의 타당성

21
「SOC 투자냐 중소우선이냐' 실업대책 싸고 정부부처 논란」, 『동아일보』, 1998년 4월 6일 자.

22
김재형 외, 『총괄백서: 예비타당성조사 어떻게 이루어졌나?』(한국개발연구원, 1999), 7.

조사는 신뢰할 수 없었다고 말한다.

　　이 논쟁, 또는 쟁점에 대한 재정 당국의 답변은 '예비타당성 조사(이하 예타)'로 요약된다. 이 조사는 방금 인용한 보도보다 조금 뒤 시점부터 논의되기 시작한다.(1998년 11월) 또한 1999년, 재정 당국은 예타 수행 계획과 지침을 수립하고 이를 17개 사업에 실제로 적용했다. 이후 20년에 걸쳐, 재정 당국은 믿을 수 있는 사업을 선택하는 장치로 예타를 활용해 1000건이 넘는 평가를 수행해 왔다.[23] 철도 사업 보고서 역시 80여 건을 확인할 수 있었다.[24]

　　하지만 예타에 대한 불신과 불만은 여전하다. 정부의 입맛대로 조사가 왜곡될 것이라고 우려하는 학자들이나 여론이 있을 뿐만 아니라, 이 제도를 '정치화'하여 자신의 이익에 맞게 왜곡시키려는 시도 또한 널리 확인할 수 있다.[25] 관심의 방향이 어떻든, 이들은 예타가 늘 직면해 있는 중요한 위험을 드러낸다. 예타가 이해관계에서 자유롭지 않을 수 있는 절차라는 것이 바로 그 위협의 핵심이다. 여기서 이해관계란, 사회가 사용할 수 있는 자원을 다른 분야를 고려하지 않은 채 자신들에게 최대한 분배해 달라고 요구하는 입장을 의미한다. 예타는 건설 당국의 이해관계를 견제하기 위해 꺼내든 열쇠지만, 재정 당국 역시 현실 속의 행위자인 이상 주변의 압력이나 자신들의 관점하에서 왜곡된 판단을 할 가능성을 부인할 수 없다.

　　일부 경제학자들은 자신들이 분배 논쟁에서 독립적인 순수한 경제적 효율성의 개념을 대표하기 때문에 방금 제기된 위협으로부터 자유로울 수 있다고 말할 수 있다.[26] '파레토 개선'(Pareto improvement)이라는 개념이 이런 입장의 기반이다. 어떤 정부 투자 I_1 때문에 일어나는 변화는, 그것을 어느 누구도 손해라고 평가하지 않으면서 동시에 한 명 이상은 이 변화를 이득이라고 평가하는 경우, 오직 그 경우에만 파레토 개선이다. 비록 달성하기는 너무나 어렵고, 동시에 이득 크기의 문턱은 너무나 낮아 보이지만, 적어도 파레토 개선은 분배적 쟁점에 대해 가치 평가를 내릴 필요 없이 모든 사회 구성원들이 적어도 반대하지는 않을 개선이 무엇인지 보

23
이는 본조사 약 700건에 재조사, 간이 예타 등을 포함한 수치다.

24
실제로 예타를 수행하고 그 문건을 발표하는 곳은 한국개발연구원에 부속된 '공공투자관리센터'이다. 홈페이지(http://pimac.kdi.re.kr)에서 약 20년간 누적된 관련 문건(상당수 평가 보고서는 요약본)들을 확인할 수 있다.

25
한 진보 저자는 "정부의 입맛대로 예비타당성 조사가 진행될 가능성이 높지만"이라고 말한다. 오건호, 『대한민국 금고를 열다』(레디앙, 2010), 174. 예타 결과를 실제로 예산 배정에 사용하는 국회의원들의 행태를 연구한 실증 연구에서도 예타를 자신의 이익을 위해 우회하거나 현행 제도의 뼈대를 부정하려는 의원 발언이 다수 수집, 분석된 바 있다. 신가희·김영록·

하연섭, 「국회 예산심의과정에서 예비타당성조사제도의 정치화에 관한 연구」, 『현대사회와 행정』 제26권 4호(2016):141~167. 신가희 등의 집계에 따르면, 2008~2015년의 8년간 예타에 대한 태도가 포함된 국토위·교문위 발언 총 236건 가운데 제도를 변형(우회)하려는 발언이 111건, 현 제도의 핵심을 부정하려는 발언은 26건에 달했다.

26
다음 문헌의 논의를 참조하여 논의를 전개했다. 다니엘 하우스만·마이클 맥퍼슨, 『경제분석, 도덕철학, 공공정책』, 주동률 옮김(나남, 2010), 특히 9장. 또한 이 부분에서 '경제학자들'의 의견은 다음 두 문헌을 참조하여 작성했다. 이준구·조명환, 『재정학』, 제5판(문우사, 2016), 3장. 그리고 조나단 그루버, 『재정학과 공공정책』, 김홍균 외 옮김, 5판(시그마프레스, 2017).

여 주는 개념임은 분명하다.

물론 철도망과 같은 현실의 정책은 결코 누구도 손해를 보지 않는 정책이 될 수 없다. 연선 주변 주민들의 피해는 눈으로 보일 것이고, 아무도 피해를 입지 않는다 해도 재정 투입은 곧 기회 비용을 의미한다. 철도망 때문에 사회가 감당해야 할 이들 비용을 편익과 비교하는 작업은 결국 분배의 영역에 발을 담궈야만 한다. 이런 평가의 지침으로 널리 알려져 있는 것은 '칼도-힉스 개선'(Kaldor-Hicks improvement)이다. 정부 투자 I_1 때문에 일어나는 변화는, 사회의 어떤 부분이 보게 된 손해를 원칙적으로 등가 보상해 줄 수 있을 경우 오직 그 경우에만 칼도-힉스 개선이다. 여기서 보상은 반드시 현실화될 필요는 없다. 연선 주민들의 직접적인 피해와는 달리 재정 사용의 기회 비용에 대해 실제로 보상을 제공하기는 불가하므로, 이런 완화된 조건에는 의미가 있다. 또한 I_1 때문에 일어난 손실에 대해 다른 형태로 등가 보상을 할 수 있다는 말은 I_1의 수행이 분배적 쟁점에 실질적인 의미를 가지지 않을 것이라는 뜻이다. 비록 철도망 건설 현장 주변 주민 또는 이해관계자들이 여기에 반드시 동의한다는 보장은 없지만 그렇다.

어쨌든, 논의의 전개를 위해 칼도-힉스 개선이 분배 문제에 대해 가진 함축을 받아들이기로 하자. 경제학자들은 자신들의 경제성 평가가 이 철도 노선이 칼도-힉스 개선, 다시 말해 일종의 근사적 파레토 개선을 불러올 수 있는지 평가할 것이다. 이는 곧 경제학자들의 평가는 분배 문제를 적어도 무시한 채, 효율성의 세계만을 다루려는 시도라는 뜻이다.

이런 목적을 위해 사용되는 구체적인 절차가 바로 '경제성 분석'의 핵심, 비용편익 분석이다. 현재의 교통 체계에 대한 데이터가 이 분석의 출발점이다. 철도망 이용으로 절약될 교통망 이용객의 시간과 차량 운행비, 사고 감소와 환경상 이익은 편익으로 계산된다. 반면 건설 사업 투입 비용이나 여타 손실은 비용으로 계산된다. 이익이 비용보다 크다면, 문제의 노선망은 교통 체계에 대한 근사적 파레토 개선을 부를 것이다. 계산 절차와 데이터가 이를 위해 충분하다면, 그리고 보상과 피해 회복 방법이 적절하다면, 예타의 경제성 분석은 분배 문제에서 가능한 한 먼 곳에 있는, 그리고 효율적 자원 활용을 지향하는 계산의 결과일 것이다. 이런 이상에 도달한 경제학자들은, 마치 플라톤이 말했던 철인왕처럼 사회가 투자해야 할 올바른 사업을 정확하게 골라낼 수 있을 것이다.

그렇지만 이것이 모든 것은 아니다. 실제 예타가 비용편익 분석만으로 이뤄지지도 않은 데다, 재정 당국의 경제학자들 역시 현실의 경제 정책을 평가하려면 파레토 개념에 따른 효율성만으로는 충분하지 않다는 점을 알고 있기 때문이다. 핵심 문제는 파레토 개념이 형식적 방법을 통해 잠시 미뤄두고자 했던 바로 그 문제인 분배, 곧 '형평성'(equity)이다. 철도를 비롯한 정부의 투자는 시장에만 맡겨 놓아서는 실현되지 않을 가치를 현실에 구현하기 위한 방법이고, 이런 가치를 대표하기에 적절한 개념은 형평성이기 때문이다. 그런데 형평성이 쟁점으로 삼는 분배 문제는 결국 특정 집단의 이해 관계와 관련된 쟁점을 다루지 않을 수 없다. 약자들에게 강자들보다 좀 더 많은 자원을 분배해, 사회의 자원 분배 방식을 좀 더 정의롭게 만든다는 그 기본적인 규정을 잠깐만 검토해 보라. 대체 누가 약자인가? 또한 무엇이 정의이고 부정의인가? 게다가 분배 악화는 사회적, 정치적 불안정을 통해 경제적 과정에도 악영향을 끼칠 수 있다. 정부의 어떤 정책을 평가할 때, 그 효과를 순수한 경제적 효율성, 그리고 형평성으로 분해하여 바라보는 경제학자들의 방침은 현실의 인과 구조를 지나치게 단순화한 것일 수 있다.[27]

결국 문제는 이것이다. 설사 비용편익 분석이 근사적 파레토 개선을 판별할 능력이 있다 하더라도, 예타는 비용편익 분석을 통해 순수한 경제적 효율성을 판별하는 절차 이상을 목표로 해야 하고 실제로도 그렇다. 바로 이 때문에 예타가 분배 논쟁에서 완전히 자유로울 방법은 없다. 물론 이 말은 엄격한 숙고를 통해 합리적이라고 인정받은 분배 원칙이 예타에서 활용되어야 한다는 뜻이지, 그와 무관한 정치적 타협이나 집권 세력의 이해관계가 분배 문제에 개입되는 것이 당연하다는 말은 결코 아니다.

그렇다면, 분배 원칙에 대한 숙고는 충분한가? 여기에 긍정으로 답하긴 어렵다. 오늘의 한국에서 철도를 비롯한 건설 사업 예타에서 형평성 문제를 다루기 위해 활용되는 개념은 결국 지역 균형 발전(낙후도)뿐이며, 성, 연령, 계급, 민족과 같이 분배 문제에서 중요한 다른 요인들을 평가에 반영할 수 있는 장치는 확인할 수 없었기 때문이다.(표 2) 그러나 아래에서 상세히 논의하겠지만, 지역 문제가 교통이 감안해야 할 형평성의 모든 것이라고 보긴 대단히 어렵다. 비용편익 분석에 대한 대표적인 비판은 소득이 낮은 사람들의 선호 또는 복지가 체계적으로 저평가될 가능성에 초점을 맞추고 있다는 점[28]을 감안하면, 이런 공백은 현재 한국의 예타가 비용편익 분석이 가진 한계로 학계에 널리 알려진 문제에 충분히 답하지 못하고 있는 제도라는 점을 보여 준다.[29]

무엇이 필요할지에 대한 세부적인 논의는 보강 부분에서 진행하겠다. 여기서는 이렇게 가능한 비판에도 불구하고 여전히 큰 틀에서 예타를 옹호해야 할 이유가 무엇인지, 예타의 사회적 의미를 압축적으로 규정하고 전달할 방법이 무엇일지, 향후 발전의 대략적인 방향은 어디가 되어야 할지 살펴보면서, 일반적인 논의를

27
철도망을 평가하기 위해서는 지리적 요소 등을 감안한 계획의 요소도 중요하지만, 논의의 단순화를 위해 여기서는 생략한다.

28
다니엘 하우스만·마이클 맥퍼슨, 『경제분석, 도덕철학, 공공정책』, 9장.

29
한 논평자는 재정 당국은 재정 투입을 통제하기 위해 보수적인 입장을 가져야만 하며, 형평성과 관련된 다른 쟁점을 예타에서 모두 고려하게 되면 재정 건전성을 지키기 위한 수문장(gatekeeper)이라는 예타의 목적 자체가 형해화될 수 있지 않느냐는 우려를 들어 예
타 제도를 옹호할 필요가 있다는 지적을 하기도 했다. '수문장'이라는 은유는 당국이 직접 사용하는 것이기도 하다. 하지만 나는, 이런 옹호는 극히 일반적인 논의를 전개하는 다다음 문단 논의의 조금 다른 형태 이상은 아니라고 보며, 동시에 왜 지역 문제가 건설 사업 예타 속에서 다른 형평성 문제는 특별히 고려되지 않는 가운데 별도의 항목(지역균형발전 점수)까지 마련되어 평가될 필요가 있느냐는 문제는, 재정 건전성을 수호하는 수문장이 필요하다는 지적과 독립된 논의를 통해 답변되어야 하는 쟁점이라고 본다. 나는 아직 이런 논의는 확인하지 못했다.

	사업의 개요 및 기초 자료 분석	
	• 사업의 배경, 목적 및 기대 효과 • 지역 현황(인문, 지리, 경제 등) • 유사 시설 사례 분석 • 공학적 자료 조사 및 분석 • 쟁점 파악 및 대안 검토	
경제성 분석 • 수요의 추정 • 편익의 추정 • 비용의 추정 • 비용편익 분석 • 민감도 분석	정책성 분석 • 정책의 일관성 및 추진 의지 • 사업 추진상의 위험 요인(재무성 분석) • 고용 효과 분석 • 사업특수평가 항목(선택적)	지역 균형 발전 분석 • 지역 낙후도 • 지역 경제 파급 효과
종합 평가: 다기준분석(AHP) • 정책의 일관성 및 추진 의지 • 사업추진상의 위험 요인(재무성 분석) *필수 민자 검토 대상 사업 중 타당성을 확보한 사업에 대해서는 민자 적격성을 판단하여 민간투자사업 전환 여부를 결정함.		

마무리하기로 한다.

　　첫 번째 질문에 대한 답은 이렇다. 예타의 역사적 동기, 그리고 작동 방식을 검토해 보면, 이 제도의 목적은 결국 특수 분야 관료, 또는 특정 지역이나 인구 집단의 이해관계가 투사되어 정작 필요한 곳에 정부 재정이 덜 투입되어 국민 경제 전체로 보았을 때 손해가 일어나는 상황을 방지하는 데 있다. 그리고 이 목적은 철도 투자는 교통망의 효율성과 형평성을 증진하기 위해 이뤄져야 한다는 대원칙을 실현하기 위해 반드시 지켜져야 할 필요 조건이다. 소극적이지만 매우 중요한 이유도 빼놓을 수 없다. 현실에서, 방금 제안한 대원칙을 지키기 위해 사용할 만한 제도적 대안은 존재하지 않는다는 점이 바로 그것이다. 현재의 틀을 발전시켜 활용하는 것이 현실적으로 가능한 최선의 방법이다.

　　하지만 이런 옹호 속에는, 예타의 발전 방향이 단일하다는 함축은 들어 있지 않다. 예타는 건설 사업의 결과를 미리 예측해 보기 위한 검사 절차라는 데 주목해 보라. 이런 검사는 두 가지 서로 상이한 방향의 오류 가능성을 품고 있다. 건설 사업의 성과를 지나치게 비관적으로 예측하는 방향의 오류, 그리고 지나치게 낙관적으로 예측하는 방향의 오류. 전자는 실적이 양호할 노선의 건설을 차단할 것이고, 후자는 실적이 부실할 노선의 건설을 조장할 것이다. 통계학자들을 따라, 전자를 제1종 오류, 후자를 제2종 오류라고 부르자. 새징 당국에게는 두 오류 가운데 제2종 오류를 피해야 할 동기가 있다. 제2종 오류 때문에 걸러내지 못한 사업은 불필요한 재정 지출과 방만한 운영비 소모를 불러올 것이기 때문이다. 반면 건설 당국과 시민들에게는 제1종 오류를 피해야 할 동기가 있다. 제1종 오류 때문에 양호한 성과를 누렸을 사업이 건설되지 못했다면, 잠재적인 망 이용객에게는 큰 손실일 수밖에 없기 때문이다. 운영 사업자로서는 두 오류가 모두 부담스러울 것이다. 비록 현실에서는 제2종 오류가 더 많이 일어난 듯하지만, 두 오류 가운데 무엇이 예타가 우선해서 회피해야 할 오류인지에 대해 정해진 답은 없다. 예타에서는 언제, 왜 제1종 오류나 제2종 오류가 벌어졌을까. 그리고 제1종 오류와 제2종 오류 가운데 한 편의 회피가 좀 더 필요한 시점은 중장기 재정 운용 국면 속에서, 기후위기에 대한 대응이 필요한 상황 속에서, 또는 사업이 처한 여러 다른 경험적 맥락 속에서 언제가 되어야할까. 예타 지침을 개정할 때, 학계는 이들 질문을 집중적으로 파고 들어야 할 것이라는 생각이 든다.[30]

이런 검토 작업, 그리고 그 결과 제안된 수정 기준은 현재의 철도가 가진 인과적 측면을 좀 더 풍부하게 반영해야만 할 것이다. 도식화된 지침이 평가하는 요소 이외의 무수한 인과 요소들이 철도 사업의 효력을 결정할 수 있기 때문이다. 철도는 다층적인 교통 체계 속에서, 대륙, 일국, 거대도시나 그 도시 군집 속의 도시 구역과 같은 다중적인 지리 스케일 속에서 일정한 인과적 작용을 하는 한편, 기능적·역사적 특징을 가지고 있고, 인구 집단 간 형평, 산업의 지리적 배치와 같은 쟁점에도 연루되어 있다. 효율적이고 형평성 있는 교통 투자라는 이상에 지금보다 더 가까이 다가갈 수 있는 힌트는, 현 예타 지침의 시각에서 보면 자못 엉뚱해 보일 수도 있는 이런 종류의 분석 속에서 언뜻 모습을 비추는 인과 사슬 속에서 나오게 될지 모른다.

30
제1종 오류와 제2종 오류를 의료적 맥락을 통해 처음 접하고 이해하고 있었기 때문에, 나는 처음 예타가 범할 수 있는 오류를 실패와 성공이라는 이분법적 범주를 통해 이해하려 했던 착오를 범했었다. 이 착오를 일깨워 준 경기공공투자관리센터 김대중 님께 감사드린다.

보강 7.
미래의 예비타당성 조사를 위한 검토

좀 더 실질적인 수정 제안의 출발점은 실제 예타의 구조다. 표 2가 소개하듯, 예타의 과정은 세 단계로 분석할 수 있다. 먼저, 주무 부처에서 제출된 자료와 주변 데이터를 검토하여 사업을 재구성하는 단계가 하나다. 특히 철도망의 경우, 이 단계에서의 꼼꼼한 작업 없이는 철도망의 병목이나 이용객을 불편하게 만들 여러 애로 구간을 해소해 낸 망 구성이 불가능하다. 두 번째 단계는 이렇게 재구성한 사업을 예타가 추구하는 여러 가치에 비추어 평가하는 단계다. 이들 가치 가운데 선두에 오는 것은 경제적 효율성이다. 철도망을 통한 자원 분배의 결과가 파레토 개선과 근사적인지 여부를 검토하는 절차가 바로 '비용편익 분석' 또는 경제성 분석이며, 또한 대부분의 철도 사업 예타에서는 이 부분의 가중치가 가장 높기 때문이다. 앞서 제시한 형평성 문제를 명시적으로, 확립된 절차에 따라 다루고 있는 부분은 '지역 균형 발전' 부분이다. 이 부분의 가중치는 경제성 분석보다는 낮지만, 정부 건설 사업의 지속적인 초점이 되고 있는 주제를 다루는 이상 그 중요성은 결코 무시할 수 없다. '정책성 분석' 부분은 간략히 말해 이 사업이 처해 있는 맥락을 따져 보면서 사업이 제대로 진행될 수 있을지 여부를 평가해 보는 부분이다. 이들을 모두 종합해 하나의 숫자로 된 권고안을 만들어 내는 작업이 마지막 단계인 '분석적 계층화법'(Analytic Hierarchy Process: AHP)에서 이뤄진다.

여기서 나는, 경제성 분석과 관련된 내용을 두 가지, 정책성 분석과 관련된 논의를 한 가지, 그리고 지역 균형 발전과 관련된 사항을 한 가지 검토해 보고자 한다. 교통망 경제성 분석의 핵심인 시간 가치 평가는, 아직 따져 보아야 할 부분을 적지 않게 포함하고 있었다. 또한 철도를 비롯한 대중교통망이 건강에 끼칠 수 있는 편익에 대한 연구는 교통공학계는 물론 의학계에서도 아직 충분히(주석 46 참조) 논의되지 못했지만, 최근 누적되는 증거는 인구 집단의 건강과 행복을 위해 대중교통이 아주 중요하게 기능할 가능성이 크다는 방향으로 향해 있다. 정책성 분석이 따져야 할 맥락 가운데, 특히 철도라는 망을 주인공으로 하는 이 책의 맥락에서 주목할 필요가 있는 주제는 철도망 구성 계획이다. 마지막으로 지역 균형 발전 지표의 구성을 검토하면서, 이 지표가 어떤 의미에서 그 지향과 괴리되어 있는지, 그리고 이를 좁힐 유력한 방법이 무엇이며 그 중요한 기여는 무엇일지 확인해 보고자 한다.

1. 시간 가치와 형평성 문제

현재 철도공학계, 또는 지방정부 연구원의 관심은 비용편익 분석의 편익 항목으로 계산할 수 있지만 빠진 값이 없는지에 집중되어 있다. 용량 증대로 인한 지연 감소 효과를 계산하여 편익으로 환산하려는 시도,[31] 도로 교통량 감소로 인한 온실가스 감소 효과, 이른바 "선택 가치" 즉 도시철도를 전혀 이용하지 않아도 도시철도가 신설된다는 사실 그 자체만으로도 지불할 의사가 있는

---

[31]
이장호, 「철도선로용량 부족에 따른 지체발생 연구」, 『한국철도학회 논문집』 제18권 제4호(2015. 8): 374~390.

7장 세금 위를 달리는 철도

금액,[32] 도시 광역철도망 전동차 차내의 혼잡도 하락에 대한 지불 의사[33]등등, 철도의 편익 항목을 늘릴 수 있는 정량적 기반에 대한 논문은 그 외에도 아주 많다.[34]

이런 접근들은 아직 계산되지 않은 편익 항목을 찾아내는 작업들이다. 여기서는 지금 이미 계산되고 있는 편익 항목의 핵심, 즉 시간 가치에 주목해 보고자 한다. 현재 KDI 공공투자관리센터는 사람들이 새 교통 시설로 인해 절약하게 되는 시간을 크게 두 유형으로 나누어 서로 다른 가중치를 곱해 편익으로 환산하고 있다. 그 유형의 이름은 '업무 통행'과 '비업무 통행'이다. 업무 통행은 실제로 일의 내용이 운전인 운전 노동자들의 통행, 그리고 출장과 같이 업무의 일부로 수행되는 이동을 포함하는 범주다. 비업무 통행은 통근, 귀가, 기타 여러 개인적 목적으로 이뤄지는 이동을 포함하는 범주다. 먼저 업무 통행에 대한 논의를 정리한 다음, 비업무 통행에 대해 한 가지 제안을 하는 방식으로 논의를 진행하기로 한다.

업무 통행 부분: 현재 한국 재정 당국은 업무 통행의 시간 가치를 노동자의 시간당 임금에 따라 결정하고 있다. 좀

더 정확히 말해, 승용차 업무 통행자의 가치는 전 노동자의 시간당 평균 임금과 추가적인 시간당 평균 인건비성 경비(보험, 퇴직금, 복리후생비)를 더해 계산하며, 대중교통 수단에 대해서는 이 값을 그대로 준용한다. 운전 노동자들의 시간 가치는 각 산업(육상여객운송업, 도로화물운송업) 평균 임금을 적용한다.

임금과 업무 통행 시간의 가치가 동일하다는 관점은 매우 직관적이고 계산도 편리하다는 점에서 의미가 있다. 그러나 유럽·일본의 이론·경험 연구를 체계적으로 고찰한 영국의 한 연구[35]는 이런 방침을 재검토할 필요가 있다고 지적한다. 실제 통행 시간에 대한 행위자들의 평가는 임금보다 1/3 가량 높은 것으로 보이기 때문이다. 하루와 업무 시간의 길이가 제한적이라는 사실에 기반했을 이런 경향은 국내에서도 유효할 가능성이 크며, 정말로 그렇다면 그동안 한국 재정 당국은 시간 예산의 제약을 받는 업무 통행의 시간 가치를 과소평가해 왔던 셈이다.

비업무 통행 부분: 통근 통행이 비업무 통행으로 분류되는 이상, 대부분의 통행자는 비업무 통행을 수행한다. 특히 철도의 경우 예타 지침에 따라 비업무 통행자의 비중을 약 80~90%로 가정하고 계산하기 때문에, 철도의 편익은 비업무 통행자의 시간 가치에 의해 대체로 결정되게 마련이다.

비업무 통행의 가치는 대개의 경우 지불 의사 액수를 계산하여 나타낸다. 이

32
서울특별시, 『서울특별시 10개년 도시철도 기본계획에 대한 종합발전방안』(2013). 선택 가치를 어떻게 추정하는지에 대한 논의는 다음을 참조하라. 한국개발연구원 공공투자관리센터, 『교통시설의 경제적 가치 추정에 관한 연구: 철도사업의 선택가치를 중심으로』(2011).

33
김훈·안정화·우태성, 『광역철도 서비스 특성 및 사회적 효용을 반영한 운임 체계 개편』(한국교통연구원, 2016), 100~119, 129~131.

34
1999년 당시 예타가 처음 도입될 때는 비용 역시 사례별로 들쑥날쑥했지만, 이제 비용 데이터는 사업 실적에 기반해 정리되고 있기 때문에 큰 논란은 없다.

35
Wardman, Mark, et al., *Valuation of Travel Time Saving For Business Travellers* (Institution for Transport Studies In University of Leeds, 2013), 특히 3, 6장.

원칙 자체를 논박할 필요는 없다. 그런데 단축 시간당 지불 의사 액수는, 지불 능력에 의해서도 결정되지만 교통 물가의 통상 수준에 의해서도 결정되게 마련이다.[36] 대중교통 운임이 저렴하면 지불 의사 액수도 낮아지고, 운임이 올라가면(지불 능력의 제한은 받겠지만) 지불 의사 액수 또한 올라갈 가능성이 있다. 대중교통 이용객의 편익을 위해 통제하고 있는 운임 수준이, 오히려 신선과 망 개선 투자의 가치를 낮게 평가하는 요인이 되어 대중교통 이용객의 중장기적 편익을 해치게 될 수 있다는 뜻이다. 실제로 한국 재정 당국은 철도와 버스를 사용하는 비업무 통행의 인당, 시간당 가치를 승용차 비업무 통행의 절반 수준으로 평가하고 있으며,[37] 이렇게 된 이유가 무엇이든 이런 평가 지침은 대중교통망 건설 사업의 편익을 낮추는 데 직접적인 역할을 할 수밖에 없다.

무엇을 해야 할 것인가? 실제 운임의 상승이 필요할 수도 있다. 6장에서 제안했듯, 광역급행과 광역특급망의 원활한 운영을 위해서도 운임 상승은 필요하다. 하지만 여기에는 한계가 있을 수밖에 없다. 적어도 시내버스망, 완행 도시·광역철도망에 대한 급격한 운임 인상은 특히 저소득층의 지출에 상당한 부담을 가할 것인 만큼 쉽게 수용될 수 없다. 나는 우회로를 택할

필요가 있다고 본다. 완행망의 운임은 실제로 인상하지 않으면서, 적절한 가중치를 설정해 철도와 버스의 비업무 통행 시간 단축 편익에 추가 가중치를 매기는 방법이 바로 그것이다. 비록 배후의 논리를 명확히 확인할 만큼의 공개된 정보는 불충분하였으나, 한 가지 유사한 사례도 EU의 가이드라인에서 확인할 수 있었다.[38] 이 가이드라인은 승용차와 철도에 대해 동일한 계수를 적용하고 있으며, 버스에 적용하는 계수 역시 도로·철도의 2/3 이상 수준이고, 서유럽에 비해 지불 능력이 낮은 동유럽 국가들에도 동일한 방식의 평가가 적용되고 있었다.

물론 이 방법을 택해도 문제는 남는다. 버스에서 철도로 이전해 온 승객과 철도망 내부(완행망→급행·특급망, 또는 완행망의 경로 개선)에서 이전된 승객의 시간 가치는 지금보다 더 크게 평가될 것인 반면, 승용차에서 철도로 이전해 온 승객의 시간 가치는 지금에 비해 상대적으로 작게 평가될 것이다.[39] 후자의 문제로 인해 철도망의 편익이 약화되는 일이 일어나지 않도록 조정하는 작업은 필요하다.

이런 방침은 본문에서 지적했던

36
실제로 좀 더 자세한 계산 과정을 확인할 수 있는 한 연구는, 버스와 철도의 통행 비용이 효용함수에 영향을 끼쳤다고 언급하고 있다. 김경현, 「수도권 통행 특성을 고려한 통행시간가치 산정 연구」(박사 학위 논문, 아주대학교, 2017), 68.

37
2018년도에 간행된 예타에는 2013년 기준 가격이 적용되어 있으며, 당국은 승용차의 비업무 통행 가격은 1인당 9748원/시, 철도는 5033원/시, 버스는 5011원/시로 계산하고 있다. 김재영·김성규, 의정부~금정 광역급행철도 건설사업(KDI 공공투자관리센터, 2018), 343.

38
Peter Bickel, et al., "Proposal for Harmonised Guidelines," in *Developing Harmonised European Approaches for Transport Costing and Project Assessment, Second revision* (European Commission Transport Research and Innovation Monitoring and Information System, 2006), S9~S13.

39
사업 시행 때문에 통행 수단을 바꾼 사람들의 시간 가치는 사업 미시행 시 통행 방법을 기준으로 계산하라는 것이 예타 지침이다. 그런데 이에 따르면, 비업무 도로 통행의 시간 가치가 철도보다 2배 높은 현재의 지표 계산 방법을 수단과 무관하게 동일하게 맞출 경우 도로에서 철도로 수단을 바꾼 사람들의 시간적 이득은 지금보다는 상대적으로 작게 평가될 것이다.

7장 세금 위를 달리는 철도

형평성 문제에 대한 한 가지 대응 방법으로도 의미가 있다. 대중교통의 편익 자체를, 운임 상승은 억제한 채 더 크게 계산하는 방법이기 때문이다. 편익 계산의 경험적 성격을 훼손한다는 문제는 있으나, 교통 체계의 형평성을 개선한다는 목적, 나아가 아래에서 논할 '지속 가능성'을 개선한다는 목적까지 감안하면, 철도와 버스망 비업무 통행의 시간 가치를 승용차 비업무 통행에 근접시키는 일이 예타 제도, 나아가 철도와 교통망에 정부가 재정을 투입하는 이유와 어긋난다고 보기는 어렵다.

이외에도, 편익 항목 계산에는 직관적이지 않은 부분, 또는 인간의 심적 성향에 대한 연구와 정합하도록 수정되지 않은 항목이 여럿 남아 있다. 아침 통근통학 통행의 시간 가치를 별도로 계산하지 않는다는 사실이 대표적이다. 인간 개조가 실현되어 전 인구가 아침형 인간이 되는 일이 벌어지지 않는 한, 아침 통근 10분이 빨라지는 교통수단에 저녁 퇴근이 10분 빨라지는 것보다 훨씬 더 큰 지불 의사가 있는 것은 상식적인 일이다. 또한 대중교통에서는 운전을 하지 않고 도구를 활용해 정보 처리를 할 수 있기 때문에, 이동 시간을 자동차 통행보다 좀 더 가치 있게 평가하는 사람들이 있을 것이다. 이미 사람들이 200년이나 활용해 온 철도 차내 시간의 가치가 예타에서 무시되고 있는

현실 속에서, 자율 주행 차량 탑승자가 얻을 수 있는 시간 가치를 강조하는 최근의 일부 사회적 논의에는 당황스러운 면이 있다.[40] 게다가 철도는 교통 부분 기후위기 대응의 핵심 수단이다. 철도로 도로·항공 통행이 이전해 오면, 막대한 규모의 탄소 배출 감소가 기대되기 때문이다. 마지막 요소에 대해서는 8장에서 상세히 논의한다.

2. 건강 비용과 교통[41]

오늘날과 같이 동력화된 이동이 독자적인 교통의 세계를 만들어 내고, 근육을 활용하는 이동이 시간비용의 장벽(1장) 너머에 있는 특이한 활동, 또는 대중교통의 틈새를 메우는 일종의 잔여물처럼 전락해 버린 상황은 18세기 이전의 인류로서는 상상조차 하기 어렵던 환경이다. 현대 세계에서 새롭게 일어난 많은 사태에 대해 그렇듯, 인간의 신체는 이런 환경에 잘 적응하지 못하고 있다. 신체 활동이 감소하여 비만이 늘고, 그에 따른 합병증이 늘어난다는 보고가 줄을 잇는다. 인간의 활동량을 유지하기 위해 필요한 조치에 대해 이야기하면서, 세계보건기구(이하 WHO)는 이런 권고까지 내놓는다.

직업이나 교통 생활을 영위하기 위해 상당히 강도 높은 신체 활동을 수행해야 하는 나라들이 있다. 비록 이들 국가의 사람들이 행하는 강도 높은 신체 활동이 건강을 증진시키기 위한 노력의 결과라고 보긴 어렵지만, 이러한 수준의 신체 활동이 인구 차원의 건강에 중대한 이득을 주고 있다는 사실을 정책 결정자들은 명심해야만 한다. 따라서 어떤 영역에서든 신체 활동의 강도를

40
그러나 한 연구는 복수의 사람들이 자율 주행차에 처음 탑승한 지 단 1~2분 만에 지루하다는 반응을 보였다는 관찰을 제시하고 있다. 자율 주행 차량 내부의 경험을 통해 사람들이 얻게 될 이득이 어떤 것일지는 아직 미지의 영역이라고 보는 것이 적절해 보인다. 차두원, 『이동의 미래』(한스미디어, 2018), 290 참조.

41
다음 저술에서 아이디어를 얻었다. 마즈다 아들리, 『도시에 산다는 것에 대하여』, 이지혜 옮김(아날로그, 2018).

감쇄시키는 정책적 계획이나 인프라 개선을 추진할 때는 반드시 신중할 필요가 있다.[42]

교통의 동력화가 건강의 증진과 무관하며 오히려 해로울지도 모른다는 지적은 그 설득력에도 불구하고 적지 않은 충격을 준다. 세계의 많은 지역에서, '마이카'는 물리적 형태로 구현된 발전 그 자체였다. 하지만 '마이카'를 통해 얻을 수 있는 속도를 향한, 그리고 육체의 안락함을 향한 인간의 열망은, 즉시 눈으로 확인할 수 있는 교통 사고뿐만 아니라 역학(epidemiology)적 시각을 거치지 않는다면 확인하기도 어려운 만성 질환을 통해서도 자신을 파괴할 수 있다.

여기서 '역학적 시각'이란, 어떤 요인 F에 노출된 인구와 노출되지 않은 인구를 비교해 F가 인구 집단의 건강에 어떤 영향을 미치는지를 통계적 방법으로 확인할 수 있다는 관점을 말한다. 그리고 오늘날, 교통이 인구 집단의 건강에 끼치는 장기적 영향을 살펴보기 위해 의학계가 주목하고 있는 중대한 요인은 "활동적 통근"(active commuting)이다. 이 말은 걷거나 자전거 탑승을 통해, 즉 인간이 자신의 사지를 활용해 수행하는 통근 활동을 의미한다. 영국 보건 당국의 한 문건은 인구 집단의 중장기적 보건 상황을 증진시키기 위해 왜 활동적 통근에 관심을 기울여야 하는지에 대해 다음과 같이 갈파하고 있다.

과거, 신체 활동을 장려하려는 노력은 '고위험군'에 속한 개인의 행동에 초점을 맞추고 있었으며 스포츠, 레크레이션 또는 기타 건강 지향적 활동을 수행하도록 만드는 데 초점을 맞추고 있었다. 하지만 이러한 접근이 중·장기간에 걸쳐 신체 활동의 수준을 증진시키고 유지하는 데 효과적이라는 증거는 충분하지 않다. 따라서, 고위험군을 표적으로 하는 노력에 추가로 자원을 투입하는 전략보다는 인구 집단 전체의 신체 활동 분포에 주의를 기울이는 전략이, 그리고 여가 시간에 '운동'을 하도록 하는 접근보다는 일상 속에서 수행하는 신체 활동을 늘리는 접근이 대중의 건강을 증진시키는 데 더 큰 이득을 줄 수 있을지 모른다.[43]

이 문건은 일상 속 신체 활동을 증가시키는 핵심 메커니즘이 결국 '활동적 통근'이라고 지적한다. 실제로 이 문건이 분석한 영국 캠브리지셔 지역의 버스망에서는 자동차에서 버스로 이전해 온 사람들의 활동적 통근 수행 시간이 1주일에 40분 이상 증가한 것으로 보인다.[44] 또한 자택과 버스망 사이의 근접성은 승용차를 버리고 버스로 옮겨가는 참여자의 분포를 상당히 잘 설명하는 것으로 보인다.[45] 이 코호트 연구에 참여한 대상자 가운데 85%가 자동차 통근이 가능했음에도 그렇다.

이렇게 대중교통망을 통해 늘어난

43
Ogilvie D., Panter J., Guell C., et al., *Health impacts of the Cambridgeshire Guided Busway: a natural experimental study* (National Institute for Health Research(NIHR) Journals Library, 2016), 1.
44
같은 책, 38.
45
같은 책, 63.

42
World Health Organization, *Global Recommendations on Physical Activity for Health* (2010), 37

7장 세금 위를 달리는 철도

활동적 통근이 실제로 인구 집단의 건강에 어떤 긍정적인 영향을 끼치는지는 별도의 작업으로 확인해야 한다. 다행히 나는 활동적 통근에 대한 2019년 현재 최신 체계적 고찰 연구를 하나 발견할 수 있었다.[46] 이 연구에 따르면, 비활동 통근자(승용차 이용객)의 사망률이 일정 인구당 연간 100명이라고 할 때, 같은 수의 활동적 통근자에게서 기록되는 사망률은 연간 약 92명으로 집계된다.[47] 또한 심장질환 발생자는 비활동 통근자 집단에서 100명이 나올 때 같은 수의 활동적 통근자 집단에서는 91명으로 집계되었다. 당뇨병에서는 100명 대비 70명이라는 큰 격차가 나왔다. 암 사망률은 비록 자전거 통근자에게서만 명확한 효과가 확인되며 전체 암의 경우 보행 통근자에게서는 유의미한 차이를 발견할 수 없었으나 유방암의 경우에는 유의미한 차이(상대위험도 0.93)가 확인된다. 암 사망을 다룬 연구는 충분히 누적되지 않은 상태이므로, 그리고 유방암의 사례처럼 활동적 통근이 유의미한 효과를 낼 수 있는 암종이 또 존재할 가능성이 있으므로, 만성 질병에 대한 활동적 통근의 긍정적 효과는 이

연구가 평가한 것보다 클 가능성이 있다.

증거는 여기에서 그치지 않는다. 비록 체계적 고찰 연구 수준의 작업을 확인하지는 못했으나, 활동적 통근이 정신 건강을 증진하는 데도 도움을 준다는 보고가 임상 연구 차원에서는 이어지고 있기 때문이다. 이 가운데 한 논문[48]은 승용차 통근자가 활동적 통근자나 대중교통 통근자보다 심리적 만족도가 낮다는 점을 확인하고, 이 사실을 걷는 시간과 심적 만족도는 양의 상관관계가 있으나 운전 시간과 심적 만족도는 음의 상관관계가 있다는 다른 보고와 결합해 설명하고 있다. 이런 방향의 증거가 계속 누적되고 있으므로, 대중교통에 대한 투자가 정신 건강에도 기여하는 투자로 평가받게 될 가능성을 무시하긴 어렵다.

최근 국내 학계에서도 이런 연구 동향에 주목하는 작업이 이뤄지고 있다.[49] 건강 증진 효과를 계량화하는 것은 철도망 비용편익 분석의 빈틈을 채우는 데 적지 않은 도움이 될 것이기 때문이다. 하지만 안타깝게도, 방금 잠시 살펴본 영국의 캠브리지셔 연구같이 거주민의 활동 및 건강과 신설 대중교통망 사이의 관계를 살펴보는 대규모의 코호트 연구가 수행 중인지는 확인할 수 없었다.

인구 집단의 건강에 철도, 그리고 승용차 통근이라는 요인이 끼치는 장기적인

46
Dinu, M., Pagliai, G., Macchi, C., Sofi, F., "Active Commuting and Multiple Health Outcomes: A Systematic Review and Meta-Analysis," *Sports Medicine*, Vol. 49(3) (2019): 437~452. 10.1007/s40279-018-1023-0. "체계적 고찰 연구"란 다수의 임상 연구를 모아, 통계적 처리를 거쳐 노출로 인해 벌어지는 전반적인 효과의 규모를 추정하는 방법이다. 이를 통해 단일 임상 연구의 표본 크기에는 제약이 있을 수밖에 없다는 현실을 상당 부분 극복할 수 있다. 이른바 '증거 기반 의학'은 이 방법을 거친 증거가 가장 믿을 만하다고 보고 있다. 더 상세한 내용은 저자의 다음 번역서(공역)를 참조하라. 제레미 하윅, 『증거기반의학의 철학』(생각의 힘, 2018).

47
'상대 위험도'를 말로 표현한 것이다.

48
Martin, A., Goryakin, Y., Suhrcke, M., "Does active commuting improve psychological wellbeing? Longitudinal evidence from eighteen waves of the British Household Panel Survey," *Preventive Medicine*, Vol. 69 (2014): 296~303.

49
이장호·우연식·우승국·이동윤, 「보행의 건강 제고 효과를 고려한 도시철도 이용 편익 연구」, 『교통연구』 제25권 제3호(2018): 1~14.

인과적 효과를 관찰해 내고자 한다면, 이제 국가는 개별적인 임상 연구만을 기다리고 있어서는 안 된다. 새로 생겨나는 신도시와 구도시 모두에 걸쳐, 철도망 구축 여부와 그 수준에 따른 코호트를 구성하고 충분히 많은 인구를 대표할 수 있는 양질의 데이터를 수집해 나가야만 한다. 이런 일종의 철도 코호트 연구에게는 국가의 지원을 받을 충분한 자격이 있다. 무엇보다도 이런 연구는 승용차(가 유도하는 비활동적 통근)의 숨은 비용 그리고 철도(가 유도하는 활동적 통근)의 숨은 편익을 더 분명히, 그리고 임상 연구 수준에서 얻은 소규모의 데이터를 능가하는 수십만 명 단위의 데이터를 통해 확인할 수 있는 유일한 방법이다. 게다가 이런 비용과 편익은 승용차와 철도의 이용 패턴에 따라 지역적으로 불균등하게 배분될 것인 이상, 지역 간 건강 불평등의 정체를 추적할 수 있는 하나의 기반이기도 할 것이다. 결과적으로 이 코호트 연구 데이터는 막대한 비용이 들어가는 건강보험 재정 운용에 도움이 될 수 있고, 나아가 인구 차원의 신체 활동을 적정 수준에서 관리할 수 있도록 돕는 교통 투자 방식이 무엇인지에 대해서도 판단할 만한 기초 자료가 될 수 있을 것이다. 건설, 재정, 철도 운용은 물론, 신체 활동을 증대시켜 삶의 질을 증진시키고자 하는 의료 정책의 성패 또한 바로 이러한 철도 코호트 연구에 달려 있을지 모른다. 각 년도 예타를 위해서는 이 코호트 데이터와 파생 연구들의 최신 결과에 따라 교통으로 인한 건강 비용편익 분석에 사용할 가중치를 계속해서 수정하는 작업을 벌여야 한다.

3. 계획이라는 문제
정책성 평가로 넘어가 본다. 이 가운데

전국·광역망의 종합 점수와 깊은 관련이 있는 "상위 계획과의 일치성" 항목은, 국토종합계획, 도시나 지역 계획, 철도망 구축 계획과 이 노선이 정합하는지 평가하는 작업을 그 주된 내용으로 한다. 그런데 예타 보고서가 제시하는 검토 과정은 소극적인 평가 방침으로 보였다. 여기서 소극적이라는 말은, 연구진이 이미 제시된 상위 계획, 그리고 예타 수행을 위해 다시 구성한 문제의 철도 노선을 서로 비교해 정합적인지 판단하는 데 그치고 있다는 의미다.

물론 관계 부처가 제출한 계획을 검토하는 자리인 예타가, 철도를 둘러싼 다양한 요인들을 포괄적으로 점검하는 적극적인 작업을 하기에 적합한 자리라고 보긴 어렵다. 그러나 "관련 계획 및 정책 방향" 항목은 10~30%에 달하는 가중치를 받는다. 실제 철도망의 건설과 운용에서도 계획의 정합성은 매우 중요한 요소다. 이런 요소에 대한 중요한 검토 과정이 물론 사업의 기술적 내용을 점검하고 재구성하는 첫 번째 단계에서 수행되고 있다. 그러나 이들 과정이 정책적 권고가 작성되는 예타의 마지막 단계에 어떤 영향을 끼치는지에 대해서는 적어도 내가 확인한 예타 보고서들을 통해서는 정확히 파악할 수 없었다.

자료가 불충분하지만, 정확성이 떨어지는 것을 감수하고 더 과감하게 말할 시점 같다. 나는 계획이나 정책 방향과의 정합성이라는 쟁점은 예타에 앞서 이뤄지는 철도 계획을 좀 더 세밀하고 정교하게 수행하는 방법으로 다뤄야 한다고 생각한다. "관련 계획 및 정책 방향" 항목 평가는, 이런 초기 계획이 정교하게 이뤄질수록 더욱더 실질적인 평가가 될 수 있다. 문제의 예타가 다루는 사업 조각이 달성하게 될 상황 변화와, 좀 더 포괄적인 철도망 구축 계획의 목표 사이의 대조 작업이 더욱 상세하게 진행될 수 있기 때문이다.

현재 한국의 철도망 계획(제3차 국가철도망구축계획)은 몇 가지 일반적인 목표, 그리고 추가 건설 및 개량[50] 노선을 제시하는 한편, 이들 노선을 지도 위에 대략적으로 배열하는 내용으로 이뤄져 있다. 예타의 정책성 평가를 좀 더 강력하게 만들 수 있는 출발점은, 이런 계획에 세밀하게 살을 붙이는 작업이 될 것이다.

이런 계획의 한 가지 사례로, 1장 말미에서 간략히 살펴보았던 스위스의 "철도 2000" 같은 계획이 있다. 예타의 틀거리 속에서, 재정 당국은 마트슈테텐-로트리슈트 간 복선전철 사업과 같은 부분부분의 사업을 예타 대상으로 삼아 조사를 벌이게 될 것이다. 그리고 "상위 계획과의 일치성" 항목은 바로 이 복선전철 사업이 어떤 연결을 강화하고 어떤 주요 도시 간의 소요 시간을 균일 단위로 만들어 내는 데 도움이 되는지를 평가하는 항목이 될 것이다. 좀 더 광범위한 축선 구축 사업이나 차량 투자, 역의 개량에 대해서도, 철도 2000과 같이 구체적인 목표를 담고 있는 계획은 이들 개별 사업이 정확히 어떤 방식으로 계획 목표에 기여할 수 있는지에 대해 드러낼 수 있는 배경이 될 수 있다.

영국에도 이와 같은 방식으로 이뤄진 세밀한 계획, 즉 축선 활용 전략(Route Utilisation Strategy, RUS)이 있다. 이 전략 작성 지침의 주요 내용을 확인하면서, "상위 계획과의 일치성"이라는 항목을 좀 더 충실하고 실질적으로 활용할 수 있도록 하는 계획은 어떤 내용을 담아야 하는지에 대해 검토해 본다.

"축선 활용 전략은 다음 사항을 제시해야 한다. 1) 네트워크 용량과 철도 서비스의 수행 수준. 2) 열차와 역의 용량. 여기에는 혼잡도 수준 분석도 포함되어야 한다. 3) 망을 여러 다른 방식으로 활용할 때 생기는 이익과 손해(예를 들어, 여객과 화물 서비스의 서로 다른 유형 간 비교). 4)배차. 열차 수송 용량과 능력, 차량 기지와 기관차고를 포함한 차량 관련 쟁점. 5)망을 운행하는 열차의 운행에 대한 방해를 최소화할 수 있는, 보수와 개량 작업 계획. 6)신기술 활용. 7) 안전성 향상."[51]

제6장을 기억하는 독자들이라면, 방금 제시된 지시 사항이 무슨 결과물을 내놓아야 하는지에 대해 어느 정도 느낌이 올 것이다. 바로 이들 요구 가운데 일부가 수도권의 전국망, 광역망에 대해 이뤄졌기 때문이다. 이런 종류의 작업을 좀 더 정교하게, 그리고 지리적, 시간적으로 더 체계를 갖추어 수행하여 상위 계획의 일부로 마련해 놓는 것이 필요하다. 이런 작업은 예타의 "상위 계획과의 일치성" 평가가 좀 더 실질적으로 수행될 수 있도록 하는 배경이 될 수 있을 뿐만 아니라, 다른 종류의 계획 작성자, 철도 주변의 이해관계자, 나아가 한국 철도에 관심이 있는 모든 사람들에게 한국 철도의 현황과 취약 지점을 이해할 수 있게 만드는 기반도 될 것이다.

50

대부분의 경우 평면·종단선형을 대폭 곧게 펴는 작업을 포함하며, 덕분에 사실상의 신설이 된다. 예를 들어 중앙선의 경우, 복선전철화 사업이 완료될 경우 부지나 대규모 역 구내를 제외하면 2000년 이전의 모습이 남아 있는 구간은 거의 없다.

51

Office of Rail Regulation, "ORR guidelines on Route Utilisation Strategies" (Office of Rail and Road, 2006), 제4조.

축선 활용 전략을 실제로 작성하려면 무엇이 필요할지에 대해, 영국 교통부 철도규제국의 지침을 좀 더 세밀히 살펴보자. 네트워크레일이 이러한 전략 계획의 작성 주체이며, 철도규제국은 작성된 계획을 심사한 다음 승인 또는 반려하는 역할을 담당한다. 물론 작성 과정에는 관련 이해관계자들이 참여할 수 있어야 한다. 계획의 초점은 향후 10년이지만, 10년 뒤 시점에서 연구가 끝나면 안 되며 30년 뒤까지의 상황을 추정하고 감안하는 작업이 이뤄져야 한다. 현실의 변화에 부응하기 위해, 전략 계획은 매 6개월마다 재검토되어야 하며, 수정 사항은 규제국과의 상의를 통해 반영해야 한다.

물론 철도의 하부 구조[52]를 담당하는 사업자인 네트워크레일이 핵심 역할을 하는 영국의 제도를 그대로 따를 수는 없다. 영국의 제도가 이렇게 된 이유는, 열차 운행을 담당하는 프랜차이즈는 어디까지나 일시적인 권리를 가진 민간 사업자일 뿐이기 때문이다. 하지만 한국의 열차 운행 사업자는 영구적인 사업권을 가진 공기업 철도공사다. 특히 철도공사는 기존 선구의 열차 운행 계획이나 차량 부분 계획을 사실상 독점적으로 수행하고 있다. 고속철도나 수도권 광역망 일부를 제외하면 철도 사업은 운영비조차 건지기 힘들다는 현실을 감안하면 이 상황은 한국 철도가 존재하는 한 계속될 것이다. 철도시설공단은 신선의 하부 구조 계획을, 그리고 국토부는 좀 더 거시적인 계획을 담당하고 있는 것이 현재의 구조다. 이들 요소를 모두 포함하는 축선별 전략 계획을 효과적으로

52
토목 시설은 물론, 궤도, 신호, 전기, 통신에 이르는 기반 시설을 의미한다.

작성하려면, 현 조직의 틀을 벗어나는 협력 과정이 필요하다. 나는 국토부, 광역교통청, 철도시설공단, 철도공사, 나아가 재정 당국이나 도시철도 사업자 및 지방정부까지 참여하는 별도의 특임대를 창설하여 축선 활용 전략을 작성하는 책임을 맡겨야 한다고 생각한다.

지방정부에게도 중요한 의무를 부여해야 한다. 도시 계획과 광역급행, 광역특급, 전국망 정차역을 충분히 연동시키는 한편, 그리고 이들 역의 시설을 확장할 수 있는 유보지를 확보해 두는 의무가 바로 그것이다. 특히 일정 규모 이상의 역에 대해서는 유보지 확보를 아예 법제화할 수도 있을 것이다. 철도역 주변 토지는 개발 압력이 높기 때문에, 규제가 없다면 유보지는 곧 소멸할 것이다. 전국망, 광역특급망 역처럼 위계가 높은 역의 경우, 유보지를 꼭 철도를 위해 사용하지 않더라도 버스의 주박지로 유용하게 활용할 수 있다. 역에 위치한 차고지는 공차 회송 거리를 줄일 수 있으므로 경기·인천과 같은 거대도시 외곽에서 매우 중요한 접속 수단인 버스, 그리고 거대도시 주변부에서는 활용되어야 할 자율 주행 차량의 경제적 운영에 큰 도움이 될 것이다.

감안해야 할 미래 시간의 범위나 재검토 주기는 영국의 기준을 그대로 준용해도 큰 문제가 없을 것이다. 구체적으로 어떤 축선에 대해 축선 활용 전략이 작성되어야 한다고 보는지에 대한 제안은 표 3을 확인하라. 도시철도망 구축에서 유사한 방식을 채택할 것인지는 각 지방정부의 자율에 맡긴다. 북한 전국망과 평양 광역에 대해서는 예비 전략 계획을 작성해 두고, 상황이 개선될 때 본격적인 투자에 앞서 본 전략 계획을 신속히 작성할

7장 세금 위를 달리는 철도

[표 3]   향후 축선 활용 전략의 단위에 대한 제안.

	전국	수도권 광역	이외 광역	북한
축선명	경부	총괄	동남권	경의
	중앙	경인권	대구권	경원~함경
	서해~경춘~속초	서남부	대전권	만포
	중부내륙	동남부	광주권	황해해안
	호남전라	중앙~경춘	전북권	양강
	경강	경원	여순광권	함북
	경전	서북부	영동권	관서내륙종관
	동해	순환		평양권
	수도권 우회, 남북 연계	아산만권		

수 있도록 준비해 두어야 할 것이다.

　　이런 전략 계획이 확립된다면, 예타를 수행하는 재정 당국에게, 그리고 실제 철도 계획을 평가하고 논의를 만들어 나가는 데 중요한 역할을 하고 있는 감사원이나 언론, 학계에도 가이드라인이 될 것이다. 현행 노선과 신규 노선으로, 그리고 열차 운행과 시설 부분으로 쪼개져 있는 세부 계획을 종합하는 한편, 선구마다 목표를 제안한 이유와 실현 방안이 투명하게 드러난 미래 철도 계획일 것이기 때문이다. 재정 당국은 축선 활용 계획에 등재된 사업을 통합적으로 예타에 부치는 방법을 취할 수도 있고, 예타팀의 판단에 따라 사업을 조각내 타당성을 평가하는 방법을 취할 수도 있다.[53] 어떤 방침을 취하든, "상위 계획과의 일치성"을 정교하게 평가할 기준은 바로 축선 활용 전략이 될 것이고, 이를 통해 비용편익 분석이 포괄하기 어려운

철도의 유기적 특징은 좀 더 이해하기 쉽고 실질적인 방식으로 예타의 결과에 영향을 끼칠 수 있을 것이다. 예를 들어, 1부에서 제시한 거대도시 철도망의 다층적 층위는 이런 유기적 특징의 한 사례가 될 것이고, 이에 기반해 전국망은 물론 광역특급 층위나 광역급행 층위를 구성 개량하기 위한 투자에 대해 완행 층위의 노선보다 상위 정책과의 일치성 항목에서 추가 가산점을 부여할 수 있다. 또한 경강선 광주~부발, 동해남부선 태화강~부전처럼 주변 망에 비해 지나치게 설계 속도가 낮아 망의 유기성을 떨어뜨리는 구간이 그대로 평가를 통과하는 일도 벌어지지 않을 것이다.[54]

4. 지역 낙후도 문제

이번에는 "지역 낙후도"를 활용하는 방법에 대해 검토해 보자. 현재 사용되는 지표는, 여러 차례의 검토 끝에 제한된 가용 자원을 생각할 때 최선의 지표라는 판단을 받은 바 있다.[55] 하지만 좀 더 검토해 보면, 현재의 지표는 비판받을 여지가 크다. 철도망의 유형이나 운행 패턴을 반영하지 못한 채, 해당 철도 사업 시공이 이뤄지는 시군 지역의 값을 기계적으로 조사에 적용하는 것이 현실이기 때문이다.

53

나는 한 토론회에서 예타를 축선별로 한 번에 신청하는 방안이 직결되는 주변 선구와 성능이 일치하지 않는다는 의미에서 병목 선구를 발생시키지 않는 방안이라는 제언을 들은 바 있다. 하지만 재정 당국이 이렇게 신청된 노선 계획을 꼭 예타 대상으로 선정하라는 보장은 어디에도 없다. 본선의 일관된 성능을 보장하고, 서울과 목표 대도시의 중앙역에 병목 없이 진입할 수 있으려면, 축선 계획 층위 자체를 강화하는 대안만이 유효할 것이다.

[도표 22] 예비타당성 조사에서 사용되는 지역 낙후도 지수의 평가 대상 지표와 가중치. 이들 항목과 가중치는 적어도 4차(2004) 지침부터 사용되어, 2020년 현재까지 적용되고 있는 내용이다.

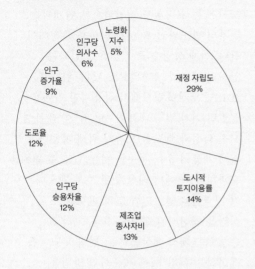

문제의 기준인 지역 낙후도 지수는 그 성격상 (기초지자체인) 도농복합시나 군 지역에서 매우 높게 나올 지표다. 광역 지자체의 값을 함께 적용한다면, 특히 비수도권 도 지역에서 그렇다. 그런데 오늘날의 철도는 대도시를 기반으로 한다. 도시망이든, 광역망이든, 전국망이든 여기에는 전 세계적으로 어떠한 차이도 없다. 대도시 중심부와의 연결이 허술한 철도는 그 수송량이 적을 수밖에 없다.

하지만 현재의 지표상, 대도시를 관통하는 철도는 지역 낙후도 지수에서 오히려 상대적으로 손해를 볼 것이다. 결국 현재의 지표는 도농복합시나 군 지역을 관통하는 철도망에게 보너스 점수를 주기 때문에 철도망의 특징이자 강점을 결과로 반영할 수 없는 체계인 셈이다.[56]

2019년 4월, 재정 당국은 특히 지역 낙후도 문제에 주목한 예타 개혁안을 발표했고, 2019년 5월 이후에 발표된 예타부터 적용하였다. 정부는 "지방의 낙후 지역에 대한 배려가 부족하다는 전반적 인식"은 물론 "지역 격차는 갈수록 확대"되고 있음에도, "지방 광역도시는 수요가 있고 정책적으로 필요한 사업도 지역 균형 평가 감점 등 불이익"[57]을 받아 정부 투자가 지역 격차를 완화하는 역할을 충분히 수행하지 못하고 있다고 본다. 정부의 제도 수정 방향은 이런 식이다. 첫째, 수도권에 대해서는 지역 균형 발전 점수 평가를 삭제하고 이들의 비중을 경제성과 정책성 평가로 쪼개어 넣는다. 둘째, 비수도권의 지역 균형 발전 점수의 비중을 올리는 한편, 지역 낙후도 점수가 양호한 지역이라고 해서

54
다만 태화강~부전은 예타 도입 이전, 1994~1998년에 걸쳐 설계된 노선으로 예타와는 무관하다. 성남~여주 복선전철은 2001년에 예타를 통과한 노선이다. 이들 망의 영업 최고 속도는 120km/h 수준이며, 성남~부발 간은 개량 후에도 150km/h를 기록할 것으로 보인다. 현 시점 예타의 기술적 평가는 이런 비판을 감안하여 수행되고 있다. 이제는 기술적 평가의 기반이 되는 망의 기능적 속성과 개선 계획을 좀 더 체계적인 형태로 정리해 두는 작업이 필요하다.

55
한국개발연구원 공공투자관리센터, 『도로·철도 부분 사업의 예비타당성조사 표준지침 수정·보완 연구』, 5판(한국개발연구원, 2008), 427~448.

56
"지역경제 파급효과" 항목이 배타적으로 초점을 맞추고 있는 효과가 철도 건설의 효과라는 점을 함께 감안하면 낙후도 지수를 망의 유형이나 운행 패턴을 감안하지 않은 채 조사에 반영하라고 지시하는 현재의 지침은 철도 개통과 운행의 효과보다는 건설의 효과에 초점을 둔 것이 아니냐는 생각이 가시지 않는다. 한편 지역경제 파급효과 항목은 연선 지역의 총생산 대비 철도 건설 사업의 부가 가치 유발액의 규모를 지표로 하기 때문에 총생산이 많은 대도시 지역일수록 불리한 값이다. 최근 조사에서는 지역 낙후도에 비해 1/4 수준으로 반영하고 있으므로, 재정 당국은 건설 투자의 경기 부양 효과를 사업의 타당성에 최소한만 반영하고자 하는 의지를 가진 듯하다.

57
기획재정부, 관계부처 합동, 「예비타당성조사 제도 개편방안」(2019. 4. 3).

7장 세금 위를 달리는 철도

점수를 깎지 않고 오히려 가산점을 부여하는 방식으로 평가를 변형한다.

철도와 관련해 가장 주목해야 할 언급은 지역 낙후도 점수를 일종의 가산점으로 변형시키겠다는 언급이다. 도표 22에서 등장한 지표 면에서, 광역시나 특정시가 나쁜 점수를 받을 가능성은 거의 없다는 점은 누구나 파악할 수 있을 것이다. 덕분에 광역시나 특정시의 철도 사업은 감점을 받을 수밖에 없었고, 투자에 불리했다는 불만이 이어졌다. 정부의 개정안은 지역 거점 도시가 받게 될 감점 요인을 제거하겠다는 뜻이므로 바로 이 불만에 답할 수 있고, 비수도권 대도시권의 도시철도 및 광역망 투자는 좀 더 활성화될 것이라는 정부의 예측은 바로 여기에 기반하는 것으로 보인다.

다만, 전국망 철도의 관점에서 볼 때 이 정도의 개정안으로 사회적 요구에 충분히 응답했다고 할 수 있는지는 여전히 의문이 있다. 궁극적으로 필요한 것은, 쟁점 노선의 개통이 실제 열차를 증강시켜 지역의 서비스업 부흥이나 인구 회복에 도움이 되는지를 예측할 수 있는 방법이다.

물론 이런 방법이 개발될 때까지는 상당한 시간과 노력이 필요할 것이므로, 현재의 낙후도 지수를 보강할 방법이 지금 필요하다. 이를 위해 활용할 가치가 있는 한 가지 기준은 이렇다.[58] 선정 구간의 통행량이 어느 지역으로 가는지를 분석한다든가, 수요 예측을 위한 모형을 간단하게 만들기 위해 실무에서 이미 사용

중인 지역 추려내기 방법[59]을 활용하자는 제안이 바로 그것이다. 이를 활용해, 낙후 지역 역을 경유하여 서울이나 주변 거점 도시 또는 고속철도 거점역으로 연계되는 열차의 빈도와 소요 시간 변화를 측정해야 한다. 현재 상당수 군 지역은 투입되는 열차의 빈도가 극단적으로 낮다. 일례로, 2018년 평창올림픽에서 선풍적인 인기를 끌었던 여자 컬링 대표팀 "팀 킴"이 대학생 시절 의성과 학교를 오가기 위해 이용한 열차 계통의 운행 횟수는 하루 편도 두 번에 불과하다.[60] 예타 대상이 된 투자 계획이 각 지역별로 얼마만큼 열차 빈도와 소요 시간을 개선시킬 수 있는지를, 그리고 통행 측면에서 예상되는 그 변화의 크기를 계산하는 한편, 이를 표준화할 방법을 개발해야 한다.

이런 방법은 서울 시계 내 철도 병목 확장처럼 공사 지점이 속한 지방정부는 전혀 낙후하지 않으며 그 효과도 대도시를 위주로 나타날 사업에도 응용해야 한다. 예를 들어, 6장에서 검토했던 경부4선에 대한 투자는 수도권 광역망과 광역시, 그리고 여러 산업 도시와 관련된 열차 빈도 개선을 주로 부르겠지만, 동시에 삼남의 낙후 지역으로 직접 서울 방면 열차를 더 많이 투입시킬 수 있는 기반이 될 수도 있고, 또한 고속철도 환승을 좀 더 쉽게 만들 기반이 될 수도 있다. 낙후 지역과 수도권 사이의 철도 통행량은 전체 영향 통행량에 비해서는 미미하겠지만,

---

58
유재광·노정현, 「지역균형발전에 대한 AHP 적용 개선방안」, 『교통연구』 24권 1호, 2017: 63-78쪽. 여기서는 낙후도 지수의 등수를 표준화하는 공식에 대한 문제 제기는 검토하지 않기로 한다.

59
세 가지 방법은 사업 노선을 이용하는 전체 통행 가운데 비교적 높은 비율의 통행이 도착하는 지역을 추려내는 방법(PV법), 사업 시행으로 교통량이 크게 변화하는 구간을 찾는 방법(DV법), 사업 시행으로 인한 교통량 변화 비율(RV법)을 활용하는 방법이다.

60
하양~의성. 이 구간에는 동대구~강릉 간 무궁화호 열차만이 운행한다.

열차 빈도 강화가 충분하다면 시행 이전
낙후 지역~수도권 간 철도 통행량과 이후의
통행량은 상당한 비율로 차이를 보일
것이다. 통행의 효율성이나 다른 지리적
목표를 위해 평가해야 할 통행 유형이
전자라면, 낙후 지역 균형 발전을 위해
평가해야 할 통행 유형은 바로 후자다.
경부4선 개통 이후 1선, 4선 운행 계획을
세우고 이 계획 속에서 삼남의 낙후 지역의
역과 서울을 연계하는 ITX-새마을 등의
열차가 얼마나 늘어나는지 계산한 다음,
이들 낙후 지역의 낙후도 지수와 열차
증가량을 경부4선 사업을 평가하는 데
함께 활용해야 한다. 서울 시내 중앙2선의
경우, 영향 범위에서 가장 큰 도시가 원주
정도이기 때문에, 원주에 종착하지 않는
한 전 열차는 전국에서 중간 이하의 낙후
지역을 통과하게 되며, 따라서 제안된
방식을 활용하면 지역 낙후도 평가에서
상당한 점수를 받게 될 것이다.

과잉 토건이냐, 필요한 토건이냐

재정 당국은 예타를 통해 사업을 선택하고, 선택된 사업의 집행을 위해 특별회계를 편성하는 현재의 제도 구성에 어느정도 만족하고 있는 듯하다. 여러 반론, 그리고 실제 법령에 명시되었던 시한에도 불구하고 2003년부터 2018년에 이르기까지 여섯 번에 걸쳐 교통 관련 세입법안 폐지를 유보한 것은 중요한 증거일 것이다.(세출 법안을 지속적으로 유지하는 선택[61]은 별다른 논란이 필요 없어 보인다.) 세금을 통해 기업을, 그리고 결과적으로 성장을 지원해야 한다는 재정 당국의 전통적인 논리는 화물차에 주로 쓰이는 경유의 세율을 휘발유보다 낮게 함으로써 구현되고 있기도 하다. 하지만 여론을 좀 더 면밀히 살펴보면, 철도 사업을 비롯한 건설 사업에 대해 널리 퍼져 있는 다음과 같은 다른 방향의 불만을 확인할 수 있다.

　　　　과잉 토건 이론: 한국은 교통시설특별회계와 같은 제도적 기반을 마련하여 유래 없는 교통 투자를 지속해 왔으며, 이를 통해 철도를 비롯한 토건 사업에 과잉 투자를 벌여 복지와 생태적 전환을 위한 재원을 교통 시설에 낭비했다.[62] 복지 국가 건설과 생태적 전환을 위해, 이들 제도적 기반은 해체되고 자금은 복지를 위한 비용으로 산입되어야 할 것이다.

이번 절 서두에서 확인한 데이터, 그리고 바로 앞에서 논의한 예타 제도의 결과를 활용하면, 이러한 과잉 토건 이론에 과장이 섞여 있다는 점은 어렵지 않게 확인할 수 있다. 먼저, 예타가 도입된 1999년 이후 2017년까지 완료된 예타 690건 가운데 타당성을 확보한 사업은 433건(63%) 수준이다. 특히 철도 사업은 전체 125건 가운데 71건만이 타당성을 확보해 건설 사업 유형 가운데 타당성 확보율이 가장 낮았다.(57%) 항만, 수자원 사업 등은 70% 이상의 타당성 확보율을 기록했다는 점을 감안하면, 철도와 도로를 과잉 토건의 대표로 지목하는 입장은 데이터에 충분히 기반해 있지 않은 셈이다.

　　　　2절에서 확인한, 한국 교통사의 최근 흐름을 통해서도 과잉 토건 이론은 논박이 가능하다. 1980년대, 5공화국 정부는 교통을 비롯한 전 분야에서 긴축 재정을

61
"2009년 12월 31일로 정해져 있는 이 법의 유효 기간을 삭제하여 교통시설특별회계를 계속 유지하도록 함으로써, (…) 도로·철도·공항·항만 등 교통 시설을 안정적이고 지속적으로 투자할 수 있도록 하려는 것임." 「교통시설특별회계법」(법률 제9907호, 2006년 12월 30일), 개정 이유 및 주요 내용. 관련 잡수익과 일반회계에서 교부된 자금을 교통세 수입과 통합 관리하는 것은 충분히 합리적이라고 본다.

62
"불필요한 토목사업 (…) 줄이고 복지 지출을 확대해야 한다." 오건호, 『대한민국 금고를 열다』(레디앙, 2010), 236. 이외에 우석훈이 자신의 블로그에 게시해

두었던 미출간작 『자동차 경세유표』(http://egloos. zum.com/economos/v/1285833), 홍성태의 『토건국가를 개혁하라』(한울, 2011)에서도 유사한 주장을 확인할 수 있다. 토건국가 논의를 다룬 지리학계의 좀 더 정치한 논의는 이들처럼 경제 정책의 방향에 대한 주장이 담긴 규범적 성격을 띠기보다는 산업과 지역 행위자 사이의 사회학적 관계에 대한 서술적 성격을 가지고 있어, '과잉 토건 이론'과 같은 규범적 성격을 확인하기는 어려운 방향으로 이어져 있었다. 박배균, 「한국에서 토건국가 출현의 배경」, 『공간과사회』31호, 2009, 49~87. 그리고 강진연, 「국가성의 지역화」, 『사회와 역사』 제105집, 2015, 319~355.

[도표 23] OECD 국가의 전체 GDP 대비 건설업(constr-uction) 비중, 2013~2017 연평균. OECD 데이터(National Account - Annual National Accounts – Detailed Tables and Simplified Accounts – 6A. Value added and its com-ponents by activity, ISIC rev4.)에서. 2019년 4월 27일 수집한 값이다.

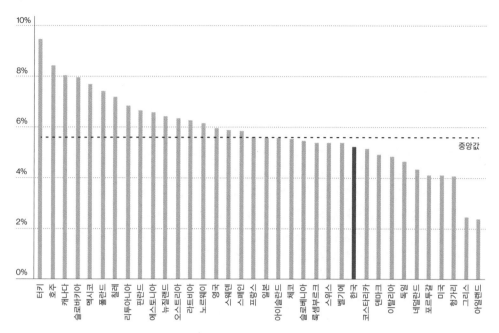

펼쳤지만 1980년대 후반에 접어들면서 경제 성장에 따른 수송량 증대와 자동차화, 항공의 팽창이 시작되었고, 그에 따라 지옥철 현상이 지속되었음에도 불구하고 철도 수송량은 감소하기 시작했다. 1990년대, 정부는 교통지옥에 대응하기 위한 제도와 재원, 투자 계획을 정비했고, 이 투자는 1990년대 후반부터 2000년대 초반까지 기본적인 결실을 맺었다. 교통세 세입액은 2004년까지는 지상 교통 투자를 하기에도 부족한 돈이었기 때문에, 그리고 고속도로의 경우 이 시기에 들어서야 현재의 종관 노선망이 완성되기 때문에 교통에 들어가는 돈에 제도적 칸막이를 쳐 보호하지 않았다면 이들 성과는 현실보다 10년 가까이 늦은 시점에 달성되었을 것이다. 한편 철도 투자가 성과(기존 인킬로 정점 돌파 또는 영업 손실 탈출)로 귀결되는 시점은 종관 고속도로망의 전국적 구축에 비해 거의 10년 늦고, 따라서 2010년대 초반까지의 철도 투자가 없었다면 한국 철도는 1990~2003년 사이의 재정적 파멸, 또는 길게 보아 1974년 이래 40년 간의 적자에서 벗어날 수 없었을 것이다. 게다가 정부 총지출 및 순 융자액 대비 교통 지출의 비중은 2003~2006년 사이에 극적으로 감소했고, 이후에도 천천히 감소하고 있다. 이는 정부 총지출이 교통 지출보다 더 빠르게 증가하고 있다는 뜻이다. 그렇다면, 정부가 설사 지금까지 토건에 과잉 투자를 했냐는 비판이 맞다고 기정하더라도, 2000년대 후반부터 토건 집중은 완화되었다고 보아야 하는 셈이다. 또한 이전 망의 수준이나 혼잡 상황, 1990~2003년 사이 철도 영업 수지의 붕괴를 감안하면, 1990년대 후반~2000년대 초반의 집중 투자를 과잉이라고 평가하기는 어려워 보인다. 이 당시의 철도 투자가 없었다면 여객 부분의 경쟁력이 저하된 한국 철도는 지금쯤 많은 사업을 정리하고 있었을 것이기 때문이다. 물론 5공화국 이후 1990년대 중반까지의 한국 정부가 과잉 토건을 교통망으로 구현했다는 주장은 사실 무근으로 보아야 한다.

과잉 토건 이론에 대한 중요한 반론은 국제 비교에서도 온다. 도표 23은 OECD 36개국의 2013~2017 5년간 GDP 대비 건설업의 부가 가치의 평균 비율을 보여 준다. 이들 국가의 건설업 비중 중앙값은 5.6% 수준이며, 대부분 국가의 건설업 비중은 4~7% 사이다. 또한 건설업의 비중은 1인당 PPP와는 미약한 역의 연관성을($R^2=0.05$), 면적과는 미약한 연관성을($R^2=0.06$) 보여 줄 뿐이었다. 이외에도 여러 상관관계를 살펴보았지만 인상적인 값은 발견할 수 없었다.

한국의 비중은 5.21%로, 뒤에서 세는 것이 훨씬 빠른 위치에 있다.(상위 26위) 한국의 건설업 비중은 OECD 국가의 중앙값보다도 낮은 수준이라는 뜻이다. 한국 부근의 순위에 위치한 국가에서 공통점을 확인하기도 어렵다. 또한 한국은 면적이나 소득과 건설업 비중의 연관성 측면에서도 OECD 국가의 추세에서 크게 벗어나지 않는 지점에 위치해 있었다. 몇몇 저자들은 한국의 건설업 비중이 OECD 국가 가운데 과중하게 높기 때문에 한국이 최악의 토건 국가라고 주장하기도 하지만,[63] OECD 데이터는 적어도 2010년대 들어 이런 주장이 사실과 부합하지 않는다는 점을 말해 주고 있다.[64]

물론 여전히 과잉 토건 이론가들에게는 할 말이 남아 있다. 이들은 이른바 '토건 마피아'에 의한 자원 배분 왜곡을 우려한다. 이에 따르면, 교통 투자는 환경을 파괴하는 한편, 지역 정치 경제를 사람에 대한 투자보다는 중앙에서 하사되는 세금을 통한 토건 투자에 집중하게 만드는 형태['포크 베럴'(pork barrel)형 정치]로 변형시켰다. 불필요한 투자가 줄어든 만큼 복지 재원을 획득할 수도 있으므로, 토건 마피아가 증식할 배지인 교통세는 사라져야 한다는 것이 이들의 줄기찬 주장이다.

여기에 대해서도 답이 불가능한 것은 아니다. 우선, 사업에 이르는 의사결정 절차는 이들 우려를 반영하여 발전해 왔다. 환경에 대한 우려에는 전략환경영

---

[63] 홍성태, 『토건국가를 개혁하라』(한울아카데미, 2011), 28. 데이터가 불충분하다고 해서 이들 저자들의 기여를 무시할 수 없다는 반론도 가능할 것이다. 즉, 5공화국과 그 이전 군사 정권의 강압적인 개발 시도를 물리적으로 구현해 낸 수단이 국가의 토목 사업이었으며, 토목 사업이 따라야 할 절차와 추구해야 하는 가치가 이제 변화해야 한다는 지적의 타당성을 부인하기는 어려울 것이다. 그러나 이런 지적이 오늘의 철도망이 기반하고 있는 절차와 제도에 그다지 유효하지 않다는 점을 보이기 위한 검토가 바로 본문의 내용이었음을 유념해 달라. 철도망에 대한 본격적인 투자는 1996년 이후의 일, 즉 6공화국 성립 이후 약 10년이 지나서야 이뤄진 일임을 다시 강조할 수도 있다.

[64] 한국은행의 국민계정 데이터를 추가로 검토한 결과, 21세기 들어 건설업의 부가가치 비율이 가장 높았던 시기는 2003년(6.24%)이었다. 이 값은 도표 23에 배열할 경우 라트비아, 즉 OECD 13등 수준이다. 또한 2018년의 건설업 규모(5.41%)에서 1% 이상 벗어나는 해는 오직 두 해뿐이었는데(2011, 2012), 그나마도 이때는 2018년보다 1% 이상 규모가 작았던 시기로서 건설 경기가 위축된 시기라고 보는 것이 적절하다.

향평가가 답한다. 또한 건설 사업을 통한 지역 경기 부양 효과를 예타 결과에 반영하는 지역 경제 파급 효과 부분은 그 가중치가 그리 높지 않다.(지역 낙후도 지수의 1/4 이하) 물론 실제 각 년도, 각 지역 예산안을 구성할 때 경기 부양 효과는 상당히 중요하게 평가될 수 있지만, 의사 결정 단계에서 과도한 토건에 대한 우려가 무시된다고 보기는 어렵다. 환경과 과잉 투자에 대한 우려는 개별 노선, 개별 연도의 상황에 따라 평가되어야 할 영역이다. 게다가 철도가 환경에 끼치는 악영향에 대한 평가는 반드시 도로·항공과 비교해 이뤄져야 한다. 비록 지상의 국지적 경관이나 생태계를 교란하거나 파괴할 우려는 여전히 남아 있지만, 철도는 육상 동력 수단 가운데 환경에 끼치는 영향이 압도적으로 작다. 전국적, 세계적 차원에서 생태적 전환을 위해 인류의 물질문명을 재구성할 때 철도의 역할은 결정적이다. 실제로 국제에너지기구(International Energy Agency, 약칭 IEA)는 수송 가운데 철도 수송만은 기후위기 대책을 위해 앞으로 40년 정도는 매 10년마다 1.5배씩, 즉 총 4배 또는 그 이상 팽창시켜야 한다고 말하고 있다. 관련된 논의는 8장에서 계속한다.

　　과잉 토건 이론가들의 우려 가운데, 가장 중요한 것은 결국 이것일 것이다. 일반적으로, '토건 마피아'는 건설 사업으로 인한 부동산 가격 상승을 그 구심점으로 한다. 그런데 철도망이 불러오는 부동산 가격 상승은 역 주변에 집중되게 마련이다. 철도망은 지금도 자산 소유 계급의 이해관계를 위해 복무할 수 있고, 그 정도는 도로보다 오히려 더 심할지도 모른다. 도시의 규모가 클수록, 근로소득은 올라가는 부동산 가치를 따라가지 못하고, 따라서 철도망은 오히려 불평등을 강화하는 데 기여할 수도 있다. 바로 이런 맥락에서 볼 때, 좀 더 평등한 사회를 만들기 위해서는 건설보다는 인간의 개발(교육, 의료, 사회안전망 등)에 집중하는 재정 운용 방침이 필요하다. 교통, 특히 철도 부분에서, 이는 건설보다는 운영에 집중하는 방침으로 구현되어야 할 것이다.[65]

　　이런 이의 제기에 대응하여 철도 건설 투자를 옹호할 방법이 무엇일까? 무엇보다 철도망의 운영 내용은 망의 물리적 구조와 규모에 의해 아주 중요한 면에서 결정된다는 데 주목해야 한다. 속도와 이동 거리의 함수, 그리고 용량이 바로 그러한 측면이다. 도심부를 관통하면서도 2^5km/h 급 이상의 속도를 내려면 고가나 지하 터널을 통해 주변의 방해를 받지 않고 달릴 수 있는 물리적 구조가 필요하다. 또한 같은 노선, 같은 주요 역을 통해 지수적으로 다른 속도를 내는 서비스를 모두 고빈도로 제공하려면 2복선 이상의 규모를 갖춘 본선이 이상적이다. 1장 도표 7~9와 6장 도표 1은 이들 서비스의 계층적 구조가 자동차에 대응하여 철도망의 속도 경쟁력을 확보하는 데 결정적임을 보여 주기도 했다. 하지만 거대도시권 철도망이 이들 다중적인 역할을 모두 제대로 수행할 수 있는 물리적 구조, 또는 규모를 갖췄는지 평가하기 위한 지표인 '철도개발지수'에서, 서울은 B- 수준의 점수를 받았다.(1장

65
시민 단체의 최근 견해로 다음을 참조. 녹색연합, 「철도난개발과 공공성 악화 보고서」(2017).

　　　　　　　　　　　　　　　7장 세금 위를 달리는 철도

11절) 망의 원활한 운영과 대중교통의 품질 개선, 그리고 전체 수송에서 철도의 역할 확대를 위해서는 과감하면서도 정교한 물리적 투자가 서울에는 아직 더 많이 필요하다는 뜻이다. 철도개발지수는 인간 개발과 관련된 다른 지수(인간개발지수, 소득, 100만 명당 특허건수, 지니계수)와 연관성을 보인다는 사실(보강 3) 역시 간과해서는 안 된다.

　　　　망의 물리적 구조에 대한 투자가 인간 개발과 반드시 대립할 이유는 없다. 과잉 토건 이론가들은 철도망 건설이 인간 개발을 도외시하는 자산 개발이라는 비극으로 이어질 것이라고 우려하지만, 철도망이 대중교통망의 중추에 있는 한 이 망이 인간 개발에 필요한 수송력을 모든 계층에게 고루 제공하는 역할을 하리라는 점은 부정하기 어렵다. 게다가 이 망은 정부의 적극적 역할 없이는 확장은커녕 유지될 수도 없다. 모든 인간의 활동 역량을 지원해 삶의 질을 올리고 잠재력을 발휘할 조건을 만들어 내는 정부의 역할을 교통의 측면에서 구현하는 수단의 결정판이 철도라고 말한다면 너무 지나친 것일까. 어쨌든, 철도 건설이 부동산 가치를 지나치게 상승시키는 방아쇠가 되지 않도록 역의 위치와 토목 구조를 신중하게 선택하는 지혜[66]를 발휘한다면, 과잉 토건 이론가들의 우려에는 어느 정도 답했다고 할 수 있을 것이다.[67]

[도표 24] 전국을 네 범주로 나눈 통근통학 통행 분담률. 2015년 센서스. '인천·경기·부산', '네 광역시', '나머지 도' 지역은 통근 수단의 분담 상황이 유사한 지역들로서, 전국의 상황을 간단히 정리하는 데 활용할 수 있다. '나머지 도'에서 인구 50만 이상의 특정시를 분류할 수 있었다면 좋았겠지만 이들에 대한 데이터는 일관되게 존재하지 않는 상태였다. 한편 '복합 수단' 가운데는 대중교통 사이의 환승 통행뿐만 아니라 승용차를 역 주차장에 주차하고 철도를 이용하는 것과 같이 승용차가 개입된 통행도 포함되지만, 이 역시 대중교통 없이는 불가능한 행태이기 때문에 분석에서는 모두 대중교통으로 간주한다.

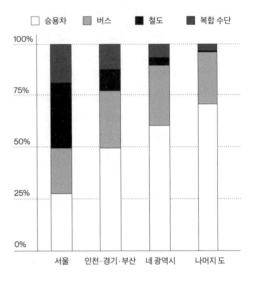

조세-편익 연계 대 형평성: 유류세와 지방, 또는 연령·성·계급

여러 논의에 따라, 수도권에서는 신중한 철도 개발이 인간 개발과 직결된다고 해 두자. 하지만 상황은 좀 더 복잡하다. 문제의 출발점은 유류세다. 오늘날, 철도 투자에

66

지가 앙등을 억제한다는 충분한 증거를 수집하지는 못했으나, 고가 신선 건설은 바로 이런 이유에서 적극 활용될 필요가 있다. 기존선 지하화, 또는 부지가 있음에도 이뤄지는 지하 신선 건설은 많은 경우 철도 연선 주변의 부동산 소유자들이 이익을 기대하고 부르짖는 일일 뿐, 망 이용객에게는 사실상 전혀 도움이 되지 않거나 오히려 악영향이 갈 수 있기 때문이다. 단, 토공은 연선 지역을 실제로 물리적으로 단절하므로 시가지의 신선 구조로는 적절하지는 않다.

67

한 논평자는 집적의 경제를 강화해 결과적으로 경제 발전을 이끄는 데 철도망이 도움이 된다는 점을 강조할 필요가 있다고 이야기하기도 했다. 내가 여기에 대해 전적으로 동의한다는 점은 6장까지의 논의를 통해 분명할 것이다. 하지만 이 맥락은 과잉 토건 이론이 제기하는, 집적이 오히려 형평성을 훼손하지 않느냐는 문제에 답해야 하는 맥락이다. 따라서 여기서는 망의 운용 자체를 위해 여전히 물리적 투자가 필요하다는 논지의 답이 가장 필요하다고 보았다.

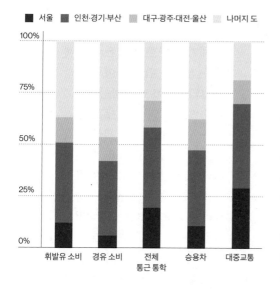

[도표 25] 전국 대비 주요 지역별 휘발유, 경유 소비 및 전체 통근통학 통행량의 비율. 유류 데이터는 국가에너지통계시스템 (http://www.kesis.net/)의 2016년 값에서, 통근통학 통행량은 2015년 센서스에서.

들어가는 돈은 결국 휘발유와 경유 소비 자에게서 온다.(3절 데이터 1, 2) 그런데 유류세는 많은 불만의 대상이다. 심지어 2018년 말 프랑스에서는 기후위기 대응용 탄소세로 인한 유류세 인상에 반발해 대규모의 시위가 벌어지기도 했다. 1999년 김대중 정부가 단행한 유류세 인상에 비해 미약한 규모였음에도, 그리고 프랑스의 유류세는 유럽에서 중간 수준 정도였음에도 반응은 싸늘했다. '노란 조끼' 시위가 특히 대중교통 수단이 부족한 중소도시 지역의 불만을 대변한다는 논평이 줄을 이었다.

도표 24~26은 이런 상황을 좀 더 세밀하게 이해하기 위해 필요한 값들을 보여 준다. 도표 24는 통근통학 통행 분담률에 따라 전국을 넷으로 분류할 수 있음을 보여 준다. 서울의 경우, 통근통학에 승용차를 이용하는 시민의 비중은 26%이지만 대중교통을 통근에 이용하는 시민의 수는 70%에 육박한다. 이 비율은 인천·경기·부산에서는 대략 5:5로, 그리고 대구·광주·대전·울산(이하 '네 광역시')에서는 6:4로 변한다. 도 지역에서는 이 비율이 7:3까지 벌어진다. 서울에서는 승용차보다 더 일반적인 통근수단인 철도의 역할은 도 지역으로 갈수록 극적으로 감소하며, 도 지역의 소도시에서는 복합 수단의 한 축으로서만 의미가 있을 뿐이다.

도표 25는 이들 네 지역의 유류 소비, 그리고 수단별 통근량 사이의 비중을 보여 준다. 서울은 전체 차량용 소비량의 전국 비중(9%)에 비해 대중교통 통근의 비중(30%)이 크게 높다. 한편 유류의 37%를 소비하는 인천·경기·부산은 이 값과 승용차(37%), 대중교통(41%) 통근의 비중이 모두 비슷하다. 네 광역시 역시 유류 소비 비중과 승용차·대중교통 통행량 비중의 차이가 그리 크지 않다. 하지만 도 지역은 상황이 다르다. 유류의 41%를 소비하며, 이와 유사한 승용차 통근 비중(38%)을 보이지만, 대중교통 통근 비중은 18%에 불과하기 때문이다. 유류 소비를 통해 교통 세원에 기여하는 수준보다 훨씬 높은 대중교통 통행 비중을 보여 주는 서울의 상황, 그리고 대중교통에 상대적으로 미약하게 의존하는 도 지역의 상황을 함께 보면, 지금의 철도 투자 제도는 승용차에 의존할 수밖에 없는 도 지역에게 고율의 유류세를 거둬 서울 거대도시권(중심지 서울과 광역권 인천·경기)의 대중교통 체계를 개선하는 데 사용하는 조치처럼 보인다.

문제는 이것이다. 철도 투자의 핵심 재원인 유류세는 절반 이상 승용차가 우위인 지역에서 온다. 이들 지역에서 철도의 통행량은 미미하고, 도시의 밀도 차이

7장 세금 위를 달리는 철도

[도표 26] 전국 지역별, 성별 통근 수단 분포. 2015년 센서스. 도표를 단순화하기 위해 '네 광역시' 범주는 생략했다.

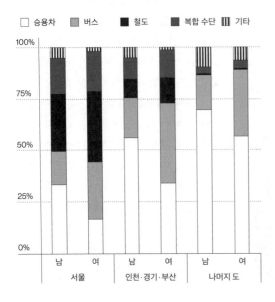

를 감안하면 아무리 투자하더라도 그 효과가 쉽게 나타나기는 힘들다. 그렇다면 이들 지역에서 거둔 유류세를 철도에 대거 투입하는 지금까지의, 그리고 내가 제안한 방침은 유류세와 운전자의 편익 사이의 거리를 멀리 떨어뜨리는 방침이라고 볼 수 있다. 그런데 조세-편익 연계가 성립되지 않은 세금은 결국 경제 활동에 손실을 끼쳐 경제의 효율성을 저하시킬 것이다.[68] 그리고 이 효율성 저하는 특히 승용차의 역할이 상대적으로 큰 소도시, 도 지역으로 갈수록 심해질 것이다. 지역 균형 발전이라는 형평성의 언어를 활용할 필요도 없이, 경제적 효율의 차원에서도 유류세를 철도에 투자하는 데는 문제가 있는 셈이다.

이 문제 제기에 답할 방법은, 지역 내부의 상황을 좀 더 세밀하게 살펴보고, 형평성을 증진하려 할 때 지역만큼 중요한 요소가 이들 지역 내에서 어떻게 작용하고 있는지 확인하는 데 있다. 이들 요소의 이름은 바로 연령, 성, 계급이다. 이들 세 요소는 지역만큼이나 형평성의 증진에, 따라서 인간의 개발에 중요하다. 도 지역, 다시 말해 소도시와 저밀도 지역에도 이들 요소를 위한 배려는 필요하다. 오히려, 효율성에 기반해서는 대중교통에 대한 지원을 받기 어려운 이들 지역에서는 대중교통 투자와 지원을 위한 논거의 핵에 이들 세 요소가 있을 가능성이 크다.

도표 26은 네 지역 모두에 걸쳐, 남녀 사이의 통근 수단 분담률 차이가 일관되게 나타난다는 사실을 보여 준다. 여성의 통근통학 대중교통 분담률은 남성보다 15%(도 지역)~23%(인천·경기·부산) 높다. 즉 전국적으로 여성은 남성보다 통근을 위해 20% 정도 대중교통을 더 이용한다. 분담률 차이가 가장 작은 도 지역에서조차 여성은 절반을 겨우 넘는 사람들만이 승용차 통근통학을 하고 있다. 그렇다면 유류세를 이용한 대중교통 투자는 전국에 걸쳐 성차별에 따른 기회 불균등을 바로잡는 데 상당한 역할을 할 수 있는 셈이다.

도표 27은 연령과 지역, 성별에 따른 통근 수단 선택 패턴과 그 차이를 보여 준다. 모든 지역, 모든 성별에 걸쳐 청·노년층보다 중장년층의 승용차 분담률이

68
다음을 참조. 조나단 그루버, 『재정학과 공공정책』, 20장.

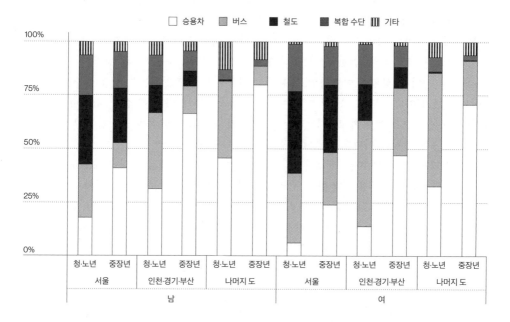

[도표 28] 계급은 통근 수단에 어떤 영향을 미치는가? 관리자 및 전문가는 말 그대로 센서스가 분류하는 직업 가운데 '1. 관리자', '2. 전문가 및 관련 종사자'를 의미하며, 생산직·노무직은 "7. 기능원 및 관련 기능 종사자", "8. 장치, 기계조작 및 조립 종사자", "9. 단순 노무 종사자"를 의미한다.

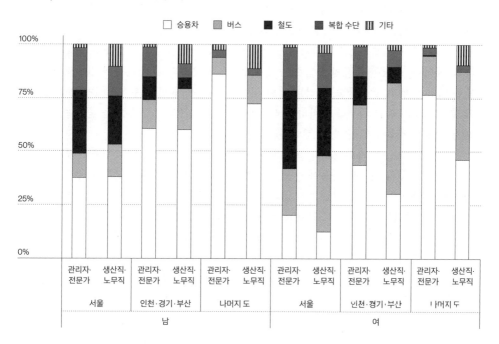

7장 세금 위를 달리는 철도

훨씬 높다. 서울의 중장년층을 제외하면, 남성 중장년층은 대부분 통근 수단으로 승용차를 압도적으로 선호하며, 이는 네 광역시와 도 지역의 여성 중장년 역시 마찬가지다. 하지만 청·노년층은 심지어 도 지역의 남성 인구조차도 승용차를 이용하는 통근객이 절반에 미치지 못한다. 두 연령 집단의 대중교통 분담률 차이는 서울의 경우 19(여)~22(남)%, 인천·경기·부산과 도 지역의 경우 30~37%, 네 광역시는 39~43% 수준이다. 상황이 이렇다면, 유류세를 이용한 대중교통 투자는 세대 간 지원이기도 한 셈이다. 그리고 이 세대 간 차이는 서울을 제외한 전국에 걸쳐 성에 비해 더 중요한 것으로 보이며, 도 지역과 서울 사이에서 38%의 승용차 분담률 격차를 불러오는 지역 간 차이와도 비견할 만한 규모로 보인다.

또 다른 변수는 바로 계급이다.(도표 28) 여기서 나는 계급의 대리 지표로 센서스가 사용한 "직업"을 활용했다. 관리자와 전문가는 상층 계급을, 생산직과 노무직은 노동 계급 또는 하층 계급을 대리할 수 있기 때문이다. 도표 28에 따르면, 남성보다는 여성의 계급 간 차이가, 그리고 서울이나 인천·경기·부산보다는 네 광역시나 도 지역의 계급 간 차이가 두드러진다. 남성은 서울, 그리고 인천·경기·부산에서는 승용차 분담률에 계급 간 차이가 거의 없지만, 여성은 모든 지역에서 노동 계급의 승용차 분담률이 상당히 낮기 때문이다. 특히 도 지역 여성의 계급 간 대중교통 분담률 차이는 22%, 네 광역시의 차이는 20%에 달한다. 이들 지역에서, 대중교통 투자는 명백히 노동 계급 여성을 위한 투자인 셈이다.

도표 28에서 놓치지 말아야 할 패턴은 남성 노동 계급, 그리고 도 지역 여성 노동 계급에게서 확인할 수 있는 '기타'의 비교적 높은 비중이다. 이들은 대중교통망이 갖춰질 수 없거나 대단히 어려운 대규모 건설 현장, 또는 외곽의 공단으로 향하는 셔틀 버스를 이용하는 사람들로 보인다. 그런데 이들 셔틀 버스들의 집결지는 철도역을 위시한 대중교통 중심지 주변인 것이 상식이다. 전국의 남성 노동 계급이나 도 지역 여성 노동 계급의 상당수는 대중교통을 이용해 집에서 이들 집결지로 이동한 다음 셔틀버스에 탑승, 일터로 떠날 것이다. 이들을 원활히 수송할 수 있도록 몇몇 거점역의 환승 체계를 정비하는 작업 또한 노동 계급의 통근 부담을 줄이는 데 매우 중요한 역할을 할 수 있는 셈이다.

분석 결과는 이렇다. 도 지역에 대한 투자라 해도, 유류세를 도로 위주로 투자하고, 대중교통의 건설과 운용에는 빈약하게 투자하는 방침은 대중교통에 투입할 별도의 안정적인 재원을 마련하지 않는 이상 지역과 무관하게 중장년, 남성, 상층 계급에게 편향된 교통 체계로 연결될 것이다. 또한 성, 연령, 계급 간 지원을 위한 조치는 지역 간 지원에 독립적으로, 또는 서로 우열을 겨룰 수 없는 방식으로 형평성에 중요한 의미를 가진다. 아무리 작은 도시에도 여성과 청·노년층, 노동 계급은 있으며, 형평성을 위한 투자의 과실은 사회 내에서 상대적으로 유리한 중장년, 남성, 상층 계급보다는 이들에게 돌아가야만 한다. 따라서 유류세에 대한 저밀도 지역의 반발에는 데이터를 감안하여 신중하게 대응해야 하며, 도로 건설 위주의 건설 예산 집행을 형평성의 언어로 옹호하는 것은 지역 내의 다양성을 무시하는 접근이다.

보강 8.
대중교통 이탈률: 도시 규모, 성차, 그리고 대중교통

자동차화 이후, 인간의 일생은 대중교통과 승용차를 옮겨 타는 과정으로 설명할 수 있게 되었다. 인생의 여명기, 미성년자는 운전면허조차 딸 수 없고, 시내버스는 이들의 충실한 발이 된다. 20대 초반, 아무리 선진국이라 해도 구대륙에서 대부분의 인구는 대중교통으로 사회 활동을 시작하게 된다. 인생의 초반을 함께하는 것은 대중교통 시스템인 셈이다. 물론 통학과 통근에 지친 사람들은, 버스를 기다리는 자신을 무심히 앞질러 가는 자동차들이 전하는 달콤한 약속에 귀를 기울이게 될 것이다. 직장을 잡고 몇 년이 지난 시점인 30대 초반이 되면, 많은 인구는 바로 이 약속을 실현시킬 지불 능력을 갖추게 된다. '마이카'가 생기는 시기다. 몇 년이 지나 가족을 이루고 나면, 아이와 늙어가는 양친을 돌봐야 할 일도 점점 늘어나 차량의 힘은 더 커 보인다. 인생에서 소득이 정점에 도달하는 40대는 승용차 사용 비중 역시 정점에 도달하는 시기다. 물론, 소득이 조금씩 줄어드는 50대부터 이 비율은 천천히 떨어지고, 60대에 접어들면 많은 사람들에게 승용차가 다시 부담스러운 수단이 되고 만다. 승용차가 인간의 이동 능력과 독립성을 보장하는 30년의 세월 앞뒤로, 대중교통이 지배하는 총 40년 동안의 시간이 둘러싸고 있는 것이 선진국 사람들의 교통 일생인 셈이다.

생각이 여기에 미치자, 나는 사람들의 교통 일생 속에서 일어나는 변화를 수치화하면 꽤 흥미로우리라는 생각이 들었다. 앞서 언급한 변화의 종류는 두 가지다. 20대 후반부터 30대에 걸쳐 일어나는 대중교통으로부터의 이탈. 그리고 60대에 일어날 대중교통으로의 재유입. 이 가운데 전자에 대한 측정은 현시점 정책의 관점에서 볼 때 더 중요하다. 노년층의 이동 절대량은 아무래도 중장년층보다는 적은 데다, 한국의 자동차화는 1987~2003년 사이에 가장 급격했다는 사실을 감안하면 2019년은 후자의 변화가 뚜렷하게 드러날 만한 시점은 아니기 때문이다. 특히 자동차화의 시점이 상대적으로 늦었던(도표 2) 비수도권, 비영남 도 지역에서는 더욱 그렇다.

그렇다면 2019년 현재 한국인의 삶에서 승용차가 가진 힘을 측정하는 데 제격인 지표는, 바로 30대 후반이나 40대 인구가 20대 초반 당시에 비해 대중교통에서 이탈한 비율이 될 것이다. 연령 코호트 내에서 관찰 가능한 이 변화율을 '대중교통 이탈률'이라고 부르자. 대중교통을 통해 승용차에 대한 욕구를 잘 구축(驅逐)해 낸 한편, 자동차 억제 정책을 통해 그 침투력을 감쇄시키는 작업이 잘 이뤄진 도시일수록 대중교통 이탈률은 낮아질 것이다. 물론 대중교통이 허술하고, 자동차를 억제하지 않은 도시일수록 이 비율은 높을 것이다.

다만 나는, 대중교통 이탈률을 구하기 위해 2015년의 스냅 숏을 사용했다. 다시 말해, 2015년 20~24세의 대중교통 통근통학률에서 같은 시점 35~39세의 대중교통 통근통학률을 뺀 값을 이 시점의 대중교통 이탈률로 보았다. 2015년은 서울의 자동차화 열기가 식은 지 아직 10여 년밖에 되지 않았으며 비수도권 도

7장 세금 위를 달리는 철도

[도표 29] 2015 센서스에 기반한 대중교통 이탈률. 각 지역의 20대 초반(20~24세)의 대중교통 통근통학률에서 30대 후반(35~39세)의 대중교통 통근통학률을 뺀 값이다. 연령 코호트를 직접 추적한 값이 아니라는 한계는 있으나, 현시점의 대중교통 이탈 수준을 측정하는 데 이보다 적절한 값은 없다고 보고 작성했다.

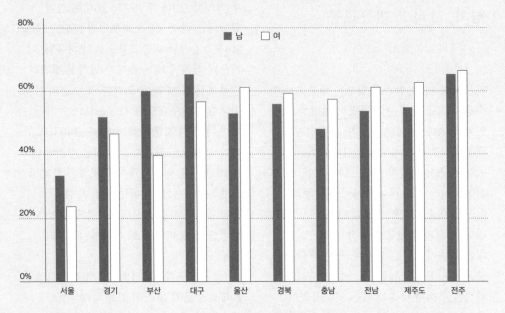

지역에서는 자동차화가 여전히 진행 중인 시기이기 때문이다. 자동차화의 동향이 안정되지 않은 이상, 여기서는 부득이 같은 시점 다른 연령대 인구의 대중교통 통행률을 비교하는 방법을 취한다. 자동차 통근통학률의 전반적인 안정(또는 하락)이 전국적으로 확인될 시점에야 실제 연령 코호트를 활용해 이 지표를 측정할 수 있을 것이다.

　　　　지역 데이터는 상식적인 예상에서 크게 벗어나지 않는다. 서울의 이탈률은 30% 수준이다. 반면 인천·경기·부산의 경우 이탈률이 50%이며, 전국의 나머지 지역에서는 60%에 달한다. 네 광역시와 비수도권 도 지역 사이의 차이가 크지 않다는 점을 빼면, 이런 차이는 본문에서 다룬 대중교통의 분담률 자체에서 예상할 수 있었던 결과에 가까울 것 같다.

　　　　하지만 도표 29에는 의외의 사실도

함께 드러나 있다. 성차가 상당하며, 광역지자체에 따른 이탈률의 변동 수준은 여성이 더 크다.(표준편차 남 0.08, 녀 0.10) 그리고 더욱 인상적인 것은, 여성의 이탈률은 대도시에서는 남성보다 훨씬 낮지만(남녀 격차 서울 10%, 부산 20%) 모든 비수도권 도 지역과 울산, 그리고 비수도권 특정시에서는 남성보다 높다는 사실이다.

　　　　대체 무슨 일이 있었던 것일까? 먼저, 대도시의 이탈률 차이는 설명이 좀 더 복잡할 것 같다. 남성이 승용차에 훨씬 더 강력하게 열광하고, 대중교통으로부터의 이탈을 더 강력하게 열망한다는 설명이 중요할지도 모른다. 또는 가정에서 승용차와 운전이 주로 남성의 영역으로 취급받고, 이에 따라 남성이 대도시에서도 상대적으로 승용차를 많이 사용하게 될지도 모른다. 분명한 것은, 남성에게 기대되는 역할, 또는 남성 개인이 지닌 취향의 평균이 대도시의 비교적 높은 대중교통 수준과 승용차를 억제하는 물리적·정책적 환경을 좀 더 강력하게 무력화하고 있다는 점이다. 반면 비수도권 도 지역에서 여성 이탈률이 좀 더 높다는 사실은 조금 더 쉽게 설명할 수 있어 보인다. 자동차가 최적의 이동 경로를 제공해 주는 인구가 그만큼 많고, 이 요인이 성과 관련된 차이조차 모두 압도한다는, 다시 말해 여성 역시 소도시에서는 승용차 없이는 다른 사람과 유사한 수준의 삶을 영위하기 어려울 수 있다는 설명 이외에 유력한 설명은 없어 보이기 때문이다.

이탈률의 성차는 남성의 승용차 통근통학률이 여전히 전반적으로 높다는 사실과 함께 발생하는 현상이다. 남성의 낮은 이탈률과 높은 통근률은, 20대 초반 남성의 승용차 통근통학률이 비수도권 도 지역에서 수도권이나 부산보다 훨씬 높기 때문에 함께 발생한다. 그렇다면 방금 발견한 성차는, 비수도권 도 지역의 남성이 여성보다 좀 더 빠르게 승용차의 세계로 접어든다는 사실을 반영하는 것이다.

대중교통 이탈률은 센서스가 포함하고 있는 통근통학 통행만으로 계산된 것이다. 물론 통행 목적은 훨씬 더 다양한 이상, 이 값이 교통 대책의 모든 것과 연관될 수 있을지 잘라 말하려면 좀 더 많은 데이터가 필요할 것이다. 하지만 적어도 이 값은, 대도시 교통 당국이 성과 승용차 사이의 관계에도 좀 더 주목해야 한다는 사실만은 보여 주고 있다. '남성'이라는 요인을 무시한다면, 대도시의 승용차 물결을 줄이는 작업은 또 다른 실패만을 양산할지 모른다, 가족 관계 속 남성의 역할, 그리고 남성적 취향이 문제라면, 문화적 선동까지 필요할지도 모른다. 자동차란 곧 남성의 독립적 자아를 물리적으로 구현하는 핵심 도구라는 생각을 약화시키는 방향으로 말이다. 대도시 남성 승용차 소유주에 대한 추가 과세는 그 출발점이 될지 모른다. 남성의 소득은 여성보다 평균적으로 높고, 유류세는 도시 규모가 상대적으로 작은 비수도권 도 지역에서 다수 유래하는 것 역시 확인되므로(도표 24), 다른 곳이 아닌 대도시의 남성 승용차 소유나 운전을 조금 더 불리하게 만드는 조치를 정당화하는 작업이 크게 어려운 것은 아니라고 본다.

투자의 분포, 수도권 집중 투자?

철도망의 지리적 분포라는 문제를 검토하는 관점을 따라가다 보면 도착하게 되는 또 하나의 문제가 있다. 한국의 철도망은 수도권, 특히 서울 시계 내부에 집중적으로 분포한다. 대체 무엇이 이런 상황을 불러온 것인가? 한 가지 답은 철도망 이용객 분포가 가진 특징에서 올 것이다. 다시 말해, 대도시 중심부로 갈수록 철도의 이용 밀도는 상승하고, 따라서 기대 운임 수익도 늘어날 것이다. 아무리 철도망에 대한 재정 지원 규모가 최근 들어 방대해졌다 해도, 오늘의 철도는 건설비 원리금을 갚기는커녕 영업 이익조차 내기 힘겨운 사업이므로, 재무적 부담이 줄어들수록 건설은 편해질 것이다. 도로망보다 큰 마찰시간 덕에 주변 인간 활동의 규모와 밀도로부터 이용객 규모가 받는 영향이 훨씬 더 크다는 점까지 겹쳐, 철도망의 밀도는 거대도시 중심부인 서울 시계 내부에서 가장 높아질 것이다.

그러나 이런 설명은 상황에 대한 서술일 수는 있어도, 팽배해 있는 지방의 불만을 이해하고 답이 될 만한 투자 방침을 세우는 데는 적절한 관점은 아닐 것이다. 이런 목표를 위해, 나는 다음과 같은 질문이 필요하다고 생각한다. 지금까지 비수도권 철도망 투자는 어떤 면에서 취약했고, 어떤 면에서 성과를 이뤘는가? 취약한 점을 채우기 위해 필요한 것은 무엇인가?

지금의 맥락에서도 전국망, 광역망, 도시망이라는 삼분법은 유용하다. 각각의 망은 속도와 역간거리에 기반해 각각의 역할을 수행할 수 있고, 이를 위해 서로 영향을 주고받지 않도록 별개의 방식으로 구성될 필요가 있기 때문이다. 이 삼분법을 이 논의를 진행하는 데 쓴 지역 분류 위에 적용하면, 지역별 투자 상황을 평가하기 위한 작업의 출발점이 된다.

전국망은 총량을 정밀하게 분석할 필요가 아직 없다. 서울에서 출발하는 망조차 아직 미완의 상태이기 때문이다. 또한 설사 전국망 철도가 북한 방면 연결까지 완비되었다 하더라도, 전국망 투자는 동서로 좁은 한반도의 지형을 감안해 평가해야 한다. 바로 이 지형적 특징 덕분에, 한국 종관 철도는 가장 수요가 큰 서울 주변을 거쳐가더라도 별다른 우회를 하지 않고 남북을 연결할 수 있기 때문이다. 다시 말해, 동해선, 내륙 종관선과 북한 지역 일부 노선을 뺀 모든 한국 종관선은 서울 또는 그 근교를 통과하는 것이 좋다. 전국망의 집중 투자는 횡단 철도에 대해서만 유의미하게 평가할 수 있다. 그러나 2019년 연말 현재 고속열차가 운행하는 횡단선은 서울에서 착발하는 강릉선(2017년 개통)뿐이기 때문에, 횡단 철도의 측면에서 서울에 대한 집중 투자를 부인하기는 어렵다. 비록 강릉선 역시 개통된 지 얼마 안된 상태이긴 하지만, 부산에서 마산, 광주에서 순천을 잇는 철도망이 부실하여 남해안 축선을 횡단하는 망조차 아직 존재하지 않는다는 데 대한 불만은 정당한 면이 있다.

비교할 다음 층위는 광역망이다. 이 층위에서 투자 결과의 차이는 심원한 수준이다. 수도권 광역망의 총 연장은 700km가 넘지만, 2019년 현재 수도권 바깥 광역망은 오직 부산의 동해남부선 부전~일광 28km 구간뿐이기 때문이다. 부산 시계를 넘는 양산선(부산교통공사 2호선 소속)과 김해부산경전철(별도 민간 사업자)

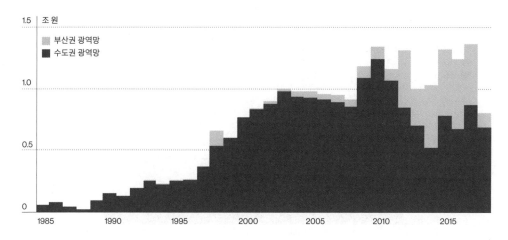

[도표 30] 지역 대분류별 중앙정부의 광역망 투자액 실질 가격, 1985~2018. 국회에 제출된 각 년도 예산안에 명시된 사업별 액수를 지역에 따라 수합하여, 한국은행의 2010년 기준 GDP 디플레이터를 활용해 실질 가격으로 변환한 결과다.

을 합산하더라도 연장은 대략 60km다. 대구나 대전, 광주나 다른 도시의 광역망은 빨라야 2020년대 초반에나 영업을 시작하게 될 것이다.

도표 30은 이런 물량 차이가 어디서 유래하는지 보여 준다. 수도권 광역망에 대한 재정 투자는 지난 30년간 총 18.4조 원(명목 가격)에 달했으며, 투자액 역시 1990년대 초반부터 지속적으로 증가해 왔고 2003년부터는 명목 가격 기준 8000억 원 이상의 액수가 꾸준히 기록되었다.(2014년 제외) 비록 물가 상승 덕에 실질 투자액은 조금 줄어들긴 했지만, 수도권 광역망에 대한 투자액은 전체 철도 건설 예산이 크게 삭감된 2018년에도 상대적으로 덜 삭감되기도 했다. 반면 부산을 위시한 동남해안의 광역 연계에 쓰일 부산, 울산, 경남 지역 철도(포항 방면 동해선 포함)에 대한 투자는 지금까지 4.3조(명목 가격) 수준에 그쳤으며, 그마저도 본격적인 투자는 2010년 이후에나 이뤄졌다. 심지어 부산~마산 간 경전선의 경우 2013년에 들어서야 민간 자본을 확보하여 2014년 착공, 본격적으로 추진되고 있다. 비수도권 도시들의 광역화 속도와 규모가 작아서 일어난 현상이라는 반론이 있을지도 모르겠다. 하지만 수도권 광역은 이미 1974년에 도시철도망과 함께 개업했다는 사실을 감안하면, 그리고 수도권 광역망보다 부산권 광역망에 대한 본격적인 투자 개시 시점이 15년은 늦었다는 점을 감안하면 광역망의 층위에서 서울 집중 투자를 부인하기는 어렵다.

다만 이런 결론을 도시망에 그대로 적용하긴 어렵다. 도시망의 투자 비율에서는 극히 다른 값이 나오기 때문이다. 서울 '2기 지하철'이 아직 완성되지 않은 1990년대의 경우, 서울과 인천에 대한 국가의 도시철도 투자액과 비수도권 광역시의 도시철도에 대한 투자액 규모는 거의 같다. 하지만 이 비율은 2000년대 들어 크게 역전된다. 특히 2000~2004년 사이 도시철도망 투자는 서울에서는 극히 둔화된 반면 비수도권의 네 광역시에서는 (명목 가격 기준) 사상 최대의 수준으로 진행

7장 세금 위를 달리는 철도

[도표 31] 지역 대분류별 중앙정부의 도시철도 재정 투자액, 1985~2018. 채권과 지방비로 조달한 비용은 포함되지 않았으며, 오직 국회를 통과한 중앙정부의 재정 투자액만을 합산한 값이다. 한국은행의 2010년 기준 GDP 디플레이터를 활용해 실질 가격으로 변환한 결과다.

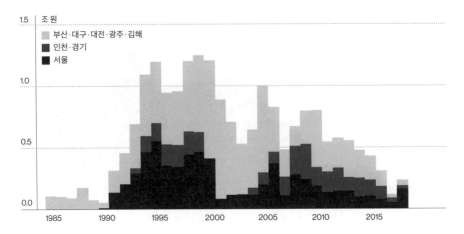

[도표 32] 서울 도시철도망의 시기별 투자액 비율. 각 노선(사업)별 건설지를 활용했다. 단, 우이신설선은 다음을 참조. 서울정보소통광장,「우이~신설 지하경전철 건설(2013)」, https://opengov.seoul.go.kr/budget/400951.

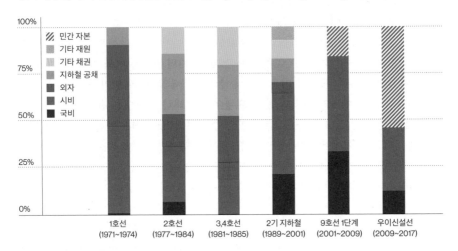

된다. 이후 시기의 투자 역시 2014년까지는 비수도권의 규모가 더 크다. 2015년부터 비수도권 도시철도의 투자 규모가 축소된 이유는 광역시의 주요 망이 완성되었고 경전철 건설을 논의하던 특정시들은 대부분 투자를 포기했기 때문이다. 도시철도 사업비가 거의 들어가지 않던 2016~2018년, 대전과 광주는 제2호선의 부설 방식을 결정하지 못했고, 대구에서는 도시철도 부설이 일단락되었으며, 부산에서는 단거리 노선 사업만이 진행 중인 상태였다. 1984년부터 이뤄진 전체 투자액을 모두 합산하더라도 중앙정부가 서울 도시철도에 특별한 배려를 했다는 결론을 내리긴 힘들다. 서울 도시철도에 들어간 국비는 총 5.1조 원, 여기에 인천과 경기를 합쳐 수도권 도시철도에 들어간 국비가 전체 7.6조 원인 반면, 비수도권 도시철도에 투입된 국비는 총 8.6조 원 수준이기 때문이다.(모두 명목 가격 기준) 수도권의 인구가 비수도권과 거의 같다는 점을 감안하면, 1조 원의 격차는 부족하나마 정부가 도시 철도의 측면에서는 지방에 좀 더 많은 지원을 하기 위해 노력했다는 점을 보여 주는 것 같다.

물론 중앙정부 투자액의 이러한 차이에도 불구하고, 수도권 일대의 도시 철도 연장은 2019년 연말 현재 비수도권보다 약 128km 더 길다.(수도권 385.5km, 비수도권 257.4km) 하지만 이런 결과는 지방정부의 지불 능력 사이에 차이가 있기 때문에 빚어진 것이다.(도표 32) 1기 지하철 사업비는 대부분 서울시가 채권을 발행하여 조달한 것이었고, 중앙정부의 지원금은 3% 수준에 불과했다. 3, 4호선은 당초 민간 자본이 수행하던 사업을 1982년 서울시 산하 공기업이 인수하여 진행한 노선이다. 이후에도 서울시는 다른 지방정부보다 높은 자체 사업비 조달 책임을 진다. 국비 조달 비율이 가장 높은 사업인 9호선 역시 40%에 미치지 못한다. 현재 서울시는 도시철도 총 사업비의 60%를, 다른 지방정부는 40%를 조달해야 하는 의무를 명시적으로 지고 있다.[69] 이 비율은 21세기 들어 확립된 것이며, 그 이전 시기에는 서울과 타 지방[70]에 대해 모두 국고 지원의 수준이 더 낮았다.

상황이 이렇다면, 지방 광역시 도시철도망에 대해 정부의 투자가 더 많았던 지난 20년의 상황은 서울의 상대적으로 높은 지불 능력과 이로 인한 격차 완화를 위한 투자 방침이었다고 해석할 수 있다. 물론 도시의 규모에 따라 망 이용객이 현격하게 달라지는 철도망의 특성상, 정부의 이런 재정 집행 방침에도, 또는 이런 방침이 더 심화되어 수도권과 비수도권의 도시철도망 연장이 비슷한 수준에 도달했다 하더라도 수도권의 이용객이 훨씬 더 많은 결말을 피하기는 어려웠을 것이다. 그러나 그럼에도, 이런 투자 방침이 좀 더 빨리, 그리고 특히 비 광역시 지역에 대해서도 충분히 적용되었다면 하는 아쉬움은 남는다. 서울의 지방 재정 동원 능력이 가장 우월하다는 점은 재론의 여지가 없으며, 광역시보다 세입이 부실할 수밖에 없는 기초 시에서도 도시철도 사업을 원활히 수행할 수 있으려면 충분한 재정 지원이 필요하기 때문이다.

결과는 이렇게 요약된다. 전국망은 동서 횡단 축에서 서울 중심 투자가 확인된다. 광역망의 수도권 중심 투자는 매우 뚜렷하여 부인할 방법이 없다. 반면 도시망의 경우 특히 2000년 이후 정부의 투자는 서울보다는 광역시에 좀 더 많이 이뤄졌다. 따라서 앞으로 수도권 집중 투자를 해소하고자 한다면, 정부는 광역시 도시철도보다는 광역망과 동서 횡단 전국망 투자에 좀 더 심혈을 기울일 필요가 있다. 도시철도 부분에서는 지금의 기조를 유지하되 광역시와 특정시에 대한 실질적인 지원 방법을 더 찾아내야만 한다.

---

[69] 이 비율이 명시적으로 결정된 것은 2005년 「도시철도의 건설과 지원에 관한 기준」(국토교통부지침 1641호, 2005년 8월 25일)에서였다. 현행 기준(국토교통부예규 27호)은 2013년 제정되었다.

[70] 부산 제외. 이는 항만으로 위한 부산 시내 교통량 부하를 감안한 조치였다. 2005년까지 부산 도시철도는 국가 직할 공기업인 부산교통공단에 의해 운영되기도 했다.

7장 세금 위를 달리는 철도

보강 9.
무엇이 철도 투자 확대를 가져왔나

한때 열차를 사실상 반값으로(도표 1 2003~2004년 부분) 운행해야만 했을 정도로 재정적 파멸을 맞이했던 한국 철도가 다시 부흥하게 된 핵심 이유는 결국 고속철도 투자에 있었다. 2003년과 2017년의 전국망 수송량(170억→266억 인킬로)과 매출(8411억→2조 8457억 원) 사이에는 극적인 차이가 있고, 이들 차이를 설명하는 것은 대부분 경부고속철도이기 때문이다. 경부고속철도 1단계와 2단계 개통, 그리고 수서평택고속선의 개통 때마다 각기 약 30억 인킬로미터의 수송량이 늘어났고, 매출 증가 또한 5000억(경부 2단계, 수서)에서 1조 원(1단계)에 달했다. 광역망의 수송량 확대, 그리고 호남고속선이나 고속철 지선망 개통이 누적되면서 부흥에 힘을 보탰다.[71] 이들 노선의 건설에 투입된 대규모 투자가 없었다면, 21세기의 한국 철도는 서서히

사업을 정리해야만 했을 것이며 이제 폐지 위기에 직면해 있었을지 모른다.

앞서 나는 이런 투자 확대의 핵심 원인으로 교통세와 교통시설특별회계가 연계되어 철도망의 운영 수익과 무관하게 사용할 수 있는 안정적인 건설 투자 자금이 생겼다는 사실을 꼽았다. 또한 이 돈을 배분할 집행 권한을 가진 재정 당국이 건설 당국의 계획을 믿을 수 있도록 돕는 절차인 예타가 없었다면, 상당수의 지선망과 광역망 투자가 충분한 예산을 배분받기는 어려웠을 것이다.

그런데, 세간에는 이들과는 독립적인 요인을 철도 투자 확대의 핵심 원인으로 꼽는 논의가 널리 퍼져 있는 듯하다. 전임 철도청장이자 국토부장관을 역임한 정종환의 인터뷰를 살펴본다.

> 결국 철도공사와 철도시설공단하고 분리를 통해 철도에 대한 투자와 고속철도 건설이 크게 늘어났다. 어떻게 하면 효율적으로 철도를 건설하느냐에 집중하다 보니까 효율적인 철도 건설이 가능한 것이다. 만약 분리가 안 됐다면 가당치도 않은 얘기다.[72]

핵심은 철도 상하 분리[73]가 철도 투자 확대를 불러왔다, 즉 상하 분리가 투자 확대의 선행 원인이라는 데 있다. 복수의 보도에서 이 견해는 계속해서 재생산되고 있다. 하지만, 도표 5를 확인하면 이런 견해를 쉽게 받아들이기는 힘들다. 신규

---

[71] 호남고속선만으로 설명되는 물량(2014년과 2016년 수송량의 차이)은 약 6억 인킬로 수준이다. 단 이는 수서평택고속선의 효과를 배제한 계산 방법 때문에 과소평가된 것이다. 전라·경전·동해선의 고속철도 투입만으로 늘어난 인킬로는 각 3~4억 인킬로 수준이며 강릉선은 2018년 약 7.5억 인킬로의 수송 실적을 기록했다. 수송량에서 언급과 아귀가 맞지 않는 부분은, 고속철도가 없는 전국망 노선에서는 지속적인 수송량 감소가 있었기 때문이다. 한편 21세기 들어 광역망에서 가장 큰 효과를 낸 것은 2005년 병점~천안 간 연장으로 약 20억 인킬로의 수송 증가를, 그다음이 경원선, 경의선, 분당선의 순차적 연장으로 각 11, 12, 11억 인킬로의 수송 증가를 이끌어 냈다. 이외에 중앙(6억), 경춘(9억), 공항철도(8억) 등에서 5~10억 사이의 인킬로 증가가 있었다.

[72] 「철도 효율화로 서비스 질 높여 국민 혜택주는 게 진짜 공공성」, 『국토매일』, 2017년 10월 16일 자, http://pmnews.co.kr/44914.

철도 투자액 비율의 곡선이 1961년 이후 사실상 기록되지 않았던 철도 매출 대비 20%대에 진입한 시기는 1996년, 즉 교통시설특별회계가 철도에도 투입되기 시작한 시점이다. 이 비율은 2003년에는 100%를 넘기도 한다. 다시 말해, 철도청 말기 9년간 이미 철도 건설에 대한 국비 투자는 지속적으로 확대되고 있었다. 물론 이는 고속철도 투자로만 이뤄진 것은 아니다.(3절 데이터 3) 따라서, 상하 분리가 철도 투자 확대에 큰 기여를 했다는 주장은 조금 더 비판적으로 검토할 필요가 커 보인다.

아마도 정종환 등의 주장은 상하 분리의 목적을 감안해 이뤄진 것으로 볼 수 있을 것이다. 상하 분리의 궁극적인 목적은 철도 시설에 대한 국가의 권한은 유지하면서도 운영 부분에서는 "공정한 경쟁 여건"(「철도산업발전기본법」 제21조 2항)을 조성하여 철도 산업의 경쟁력을 시장 원리를 활용해 향상시키는 데 있었다.[74] 그런데, 기존 망이 이미 확립되어 있는 상황에서, 시장에 새롭게 참여하게 된 철도 운영사는 도로 운송 사업자, 항공사처럼 철도 시설 소유자에게 사용료를 지불하면서

망을 활용하는 선택을 하는 것이 자연스럽고, 스스로 투자에 나설 가능성은 높지 않다. 투자액 만큼의 성과를 얻을 수 없는 전국망 지선에 대해서는 더더욱 그렇다. 물론 유지 보수 사업에 대해서도 투자를 최소화하려 할 것이다. 따라서, 시장 경쟁 여건을 확립하면서도 철도망을 유지하고 그 포괄 범위를 확대하기 위해서는 국가는 새 철도 노선과 기존 노선 유지 보수에 재정을 투입하는 역할을 계속해야 했다. 정종환은 상하 분리 구조 속에서 새롭게 강조되는 국가의 역할에 초점을 맞췄던 것 같다.

하지만, 이렇게 검토해 보면 상하 분리로 인해 철도 투자가 늘어났다는 말은 결국 오해를 부르는 말로 보아야 한다. 철도 투자의 선행 원인은 정부가 재정 투자를 책임지겠다는 결단, 그리고 이런 결단을 지지하는 제도의 도입이었다. 그런데 이런 제도 가운데, 무엇보다도 필요했던 것은 교통세-교통시설특별회계 연계를 통한 충분한 재정, 그리고 이 재정을 분배하는 재정 당국과의 신뢰를 구축하기 위한 예타였다. 공단과 공사를 별도 성격을 가진 조직으로 분리하는 작업은 이에 비하면 필수적이지는 않은 선택이었다. 공단과 공사의 분리는 한국 철도사 속에서도 철도 투자가 팽창의 길로 들어선 지 9년 뒤 시점에 오는 일인 데다, 세계의 철도 구조 개혁 속에서도 유일한 대안은 아니었기 때문이다. 지주회사 제도를 운영해, 영업과 건설(+유지 관리)을 하나의 지주회사 밑에 있는 별개의 자회사들이 수행하게 만드는 사례가 유럽의 절반을 채운다. 이들 절반에는 독일, 스위스와 같은 유럽 대륙 철도의 강자들이 포함되어 있고, 한국과 동일한 조직 구조를 가졌던 프랑스 역시

73
여기서 '상'은 열차를 운행하는 철도공사, '하'는 국유 철도 시설을 건설하고 유지 보수하는 철도시설공단이다. 유지 보수 인력이 철도공사 소속인 것은 노사 협약에 의한 것이며, 이들 사업은 철도공사가 수탁받아 진행한다. 상과 하의 구별은 네트워크 산업 전반에 적용되는 것으로, 대체로 '하'는 자연 독점, 즉 여러 사업자가 별개의 망을 구성할 경우 하나의 망을 공용할 때 보다 지나치게 큰 비용이 투입되어 설비 활용의 효율성이 떨어지는 구조적 부분, '상'은 자연 독점성이 인정되지 않아 경쟁 시장이 원리상 가능한 구조적 부분을 지시한다.

74
이것은 유럽을 비롯한 세계의 철도 개혁에서도 마찬가지 목표였다. UNECE, *Railway Reform in the ECE region* (UN, 2017), 5.

7장 세금 위를 달리는 철도

[도표 33] 유럽 내 주요 OECD 회원국의 철도 산업 수직 통합(vertical intergration) 지표, 그리고 2005년 대비 각 년도 철도 투자액의 비율, 1995~2015. 여기서 '수직 통합' 값은 여객·화물 영업 사업자와 철도 시설 사업자가 분리되어 하나의 시설 위에 별도의 사업자가 영업할 수 있는 상태인지 여부에 대한 평가다. 0점은 소유권 분리, 3점은 법인 분리, 4.5점이면 회계계정 분리, 6점이면 분리되지 않은 단일 사업자를 의미한다. Koske, I., I.Wanner, R. Bitetti and O. Barbiero, "The 2013 Update of the OECD Product Market Regulation Indicators: Policy Insights for OECD and Non-OECD Countries," (OECD Economics Department Working Papers, 2015), 65. 유럽에서 흔한 지주회사(holding company) 제도, 즉 하나의 법인 아래에 자회사로서 열차 영업 사업자와 시설 사업자가 묶여 있는 제도든, 교통·건설 당국의 지휘 아래 영업과 시설이 별도 법인으로 존재하는 한국식 제도든 이들은 모두 3점으로 평가된다. 이 값에 대한 좀 더 상세한 의미는 다음을 참조. OECD, "Indicators of Product Market Regulation Homepage," 2019년 1월 2일 접속, http://www.oecd.org/eco/growth/indicatorsofproductmarketregulationhomepage.htm. 2005년 대비 각 년도의 상대 투자율은 철도 구조 개혁이 대체로 마무리된 시점을 기준으로, 각국이 철도 투자에 얼마나 집중하고 있는지를 대표한다. 도표 산출에 포함된 나라(총 19개)는 다음과 같다. 오스트리아, 벨기에, 체코, 덴마크, 핀란드, 프랑스, 독일, 헝가리, 이탈리아, 룩셈부르크, 네덜란드, 노르웨이, 포르투갈, 슬로바키아, 스페인, 스웨덴, 스위스, 터키, 영국.

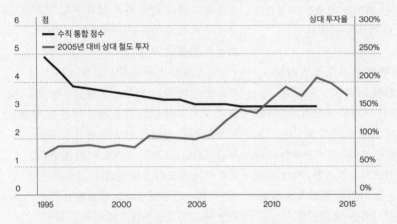

[도표 34] 유럽의 상하 법인 분리 국가 가운데 지주회사 제도를 채택한 7개국과 정부가 분리 법인을 통괄하는 10개국의 2005년 철도 투자액 기준 상대 투자율, 1995~2015. 모든 데이터는 도표 33과 같다. 정부 통괄 10개국은 벨기에, 체코, 덴마크, 핀란드, 프랑스, 네덜란드, 노르웨이, 포르투갈, 스페인, 스웨덴인데, 도표가 표현하는 20년 시간이 거의 다 지난 다음에야 프랑스 철도는 지주회사제로 전환되었기 때문에(2015) 포함시켰다. 지주회사 7개국은 오스트리아, 독일, 헝가리, 이탈리아, 폴란드, 슬로바키아, 스위스를 의미한다. 영국은 지배 구조가 극히 이질적이므로 이 도표 작성에 포함시키지 않았다. 정확한 흐름을 보기 위해서는 GDP 디플레이터를 활용하여 실질 가격으로 변환시켜야 하지만, 2019년 7월 현재 Eurostat에서는 단 4년치만을 제공 중이기 때문에 여기서는 활용하지 못했다.

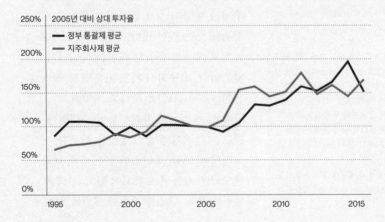

2015년 합병 조치를 통해 하나의 지주회사 아래에 철도 영업(SNCF Mobilités), 철도 시설(SNCF Réseau) 사업자가 묶여 있다. 한국 철도 역시 많은 유럽 국가들처럼 지주회사 방식으로 상하 분리를 수행할 수 있었을 것이고, 이 경우에도 지금까지의 철도 투자는 (역시 유럽 국가들처럼) 충분히 재현될 수 있었을 것이다.[75] 결국 현재와 같은 철도 투자 확대는 조직 구조 개편과 관련은 있으나 바로 현재의 한국 철도와 같은 조직 개편 방식에 후행하는 결과라고 말하기 어렵다. 철도 투자 증대에 선행하는 원인으로 꼽을 수 있는 것은, 조직 개편의 특정 유형이나 그 완결 여부보다는 오히려 내용이야 어떻든 정부가 철도 시설에 재정적 책임을 지게 되었다는 (제도적) 사실, 그리고 방향에 대한 합의로 보인다.

도표 33, 34는 방금 내놓은 주장과 데이터 사이를 연결시킨다. 유럽의[76] 상하 분리 추이는 철도 투자 증대의 시간적 선행 원인이라고 보기 어렵다는 점을 확인할 수 있기 때문이다. 유럽 전역에 걸쳐 상하 분리가 본격적으로 진행(상하 분리는 유럽연합 지침[77]에 따라 회원국에게 권고된다)된 시점은 1995~1997년 사이다. 이 기간 동안 수직 통합 점수는 1점 이상 하락한다. 이후 점수 하락 속도는 크게 둔화되고, 2005년경에는 점수 하강이 사실상 멈춘다. 그런데, 도표 33에서, 그와 마주보는 곡선, 즉 유럽 주요국의 2005년 대비 철도 투자액의 상대 비율 곡선의 동향은 수직 통합의 동향과는 독립적이라는 점을 확인할 수 있다. 비록 1995~1997년간 철도 투자율이 조금 상승하긴 했지만, 그보다 규모가 큰 상승 국면이 다수 확인되며 특히 가장 큰 상승 국면은 2007년 이후에 관찰된다. 철도 산업의 수직 구조가 안정화된 시기에 접어들어서야 각국이 철도에 대한 투자를 늘렸다는 말이다. 도표 33은, 결국 유럽의 상하 분리가 철도 투자 규모에 영향을 미쳤다고 보기 어렵고, 영향이 있다고 하더라도 그 영향은 여러 해가 지나서야 발생한 것처럼 보인다고 말하고 있다. 앞서 도표 5에서 확인한 대로, 한국의 투자 확대 또한 구조 개혁과는 시간적으로 독립되어 있다는 점을 확인할 수 있다.

도표 34는 이렇게 상하 분리와 큰 관계 없는 철도 투자 비중의 증대 패턴이 한국과 같이 정부가 철도 영업 사업자와 건설 사업자를 조율하는 역할을 담당하는 유럽의 10개국, 그리고 지주회사가 존재해 영업과 건설을 모두 조율하는 유럽의 7개국 모두에서 큰 차이 없이 확인된다는 점을 보여 주고 있다. 오히려 지주회사 7개국의 평균 투자 곡선이 정부 통괄 10개국보다 위에 있는 해가 더 많다.(전체 21년 중 11년)

지금 문제가 되는 것은 철도망의 규모나 영업 성적이 아니라, 정부가 돈을 집행하는 패턴이 바뀌면 곧바로 늘어나는 투자 비율이다. 철도망에 투입된 명목

---

[75]
이런 언급은 지금의 한국 철도가 지주회사제를 택해야 하느냐는 문제에 대해 중립적이다. 아직 확정된 견해가 없다는 점만을 적어 둔다. 다만 정부 조직으로서의 철도청을 부활시키는 것만은 적절하지 않다고 본다. 적어도 시장형 공기업으로서, 최선을 다해 비용 효율적인 철도 운행을 달성하기 위해 노력을 경주하는 조직이 철도 영업에 필요하다는 점에는 공감한다. 운임은 분명 망의 효율적 운영 상태를 나타내는 데 매우 쓸모 있는 지표다.

[76]
유럽은 지리적, 문화적, 역사적으로 인접한 다수의 나라가 각자의 방식으로 정책적 시도를 하고 있으며, 데이터가 잘 수집되고 있다는 점에서 사회 정책의 효과에 대한 훌륭한 '자연 실험'(natural experiment)장으로 꼽을 만하다.

[77]
"Single European Railway Directive 2012," 2012/34/EU.

7장 세금 위를 달리는 철도

액수(유로화 기준)를 기준으로 한 값이므로, 다른 분야와의 관계 때문에 변동될 값도 아니다. 결국 두 도표는 구조 개혁이 활발하게 진행된 시점과 철도 투자 규모가 팽창한 시점이 유럽 전반에 걸쳐 평균 8~9년은 차이가 난다는 점을 보여 준다. 물론, 이렇게 늘어난 기간만큼 그 사이에 투자 액수에 다른 요인이 개입할 가능성도 커진다. 이들 기간 동안 다른 요인을 배제할 만큼의 변화가 없었다는 점을 밝히지 못하는 이상, 특정한 상하 분리 방법이 철도 투자 확대의 시간적 선행 원인이라는 말은 유럽의 증거에 비춰볼 때 옹호하기 어렵다.

정종환 등의 논의가 놓친 부분이 또 있다. 철도 시장의 특이성이 바로 그것이다. 상하 분리를 통해 철도 하부 구조에 정부가 투자해야 한다는 합의를 이끌어 낸 것은 쟁점이 철도 시장이었기 때문에 가능했던 일이다. 철도망은 일종의 자연 독점의 성격을 가질 뿐만 아니라 동시에 여기에 들어가는 비용을 모두 운임에 부과하면 승객에게 상당한 부담을 강요하게 되어 승용차와의 경쟁에 큰 악영향을 끼치고, 형평성과 같이 철도망에게 요구되는 다른 가치를 추구할 수 없게 된다. 반면 자연 독점 부분과 경쟁 가능 부분으로 구조 분할이 가능하다는 점에서 유사한 전력망의 경우, 발전이나 배전과 같은 경쟁 가능 부분뿐만 아니라 송전망과 같은 자연 독점 부분에 대해서도 얼마든지 전력 사용자에게 비용을 부과할 수 있고 그래야 한다. 자연 독점 부분과 경쟁이 확립될 수 있는 부분을 분할하는 산업 구조 개편은, 전력 산업의 사례에서처럼 정부 투자 증액과는 무관한 것일 수 있다. 다른 종류의 인프라 산업과 대조해 보더라도, 철도망에 대한 정부 재정 투자 확대를 적절히 설명하기 위해서는 결국 산업의 목적과 특성, 그리고 정부의 방향 설정 모두를 감안하지 않으면 안 된다.

5절. 미래 철도 재정을 위하여

문제 배분: 세 갈래 검토

한국 철도의 부흥은 한국 철도의 위기 직후에 찾아왔다. 산업으로서 자생력을 잃고 몰락해 갈 때, 정부가 개입해 살린 산업이 바로 철도다. 게다가 이 개입의 내용은 계획과 규제에서 머무르지 않았으며, 대규모의 건설 재정 투입까지 포함한 것이었다. 6장에서 전개된 상당한 규모의 계획은 이 역할이 더 정교하게 발전되어야 한다는 것을 전제로 하고 있었다. 이어진 이번 제7장의 논의는, 이런 전제를 유지해도 괜찮은지를 역사적 증거에 비추어 차분히 검토하기 위한 목표로 진행되었다. 재정 지원이 사라진다면, 철도가 가까운 미래의 정체와 먼 미래의 위기를 다시 맛보리라는 사실은 5공화국의 긴축 이후 찾아온 한국 철도의 재정적 위기가 어떤 원인을 가지고 있었는지에 대한 분석을 통해 어느 정도 분명해졌다. 터무니없는 노선 계획이 필요한 노선 계획 속에 휩쓸려 통과되는 상황은 예타를 통해 상당 부분 억제될 수 있다. 자산 계급의 이득을 위해 철도 건설이 악용될지 모른다는 우려, 그리고 철도망은 서울을 중심으로 수도권에 집중 분포하고 있으므로 서울 집중과 지방 공동화를 강화할지 모른다는 우려에 답하려면, 개별 철도 노선과 이들이 이루는 유기적이고 유연한 망의 건설은 대중교통 시스템 전체의 더 원활한 운영을 위해 필요함을 보이는 한편, 지역과 무관하게 교통 체계의 형평성을 향상시킬 수 있다는 점도 보여야 한다. 다시 말해, 계획가들은 수도권과 한국 철도 개발이 전국에 걸쳐 인간 개발의 한 수단으로서 기능할 것임을 계속해서 입증해야 한다. 이제 남은 논의는, 미래에도 정부가 철도의 재정적 지지자로서 작동하게 하려면 대체 무엇이 재정 집행의 기본 방침으로 유지되어야 하는지 짚는 작업일 것이다. 이 작업은 크게 세 부분으로 나뉜다.

가장 먼저 이뤄질 논의는, 정부의 최근 재정 집행 경향 및 제3차 국가철도망구축계획(이하 3차 계획)의 자금 조달 계획을 한쪽에, 그리고 철도망 구축에 필요한 것으로 보이는 자금의 규모를 한쪽에 놓고 이뤄지는 비교다. 단기적으로, 2018년과 2019년 정부는 교통 투자액을 삭감했으며(도표 8) 철도 투자액의 삭감 수준은 그보다 조금 더 컸다. 이렇게 되면, 철도망 개통 지연 현상이 재현될 우려가 있다. 2020년대 초반으로 접어들면, 정부는 이른바 'GTX', 즉 6장에서 서울관통선으로 변형한 노선에 대한 투자와 같이 추가적인 대규모 신규망 투자를 시작할 것이다. 물론 여기에는 내가 제안한 노선과 유사한 기능을 하는 신규 노선들도 추가되어야 한다. 과연 구축 계획의 자금 조달 계획이 얼마나 만족스러울지, 부족한 재원은 어느 정도 규모일지 계산한 결과가 아래 도표 35이다.

물론, 모두가 예상하다시피 그 결론은 암담하다. 재정은 늘 부족할 것이다. 이렇게 자금이 부족할 때 쓸 수 있는 방법은 결국 두 가지다. 하나는 유사한 목적에 쓰이는 돈을 옮겨 사용하는 방법이다. 철도의 경우, 이런 목표는 두 부와의 배분을 조정하는 방법으로 달성할 수 있다. 또 하나는 교통에 투자될 자금을 늘릴 방법을 찾는 데 있다. 이런 방법에 대한 논의는 시야를 좀 더 먼 미래로, 그리고 한국을 넘어

[도표 35] 근미래 철도 투자액의 수준은 어느 정도가 되어야 할까? 건설 중인 노선의 값은 2018년과 2019년 철도 건설 예산의 평균인 3.02조 원이 매년 0.8배가 되도록 설정했다. 수도권 기 계획선, 서울관통선, 나머지 저자 제안 및 변형 노선의 투자액은 6장에서 설정했던 값을 그대로 집어넣었다. 비수도권 기존 계획선은 2022년까지는 균등 0.5조 원, 2023년부터 매년 1조 원이 균등 투입되는 것으로 가정했으며, 3차 국가철도망구축계획의 국비 투자액은 계획 61쪽 투자 규모에 수록된 값(5년 단위)을 매년 규모로 나누어 반영했다. 2026년 이후의 값은 14조 원을 5로 나눈 값이다. 개략적인 계산임에 주의하라.

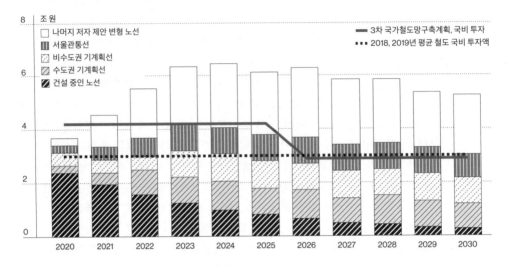

전 지구적으로 넓히면서 진행해 나가야 한다. 낡아 가는 철도 시설 때문에 증가하는 유지 보수비를 조달할 대책이 필요하고, 기후위기에 대처하기 위해 탄소세 수입도 활용해야 하기 때문이다. 단, 7장의 논의는 대원칙에 대해서만 짚고, 더 상세한 제안은 실제 기후위기 쟁점을 다룰 8장의 논의를 마친 다음, 부록 4에서 다루기로 한다.

이들 논의의 말미에는, 정부 재정과 운임 사이의 역할 분담 방법에 대한 논의가 이어질 것이다. 이 논의가 필요한 이유는 바로 철도가 처한 현재의 상황에서 온다. 철도 투자와 운영을 위해, 시장 원리는 거들 뿐 정부의 정교한 개입과 대규모의 재정 투입이 있어야 하기 때문이다. 운임과 재정 사이의 역할 분담은 결국 일정한 원칙을 참조해 규약적으로 이뤄질 수밖에는 없다. 이 원칙을 다시 점검한 다음, 무엇을 명시화하고 무엇을 수정할 필요가 있을지에 대해 제안하는 것으로 이번 장은 마무리될 것이다.

계획 대 현실: 부족한 돈의 규모, 그리고 상황을 악화시킬 요소들

비록 2년 정도의 일정 지연은 각오해야겠지만, 지금 시공 중인 노선들은 어쨌든 2020년대 전반기 내로 개통이 되어 대규모 사업비가 들 것 같지는 않다. 하지만 이후에도 수많은 철도 사업이 재정 투입을 기다리고 있다. 6장의 계획, 그리고 여타 투자 계획을 종합한 결과가 바로 도표 35다. 3차 계획에 반영된 사업만 수행해도 매년 국비 4.2조 원이 투입(2021~2025년)되어야 한다. 여기에, 6장의 제안과 골격이 같은 사업이 유사한 일정으로 시작될 경우 철도 사업에 필요한 돈은 매년 6조 원에 달할 수 있다. 이는 3차 계획의 국비 조달액보다 훨씬 큰 규모다. 6장에서 이뤄진 망 구축 제안을 어떻게 받아들이든, 서울 거대도시권의 광역철도망을 강화하고 북한 과 비수도권 전국망 연계를 적절한 시간 내로 촘촘히 갖추려면 향후 20년 정도는 철도 건설에 5~6조 원의 사업비를 투자할 필요가 있다는 것만은 부정하기 어려워 보인다. 그러나 2018~2019년 평균 건설 예산 집행액은 실제 3차 계획이 국비로 투 입하기로 했던 돈에 비해서도 매년 1조 원 가량 적고, 6장의 계획을 실현하고 동시 에 삼남 지방의 철도망도 충실히 강화하기 위해 필요한 사업비의 합에 비해서는 3 조 원 가까이 부족해 보인다.

결국 향후 20~30년간 약 5조 원의 국비를 안정적으로 확보하는 것을 목 표로 하지 않으면, 서울이라는 거대도시의 중추로 기능할, 좀 더 정교하게 구성 된 다음 세대 철도망 구축은 대단히 어렵거나 적기를 놓치고 말 것이다. 그리고 이 를 위해서는 3차 계획이 예상했던 액수보다 1~2조 원 이상의 돈을, 그리고 실제 2018~2019년 철도 건설에 투입된 자금에 비해서는 약 3조 원을 철도 건설에 더 투 자해야 할 것 같다. 철도 운영이나 버스 등의 통합 대중교통 시스템 운영에 들어갈 돈을 제외하고도 그렇다. 아마도 「교통세법」이 "좀비 법"이라는 비난을 들으면서 도 2019년에도 살아남은 이유는 이와 비슷한 우려 덕분일 것이다.[78]

상황은 더 악화될 것이다. 한국보다 앞서 대규모 도로·철도 투자를 시작 한 여러 나라로부터, 막대한 유지 보수 수요가 발생했지만 그에 대응할 만큼의 예산 을 확보하지 못해 갈수록 인프라 상황이 악화되고 있다는 소식이 들려오기 때문이 다. 시간의 흐름은 한국을 비껴가지 않는다. 한국의 교통 인프라 보강에 들어가는 돈이 얼마만큼 늘어날 것인지에 대한 학계의 추정은 표 5에 담겨 있다. 이에 따르면, 2030년에는 이명박·박근혜 정권 시기(예산 작성은 2009~2017 회계년도)의 교통 건설 예산에 육박하는 돈이 현 시설을 관리하는 데 들어가게 될 것 같다. 기후위기 로 인해 기상 재해가 한층 더 흉포해질 것이라는 사실 또한 유지 보수 비용을 증가 시킬 중요한 요인이 된다. 결국 현 망의 상태를 유지면서, 동시에 대규모 건설을 계 속하려면, 그리고 벽지 철도 노선에 공익서비스보상금(Public Service Obligation, 약 PSO)을 지급하는 한편 지선 대중교통망에 대한 지원을 더욱 확대하려면, 교통 세·교통시설특별회계라는 안정적인 돈줄은 지속적으로 필요해 보인다. 오래된 수 도권 망들이 런던 지하철 노선들처럼 며칠 동안 운행을 쉰 채 대규모 개보수에 들어 가는 처지에 빠지는 모습을 2040년대 이후에 보지 않으려면, 그리고 폭우와 산사 태에 도시로 연결되는 전국·광역망 철도 전반이 유실되어 무력화되었던 2018년 여 름 서일본의 모습을 한국에서 재현하지 않으려면 그렇다.

78
이 법은 본래 2003년 연말 폐지될 예정이었으나 지금
까지 3년 주기로 무려 여섯 차례 연장되어 지금에 이
르고 있다. 이름은 2007년에 "교통·에너지·환경세"
로 변경되었다.

현재 한국 철도의 유지 보수 비용은 크게 세 가지 방법으로 지불되고 있다. 첫째, 고속 신선 사업에 의해 건설된 경부·호남·수서평택고속선의 유지 보수액은 운임에 포함되어 승객이 일부 지불한다.(철도공사가 철도시설공단에 지불하는 선로 사용료를 통해 연결) 둘째, 대부분의 전국·광역망 철도는 중앙 재정으로부터 필요한 비용을 받는다.(『철도통계연보』상의 '유지보수수탁사업'액) 셋째, 도시철도는 지방정부가 지방 재정을 동원해 유지 보수비를 조달하는 한편 준조세 형태로 도시철도채권을 발행하여 일부 자금을 확보한다.(이 책에서는 관련 논의를 생략한다.) 철도 현업은 두 번째 비용이 급증하는 상황을 지금부터 준비해야만 한다. 현행「철도산업발전기본법시행령」36조(대통령령 28211호, 2017년 7월 26일)는 선로 유지 보수 관련 비용의 상한선(관련 비용 총액)만을 정해 놓았을 뿐 하한선을 정해 놓지 않았다. 유지 보수 비용이 지나치게 커지기 전에, 이 하한선의 적정 수준을 법령으로 결정해 둘 필요가 있다. 그렇지 않으면 재정 당국은 유지 보수 비용마저 삭감하려 할 가능성이 있다.[79]

그렇지만 이런 조치는, 현재 교통 투자의 기반인 유류세 그 자체가 곧 침식될 가능성이 높다는 데 관심을 기울이지 않으면 임시방편을 벗어날 수 없을 것이다. 기후위기와 전기차 기술의 발전은 휘발유·경유의 소비를 점차 감소시킬 압력이고, 이 변화가 진행되면 유류 소비를 교통 수요의 대리 지표로 삼아 교통 투자를 위해 동원할 수는 없게 된다. 공공 재정에 기반해 시설 투자를 하지 않으면 현재의 운임에 비해 지나치게 높은 운임을 받아 시설 투자를 하는 수밖에 없는 철도에게, 이보다 큰 위기는 없을지 모른다.

부족한 재원을 조달할 방법

야심 찬 건설 계획은 막대한 재정적 부담을 부른다. 동시에, 계속해서 누적되고 낡아가는 시설물의 상태를 관리하기 위해서 필요한 돈의 규모가 늘어나리라는 예측 또한 의심할 여지가 없다. 그러나 전통적인 세원인 유류세는 차량의 전기화와 함께 그 규모가 축소되고 말 것이다. 다면적인 재정적 압박에 대응하려면, 가능한 모든 방법을 고려하지 않으면 안 된다.

1. 민자는 힘을 발휘하기 어렵다

재정 당국이 지난 20년간 계속해서 그 활용을 시도해 왔던 보조 수단은 바로 민간 자본이다. 3차 계획 역시 2020년까지 매년 1.5조 원, 2021~2025년 사이에는 매년 2.5조 원의 민간 자본을 유치한다는 내용을 포함하고 있다. 하지만 매년 이런 거액의 민자를 유치하는 것이 아주 어렵다는 사실은 누구보다도 국토부가 잘 알고 있을

---

[79]
지금도 얼마든지 그런 선택을 할 수 있지만,『철도통계연보』등의 공개 자료를 통해서는 그 액수를 추적할 수 없어 미래형으로만 써 둔다.

것이다.[80] 수도권의 대규모 수요를 기반으로 함에도 민자 철도는 민자 고속도로만큼의 성과를 올리지 못하고 있다. 고속도로에서는 도로공사와 유사한 임률을 달성했지만 그러면서도 도로공사의 사업에는 별다른 위협이 되지 않는 민간 사업자가 나오고 있다.(제2서해안고속도로) 그러나 도시·광역망에서는 철도공사 광역보다 훨씬 높은 임률로도 늘 적자를 보고 있는 사업자들만이 있을 뿐이며, 그에 반해 민자에 대한 대중적 거부감은 줄어들지 않고 있다.[81] 다른 모든 건설 사업이 큰 폭으로 감액되는 와중에도 2018년 민간 철도 사업자에 대한 보조금은 2017년보다 증액되어 실제 재정적 부담이 되고 있기도 하다.[82] 전국망 별도 사업자 SR의 등장은 철도공사의 2017년 매출을 2016년 매출보다 약 3000억 원 감소시키기도 했다.[83] 이 모든 현실을 감안하면, 민간 자본은 철도 재정 전체의 시각에서는 그리 큰 역할을 할 수 없다고 보고 투자 전략을 짜야 한다.

고속도로와 철도 사이의 차이를 만드는 핵심 요인은 건설 투자액에 대한 부담 수준이다. 현 제도상 고속도로는 전 노선에서 통행객에게 건설비의 상당액을 부담시킨다.(통상 건설 투자의 50%가 재정, 나머지가 통행료로 지급될 채권) 그리고 이에 따라, 도로공사든 민간 사업자든 거의 유사한 조건에서 사업을 벌여야 한다. 하지만 고속철도를 제외하면 사실상 전 비(非)민자 철도 노선은 이런 구조를 택하지 않는다. 운영 사업비만 승객들이 감당하면 되는 구조를 택하더라도, 현 운임 수준에서 철도 사업자는 큰 돈을 벌지 못하거나 영업 손실을 면할 수 없기 때문이다. 결국 민자 철도 사업자는 민자 고속도로보다 훨씬 더 불리한 조건에서 사업을 벌여야 한다. 높은 운임에 대한 승객과 대중의 의구심, 그리고 부채로 조달한 건설비용에 붙어 불어나는 이자라는 두 방향의 압박은 민간 사업자를 끝없이 괴롭힐 것이다. 재정으로 철도 노선을 건설해 철도공사가 운영하게 하면 이들 두 압박만은 피

80
신안산선과 GTX A선에 대해 대부분의 사업비를 민자로 조달한다면 최대 7조 원의 건설비를 확보할 수 있긴 하지만, 나머지 노선 가운데 수익성이 높은 노선은 그다지 없는 상황이다. 또한 전국망과 광역특급용(6장 참조) 서울관통선으로 쓸 수 있는 이들 선로는 향후 여건 변화에 대응할 수 있도록 유연을 갖춰야 하지만, 민간 사업자에게는 최소한의 시설 투자로 최대한의 열차를 운행하는 방향으로 행동할 동기가 있을 따름이다. 환경 변화에 적응할 여지가 큰, 즉 유연한 철도 시설 공급을 이들 노선에서 구현하려면 민간이 건설비의 압박에서 벗어날 수 있게 해야 하며, 이는 결국 정부 건설 지원금의 확대를 부를 수밖에 없을 것이다.

81
실제 지불 의사 조사 설과 다르면, 민자가 투입되어 철도 노선 개통이 빨라진다 하더라도 이에 대해 사람들은 조사 당시 지불하던 운임보다 약 15% 남짓 더 지불하려는 의사를 가지고 있을 뿐이었다. 김훈·안정화·

우태성, 『광역철도 서비스특성 및 사회적 효용을 반영한 운임체계 개편』(한국교통연구원, 2016), 120~124.

82
국회 제출 예산안에 기록된 지출액은 2017년 약 4202억 원, 2018년 약 4788억 원이다. 2020년 이 돈은 5949억 원까지 불어났다.

83
SR과의 직접적 관련성에 대한 정보는 불분명하지만, 철도공사의 적정투자보수율(영업을 위해 사용하는 자산의 가액과 일반예금 금리를 감안해 구하는 계수로, 자산을 매각해 현금화하지 않고 지금 이 용도로 쓰일 수 있도록 보장하기 위한 최소한의 대가를 지불해야 한다는 개념하에서 원가에 포함되는 가격이다)은 2015년 3.91%에서 SR이 개입한 2016년 6.11%로 상승했다. 이런 비율은, 철도공사가 시중 이자율에 비해 이자율이 상당히 높은 자금을 활용하고 있지 않고서는 나오기 어렵다.

7장 세금 위를 달리는 철도

할 수 있다.[84] 여기에 현 망의 규모에 바탕해 손쉽게 규모의 경제를 달성[85]할 수 있는 공사의 지위까지 더해지면, 철도 민간 사업의 설 자리는 더욱 좁아진다. 건설 투자액의 원금과 이자를 모두 갚아나갈 수 있을 만큼 높은 수익을 거둘 수 있는, 그리고 그러면서도 철도공사 수준의 운임을 유지하여 승객의 불만을 잠재울 수 있는 극히 특수한 노선만이 민간 사업이 성공할 수 있는 기반이며, 이런 노선은 이제 국내에 거의 남아 있지 않다.

[표 4] 철도와 도로 계획의 재정 투자 계획. 3차 국가철도망구축계획과 1차 국가도로종합계획에서.

(조 원)	철도			도로
	2016 ~2020	2021 ~2025	2025 이후	2016 ~2020
국고	22	21.1	14	37
지방정부 지출	1.9	1.2	0.9	
민자	7.4	12.4	4.9	11.2
철도시설공단 채권 및 광역 교통 분담금	3.4	1.1		
도로공사				23.7

2. 도로와 철도

또 다른 방향은, 신규 도로 투자를 축소하여 철도 투자액을 확보하는 방법이다. 하지만 이런 방침은, 도로 측의 상황을 심도 있게 검토해 구체적인 방법을 찾아내지 못한다면 공허한 요구에 불과할 것이다.

2020년 상반기 현재의 최상위 국가 도로 계획은 제1차 국가도로종합계획이다. 여기서 제시된 투자 계획(55~56쪽)에 따르면, 5년(2016~2020)간 총 71.9조 원의 금액이 도로에 투자될 것이며, 그 가운데 건설에 47조 원이 투입될 것이다. 도로 관리에 투입될 24.9조 원의 예산은 이미 존재하는 도로를 유지 보수하고 좀 더 안전하게 만드는 데 요구되는 투자와 기술 개발에 필요한 돈이므로 삭감해서는 안 될 돈이다. 전체 71.9조를 원천별로 분류하면, 국가 재정은 37조 원, 도로공사가 조달할 돈은 23.7조 원, 민간이 조달하여 투자할 돈은 11.2조 원이다.

앞으로의 여건 변화는 잠시 무시한 채, 1차 계획의 액수와 비율이 당분간 유지된다고 가정해 보자. 즉, 전체 도로 투자가 대략 10년 동안 매년 약 14조 원이며, 그 가운데 절반 정도를 국가가 부담하고, 또 그 가운데 건설 투자가 2/3, 관리가 1/3이라고 가정해 보자. 국가는 총 7.2조 원을, 그리고 그 가운데 건설 투자에는 4.8조 원을, 도로 관리 투자에는 2.4조 원을 지출하게 될 것이다. 한편 2018년의 실제 도로 세출은 약 5.8조 원, 그리고 그 가운데 도로 관리 투자는 약 1.6조 원 수준이다. 대략 4.2조 정도의 건설 투자가 이뤄진 셈이다. 1차 국가도로종합계획이 요구하는 액수를 채우려면, 도로에 필요한 돈 역시 전체적으로 매년 1.4조 원, 그리고 건설에도 매년 수천 억 원의 돈이 더 투입되어야 하는 셈이다.

결국 도로 역시 국토부의 계획이 예상하는 만큼의 투자를 받지는 못하고

84

다만 철도 사업 운영은 철도공사가 담당하고, 건설은 민간 컨소시엄이 맡아 수행한 다음 임대료를 받는 임대형 민자 사업(Build-Transfer-Lease, BTL)은 이런 전형적인 분석에 대응하지 않는다.

85

6장에서 예시했듯, 보유 차량 대수가 많다는 점은 혼잡 대응에 중요한 장점이 될 수 있다. 규모의 경제와 관련은 없지만, 교차 보조를 통해 지선망에 대해 사실상의 운임 할인을 제공할 수 있는 능력을 가진 사업자는 현실적으로 철도공사뿐이기도 하다.

[표 5] 교통 SOC 유지 관리 예산 전망치. 값의 출처는 김주영, 『교통 투자재원의 지속성 확보방안: 교통세 개편을 중심으로』(한국교통연구원, 2014), 68~69. 김주영은 두 기준에 따라 이들 값을 추정한다. 위쪽 열의 값은 시설물의 나이에 따른 유지 관리 비용 증가율을 활용한 계산 결과다. 아래쪽 열의 값은 국토부가 2007년 제2차 시설물의 안전 및 유지 관리 기본 계획에서 제시한 시설물 유지 관리 시장의 성장률에 따른 값이다. 연도 값은 앞쪽에 적힌 값이 아래쪽 열, 뒤쪽에 적힌 값이 위쪽 열에 대응한다.

(조 원)	계산 기준	2014/15년	2019/20년	2024/25년	2029/30년
교통 SOC 유지 관리 예산 전망	경과년수에 따른 증가율	4.0	6.8	10.0	13.5
	유지 관리 시장 성장률 전망치	4.1	6.7	12.6	23.8

있는 상황이다. 따라서 도로망에 투입될 돈을 함부로 삭감해서는 안 된다. 하지만, 도로 투자 환경은 철도망과 아주 다르다. 먼저, 도로공사는 막대한 투자를 자체 능력으로 진행할 수 있다. 물론 방금 제시한 23.7조 가운데 상당액은 도로 관리액일 것이다. 하지만 도로공사는 여전히 총 10조 원을 넘는 거대한 규모의 건설 공사를 통행료 수입으로 책임질 것이다. 민자 역시 철도보다 조달이 원활할 것이다. 서해안 회랑을 연결하는 제2서해안고속도로(시흥~평택)는 도로공사에 준하는 수준의 통행료를 받아 건설 투자금을 값아 나가고 있다. 많은 고속도로는 관리 비용을 넘어 건설 비용까지도 통행자가 부담하는 것이 그리 큰 무리가 되지 않는다는 의미에서 고속도로의 사업성은 철도보다 훨씬 높기 때문이라고 설명할 수 있다.(도표 13) 버스 승객에게 전가되는 통행료의 규모를 감안하면, 도로공사나 민자 도로의 통행료를 올리는 조치가 소득(연령·성·계급) 관련 형평성에 크게 어긋난다고 보기도 어렵다.[86]

상황이 이렇다면, 철도 투자를 위해 도로 투자액을 감소시키려면 선결되어야 하는 조건은 바로 도로공사 자체 투자 비율을, 그리고 도로 민간 투자를 더 늘리는 데 있다. 이를 위해 통행료 인상을 체계적으로 단행할 필요가 있다. 예를 들어, 대형 차량들의 통행료는 소형 차량보다 좀 더 높은 비율로 인상할 필요가 있다. 화주의 부담을 키워 산업 경쟁력을 약화시킨다는 비난이 들어오겠지만, 승용차에 비해 수십 배 더 큰 충격을 토목 시설에 가하면서도 거의 차이가 없거나(3종) 1.5배 수준(4종, 5종)에 불과한 요율만을 적용받아 온 현 요금제가 오히려 승용차 이용객에게 불리한 것도 사실이다. 정부 출자금의 규모는 도로공사 통행료 수입의 30% 선인 이상(1.5조 원 대 5조 원), 전 차종에 걸쳐 평균적으로 30% 수준의 요율 인상은 필요해 보인다. 이미 '제2서해안고속도로'를 통해 민자가 도로공사와 거의 같은 요율을 적용할 수 있다는 사실이 드러난 수도권의 경우 민자 도로의 비중을 더 늘려야 하고, 동시에 도로공사 역시 개방식 구간에 하이패스 장치를 도입해 궁극적으로 모

86
승객 단가가 가장 높은 고속버스 역시 3종 차량이며, 3종 차량의 통행료는 1종 차량(통상 승용차)에 비해 km당 불과 3.7원 비싼 47원이다. 3종 차량 통행료가 20원 정도 오르더라도 100km당 2000원에 불과한 영향만을 줄 것이며, 이 돈은 승객 수만큼 분산되므로 승객이 지불해야 하는 요금에는 이보다 1/10 이하 수준의 충격만을 줄 것이다.

7장 세금 위를 달리는 철도

든 고속도로 이용 차량에게 과금해야만 한다. 이들 지역에서 도로공사와 민자의 부담을 바탕으로 도로망 투자에 들어갈 국비를 최대한 삭감한 다음, 이렇게 얻은 여유를 철도에 투입한다면 도로망 투자의 지연이나 부실을 줄이면서도 철도망 투자는 확대하는 효과를 거둘 수 있다.

같은 목적을 위해, 「유료도로법 시행령」 10조 또한 개정해야 한다. 이 조항은 통행료 징수의 기한을 30년으로 한정하고 있다. 그러나 이 조항은 특히 앞으로 급증하게 될 도로 유지 보수비 조달을 위해 폐지해야 한다. 2030년대부터는 서해안·중앙고속도로 등 장대 교량과 터널이 무수히 연달아 있는 노선의 나이가 30년이 넘게 되어 유지 보수비가 급증할 것이고, 2032년(천안논산)부터는 운영 사업 기간이 만료된 민자도로의 관리 부담 역시 도로공사로 넘어오게 되어 있다. 재정은 늘 부족할 것이므로 여건 변화가 없는 한 영구적으로 고속도로 통행 요금을 거둘 수 있도록 법적 기반을 만들어야만 한다. 이를 통해 도로의 유지 보수에 재정 투입을 최소화하면, 철도에 들어갈 재정을 좀 더 원활히 확보할 수 있기 때문에 도로 당국뿐만 아니라 철도 관산학계 역시 이 문제에 관심을 기울여야 한다.

물론 그럼에도 국비를 투자해야 하는 도로는 남는다. 특히 비수도권 도 지역의 국도 투자는 지역 간 형평성을 위해서라도 그렇다.[87] 하지만 3조 원 정도의 도로 신설 국비 지원을 당분간 유지한다면, 이들에게 돌아갈 자금을 마련하는 데 대단한 어려움은 없지 않을까 한다.

비수도권 도 지역 국도에 도로 국비 투자를 집중하자는 제안은 수도권 도로망에 대한 국비 투자를 축소하자는 제안이기도 하다. 이런 제안은 거대도시권 도로의 혼잡이야말로 가장 심각하다는 점을 간과했다는 비판을 받기 매우 좋은 주장이다. 하지만 나는 그 이면을 볼 필요가 있다고 생각한다. 새로 부설된 도로는, 자동차 통행을 더 편하게 하는 행동 유도 작용을 한다. 하지만 수도권 거대도시권의 교통망이 이를 지향해야 한다고 보기는 매우 어렵다. 대중교통, 특히 철도의 효율을 그 어느 곳보다도 필요로 하는 거대하고 밀도 높은 인간의 흐름 때문이다. 반면 대중교통 건설 투자, 유기성 강화, 운영 지원은 대중교통을 편리하게 만드는 행동 유도 작용을 할 것이다. 거대도시 중심부와 주변부 사이의 차이를, 즉 '이중 교통 환경'을 완화해야 한다는 목표(6장)를 달성하기 위해서라도 수도권의 도로망 투자는 최소화되어야 한다. 게다가 이 지역은 교통에 대한 지불 능력이 충분한 이상, 도로 혼잡 해소를 위한 투자를 민자나 도로공사의 부채로 수행하지 않을 이유가 없다.

이렇게 되면, 오는 몇 년 정도는 도로 건설 예산 3조, 도로 관리예산 2~2.5

---

[87] 다만 지역별 사회간접자본 스톡과 민간자본 스톡의 적정 비율을 3:10 정도로 보는 연구에 따르면, 오히려 수도권이야말로 민간 자본 스톡 대비 사회간접자본 스톡의 규모가 0.3에도 미치지 못하는 데 반해 강원은 1:1에 달하고 전북, 전남, 제주 역시 그 비율이 1에 거의 근접한다. '균형 발전'을 위해서는, 효율을 어느 정도 희생한 투자 방침을 감수해야 하는 셈이다. 이영성·김예지·김용욱, 「우리나라 사회간접자본 스톡의 경제적 효율성에 대한 재평가」, 『지역연구』 28권 3호 (2012): 83~99. 최적 자원 배분의 관점에서 철도 투자만을 심도 있게 검토한 국내 연구는 아직 존재하지 않는다는 점은 매우 아쉬운 부분이다.

조, 철도 건설 예산 5~6조, 철도 관리 예산 1~2조 정도를 묶어 대략 11~14조 원 사이의 국비 이용 육상 교통 시설 건설 및 관리 투자가 필요할 듯하다. 이 돈은 지난 박근혜 정부 시기의 지출보다는 1~3조 원 정도 적고, 2018~2019년 예산보다는 2.5~4조 원 정도 많은 돈이다. 결국 신규 도로에 대한 국비 투자는 최대한 억제하는 방침을 취한다면, 내가 제안한 철도망 투자 계획을 수행하기 위해 철도 예산을 증액하더라도 전체 육상 교통 예산은 문재인 정부가 실제로 배정한 금액보다는 많고, 박근혜 정부가 배정한 예산보다는 적은 선에서 머무를 수 있다.

3. 여건 변화에 따른 교통 투자액 조달의 방향

또 다른 문제는, 내연기관의 비중 감소에 따라 유류세를 대신할 세원이 필요해진다는 부분이다. 가장 쉬운 것은 차량 충전 전력에 세금을 부과하는 방법이다. 세금을 우회하는 충전을 억제하려면, 좀 더 발달한 네비게이션 장비를 활용하여 차량 운전 거리를 측정하여 그에 기반해 주행세를 차량마다 부과[88]하는 방법이 발전의 방향이 될 필요가 있다. 프라이버시 문제가 있지만, 대중교통은 출발지와 도착지 사이의 거리에 기반해 운임을 징수하는 것이 일반적이므로 이를 승용차에 확대하는 데 원리상 큰 문제는 없어 보인다.

이들과 함께 이뤄져야 하는 논의는 바로 탄소세, 그리고 주행세와 탄소세라는 새로운 교통 세금을 대중교통에 투입할 원칙과 비중에 대한 논의다. 탄소세와 주행세를 별도로 계산해야 하는 현실적 이유는, 신재생 에너지가 상당한 수준으로 보급되는 희망적 시나리오를 받아들일 경우 저탄소 전력을 충전한 전기차가 많아져 탄소세 징수액이 급감할 것이기 때문이다. 이는 철도의 발전뿐만 아니라 도로망의 유지를 위해서도 적절한 방향이 아니다. 이 세금에 대한 세밀한 논의는 8장에서 두 번째 자동차화와 기후위기 사이의 관계를 상세히 조명한 다음 진행하겠다.

이번 장에서 언급해야 할 부분은, 이들 세금 징수의 정당화 방향이다. 주행세 역시, 지금까지의 유류세처럼 지속적인 조세 저항 또는 불만의 대상이 될 수 있기 때문이다. 특히 징수된 주행세가 도로보다 철도에 더 많이 투자된다면, 중장년층은 물론 비수도권 도 지역으로부터도 큰 불만을 불러올 가능성이 크다. 다양한 여건 덕에 도로망을 주로 이용하는 사람들에게, 편익은 거의 없고 비용만 들어가는 것처럼 보이는 투자이기 때문이다. 정부는 이들 세금의 목적과 용처를 좀 더 적극적으로 해명해야만 한다. 이런 해명의 기반에는 내가 이 책에서 다룬 수많은 주제(거대 도시, 교통 형평성, 도시 회랑과 특히 생산자서비스업 입지 확보, 북한 연계, 효율적 망 구성, 나아가 기후위기 대응 등)가 자리잡고 있을 것이다. 이런 시도가 지금보다 훨씬 활발하게 이뤄지지 않는 한, 세금 제도의 개편을 통해 철도 건설과 유지 보수, 교통 운영 재정을 확보하는 작업은 결코 원활할 수 없을 것이다.

88

김주영, 『교통 투자재원의 지속성 확보방안: 교통세 개편을 중심으로』(한국교통연구원, 2014), 109~139.

7장 세금 위를 달리는 철도

철도에 필요한 비용과 운임의 부담 : 몇 가지 원칙과
철도의 비용 구조 모듈들[89]

물론 재정이 철도의 모든 것을 책임지는 것은 적절하지 않다. 운임은 철도망의 효율성을 종합적으로 나타낼 수 있는 몇 안 되는 신호이기 때문이다. 제아무리 철도망의 긍정적 외부 효과가 크다고 하더라도, 운임 수익이 투입 비용에 비해 터무니없이 적은 철도는 효율성이 떨어진다고밖에는 평가할 수 없다. 재정이 무한하지 않다는 것은 누구나 아는 사실이므로, 승객들 역시 철도망의 오늘과 내일을 위해 충분한 운임을 지불해야 한다.

운임의 역할을 결정할 때 반드시 활용해야 할 원칙은 세 가지다. 무엇보다, '수익자 부담의 원칙'이 있다. 철도망으로 가장 큰 혜택을 보는 것은 철도망 이용객이므로, 이 원칙은 매우 직관적이다. 하지만 여기에 따라서만 망을 운용하면 운임은 상승하고, 철도망 이용이 감소할 뿐만 아니라 도로와 항공으로 승객이 유출되어 도로의 혼잡은 가중될 것이며 열차의 빈도는 감소해 저소득 인구의 이동 범위는 제약을 받을 것이다. 따라서 '형평성 증진의 원칙', 그리고 '외부불경제[90] 감축의 원칙'을 구현하려면, 운임 부담에는 상한선이 있어야만 한다. 물론 수익자 부담 원칙을 구현하려면 하한선도 있어야 한다.

운임 부담의 상한선과 하한선, 그리고 적용할 원칙의 강도는 각 망의 기능과 상황에 따라 달라져야 한다. 전국망 고속열차의 경우 두 선이 가장 높아야 한다. 반면 도시망이나 광역완행의 경우 두 선이 가장 낮아야 한다. 광역급행이나 광역특급, 재래선 특급의 층위는 이 사이에 배열되면 된다. 통근과 같이 사실상 전 인구에 걸쳐 삶을 영위하는 데 필수적인 통행에 대해서는 형평성 증진 원칙을 좀 더 강하게 적용하고, 장거리 여행처럼 좀 더 선택적인 통행에 대해서는 수익자 부담의 원칙을 좀 더 강하게 적용하는 방침은 지금의 운임 체계에도 이미 반영되어 있다. 물론, 외부불경제 감축의 원칙은 철도의 모든 층위에 걸쳐 적용되어 두 선을 아래로 끌어내려야 한다.

이들 원칙의 혼합 방법을 좀 더 정교하게 기술하려면, 철도를 이루는 여러 모듈들을 확인할 필요가 있다. 무엇보다, 철도는 자연 그대로의 거친 대지를 열차가

---

[89]
두 연구를 참조했다. 한국교통연구원, 「철도의 명칭정립 및 지정기준에 관한 연구」, 최종보고서(2011); 한국교통연구원, 「광역철도 제도개선 방안에 관한 연구」, 최종보고서(2011년 11월).

[90]
사회가 볼 때 부정적 결과로 이어지는 외부 효과(externality)를 뜻한다. '공유지의 비극'이라는 우화가 바로 이 개념을 가장 잘 표현한다. 누구도 공유 목초지를 관리하지 않는다면, 마을 사람 모두가 목초지에 가축을 풀어버려 이 땅은 곧 황무지가 되고 말 것이다. 교통의 맥락에서 이 개념은 주로 교통 혼잡 비용의 특징을 나타내기 위해 쓰였다. 도로는 공유 목초지,

마을 사람들은 운전자에 해당한다. 이들은 도로를 공짜라고 생각하며, 자신이 다른 차량의 길을 막고 있다는 것을 자각하지 못한 채 서로의 앞을 막는다. 나는 이전에 자신이 선택해서 들어간 혼잡 도로인 이상 '혼잡 비용'이라는 개념은 부적절한 것이 아니냐는 생각을 했던 바 있으나, 도로의 혼잡은 개별 운전자의 선택과는 독립적인 타인의 선택이 누적되어 실현되는 사건인 만큼 각각의 운전자가 자신이 아닌 다른 운전자들에게 강요하는 결과라고 보는 것이 맞다. 철도를 주인공으로 하는 이 책의 맥락에서 강조하고 싶은, 자동차 운행의 또 다른 중요한 외부불경제는 대중교통망 약화, 교통사고, 기후변화 가속이 있다.

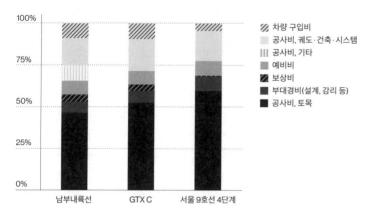

[도표 36] 최근 사업이 진행 중인 전국, 광역, 도시철도망의 초기 총사업비 구조. 남부내륙선은 전국망, GTX C선은 광역망, 서울 9호선 4단계는 도시망을 대표한다. 사업비 규모는 각 노선의 예타 보고서에서 확인할 수 있는 값을 사용했다. 참고로 남부내륙선의 총사업비는 약 4.9조 원, GTX C선의 총사업비는 약 4.3조 원, 서울 9호선 4단계 사업의 총사업비는 0.6조 원 수준이다.

범례:
- 차량 구입비
- 공사비, 궤도·건축·시스템
- 공사비, 기타
- 예비비
- 보상비
- 부대경비(설계, 감리 등)
- 공사비, 토목

고속으로 달릴 만큼 고르게 만들어 낸 토목 시설(토공, 교량, 터널)을 필요로 한다. 이 위에 궤도, 전기, 신호, 통신 장비를 비롯한 철도 특유의 상부 구조가 설치되고, 사람과 화물을 맞이할 건축물이 들어선다. 마지막으로 운행 차량을 구입하면, 개통에 필요한 자산 도입은 끝난다. 물론 이는 개통까지 필요한 모듈들이다. 개통 이후 필요한 비용은 철도 운영을 위해 마련한 자산의 감가상각비,[91] 사회적 요구의 변화에 따른 개량,[92] 그리고 경상 운영비(인건비, 전력비, 자재비, 판매비·관리비 등)로 나뉜다. 이 요소 각각을 '비용 구조 모듈'이라고 편의상 부르기로 한다. 도표 36은 신규 노선에 대한 투입 비용이 어떤 구조로 이뤄져 있는지를 보여 준다. 토목 비용은 총사업비의 절반 또는 그 이상이다. 철도 상부 구조들은 15~20% 수준이며, 보상비는 5% 남짓으로 총사업비 규모에 별다른 영향을 미치지 않는다. 차량 구입비는 고속철도 차량이나 특급 차량이 대량으로 필요할 경우 10% 선이며, 완급행 전동차를 투입하는 경우 이보다 줄어들 수 있다는 점을 확인할 수 있다.

이들 비용 구조 모듈은, 운임의 부담을 결정하는 데 철도망의 속도 층위보다 덜 주목받았던 것이 사실이다. 각 모듈의 지불 책임에 대해 어떤 일관된 방침을 현실의 철도 사업에서 찾기도 어렵다. 고속철도의 경우, 비용 부담은 모듈과 무관하게 총사업비의 일정 비율을 재정과 부채로 나누는 방식으로 이뤄졌다. 도시철도나 광역철도의 지방·중앙 비용 부담 분배 역시 마찬가지였다. 서울 9호선[93] 이외에 비용 구조 모듈이 사업비 분담에 활용된 경우도 그리 많지 않다. 하지만, 운임과 재정

91
당장 현금의 지출을 의미하지는 않지만, 향후 재투자를 위해 자산의 수명이 다할 때까지는 적립될 필요가 있는 항목이다.

92
승강기나 스크린도어 투자를 손꼽을 수 있다.

93
서울시(중앙정부 지원금 포함)가 토목을, 민간 자본이 철도 상부 구조를 담당했다.

7장 세금 위를 달리는 철도

사이의 좀 더 효과적인 역할 분담을 위해서는 이들 모듈의 특징을 아래와 같이 분석해 좀 더 적극적으로 활용할 필요가 있어 보인다.

첫째, 철도망을 건설할 때 대규모의 부채를 도입하는 경우가 많다.(고속철도, 서울 1, 2기 지하철) 철도망은 개통 이후 수백 년간 이용될 수 있고, 따라서 지금이 아니라 미래 세대 역시 그 편익에 필요한 비용을 분담해야만 한다는 것이 이런 부채를 정당화하는 주요 논거였다. 하지만 철도망을 이루는 자산은 지속적으로 낡고, 그에 따라 유지 보수나 대체 투자 비용은 계속해서 발생하게 마련이다. 방금 제시한 비용 구조 모듈 가운데, 감가상각비는 결국 미래 세대가 자신들의 철도 이용을 위해 분담해야 할 몫인 셈이다. 게다가 한국 경제는 과거처럼 고도 성장을 할 수 없으며, 따라서 미래에 대한 할인율도 낮아져 오늘의 부채가 미래에게 주는 부담의 상대적 규모 또한 커질 것이다. 따라서, 철도 건설에서 미래 세대의 편익을 통한 부채 정당화는 적어도 과거보다 그 강도가 약해져야 한다.

둘째, 노반(토목 시설)은 그 투자 규모가 가장 큰 모듈인 데다가(도표 36), 철도의 물리적 기초이므로 철도 시설을 도로나 공항처럼 지속적으로 국유로 유지하는 한편 사회적 목적을 위해 규제하고 제어하기 위해서는 반드시 국가가 장악하고 있어야 하는 요충이다.

셋째, 경상 운영비의 상당 부분, 또는 대부분은 열차 운행으로 직접 편익을 누리는 승객이 운임으로 부담해야 한다는 데는 의심의 여지가 없다. 철도망의 외부불경제 감축 효과나 형평성 증진 효과는 다른 모듈에 대한 재정 지원이 이뤄지면 많은 노선에서 충분히 달성될 수 있다. 차량과 역사 건축 역시 유사하다. 철도 사업에 필요한 모듈 가운데 여건 변화에 맞추어 가장 유연하게 변화해야 할 부분인 데다, 또한 리모델링, 증차, 고급·고속 차량의 도입, 승강기 설치와 같은 작업의 편익은 승객들이 피부로 느낄 수 있기 때문이다. 도로의 경우에도 차량 구매 직접 지원은 벽지 노선 버스나 장애인에 대한 것이 아닌 이상 정당화하기 어렵다. 전기 자동차에 대한 보조금은 경차 수준의 차량(right sizing, 8장 참조)을 제외하면 정당성이 의심스럽다고 본다. 비록 직접적인 과금은 어렵지만(예를 들어 승강기에 대해), 차량과 역사 건축의 개량은 운임과 경상 운영비 다음으로 밀접한 관련이 있어야 할 모듈이다.

마지막으로 이외의 모듈(철도 상부 구조 설치나 개량, 역사 외의 건축물과 기계 장치)에 대해서는, 운임이나 재정이 배타적으로 책임을 져야 할 논거를 찾기 어렵다. 그러나 재정은 늘 부족하므로, 이 모듈에 들어가는 돈에 대해서는 고속열차나 광역특급의 운임으로 일부를 분담할 수 있어야 할 것이다.

논의된 특징을 감안하면, 각각의 모듈은 철도에 대한 재정의 부담과 운임의 부담을 분할할 때 지금보다 좀 더 적극적으로 활용될 필요가 있다. 예를 들어, 가장 부담스러운 규모인 토목(토목 시설 감가상각 포함)을 재정이 전적으로 담당한다면, 철도가 가진 형평성 증진, 외부불경제 감축 효과를 달성하는 데 매우 큰 효과를 낼 수 있을 것이다. 한편 경상 운영비(감가상각비 제외)를 운임으로 부담하는 방침

[도표 37] 예타에서 제시된 값을 활용한 각 노선의 생애 주기 비용(40년 기준) 비중 추정치. 세 사업의 예타 보고서에 포함된 값들을 활용한 결과다. 미래에 일어날 지출을 대비하는 비용은 토목 부분 감가상각비를 제외하면 모두 예타가 현재 활용 중인 할인율을 적용(개통 30년차까지 5.5%/년, 이후 4.5%)해 미래의 지출 규모를 현재 가치로 환산했다. 토목 감가상각비에 적용된 80년은 교통 토목 시설의 재건축 주기를 감안한 값이다. 아래로, 그리고 진한 색으로 갈수록 정부가 책임지는 것이 좋은 부분이고, 위로 갈수록 승객이 운임으로 책임지는 것이 적절한 부분이다. 참고로 남부내륙선 생애 주기 비용(40년 기준)의 현재 가치는 총 6.2조 원, GTX C선은 5.7조 원, 서울 9호선 4단계 사업은 0.8조 원이다. 할인율은 물론 미래 지출의 현재 가치를 결정하는 데 매우 중요하지만, 2.5% 수준의 할인율을 적용하더라도 세 노선 총 생애 주기 비용의 변화는 15~40% 정도였다(총비용 남부내륙 약 8.0조, C선 8.0조, 9호선 4단계 1.0조). 할인율로 인한 생애 주기 비용의 변화는 지금의 개략적인 논의에서는 크게 신경쓰지 않아도 좋다는 말이다.

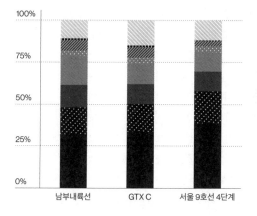

운영비

▥▥ 차량 재투자, 25~30년 뒤, 할인률 4.5%

▨ 초기 차량

▦ 궤도·건축·시스템 재투자, 20년 뒤, 할인률 4.5%

초기 공사비, 기타

보상·부대·예비비

▨ 토목 감가상각, 80년 균등 상각

초기 공사비, 토목

은 수익자 부담 원칙을 실현하는 데 결정적일 것이다. 차량 증편이나 고급화의 비용을 운임에 부담시키는 것 역시 수익자 부담 원칙을 적용하기 적절한 부분으로 보인다. 나머지 모듈들은 각 선구에서 거둘 수 있는 운임 수익의 수준에 따라 혼합 비용 부담을 하면 적절해 보인다. 이미 완성된 고속철도에서 유래한 부채[94] 역시, 이들 구분을 활용해 토목 부분에서 나온 부채만은 탕감한다면 철도 부채 문제와 선로 사용료 갈등을 완화하는 하나의 기준이 되지 않을까 한다.

도표 37은 이런 논의와 실제로 철도에 필요한 생애 주기 비용의 각 요소별 비중 사이를 연결해 준다. 비록 대략적인 값이지만, 이 도표는 무엇보다도 토목 신규 투자와 토목 감가상각비를 정부가 재정으로 책임진다는 말은 곧 철도의 생애 주기 비용 면에서 절반을 책임진다는 말과 같다는 점을 보여 준다. 헌법상의 의무인 보상, 그리고 건설 시점에 반드시 함께 지출되어야 하는 설계·조사·감리 비용을 합치면 정부는 철도 생애 주기 비용의 60% 또는 2/3을 책임지게 된다. 승객이 운임으로 책임지는 것이 적절한 운영비와 차량 비용의 경우 모든 노선에 걸쳐 그 비중은 25% 수준이며, 할인률을 2.5%로 낮추더라도, 즉 미래 운영비의 현재 가치를

94

철도시설공단의 비유동 부채는 약 16조 원, 철도공사는 12조 원이다. 이 가운데 고속철도에서 유래한 부채의 원금은 약 18조 원으로 보이며, 고속철도 총사업비(경부 1, 2, 호남 1, 수서평택 합 총 32조) 가운데 토목 비용의 비율을 60%로 가정하면 나머지 비용의 규모는 사업비의 약 40% 수준이므로 토목 비용 전액을 징부 책임으로 계산할 경우 약 6조 원 정도의 탕감이 가능하다.

7장 세금 위를 달리는 철도

2010년대 후반의 이자율과 비슷한 크기로 계산하더라도 이 비중은 5~10%정도 늘어나는 데 그쳤다. 승객이 많고 빠른 열차가 많은 선구에서는 15% 선에 해당하는 상부 구조 공사비와 감가상각비까지 승객이 최대한 책임지도록 하는 한편, 완행열차가 많거나 승객의 밀도가 떨어지는 지선망에서는 상부 구조를 최대한 정부가 책임지는 방향으로 가는 것이 적절할 것이다. 결과적으로, 앞서 제안한 배분 원칙이 구현될 경우 철도의 생애 주기 비용 가운데 정부 책임은 60~70% 선이 될 것이고, 승객의 책임은 30~40% 선이 될 것으로 보인다.

　　교통 부분 이외에도 철도를 통해 편익을 보는 부분이 있을 수 있다. 통근권이 넓은 입지에 위치한 사업자는 더 많은 인재를 활용할 기회를 얻는 것이다. 또한 역세권은 상업 지구로 개발되는 것이 통상적이다. 상업 시설의 수익 가운데 철도가 기여한 몫[95]을 철도망 유지를 위해 일부분 투입하는 것은 충분히 정당한 일이다. 주택의 가치 또한 철도망으로부터 큰 영향을 받는 이상, 주택 보유세 상승 논의는 철도망의 건설·운영 비용을 반영해 이뤄질 필요가 있다. 다만, 이들 부가가치 또는 부동산 기반 세금은 자동차 운행의 부담을 줄이는 방향으로 작용하지 않도록 설계되어야 한다. 자동차 사용을 적정 범위로 억제하는 과제의 중요성은, 도시의 제한적인 토지를 효과적으로 사용하기 위해서는 자동차 통행을 적절히 억제할 필요가 있는 이상 기후위기를 고려하지 않더라도 부동산 자산 보유 계급의 지대 추구 행동을 적정 범위로 억제하는 과제나 소득에 충분히 과세하는 과제와 우열을 가리기 어렵기 때문이다. 자동차 교통의 억제와 관련된 더 세밀한 논의는 8장으로 넘긴다.

　　추가로 감안해야 하는 변수는 지역이다. 지역에 따라 철도 사업자들의 영업 성과 차이는 아주 크기 때문이다. 표 6은 서울과 각 광역시의 도시철도 사업자가 기록한 영업 수지를 보여 주고 있다. 비록 서울도시철도는 5000억 원 정도의 영업 손실을 보고 있으나, 이는 감가상각비를 매출 원가에 합산하기 때문에 나온 결과이다. 운송 사업과 부속 사업으로 벌어들인 총매출(1.99조 원), 그리고 이를 얻기 위해 투입된 감가상각 제외 영업비용(2.09조 원)은 거의 동일한 수준이다. 반면 부산조차 영업비용(0.5조 원)이 운임 수익(0.27조 원)의 2배에 가까우며 인천은 부산과 비슷한 수준, 대구는 2배를 한참 상회하는 수준이다. 물론, 광역시 도시철도망의 운임을 2배로 올리는 조치는 비현실적이다. 결국 운임 수익으로 경상 운영비를 조달할 수 있는 철도망은 한국에서 서울 도시철도망, 수도권 광역망, 그리고 고속철도 정도뿐이다.[96] 그런데 지방 광역망이나 재래선 전국망 특급은 철도공사가 내부 보조를 할 수 있지만, 광역시나 기초 시의 도시철도는 그렇게 하기 어렵다. 그렇다면 광역시·기초시 도시철도에 대해서는 다른 모든 모듈에 더해 경상 운영비에 대해서도 재

95
이를 계산하기 위한 방법으로는, 지금의 교통 유발 분담금 같은 제도뿐만 아니라 선택 가치에 대한 지불의사를 측정하는 방법도 있다. 다만 정말로 사람들이 현존하는 노선의 선택 가치를 충분히 측정할 수 있을지에 대해서는 의문의 여지가 있다.

96
최근 『철도통계연보』에는 세부 내역이 공개되지는 않지만, 고속철도는 영업 이익을, 수도권 광역망은 약간의 영업 손실을 보고 있다는 것을 2010년 이전의 『철도통계연보』에서 확인할 수 있다.

[표 6] 한국 도시철도 사업자의 매출과 영업 비용, 2018년. 매출 계정과 비용 계정 이외에 '판매비와 관리비' 계정을 더해야 영업 이익이 나오므로 매출에서 비용을 뺀 값보다 영업 이익의 값은 더 작아야 한다. 비용의 경우 서울교통공사는 영업에 들어간 자산의 감가상각비 규모가 별개로 공개되어 있지 않아 계산에 오차가 있다. 각 값은 모두 각 사업자 홈페이지에서 얻었다. 대전도시철도공사는 2020년 봄 현재 알 수 없는 이유로 회계공시를 하지 않은 상태다. 민간 사업자의 경우 지배 구조가 복잡해 감가상각비를 추출하기 어려워 표에 등장시키지 않았다.

2018년	매출		비용			영업 이익
(조 원)	운임 수입	총매출	인건비·영업경비	감가상각비	매출 원가	
서울교통공사	1.62	1.99	2.09	0.39	2.33	-0.53
부산교통공사	0.27	0.31	0.50	0.13	0.63	-0.36
인천교통공사	0.12	0.19	0.20	0.11	0.31	-0.18
대구도시철도공사	0.12	0.20	0.26	0.13	0.40	-0.23
광주도시철도공사	-	0.03	-	-	0.09	-0.07

정 지원이 필요한 셈이다. 지방정부의 빈약한 재정 능력을 감안하면, 이들 자금 흐름을 위해서는 결국 중앙정부가 적지 않은 기여를 해야 한다. 도시철도망은 계획의 측면에서는 지방정부가 주도적으로 구축해야 할 망이지만, 더 많은 도시가 도시철도의 혜택을 누리려면 중앙정부는 재정 면에서 지금보다 더 많은 부담을 져야 하지 않을까.[97]

차량이나 역사 건축, 나아가 철도 상부 구조와 같은 비용 구조 모듈에 대해서도 부분적으로 운임 부담을 올려야 한다는 말은, 철도 이용객에게 그렇게 반가운 소식이 아닐지 모른다. 광역급행과 광역특급의 급행료뿐만 아니라, 건설비가 부족해져 모든 노선의 상부 구조를 정부가 책임질 수 없게 되면 광역완행 및 도시철도의 운임도 통상적인 인상 주기(1년에 기본요금 50원)에 비해 더 빠르게 올려야 할지 모른다.[98] 고속철도 역시 신설 구간이 남한 영토 내에서는 그리 길지 않으리라는 사실과는 무관하게 선로 유지 보수(감가상각 충당 및 개량)를 위한 부담을 충분히 지기 위해서는 운임을 조금 올려야 할 수 있다. 이 규모가 적지 않은 수준이라면, 철도망의 수요는 저하되고 말지도 모른다. 이런 우려에 답하려면, 교통의 세계 앞에 도래하기 시작한 여러 약속과 경고를 종합적으로 검토해야 할 필요가 있다. 탄소세·주행세에 대한 더 상세한 논의는, 장을 바꾸어 이들 약속과 경고의 세부 사항을 파악한 다음에야 진행할 수 있기 때문이다.

97
다만, 비용 구조 모듈을 지방과 중앙의 운임 부담 배분에서도 사용할 경우, 토목 시설을 중앙이 전적으로 부담한다면 이는 지방정부의 책임을 약화시켜 토목 부분의 과잉 투자(지하화 등)를 부르는 방아쇠가 될지도 모른다. 이를 막고자 한다면 지금처럼 정률 분담이 의미가 있을 것이다.

98
간편한 방법은 6장 도표 40에서 확인한 낮은 거리 운임을 끌어올리는 방법인데, 정치적 부담을 극복해야 한다는 과제는 남는다.

8장. 예언과 경고, 자율 주행차의 도래와 기후위기의 습격

이번 장에서 나는 다시금 교통의 세계 전체를 시야에 넣고, 하나의 장밋빛 예언과 하나의 파멸적 경고를 대조하여 21세기 중후반의 철도가 교통의 세계 속에서 어떤 지위를 확보해야 하는지 살피려 한다. 장밋빛 예언의 핵심에는 자율 주행차를 비롯한 이동 수단의 무한정한 확대가 있다. 자율 주행차의 등장은 차량 운전 비용을 크게 감소시켜 자동차를 지금보다도 훨씬 더 유연한 방식으로 활용할 수 있게 만들 것이고, 항공은 개도국 시민들에게도 대중적인 교통수단이 되면서 국제 교류의 범위를 넓힐 것이다. 파멸적 경고의 핵심에는 기후위기가 있다. 날로 심화되는 기후위기는 수송으로 인한 탄소 배출량과 에너지 소비량을 크게 줄이지 않으면 기상 현상이 한층 흉포해지고 인류 문명의 기반이 되었던 안정적인 해안선과 예측 가능한 기후가 사라져 문명의 토대가 침식되어 파괴될지 모른다는 경고를 함축한다. 두 신호는 서로 완전히 다른 지시를 내놓는다. 한쪽에서 보내는 신호는 기술의 발전을 그대로 따르면 차량 운전과 항공의 상대 가격이 격감해 이동의 유토피아가 열릴 것이라는 내용을 담고 있다. 한편 다른 쪽의 신호는 전 지구적인 기후위기에 대응하려면 차량과 항공기의 효율을 개선하는 것만으로는 부족하며 대대적으로 승용차·항공 통행량을 감축·조정하라는 권고를 담고 있다. 서로 충돌하는 두 신호 사이에서 철도는 어떤 방식으로 인류에게 도움이 될 수 있는지, 그리고 철도 측의 노력만으로 모자란 부분은 어떻게 채워야 하는지에 대한 논의가 이번 장의 초점이 될 것이다.

1절. 두 번째 자동차화에 대한 예언, 그리고 그 난점

이야기는 20세기 후반 인류가 겪은 자동차화(motorization)에서 시작한다. 7장 도표 1에서도 확인했듯, 자동차화는 철도의 몰락을 부른 중대한 요인이었기 때문이다. 자동차를 타고, 도시는 철도역 주변을 벗어나 교외로 팽창해 나갔다. 1934년, 루이스 멈퍼드는 잘 관리된 자동차와 도로 시스템은 19세기 '구기술' 시기 도시의 과밀하고 고단하며 오염된 삶을 마무리 짓고 20세기 '신기술'의 필두에서 인간을 도시 교외의 탁 트인 공간으로 이끌 것이라고 예상하기도 했다.[1] (멈퍼드 자신의 비판을 포함하는) 자동차화에 대한 여러 날선 비판들을 접어 두면, 이런 예측은 어느 정도의 진실을 담고 있다. 사람들이 승용차에 환호하면서 경제 성장과 함께 기꺼이 자동차화의 물결에 동참한 중요한 이유, 또는 그렇게 하기 위한 조건 가운데 하나는 혼잡한 옛 도시에서 벗어나 새로운 개발지에서 자동차를 사용하기 쉽도록 널찍한 길을 건설하고 시가지의 개발 밀도를 낮추는 데 있었기 때문이다. 다수의 새로운 개발 구역은 철도망과는 무관한 곳에 건설되었고, 자동차는 지구 전체에 걸쳐 저밀도 교외 생활, 그리고 중소도시의 생활을 완벽히 지배하게 되었다.

　　하지만 모든 것이 긍정적이지는 않았다. 승용차는 선진국을 중심으로 수억 명의 사람들에게 유연한 이동이라는 편익을 가져다 주었지만, 인류가 극복해야 할 방대한 비용을 배출하기도 했다. 대도시와 근교의 도로는 늘 정체에 빠져 있고, 때문에 사람들은 이동을 위해 막대한 혼잡 비용을 강요받고 있는 것이 현실이다. 수송은 인류의 에너지 소비량 가운데 약 1/3을 소모하며,[2] 이 가운데 소형 차량(light duty vehicle), 즉 승용차가 절반 이상을 차지하는 것으로 보인다.[3] 에너지와 무관한 배출, 그리고 석탄보다는 낮은 휘발유와 디젤의 탄소 배출계수 덕에 온실가스 배출 비율은 조금 낮지만, 승용차는 인류의 배출량 중 약 1/7에 책임이 있어 석탄 화력 발전소를 제외하면 가장 큰 배출원이기도 하다. 자동차가 강요해 온 중대한 비용인 교통사고는 감소 중이나, 훨씬 강력한 방호 체계가 가동 중인 철도(2장 참조)에서도 사고는 사라지지 않은 만큼 앞으로도 오랫동안 자신이 아주 까다로운 상대라는 점을 지속적으로 과시할 것이다. 먼지, 배기가스의 구성 물질, 소음은 인체에 직접적인 위해를 끼치고, 차량의 흐름은 주변 사람의 흐름과 도시의 삶을 방해한다. 동력이 전기화되면 질소산화물(NOx)을 비롯한 배기가스는 억제되겠지만, 노면 마찰로 인한 먼지나 차량이 일으키는 바람 때문에 휘날리는 먼지는 바퀴를 활용해 주행하는 한 막을 수 없고, 고속 주행 시의 소음은 공력 저항을 줄이지 못하는 한 막을 수 없다. 게다가 자동차화의 물결 앞에 대중교통은 선진국, 특히 신대륙의 많은 지역에서 고사해 갔고, 이동의 기회를 다른 사람들과 동등하게 누리기 위해서는 부담스럽더라도 승용차를 구비해야만 하는 지역이 늘어났다. 승용차를 위해 건설된 새로운 시가지가 늘어나, 자동차화에 앞서 기틀이 잡힌 도보·철도 중심 시가지와 경쟁하면서 지역적 갈등도 빚어졌다.

　　이들 문제를 모두 해결할 수 있다는 예언이 오늘날 교통의 세계 앞을 맴돌

1

물론 초기 자동차화에 대한 비판도 함께 이어진다. 루이스 멈퍼드, 『기술과 문명』, 문종만 옮김(책세상, 2013), 336~341. 멈퍼드는 도시철도와 집적에 대해서는 부정적으로 서술한다. "전원도시로의 이주라는 탈집중화(…)[와] 동시에 이미 상당히 혼잡하고 낡은 거대 도시 모스크바로 중공업이 집중되면서 혼잡이 가중되고 있고 고비용이 드는 지하철 건설에 에너지가 펑펑 낭비되고 있다." 같은 책, 372.

2

IEA의 2015년 'World Energy Balances'에 기반한 값이다.

3

IEA & UIC, *Railway Handbook 2017: Energy Consumption and CO₂ Emissions* (2017), 20. 소형 차량은 화학 공업이나 제철, 난방보다 더 많은 에너지를 소비하므로, 최종 에너지 소비량이 가장 많은 2차 분류(수송, 산업 등 대분류 아래) 분야이다.

고 있다. 이 예언의 핵심에는 자율 주행이 있다.[4] 자율 주행 기술이 완성되고 나면, 자동차 운전 부담 때문에 승용차 통행을 피하는 경향이 있던 장거리 구간 또는 대도시에서도 더 많은 사람들이 승용차를 선택하게 될 것이다. 주차장을 도심에 확보할 필요가 없으므로 주차장으로 토지를 낭비할 필요도, 주차에 시간을 소모할 필요도 사라질 것이다. 운전에 소모하던 운전자의 시간을 다른 방식으로 사용할 수 있게 되므로 사람들의 생산성도 올라갈 것이다. 버스, 트럭과 같은 비승용차 수단의 운용에 필요한 인건비 역시 격감하여 대중교통과 물류 측면에서도 혁신이 일어날 수 있다. 그러나 이런 전망은, 철도의 시각에서 볼 때는 악몽처럼 보인다. 도로 여건을 지각하여 운전 행동에 반영하는 인지 능력의 개선을 통해 안전한 주행이 가능한 최고 속도가 각 도로에서 올라가면, 도로보다 순 표정속도가 빨라 마찰시간을 더해도 비슷한 속도를 낼 수 있는 도시·광역망 철도, 나아가 마찰시간을 감안하더라도 독점적 영역을 확보하고 있던 고속철도의 영역은 더욱 좁아질 것이다. 반응 속도의 개선을 통해 제동 거리가 짧아져 도로의 용량이 커짐에 따라 대도시 철도망이 수행하던 역할이 도로로 흡수되는 상황이 올지도 모른다. 인지 체계의 실수나 오작동으로 인한 사고가 격감하여 전체 사고 또한 줄어들 것이다. 결국 자율 주행 자동차들은, 철도의 중요한 장점을 하나하나 공략하여 무너뜨릴지 모른다. 운전 부담이 없고, 노동 집약적이며, 수송 용량이 크고, 도로에 비해 매우 안전하며, 비슷한 속도-거리 스케일을 포괄하는 도로보다 순 평균 속도가 높은 편이라는 철도의 장점은 거의 모두 자율 주행차에 의해 상쇄될 것처럼 보이기 때문이다. 많은 대중들은 경직되고 구태의연한 철도 같은 것에는 관심조차 기울이지 않을지 모른다.[5]

자율 주행에 대한 기대와 함께, 업계를 달구는 다른 예언도 있다. 바로 자동차 공유 사업이다. 많은 논자들은 개인이 보유한 승용차들이 하루 중 대부분의 시간 동안 주차되어 있다는 사실을 지적하며 설명을 시작한다. 그런데 자율 주행이 이뤄지면, 이들 차량을 필요한 사람들에게 대여해 주는 데 원리상의 문제는 없게 된다. 차주는 일 없이 차량을 주차해 두는 대신, 차량을 빌려주면서 수익을 얻을 수 있다. 한편 이용객은 인건비를 들일 필요가 없는 만큼 좀 더 값싸게 차량을 활용할 수 있다. 운전면허가 없거나 취득 자격이 없는 사람들은 지금의 택시보다 저렴하고 간편한 방법으로 차량의 이동 능력을 활용할 수 있게 될 것이다. 물론 자가 소유 차량

4

이 논의를 위해 다음 세 책을 참조했다. 페르디난트 두덴회퍼,『누가 미래의 자동차를 지배할 것인가』, 김세나 옮김(미래의 창, 2017); 정지훈·김병준,『미래자동차 모빌리티 혁명』(메디치, 2017); 차두원,『이동의 미래』(한스미디어, 2018). 앞의 두 책은 전기 자동차와 관련된 서술에 강점이 있다면, 마지막 책은 '마이크로 모빌리티', 즉 전동 휠과 같이 문전 연결성을 담당하는 소규모 수단의 최근 시장 동향에 대한 서술에 강점이 있다.

5

"새로운 모빌리티 세상에서 최대의 패자는 아마도 작금의 과제조차 제대로 수행하지 못하고 있는 도이체반이 될 것이다. 열악한 열차 품질, 낡은 철도망, 시간이 맞지 않는 연결편 등 도이체반의 문제들은 대부분 구 세상에서부터 물려받은 것 (…) 새로운 모빌리티 세상은 분산화된 세상이다. 우리의 첨단 커뮤니케이션 구조, 공유 경제의 첨단 서비스 제공자, 무공해 자동차는 중앙 집중식 도이체반을 더욱 힘들게 할 것이다." 두덴회퍼,『누가 미래의 자동차를 지배할 것인가』, 335.

은, 마치 주택 시장에서 임대와 자가 소유가 공존하듯, 사라질 가능성은 없지만, 공유 사업이라는 서비스 방법과 결합하면 자율 주행 기술의 파괴력은 좀 더 심원한 것이 될지 모른다. 결국 자율 주행과 자동차 공유 사업은, 질소산화물을 배출하지 않고 에너지 효율이 높으며 소음까지 줄어든 '무공해' 전기자동차의 등장과 합세하여 '두 번째 자동차화'가 인류에게 곧 도래하리라는 예고를 던지고 있는 셈이다.

하지만 이런 전망 속에는 중대한 문제들이 여럿 숨어 있다. 주차 문제부터 뜯어보자. 자율 주행차를 통해 주차 공간을 절감하기 위해서는 사람이 내린 빈 차량을 외곽의 적당한 (주차장으로 영업하더라도 기회비용 면에서 손실을 보지 않을) 지점까지 빼내거나, 집으로 돌려보내거나, 주변을 배회하게 하다가 호출 시 원하는 곳으로 돌아오게 만드는 빈 차 주행이 필요해진다.[6] 이를 수송업에서는 '회송'이라고 한다. 도심에서 너무 먼 지점에서 대기해 호출 대응이 늦어지는 것을 차주들이 선호할 리 없으므로, 많은 차량은 도심 부근에서 배회할 것이다. 공유 차량 역시 회송 거리를 절감하는 데 큰 도움이 되지 않을 가능성이 있다. 교통연구원의 한 시뮬레이션은 자율 주행 공유 차량이 전면 도입될 경우 승용차의 총 주행 거리가 30%까지 증가할 수 있다는 계산 결과를 내놓은 상황이다.[7] 샌프란시스코를 배경으로 하는 한 논문은 배회가 도심 주차료를 무력화하기 위해 매우 유력한 선택이 될 것이라고 전망하기도 한다.[8] 물론 이들 배회 차량은 주행 비용을 최소화하기 위해 가능한 한 천천히 움직이려 할 것이며, 따라서 차량을 활용 중이지 않은 차주들은 오히려 정체를 선호하게 될지도 모른다. 이런 행동이 규제된다 하더라도, 차주의 개인적 이익을 극대화하기 위해 행동할 자율 주행차가 얌전히 주차료를 낼 가능성이 없다는 것만은 분명한 이상, 교통 계획가들은 승용차를 길들일 중요한 계획 수단 하나를 곧 잃게 되고 말 것이다.

차량 주행 거리는 회송 거리 증가분보다 더욱더 길어질 수 있다. 먼저, 운전을 하는 부담이 사라진다면 이 때문에 지금까지는 자동차를 이용하는 데 부담을 느꼈거나 누군가가 운전을 해 줘야만 했던 사람들이 자동차를 부담 없이 선택하게 될 것이다. 교통 체계가 개선되면 '유도된 수요'(induced demand)가 생겨난다는 사실은 교통 상식에 가깝고, 운전 부담이 사라진다는 사실은 지름길이나 더 빠른 교통

6
Adam Millard-Ball, "The Autonomous Vehicle Parking Problem," *Transport Policy*, vol. 75 (2019): 99~108.

7
박지영·김범일·우승국·이동윤, 「자율 주행 자동차 도입의 교통 부문 파급효과와 과제」, 4차 산업혁명과 교통·물류 혁신」, 『2018 교통연구원 연구성과 토론회 자료집』(2018년 3월 6일), 56.

8
Adam Millard-Ball, "The Autonomous Vehicle Parking Problem." 밀라드발은 시뮬레이션을 간단히 하기 위해 보행자 통행 등을 무시했고, 따라서 주차를

피하기 위해 도심 부근을 한 자리대 km/h 속도로 배회하는 행동이 가장 효율적인 자동차의 수가 현실보다 과대평가되었을 가능성이 있다. 그럼에도 배회 행동을 택하는 차량은 무료 주차 면 수 이상의 진입 차량 가운데 가장 많은 수를 차지하는 것으로 나타났으며, 이는 보행자 때문에 정차를 자주 해야 하는 현실에서도 배회 전략이 매우 유력하리라고 볼 수 있는 기반이다. 참고로 전기차와 내연기관 사이의 (저속대역) 효율 차이는 운행 비용에 적지 않은 영향을 미쳤으나 배회 차량 비율에는 큰 영향을 끼치지 않았다.(67%, 62%: 표 2, 3)

[표1]   IEA가 집계한 2015년 전 세계의 수송량 분담률 및 온실가스 배출 점유율, 수송용 최종 에너지 소비의 점유율. IEA & UIC, *Railway Handbook 2017: Energy Consumption and CO_2 Emissions* (2017), 18~27.(이하 약칭 '핸드북') 여기서 TU는 'Traffic Unit', 즉 인킬로미터와 톤킬로미터 수치의 합을 의미한다. 같은 책, 113. 사람의 무게는 1톤과는 거리가 멀지만, 화물의 수송에 비해 인간의 수송에는 좀 더 큰 노력이 필요하다는 점에서 그대로 합치는 것으로 보인다.

(%)	여객 분담률 (인km 기준)	화물 분담률 (톤km 기준)	총 수송 비율 (TU 기준)	교통수단 중 온실가스 배출 점유율	교통수단 중 에너지 사용 점유율
도로	79.6	20.2	35.1	72.6	75.3
항공	13.7	0.7	4.0	10.9	10.7
수운	-	72.2	54.0	10.2	9.5
철도	6.7	6.9	6.9	4.2	1.9

수단, 운임 하락과 비견할 만한 개선으로 작용할 것이다.(도표 1) 더불어, 운전에 쓰이는 인지 체계가 개선되어 도로 용량이 커진다면 마찬가지로 정체와 도로 용량의 제약 때문에 통행을 망설이던 사람들을 좀 더 많이 도로로 끌어내게 될 것이다. 정체가 사라질 수는 없지만, 그 문턱 통행량은 지금보다 상당히 높아질 것이다. 두 메커니즘은 모두 자동차 통행의 비용을 절감시킨다는 점에서 통행하는 개인에게는 이득이지만, 자동차의 총 통행 거리를 급격히 증대시키고 그에 따라 자동차의 외부 불경제 비용은 더욱더 늘리는 상황이 빚어질지 모른다. 비록 공유 자동차가 확대될 가능성이 있다는 점은 반대 방향의 압력이긴 하지만,[9] 첫 번째 자동차화 때문에 일어난 도시 확장(urban sprawl) 현상이 운전 비용 절감 덕분에 더 확대될 가능성도 배제할 수 없다.

이렇게 두 번째 자동차화가 현실에 구현되는 동안 늘어갈 자동차의 사회적 비용 가운데 오늘날 가장 중대한 것은 에너지 소비와 이로 인한 온실가스 배출일 것이다.(표 1) 인류는 최종 소비 에너지의 29%를 수송에 소모하고 있으며, 여기서 나온 탄소 배출량 가운데 수송에서 기인하는 비율은 25% 수준이다. 이 가운데 자동차는 전체 수송 에너지 소비량의 75%, 탄소 배출량의 73%를 점유한다.[10] 특히 소형 차량은 전체 교통 소비량·배출량의 절반을 점유한다.[11] 이는 다른 모든 수송 수단을 압도하는 수준이다. 25% 가운데 수운이 10%, 항공이 10%를 차지하는 한편, 나머지 미약한 값(2%)이 철도의 몫이다.[12] 수송 부분에서 기후위기에 대응하기 위

9
공유 자동차는 지금의 택시와 마찬가지로 빌릴 사람이 자주 나타나는 곳에서 더 많은 수익을 올릴 수 있다. 따라서 이들은 상당한 시간 동안 인간 활동이 집중된 도심지를 배회하거나 주변에서 대기하고 있을 것이고, 여기서 멀리 떨어진 지역일수록 호출에 응대하는 데는 더 긴 시간이 걸릴 것이다. 결국 공유 차량의 확대는 인간의 밀도가 낮아지는 지역에서는 통행의 상대적 비용을 더 크게 만들 것이다.

10
IEA & UIC, *Railway Handbook 2017: Energy Consumption and CO_2 Emissions* (2017), 19. '최종 소비 에너지'란 발전 등의 가공을 거쳐 전동기나 엔진, 회로 등에서 일과 열로 소모된 에너지를 뜻한다. 가공 손실을 포함한 값은 '1차 에너지'라고 한다.

11
IEA, *Energy Technology Perspectives 2017* (IEA, 2017), 5장의 데이터 참조. 이 자료는 여기서 'ETP 2017'로 지시한다.

[도표 1] 자율 주행차가 가져올 변화 요인들은 어느 정도의 에너지 소비 증감 효과를 가져올 것인가? 막대들은 메타 연구를 통해 수집한 데이터 범위를 나타내는 그림들이다. 항목은 의미를 살려 의역했다. Zia Wadud et al., "Help or Hindrance? The Travel, Energy and Carbon Impact of Highly Automated Vehicles," 12, 도표 1.

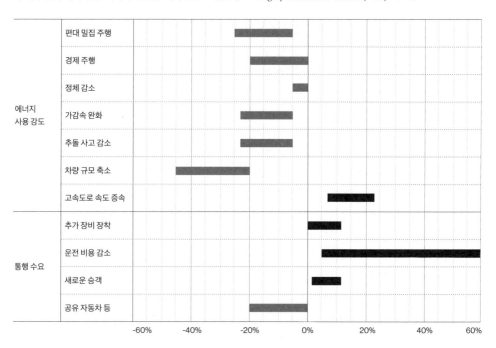

해서는 자동차의 에너지 소비를 억제하는 것이 무엇보다도 중요한 과제인 셈이다.

자율 주행의 보급이 불러올 수 있는 여러 귀결을 포괄적으로 검토해 에너지 소비량을 예측한 한 메타 연구 논문의 분석[13]을 따라, 미래 자동차 에너지 소비가 어떤 시나리오를 그릴 수 있는지 점검해 본다. 와두드 등은 크게 일곱 요인(편대 밀집 주행을 통한 항력 경감, 경제 주행 확대, 정체 감소, 가감속 완화, 추돌 방지 기능 강화, 차량 소형화, 차량 공유 서비스)이 에너지 소비를 줄이고, 네 요인(고속도로 속도 증강, 통행 비용 감소, 새로운 통행자 집단 유입, 차량 편의성 증대를 위한 장비 추가)이 에너지 소비를 증대시킬 수 있다고 진단한다.(도표 1) 크게 보아, 이들 요인은 에너지 사용 강도(energy intensity) 요인과 통행 수요 영향 요인들로 분류 가능하다. 와두드 등은 이들 요인의 가능한 변화를 종합하여 몇 가지 시나리오를 그린다. 시나리오의 핵심은, 에너지 사용 강도 요인을 통한 에너지 효율 증강 효과가 충분할 경우 통행 수요가 지금보다 1.6~1.9배 늘어나더라도 자동차에 쓰이는 전체 에너지 소비량은 30~50% 줄어들 수 있는 반면, 에너지 효율성을 높일 에너지 사용

12
에누리 부문은 파이프라인의 자기 소모 에너지다.
13
Zia Wadud, Don MacKenzie, and Paul Leiby, "Help or Hindrance? The Travel, Energy and

Carbon Impact of Highly Automated Vehicles," *Transportation Research Part A,* vol. 86 (2016): 1~18.

강도 요인을 실현하는 데 실패하고 고속도로 속도는 증속되어 에너지 소비가 늘어나면 통행 수요가 1.5배 정도 늘어나더라도 에너지 소비량은 두 배 늘어나고 말 것이라는 데 있다.

크게 네 배에 달하는 불확실성의 범위를 좁히기 위해, 개인적 예상을 더해 본다. 차량 소형화는 전 세계적으로 폭발적인 SUV의 인기로 볼 때 달성될 가능성이 낮아 보인다.[14] 특히, 3인 이상이 1~2인승 차량을 다수 동원하여 이동하는 풍경은 통행자 전원이 성인일 때만 통상적일 듯하다. 노약자와 어린이를 별도 차량에 홀로 태우는 것은 부적절한 이상, 가족 통행을 위한 차량의 크기는 유지될 가능성이 크다. 성인의 일상 통행에서 활용될 차량의 규모가 얼마나 줄어들지도 미지수다. 차량은 위세품이기도 하기 때문이다. 위세품에는 비효율적인 면이 있어야 한다. 그리고 승용차가 주는 위세의 많은 부분은 중후장대한 크기에서 온다. 밀집 대열 주행은 차량 고장 시 생길 위험을 감안하면 쉽게 택하기 어렵다.(3절 '페일 세이프' 참조) 공유 서비스의 차량 주행 거리 감소 효과는 연구 결과가 엇갈려, 미미하게 증가한다는 연구까지 있다.[15] 에너지 사용 강도 면에서 자율 주행의 이득은 경제 주행 확대와 정체 및 사고 감소, 가감속 완화의 효과 정도에서 그칠 가능성이 상당하다는 말이다. 도표 1에 소개된 요인 중 효과가 충분히 발생하리라고 자신하기 어려운 요인 셋(집단 주행, 차량 규모 축소, 공유 차량)의 효과를 0으로 두고 나머지의 중앙값을 모두 더해 보면, 에너지 소비량은 20% 정도 증가한다는 결과가 나온다. 결국, 두 번째 자동 차화는 상당한 에너지 소비량 증가를 염두에 두고 맞이해야 할 과정으로 보인다.

와두드의 그림은 자동차와 에너지의 세계가 겪을 수 있는 변화를 모두 포괄하지는 못한다. 무엇보다 개도국의 막대한 인구와 경제 성장이 부를 차량 수요는 그 규모를 짐작하기조차 어렵다. 인구 차이로 보아, 20~30년 내로 선진국의 차량 수를 압도할 만큼 많은 차량이 개도국 도로를 달리게 될 것은 명약관화하다. 게다가, 차량 동력 전환이 원활히 이뤄져 전기 차량 판매가 가속화되더라도, 신재생과 원자력을 통한 전력 부분의 탄소 저감이 원활하게 이뤄지지 않는다면 에너지 효율 개선에 비해 탄소 효율 개선 속도는 더뎌지고 말 것이다. 전력 부분의 탄소 저감이 원활하게 이뤄진다 하더라도, 차량의 에너지 소비량이 억제되지 않는다면 그 환경 비용은 극히 부담스러운 규모가 될 것이다. 어떤 수단이든 신재생 에너지는 방대한 토지를, 그리고 거대한 양의 예비 전력(에너지 저장 장치[양수발전, 배터리]든, 천연 가스든, 바이오매스 재고든)과 신속한 전력 융통을 위해 광범위한 영역에 부설된 송

14

실제로 선진국이든 개도국이든, 구대륙이든 신대륙이든 전 세계 모든 지역에서 SUV는 전체 신차 가운데 2010년 17%를 점유하였으나 2018년 현재 40% 수준에 달하고 있다. IEA의 다음 보도를 참조. https://www.iea.org/newsroom/news/2019/october/growing-preference-for-suvs-challenges-emissions-reductions-in-passenger-car-mark.html.

15

Wadud, Zia, et al., "Help or Hindrance? The Travel, Energy and Carbon Impact of Highly Automated Vehicles," 10.

16

실제로 추위에 따른 배터리의 효율 저하 문제를 측정에 반영하기 위해, 「제작자동차 시험검사 및 절차에 관한 규정」(환경부고시 제2018-45호) 별표 5는 전기자

[도표 2]　2050년까지의 교통 부분 탄소 감축 계획. IEA, *Energy Technology Perspectives 2010* (IEA, 2010), 270. 작성된 지 조금 시간이 지났으나, 세부 항목을 가장 상세히 보여 주기 때문에 여기서도 활용한다. 도표는 '섭씨 2도' 시나리오에서 채택된 기술들의 효과를 나타내기 위해 그려진 것이나, 2020년 현재 기후위기에 관한 정부 간 협의체(Intergovernmental Panel on Climate Change, IPCC)는 '2도 미만' 시나리오보다도 더 크고 빠른 수준의 감축을 요구하고 있다. 2019년 연말 현재, 시나리오는 2060년까지 작성되어 있는 상태다. '섭씨 2도' 등과 대조할 시나리오는 '기준기술 시나리오'(Reference Technology Scenario, RTS:

2100년까지 1850년 대비 지구 평균 기온 2.7℃ 상승을 목표로 함)라는 말로 부른다. 이는 기본적으로 각국의 자발적 감축 대안을 합산한 수준이지만, 이것으로는 상황을 통제하는 데 불충분하며, 따라서 IEA는 2100년까지 섭씨 2도 선에서 기온 상승을 막기 위해서는 2070~2080년에 인류의 순탄소 배출량 0이, 1.7도 선('2도 미만' 시나리오의 목표치)에서 막기 위해서는 2060년에 배출량 0이 달성되어야 한다고 본다. 한편 CO_2eq란 이산화탄소 배출량에 다른 여러 온실가스 배출량을 그 온실 효과의 크기에 따라 이산화탄소 무게로 환산한 값을 더한 결괏값을 의미한다.

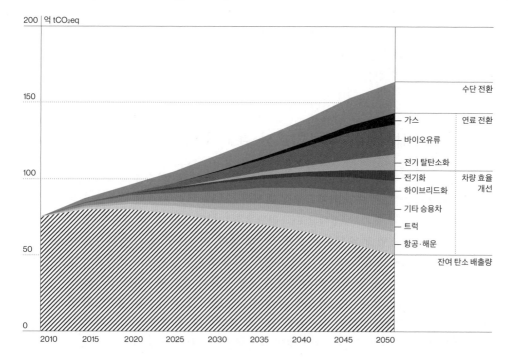

전 설비를 필요로 하고, 따라서 에너지 소비량을 억제하지 않으면 이행 과정은 지금도 심각한 갈등을 증폭시킬 수밖에 없기 때문이다. 원전을 쓸 수 있는 나라라 하더라도 원전을 둘러싼 갈등을 회피할 방법은 없고, 경제적 관점에서 보더라도 원자로는 지극히 둔중하거나(현행 경수로) 아직 충분히 실증되지 않은 기술적 대안(소형로)일 따름이다. 계절 요인도 고려하지 않을 수 없다.[16] 기후 변화는 연교차의 편차를 키울 것이고, 겨울과 여름을 더욱 혹독하게 만들어 배터리의 효율을 낮추는 한편

동차 효율을 저온 모드와 상온 모드로 나누어 측정하라고 규정하고 있다. 그러나 아직 이 규정은 계절 요인을 감안한 1년 평균을 구하기 위한 환산 절차를 포함하지 않을 뿐만 아니라 더위에 의한 효율 저하(주로 에어컨에 의함)까지 감안한 측정 역시 별도로 규정하지 않고 있다. 한편 차량 효율을 다루는 미 환경부의 홈

페이지는 가솔린(-6.7℃에서 효율 -12%)에 비해 하이브리드 차량의 효율 감소(같은 조건에서 약 33%)가 훨씬 크다는 내용을 닮고 있다. EPA, "Fuel Economy in Cold Weather," 2019년 7월 21일 접속, www.fueleconomy.gov. 한국 환경부도 국내 기후에 맞는 측정 결과를 정리해 공개해야만 할 것이다.

8장 예언과 경고, 자율 주행차의 도래와 기후위기의 습격

(겨울) 에어컨 가동은 늘릴 것(여름)이기 때문이다. 전기차 등을 활용한 차량의 효율 증대에만 의존해서는 기후위기에 충분히 대응했다고 할 수 없는 셈이다. 이 모든 압력과 불확실성을 감안해, 국제에너지기구(International Energy Agency, 약 IEA)는 '섭씨 2도 시나리오'(2 Degree Scenario)[17] 또는 그 이상을 실현하기 위해서는 차량의 효율만큼이나 수송량의 억제 및 수단 전환도 많은 양의 기여를 해야만 한다고 권고하고 있다.(도표 2)

그렇다면 두 번째 자동차화의 물결, 또는 예언은 차량 주행 거리를 신중하게 억제해야 한다는 요구와 함께 도래하고 있는 셈이다. 교통의 세계를 다루는 다수의 논평자들은 첫 번째 자동차화가 막 시작되었을 때 멈퍼드가 내놓았던 희망보다 훨씬 더 낙관적인 예측을 두 번째 자동차화에 담아 내놓고 있지만, 지구의 기후 시스템은 이런 희망을 일정 범위 내로 제어하지 않으면 인류를 파멸적인 악기상 속으로 집어삼켜 버릴 기세다.

2절. '섭씨 2도' 시나리오와 철도의 힘

그렇다면, 통제 범위를 벗어난 기후 시스템이 불러올 파멸만이 인류를 기다리고 있는 것일까. 가능한 모든 수단을 활용하여 최선의 노력을 다하면 그런 사태는 막을 수 있다는 것이 방금 소개한 '섭씨 2도(그리고 2도 미만) 시나리오'의 내용이다. 여기서는 이 책의 주제인 교통 부분 권고에 집중해 본다. 이 시나리오는 큰 분류로 볼 때 전기의 탄소 배출 효율 상승, 생물 연료 활용, 차량 효율성 강화(하이브리드화 및 전기화 포함), 수단 전환 및 통행 억제를 통해 교통 부분의 탄소 배출량을 절감할 수 있다고 본다.(도표 2) 물론 이들 가운데 앞선 세 요인은 항공기·자동차·이륜차의 엔진과 운전 인지 체계를 변화시켜 실현되어야 할 부분이다. 하지만, 지상에서 수단 전환 및 통행 억제의 주인공은 결국 철도일 수밖에 없다. 거대도시를 중심으로 효율적인 대규모 이동 능력을 공급해, 사회의 연결성과 인구의 이동 능력을 훼손하지 않으면서도 교통망의 탄소·에너지 효율을 극대화할 수 있는 수단은 결국 철도를 주축으로 하는 대중교통 시스템이기 때문이다.

도표 3~5는 대표적인 네 수송 수단의 탄소·에너지 효율이 어떤 수준인지 보여 주고 있다. 모든 면에서 가장 효율적인 수단은 수운이다. 특히 화물 운송 부분에서 수운의 효율성은 철도조차 능가하는 수준이다. 하지만 수운은 수로와 항만이 가지는 불안정성이 기후위기로 인해 더 증폭될 것이므로 내륙은 물론 해안에서도 크게 확대하기 어려울 것이다. 한편 항공과 자동차가 같은 여객 수송량을 처리하면

17
IEA가 에너지기술전망(Energy Technology Per-spective, ETP)을 저술하면서 파리 협약에 기반해 작성한 기본 시나리오로, 2060년까지의 부분별 행동 목표 또는 현실적인 에너지 절감 수준을 정리해 놓은 인류 차원의 계획이다. 기후위기의 충격을 좀 더 충분히 억제하기 위한 섭씨 2도 미만 시나리오(Beyond 2 Degree Scenario) 또한 작성되어 부분적으로 배포 중이다.

[도표 3]　전 세계 교통수단별 여객 수송량당 에너지 소비량 비교. ETP 2017의 부록에서 계산한 값이다.

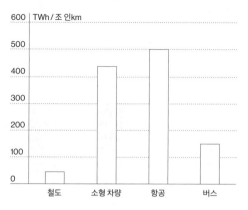

[도표 4]　전 세계 교통수단별 화물 수송량당 에너지 소비량 비교. 같은 출처.

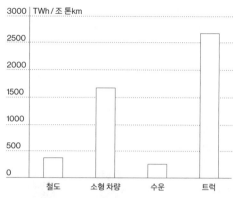

[도표 5]　전 세계 교통수단별 수송량당 탄소 배출량 비교. 같은 출처. 트럭과 버스를 함께 묶어 대형 차량으로 나타내면 그 값이 너무 커져 제시하지 않았다.

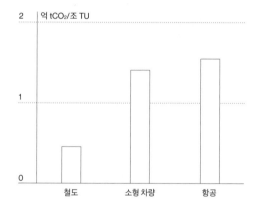

[도표 6]　전 세계 여객 수송 수단의 총 에너지 소비량 가운데 비중, 2015. IEA & UIC, '핸드북', 86쪽의 그림 94를 다시 그림. 여기서 승용차(light duty vehicles)란, 미 환경부(EPA)에 따르면 총중량 약 3.5톤 미만의 차량을 의미한다. 2014년 여객 교통 부분의 세계 전체 에너지 소비량은 약 19PWh, 화물 수송 부분은 약 12PWh 였다.

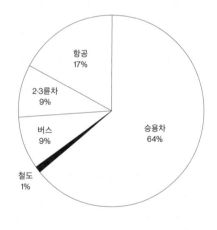

서 사용하는 에너지의 물량은 철도의 10배에 달한다. 화물의 경우에도 철도의 에너지 효율은 트럭의 크기에 따라 4~7배 수준에 달한다. 비록 탄소 효율은 화물 부분의 조금 낮은 효율, 그리고 발전 부분에서의 광범위한 석탄 활용 덕에 자동차나 항공에 비해 3배 수준이지만, 중국과 인도 등이 석탄의 비중을 크게 낮춰 전기 철도와 화석연료 사이의 끈을 끊어낸다면, 에너지 효율과 온실가스 효율 사이의 격차 또한 사라질 것이다. 비록 전 세계 수송분담률은 7% 수준이지만(표 1), 철도의 효율성은 여전히 견고하다.

　　　도표 6은 여객 부분의 총 에너지 소비량에서 각 수단의 비중을 추출해 보여준다. 2/3를 차지하는 승용차, 그리고 1/6을 차지하는 항공이 여객 수송 에너지 소비의 주역이다. 반면 철도의 에너지 소비량은 단 1%이다. 버스나 2·3륜차보다도 훨씬 낮은 수치다. 버스나 2·3륜차의 전 세계 수송량은 비록 확인할 수 없었지만, 다른

　　　　　　　8장 예언과 경고, 자율 주행차의 도래와 기후위기의 습격

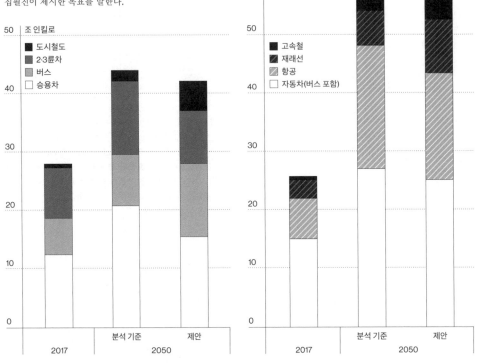

[도표 7] 전 세계 도시 내(intracity) 교통의 수송량 예측치와 분담 구조. IEA & UIC, *The Future of Rail: Opportunities for Energy and the Environment* (2019, 이하 약칭 '철도의 미래'), 105, 도표 3-9. 다른 보고서보다 시나리오 설정이 상세한 데다 최신 결과이므로 활용하였다. 도표 7, 8의 각 항목은 '핸드북'이나 ETP 2017의 유사 항목과는 별도로 계산된 것이므로 그 의미와 값이 조금 다르다. '분석 기준'은 각국의 명시적인 투자 의사를 종합해 상정한 '기준 시나리오'(base scenario)'이고 제안은 '철도의 미래' 집필진이 제시한 목표를 말한다.

[도표 8] 전 세계 도시 간(intercity) 교통의 수송량 예측치와 분담 구조. IEA & UIC, '철도의 미래', 106, 도표 3-10. 참고로 2017년 한국 고속철도의 수송량은 1년에 약 200억 인킬로 수준이다. 도시 간 교통 수송량 전체를 '핸드북'에서는 제시하지 않아, 이 자료를 사용했다.

통계를 확인하면 이들 역시 철도와 같은 수송량을 수송하기 위해서는 3~4배에 달하는 에너지를 소비해야 했다.(도표 13) 효율 차이를 감안하면, 승용차·항공 통행을 각기 20%만 철도로 이전시키더라도 여객 수송에 쓰이는 에너지의 1/6, 탄소 배출은 1/9을 감축할 수 있다. 재원이 충분한 선진 각국에서는 이보다 더 야심찬 목표를 세워야 한다. 또한 경제 개발과 함께 개도국 2·3륜차의 상대 비중은 줄고 인구와 소득 증가에 비례해 전체 통행량도 증가할 것인 이상, 이들이 승용차가 아니라 대중교통을 이용하도록 유도하려면 개도국에서도 대규모 철도 투자가 필요하다.

　　IEA와 UIC는 고속철도와 도시철도 부분에 대해 조금 더 세밀한 시나리오를 그려 보여 준다.[18] 비록 두 보고서가 서로 일치하지 않는 부분이 있어 미래 예측

18
IEA & UIC의 '핸드북', 그리고 '철도의 미래'를 의미한다.

3부 철도라는 사회계약

의 어려움을 짐작할 수는 있으나, 철도가 에너지 소비와 배출량 감축에 매우 중요한 수단이라는 점만은 모두 인정하고 있다. 고속철이든, 도시철도든 그 수송 능력은 획기적으로 강화되어야 한다. 2015년 현재 전 세계 고속철도의 수송량(약 6000억 인킬로)은 항공 수송(약 7조 인킬로)의 10%에 미치지 못한다. 여기에 대응해, '핸드북'은 2060년까지, '섭씨 2도' 또는 그 이상을 달성하려면 항공 수송은 2배 이내로 억제시키고(상한선 15조 인킬로) 고속철도 수송량은 20배(10조 인킬로) 증가시켜야 한다는 시나리오를 제시한다.[19] '철도의 미래'는 그보다는 훨씬 온건하지만, 역시 고속철도 수송량이 지금보다 적어도 5배는 늘어나야 한다는 제안을 담고 있다.[20] 한편 도시철도는 현재 도시(이는 물론 중소도시부터 거대도시에 이르는 방대한 범주를 의미한다) 교통의 2% 정도만을 처리하고 있을 뿐이다. '핸드북'과 '철도의 미래'는 도시 교통 부분에서는 그 내용이 대략 일치한다. 기준기술 시나리오를 달성하려면, 도시철도는 절대량 기준 현재의 네 배, 섭씨 2도를 달성하기 위해서는 6~8배, 그 이상('2도 미만')을 달성하려면 10배 수준의 수송량을 2050년에는 처리해야 한다. 철도와 버스를 합쳐 대중교통은 전 세계 도시 교통의 42%는 처리해야(지금은 24%) 하고, 동시에 소형 차량의 수송분담률은 45%에서 37%로 낮아져야 한다. 승용차의 도시 교통 내 절대 물량은 현재의 약 12조 인킬로에서 16조 인킬로로 그 성장을 크게 억제해야 할 것이다.(도표 7) 지금도 그렇지만, 자율 주행차가 보급될수록 중소도시에서 대중교통을 운영하는 일은 더욱 어려워질 가능성이 크므로, 거대도시는 이 비율을 끌어 올리는 거점이 되어야만 한다.

도표 9과 10은 IEA의 계산을 조금 다른 각도에서 조명해 준다. '섭씨 2도', 그리고 그 이상('2도 미만')을 달성하기 위해 개도국과 선진국의 여객 수송분담률이 어떤 방식으로 변화해야 하는지에 대한 권고가 담겨 있기 때문이다. 이미 살펴보았듯, 선진국과 개도국을 가리지 않고 항공 여객의 양은 크게 늘어날 수밖에 없을 것이다. 국제 교류에 대한 사람들의 열망을 감안하면, 3~6배 늘어날 것을 2~4배로 억제하는 것 정도만을 기대할 수 있다는 것이 IEA의 판단으로 보인다. 하지만 승용차 여객 수송량에 대한 권고안은 다르다. 물론, 지속적인 성장을 할 필요가 있는 개도국의 승용차 통행량 증대는 피할 수 없을 것이다.[21] 그러나 선진국의 승용차 통행량

19
IEA & UIC, '핸드북', 94.
20
'철도의 미래'가 좀 더 회의적으로 판단하는 이유의 핵심은, 산악은 물론 바다까지 극복해야 하는 루트가 너무 많기 때문인 것으로 보인다. 실제로 '철도의 미래' 106~107쪽에는 다음과 같은 연구가 실려 있다. 100만 명 이상의 항공 승객이 확인되는 전 세계의 항공 루트를 대상으로 분석한 결과, 대규모의 터널과 교량을 건설하지 않는다는 조건에서 215km/h이 평균 속도를 내는 고속철도망은 세계 항공 항로의 14%에서만 시간적으로 유리했다. 참고로 연구진은 항공의 경우 총 3.5시간의 마찰시간(접근 1, 수속 1.5, 착륙 후 이동

1시간)을, 고속철도의 경우 총 1.33시간(접근 0.5, 대기 1/3, 최종 이동 0.5)의 마찰시간을 적용했다.
21
ETP 2017은 개도국 내부의 다양성을 감안한 시나리오를 포함하고 있다. 이에 따르면, 중국을 대표로 하는 상위 중소득국(이하 분류들의 상세한 의미는 지도 2를 참조하라)의 승용차 통행량은 2060년까지 사실상 동결되어야 한다.(중국 1.2배, 브라질 1.12배) 한편 인도를 대표로 하는 하위 중소득국, 아프리카의 절반 이상을 포함하는 최빈국의 경우 승용차 통행량의 상당한 증가(인도의 경우 4.5배)가 허용된다.

8장 예언과 경고, 자율 주행차의 도래와 기후위기의 습격

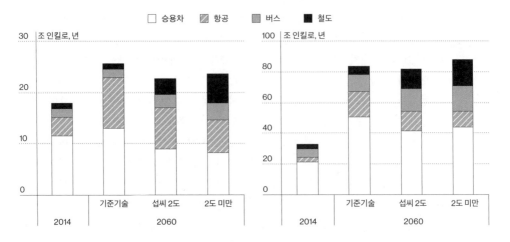

[도표 9]   OECD 회원국의 전체 여객 수송량 예측치. IEA, ETP 2017, 5장 부속 데이터를 편집.

[도표 10]   비 OECD 회원국의 전체 여객 수송량 예측치. 도표 9와 같은 출처.

은 절대량 면에서 축소되어야 한다. '2도 미만' 시나리오를 달성하려면 OECD 국가는 2014년 승용차 통행량의 29%를 2060년까지 삭감해야 한다. 유럽연합의 경우 삭감 비율은 무려 41%에 달하며, 한국과 같이 유럽보다 인구밀도가 높고 대도시의 규모도 큰 나라에서는 이보다 더 삭감 비율이 높아야 할 것이다. 이렇게 약화된 사회의 이동성을 채울 힘은 부분적으로는 버스, 그리고 이 책의 주인공 철도에게서 온다. 흥미롭게도, 2060년 전체 개도국의 총 여객 수송량은 기준기술 시나리오보다 '2도 미만' 시나리오에서 총 4조 인킬로나, 1인당 이동량으로는 약 500km나 더 많다. '2도 미만'을 달성하기 위해, 광범위하고 꼼꼼한 철도 투자, 그리고 철도와 연동된 도시 개발을 계속해 나간다는 가정 덕이다. 철도를 적재적소에 활용한다면, 기후 위기에 충실하게 대응하면서도 개도국 사람들의 이동성은 강화해 나갈 수 있다는 희망을 제시하는 그림이 곧 도표 10인 셈이다.

물론 이런 대규모 건설에는 대규모 자원 동원이 따르며, 따라서 막대한 자금을 조달하는 계획을 필요로 할 뿐만 아니라 건설, 그리고 철도 차량 생산에서 유발되는 탄소 배출량에 대해서도 충분한 검토가 없으면 정당화될 수 없다. 이 가운데 자금 조달 문제의 경우, 선진국에서는 각기 7장의 논의와 유사한 논의를 거쳐 국내 재정 조달 메커니즘을 확보해야 할 것이다. 개도국의 경우 나는 유래없는 국제 협력이 필요하다고 본다.(보강 11 참조) 여기서 나는 건설과 차량 조달에서 발생되는 탄소 발생량의 규모가 용인 가능한 수준임을 보이려 한다. 도표 11은 프랑스, 타이완의 주요 수단별 탄소 배출량 데이터를 나타낸다. 탄소 발생의 핵심 원천은 각 수단의 운행이다. 특히 도로나 항공은 철도에 비해 건설로 인해 배출되는 인킬로당 탄소량이 미미하며, 건설로 인한 탄소 배출 기여도는 차량 운행의 1%에도 미치지 못해 도표에서 거의 보이지도 않는다. 물론 도로 차량의 경우 그 생산에서도 적지 않은 양의 탄소가 배출되지만, 그럼에도 운행으로 인한 배출량의 1/6 수준임을 확인

[도표 11] 고속철도, 승용차, 항공의 전 생애 주기 기준 인킬로당 탄소발생량, 다음 출처의 값을 편집했다. T. Baron, G. Martinetti and D. Pépion, M. Tuchschmid(ed.), *Carbon Footprint of High Speed Rail* (UIC, 2011), 19~36. 발랑스(Valence)는 지중해선의 북쪽 출발점이다. 차량의 경우 중량 약 1310kg, 평균 승차자 1.6명, 폐차 시까지 15만km 주행, 연비 약 14km/l(가솔린 기준)로 계산되었다. 항공기는 A320, 승차율 65%(약 120명) 기준이다. 지중해선은 열차 km당 24.1kWh를 사용하고, 열차당 평균 약 500명이 승차하는 것으로, 타이완 고속철도는 열차km당 24.8kWh, 평균 승차자는 421명으로 설정되었다.

[도표 12] 고속철도 두 노선의, 영업 준비 과정 동안 배출된 탄소량. 다음 출처의 값을 편집했다. T. Baron, et al., 같은 책, 20, 22, 28, 35의 값을 편집.

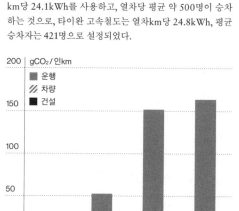

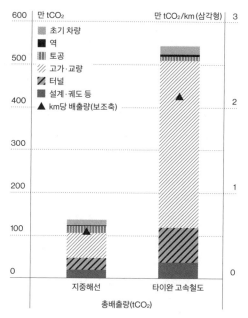

할 수 있다. 결국, 교통 부분 탄소 배출량의 구조에 비추어 볼 때, 철도 건설과 철도 차량 증비는 비교적 사소한 규모라고 평가해도 좋아 보인다. 오히려, 도로 차량에 비해 철도 건설과 차량의 인킬로당 탄소 배출량 규모가 절반 이상 작다. 한편 프랑스와 타이완 고속철도의 운행에 따른 인킬로당 탄소 배출량 차이는 매우 큰데, 이는 타이완은 석탄에 깊이 의존하는 전력 믹스를 유지하는 반면 프랑스는 원자력의 비중이 매우 높은 전력 믹스를 가지기 때문이다. 화석연료에서 벗어난 전력 믹스가 철도의 탄소 배출량을 크게 줄일 수 있다는 사실은 반드시 기억할 필요가 있다.

그럼에도 우려는 남는다. 전 세계에 걸쳐 부설되어야 할 철도망의 규모는 실로 방대할 것이며, 더불어 선진국과 개도국 모두에 걸쳐 철도망과 연동된 대규모의 도시 개발이 함께 이뤄져야만 할 것이기 때문이다. 도시 건설로 인해 배출될, 그리고 특히 선진국의 경우 내구 연한이 남아 있으나 철도망을 구축하기 어려워 부득이 규모를 축소해야 하는 지역의 건물로 인한 비용은 이 책의 논의 범위를 지나치게 넓히므로 여기서 논의하지 않겠다. 다만, 이미 빠르게 진행 중이며 지속적으로 가속화될 것이 사실상 확실한 개도국 인구의 도시화를 철도 중심 개발과 연결시켜야 한다는 섬만은 분명해 보인다. 더 나은 삶을 향해 나아가는 개도국 인구 일반에게 충분한 이동 능력을 보장하면서, 동시에 탄소와 에너지 부담은 줄일 방법이기 때문이다. 건설 과정에서 다소간의 탄소 배출이 있더라도, 향후 인류의 모든 신규 개발지에서 승용차와 고속도로의 역할을 크게 축소하고 철도를 주축으로 삼아야 한다는 인류 차원의 합의가 모두에게 도움이 되리라는 점만은 부인할 수 없다.

　이렇게 도시의 주축이 될 철도망을 가능한 한 적은 탄소만 배출하면서 건설할 방법은 도표 12에 기반해 찾아야 한다. 두 고속철도 노선의 탄소 배출 구조는, 건설 사업의 탄소 배출량은 노선에서 고가나 교량, 터널이 차지하는 비중에 따라 결정된다는 점을 보여 주기 때문이다. 궤도나 차량, 역과 같은 부분이 배출하는 탄소 물량은 비중이 미약하다. 두 노선 가운데, 지중해선은 탄소 배출 부담의 하한선을 보여 준다. 노선 연장의 80%가 토공, 즉 돌을 쌓고 흙을 다져 노반을 건설한 구간이기 때문이다. 반면 타이완 고속철은 지중해선에 비해 연장당 탄소 배출량이 3배 많은데, 이는 노선 연장의 85%가 고가와 터널이라는 데 비추어 설명할 수 있다. 물론 동아시아, 남아시아처럼 인구 밀도가 높은 지역에서는 이처럼 고도의 토목 시설에 기반한 노선망도 효율적일 수 있지만, 신대륙이나 아프리카에서는 타이완 고속철과 같은 구조를 택하기 어려운 노선이 다수일 것이다. 수요가 상대적으로 작은 소규모 광역 축선이나 전국망 지선에서도 토목 구조를 신중하게 택할 필요가 있다.[22] 미래 건설될 철도망에서 나올 배출량과 관련된 논의는 보강 11에서 계속하기로 한다.

　결국, 철도는 운영 측면의 에너지·탄소 효율을 바탕으로 오늘날 교통의 세계를 기후위기에 대응할 수 있게 개편할 때 중대한 역할을 할 수 있는 수단임이 분명하다. 건설해야 할 신규 노선의 규모와 새롭게 투입되어야 할 철도 차량의 물량은 그동안 존재했던 철도망의 규모 전체를 뛰어넘을 수 있지만, 이들이 내놓는 탄소 배출량은 도로나 항공 운영에서 나오는 물량에 비해서는 미미하며, 대개의 경우 도로의 배출량 가운데 차량 요인에 준하는 부담만을 끼칠 것으로 보인다. 물론, 철도가 그 능력을 모두 발휘하기 위해서는 오늘날 화석연료에 전력 생산을 의존하는 국가들이 최대한 빠르게 화석연료에서 벗어나야 할 뿐만 아니라 도시 역시 철도와 연동된 방식으로 개발되어야 한다. 하지만 특히 후자의 두 부담은, 철도의 확대를 방해하기보다는 철도의 사회적 역할 확대와 상승 작용을 일으킬 수 있는 요인들이다. 인류가 '섭씨 2도', 나아가 '2도 미만'을 달성하고자 한다면, 철도는 지구상 모든 대도시의 주축에서 최대한, 그리고 가능한 한 정교하게 활용되지 않으면 안 된다.

3절. 망치와 모루: 철도의 부흥과 함께 필요한 조치들

하지만, 이것은 단지 목표일뿐이다. 대체 무엇이 이뤄져야 하는지에 대해서는 아주 많은 것이 빈칸으로 남아 있을 따름이다. 빈칸의 첫 부분에 들어가야 할 내용은 명

22
다음 자료는 네덜란드 란트스타트 지방의, 수로를 건너는 부분을 빼면 사실상 전적으로 토공으로 이뤄진 광역망이라 해도 23gCO2/인km 수준의 인프라 탄소 발자국을 기록하는 노선망이 있다는 점을 보여 주고 있다. UIC, *Carbon Footprint of Railway Infrastructure* (UIC, 2016), 23.

백하다. 철도, 그리고 대중교통의 확충과 개편을 위해 6장에서 서울 거대도시권을 무대로 이뤄졌던 것과 같은 체계적인 계획이 전 세계의 거대도시와 대도시에서 광범위하게 이뤄지는 미래가 바로 그것이다. 이를 위해, 철도가 유효한 다섯 속도의 층위, 그리고 그와 연동되어 있는 다층적인 공간의 층위를 세심하게 공략하는 망 계획이 구현됨과 동시에, 마찰시간을 삭감하기 위한 피나는 노력이 전 세계의 철도역 및 접속 교통 현장을 관통해야만 한다. 철도역을 인간 활동의 거점으로 더 정교하게 개편하는 작업 또한 필수적이다. 하지만 철도망의 개선만으로는 IEA가 제시하는 야심찬 목표를 달성하기는 어려울지 모른다. 두 번째 자동차화가 기후위기로 인한 인류의 파멸을 가속하는 페달로 작용하지 않게 만들려면, 자동차의 주행 거리에 대한 좀 더 적극적인 억제 대책까지 함께 마련하지 않으면 안 된다. 선진국에서의 승용차 주행 거리 대폭 감축, 상위 중소득국에서의 승용차 주행 거리 현상 유지를 위해서는 이런 양면 전술이 필요하다. 철도가 개선되면, 도로가 현상 유지되기만 하더라도 전체 교통 용량이 커져 승용차의 주행 여건이 오히려 더 양호해지는 상황이 빚어질 수 있다. 철도의 개선은, 그것만으로는 말하자면 승용차 이용에 직접적인 타격을 주지 않는 '모루'인 셈이다. 승용차 통행의 비용을 직접 올려 차량 운행에 부담을 주는 조치, 즉 '망치'가 함께하지 않으면 시급한 상황에 필요한 만큼의 조치를 취했다고 말하기는 어렵다.

도로의 용량 문제, 그리고 페일 세이프

가장 우선적인 대책은 도로의 용량, 즉 도로의 한계 통행 대수를 억제하는 데 있다. 이 규제는 자율 주행으로 인해 기대되는 도로 용량 증대에 대응하기 위한 것이다. 그러나 그 1차적인 목표는 도로 위에서 얼마든지 일어날 수 있는 돌발 사태까지 감안해 안전을 확보하기 위한 것이므로 도로 사용자로서도 반대할 만한 명분이 없다. 당장 납득이 어렵더라도, 도로의 용량이 어떻게 결정되는지에 대한 논의에서 출발하면 왜 이런 지적이 모두를 위한 것인지 분명해질 것이라 본다.

　　도로의 용량을 결정하는 중대한 변수는, 차량의 가속·제동 능력과 운전 인지 능력이다. 누가 운전하든, 차량 흐름에 끼어들어 통행을 방해하는 요인(합류, 차로 변경, 제동, 낙하물 등)에 대처할 수 있는 수준의 여유 간격을 둔 상태에서만 교통류는 정체 없이 유지될 것이기 때문이다. 당국은 이상적인 조건의 고속도로 본선 구간에서 교통류가 유지되는 한계 차량 수를 시간당 2000~2300대 선으로 평가하고 있다.[23] 그리고 이 수치는 교통류 내에 중(重)차량이 얼마나 섞여 있는지, 경사는 얼마나 되는지, 차선 폭(옆 차선 주행 차량과의 거리)은 얼마나 되는지에 따라 변화한다. 젖은 노면, 타이어 스레드 마모는 차량의 제동 능력을 크게 떨어뜨리고, 눈이 오거나 빙판이 형성되면 도로 용량은 더욱더 곤두박질친다.[24]

---

[23]
국토해양부, 『도로용량편람』(2013), 20-22. 최댓값은 설계 속도 120km/h급 도로에서 기록된다.

[24]
열선은 운영 비용이 들어가는 데다 과속·과적 차량의 중량에 파괴될 가능성이 크다.

8장 예언과 경고, 자율 주행차의 도래와 기후위기의 습격

그런데 자율 주행을 통해 향상되는 것은 결국 운전 인지 능력뿐이다. 다시 말해, 교통류 내 중차량과 승용차의 성능 차이, 경사로의 영향, 노면 젖음·결빙이나 타이어 마모로 인한 제동 거리 증가는 무인 운전을 통해 개선 방법을 찾을 수 없는 문제들이다. 게다가 인지 능력의 향상은 이른바 '공주거리', 즉 상황 지각 후 제동이 시작될 때까지 차량이 진행하는 거리를 줄일 뿐 실제 제동 거리를 향상시키는 것과는 거리가 있으며, 각 차량에 달린 수억 개의 타이어를 최상의 상태로 관리할 수 있다는 보장도 전혀 없다.[25] 현재 대략 2~3년인 타이어 대체 주기를 줄이는 것은 곧 상당한 비용 요인이다. 결국 차량의 동력 성능과 제동 능력 부분에서는 상황이 크게 개선되지 않는다는 전제하에 규제의 틀을 짜는 것이 현명한 셈이다.

한국은 강수가 잦은 지역이며, 기후 변화의 영향으로 강수 패턴은 더욱더 예측할 수 없을 것이다. 이는 건조 노면을 기준으로 삼아 차량이 밀집해 달리도록 허용할 경우, 소나기가 내려 노면이 갑자기 젖게 되면 정체는 물론 사고까지도 각오해야 한다는 뜻이다. 한국과 같이, 계절풍대에 속한 세계의 광대한 지역에서는 젖은 노면, 그리고 낡은 타이어를 기준으로 차량이 앞 차량과의 거리를 유지하도록 규제하는 것이 적절한 이유가 여럿 있는 셈이다. 교통연구원의 한 시뮬레이션은 이런 상황에서는 연속류 도로의 용량이 약 50% 정도, 즉 약 시간당 3000대 수준으로 늘어나는 데 그친다고 계산한 상태다.[26] 아래에서는 이 수치를 사용하여 논의를 진행하겠다. 결빙이 잦고, 인지하기조차 쉽지 않은 검은색 얼음(블랙 아이스)이 강설뿐만 아니라 서리 때문에 흔하게 생기는 겨울에는 이를 더 낮춰야 한다.

고속도로에 대해서는 이 이상의 여유가 필요할 수 있다. 도로 사고의 책임 소재가 운전자 개개인이 아니라 다른 행위자에게 넘어갈 경우, 그리고 편대 주행을 통해 차량 사이의 연동성이 증대되어 단 한 대의 고장[27]도 대규모 사고로 연동될 가능성이 커질 경우, 이들 조건은 고속도로를 마치 철도나 항공 수준의 '페일 세이프'(2장 참조)가 즉각 달성될 수 있는 주행 환경으로 만들어야 할 압력으로 작용

25
그러나 최근 타이어 기술은 타이어를 3D 프린트로 제작, 단순 고무나 펑크 위험이 있는 공기 튜브를 내부 구조로 삼는 상황을 배제하고 미세 구조를 설정하여 타이어가 마모되더라도 접지면의 구조가 그대로 유지될 수 있도록 하는 방향으로 향하고 있다. 비록 실용화가 언제 될지 알 수는 없으나, 자율 주행과 3D 타이어의 발전은 지금 지적한 쟁점을 극복할 방향이 될 것이다. 물론, 실제 개발과 시판이 되더라도 시중의 수십억 개에 달하는 타이어가 3D 타이어로 바뀌는 데는 상당한 시간이 필요하다.

26
박지영 외, 「자율 주행 자동차 도입의 교통 부분 파급 효과와 과제, 4차 산업혁명과 교통·물류 혁신」, 58. 한편 건조 노면에서 양호한 상태의 타이어를 사용하는 경우 용량은 3배 늘어나는 것으로 계산되었다. 한편 이들과 독립적인 연구 결과에 따르면, 자율 주행 차량

만 달리는 연속류 도로 용량은 약 2배 늘어날 것이다. Friedrich, Bernhard, "The Effect of Autonomous Vehicles on Traffic," in *Autonomous Driving: Technical, Legal, and Social Aspects*, eds. Markus Maurer et al. (Springer, 2016), 317~334.

27
무선 통신에만 기반한 편대 주행 차량 가운데, 차량 한 대의 기관이 고장 날 수 있다. 이때 편대의 후미 차량 간 사고는 피하기 어렵다. 장비 고장은 언제든 일어날 수 있는 사태이며, 이를 감안하지 않는 계획은 안전을 망각한 것에 불과하다. 게다가 이들 차량의 타이어 상태는 각기 다를 수밖에 없고, 때문에 편대의 대열은 타이어 상태에 따른 제동 거리 차이 역시 반영해야만 한다. 결국 편대 주행의 효과는 차량 고장의 위험이 매우 낮고 타이어 마모 수준의 편차가 적을 때만 기대할 수 있을 것 같다.

할 것이기 때문이다.[28] 현 규제처럼, 차량 간 안전거리 기준을 실제 제동 거리와 비슷하게 설정한다면 이는 페일 세이프의 조건과 거리가 멀다는 의미에서 위험하다. 차량 정차를 곧 페일 세이프로 만들기 위해서는 차량의 비상 제동 거리보다 훨씬 더 긴 안전거리 확보가 필요하기 때문이다. 일례로, 최고 속도로 주행하는 KTX의 비상 제동 거리(3.3km)에 비해, 신호 시스템이 허용하는 열차 사이의 최소 간격은 4~5배 길다.(15km) 철도와 유사한 수준의 페일 세이프 여건 확보는 도로 용량의 축소를 의미할 가능성이 크다.

도시부 도로망: 속도에 따른 역할 분담

철도망이 속도-이동 거리 사이의 지수적 관계에 따라 도시, 광역, 전국망으로 나뉘듯, 항공과 도로 교통 또한 유사한 지수적 규칙을 따른다는 1장 전반부의 지적은 여기서도 다시 빛을 발한다. 비철도 교통량 억제 조치 역시 바로 이 틀 위에서 체계적으로 구상할 수 있기 때문이다. 도시부 도로망, 광역 도로망, 전국 도로망·항공에 대해, 각자에게 부합하는 통행량 억제 조치가 무엇일지 차례로 검토하는 것이 이번 장의 남은 과제다.

　　도시부 도로망에 대한 조치는 그리 새롭지는 않다. 지금도 시가지 내부 도로에서 널리 적용되는 조치를 확대하면 되기 때문이다. 대중교통 전용 차로를 지정하고, 자전거와 같은 소규모 이동 수단을 위한 도로 구조를 확보하는 한편, 교통사고의 잠재적 위험을 줄이기 위해 최고 속도를 제한하는 조치가 바로 그것이다.

　　첫째, 대중교통 전용 차로를 설정하는 목적은 다른 차량과 외부 충격에서 최대한 방호되는 지점에서, 최대의 속도를 낼 수 있는 여건을 버스에게 보장하는 데 있다. 주행 속도를 보장하고 그 편차를 줄이는 것만이 마찰시간이라는 천형(天刑)을 겪는 대중교통의 희망이기에 그렇다.

　　둘째, 편도 2차로 이상이 확보되는 도로에 대해서는 자전거나 각종 변칙적인 1인용 교통수단(퍼스널 모빌리티)과 같은 2³⁻⁴km/h급 교통수단을 위한 차로 역시 할당할 필요가 크다. 근육의 힘으로 달리는 자전거와 전동기로 구동되는 '퍼스널 모빌리티' 사이의 성능 차이, 그리고 사고 시의 차이[29]를 감안하면 가능한 한 양측의 차선을 구분할 수 있도록, 적어도 각각 1m 씩의 차로는 할당할 필요가 있다.

---

[28] '페일 세이프' 개념을 자율 주행 차량을 위한 안전 개념에 적용하는 시도(분석 사례는 원자력 발전소이다)는 다음 문헌에서 확인된다. Andreas Reschka, "Safety Concept for Autonomous Vechicles", in *Autonomous Driving: Technical, Legal, and Social Aspects*, eds. *Markus Maurer et al.* (Springer, 2016), 483. 하지만 여기서 레슈카는 '페일 세이프'의 구체적인 내용을 안전거리로 해석하지 않으며, 철도에 대해 언급하면서도 폐색을 통한 안전거리 확보를 언급하지도 않는다. 나는 이 간극이, 좀 더 획기적인 수준의 도로 안전을 확보하기 위해서는 현재 학계의 논의보다도 자동차 안전거리에 대해 좀 더 엄격한 시각을 취할 필요가 있음을 보여 주는 사례라고 생각한다.

[29] 자전거와는 달리 전동 장치는 사람과 분리되더라도 계속 앞으로 진행할 수 있고, 이 때문에 치명적인 2차 사고의 가능성이 있다. 특히 전동 휠의 경우 차량 아래로 깔려 들어가 차량 하부 구조나 배관을 파괴하고 나아가 화재까지 불러올 가능성 또한 위험적이다. 대화를 통해 이 가능성을 지적해 준 방용환 님께 감사한다.

[표 2] 시가지 내부 도로에 대한 다이어트 방법의 예시. 단속류 도로, 즉 신호에 의해 흐름이 끊기는 도로이므로 용량을 연속류 도로의 1/3로 설정했다. 배치 방법은 이렇다. 빠른 수단일수록 차로 중앙에 배치하여, 보행자가 들어오거나 길 가장자리 부분에서 일어나는 승하차, 화물 상하차, 합류 영향을 적게 받게 한다. 중앙차로의 버스에게는 일반 차로의 승용차보다 훨씬 빠른 최고 속도를 허용, 속도 경쟁력을 확보해준다. 기타 구성 요소는 본문에서 서술된 대로다. 다이어트 이후 일반 차로의 용량은 자율 주행으로 인해 50% 증가했다고 가정했다.

현재의 시가지 내 간선도로										
구조	도보	4차로	3차로	2차로	1차로	1차로	2차로	3차로	4차로	도보
용도	보행자·자전거 겸용	단속류 자동차 도로								보행자·자전거 겸용
교통류 속도	2^2km/h	최고 50~60km/h, 평균 약 $2^{4.5}$km/h								2^2km/h
차로별 한계용량	2천명/시	700대/시/차로								2천명/시
방향별 한계용량		700대×4차로×1.5명=4200명				700대×4차로×1.5명=4200명				

다이어트 이후의 시가지 내 간선도로												
구조	도보	돋움된 노면		2차로	1차로	분리 차로	분리 차로	1차로	2차로	돋움된 노면		도보
용도	보행자	자전거	퍼스널 모빌리티	단속류 자동차 도로		버스전용차로 또는 트램-버스 겸용 차로		단속류 자동차 도로		퍼스널 모빌리티	자전거	보행자
교통류 속도	2^2km/h	최고 25km/h, 평균 $2^{3\sim3.5}$km/h		최고 45km/h, 평균 2^4km/h		최고 70km/h, 평균 $2^{4.5}$km/h		최고 45km/h, 평균 2^4km/h		최고 25km/h, 평균 $2^{3\sim3.5}$km/h		2^2km/h
차로별 한계용량	2천명/시	700대/시/차로		1000대/시/차로		200대/시×30명=6000명/시/차로		1000대/시/차로		700대/시/차로		2천명/시
방향별 한계용량		(700대×2차로)+(1000대×2차로×1.5명)+6000명=10,400명/시					(700대×2차로)+(1000대×2차로×1.5명)+6000명=10,400명/시					

셋째, 차량으로 인한 사고 가능성과 치명도를 더욱 낮추려면 시가지를 관통하는 간선도로에서의 최고 속도는 지금(50~60km/h)보다 낮은 40~45km/h, 이면도로(현 어린이보호구역 30km/h)에서는 20~25km/h선으로 맞춰야 한다. 이렇게 하면 차량의 운동 에너지가 격감[30]할 뿐만 아니라, 공주거리를 뺀 제동 거리 역시 전자의 경우 15~20m, 후자의 경우 5~10m로 억제되어 갑자기 뛰어든 사람에게 치명상을 입힐 여지가 줄어든다.

넷째, 이들 조치와 더불어, 횡단보도를 늘리거나 보행자 신호를 더 길게 만들어[31] 사람들의 횡단을 더 쉽게 하고, 신호 대기 시간은 더 길게 만드는 방법도 쓸 수 있다. 물론 이 방법은 승용차뿐만 아니라 버스나 자전거의 속도 또한 떨어뜨릴 것이며, 따라서 철도망과 같은 대체 망이 충분히 확보되어 있으며 걷기를 원하는 사

---

[30] 운동하는 물체의 운동 에너지는 질량에는 그대로 비례하지만, 속도의 경우 그 제곱에 비례한다.

[31] 현재 국내 신호등의 주기는 교차로, 간선도로 중간을 막론하고 대체로 130초 남짓이며, 왕복 8차로 기준 30초가량의 보행자 신호가 주어진다.

람이 통과하고자 하는 사람보다 훨씬 많은 도심 지역에서만 합리적 방법일 것이다. 이들 방법을 종합해, 시가지 도로의 평균 속도를 지금과 같이 20km/h 대로 유지하는 한편 도로의 용량은 축소한다면 적어도 거대도시 중심부에서 자율 주행 승용차의 주행 거리가 지금보다 급증하는 사태는 억제할 수 있을 것이다. 이들 조치에 대한 전체 예시가 표 2에 묘사되어 있다.

광역도시권 도로망: 고속도로망 억제와 주행세 제도

서울 시계 내부와 같은 거대도시 중심부를 벗어나면, 상황은 훨씬 더 어려워진다. 지도 1은 서울 내부의 통행, 그리고 시계를 통과하는 통행에서 대중교통과 승용차의 분담률과 그 차이를 보여 주고 있다. 서울과 관련된 통행 가운데, 대중교통 분담률은 서울 내부 장거리(비 인접구 사이) 통행에서 가장 높다.(61%) 또한 승용차 통행의 분담률은 L원 밖, 즉 전국망 고속철도의 영역에서 가장 낮다.(34%) 그런

[지도 1] 서울 관내의 통행과 서울 시계를 통과하는 통행의 범위별 수단 분담률. 앞의 숫자가 대중교통, 뒤의 숫자가 승용차의 분담률이다. 여기서 '대중교통'은 철도와 버스를 합한 값이며, '승용차'는 개인 승용차와 택시를 합친 것으로 화물 차량(에누리 부분의 주 원인)은 포함시키지 않았다. 항공은 데이터에 포함되어 있지 않다. 이 분석의 기반 데이터는 교통카드를 활용하거나 도시철도의 운임 구역 내부에서 이뤄지는 환승 통행을 모두 1회의 통행으로 계산하고 있다는 점에서 환승으로 인한 대중교통 통행량의 과장을 모두 배제한 것이다. 참고로 서울시가 발표하는 수송분담률은 모든 방식의 환승객을 모두 중복 계산해 내놓은 값으로 대중교통 통행량을 과대평가하고 있다. 출처는 다음 자료. 수도권교통본부, 「2016년 수도권교통분석 기초자료」, 2017. 2010년도 조사를 2016년 수치로 현행화한 이 자료는 읍면동 수준의 OD(Origin-Destination) 파일을 포함하며, 도표의 값은 이를 가공한 값이다. 본문의 간략한 전개를 위해, 분석의 세부 사항은 보강 10에서 좀 더 설명되어 있다.

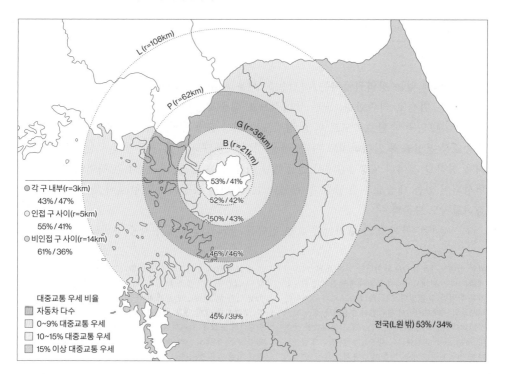

L(r=108km)

P(r=62km)

G(r=36km)

B(r=21km)

53% / 41%

◉ 각 구 내부(r=3km)
43% / 47%

52% / 42%

○ 인접 구 사이(r=5km)
55% / 41%

50% / 43%

◎ 비인접 구 사이(r=14km)
61% / 36%

46% / 46%

대중교통 우세 비율
■ 자동차 다수
□ 0~9% 대중교통 우세
□ 10~15% 대중교통 우세
▨ 15% 이상 대중교통 우세

45% / 39%

전국(L원 밖) 53% / 34%

8장 예언과 경고, 자율 주행차의 도래와 기후위기의 습격

[표 3]   고속도로 다이어트에 대한 제안. 연속류 도로이므로, 용량은 도로의 최대 한계 용량을 감안하여 설정했다. 최고 속도와 평균 속도는 현 고속도로망의 설계 속도인 130km/h가 변화하지 않는다는 가정하에 설정된 값이다. 다이어트 이후의 차로당 용량은 앞서 설정한 대로 자율 주행으로 인해 50% 증가한 값을 적용했다. 공중가선을 통해서는 전력 공급을 받을 수 있을 뿐만 아니라 회생제동으로 얻은 전력을 주변 차량에 나눠줄 수 있으며, 변전소에 설비가 마련되어 있다면 전체 전력망으로 역송전할 수도 있다.

현재의 (도시) 고속도로							
구조	4차로	3차로	2차로	1차로	1차로	2차로	3차로	4차로
용도	연속류 자동차 도로							
교통류 속도	최고 속도 80~110km/h, 평균 속도 50~80($2^{5.5}$~$2^{6.5}$)km/h							
차로별 한계용량	2000대/시							
방향별 한계용량	2000대×4차로×1.5명=12000명				2000대×4차로×1.5명=12000명			

다이어트 이후의 (도시) 고속도로							
구조	1안) 신재생 공간	2차로	1차로	분리 차로, 추후 공중가선	분리 차로, 추후 공중가선	1차로	2차로	2안) 공중가선 설치 차선
용도	전력 자급 및 차량 회생제동 연계망	연속류 자동차 도로		버스 전용차로		연속류 자동차 도로		화물, 회생제동 연계용
교통류 속도	최고 속도 80~130km/h, 평균 속도 60~100km/h							
차로별 한계용량		3000대/시/차로		500대×15명=7500명/차로		3000대/시/차로		
방향별 한계용량	3000대×2차로×1.5명+7500명=16500명				3000대×2차로×1.5명+7500명=16500명			

데 그 사이에 있는 광역권에서는, 사람들은 서울 시계를 통과할 때 승용차에게 상당히 높은 비율로 의존한다. 물론 상대적으로 대중교통의 비중은 감소한다. P원 지역(≒제2외곽 순환고속도로 바깥 경기도)에서는 승용차의 분담률이 더욱 올라 대중교통 분담률과 일치하기도 한다. 서울 시계를 통과하지 않는 통행에서 상황은 더욱 심각할 것이다. 6장 2절에서 언급했던 이중 교통 환경, 또는 P-L원 지역에서 형성되어 있는 대중교통 분담률의 '골짜기'는 두 번째 자동차화의 물결과 함께 더 깊어질지도 모른다.[32]

이런 '골짜기'가 생기는 중요한 원인은 광역권 통행에서 각종 층위의 고속

[32]
외국 거대도시들의 OD 데이터는 얻지 못해, 이것이 세계의 다른 거대도시에서 동일하게 발견되는 현상인지는 확인할 수 없었다. 그러나 고속도로가 존재하는 대부분의 거대도시에서 광역권의 승용차 통행 규모가 상당하리라는 예상 자체는 어느 정도 합리적인 듯하다. 유럽, 특히 네덜란드의 대중교통 중심 도시 설계를 다룬 작업에서도 광역 통행이 승용차로 주로 이뤄지는 것을 억제하지 못하는 사례가 많다는 언급을 확인할 수 있었다. 티머시 비틀리, 『그린 어바니즘』, 이시철 옮김(아카넷, 2013), 91 참조. 비단 네덜란드뿐만 아니라, 생각보다 낮은 철도 수송분담률과 1인당 철도 수송량(1장 도표 1~3)에서 짐작할 수 있듯 스위스를 제외한 모든 유럽 국가의 광역도시권은 이와 비슷한 상황에 처해 있을 것이다.

도로를 통해 자동차의 속도는 올라가는 반면, 대중교통의 마찰시간은 넓어진 공간 덕에 더 커진다는 데서 찾아야 할 것이다. 고속철도가 거점 대도시 사이에서 독점적 아성을 구축하고 있는 전국망의 영역과는 달리, 광역권의 거리 범위에서 마찰시간을 감안한 철도의 속도-거리 곡선은 자동차를 간신히 따라가는 수준이기도 했다. 자율 주행으로 운전 부담이 제거되면, 대중교통 분담률의 골짜기는 더 넓고 깊어질 가능성이 있다. 그리고 6장의 계획처럼 철도가 최선의 대응을 하더라도, 두 번째 자동차화의 흐름 앞에서는 이 골짜기를 메우기에 역부족일지 모른다. 차량 주행 거리를 억제하는 과제를 달성하려면 이 영역을 이대로 내버려 두어서는 안 된다.

이들 영역의 차량 통행을 억제하기 위해서는 결국 고속도로와 그 통행에 무언가 조치를 취해야 한다. 먼저 생각할 수 있는 방법은, 도시고속도로와 고속도로에 대한 신규 투자를 제한하는 조치다. 하지만 이런 제한은 자율 주행으로 인해 현 고속도로와 우회 국도망의 용량이 늘어날 것이라는 전망에 따르면 통행량 감축에는 큰 의미가 없을 수 있다. 다만, 설계 속도 160km/h 이상의 하이퍼 고속도로, 또는 거대도시 중심부를 관통하는 지하 대심도 고속도로에 대한 요구가 막대한 교통 수요의 압력을 타고 수면 위로 올라올 때는 이런 조치가 큰 역할을 할 수 있을지도 모른다.

물론, 어떤 경우에는 고속도로가 필요할 수도 있다. 정체를 해소하고 도로의 평면·종단 선형을 개선하며, 대형 트럭을 우회시켜 시내 도로를 안전하게 만드는 한편 통행 유도 역시 적절히 억제할 수 있어 도로망의 에너지·탄소 효율을 올리는 데 기여하는 도로가 있을 수도 있기 때문이다. 하지만 거대도시권의 방대한 잠재 수요를 감안하면 이렇게 환경 면에서 긍정적인 역할만을 할 도로가 얼마나 있을지는 의문이다.

다른 대안으로 꼽을 수 있는 것은 고속도로 자체의 다이어트다. 앞서 지적한 대로, 자율 주행을 도입해 도로 용량이 50% 정도 증가한 3000대 수준으로 늘어난다고 가정해 보자. 이는 편도 3차로의 경우 2차로로, 4차로는 3차로로, 5차로는 3차로로 줄여도 기존과 거의 같은 수의 차량을 처리할 수 있다는 뜻이다. 더불어, 1개 차로를 버스 전용차로로 설정한다면, 일반 차로의 감소에도 도로의 승객 수송 능력 자체는 더 늘어날 수 있다. 한편 제조업 밀집 지역을 연계하는 고속도로의 경우에는 대형 트럭 흐름을 별도 차선으로 빼내어 관리하는 방법도 취할 수 있다. 전기 철도와 같은 공중 가선을 트럭과 버스 차로에 설치하여 회생제동과 전력 역송전을 할 수 있도록 설비를 갖추고, 규격에 맞지 않는 소형 차량은 진출입 이외의 목적으로는 이들 차로에 들어오지 못하게 하는 조치도 필요할 것이다. 버스나 화물차의 운행량이 부족한 구간에서는 태양광 패널을 설치하는 방법이라도 취할 수 있다. 이들 요소를 모두 활용하여 (도시) 고속도로에 대해서도 일반 차로를 2차로만 남기는 방식의 도로 다이어트를 수행한다면, 고속도로를 타고 두 번째 자동차화가 광역권 승용차 교통 물량을 폭발적으로 유도하는 상황을 정면에서 억제할 수 있다. 고속도로 다이어트와 관련된 제안은 표 3에 정리되어 있다.

8장 예언과 경고, 자율 주행차의 도래와 기후위기의 습격

도시·광역권 고속도로를 조금 축소하고, 시가지를 기능상 무리가 없을 선에서 최대한 밀도 높게 그리고 대중교통 축선 중심으로 개발, 재구축해 최대한 많은 광역 통행을 체계적으로 구성된 철도망으로 끌어온다고 하더라도, 광역 대도시권에서 펼쳐질 다양한 분업화와 그에 따라 자연스럽게 유발될 방대한 교통량을 감안하면 광역 승용차 통행 억제책은 여전히 추가로 필요하다. 그리고 이를 위해 쓸 수 있는 남은 수단은 고속도로 요금, 그리고 에너지 및 주행 자체에 대한 과세뿐이다.

이들 자금 흐름을 정당화할 논리는 세 가지다. 첫째, 도로 유지 보수 비용과 고속도로 건설 비용에 대한 엄격한 수익자 부담 원칙. 둘째, 에너지 효율 상승 및 탄소 배출량 감축 유도. 셋째, 혼잡 비용에 대한 과금, 다시 말해 각각의 차량이 도로에 나와 다른 차량의 소통을 방해하면서 서로가 서로에게 강요하는 비용에 대한 과금. 첫 번째 원칙에 대한 사항은 이미 7장에서 논의했다. 핵심은 도로공사의 유료 도로 관리권을 무기한 연장하고, 더불어 건설과 확장 비용에 대한 국고 지급[33]도 점차 중단하여 도로공사가 모든 사업비를 (한전처럼) 자급하도록 만드는 데 있다. 또한 광역도시권 도로 통행의 주축이 되는 도시고속도로에 대해서도 수익자 부담 원칙을 엄격히 적용해야 하며, 이를 위해서는 모든 차량에 하이패스 단말기에 준하는 장비를 의무 장착시킬 필요가 있다. 나머지 도로망 비용에 대한 수익자 부담 원칙은 아래에서 다룰 세원을 활성화하여 구현한다.

두 번째 부분의 초점은 탄소세와 에너지 과세다. 전 세계 철도의 탄소 효율은 현재 승용차의 3~5배 수준이고, 신재생 전원(여기에 더해 부분적으로 원전)의 발전량이 증가함에 따라 이 비율은 에너지 효율 차이와 같은 값인 10배로 수렴할 것이라는 사실이 이 과세의 토대에 있다. 이 세금은 더 효율적인 수단으로 사람들을 옮겨 가게 만드는 압력으로 설계되어야 한다. 전기 차량의 보급은 이 필요를 조금 완화할 뿐이다. 먼저 전기나 수소 차량의 본격적인 보급은 2030년 이후가 될 것이며, 하이브리드 차량, 나아가 단순 내연기관조차 21세기 후반까지 광범위하게 쓰인다는 IEA의 전망을 무시할 수 없다.[34] 물론 (SUV처럼 더 큰 차를 원하는 소비자들의 경향을 무시한다면) 현재 에너지 효율이 낮은 승용차의 효율 개선은 철도보다 더 빠를 가능성이 있다. 그러나 철도와 승용차의 에너지 효율 차이는 2060년에도, 그리고 자동차의 효율 개선에 대한 가장 낙관적인 시나리오에서도 여전히 약 3배에 달할 것이다.[35] 가장 낙관적인 시나리오에서도, 그리고 21세기 후반에 접어든 다음

33
최근 도로공사에게는 국고에서 약 1.5조 원이 지급되고 있다.

34
IEA, *Energy Technology Perspectives 2010* (IEA, 2010), 276; ETP 2017, 223(도표 5.3) 역시 미래 신차의 수에 대해 큰 변화 없는 예측을 하고 있다. 즉, 2도 미만 시나리오를 구현해야 한다는 전 인류의 합의가 없다면 내연기관 차량, 특히 디젤 차량은 화물차를 중심으로 22세기까지 쓰일 가능성이 크다.

35
ETP 2017은 2060년 승용차의 인킬로당 에너지 소비량이 기준기술 시나리오에서는 철도 대비 3.3배, 2도 미만 시나리오에서는 2.8배 수준이 될 것이라고 예측한다. 이들 수치는, 승용차 통행 억제가 탄소 저감뿐만 아니라 신재생 전원 확보를 위한 갈등과 비용을 감소시키기 위해서도 필요한 조치임을 말해 준다.

[도표 13] 전 세계 주요 도시 교통수단의 인킬로당 투입 에너지 효율 비교, 2015. IEA & UIC, '핸드북', 101, 도표 106을 단위를 바꾸어 다시 그렸다. 참고로 한국 철도의 2017년 인킬로당 전체 평균 에너지 소비량은 0.055kWh/인킬로 (=3963GWh/718억 인킬로) 수준이었고, 한국 자가용의 경우 대략 0.629kWh/인킬로(2020만 TOE/약 2500억 차량킬로/1.5인, 1TOE=11630kWh) 정도로 추정되었다. 이는 한국의 승용차는 세계 평균과 비슷한 수준의 에너지 효율을 가진 반면, 한국 철도는 세계 평균보다 조금 더 효율적일 수 있다는 말이다. 철도 데이터는 모두 『철도통계연보』, 자동차의 에너지 소비량은 『에너지통계연보』에서, 차량 주행 거리는 교통안전공단 「차량거리조사」에서 얻었고, 자가용의 에너지 소비 비중은 ETP 2017에 수록된, 2014년 자동차 에너지 소비 가운데 유럽연합의 소형 차량의 소비 비중인 59%로 가정했다. 단위 TOE는 원유 1톤의 열량과 동일한 에너지 양을 의미한다.

[도표 14] 한국의 주요 지역별 인당 교통 부분 탄소 배출량의 규모, 2017년. 지역별 교통 부분 온실가스 배출량은 교통안전공단 교통 부분 온실가스 관리시스템 (https://www.kotems.or.kr/)에서, 인구는 2017년 센서스에서. 단, 이 값들은 철도나 전기 차량의 전력 소비로 인한 온실가스 배출량은 계산되지 않은 값이다. 물론 그 규모는 도로에 비해 상당히 작다. 한국 철도(도시철도 포함)의 총 탄소 배출량은 약 250만 톤 수준(2017, 『철도통계연보』와 전력거래소 배출계수로 계산)이므로, 이 값을 서울에 모두 더하더라도 $0.25tCO_2eq$/인 수준의 증가만이 있을 것이다.

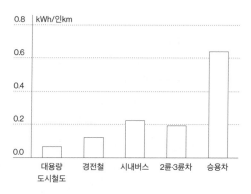

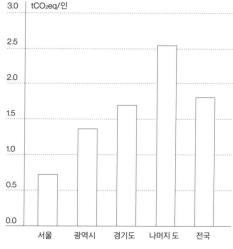

에도 승용차는 철도보다 단위 수송량을 처리하기 위해 3배 많은 에너지를 써야 한다는 예측은, 이보다 비관적인 시나리오를 상정하고 정책을 구상해야 한다는 뜻이다. 이런 요구에 부응하는 방법은 결국 상당한 수준의 탄소세와 에너지 과세를 반영 구적으로 부과하는 데 있다.

　　　세 번째 요인은 주행세와 혼잡 통행료를 정당화하기 위해 사용된다. 서로가 서로의 갈 길을 막아 생겨나는 외부 비용을 실제로 사람들에게 부과할 방법은 세금 이외에는 마땅치 않다는 것이 그 핵심에 있다. 이 세금의 필요성은 두 번째 자동차화가 완성되더라도 결코 사라지지 않는다. 자율 주행 기술은 도심에서는 오히려 정체를 유발하는 행동을 유도할지 모른다는 시뮬레이션, 그리고 회송 운행 덕에 주행 거리가 늘어나게 된다는 시뮬레이션을 기억해 보라.(1절)

　　　물론 이런 세금에 대해서는 저소득층, 그리고 저밀도 지역의 반발이 있을 수 있나. 이는 타인의 길을 막을 자격이 소득에 따라 결정된다는 뜻인 데다, 타인의 길을 상대적으로 덜 방해할 저밀도 지역에서는 이런 세금을 내야 할 이유 역시 적기 때문이다. 저소득층의 반발에 답할 기본 방법은 이것이다. 7장에서 강조한 것처럼, 주행세와 혼잡 통행료를 재원 삼아 철도망을 주축으로 하는 대중교통망을 구축해 형평성을 증진하기 위한 투자와 운영 보조금 투입을 계속한다. 저밀도 지역의 반발에 답할 기본 방법은 두 가지다. 먼저, 자급자족을 목표로 할 필요가 있는 고속도로망 이외에, 이들 지역을 연계하기 위한 국도, 지방도, 시군도 망에도 유지 보수 비용은 필요하다. 저밀도 지역의 주행세는 바로 이들 도로의 편익을 직접 누리는 사람들에게 어느 정도의 수익자 부담을 지게 만드는 장치로서 정당화될 수 있다. 두 번째 정당화 방법은 도표 14에 그 기반을 둔다. 이는 한국의 지역 사이에는 최대 3배에 달하는 1인당 교통 부분 탄소 배출량 격차가 있다는 점을 보여 준다. 100만 명 규모의 대도시부터 면 지역까지 속해 있는 도 지역 내부의 다양성을 감안하면, 지역 구분의 해상도를 올리면 더욱더 큰 격차를 확인할 수 있을 것이다. 기후위기는 21세기 인류 최대의 위기임을 감안하면, 그리고 탄소 배출 효율 3배는 전 세계의 도로/철도 사이의 비율에 가깝다는 사실을 감안하면, 저밀도 지역을 지금처럼 내버려 둘 수는 없다.[36] 비록 현 건물들의 남은 내구 연한이, 그리고 크리스탈러가 갈파했던 교통 원리와 보급 원리 사이의 충돌(1장)이 저밀도 지역의 인구와 산업을 철도 축선을 따라 다시 배열시키는 과제를 어렵게 만들겠지만, 세금을 비롯한 각종 제도들을 동원해 이들 지역에서도 일정한 회랑 형태로 인구를 재배치해 내지 못하면 인류의 미래는 어둡다. 저밀도 지역의 주행세는 바로 이렇게, 사람과 산업을 좀 더 밀집시켜 교통이 소비하는 에너지와 내뿜는 탄소를 줄이는 방향으로도 작동해야만 한다.

주행세와 혼잡 통행료는 매우 중요한 현실적인 이유에서도 필요하다. 두 번째 이유인 탄소세의 규모가 생각보다 미약할 가능성이 있다는 것이 문제다.[37] 다수의 연구가 제안하는 탄소세의 수준(81~200원)[38]은 기존 유류 세금(경유 교통세 340원, 휘발유 529원)이나 국제 시장 요인에 의한 유가의 변동 폭에 비해 그리 크지 않고, 현행 국내 탄소 배출권의 가격은 더욱 낮다.(리터당 30원 미만)[39] 하지만 차량 운행을 실제로 억제하려면, 운전자에게 부담스러운 세율 또는 금액을 적용하지 않을 수 없다. 탄소세를 추가하더라도, 교통 투자액을 충당하는 것은 물론 차량 통행 감축 목표를 달성하기에도 모자란 효과만이 기대된다면, 주행세 또는 혼잡 통행료

36

한국, 일본 같은 몇몇 선진국에서 인구가 특히 지방 도시를 중심으로 감소중이라는 사실은, 기후위기 대응과 함께 저밀도 지역 인구의 재배치를 위해 감안할 가치가 있다. 마강래, 『지방도시 살생부』(개마고원, 2017), 그리고 『지방분권이 지방을 망친다』(개마고원, 2018) 참조.

37

다만 IEA는 2060년의 탄소 가격이 이산화탄소 환산톤당 540달러에 달할 것이라고 계산하고 있다. 이에 따르면, 휘발유 1리터당 탄소 가격은 1.5달러에 달한다. IEA, *Energy Technology Perspectives 2017* (2017), 239. 비록 40년간의 할인이 적용되면 현재 가치는 이보다 낮겠지만(3% 할인율 적용 시 2060년의 540달러는 2020년의 165달러와 동등), 경제 활동에

상당한 충격을 줄 수 있는 수준을 IEA가 요구하는 것은 분명하다.

38

모두 환경정책평가연구원의 다음 연구에서 제안된 값이다. 강만옥·강광규·조정환, 『탄소세 도입 및 에너지세제 개편방안 연구』(한국환경정책·평가연구원, 2011), 68~69. 낮은 값은 탄소톤당 25유로의 가격을 적용했을 때 휘발유의 가격이고 높은 값은 유럽과 캐나다가 경유에 부과한 탄소세 평균치 수준이다.

39

한국거래소(open.krx.co.kr)의 배출권 시장 관련 공지사항에서 시장의 낙찰 가격을 확인할 수 있다. 2019년 상반기의 낙찰 가격은 탄소톤당 2만 원대 후반에서 형성되어 있다.

를 지금의 교통 세금에 추가하여 빈틈을 메울 수밖에는 없다.

　　탄소세와 에너지 세금의 경우, 교통 부분에서 다른 에너지 소비 부분과 구별되는 제도를 운용해야 할 필요는 크지 않다. 철도용 전력에 대한 약간의 혜택을 요청할 수 있겠지만, 이 또한 엄정한 평가의 대상이 되지 않으면 안 된다. 또한 수익자 부담 원칙을 고속도로에 엄격히 적용해야 한다는 요청 역시 이미 7장 5절에서 다룬 바 있다. 결국 여기서 추가할 필요가 있는 논의는, 철도를 주축으로 하는 대중교통망 확대에 도움이 되면서 저밀도 지역의 불만도 적절히 조정할 수 있는 주행세 및 혼잡 통행료 부과 방법에 대한 논의다. 나는 그 핵심이 대중교통망의 수준과 주행세 및 혼잡 통행료를 연동시키는 데 있다고 본다.

　　2019년 현재, 전 차량에 km당 탄소 배출량에 비례한(전기차의 배출량은 아직 무시되고 있다) 자동차세를 물리는 국가로는 네덜란드가 알려져 있다.[40] 비록 현실적인 문제 때문에 아직 시행하지는 못하고 있으나, 이 나라는 이미 2009년경부터 모든 자동차에 대해 주행 거리를 측정해 여기서 배출된 탄소 배출량에 비례한 세금을 부과하겠다는 정책을 지향 중이다. 또한 세계의 몇몇 대도시에서 시행 중인 혼잡 통행료는 통행의 한쪽 편만을, 즉 도심 출입만을 기준으로 세금을 부여하는 방침이다. 그러나 이들 방침은 저밀도의 대중교통 취약 지역에게 상대적으로 불리해 보인다. 대중교통을 이용하기 어려운 지역에서는 거대도시 도심 방면 통행조차도 차량이 유리할 수 있는 데다, 저밀도 지역은 중심지 기능을 누리기 위해서 이동해야 할 주행 거리가 길고 지형 또한 험준할 가능성이 커 상대적으로 큰 세금을 물어야 할 가능성도 크기 때문이다. 저밀도 지역 역시 기본적인 부담을 짊어질 필요는 있으나, 이들 시민들은 방금 지적한 요인 덕에 좀 더 밀도가 높은 지역과 같은 부담을 지는 데 동의하기는 어려울 것이다. 나는 이들의 반발을 무마할 수 있는 주행세 제도의 수정 기준으로 적합한 지표가 바로 대중교통망이라고 본다. 통행 거리, 차량의 탄소 배출계수와 함께, 대중교통망의 수준을 가중치로 변환시켜 곱해 최종적으로 차주에게 부과할 주행세 값을 결정한다면, 다른 대안이 없어 자동차를 활용하는 사람들의 부담은 최소화하면서도 동시에 다른 대안이 있음에도 차량을 이용한 사람들에 대한 부담은 최대화할 수 있기 때문이다. 통행 양측의 상황을 모두 고려한 세금 부과 기준이므로, 현재의 혼잡 통행료 부과보다 좀 더 공정하다는 평가 또한 가능하다. 아마도 이런 세금 운영 방침만이 유류세 부과를 계기로 2018년 말 프랑스에서 일어났던 '노란 조끼' 시위대의 재현을 예방할 방법일 것이다.[41]

40
네덜란드 주행세 제도에 대한 서술은 다음 홈 페이지를 참조했다. Belastingdienst(네덜란드 국세청), 'Motorrijtuigenbelasting'(자동차세), 구글 번역기로 영어로 번역해 해독, 2019년 7월 24일 마지막 확인. https://www.belastingdienst.nl/ 에서 확인 가능하다.

41
노란 조끼 시위를 예측이라도 한 것처럼, 피터 싱어는 이미 2002년에 이렇게 갈파한 바 있다. "잘사는

나라의 국민은 심지어 보다 대담하게 이렇게 주장할지도 모른다. 즉 자기 나라의 수많은 국민들은 자가용을 몰고 다니는 데에 (…) 익숙해져 있다. 그래서 만약 그런 에너지 집약적인 유형의 삶을 포기해야 한다면, 그들은 그런 안락함을 경험할 기회가 전혀 없었던 못사는 사람들보다 더 많은 고통을 겪을 것이다." 피터 싱어, 『세계화의 윤리』, 김희정 옮김(아카넷, 2003), 72~73.

대중교통망의 수준과 주행세 및 혼잡 통행료를 연동시킬 구체적인 방침은 이런 식이다. 먼저, 각 차량에 출발지와 목적지 보고 시스템을 의무 장착시킨다. 관제는 이들 이동 경로와 병행하는 대중교통망의 수준을 평가한다. 고속철도나 광역 특급망이 구축된 축선을 승용차로 이동한 경우 최대의 세율을 적용한다. 광역급행과 완행선만 구축된 경우에는 이보다 낮은 세율을, 완행선만 구축된 경우 더 낮은 세율을, 버스만 존재하는 경우에는 더욱 낮은 세율을, 버스조차 제대로 없는 경우에는 최소 세율을 부과한다. 최소 세율은 교통망 유지 보수에 필요한 최소한의 금액을 분담할 수 있는 범위에서 정한다. 대중교통망의 수준이 높은 축선에 대해서는 이를 사용하지 않은 차량에게 더 높은 부담을 물리는 것이 이 제도의 핵심이다. 물론 네덜란드의 사례처럼, 통행 경로 보고에 운전자들이 쉽게 동의하기는 어려울 것이다. 이런 국면이 오래 지속될 경우 일종의 대체 지표로서 자동차의 등록 지역을 활용할 수 있다. 2019년 현재 네덜란드 국세청은 주에 따라 자동차세를 차등 부과하고 있는데, 한국의 경우에는 시(특별·광역시 포함)군을, 그리고 정기 자동차 검사에서 확인되는 주행 거리를 임시 기준으로 삼는 것이 적절해 보인다. 출발-목적지 보고가 완전히 일반화되는 것은 자율 주행이 일반화된 이후에나 가능할 것이기 때문이다.

이렇게 거둔 세금을 철도를 주축으로 하는 대중교통망의 건설, 유지 보수와 재투자, 운영 보조에 투입해야 한다는 것은 매우 상식적인 일이다. 나는 여기에 한 가지 지출 방향 흐름을 더 추가했으면 한다. 바로 대중교통 운임으로 지불한 액수의 부분적인 환급이다. 물론 이런 조치는 상당한 논란, 그리고 심각한 기술적 난점을 품고 있을 것이다. 그러나, 이런 환급 조치는 일각에서 논의되었던 탄소세를 근로소득세 환급에 그대로 활용하는 조치[42]보다는 자동차 통행량을 줄이는 효과와 훨씬 더 밀접하게 연관된 것으로 보인다.[43] 탄소세로 증액된 근로소득세 환급금을 통해 개인이 얻는 돈의 규모를 지금과 마찬가지로 소득과 자산 분위에 따라 결정할 경우 가계 자산의 일부인 자동차의 규모를 키우려는 선택을 조금 억제하는 효과만을 기대할 수 있고 탄소 배출량과 무관한 방식으로 내수 수요를 늘리는 데 그칠 가능성이 큰 반면, 이 돈을 대중교통 사용 금액을 직접 환급하는 데 사용하면 대중교통을 선택할 눈에 보이는 동기를 사람들에게 부여할 수 있고 실제로 탄소를 저감시키는 교통 행동과 소비를 유도할 수 있기 때문이다. 여기서 제안한 여러 제도에 대한 상세한 논의는 부록 4에서 계속하기로 한다.

전국 도로망과 항공: 하이퍼 고속도로, 그리고 항공 대체 프로젝트들

특단의 대책을 마련하지 않으면 자칫 심각한 상황에 빠질지도 모르는 광역권과는

42
김태헌, 『탄소세 도입시 에너지세제 개편방향』(에너지경제연구원, 2012), 8~10.

43
다음의 선행 연구에 따르면, 거의 대부분의 사람들은 대부분의 용도에 대하여 대중교통 비용 환급의 수준에 비례해 승용차 이용을 줄이겠다고 답변했다. 장원재·한상용·박준식, 『대중교통 사용료 소득공제 및 환급체계 도입방안』(한국교통연구원, 2009), 28~36. 비록 여가를 위한 통행에서는 그 감소율이 낮았으나 여전히 의미 있는 수준이었다.

달리, 전국망 연결은 상대적으로 여유가 있다. 이 부분을 공략하는 고속철도는 나름의 독점적 영역을 점유하기 때문이다.(1장 도표 7) 하지만 안심하고 있을 수만은 없다. 운전 부담이 없어진 자율 주행차는 미약한 마찰시간, 그리고 높아지는 속도를 타고 고속철의 영역을 파고들 것이다. 또한 소득 증가가 이동 수요 증가도 이끈다는 점을 감안하면 코로나19로 인한 타격에도 항공 시장은 중장기적으로는 성장해 나갈 것이다. 여전히 김포~부산 노선의 승객은 상당한 규모이며(약 300만/년), 북한과 둥베이 방면에서 고속철도가 얼마나 항공 수요를 억제할 수 있을지는 아직 그리 분명하지 않다. 서울 착발보다 거리가 먼 삼남 지방과 북한·둥베이 사이의 연결에서는 고속철도의 비중이 그다지 높지 않을 것이다. 특히 부산 기준 철도거리가 1000km 이상일 청진 방면 연계는 항공이 크게 유리할 것이다. 이렇게 새롭게 항공 수요가 생겨나면, 그만큼 탄소 저감은 달성하기 어려운 목표가 되고 만다. 특히 항공의 경우 현재 가시권에 들어와 있는 탄소 절감 대책은 효율의 강화와 바이오매스 활용뿐인 데다, 비행운이 일으키는 온실 효과 또한 적지 않다는 보고가 이어지고 있으므로[44] 수요를 억제하고 고속철도로 이전시키는 대책이 그 어느 부분보다도 시급한 부분임을 부인하기 어렵다. 북한의 재건이 기후위기를 촉진하는 요인으로 평가받지 않게 하려면, 항공 교통과 고속 자율 주행차를 되도록 억제하고 고속철도를 핵심 전국 연결 수단으로 삼게 만들 방책이 마련되어야 한다. 무엇보다 수도권 통과·우회망을 강화하는 철도 측의 조치(6장 3절 참조)가 필요하지만, 항공 측에 대해서도 한반도 내부와 중국 둥베이 방면 항공의 물량을 특정 수준에서 제한하는 조치, 나아가 공항 투자 억제 조치까지 필요할지 모른다. 극단적인 경우, 제주·한일·한중 터널을 통한 고속철도 운행으로 단거리 항공 수요를 전환시키면 투자 수준에 걸맞은 탄소 저감을 불러오는지 여부도 조사할 가치는 있다.[45] 자율 주행 차량의 표정속도를 고속철도와 경쟁할 만큼 빠르게 만들 수단, 즉 육안으로 통제가 어려운 160km/h 이상의 주행 속도를 허용하는 하이퍼 고속도로는 면밀한 검토에 따라 차

44
다음 시뮬레이션 연구를 참조. Lisa Bock, Ulrike Burkhardt, "Contrail Cirrus Radiative Forcing for Future Air Traffic," *Atmospheric Chemistry and Physics*, vol. 19, Issue. 12 (2019): 8163~8174, https://doi.org/10.5194/acp-19-8163-2019.

45
제주터널만 잠깐 검토해 보자. 2018년, 제주공항 이용객(국내선)은 출발·도착을 합쳐 2756만 명이었다. 이들이 평균 500km를 이동했다면, 1인킬로당 150g의 탄소를 배출했다고 가정했을 때 제주~한반도 간 승객이 배출했을 탄소량은 약 207만 톤이다. 제주 방면 고속 신선의 전체 연장은 약 170km로 예상되며, 해저 터널(74km)과 해상 교량(28km)은 유래없는 난공사이므로 타이완 고속철 총량의 2배(즉 단위연장당 4배)의 탄소를 배출한다고 가정하면 건설 시에는 약 1000만 톤의 탄소 배출이 기록될 것이다. 제주행 고속철도가

항공 승객을 절반 대체한다고 가정하고, 또한 그 탄소 배출량을 한국 전국망에 준해 30gCO$_2$/인km라고 가정하면, 감소되는 탄소 배출량은 매년 85만 톤 수준일 것이다. 이에 따르면, 약 11.8년 정도 제주터널을 운용하면 건설로 인한 탄소 배출량을 상쇄할 수 있다는 계산이 나온다. 물론 제주터널은 투입 자금이 워낙 막대하여, 이보다 효율적으로 탄소 배출량을 감소시킬 수 있는 가능한 프로그램이 얼마든지 있을 수 있다는 점이 변수다. 또한 서울 측 착발 열차를 항공객을 온전히 흡수시킬 만큼 충분히 운용하기 위해서는 경부5선을 건설할 필요까지 있어(제주~김포 승객의 절반만 해도 900만 명으로, 서울~부산 간 철도 승객 수에 육박한다) 사업의 난이도는 한층 높다. 그러나, 제주 제2공항이 성공하여 본토와 제주 사이의 항공객이 2배 증가하고 이로 인한 탄소 배출량이 400만 톤에 달하게 될 경우 터널의 정당성 역시 더 커질 것이다.

량의 탄소 배출량이 극단적으로 줄어들고 증가하는 차량의 에너지 소비량이 전력 시스템에 부담이 되지 않을 때까지 건설을 피해야 한다. 물론 항공은 국제적 수단이므로 이들 국내 정책만으로는 탄소 배출량을 억제하기에는 부족하다. 국제항공운송협회(IATA) 차원에서 모든 항공 여객에게 탄소 시장 가격에 비례하는 추가 부과금을 물리고, 이를 자체 재정 능력이 부족한 개도국의 기후위기 대책에 전액 투입하는 방향의 제도가 필요해 보인다. 이는 개별 국가가 달성할 수 없는 목표이며, IATA 차원의 규제는 결국 업계 자율 규제이므로 이들이 실질적인 기후위기 대책을 수립하도록 만들기 위해서는 전 인류 차원의 정치적 압력이 있어야만 할 것이다.[46]

4절. 자동차화의 황혼, 그리고 철도라는 사회계약

세 영역의 도로망에 대한, 그리고 전국·인접국 방면 항공에 대한 억제 방책들은 모두 시장이나 이해관계자들의 민간 기구가 자치를 통해 달성하기는 어려운 목표들이다. 이들은 자신들의 이득을 최대화하는 데는 최선의 행위를 할 수 있지만, 적실한 규제에 의해 인도되지 않을 경우 이들에게 최선의 결과는 인류에게는 최악의 결과로 이어질지도 모른다. 두 번째 자동차화의 물결 덕에 교통 체계를 탄소 배출과 에너지 효율의 관점에서 좀 더 효율적으로 재편하는 과제가 실패해 해안 지역이 물에 잠기고 악기상이 전 국토를 할퀴는 사태가 일어나지 않게 하려면 전 세계 각국의 정부는 이들 이해 당사자나 장밋빛 전망에 환호하는 대중들과는 다른 관점, 다른 목표를 취해야 한다. 정부는 탄소 배출을 억제하기 위한 재정 흐름의 구조를 마련할 뿐만 아니라, 도로의 안전을 획기적으로 개선하기 위한 규제를 통해 부가적으로 도로의 용량 또한 억제해 차량 통행 증가를 최소화해야 한다. 철도, 특히 거대도시 철도망은 이 두 과정과 관련해 모두 중요한 역할을 담당할 수 있다. 탄소·에너지 효율이 도로보다 매우 높은 데다, 마찰시간을 효과적으로 줄여 낼 경우 승용차에 준하거나 그 이상의 이동 능력을 사람들에게 선사할 수 있고, 이동 능력 면에서의 형평성을 개선하는 데도 큰 도움이 되기 때문이다. 기후위기 대응의 와중에, 그리고 도로망의 안전성과 지속 가능성을 강화하는 와중에 일어날 사회적 이동 능력 손실을 최소 한도로 막고 어떤 의미에서는 더 증진시킬 사명이 거대도시 철도망에게는 있다.

사명이라는 말이 너무 무거워 보일지 모른다. 하지만, 철도가 20세기 후반의 위기를 넘기고 21세기에 다시 부흥하게 된 이유를 생각해 보면, 이런 무거운 말

46
IATA 자체 규제의 핵심은 IATA 홈페이지에서 확인할 수 있다. https://www.iata.org/policy/environment/Pages/climate-change.aspx(2019년 9월 26일 마지막 확인). 그런데 이들은 별도의 세금(green tax) 부과에는 반대하고 있다. 항공 산업의 효율화를 위한 투자금에 악영향을 끼치는 한편, 항공 통행 감소로 경제에 악영향이 갈 것이라는 추론이 그 배경에 있다. 그러나 특히 개도국의 탄소 배출량을 억제하려면 선진국에서 개도국 방향으로 대규모의 소득 이전이 필요한 현시점에서, 항공과 같이 훌륭한 담세원을 포기한 채 충분히 효과적인 기후위기 대책을 수행할 수 있을지는 매우 의문스럽다.

이야말로 오히려 오늘날 철도의 존재 이유를 잘 보여 준다고 할 만하다. 오늘의 철도는, 교통의 세계를 놓고 온 사회가 맺은 사회계약 그 자체다. 자동차와 항공이 주도하는 21세기 초 교통의 세계 속에서, 철도가 대체할 수 없는 역할을 할 수 있다는 데 동의하고 이를 발전시키기 위한 다양한 시도에 공적 자원을 투입하는 데 도움을 주겠다는 사회계약이 없었다면 철도가 살아남아 있는 나라와 도시 역시 크게 줄어들었을 것이기 때문이다.

그러나 이 계약은, 아직은 기후위기를 다루는 시늉만 내고 있다. 게다가 두 번째 자동차화가 문 앞에 와 있다는 예언자들의 외침은, 철도라는 사회계약이 기후위기 시대에 맞춰 훨씬 더 넓은 범위로, 그리고 전폭적으로 확대되어야 한다는 국제적 권고를 묻어 버릴 정도로 큰 목소리로 울려 퍼지고 있다. 상황은 어렵다. 선진 각국의 많은 대중들은 기후위기에 대처하기 위해 필요한 최소한의 조치조차 거부하고 있고, 개도국들은 경고를 아예 무시하면서 석탄 활용조차 망설이지 않고 늘려나가고 있다.

바로 이런 현실에 일종의 충격을 주기 위한 논의가 바로 이번 장의 논의였다. 특히 3절의 제안들은 몇 가지를 제외하면 대부분의 도로 이용객들이 상상조차 하지 못하던 것들로 가득 차 있다. 도로 용량을 줄일 다면적 조치를 강구하고, 교통에 대한 정부의 투자는 철도 건설과 대중교통 운영에 집중 투입하며, 막대한 추가 세금을 자동차 운전자에게 부과해 교통량을 억제하고, 이들의 물량을 효과적으로 통제하기 위해 승용차 통행 내역 정보까지 필요하다는 요청은, 모든 운전자들에게 강력한 반감을 불러일으킬 조치들이며, 따라서 교통의 세계를 둘러싼 새로운 계약은 이들 조치를 둘러싼 논쟁으로 그 체결에 난항을 겪을 것이 분명해 보인다. 기후위기에 대응할 시간은 지금 이 순간에도 줄어들고 있지만, 필요한 조치를 실현할 만큼의 대중적 지지를 얻는 것은 아직 꿈에 불과해 보인다.

지난한 설득의 작업을 여기서 미리 할 수는 없다. 그것은 오직 실제로 오늘의 상황과 여기서 제안된 대안을 접하고 곱씹어 본 대중들과 함께해 나가야 할 작업이다. 여기서는, 이 설득의 초점에 대해 잠깐 논의할 수 있을 뿐이다. 기후위기에 대한 대중적 외면은, 결국 이 경고가 냉엄한 현실과 그에 따라 오는 피치 못할 강요, 즉 무언가를 줄여야 한다는 소극적인 조치에 대해서만 말하고 있기 때문이 아닐까. 사람들이 행동하게 만들기 위해서는, 사회와 개인이 무엇을 적극적으로 해 나가야 하는지, 그리고 왜 그래야 하는지에 대한 이야기가 꼭 필요하지만, 그것은 기후위기 대응이라는 맥락에서는 찾기 어려운 일인 것이 현실이다. 특히 에너지 소비의 규모를 줄여야 하는 선진국, 에너지 소비의 측면에서는 현 상태에서 성장을 멈춰야 하는 상위 중소득국에게는 더더욱 그렇다.

반복하자면 나는 교통 부분에서 이런 빈틈을 메울 돌파구 가운데 하나는 바로 철도라고 생각한다. 교통은 인간의 필수불가결한 조건이다. 이동 능력은 인간을 자신이 태어난 자그마한 지역과 인습적인 인간관계에서 벗어날 수 있게 해 주며, 또한 훨씬 넓은 세계 속에서 자신의 가능성을 개발할 수 있는 조건이 되어 준다. 바

8장 예언과 경고, 자율 주행차의 도래와 기후위기의 습격

로 이런 의미에서 이동 능력은 인간 해방과 인간 개발의 물적 토대다. 그렇지만 이동의 능력을 무제한적으로 추구해 온 결과, 21세기 초 인류는 성장의 한계를 넘어 파멸의 문턱에 이르고 말았다. 이 상황에서 철도가 힘이 되는 이유는, 기후위기를 넘기 위해 필요한 효율의 관점을 더 많은 이동에 대한 마르지 않는 갈증과 모순되지 않게 추구할 수 있는 유일한 수단이기 때문이다. 단순히 이동의 능력이 가져다주는 해방과 인간 개발에만 주목하지 않고, 비슷한 수준의 능력을 훨씬 더 효율적이고 형평성 있는 방식으로 제공하는 과제에 주목하는 사람들에게 철도는 사실상 유일한 답이다. 바로 이런 의미에서, 철도의 확대는 기후위기 시대에 전 인류가 지향해야 할 적극적인 목표로 설정될 자격이 있다. 다른 부분의 상대적 축소라는 소극적이면서 과격한 요청들은, 철도를 중심으로 하는 좀 더 효율적이고 형평성 높은 대중교통망에 기반해 교통의 세계와 도시를 재편하는 적극적인 기획의 배경으로서 필요한 조건임을 강조한다면 더 많은 지지를 얻을 수 있지 않을까.

오늘날, 교통의 세계는 두 번째 자동차화를 둘러싼 예언으로 가득하다. 하지만 특히 기후위기의 속도와 파괴력을 감안했을 때, 인류에게 필요한 것은 오히려 자동차화의 황혼이었다. 이 황혼은 지금까지 교통의 세계에 있었던 것보다 훨씬 더 체계적이고 종합적인 사회계약 속에서만 가능할 것이다. 도로의 구조와 활용 관습을, 교통 투자의 방식을, 교통 비용에 대한 지불의 기준을 완전히 바꾸는 작업은, 정치적 지지와 인류 차원의 공감 없이는 지면 위의 꿈에 불과할 것이기 때문이다. 이토록 큰 비용을 치르고 돌아오는 이득의 중심에는, 철도를 중심으로 재편되어 지속 가능성이 크게 향상된 교통의 세계와 도시가 있어야 한다. 그 범위가 비교적 협소했던 옛 계약의 시대를 지나, 기후위기라는 폭풍우 앞에서 철도라는 사회계약을 통해 인류는 오늘의 교통은 물론 22세기 사회의 지속 가능한 번영까지 시야에 넣는 새로운 시대로 접어들어야 한다.

보강 10.
수송분담률 지표와 철도

무언가를 변화시키고자 하는 사람들에게,
무엇보다 절실하게 필요한 도구는 적절한
측정 방법이다. 측정 없이 변화를 파악할
방법은 없기 때문이다. 거대도시 교통망의
흐름 역시 마찬가지다. 개인은 그 규모조차
파악하기 힘들고, 활용되는 데이터의 규모
또한 방대한 만큼, 상황을 간단하게 대표할
수 있는 측정 지표는 교통망의 상황을
이해하는 데 매우 중요한 역할을 할 것이다.

철도라는 교통수단의 역할을
철저히 해부하고 널리 고양하려는 이 책의
맥락에서 가장 중요한 지표라면 바로
'수송(수단)분담률'일 것이다. 이 값은
승용차, 철도, 버스, 택시와 같은 특정 교통
모드로 수행된 통행량을 분자로, 도시
내부의 전체 통행량을 분모로 계산되고
있다. 어떤 도시 내부에서 하루에 총
100회의 통행이 이뤄지고, 이 가운데
40회의 통행이 승용차, 20회의 통행은
철도, 30회의 통행은 버스, 10회의 통행은
택시로 이뤄졌다고 해 보자. 각 수단의
수송분담률은 40%, 20%, 30%, 10%가 될
것이다. 서울시는 이 값을 서울시 내부에서
이뤄진 것으로 추정되는 통행량(인원)
전체를 분모로, 이들 가운데 각 수단의
분담률을 분자로 놓고 구한다. 서울시
도시교통본부는 적어도 1984년 이래 거의
같은 기준을 사용해 온 것으로 보인다.[47]
시 교통 본부가 밝히는 2017년 현재의
수송분담률은 대중교통 65%(철도 39, 버스
26), 승용차 24%, 택시 7% 수준이다.[48]

서울시와 관련된 모든 육상 동력
통행을 동등하게 1회로 계산하는 이
방법은, 교통의 세계가 가진 전체 무게를
아주 간단하게 측정할 수 있다는 점에서는
의미가 있다. 하지만 1장과 6장에서
분석했듯, 승용차의 놀라운 유연성에
대중교통이 대응하려면 속도와 거리에 따른
정교한 분업 체계가 필수다. 모든 통행을
동등하게 1회로 계산하는 방식은 대중교통
투자 전략을 구상하고 그 효과를 측정하는
데 그다지 유효하지 않은 셈이다.[49]
지금 대중교통에게 필요한 지표는, 어느
속도-거리 층위에서 어떤 대중교통망이
선전하고 있는지, 그리고 어떤 층위에서는
대중교통망이 몹시 불리한지 점검할 수
있는 지표다. 교통 전문가들에게는 이
지표의 한계를 이해하고 데이터를 아래에서
제시하는 방식대로 변형할 충분한 정보와
수단이 있지만, 교통의 세계는 시민 모두의
참여와 이해 속에서 비로소 제 역할을 할 수
있는 영역인 만큼 좀 더 다양하고 체계적인

[47]
서울연구데이터서비스, 「교통수단별 수송 분담」. http://
data.si.re.kr/node/358, 2018년 11월 22일 접속.

[48]
서울시 교통정책과, 「교통지표」, http://news.seoul.go.kr/
traffic/archives/285.

[49]
여기서 파생되는 오해가 있다. 바로 '1%'가 대단히 작은
양인 것처럼 말해, 도시철도 투자를 의미 없다고 평가하는
방식의 주장이다. 하지만 시가 수송분담률의 분모로
사용하는 값의 크기가 하루 3200만 통행에 달한다는
점을 감안하면, 이런 주장이 그다지 설득력 없다는 사실이
드러난다. 32만 명은 9호선의 하루 승차 인원(2017년 기준
29만)과 맞먹는 규모다. 또한 2호선 역시 환승을 포함해 약
220만 통행(2017년)을 처리, 수송분담률 기준으로는 7%
정도의 노선일 따름이다. 참고로 서울의 노선버스는 노선당
하루 최대 약 4만 통행을 처리하며, 간선버스는 136개
노선으로 일평균 약 207만 명이 이용(노선당 약 1.5만
명)하고, 지선은 235개 노선으로 일평균 187만 명(노선당
평균 약 8000명)이, 마을버스는 약 260개 노선을 일평균
117만 명(노선당 평균 약 5000명)이 이용하고 있다.

8장 예언과 경고, 자율 주행차의 도래와 기후위기의 습격

[도표 15] 거리에 따른, 서울 관련 통행량의 범위별 수송분담률. 데이터는 지도 1과 동일하다. 계산의 단위는 시군구급 행정구역으로, 지도 1이나 6장 지도 2, 3의 행정구역 경계선을 참조. '소형 차량'은 택시와 승용차 통행을 합산한 값이다. 철도와 버스의 분담률을 구할 때는 환승 통행을 절반으로 나누어 반영해, 두 수치를 합치면 대중교통 전체 수송분담률이 되도록 했다.

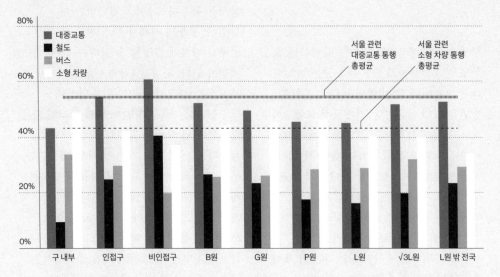

정보 제공을 위한 지표 개편 시도는 교통에 대한 시민들과 인접 분야 전문가들의 관심을 좀 더 정교하게 이끌어 가기 위해서 반드시 필요해 보인다.

도표 15와 16은 바로 이런 작업을 위한 하나의 시론을 담고 있다. 먼저 시계 바깥, 서울의 시계를 넘나드는 광역 통행을 분석하기 위해, 크리스탈러의 변수에 따라 동심원을 그린다. 가장 밖에는 L원을 그리고, 그 밖으로 향하는 통행은 전국망 통행으로 분류한다. 단 전국 연결 내부에는 √3L원(r=187km)을 추가해, 전국 통행 내부의 거리 차이 또한 반영할 수 있도록 한다.(지도 1, 6장 지도 4도 참조) 그다음, 각각의 행정구역(읍면동)에서 서울 시계를 넘는(즉 목적지나 출발지 가운데 한쪽이 서울 관내 동인) 통행들의 수를 정리하고, 이들 구역이 어떤 단계의 동심원 사이에 속하는지를 확인해 각 구역에서 시계를 넘는 통행들을 합산한다. 단, 계산의 편의를 위해 각 구역이 어느 동심원 사이에 속하는지는 시군구의 치소를 기준으로 판단했다.

이 방법을 통해, 서울 시계 통과 통행을 서울로부터의 거리에 따라 분류할 수 있다. 더불어, 시계 내 통행은 구 내부 통행(구의 지름이 사실상 최대 거리), 인접 구 사이의 통행(구 지름의 2배가 사실상 최대 거리), 인접하지 않은 구 사이의 통행(서울시의 지름이 사실상 최대 거리)으로 분류하여 거리에 따른 통행량 변화를 나타낼 수 있도록 한다.[50] 이들을 거리 순으로 배열하여, 거리에 따른 수송분담률의 차이를 확인하면 작업이 끝난다.

도표 15에서 무엇보다 주목할 부분은, 대중교통의 거리별 수송분담률

50
이것은 공식적인 방법은 아니지만, 서울의 구가 25개에 달해 이들의 인접 관계만 감안하더라도 서울 시계 내 이동 거리를 대표할 만큼의 분류군을 얻을 수 있다는 점에 착안해 개인적으로 10여 년 전부터 유지하고 있는 계산 방법이다.

[도표 16]   3대 육상 동력 통행 수단으로 수행된, 서울 관련 통행의 인킬로 분포 추정치. 모 데이터는 도표 15와 같다. 단 이 데이터는 각 OD의 이동 거리 데이터를 포함하지는 않고 있으며, 따라서 근사치를 구하기 위해 각 OD가 속한 구역의 반지름을 인원과 곱하여 해당 데이터를 얻었다. 육상 교통로는 직선으로 진행하지 않고 이리저리 사행(蛇行)하기 때문에, 직선 거리가 반지름보다 짧은 지점이 다수 포함되더라도 반지름으로 통행 거리를 대표할 수 있다.

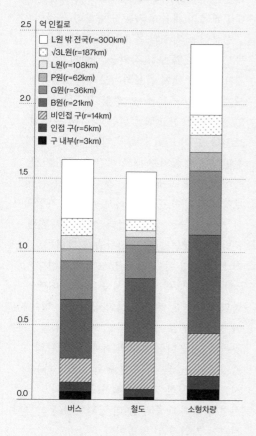

막대, 철도 막대, 버스 막대 사이의 관계다. 철도 막대는 대중교통 막대와 밀접한 관계를 보이지만, 버스의 분담률 막대 높이는 대중교통 막대보다는 소형 차량의 막대와 더 밀접해 보인다. 각 막대의 값을 각각 x, y축에 놓고 추세선을 그려 보이도(=단순회귀분석) 그렇다. 철도 분담률과 대중교통 전체 분담률 사이의 연관성은 매우 높지만(R²=0.88), 버스 분담률과 대중교통 전체 분담률 사이에서는

그보다 약하긴 하지만(R²=0.45) 어쨌든 역의 연관성이 나타나기도 한다. 결국, 철도의 수송 분담률은 승용차 통행의 상대적 비중을 낮추는 데 버스와는 구별되는 역할을 하는 듯하다.

철도의 서울 관련 통행 전체 분담률은 25% 수준이다. 하지만 통행을 수송 거리로 분해한 결과, 거리별로 철도의 분담률은 10%(구 내부)에서 40%(서울 내 비인접 구=시내 장거리)까지 상당히 큰 변이를 보였다. 각 거리 구간별 분담률을 모집단으로 한 표준편차 역시 철도가 가장 컸다.(소형 차량 0.04, 버스 0.04, 철도 0.08) 버스나 소형 차량의 분담률은 비교적 안정적인 반면, 철도의 분담률은 거리에 따라 상대적으로 큰 차이를 보인다는 뜻이다. 따라서 철도를 위해서는 거리에 따라 수송분담률을 측정해 철도망이 자동차보다 높은 분담률을 보이는 거리 구간과 그렇지 못한 구간을 구별한 다음, 각 축선별로 철도가 불리한 거리 구간에 적절한 층위의 서비스를 공급하는 방법을 사용해야 한다. 가령, 철도 분담률이 일반적으로 가장 저조한 서울 P, L 동심원 지역에는 이 영역에서 자동차에게 육박하는 속도-거리 곡선(1장 도표 9, 6장 도표 1)을 보이며 이에 따라 해당 지역의 중심지를 포괄적으로 연계하는 층위의 서비스인 광역특급망이 필요해 보인다. 물론 서울 B, G 동심원의 소형 차량 분담률 또한 매우 높은 이상, 이 층위를 공략하는 광역급행 역시 아주 중요할 것이다.

물론, 철도와 대중교통이 불리한 모든 거리 구간에서 철도를 활용해 승용차 분담률을 떨어뜨리는 조치가 효과적이라고 할 수는 없다. 철도의 잠재력은 분담률의 상황뿐만 아니라 이동 거리에 의해서도

변화한다는 점을 감안해야 하기 때문이다. 가령 서울 시계 내 근거리, 예를 들어 구 내부 통행의 경우 철도는 탄소와 에너지 측면에서는 큰 도움이 되기 어렵다. 이들 단거리 통행은 그만큼 한 통행의 이동 거리도 작기 때문에 자가용 차량에 의해 수행되더라도 통행당 탄소 발생량은 장거리 통행에 비해 상대적으로 작다. 이미 존재하며, 단일 통행의 거리가 상대적으로 길어 인킬로 비중이 높은 데다 현재 철도가 다수의 축선에서 불리한 광역 통행을 철도로 이전시키는 것이 기후위기와 자동차화의 황혼 국면에서 가장 우선적인 과제다. 서울 관련 통행량 인킬로 분포의 추정량을 보여 주는 도표 16은 이런 추론을 뒷받침한다. 서울 관련 승용차 인킬로의 대략 절반이 B~L원 사이 광역권에서 발생하며, 특히 B원은 서울 관련 승용차 인킬로의 1/4에 달하는 물량을 점유하는 것으로 보이기 때문이다. 이들 권역 전체에 걸쳐 광역급행망을, 그리고 부분적으로 특급망을 좀 더 촘촘하게 제공하는 작업은 광역 통행의 철도 분담률을 끌어올리고 서울 거대도시권의 승용차 통행을 축소시키는 데 가장 필요한 투자로 보인다. 반면 서울 시계 내부의 승용차 통행량은 제시된 값의 20% 선으로 보이며, 제시된 범위 가운데 이동 거리가 가장 짧은 구 내부, 인접 구 사이의 통행량은 각기 3~4% 수준에 불과하다. 반지름 3~5km의 지역을 대중교통으로 빈틈없이 포괄하는 것은 너무나 어려운 일이므로, 이들 단거리 영역의 승용차를 줄이는 것을 목표로 대중교통 투자를 수행하는 것은 오히려 노력 대비 효과라는 관점에서 볼 때는 부적절한 방침일지 모른다. 이 영역은 각 구의 여건에 따라, 현재의 버스망을 좀

더 강화하는 한편 버스로 부족한 부분은 자전거나 다른 소형 개인 이동수단을 활용해 공략해야 한다.

반드시 내가 제안하는 구체적인 방식을 따라 수송분담률 지표를 발표해야만 하는 것은 아니다. 하지만 철도망, 나아가 대중교통의 개선 효과를 수량화하는 것이 수송분담률 지표의 목표라면, 지금처럼 충분한 분해와 분류 작업을 거치지 않은 지표를 대중에게 공표하기보다는 교통의 세계 내부의 구조에 좀 더 잘 접근할 수 있는 지표를 공표해야 하는 것만은 분명해 보인다. 그리고 이 분해의 일반 원리는 1장 전반부에서 살펴본 대로 시간과 이동 거리 사이의 관계 속에서 찾는 것이 적절하다. 이 보강에서 보여 준 것은 바로 이 분해 작업의 한 가지 가능한 방법이었다. 이렇게 개편된 분담률 지표는 전체 노선망을 평가하는 데 쓰일 뿐만 아니라, 개별 노선에 대한 (예비)타당성 평가 등에서도 활용해 어떤 범위의 통행을 해당 노선이 공략하고 있는지 더 명확하게 보이는 방법도 사용해야 할 것이다. 지금처럼 수도권 전체, 또는 광역 행정구역 전체를 분류의 단위로 활용하는 지표는, 정교한 교통 계획이나 교통의 현실에 대해 대중과 좀 더 정확히 소통하는 것과는 거리가 먼 방법이다.

보강 11.
철도 국제주의를 위한
'페르미 추정': '2도 미만'
시나리오에 부쳐

국제에너지기구가 '2도 미만' 시나리오를 원활하게 실현하기 위해 향후 40년간의 투자와 제도적 지지를 통해 달성해야 한다고 '핸드북'을 통해 밝힌 철도 수송량의 연 규모는 도시망 6.5조, 고속철도 10조 인킬로미터에 달했다. 앞서 지적했듯 이는 현 도시망 수송량의 10배, 고속철도망 수송량의 20배 수준이다. 대체 얼마나 많은 철도망을, 그리고 얼마나 넓은 범위에 부설해야 이런 수송량이 기록될까? 또한 사람들의 지불 능력이 상당한 선진국 철도조차 정부의 재정 투자에 의존하는 현실 속에서, 다수의 제3세계 도시들은 이런 망을 자체의 재무적 능력으로는 부설하기 어려울 것이 사실상 명백하기 때문에 30~40년 내로 속도감 있게 망을 확장하기 위해서는 선진국의 대규모 원조를 통해 망을 확보해야 할 것인데, 여기서 한국의 역할은 어떤 수준이어야 할까?

　　이들 두 질문에 답하기 위해서는 IEA의 계산을 해부해, 수송량의 구조를 확인하면서 논의를 출발시키는 것이 물론 정도일 것이다. 그러나 IEA가 활용한 모델의 구조나 데이터에 대해 공개된 정보만으로 이런 접근을 시도하긴 현실적으로 불가능했다. 여기에 더해 원론적인 문제도 있다. 철도의 충분한 확대를 위해서는 선진국에서 개도국으로 향하는 대규모 원조가 필요하다는 공감대 자체가 충분하지 않기 때문이다. 일례로 '철도의 미래'가

언급하는 투자 계획은, 채권 시장의 활용, 홍콩이나 일본식의 철도 연선 부동산 개발과 같이 개도국과 그 대도시에서는 쉽게 실현시키기 어려운 대안 정도를 언급하고 있을 따름이다.[51] 7장에서 확인했듯, 이것은 선진국에서도 대규모의 신속한, 그리고 수십 년에 걸쳐 안정적으로 진행될 철도 투자를 위해서는 의존하기 어려운 대안이다.

　　두 어려움에 한꺼번에 대응하기 위해, 이번 보강에서 나는 두 전술을 축으로 삼아 작전을 하나 짜고자 한다. 철도를 기후위기 대응을 위한 선진국-개도국 간 협력의 주축으로 삼아야 한다는 규범적 주장에 대한 지지를 호소하는 약간의 논증을 제시하는 전술이 한 축이다. 이 규범적 주장을 현실로 이행시키기 위해 필요한 것들(신 노선, 투자금)의 물량에 대한 어림셈을 제시하고, 이 숫자에 기반해 철도를 활용한 협력이 실제로 여러 측면에서 양적으로 상당한 의미가 있으리라는 점을 보여 주는 전술이 또 다른 축이다. 후자의 전술이 없다면 전자는 현실과 연결되지 못할 것이고, 따라서 빈약한 설득력만을 가질 수 있을 것이므로, 이 보강은 현실적 한계 아래

---

[51]
이와 함께 '철도의 미래'(115쪽)는 총 3000억 달러(2015년, 구매력 기준, 이 가운데 도시철도 1900억, 고속철도 700억) 수준의 추가 투자가 이뤄지면 철도망에 충분하리라고 보고 있으나, 대규모의 토목이 필요한 도시철도, 그리고 항공을 상대해야 하는 고속철도에 대한 투자금으로 이것이 적절한 것인지는 매우 의심스럽다. 일례로, 중국의 철도 건설 투자액을 보면, 2010년대 중국 고속철도 부설에는 적어도 50~100km당 1조 원(약 10억 달러) 정도가 투입됐을 것이다. 이 계산대로라면 추가 투자로 건설할 수 있는 고속철도 연장은 7000km인 셈인데, 이는 현 중국 고속철도망의 1/4 수준에 불과한 길이로, 전 세계의 대도시권에 걸쳐 항공을 견제하기에는 턱없이 부족해 보인다. 7만km를 부설한다 해도 여전히 부족할 것이다. 이처럼 '철도의 미래'가 진술하는 철도 투자 비용이 지나치게 적다는 것 또한 별도의 투자 물량 계산이 필요한 이유다.

가능한 한 설득력 있는 어림셈을 제시하는
데 그 성패가 걸려 있다.

　　이런 목적을 위해 활용할 어림셈
방법에 어울리는 이름이 하나 있다. '페르미
추정'(Fermi estimation)이 바로 그것이다.
'페르미 추정'이란, 쉽게 찾을 수 있으면서도
어느 정도 믿을 만한 대략적인 변수를
활용한 계산으로 당면한 문제에 신속하게
답하려 하는 계산 방법을 의미한다. 이
이름은 이탈리아 출신의 물리학자 엔리코
페르미(1901~1954)의 한 일화에서 유래한
것이다. 1945년 7월, 인류 최초의 핵실험에
참석한 그는 이 폭발의 규모를 현장에서
빠르게 추정하기 위해 자연풍이 불지 않는
상황에서 원자폭탄 '트리니티'의 충격파가
종이를 얼마만큼 더 멀리 날려 보내는지
측정했고, 이 값에 기반해 '트리니티'의
위력을 추정했다. 그의 추정 결과는 사실과
근접했고, 인류의 첫 핵 실험이라는 극적인
맥락이 더해져 페르미의 이름은 어림셈
기법을 대표하는 이름으로 자리 잡게 된다.
21세기 초, 기후위기는 1945년의 원자폭탄
이상으로 인류의 미래에 결정적인 만큼,
기후위기 시대라는 새로운 시대를 맞이한
인류에게 보내는 이 보강에 페르미의 이름은
상당히 잘 어울리는 듯하다.

　　계산을 한국 도시철도망의
수송량에서 시작해 본다. 서울의 대표적인
방사선인 서울 4호선의 승객은 하루 약 60만
명이다.(도시철도 부분인 당고개~남태령만
합산) 이들은 평균 12km를 이동하며,
1년은 물론 365일이다. 따라서 4호선의
총 수송량은 1년에 약 26억 인킬로미터다.
6.5조(도표 7 참조)를 26억으로 나누면 약
2500이다. 따라서 전 세계에서 2060년에
달성되어야 하는 도시철도 수송량은 서울
4호선 2500개 분량이다.

　　고속철도의 경우, 경부고속선을
기준으로 삼아 본다. 이 노선의 1년 수송량은
약 150억 인킬로미터 수준이다. 10조(467쪽
주석 19 참조)를 이 값으로 나누면, 약 700이
나온다. 그렇다면 2060년 세계가 달성해야
하는 고속철도 수송량은 경부고속철도
700개 분량에 달한다.

　　이들 수송량이 세계에 어떻게
분포할지에 대해 간단히 어림해 본다. 먼저,
도시철도의 값은 1장에서 확인한 거대도시
중심부의 인구당 철도 이용량을 참조해
계산할 수 있다. 대도시 권역 2000만이 넘는
도시들의 2017년 현재 중심부 인구당 철도
이용량은 1인당 평균 0.65회 수준이었다.
1000~2000만 도시군에는 도시철도는커녕
광역망도 사실상 없는 도시들도 다수
있어 현재의 값을 그대로 계산에 활용하긴
어렵다. 다만, 1000만을 넘지 않으나 세계
도시 인구의 비중을 맞추기 위해 1장의
계산에 포함된 광역권 500만~1000만
도시의 중심부 인구당 철도 이용량은
평균 0.4회/인 수준이었다. 어림셈이라는
목적을 위해, 이들 값과 그 사이의 격차를
각 인구 구간별 철도 이용 대푯값으로
활용하기로 한다. 이들은 오늘의 중심
도시에서 기록되는 값이지만, 지금보다 훨씬
더 방대한 철도망이 부설되고 도시와 교통
속에서의 역할도 더 커져 기후위기 대응에
성공한 미래의 상황을 가정하기 위해서는
이들 거대도시의 중심부와 광역권인구
전체에 적용하기에 적절한 대푯값이라고
보았다.

　　이들 값을 대입하면, 초거대도시
(인구 2000만 이상, 대푯값 2500만,
철도 이용 인구 1인당 0.65회)급에서는
4호선 규모의 수송량 27배를, 거대도시급
(1000만~2000만, 대푯값 1500만,

철도 이용 1인당 0.5회)은 12.5배를 도시·광역철도망에서 기록하고, 준거대도시(500만~1천만, 대푯값 750만, 철도 이용 1인당 0.4회)는 5배, 대도시(100~500만, 대푯값 250만, 철도 이용 1인당 0.3회)는 1.25배, 중형 도시(50~100만, 대푯값 75만, 철도 이용 1인당 0.2회)는 0.25배를 기록할 것이다. 이들보다 작은 도시에서는 도시철도의 효과를 볼 수 없다고 가정한다. UN 인구국의 데이터[52]에 따르면, 2035년 초거대도시급의 수는 14개, 거대도시급의 수는 34개, 준 거대도시급의 수는 73개, 대도시의 수는 639개, 중형 도시의 수는 718개로, 이들 도시에서 방금 가정한 만큼의 수송량이 기록된다면 앞서 확인한 목표 수량의 85%(합산 시 4호선의 2147배)을 달성할 수 있다. 남는 15%를 채우기 위해서는, 전 세계에 걸쳐 더욱 강력한 철도 중심 도시 개발과 승용차 억제 정책이 필요할 것이다. 어쨌든, 50만 이하의 도시에서는 도시철도의 효과가 없다는 가정에 따라, 도시철도망은 이들 약 1500개의 도시에만 의미가 있을 것이다. 이들 가운데 적어도 자신들의 도시에 대해서는 필요한 도시철도 투자를 할 수 있을 선진국 또는 강대국의 도시는 절반가량이다.[유럽 OECD 국가(터키 포함) 126개, 구소련 및 동구권 71개, 북중미 OECD 163개, 아태지역 OECD 국가 21개(한반도 제외), 중국 369개, 한반도 12개]. 도시철도 투자 능력이 없거나 불충분하다고 평가할 수 있는 지역의 도시가 나머지 절반이다[인도 159개, 비인도 남아시아 43개, 아세안 98개, 아프리카 211개(북아프리카 포함), 중남미 100개(브라질 포함), 중동 83개(사우디 등 고소득국가 포함)]. 30~40년은 도시 구조 전반을 형성하고 고착시키는 대규모 투자를 벌이기에 그리 긴 시간이 아니다. 제한된 시간 내에 제한된 재정만으로 거대한 사업을 완수해야 하는 이상, 후자에 속하는 약 700개의 도시 가운데 절반인 350개에 대해서는 해당 지역 바깥의 지원 없이는 건설할 수 없다고 가정할 수 있다. 나머지 절반에 대한 투자금은 자체 조달이 가능하다고 가정한다. 또는, 모든 노선에 대해 절반의 비용은 선진국 또는 고소득국의 무상 원조금으로, 절반의 비용은 개도국의 책임 아래 부채나 자체 재정으로 조달한다고 가정하더라도 결과는 똑같다.

이들 350개 도시 가운데, 초거대도시는 4개, 거대도시는 10개, 준거대도시는 17개, 대도시는 약 160개, 중형 도시는 약 170개 수준일 것이다.(개도국 대도시 전체의 규모별 비율에서 계산) 거대도시급 이상에 대해서는 앞서 수송량과 도시 규모 사이의 관계에 대한 어림셈 결과를 그대로 부설 필요 노선 수로 준용해, 초거대도시에 필요한 노선은 108개, 거대도시에게 필요한 노선은 125개 수준이라고 보자. 단 준거대도시 이하의 규모에서는 도시 규모가 작아질수록 철도 통행량 역시 줄어들 수 있다는 점을 감안해야 한다. 준거대도시에서는 서울 4호선 수송량을 기록하기 위해서는 4호선 연장에 해당하는 도시철도가 2개 노선 정도 있어야 한다고 가정하자. 또, 대도시 규모에서 4호선 수송량을 기록하려면 4호선 규모의 노선

52
United Nations, Department of Economic and Social Affairs, Population Division, *World Urbanization Prospects: The 2018 Revision*, online edition (2018). 여기서 File 12: Population of Urban Agglomerations with 300,000 Inhabitants or More in 2018, by Country, 1950~2035. 2035년 데이터가 수록된 마지막 추정치다.

[도표 17] 상위 30위 탄소 배출국의 탄소 배출량 및 에너지 소비량.(2016) 출처는 IEA, *IEA World Energy Balances 2018*, 2018. 수직 축은 밑이 2인 로그 스케일로 그렸다. 참고로 2016년 세계의 에너지 소비량은 약 140억 TOE, 에너지 활용으로 인한 탄소 배출량은 약 320억 톤이다.

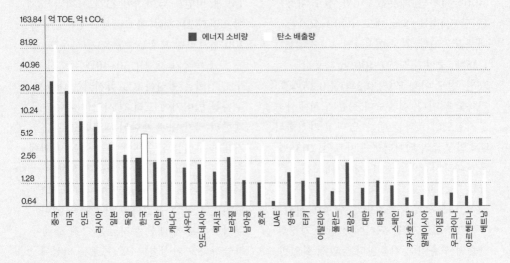

3개가, 중형 도시 규모에서 4호선 수송량을 기록하려면(물론 이 규모의 도시에서 도시철도 노선은 주로 경전철이겠지만) 4호선 규모의 노선 6개에 해당하는 투자가 있어야 한다고 가정해 본다. 이렇게 되면 준거대도시 규모에서는 4호선 규모 170개, 대도시 규모에서는 594개, 중형 도시 규모에서는 253개의 노선이 필요할 것이다. 이들을 모두 합치면 개도국에게 지원되어야 할 도시철도 노선의 규모는 4호선 대비 약 1250개 정도가 되어야 할 듯하다.

　　한국 경제의 규모는 세계의 약 2%이며, 에너지 소비량과 탄소 배출 기여도 또한 이와 비슷한 수준이다.(도표 17) 기후위기 대응 국제 협력에 필요한 책임의 분담은 경제 규모에 비례하는 것이 적절하므로, 한국은 이들 물량 가운데 적어도 2%를 담당할 필요가 있다. 한편 세계은행의 추계[53]에 따르면 세계 GDP 81조 달러(2017) 가운데 중저소득 국가가 차지하는 비중은 32%(약 26조 달러) 수준이며, 여기서 중국(12조 달러)을 뺀 비중은 17%다. 따라서 고소득 국가들은 자신들의 GDP 비중보다 1.25배 수준의 부담을 더 짊어져야 하는 셈이다. 이에 따라, 한국은 중저소득 국가의 주요 도시에서 필요로 하는 도시철도 1250개 노선 가운데 2.5%인 31개를 건설해야 한다.

　　이제 고속철도의 영역으로 논의를 넘겨 본다. 국제 고속열차 운행이 활발한 유럽의 사례가 있긴 하지만, 계산의 편의를 위해 고속철도 승객은 한 나라 안에서만 철도를 이용한다고 가정한다. 또한 고속철도 이용객의 수는 각국의 전체 도시 인구 수에 비례한다고 가정한다. 도시철도가 역할을 하기 어려운 인구 50만 명 이하의 중소도시에서도 고속철도는 전국망 연결을 위해 활약할 수 있다. 고속철도 관련 논의를 위해, 국가별 도시 인구 값은 모두 UN 인구국의 2050년 추정치[54]를

53
다음 웹 사이트 참조. https://data.worldbank.org/.

[지도 2]   OECD 회원국과 세계 중저소득 국가의 분
포.(2018~2020년 기준) '중저소득 국가'의 목록은 OECD
개발원조위원회가 매 3년마다 발표하여 적용한다. 다음
을 참조. OECD, "DAC List of ODA Recipients," http://
www.oecd.org/dac/financing-sustainable-development/
development-finance-standards/daclist.htm.

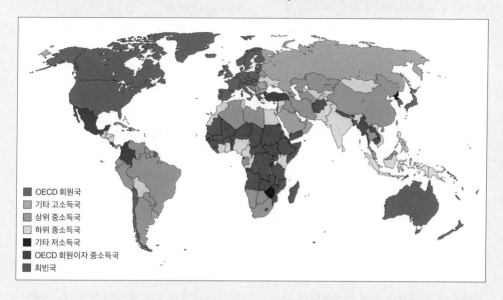

OECD 회원국
기타 고소득국
상위 중소득국
하위 중소득국
기타 저소득국
OECD 회원이자 중소득국
최빈국

사용한다. 선진국의 경우 현재 일본의 비율[55]을 적용하여 도시 인구 1000만 명당 100억 인킬로를 이용한다고, 그리고 현재 상위 중소득 국가의 경우 도시 인구 2000만 명당 100억 인킬로를, 하위 중소득 국가는 도시 인구 4000만 명당 100억 인킬로를, 최빈국과 기타 저소득국은 도시 인구 8000만 명당 100억 인킬로를 이용한다고 가정해 보자. 도시 인구 500만 명 이하 국가는 고속철도가 성립할 수 없는 곳으로 보고 계산에서 배제한다. 또한 각국의 면적에 따라 1인당 수송 거리가 달라질 수밖에 없다는 점을 반영하여, 일본(37만km²)이 속한 10~50만km² 구간을 기준으로 면적 구간(500만 이상, 100~500만, 50~100만, 10~50만, 5~10만, 1~5만km²)이 하나 더 커질 때마다 인구에 비례한 인킬로값에 $\sqrt{3}$을 추가로 곱하고, 하나 작아질 때마다 $\sqrt{3}$으로 나누었다.[56] 이들 계수를 활용하면, 전 세계에서 기록될 고속철도의 수송량(9.4조 인킬로미터)이 세계에 대략 어떻게 분포하게 될 것인지를 추측해 볼 수 있다. 아마도 고소득 국가군(미국, 유럽, 일본 등)에는 3.5조

54
United Nations, Department of Economic and Social Affairs, Population Division, *Division, World Urbanization Prospects*, File 3: Urban Population at Mid-Year by Region, Subregion, Country and Area, 1950~2050.

55
항공에 대한 높은 탄소세 부과, 그리고 공항 투자 억제를 통해 항공 승객의 증기 가체를 크게 억제하는 시나리오이기 때문이다. 일본은 국내 항공의 수송량(인킬로 기준)보다 고속철도 수송량이 큰 몇 안 되는 나라 가운데 하나다. 국가별 도시 인구 규모의 경우 UN 인구국 추정 자료의 마지막이 2050년이다.

56
이것은 보강 2에서 살펴본 실제 세계 각국의 면적 분포와 관련이 있는 값이다. 이들 면적 구간에 속한 나라들의 평균 전국 면적은 각 구간별로 약 3배 차이가 난다. 그리고 이에 따라, 각 구간 국가의 평균 지름은 3의 제곱근만큼 차이가 나게 된다. 이것이 그대로 이동 거리 차이로 연결된다고 가정한 것이 바로 면적 가중치의 정체다.

인킬로미터, 중국에는 2.8조 인킬로미터가 분포할 것이며, 이들은 자체의 능력으로 자국의 수요를 처리하기 위한 투자를 할 수 있을 것이다. 반면 1.5조 인킬로미터를 처리해야 하는 상위 중소득국(브라질, 멕시코, 터키 등), 7000억 인킬로를 처리해야 할 인도, 6000억 인킬로를 처리해야 할 하위 중소득국(나이지리아, 인도네시아, 파키스탄 등), 2400억 인킬로를 처리해야 할 최빈국(민주콩고, 방글라데시, 탄자니아 등)의 경우 자체 능력으로 모든 일을 처리하긴 어렵다고 보아야 할 것이다. 이들 총 3조 인킬로 가운데 절반을 고소득 국가나 중국 등의 협력을 통해 건설한 노선이 처리한다고 가정하면, 1.5조 인킬로, 즉 경부고속선의 100배가량 되는 수송량의 기반은 국제 협력을 통해 건설되어야 할 것이다.

다만 이 물량을 실제로 실현할 고속선의 길이는 각국의 여건에 따라 달라질 것이다. 여기서는 각국의 도시 주민 밀도(=도시 주민 수/면적)가 100명/km²를 넘을 경우 경부고속선과 같은 평균 수송 밀도(=150억 인킬로/고속선 400km)가, 두 자리대 밀도일 경우 경부고속선의 2/3 수준의 평균 수송 밀도(=100억/400km)가, 한 자리대 밀도일 경우 경부고속선 절반 수준의 평균 수송 밀도(75억/400km)가 기록된다고 간단히 가정한다. 이들 가정에 따르면, 인도에서 필요한 고속선은 1만 8000km, 상위 중소득국(중국제외)에서 필요한 고속선은 총 5만 9000km(이 가운데 브라질 2만 2000km), 인도를 뺀 하위 중소득국에서 필요한 고속선은 1만 8000km, 최빈국에서도 약 9000km의 고속신선이 필요할 것이다. 이 가운데 절반, 즉 5만 2000km에 달하는 고속선은 국제 협력을 통해 건설되어야 하는 셈이다. 여기서 한국이 책임질 비중 2.5%는 약 1300km선이다.

고소득국이 중저소득국에게 기후위기 대응을 위한 여러 지원을 해야만 하는 이유는 이미 널리 지적된 바 있다.[57] 무엇보다, 이미 시스템이 정착되어 현상을 변경하는 데 막대한 비용이 드는 고소득 국가에서와는 달리, 중저소득 국가는 아직 경제 개발이 진행 중인 상태이므로 탄소를 덜 배출하는 시스템을 좀 더 저렴하게 구축할 수 있다. 도시 부분에서도, 중저소득 국가는 앞으로 도시로 이주해 올 인구가 지금 도시에 살고 있는 인구보다 더 다수인 나라가 아주 많다. 철도망은 대도시 개발과 시민들의 교통 행동을 많은 부분 결정하며, 따라서 수송과 도시에 들어가는 에너지를 많은 부분 줄일 수 있으므로, 저탄소 도시 개발을 위한 핵심 축이다. 게다가 중저소득국은 고소득국이 산업혁명 이래 개발의 편익을 누리면서 망쳐 놓은 환경을

[57]
이 문단 서술을 위해 다음 책을 참조했다. 피터 싱어, 『세계화의 윤리』, 2장. 조나단 그루버, 『재정학과 공공정책』, 170~182.

[58]
피터 싱어는 미래 특정 시점 예상 인구 1인마다 탄소 배출량을 할당하는 한편, 배출권 거래제를 전 세계적으로 도입하자는 제안을 하고 있다. 같은 책, 73~80. 이는 역사적 배출량을 무시한다는 점에서 선진국에게 오히려 유리한 원칙이다. 이렇게 배출권을 통해 지불되는 액수를, 최대한 철도망과 같이 청정개발체제(Clean Development Mechanism)에서 인정받는 탄소 저감 수단에 투자할 수 있도록 하는 추가적인 메커니즘이 필요할 것이다. 한편, 최근 문헌에서는 교통 시장에도 블록체인을 적용해 정부 규제와 무관하게 시장 가격을 형성할 수 있지 않느냐는 가능성 제기도 찾아볼 수 있다.(정지훈·김병준, 『미래자동차 모빌리티 혁명』, 14장) 그러나 탄소 시장은 인간이라면 누구나 자연스럽게 수요를 가지게 되는 시장이 아니라 과학적 탐구를 통해 그 총량이, 일정한 배분 규칙에 의해 참여 의무자와 단위 배분량이 결정되는 시장이므로 정부의 개입과 무관하게 돌아가는 상황을 상상하긴 어렵다.

보호하기 위해 자신들이 미래에 누릴 윤택한 삶을 희생할 필요가 있느냐는 항의를 계속하고 있다. 여기에 답하려면, 방법이 어찌되었든[58] 고소득국은 중저소득국에게 상당한 양의 자원을 이전해야만 한다. 그 선두에 설 수단으로 철도보다 적합한 것을 찾긴 힘들다. 개도국에서야말로 철도는 취약 계층 이동 기회의 형평을 위해 활용되어야 하지만, 형평성을 챙기기 위해서는 민간의 힘을 빌리기 어려워 정부의 대규모 재정 지원과 세심한 관리의 손길이 필요한 철도의 현실을 감안하면 개도국 자체의 역량만으로는 충분한 철도 투자 자체를 기대하기 어렵기 때문이다. 철도 투자가 개도국이 쉽게 해낼 수 있는 작업이었다면, 1장에서 확인한 선진국과 개도국 거대도시 철도망 사이의 뚜렷한 격차는 훨씬 더 미약했을 것이다. 유럽에서, 특히 민영화가 가장 크게 진척된 영국에서도 철도 투자에 대한 국가의 역할은 근본적이다.(7장) 개인용 소형 차량이나 항공을 위한 여러 투자는 기본적으로 시장에 맡겨 두고 세금과 규제로 그 큰 방향만 조정하면 된다. 하지만 철도에게는 훨씬 더 섬세한 접근이, 그리고 전 지구적 관점에서 필요하다.

기준기술 시나리오상 승용차·항공을 이용할 것으로 상정되었던 사람 1명의 통행을 철도로 변경하면, 매 10인킬로마다 약 1kg 정도의 탄소 배출량을 줄일 수 있을 것이다.[59] 방금 분석한 도시철도 수송 증가량(약 6조

인킬로)에서 얻을 수 있는 탄소 감축량은 약 6억 톤/년, 그리고 고속철도 수송 증가량(9조 인킬로)에서 얻을 수 있는 탄소감축량은 총 9억 톤/년에 달할 수 있다. 수단 전환·수요 감축을 통해 배출 축소가 가능하다고 분석된 약 20억 톤/년(2060)의 3/4를 여객 철도로만 채울 수 있다는 계산 결과다. 또한 이 가운데 고소득국이 개도국에게 지원하여 얻은 물량은 도시철도와 고속철도 모두 각각 1.5억 톤 가량일 것이다. 약 3억 톤의 탄소 배출량은 세계 탄소 배출량의 1% 수준이자 한국 탄소 배출량의 절반 수준이다.[60] 또한 앞서 제시한 도시·고속철도 추가 물량 전체에 기반한 에너지 감축량은 세계 에너지 소비의 5~6% 수준에 달할 것 같다. (거)대도시권 광역망과 재래선 특급을 강화하여 얻을 수 있을 감축량, 그리고 트럭 수송을 철도로 전환시켜 얻을 수 있을 감축량 등을 합치면, 이 값은 더 늘어날 것이다. 인류가 최선을 다해 철도망을 활용한다면, 한국이 배출하는 탄소, 사용하는 에너지의 세 배를 철도로 감축할 수 있을지도 모른다는 말이다.

다만, 건설과 철도 차량으로 인한 부담을 무시할 수는 없다. 철도 건설로 인해 배출될 단위 철도 연장당 배출량의 규모는, 도표 12에서 소개한 값을 활용해 계산 가능하다. 타이완 고속철도와 프랑스 지중해선의 중앙값인 km당 1만 3590톤을 대푯값이라고 가정해 보자. 이 값에는 초기 차량에 필요한 탄소가 포함되어 있다. 또, 앞으로 40년간 앞서 제시한 39만km의 도시철도망과 고속철도망에, 미처 계산하지

59

다만 이는 현 내연기관 차량의 연비(리터당 약 15km)를 기준으로 한 페르미 추정으로, 바이오매스 활용(특히 항공은 다른 대안이 불분명함)이나 전기화, 효율 개선이 계속될 경우 이 값은 작아질 것이다. 물론 이미 전기에 깊이 의존하는 철도망의 경우 차량보다 추가로 탄소 배출량을 감축하는 것이 좀 더 용이해 보인다.

60

2017년 기준. 기준기술 시나리오에 따른 전 세계 2060년 배출 예상치는 약 400억 톤이다. 다음 요약 웹 문서를 참조했다. IEA, "*Energy Technology Perspectives 2017*," https://www.iea.org/etp2017/summary/.

못한 광역철도망, 재래선 특급망, 트럭 대체 철도망을 더하여 총 50만km의 망이, 즉 1년에 약 1만 2500km의 철도망이 전 세계에 부설된다고 가정해 보자.[61] 이때, 전 세계 철도망 건설에서 향후 40년간 배출될 탄소량은 총 68억 톤, 1.7억톤/년 수준일 것이다. 물론 실제로 이들 탄소의 대부분은 토목 시설에서 유래할 것이므로, 조금 더 엄격한 생애 탄소 배출량 계산에서는 이보다 절반 이하의 값으로 반영될 필요는 있다. 그러나 문자 그대로 기후위기의 문턱이 인류의 코앞에 있는 것이 현실이므로, 실제 30~40년 내로 배출량을 0으로 줄이고자 하는 시나리오 속에서는 방금 언급한 수치를 그대로 활용해 인류의 배출량을 계산할 필요가 있어 보인다. 그러나, 이렇게 건설의 탄소 배출 기여를 더 크게 평가하는 방침을 취하더라도, 철도 건설에서 나오는 탄소 물량은 철도로 통행 수단을 바꾸어 절감할 수 있는 탄소 물량의 1/10 수준임을 부인하기는 어렵다. 결국, 철도 건설로 인한 배출량은 지금 수행 중인 페르미 추정의 맥락에서는 무시해도 좋은 값이다.

이 시나리오에서 한국이 책임져야 할 물량은 한국 밖에서 도시철도 31개와 고속철도 1300km 수준이었다. 그리고 이 물량은 북한의 재건을 통해 모두 소화하긴 곤란해 보인다. 도시철도의

61
고속철도 약 33만km, 도시철도 6만km, 기타 망 11만km. 11만km는 단순히 계산을 간단히 하기 위해 넣은 값이나, 도시철도의 약 2배이자 2050년 전 세계 추정 도시 인구 66억 명에 대해 약 5만 명당 1km의 광역망, 재래선 특급망 철도를 부설한다고 가정하면 나오는 값과 비슷한 값이다. 6장에서 제안한 수도권 광역망의 추가 부설 규모는 약 1000km, 계획 범위(서울 L원) 내부 인구는 약 3000만 명이므로, 대략 1/2 정도인 이 값은 의미가 있을 것 같다. 위키피디아에 합산된 값에 의한 전 세계 철도망 연장을 참조하면(약 140만km, 2006) 이 경우 전 세계 철도망은 지금보다 1/3 정도 늘어난다.

경우, 북한의 도시 규모와 총 도시 인구(약 2000만) 모두가 그리 크지 않다는 것이 문제다. 평양(현 인구 200~300만)을 대규모로 개발하더라도 이 지역의 인구 규모가 거대도시 수준에 진입하기는 어려울 것이다. 함흥·청진의 규모(모두 인구 약 70만)가 대도시에 진입할 수 있을지, 원산·신의주(모두 인구 약 35만) 등이 중형 도시가 될 것인지 역시 불분명하다. 도시의 규모가 작은 이상, 서울 4호선 수송량의 10배(하루 약 600만) 이상을 북한 도시철도에서 기대하기는 어렵지 않을까. 고속철도의 경우, 북한 종관 고속신선으로 필요한 물량이 1000km가 넘기는 하지만, 북한이 현재 기타 저소득국 수준에 머무르고 있다는 것이 문제다. 순조롭게 성장하더라도, 2060년, 북한 종관 고속철도의 수송량이 500억 인킬로미터, 즉 경부고속선 3배 이상을 기록할 수 있으리라고 기대하기에는 매우 큰 무리가 있다. 게다가 북한은 현재 탄소 배출량이 극도로 낮고 더 낮아지고 있다.(2016년 약 2500만 톤, 한국의 4%) 최근 탄소 배출량이 급격히 증가하는 나라들의 상황을 바꾸는 데 투자하는 것이 기후위기 대응 대책으로는 더 시급하다. 또한 북한이 과연 이러한 대규모의 에너지 체계 전환에 동참할지 여부 자체가 불투명하기도 하다. 따라서, 기후위기 대응을 위한 협력 사업의 중요한 축으로 고소득국이 개도국의 철도 부설을 돕는 사업이 본격화될 경우, 한국은 북한 이외의 개도국과 도시·광역망 투자와 정비, 고속신선 건설을 위한 협력을 할 수 있어야 할 것이다.

이때 함께 일할 나라는, 물론 기왕이면 가까운 나라가 좋다. 개발 협력을 위한 항공 통행을 최소화할 수 있는 데다,

가까운 나라일수록 이미 밀접한 경제적
관계를 맺고 있을 것이기 때문이다.
조금이라도 더 가시적인 이익과 연결되지
않는 한, 국제 협력은 실패할 것이다. 또한
철도망의 유기적 특징을 감안하면, 여러
나라에 역량을 분산하는 것보다는 한두
나라에 역량을 집중하는 것이 좋다. 한국은
같은 지역에 위치한 OECD 국가인 일본,
호주, 뉴질랜드와 함께 동남아시아나
남아시아 개도국에게 철도망을 지원하는
역할을 담당하는 것이 자연스럽다.
아프리카와 중동은 유럽이, 중남미의 경우
미국이 지원을 주도해야 할 것이다. 인도와
남아시아에 대한 지원은, 그 방대한 규모를
감안하면 이들이 모두 조금씩 참여해야
할지 모르겠다. 중국은, 일대일로의 주요
목표가 기후위기 대응이 아닌 이상, 그리고
에너지 소비와 자동차 통행량을 현 수준에서
동결해야 한다는 목표를 달성하기 위해서는
자체 문제를 해결하는 데 주력하는 게
나아 보인다. 한국은, 아마도 베트남 또는
필리핀에 대해 사업 역량을 집중하면 얼추
목표 달성이 가능하지 않을까 싶다. 이들
나라에는 거대도시가 각각 1개 존재하지만,
철도망은 극히 빈약하다.(1장) 또한 두
나라의 도시 인구는 각기 9000만, 7000만에
달할 것이고(2050년), 대도시와 중형 도시
역시 한반도만큼 많아질 듯하다.[62] 고속철도
연계 역시 중요한 축선(루손 섬 내부, 또는
하노이~다낭~호찌민)에서 가능하다.

　　　　지금의 페르미 추정은, 매우 중요한
부분에서 적당한 추정치[63]를 사용했다는
점에서 한계가 뚜렷하다. 그야말로

대략적인 어림셈을 위한 계산인 셈이다.
하지만, 이 시나리오의 뼈대가 반쯤 짐작에
기반한다는 사실이 이 논의의 기본 골격이
가진 가치를 훼손한다고 보기는 어렵다.
인류가 기후위기에 진지하게 대응하고 그
이행 과정의 충격을 최소화하기 위해 철도를
활용해야 한다면, 고소득 국가의 교통망뿐만
아니라 개도국의 교통망을 개선하는
작업에도 심혈을 기울여야 한다는 주장이
그 초점에 있기 때문이다. 그 구체적인 물량,
그리고 투자와 협력 전략은 더 정밀한 계산
속에서 바뀔 것이고 바뀌어야 한다. 그러나,
기후위기 대응에 개도국을 동참시키기 위한
제안으로 조건 없는 철도 지원보다 더 좋은
것이 있기 힘들다는 사실은 바뀌지 않을
것이다. 철도망은 교통 부분의 탄소·에너지
절감에 실질적인 기여를 할 수 있을 뿐만
아니라, 세계의 대도시 중심부, 광역권 축선,
전국망의 거점 모두를 관통하면서 개도국의
모든 사람들에게 기후위기에 대응함과
동시에 저개발의 멍에 역시 극복하기 위한
인류 차원의 새로운 계약이 체결되었음을
매 순간 보여 줄 수 있는 새로운 약속의
증거이기도 하기 때문이다. 200년간 인류와
함께해 온 철도는, 이제는 기후위기가 몰고
올 폭풍 앞에서 국경으로 나뉘어 갈등하는
인류를 연결해 주는 주인공이 되어야 한다.

62
UN 인구국의 추산에 따르면, 2050년 필리핀에는 대도시
6개, 중형 도시 16개, 베트남에는 준거대도시 1개(하노이),
대도시 4개, 중형 도시 3개가 있을 것이다.

63
도시 규모에 따른 도시철도망의 수요 및 투사 규모,
고속철도 수송량과 소득·인구·국토 면적·인구밀도 사이의
관계. 이들은 증거에 기반한 값이 아니므로 취약하다.

부록 1.
용어 설명

EMU-250

Electric Multiple Unit-250. 2020년 봄 현재 도입이 추진 중인 한국산 고속열차의 일종. 주행 속도 250km/h 대역을 목표로 하며, 강릉선, 중앙선 등지에 투입될 예정이다.

GTX

Great Train Express. 경기도가 발의하여 중앙정부가 추진 중인 광역철도의 일종으로, 표정속도를 끌어올리기 위해 서울 시가지를 지하 40m보다 깊은 심도로 통과하려 하는 서비스. 5장 2절에서 논의되고 있다.
→광역특급

G열차

중국 고속철도의 열차 등급으로, 주로 350km/h로 주행하며 적은 경우에는 성에 한두 개 역, 많아도 지급시당 한 역만 정차하여 실제로 2^8km/h 대역의 표정속도를 기록하고 있다.

D열차

중국 고속철도의 열차 등급으로, 주로 250km/h로 주행하며 현급시까지 정차하여 G열차에 비해 한 층 낮은 중심지까지도 서비스 대상에 포괄하는 역할을 하고 있다.

ITX-청춘

Intercity Train eXpress-青春. 2020년 봄 현재 경춘선에서 운행 중인 선기 동차로, 최고 속도 180km/h로 운행하며 4, 5호차에는 2층 객차도 연결되어 있다. GTX에 유사한 성능과 규모의 열차가 투입될 예정이며, 저자가 제안한 '광역특급'용으로 활용하기에 적절하다.

KTX

Korea Train Express. 한국철도공사가 운영하는 고속열차의 브랜드 명칭이자 고속열차의 명칭. 2세대 TGV에 기반을 둔 초기 경부고속철도 차량은 'KTX-I'으로 불리기도 한다.

KTX-산천

현대로템이 개발한 한국산 고속열차의 이름. SRT 역시 동일한 모델의 열차를 철도공사로부터 임대받아 운행 중이다.

제1종 오류·제2종 오류

채택해야 할 가설을 기각하는 오류(1종), 그리고 기각해야 할 가설을 채택하는 오류(2종). 이 책의 7장에서는 건설 사업의 성과를 지나치게 비관적으로 평가하는 오류, 그리고 지나치게 낙관적으로 평가하는 오류에 대응시켰다. 통상 1종 오류가 2종 오류보다 우선적으로 회피해야 할 오류다.

거대도시

UN의 규정에 따르면 1000만 명 이상의 인구가 거주하는 대도시 지역을 말한다. 이 책에서는 세계 주요 도시권의 중심 도시 권역과 주변 광역도시 권역의 인구를 합산하면 1000만 명의 인구가 실제로 넘는다는 사실을 별도로 확인한 도시들을 그 외연으로 한다.

거대도시 철도 개발지수

이 책의 1장에서 제안된 지수로, 세계의 거대도시 광역권이나 그에 준하는 대규모

도시권의 철도망을 종합적으로 평가한 지표 체계. '인간개발지수'에서 이름을 딴 것이다. 도시의 번영을 확인하는 데 쓰이는 다른 지표들과 상관성을 보인다.(보강 3 참조)

경전철

도시철도에 쓰이는 여러 기술 가운데, 버스로 처리하기에는 수요가 많고 중대형 전동차로 처리하기에는 적은 축선에 적절한 여러 기술의 통칭. 철차륜·고무차륜 유도자동궤도, 선형유도전동기, 자기부상열차, 모노레일 기술이 국내에서 쓰이고 있고, 노면전차는 도입 논의 중이다. 한국의 도시철도 건설 규칙에서는 이 범주를 축중(철 바퀴 13.5톤, 고무 바퀴 9.5톤)을 통해 규정하고 있다.

고상 승강장

열차의 문과 승강장 높이를 비슷하게 맞추어 계단을 오르지 않고도 열차에 탑승할 수 있도록 만든 승강장을 의미한다. 건설 비용이 크지만 승객 승하차가 신속하고 차량에 별도의 계단을 넣을 필요가 없어 차내 공간을 효율적으로 구성할 수 있다.

고속철도

국제철도연맹 기준으로는 200km/h 이상 주행 가능한 방식으로 구성된 철도 구간을 의미한다. 이 속도부터는 육안으로 선로 주변의 신호나 운전 지시를 판독하기 어렵다. 고속도로를 이용하는 자동차의 속도-거리 곡선보다 높은 곡선을 달성하기 위해서는 이보다 더 빠른 주행속도가 필요한 것이 일반적이다.

고소득 국가

그 소득이 충분히 높아, 자국의 성장이나

여타 개발을 위해 외부의 원조가 불필요한 국가군. '선진국'이라는 전통적인 표현에 비해 평가적 어감이 크게 줄어들었다. OECD 국가 이외에 사우디아라비아, 러시아 등도 여기에 속한다.

공로

公路. 도로의 다른 말. 한국 정부 통계에서는 여객의 경우 버스와 택시 수송량을 한데 묶어 지시하기 위해 쓰이며, 화물 부분에서는 트럭의 수송량을 지시하기 위해 쓰인다.

관통 브레이크

열차의 제어부에서 최후미 차량까지 브레이크 제어 배관이 연결되어 있어, 기관사의 조작에 의해 차량 전체의 차축에 제동을 걸 수 있는 브레이크 기술.

광궤

표준궤보다 궤간이 넓은 열차 궤도의 유형. 러시아 광궤(1524mm), 인도 광궤(1676mm), 이베리아 광궤(1668mm) 등이 대표적이다.

광역특급

이 책 6장에서 제안된 개념으로, 2^7km/h 대역에 준하는 표정속도로 열차를 운행시켜 경기도는 물론 충청 북부와 영서, 나아가 황해도 지역의 도시 회랑을 지원하고 대중교통 체계의 뼈대를 세우는 것을 목적으로 한다.

교차지장

건넘선을 지나는 열차가 다른 방향으로 가야 할 열차의 진로를 막게 되어 열차가 잠시 진행할 수 없게 된 상황. 각 건넘선이 이런 상태에 놓인 시간이 영업시간 가운데 얼마나 되는지를 구해 정량적으로 평가할 수 있다.

교통류

교통수단 집단이 이루는 흐름. 교통수단 전체에 사용될 수 있는 말이다. 단, 단위 수단 간 상호작용이 신호나 관제를 통해 매개되어 극히 간접적으로 이뤄지는 철도, 항공, 해운의 경우 도로처럼 집단의 흐름 성격에 따라 분류하기는 어렵다.

교통시설특별회계

한국 중앙정부의 교통 투자를 효율적으로 관리하기 위해 설치된 예산 범주. 세입은 대부분 휘발유와 경유에 부과되는 교통·에너지·환경세에서 유래한다.

국제철도연맹

International Union of Railways(UIC). 철도 부분의 국제 협력을 위한 기구로, 1922년 프랑스에서 창설되었다. 대륙이나 국제정치적 진영과 무관하게 전 세계 각국의 사업자들이 가입해 있다. 한국의 경우 철도공사가 회원이다.

궤간

열차의 차륜이 접하는 한 쌍의 레일 사이의 표준 간격. 곡선부 등지에서는 열차를 원활하게 통과시키기 위해 표준보다 조금 더 넓어질 수 있다.

궤도 회로

track circuit. 철도 궤도는 한 쌍의 도체로 이뤄져 있다는 데 착안해 이를 전기 회로로 구성해 둔 것. 궤도에 역시 도체로 된 차축이 진입하면 이 회로는 단락되어 끊기며, 회로가 끊겼는지 여부를 통해 특정 구간의 궤도에 이상이 있는지 여부를 주변 역이나 관제에서 실시간으로 확인할 수 있다.

궤도연장

열차가 다닐 수 있는 본선과 역 구내에서 열차 정차를 위한 부본선이나 대피, 입환을 위해 설정된 측선 연장을 합산한 값으로, 철도 시설의 전체 규모를 보여 주는 대표적인 지표다.

기관차

열차의 선두에서 차량이 진행할 수 있도록 견인력을 제공하는 차량. 증기기관차가 말을 대체한 것은 산업혁명의 가장 대표적인 장면이다. 기관차 뒤에 객차나 화차를 연결해 열차를 운행하는 방식을 '기관차 견인식'이라고 부르기도 한다. 전기 제어 기술의 발달로 동차의 성능이 크게 개선된 지금도, 화물 수송처럼 대규모의 견인력과 더불어 차량 편성을 유연하게 변환해야 하는 경우에는 기관차 견인식 열차가 널리 사용된다.

기후위기

산업혁명 이후 인간 활동으로 인해 배출된 온실가스가 누적되어 지구 대기의 하층인 대류권이 뜨거워지고, 이에 따라 지구 전체의 기후·생태 시스템이 변해 최악의 경우 인류 문명의 존속을 위협할 현상. 이를 억제하려면 온실가스를 극적으로 줄이는 대책이 인간 활동의 모든 부분에서 마련되어야 한다. 철도는 에너지 효율이 높아 교통 측면에서 기후위기 대책의 핵심 수단으로 주목받고 있다.

나틈공법

New Austrian Tunneling Method(NATM). 주변 지반이 이미 가지고 있는 응력을 보존하여 터널 구조를 지지하도록 구성하는 데 핵심이 있다. 따라서 이 공법에 따른 터널 시공과 유지의 용이성은 주변 지반의 상태에 크게 의존한다.

내륙항

dry port. 세관과 검역, 컨테이너 취급 설비 등 수출입에 필요한 제반 요소를 모두 갖추어, 내륙에서 곧바로 절차를 마치고 국외로 화물을 수송할 수 있는 시설.

네트워크 효과

교통, 통신망과 같은 망의 전체 효과 크기는 망의 규모에 선형적으로 비례하기보다는 지수적으로 비례할 것이라는 추측. 철도망에서는 환승 노선이 추가되면 기존 노선의 승객도 같이 증가하는 효과를 통해 현실로 구현되는 경우가 많다. 반대로 네트워크의 크기가 커짐에 따라 생기는 다양한 방해 작용은 음의 효과를 가져올 수도 있다. 예를 들어, 유럽 철도망의 지리적 중심부에 위치한 독일 철도는 프랑스, 북유럽, 동유럽 등 주변국 망에서 발생한 지연 여파가 모두 쉽게 전파되어 올 수 있는 위치이며, 실제로도 그렇다. 또한 성격이 다르지만, 마찰식 철도가 널리 퍼진 상황에서, 기술적으로 이질적인 자기부상열차가 망에 진입하기는 어려울 수 있다.

노면전차

일명 트램(tram). 도로 노면에 궤도를 설치해 열차를 운행시키는 도시철도 기술. 적어도 교차로에서는 도로 차량의 진로를 가로질러 운행해야 한다. 구대륙의 오래된 대도시에 널리 분포하지만 국내에서는 1968년 모두 철거된 이후 아직 부활하지 못하고 있다.

노선 섞기

reshuffling. 두 행선지만을 오고가는 일반적인 도시철도 노선에, 연결용 선로를 덧붙여 다른 행선지로 향하는 열차를 추가로 운행하는 기법. 국내에서는 서울연구원을 중심으로 제안되고 있으나 실현 가능성은 아직 미지수다.

단선

본선의 한 유형으로, 하나의 궤도만 있어 한 번에 한 편의 열차만 통과할 수 있는 형태다. 단선 구간의 열차 빈도는 따라서 열차가 서로 교행할 수 있도록 부본선이 마련된 역이 얼마만큼의 거리를 두고 확보되어 있는지에 따라 결정된다.

단속류

교통류의 한 유형으로, 차량의 흐름이 계속해서 이어지지 못하고 일정 마디마다 정지해야 하는 교통류를 의미한다. 시내 도로의 흐름이 전형적인 사례다.

도시철도

일정한 도시 구역 내부의 교통을 처리하기 위한 철도망. 이 책에서는 2^5km/h 대역의 열차를 주로 지시했으나, 이보다 지수적으로 빠른 급행열차 또한 서울과 같은 도시 구역 내부의 교통을 처리하는 데 쓰일 수 있다. 여기서 '도시 구역'은 대체로 각국의 행정구역에 상대적이지만, 이 책에서는 주로 크리스탈러 K원에서 B원 사이의 공간 규모를 염두에 두고 '도시철도'라는 말을 사용했다.

동차

자체의 동력을 보유하고 있어, 별도의 기관차 없이도 영업 운전이 가능한 철도 차량. 기관차 견인식 열차에 비해 가속, 감속 능력이 뛰어나 역간거리가 짧은 도시철도나 광역철도에 특히 유용하나, 동력용 기기를 배치할 공간이 비교적 협소해 대규모의 동력을 필요로 하는 경우에는 적합하지 않은 구조이다.

두단식 역

역의 승강장이나 승객 통로가 승강장 한쪽 끝을 막고 있어 열차가 한 방향으로만 진출입할 수 있는 구조. 열차 운행에는 지장이 큰 반면 승객이 역을 이용하기 위해 계단이나 승강기를 거칠 필요가 없어 편하다.

라스트·퍼스트 마일

→마찰시간/접근저항

리셔플링

→노선 섞기

마찰시간

이 책에서는 어떤 교통망을 이용하기 위해, 원하는 통행을 하지는 못하지만 접근, 대기, 준비를 위해 사용해야 하는 시간을 포괄적으로 지시하는 말로 쓰였다. 업계에서 쓰이는 '라스트 마일', '퍼스트 마일'이라는 말과 통한다.

마찰식 철도, 차륜식 철도

차륜과 레일(노면) 사이의 마찰을 통해 기동력과 제동력을 얻는 방식의 철도로, 전통적이면서 지배적인 기술이다.

맞이방

이른바 '대합실'. 승객들을 비롯하여 환송객, 배웅객이 열차를 기다리는 공간.

무개차

지붕이 없어 비바람에 화물이 모두 노출되는 구조의 화차. 석탄, 광석 등 비를 맞아도 큰 문제가 되지 않는 화물을 주로 싣는다.

무궁화호

1981년도부터 운행되어 온 한국 전국망 특급 열차의 한 종류. 역사적으로 거의 모든 열차가 기관차가 끄는 객차 열차였다. 현재 사용되는 객차가 내구연한에 따라 2020년대에 폐차되면 그 미래는 불투명하다.

발전제동

전기제동 방식의 일종으로, 회전 중인 차축에 전기 동력을 반대로 걸어 차량의 운동 에너지를 전기로 바꿔 제동시키는 방식. 이때 생긴 전력을 그대로 저항에 걸어 태워 버리면 열이 발생한다.

병목

둘 이상의 교통망이 한 지점으로 모여들었으나 모여들기 이전의 용량보다 모여든 구간의 용량이 축소되어 교통량이 증가하면 쉽게 통행에 방해를 받게 되는 상황. 이 책에서는 여기에 착안해 대도시권 중심 도시의 외곽 경계는 넘었으나 중심부로는 진입하지 못한 철도의 복선 수를 병목량으로, 중심 도시 외곽 경계를 넘는 복선 수 대비 병목 수를 비율 지표인 병목률로 정의해 측정했다.

보기 대차
차체에 대해 수평 방향으로 회전할 수 있는 장치가 달린 대차의 총칭. 보기 대차를 사용하는 철도 차량은 차축과 차체가 서로 다른 방향으로 향한 채 진행할 수 있으므로, 2축 이상의 차축을 설치한 대차가 곡선을 통과해야 할 때 유용하다. 승용차와 같은 구조인 2축차에 비해 차량의 길이와 무게를 늘리는 데 유리하다.

복선
본선 구조의 한 유형으로, 두 개의 궤도가 나란히 배치되어 있어 상하행 열차가 서로 영향을 주지 않고 제 속도를 내면서 교행할 수 있도록 설정한 형태. 따라서 복선 구간의 '이론적 한계 용량'은 해당 구간에 적용되는 신호 체계가 최소 시격을 얼마로 주고 있는지에 따라 결정된다. 3개의 궤도가 나란히 배치된 구간의 경우 '3선', n개의 복선이 나란히 배치된 구간의 경우 'n복선'이라고 표현한다. 2복선에는 '복복선'이라는 표현도 쓰인다.

본선
열차가 제 속도로 주행하는 것을 목적으로 조성한 궤도와 그 기반 시설. 역 구내 바깥의 선로 가운데 대부분을 차지한다.

분기기
열차의 진로를 바꿀 수 있도록, 궤도에 설치되는 방향 전환 설비. 제한 속도가 빠를수록 분기 각도는 완만하고 그 길이는 길다. 분기기는 일정한 번호로 부르는데, 이 값은 다음 식에 따라 구한다. $N=(1/2 \times \cot\theta/2)$. 여기서 θ는 분기되는 두 선로의 중심선이 이루는 각의 크기(°로 표기)이며, 실제로는 크로싱 각도, 즉 기준 선로·분기 선로의 안쪽 궤도가 교차하는 각으로 구현된다. 현재 철도 분기기의 최대 제한 속도는 170km/h 수준(46번 분기기)이다.

새마을호
1981년 이후 유지되고 있는 한국 전국망 특급 열차의 한 종류. 고속열차 등장 이전까지 전국망 서비스의 간판으로 활약했다. 전후동력형 디젤 동차(Push-Pull, 이른바 PP 동차)는 이 서비스에 투입된 주력 열차 종류였으며, 2013년 퇴역했다.

선구
line section. 어떤 노선의 일정 부분을 다른 부분과 구분하여 지시하는 말.

선로용량
line capacity. 어떤 본선 구간을 단위 시간당 통과할 수 있는 열차의 수. 이 수량의 성격이나 구하는 방법은 실제 해당 선구에서 허용하는 최소 시격에 의해 결정되는 평행 운전 선구의 '이론적 한계 용량'을 구하고자 하는지, 열차 운행 계획의 요소에 의해서 큰 영향을 받는 혼합 운전 선구의 용량을 구하고자 하는지에 따라 크게 다르다.

수송분담률
일정 지역의 전체 통행을 분모로, 특정 수송 수단을 통해 수행된 수송의 양을 분자로 하는 값. 이들 값을 통해 해당 수송 수단이 지역의 교통량 처리에 얼마만큼의 역할을 하는지 정량적으로 나타낼 수 있다.

시간비용
교통 행동으로 인해 실제로 소모하게 될 물리적 시간에 대해, 사람들이 이와 동등한 가치라고 평가하는 금전 가치. 통상 재정 당국은 업무 통행은 전 노동자 평균 임금, 비업무 통행은 단축 시간당 가치를 지불할 의사를 설문조사를 통해 확인하여 평가에 활용한다. 1장과 7장에서 주로 등장한다.

(심적) 시간 예산
물리학자 마르체티의 논문(1장 참조)을 통해 널리 알려진 개념으로, 사람들은 하루 가운데 일정한 시간을 이동에 사용하려 한다는 관찰 결과를 통해 추측한, 인간이 하루 가운데 이동에 쓰면 만족할 만한 시간의 규모. 마르체티가 제시한 값은 1시간에 2시간 사이지만, 많은 국가에서는 하루 가운데 이 이상의 시간을 이동에 들이는 사람들을 흔하게 관찰할 수 있다. 광역, 전국, 국제 규모 같은 장거리 이동에 대해 이런 추측을 어떻게 적용할 수 있을지는 여전히 미지수이다.

쌍섬식 승강장
두 개의 승강장 평면을 네 개의 본선 또는 두 본선과 두 부본선이 둘러싸고 있는 구조. 궤도로 둘러싸인 형태에 주목해 붙은 이름으로, 완행열차와 급행열차의 승객을 같은 승강장에서 계단이나 승강기를 이용하지 않고 환승시킬 수 있어 유용하다.

압축 공기 브레이크
관통 브레이크의 한 형태로, 제동력을 압축 공기의 유압에서 얻는 구조라는 점에서 제동력을 강화하는 데 적합한 형태이다. 압축 공기를 충분히 보충하지 않은 상태에서는 유압을 상실해 제동력이 부족해질 위험이 남아 있다.

역간거리
한 선구의 앞뒤 역 사이의 거리, 또는 각급 열차에 할당된 정차역 사이의 거리. 후자의 경우 표정속도를 상당 부분 설명한다. 1장에 수록한 관찰 값에 따르면, 같은 등급으로 운행 중인 열차 사이에는 역간거리가 대략 3^2배 차이가 날 수 있으며, $2^{n+0.5}$km/h만큼의 속도 차이가 관찰된다.

역목
철도 부지 주변에 조경을 위해 심는 나무로, 한국철도에서는 많은 경우 측백나무가 활용되었다. 철도나 역이 폐지되더라도 토목 공사가 이뤄지지 않는 한 이들 나무는 남는 경우가 많으며, 따라서 옛 철도를 추적하는 데 적절한 증거다.

연동
lock, interlock. 분기기와 진로 구성 신호, 분기기와 분기기 사이에 성립해 있는, 서로에게 대응하는 변화 관계. 분기기는 열차 진로가 변경되는 지점이기 때문에 이들 신호나 분기기 동작에서 오류가 발생할 경우 열차 추돌과 이로 인한 대규모 사고가 발생할 수 있으며, 따라서 철도망의 안전을 보장하기 위해서는 반드시 필요한 대응 관계다.

연속류
교통류의 한 유형으로, 차량의 흐름이 끊이지 않고 이어지는 상태를 의미한다. 고속도로의 정상적인 차량 흐름이 전형적인 사례다. 너무 많은 차량이 도로에 진입하면 이 흐름은 잠시 끊어질 수 있다. 물리학사들은 액체의 상전이를 정체 현상과 유사한 것으로 보고 있다.

열차 운행 계통

두 목적지 사이를 여러 선구를 거쳐 운행하는 열차 운행 패턴. 예를 들어 인천과 소요산을 연결하는 1호선 완행열차는 경인1선, 경부2선, 종로선, 경원선을 직결 운행하는 하나의 열차 운행 계통이다. 도시철도의 경우 하나의 선구에 한 계통만 운행하는 경우가 많고, 광역망이나 전국망은 한 선구에 여러 계통이 운행하는 것이 일반적이다.

예비타당성 조사

KDI 부속 공공투자관리센터에서 철도 건설 사업을 비롯한 다양한 정부 투자 사업의 효과성과 효율성을 분석하기 위해 수행하는 제도다. 최근에는 새 철도망 건설을 평가할 때 이 평가의 값이 가장 결정적인 것으로 간주되고 있다.

용도지역

도시 계획에서, 각 토지의 용도와 개발 밀도 등을 지정해 민간의 개발이 과도하게 이뤄지지 않도록 조절하기 위한 토지 이용 규제. '용적률'은 이들 지역마다 값이 달라진다.

운행시격

양측 사이에 다른 열차가 없는 상황에서, 같은 선구를 따라 한 방향으로 가는 열차 사이의, 또는 한 행선지로 가는 열차 사이의 시간 간격. 동일한 본선상 지점을 통과하는 두 시점의 간격을 재면 구할 수 있다. 오늘날 철도의 최소 운행시격은 약 3분이다.

유보지

도시 계획에서, 미래의 변화에 대비해 개발을 미룬 다음 건물 등을 짓지 않고 남겨 둔 땅. 주변의 개발 압력이 클수록 토지 개발 사업자가 이를 매각할 동기 또한 커질 것이다.

(철도망의) 유기성·유연성

2장 7절에서 저자가 제안한 개념으로, 망을 구성하는 여러 요소 사이의 연계를 큰 마찰 없이 이뤄 낸 경우 오직 그 경우에만 망이 가지는 성질을 '유기성', 그리고 망을 주변 여건의 변화에 적응할 수 있도록 변화시킬 수 있는 여력이 보존되어 있을 경우 오직 그 경우에만 망이 가지는 성질을 '유연성'이라고 지시한다. 철도망은 그 자체로 다층적으로 구성되어 있을 뿐만 아니라 교통 체계 전체의 허리와 같은 위치를 차지하고 있으므로 '유기성'이 떨어질 경우 좋은 평가를 받기 어렵다. 한편 철도망은 다른 교통망에 비해서는 유연성이 떨어지지만 여건 변화에 따라 운영에 변화를 주지 않으면 교통 수요를 충분히 처리하기 어려울 수 있다. 따라서 철도망 구성을 평가할 때 '유연성' 역시 중요한 특성으로 감안할 필요가 있다.

유효장

어떤 역 구내에 정차 가능한 열차의 최대 길이. 역 부지의 최대 길이에 비례한다. 이 값이 클수록 역을 짓긴 힘들지만 대규모 여객, 화물열차를 운용하는 데는 좋다.

이동 폐색

폐색 구간을 본선상에 고정된 신호기가 아니라 열차와 열차 사이의 간격을 통해 규정하는 장치. 궤도 회로를 비롯해 열차의 현재 위치를 관제 등에서 확인할 수 있는 장비가 필수적이다. 고속열차에서는 외부 신호기를 육안으로 확인할 수 없기 때문에

기본적인 기술이며, 도시철도에서도 열차
빈도를 높이고 선로의 용량을 최대한 활용할
수 있어 유용하다. 무인 운전을 위해서도
필수적인 기술이다.

인간개발지수
인도 출신의 경제학자 아마르티아 센이
제안한 지수로, 각각의 인간이 실질적으로
활용할 수 있는 역량이 그의 행복을
결정한다는 데 주목하여 이들 역량과 관련된
몇몇 기본적 지표를 정량적으로 평가해
종합한 지표. 소득, 교육, 의료 수준을
평가 대상으로 한다. 이 책의 '거대도시
철도개발지수'는 이 지수에서 그 이름을
따온 것이다.

인상선
종착·시발 열차를 취급하는 역에서,
승강장에 도착한 열차를 계속해서 진행
방향으로 약간 진행시켜 방향을 전환할 수
있도록 만든 궤도 설비. 승강장에서 회차,
승무 교대, 열차 정리 작업을 수행하지
않아도 되기 때문에, 승강장을 효과적으로
활용하는 데 도움이 된다.

인입선
본선상 역으로부터 대규모 화물을 취급하는
공장이나 항구, 또는 기지 등지로 진입할 수
있도록 설치된 지선 노선.

인킬로
탑승한 승객 수 × 승객별 이동 거리. 100명이
평균 1만km를 이동했다면 이들의 인킬로는
100만 인킬로미터이다. 여객 수송량을
측정하는 가장 정확한 지표다. 화물의
경우에도 같은 방법으로 '톤킬로' 값을
구한다.

입체교차
둘 이상의 교통류가 서로 영향을 받지
않고 통과할 수 있도록 토목 구조를
설정한 교차 지점. 지상 통과 교통류 위로
고가를 통과시킬 수도 있고, 아래로 터널을
통과시킬 수도 있으며, 터널이나 고가를
복합적으로 운용할 수도 있다. 이를 통해 두
교통류 모두의 용량을 보장할 수 있다.

입환
역 구내에서, 영업 운전이 끝났거나 영업을
준비해야 하는 열차를 이동시키는 운전.
열차가 고정된 차량으로 이뤄지지 않은 경우
개별 차량을 분리·결합하는 등의 작업이
수반될 수 있다.

자기부상열차
자석의 자기력을 활용해 열차를 이동시키는
방식의 철도 기술. 마찰식 철도를 대체할
기술로 20세기 중반부터 주목받았지만
세계적으로도 상용화 실적이 거의 없다.
이처럼 자기부상열차의 상용화 실적이 거의
없는 현상은 통상 '네트워크 효과'를 통해
설명한다.

자동차화
자동차, 특히 승용차의 등장과 보급으로
인해 그에 조응하여 교통망과 도시 개발,
인간의 생활 패턴 모두가 영향을 받게 된
현상. 20세기 중후반에는 서방 선진국에서,
20세기 후반부터 21세기 초반까지는
한국 등의 신흥국이나 상위 중소득국에서
진행되고 있다. 이 책에서는 자율 주행차의
보급이나 개도국의 성장으로 인해 21세기
중후반에 진행될 대규모 자동차 보급을 '두
번째 자동차화'라고 부르고 있다.

저상 승강장

승강장과 객차 바닥의 높이 차이가 계단을 필요로 할 정도로 클 때 그 승강장의 이름. 이 경우 승강장 건설비가 줄지만 계단을 오르내려야 하기 때문에 승하차 시간이 좀 더 길어지는 문제가 있다.

전기동차

동력원으로 전동기를 활용하는 동차. '전동차'라고 줄여 말하기도 한다. 이들을 연결해 조성한 열차 편성을 '전동열차'라고 부르기도 한다. 도시·광역망으로 운행되는 사실상 모든 열차가 이 유형에 속한다.

접근저항

이 책에서는 교통망의 이용을 위해 접근, 대기, 환승, 준비 등을 할 때 들어가는 시간 때문에 사람들이 마음속에 품게 되는 부담을 지시하기 위해 쓰였다. 업계에서 사용되는 '라스트 마일', '퍼스트 마일'이라는 말과 통한다.

조차장

열차를 조성하고 해체하기 위해 확보된 대규모의 역 구내. 특히 화물 운용과 산악 철도 운용을 위해 조차장을 확보하는 것이 중요한데, 화물열차를 조성하고 각 선구의 조건에 알맞게 조정하는 작업에는 여유분의 궤도가 필요하기 때문이다.

중련

둘 이상의 동력차 또는 구성 차량이 고정된 고정 편성 열차를 연결하여 열차를 운행하는 방법. 중련하지 않고 운행하는 것을 '단련'이라고 부르기도 하고, 3편성 이상의 기관차를 연결할 경우 'n중련'이라는 표현을 쓴다.

중심지 이론

독일의 지리학자 발터 크리스탈러가 내놓은 것으로, 중심지의 규모와 위치 등 패턴에 대한 예측이 담긴 이론 체계. 각급 중심지의 규모와 배후지는 주변의 수요와 중심지 운영 비용의 균형이 이뤄지는 방식으로 구성된다는 '보급 원리', 발달한 교통망은 중심지를 자신의 방향으로 끌어들인다는 '교통 원리', 행정구역과 같은 제도적 구분이 중심지와 배후지의 유형에 영향을 미친다는 '격리 원리'로 이뤄진다. 이에 대해 다양한 비판이 제기됐음에도 불구하고 세계의 도시가 이루는 일반 패턴을 파악하는 데 있어 현재로서는 최선의 이론으로 보인다.

중저소득 국가

OECD 개발원조위원회가 각국의 개발 상황을 평가하여 분류하는 데 활용하는 범주. 매 3년마다 그 목록이 개정된다. 2020년 현재 중국, 브라질 등의 '상위 중소득국', 인도, 인도네시아 등의 하위 중소득국, 민주콩고, 미얀마 등의 최빈국, 북한, 짐바브웨만 속한 기타 저소득국 네 분류로 구분된다. 고소득 국가가 아닌 나라들의 개발 상황을 간편하게 분류하는 데 유용한 체계다.

중앙역

어떤 도시에서 가장 큰 교통 기능을 수행하는 역. 전국망 노선들의 운행을 중심으로 광역망, 도시망이 집결해 있는 경우가 많다. 서울의 경우 서울역과 용산역이 이런 기능을 수행한다. 특히 거대도시의 경우, 이 역의 규모나 효율성은 그와 연결된 전국망 열차의 운행량과 규모를 결정하며 따라서 일종의 병목이 되기 쉽다.

지옥철
객차 내에 지나치게 사람이 많아 승객들이 고통을 받는 상태를 비유적으로 일컫는 말로, 한국어 문헌에서는 1989년 3월경의 신문 보도에서 처음 확인되는 표현이다.

지장률
어떤 역의 본선과 부본선 등이 정차, 통과 열차로 인해 점유되어 있는 시간, 즉 지장시간의 전체 영업시간 대비 비율. 대략 50% 정도를 한계로 보는 경우가 많다.

지장물
이 책에서는 주로 공사를 진행할 때 본선의 진행 경로나 필요한 시설을 건설할 자리를 차지하고 있는 건축물, 시설물, 자연물 등을 의미하는 말로 쓰였다.

지장시간
→지장률

차장차
brake van. 열차 후미에 연결되어 후미를 감시하는 열차. 과거에는 핸드 브레이크를 추가하여 필요한 경우 보조 제동력을 제공하기도 했다.

철도 구조 개혁
1980년대 이후 세계 철도에서 있었던 지배 구조 개편으로, 국영 기업이 지배하던 철도 산업을 그 구조에 따라 여러 부분으로 분할, 제한적인 시장 경쟁을 도입하는 방향의 개혁. 철도 외적으로는 공산권의 붕괴와 신자유주의의 확대, 철도 내적으로는 교통 체계의 변화로 인한 국유 철도의 실적 붕괴가 그 배경이 되었다. 대부분의 정부는 계획과 산업 조정 기능, 그리고 자연 독점 부분에 대한 통제권을 가지고 있었으며, 또한 대규모의 직접 재정 지원을 하게 된 나라도 많다.

철도 국유화
전간기부터 2차대전 직후 사이에 있었던 철도 지배 구조 개편으로, 민간이 제각기 운영하던 철도 사업을 인수, 합병하여 국영 기업이나 국가 기관이 직영하도록 만드는 방향의 개혁. 철도 외적으로는 공산권의 대두나 정부의 경제 관리 강화라는 방향이, 철도 내적으로는 철도망의 효율적 운영을 위해서는 국가 단위의 통합적 관리가 필요하다는 공감대가 영향을 미쳤다.

철도규제법
Regulation of Railways Act 1889. 철도 안전을 위해 연동, 폐색, 브레이크를 확보해야 한다는 상세한 규정을 포함하는 19세기 말 영국의 법률. 이후 세계 각국의 철도 안전 규제는 이와 궤를 같이 한다.

철도 민영화
→철도 구조 개혁

축중
차량의 차축에 걸리는 무게. 차량의 총중량을 차축의 수로 나누면 구할 수 있다. 도로 시설의 경우 축중 10톤을 기준으로 건설되는 반면, 철도의 경우 그보다 1.5배 또는 2배 이상의 축중을 기준으로 건설되며 따라서 토목 시설의 규모는 더욱 크다.

측선
본선이나 부본선 이외에, 역에 설치되어 화물이나 객차, 작업용 차량의 주박이나 대피를 위해 활용되는 궤도 시설.

케이프궤
궤간이 1067mm인 철도 궤도의 유형. 일본, 남아프리카공화국 등에서 주로 쓰인다.

통과식 역
열차가 역 구내를 그대로 관통해 진행할 수 있는 역. 모든 부본선과 측선이 역 구내를 관통하지 못할 경우 부분 두단식 역으로 분류할 수도 있다.

통합운임제
여러 교통 운영 기관을 활용하는 통행을 하나의 통행으로 간주하여, 환승 시에 별다른 조치 없이 또는 무료로 게이트를 통과해 이동할 수 있도록 설정하는 운임 제도. 수도권 전철 내부에서는 과거 수도권 전철 시기부터 운영의 상식이었으며, 버스와 철도 사이의 통합운임제가 확립된 것은 2004년 이후였다.

트램
→노면전차

틈새 없음
seamless. 여러 수단을 환승해가며 이용해야 하는, 또는 네트워크의 구성이 서로 다른 여러 부분을 서로 연계해 가며 운행해야 하는 것이 교통망의 특징이다. 이러한 환승이나 연계 속에서 발생하는 다양한 '틈새'가 메워진 상태를 의미하는 말이다. 특히 철도망의 경우 가장 기초적인 도시철도망조차 상당한 접근저항과 환승저항을 감수해야 하므로 커다란 틈이 있는 수단이다.

틸팅 열차
곡선을 통과할 때 열차 자체의 자세를 기울여 그 통과 속도를 더 높인 열차. 노반을 비롯한 토목 차원의 투자에 비해 열차 투자를 통한 속도 강화가 더 효율적이라는 이유에서 주목받았다. 다만 최근에는 최고 속도 250km/h 이하 수준의 토목 시설 확보가 상대적으로 덜 비싸진 데다, 기계적 신뢰성, 승차감 문제 등으로 인해 덜 주목받고 있다.

파레토 최적
무엇을 개선하려 시도하더라도, 이득을 보는 사람은 전혀 없지만 한 명 이상의 사람은 손해를 보게 되는 상태, 오직 그 상태에 대해서만 매길 수 있는 평가. 분배와 무관한, 순전한 경제적 효율성이 구현되었는지 판별하는 대표적인 기준이다.

퍼밀
천분율(‰). 빗면의 경사에 쓰이면, 1km 만큼의 평면 진행 거리 대비 고도가 1m 올라가면 1퍼밀의 기울기라는 뜻이다.

페일 세이프
fail safe. 어떤 체계에 대해, 이 체계 가운데 그 일부가 작동하지 않거나 상황을 악화시킬 가능성이 있는 돌발 사태가 발생하여 위험의 가능성이 증대할 경우, 이 위험을 경감시키기 위해 체계 전체를 일단 정지시키는 작동 기법. 철도의 경우 (터널 안에 있는 경우는 제외하고) 일단 정지하면 성립한다.

평면교차
둘 이상의 교통류가 서로 영향을 주고받으며 교차하는 방식. 통상적인 시내 교차로의 구조다.

평행 운전 선구
운행 열차의 속도, 정차역, 운전 패턴 등 시간 계획에 필요한 모든 요소가 사실상 동일하여 열차가 같은 패턴으로 운행하게 되는 선구. 대부분의 도시철도가 이에 해당한다.

폐색
block. 본선을 일정한 구간으로 나눈 다음, 이들 구간에 한 편의 열차만 진입할 수 있도록 설정하는 철도 신호 기법. 구간 자체는 '폐색 구간'이라고 부른다. 전통적으로는 역과 역 사이였으나 열차 빈도에 한계가 있어 본선상 신호기를 통해 폐색 구간을 표시하게 되었으며, 최근에는 '이동 폐색'이 증가하고 있다.

표정속도
scheduled speed. 정차 시간을 포함한 전체 운행 소요 시간을 분모로, 운행 거리를 분자로 삼아 구하는 속도. 특히 중간 정차역을 다수 설정해야 하는 철도의 운행 속도를 평가하기 위해 적절한 값이다.

표준궤
궤간이 1453mm인 철도 궤도의 유형. 미국, 중국 등에서 쓰이며 한국망 역시 이 궤간이다.

한계대체시간, 한계환승시간
환승 1회, 또는 환승에 들어가는 단위 시간을 줄이기 위해 열차 내에서 얼마나 시간을 더 보낼 수 있는지에 대한 사람들의 (암묵적) 의견. 이를 알아낼 수 있다면 환승 경로를 줄이는 것이 얼마만큼의 가치를 가지는지 계산할 수 있다.

한계대체율
경제학의 용어로, 어떤 재화 x와 y가 있을 때, 행위자의 만족 수준을 동등하게 유지하면서 x의 소비량을 1만큼 늘리고자 할 때 포기할 수 있는 y의 양을, 즉 두 재화 사이의 상대 가치 크기를 의미한다. 이 값을 알 수 있다면 두 재화의 가치를 정량적으로 비교할 수 있다. '한계대체시간'도 참조.

한계심도
지하 대심도의 철도 시설 시공을 위해 법령으로 설정된 심도로, 지상 토지 이용에 제한이 없는 것으로 판단되는 깊이를 뜻한다. 통상 지하 40m 수준이다.

협궤
표준궤보다 궤간이 좁은 철도 궤도의 총칭. 케이프궤, 미터궤, 762mm궤 등이 대표적이다. 762mm궤는 한국에서 수인선, 수려선에서 쓰였다.

혼합 운전 선구
운행 열차의 속도, 정차역, 운전 패턴 등 시각표 계획에 필요한 여러 요소들이 이질적이기 때문에, 서로 구분되는 방식으로 운행하는 열차가 다수 운행하는 선구. 대부분의 전국망 철도가 이에 해당한다.

환산 환승 시간
환승 행동을 그 유형별로 분석한 다음 각각의 요소에 사람들의 평가를 반영한 가중치를 곱해 얻은 실질적인 환승 부담의 크기.

환승저항
환승 그 자체로 인해, 또는 환승 과정에서 겪는 물리적 불편으로 인해 생겨나는 심적 부담. 통상 사람들은 평면보다는 빗면을, 내리막보다는 오르막을 더 부담스러워한다.

활동적 통근

대중교통이나 자전거를 활용해 통근하여 신체 활동을 늘리는 방법. 최근 보건 당국은 인구 집단 일반의 꾸준한 활동량을 보장하기 위해서는 도시 설계, 교통 부분과 협력하여 활동적 통근을 유도해야 한다고 보고 있다.

회생제동

제동 방식의 일종으로, 발전제동을 통해 얻은 전력을 전차선으로 역송전하여 제동력을 얻는 방식. 이 전력은 가속하는 다른 차량에서 쓰이는 경우가 많지만, 여기에만 의존할 경우 차량 밀도가 낮은 상황에서는 회생제동을 쓸 수 없으므로 전체 전력망에 전기를 역송전하는 방식도 널리 활용되고 있다.

부록 2.
거대도시 철도개발지수 개별지표 명세표

1부 1장의 '철도개발지수'를 구하기 위해 수집한 데이터를 별도로 다시 정리한 값이다. 더 상세한 수집 과정이나 도시 선정 과정에 대해서는 일러두기에 밝힌 저자 블로그와 노션 페이지를 참조하라. 수집 시점은 2017년 11~12월 1차, 2018년 7~8월 2차, 2019년 7월 3차에 걸치며, 대부분의 도시는 1차 데이터 수집 시에 확정되었으나 현재의 도시를 확정한 것은 2차 데이터 수집 시점이었다. 라인-루르 지역과 란트스타트 지역은 지배적인 중심 도시가 존재하지 않는 도시 군집 지역이므로 계산에서 배제할 수 있다. 2차 수집 시점, 즉 2018년 당시 수집 가능한 데이터가 값을 산출하는 데 사용되었으므로 이들 데이터는 대부분 2017년의 스냅 숏이다. 단, 망 구축 속도가 빠른 중국의 경우 2018년 연말을 기준으로 다시 정리하였다.

	상위 25%
	상위 50%
	상위 75%
	상위 100%

순위	도시	착발역 연결 본선 수 (복선)	착발역 환산 플랫폼 수	1인당 철도 이용 횟수	도시 철도 밀도 (km/km²)	광역, 전국망 철도 밀도	철도 km당 이용객	통과 복선 수	초과 통과 복선 수	철도 병목 수	병목률 (%)	외곽 우회선 수준
1	도쿄	38.5	76	2.56	0.49	0.67	32922	37	12	1	3%	3
2	라인-루르	39.5	66	0.77	0.38	0.36	6925	28	8	2.5	9%	1.5
3	런던	38	82	1.13	0.71	0.53	10590	53	17	11	21%	2
4	베를린	21.5	37	0.87	0.28	0.30	6051	19.25	3.25	2.25	12%	3
5	란트스타트	24	44	0.61	0.37	0.28	4838	9.5	3.5	0	0%	2
6	모스크바	21	60.5	0.54	0.41	0.23	11949	20.5	5.5	1	5%	3
7	밀라노	12.5	35	0.68	0.34	0.28	5996	16.25	5.25	1	3%	2
8	파리	24.5	75.5	0.71	0.34	0.39	8681	31.5	12.5	7	22%	2
9	오사카	23.5	47.5	1.86	0.58	0.62	18694	31	5	4	13%	1.5
10	베이징	16.5	58.5	0.77	0.60	0.18	17099	23.5	4	6.5	28%	2.5
11	나고야	10	23	0.94	0.29	0.40	9665	16	1	0	0%	1
12	마드리드	16	41.5	0.58	0.59	0.27	5412	18	2	4	22%	1.5
13	청두	16	45	0.37	0.28	0.20	7196	14.5	0.5	0.5	3%	2
14	톈진	14.5	42	0.13	0.31	0.15	4709	14.5	6.5	0	0%	2
15	우한	16.5	49	0.46	0.26	0.22	8544	22.5	0.5	4	18%	2
16	홍콩+선전	11.5	41	0.57	0.52	0.13	17043	12	1	2	17%	0
17	시카고	12	34	0.23	0.13	0.36	1071	26.5	6.5	8.5	32%	3
18	부에노스아이레스	10	28	0.52	0.30	0.52	9584	13.5	2.5	3	22%	1
19	광저우	14	45.5	0.70	0.30	0.10	18191	16	6	5	31%	1
20	상하이	11	54	0.55	0.48	0.08	18021	18	4	6	33%	1
21	뉴욕	8	54.5	0.53	0.39	0.20	8379	19.5	7.5	11.5	59%	0
22	서울	8	25.5	0.56	0.55	0.18	12678	18	3	4	22%	1
23	셴양	19	60	0.20	0.12	0.17	6409	15.5	0.5	2.5	16%	1
24	충칭	16	62	0.23	0.33	0.11	9746	17	5	8.5	50%	1
25	델리	10	34	0.16	0.18	0.09	6900	13.5	1.5	1	7%	0.5
26	토론토	7	14	0.37	0.12	0.22	5000	8.5	-1.5	1.5	18%	2
27	첸나이	7	18	0.11	0.08	0.13	4009	6	3	0	0%	1.5
28	뭄바이	10.5	18.5	0.44	0.04	0.27	39751	6	3	0	0%	0.5
29	콜카타	10.5	27.5	0.36	0.12	0.24	13665	11.5	2.5	5	48%	1.5
30	부산	5.5	19	0.28	0.21	0.13	5008	6	0	1	17%	0
31	요하네스버그	6	15	0.04	0.00	0.18	2900	10.5	4.5	1.5	14%	2
32	로스앤젤레스	2.5	6.5	0.08	0.13	0.17	928	13	-1	0	0%	1.5
33	이스탄불	1.5	8	0.19	0.27	0.16	10114	5	-1	0	0%	0
34	테헤란	4	15	0.20	0.19	0.10	9505	7	2	3	43%	1
35	멕시코시티	1	2	0.62	0.28	0.03	18047	5	1	2	40%	0.5
36	상파울루	11.5	15	0.34	0.08	0.09	21166	6.5	1.5	1	15%	0
37	방콕	1.5	8.5	0.12	0.16	0.12	5045	5	1	1	20%	0.5
38	자카르타	3	6	0.06	0.00	0.24	3667	5	1	0	0%	0
39	리우	3	6.5	0.17	0.05	0.07	6926	3.5	-0.5	0.5	14%	0
40	벵갈루루	9	19	0.05	0.06	0.07	4334	6.5	1.5	2.5	38%	0.5
41	마닐라	1	3	0.10	0.08	0.05	16097	0.5	-0.5	0	0%	0
42	카이로	3	8	0.25	0.13	0.09	32037	6	-1	2	33%	0
43	리마	0.5	1	0.04	0.04	0.03	5861	0.5	-0.5	0	0%	0
44	카라치	6.5	9	0.00	0.00	0.06	0	1	0	0	0%	0
45	라호르	4	11	0.00	0.00	0.02	0	2.5	-0.5	0	0%	0
46	다카	1.5	4	0.00	0.00	0.10	0	1.5	-0.5	0	0%	0
47	킨샤사	2	2.5	0.00	0.00	0.06	0	0.5	-0.5	0	0%	0
48	라고스	0.5	2	0.00	0.00	0.03	0	0.5	-0.5	0	0%	0
49	호찌민	0.5	2.5	0.00	0.00	0.06	0	0.5	-0.5	0	0%	0
50	보고타	0.5	1.5	0.00	0.00	0.06	0	1	-1	0.5	50%	0

부록 3.
경부고속선 확대 이후의
가상 시각표

여기서는 도표로 6장 핵심 선구 연구 1의
선로 확장 제안을 점검한다. 현업에서 이
양식의 도표를 '다이어(그램)'라고 부른다.
수직 축은 영업 거리, 수평 축은 시간을
나타낸다. 열차 곡선의 기울기가 가파를수록

빠른 열차이고, 기울기가 작을수록 느린
열차다. 하선은 좌상단에서 우하단으로,
상선은 좌하단에서 우상단 방향으로
진행한다. 두 열차의 수평축 방향 간격은
가장 좁은 시간이 신호 시스템이 허용하는
최소 시격 이하로 줄어들지 않아야 한다.
기울기가 수평축에 완전히 수평일 때 열차는
역에서 정차해 있다. 부록 3에 수록된 선구는
모두 복선이므로 상하선 교행을 점검할
필요가 없어 하선만 작도하더라도 선로용량
자체를 점검하는 데 문제가 없다.

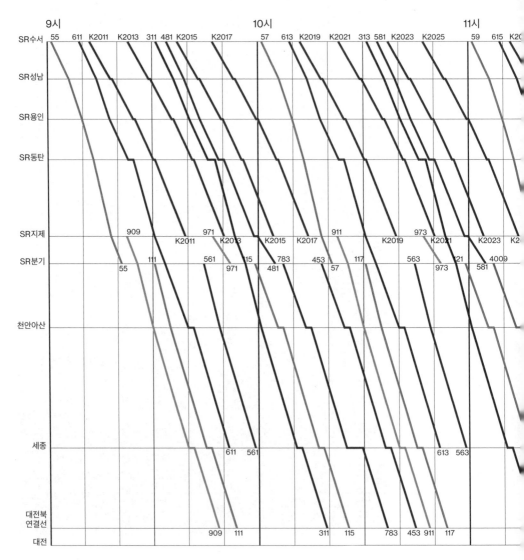

경부고속철도 2선의 가상 시각표, 경부4선 2단계 사업 완료 시. 이 시각표는 수서~지제 간 현 수서평택고속선, 지제~세종~대전조차장 간 경부고속철도 세종관통 별선을 주파하는 열차의 운전 시각표를 나타낸 것이다. 3시간을 기준으로, 인천공항·수서·서울·용산에서 출발하여 부산·목포(광주송정)·여수·포항·마산·거제로 향하는 전국망 고속열차, 해주에서 출발, 서울을 종관하여 대전·세종에 이르는 광역특급 열차가 이들 선구를 어떻게 이용할 수 있는지 시각표를 작성했다. 9시에서 12시까지의 오전 시간은 통근 러시가 마무리되면서 (한국 도시, 광역망 기준) 하루 철도 수요의 6~8%를 차지하는 9~10시, 하루 수요의 4~5% 선을 기록하는 10~12시대로 구성되는데, 여기서는 9시대의 수요 집중을 무시하고 균일한 배차를 구현하는 데 주안점을 두었다. 열차 선의 최상단과 최하단 부근에 명기된 숫자는 열차 번호이며, 색깔은 노선과 열차의 성격을 표현한다. 시각표 작성의 기준이 된 열차, 즉 가장 먼저 설정하고 다른 열차의 시간을 이에 맞춘 열차는 매시 01분에 수서역에서 출발하는, 대전·동대구만 정차하는 부산행 고속열차다. 시각표의 시각화에는 철도 운행 정보 데이터베이스 사이트인 '레일블루'(rail.blue)를 운영하는 제르모스 님이 제작한 프로그램이 쓰였다.

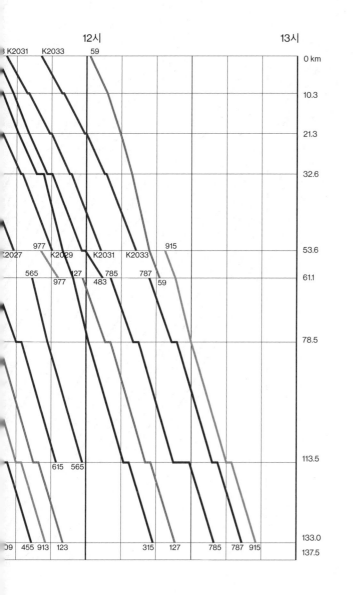

열차 지칭을 위해 활용한 열차 번호 체계는
경부1선과 4선 참조

대전북연결선~대전 간은 경부고속선과
완전히 합류

KTX, 경부, 2개역 정차, 기준 열차
KTX, 부산행, 그외
KTX, 호남 전라 경전 동해
KTX, 인천 착발
KTX, 임시
A 광역특급

경부본선 1선(경부1선)의 가상 시각표, 경부4선 2단계 사업 완료 시, 영등포 지하역 없음. 이 시각표는 서울~대전 간 경부1선을 주파할 열차의 운전 시각표를 나타낸 것이다. 경부1선에는 영등포 정차·인천발 수원 경유 전국망 고속열차, 서울·용산·인천발 전국망 ITX(새마을), 서울·용산발 객차형 전국망 열차(무궁화), 서울~대전·세종 간 경부 광역특급, 해주~대전·세종 간 A 광역특급, 인천공항~수원~적성 간 E 광역특급, 수서~청주중앙~대전 간 중부 광역특급이 달리는 것으로 설정되었다. 의왕(금정~성균관대 간)발 화물은 병점 이남에서는 경부2선을 이용하며, 화물과 E선을 감안해 의왕~병점 간은 장기적으로 3복선화를 고려한다. 시각표 구성이 어려운 일부 열차의 경우 경부2선을 사용하는 것으로 설정했다. 시각표는 경부고속철도 1선과 2선을 먼저 구성하고 그에 맞추어 작성하였다.

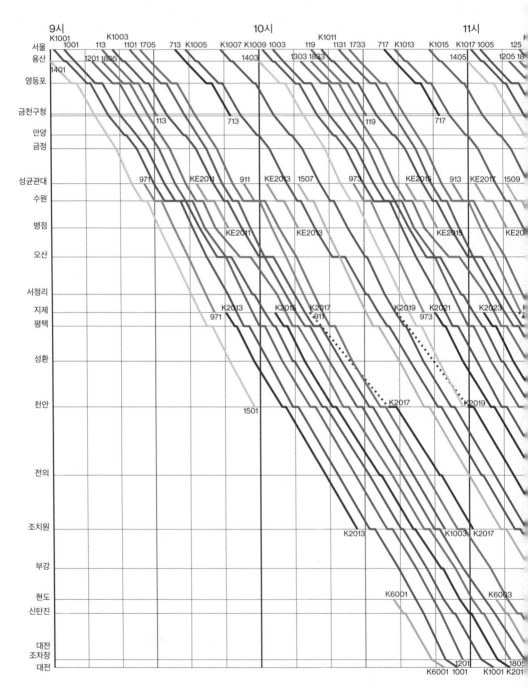

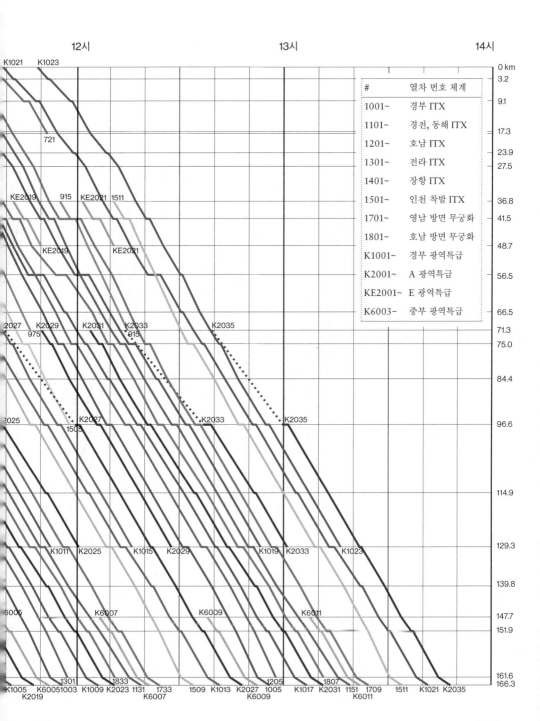

경부고속 1선·경부4선의 가상 시각표, 경부4선 2단계 사업 완료 시, 영등포 지하역 없음. 이 도표는 대전에서 금천구청에 이르는 현 경부고속선, 그리고 여기에 직결되어 서울역까지 건설될 것으로 상정한 경부4선을 달리는 고속열차의 운전 시각표를 나타낸 것이다. 이 선구에는 인천공항·수서·서울·용산에서 출발하여 부산·목포(광주송정)·여수·포항·마산·거제로 향하는 전국망 고속열차만이 운행한다. 이 선구의 열차 설정 기준이 된 열차는 매시 45분에 서울에서 출발, 대전·동대구만 정차하고 부산에 종착하는 열차다. 열차 번호가 4로 시작하는 네 자리인 열차는 임시편으로 수요 파동에 따라 행선지를 조정할 수 있도록 확보한 여유분이다.

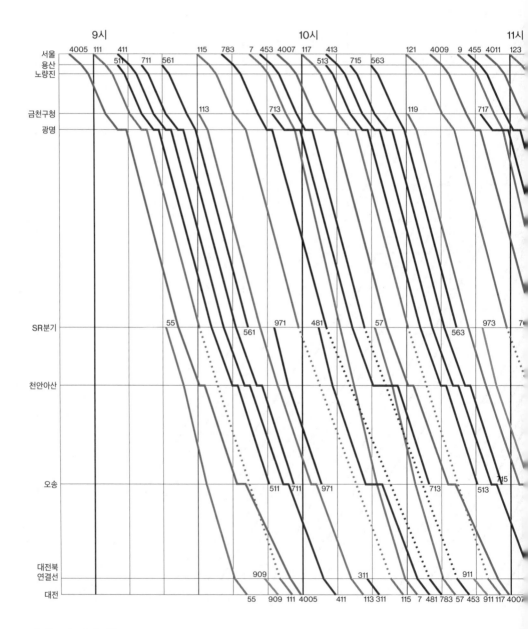

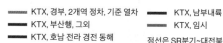

범례	
▦▦▦ KTX, 경부, 2개역 정차, 기준 열차	▬▬ KTX, 남부내륙
▬▬ KTX, 부산행, 그외	▬▬ KTX, 임시
▬▬ KTX, 호남 전라 경전 동해	

점선은 SR분기~대전북
연결선 간 경부고속 2선(세종
경유) 이용 열차

#	열차 번호 체계
1~49	경부선, 서울발 2역 정차
51~99	경부선, 수서발 2역 정차
101~299	경부선, 서울발
301~399	경부선, 수서발
401~450	경전선, 서울발
451~480	동해선, 서울발
481~499	경전 동해선, 수서발
501~599	호남선, 용산(서울)발
601~699	호남선, 수서발
701~779	전라선
781~799	남부내륙선
901~999	인천 착발

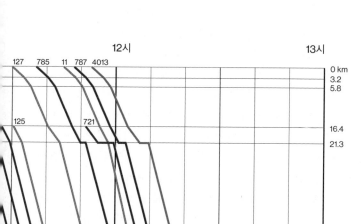

부록 4.
교통 부분의 구조 전환을 위한
세입·세출 시나리오,
2020~2060

3부 전체에 걸쳐, 나는 교통 부분 세입과
세출의 내용이 근본적으로 바뀌어야 한다고
주장해 왔다. 차량 연료와 기관의 변화가
가시화되고 있는 데다, 기후위기에 대응하여
승용차 통행을 감소시키고 철도를 중심으로
하는 대중교통 체계를 강화하기 위해서는
대중교통에 대한 실질적인 보조금 지급을
계속해서 늘려 나가야 하기 때문이다.
정부가 철도를 통해, 그리고 그 주변에서
해야 할 일은 아주 많고, 이를 위해서는 결국
충분한 세금 흐름이 뒷받침되지 않으면
안 된다.

　　　여기서 나는 몇 가지 믿을 만한
출처의 값을 바탕으로 매년 이뤄질 세입과
세출의 흐름에 대한 간략한 시나리오를
그려보려 한다. 물론 여기서 제시한 계산은
교통 부분 수요의 탄력성에 대한 추정조차
활용되지 않고, 약간의 지수 규칙들만
사용하여 보간(補間)해 넣은 단순하고
간단한 계산에 불과하므로 여기서 제시한
계산에 따라 그대로 시나리오가 진행될
가능성은 없다. 하지만 세입과 세출의
항목을 결정하고 대략적인 수지 균형을
맞추기 위해 필요한 변수들을 정리하는
작업은 미래 교통 부분의 재무적 지속
가능성을 위해 이뤄져야만 하는 작업이다.
비록 틀릴 것이 자명한 계산임에도,
누군가는 운을 떼워야 할 작업임이 분명한
이상 과감히 이야기를 시작해 본다.

1. 세출: 건설, 유지 보수, 대중교통 지원 보조금

논의의 출발점은 세출이다. 먼저 교통을
위해 정부가 써야 할 돈의 규모를
개략적으로 결정한 다음, 여기에 맞추어
세입 시나리오를 짜는 것이 순서라고 보았기
때문이다.

　　　교통 부분 세출의 전통적인 항목은
망 건설과 유지 보수다. 여기에 대중교통
운영과 승객에 대한 직접 보조금이 더
필요하다. 이는 무엇보다 철도공사 전국망과
수도권 광역, 서울 도시철도를 제외하면
전국의 도시, 광역철도나 시내버스의 경우
경상 운영비를 운임으로 자급할 가능성이
거의 없기 때문이다. 열차의 운영 빈도를
늘리고 차내 혼잡을 개선하기 위해서는 결국
대규모의 운영비 보조가 이뤄져야 한다.
여기에 대중교통으로 승객을 유도하기 위한
보조금도 설정될 필요가 있다. 이 보조금은
막대한 규모의 탄소세와 주행세로 인한 경제
활동 저하를 조금이나마 벌충할 수 있기도
하다.

　　　철도 건설의 세부 내역은 6장에서
이미 논의했고, 도로 건설 투자의 방침에
대해서도 7장에서 이미 논의했다. 또한
유지 보수에 필요한 액수에 대한 논의는
김주영의 연구(7장 표 5) 가운데 금액이
작은 '경과년수에 따른 증가율'을 계속
활용하기로 한다. 다만, 김주영이 계산한
유지 보수 가액은 그 절반만을 중앙정부의
세출이 부담하는 것으로 가정한다.
나머지 액수를 지방정부, 철도 운영사,
독립채산제가 된 도로공사 및 각 대도시
도시고속도로공사가 분담할 수 있고,
또한 그래야 할 필요성이 있기 때문이다.
지방정부는 특히 부동산에서 유래한 세금을
교통 시설과 운영에 투입할 책임을 지기

적절한 주체다. 실제 각 건물이 위치한 도시를 가장 가까이에서 관리하는 주체이기 때문이다. 철도공사를 비롯한 철도 운영사는 건축물 유지 보수 책임을 질 필요가 있고, 도로공사와 도시고속도로공사는 고속도로망에 대해 수익자 부담 원칙을 구현하기 위해 고속도로에 필요한 모든 유지 보수 비용을 부담해야 할 것이다.

본문에서 기본 방침조차 다루지 않아, 여기서 새로 시나리오를 짜야 할 필요가 있는 부분은 대중교통 지원, 그리고 환급 부분이다. 먼저 철도공사에게 지급되는 공익서비스보상금(Public Service Obligation, PSO)의 규모는 현행 수준인 3000억 원선에서 유지되는 것으로 가정한다. 지방 광역망, 그리고 일부 저밀도 지역 전국망의 포괄 범위를 늘리고 열차 빈도를 높이기 위해서는 이보다 증액이 필요한 것이 현실이긴 하지만, 여기서는 전국망과 광역망 도로의 수요 억제 대책으로 인한 통행량 감소와 함께 수요가 늘어날 고속철도와 수도권 광역의 운임으로 지방 광역망과 저밀도 전국망에 보조금을 지급한다고 가정하자.

도시 교통망의 영역으로 넘어온다. 현재 도시철도와 시내버스의 영업 손실은 원칙적으로 지방정부가 책임져야 한다. 하지만 이들 망에 자금을 공급하기 위해서는 결국 지방정부로서는 교통과 무관한 부분에서 유래한 세수를 활용해야만 한다. 도시망의 영역에서는 고속철도처럼 교차 보조를 통해 도움을 줄 수 있는 사업 부분 역시 존재하지 않는다. 게다가 이들은 앞으로 지속적으로 비용 규모가 확대될 망 유지 보수에서도 큰 책임을 져야 한다. 또한 비수도권 지방정부의 재정이 상대적으로 열악하다는 것은 모두가 알고 있는 사실이다. 이들 여건을 감안해, 서울을 제외한 모든 지방정부 산하의 도시철도, 그리고 시내버스의 영업손실은 반액을 중앙정부의 세출로 보조하는 것으로 가정한다. 이 가운데 지방 도시철도의 영업손실은 약 9000억 원(2017), 버스의 영업손실은 5000억 원(2015, 경제총조사)인데, 도시철도에 대한 지원액은 지방정부 분담분에 대한 가정을 감안하여 현 손실의 절반으로 추정하면 무리가 없다. 반면 버스의 손실은 기사의 충원, 노선과 버스의 증비를 감안하면 훨씬 더 커질 수 있다. 이 가능성을 감안해, 여기서는 버스의 영업손실이 2배로 증가하고, 그 절반인 현재의 영업손실액 5000억 원을 정부가 지급한다고 가정한다. 준공영제와 환승 할인 손실을 위해 이미 투입 중인 지방정부의 보조금은 지속적으로 지방정부가 중앙의 교통 재정과는 별도의 세원으로 조달한다고 가정하고, 추가로 계산하지 않는다.

조금 더 강한 가정도 사용하기로 한다. 현재 고속버스와 고속철도는 운임 수익에 대해 부가세를 납부해야만 한다. 나는 이들 부가세를 면세할 필요가 있다고 생각한다. 특히 고속버스는 재래선 특급과 동일한 속도 대역을 달리는 수단에 불과함에도, 철도의 재래선 특급에는 부가되지 않는 부가세를 받는 것은 오히려 불공정하다는 평을 받을 수 있는 방침이다. 과거의 역사적 유물로 보이는 이 차이는 폐지하는 것이 적절하다. 이 조치를 통해 고속버스와 고속철도 운임을 약간 할인시켜 전국망의 층위에서 탄소 효율이 높은 대중교통 이용을 독려할 수도 있고, 철도공사에게 PSO를 추가 지급하기보다 부가세로 납부할 자금을 PSO 노선에 투입하도록 조치하는 방법도 가능하다. 다만 나는 경제총조사를 통해서도 고속버스업의 정확한 매출은 확인할 수 없었고, 따라서 정부 보조금으로 계산할 금액은 2017년 고속철도 운임 수익의 10%로 보기로 한다.

여기까지는 영업과 관련된 자금들이다. 나는 한 가지 중요한 세출 부분을 추가해 두고 싶다. 가장 강력한 수요 진작책이라는 조사 결과가 있는, 재래선 특급 이하 운임 환급이 바로 그것이다. 비록 많은 우려가 있으나, 환급은 물리적 투자와 배차 개선으로 이용을 독려하는 것이 좀 더 어려운 비수도권 광역권의 대중교통망 수요 진작을 위해 할 수 있는 몇 안 되는 방법임을 부인할 수 없다.

물론 도시, 광역망에 대한 환급은 지역별로 다른 비율로 이뤄져야 한다. 도시 및 광역철도의 운임 수익은 현재로서도 약 4조 원이며, 시내버스의 매출은 총 9.6조 원에 달한다.(2015 경제총조사) 여기에 광역권 특급망 기능을 하는 재래선 특급열차(약 5000억 원)와 시외버스의 매출(2.7조 원)을 합치면, 환급의 후보로 올라갈 대중교통 매출은 무려 16.8조 원에 달한다. 이 비용을 모두 안정적으로 환급해 줄 수 있는 방법은 찾기 어렵다. 따라서 나는 대략 4조 원 선에서 1년 환급액의 상한선을 맞출 수 있도록 지역별 환급률을 여건에 따라 각기 설정하는 방법을 택했다.(표 1) 지역 분류는 7장 4절에서 활용한 구분을 준용한다. 서울 내부, 또는 OD의 한쪽이 서울인 통행은 환급률을 모두 0%로 삼는다. 인천, 경기, 부산 내부의 통행이나 서울이 아닌 곳에서 이들 지역으로 오는 광역 통행의 경우, 완행(시내버스, 도시철도)과 광역급행의 환급률은 25%, 광역특급(+시외버스, 재래선 특급)의 환급률은 13%로 맞춘다. 네 광역시나 세종

[표1]   지역별 환급률 설정.

환급률	도시 교통 및 광역완·급행	광역 특급 수단
서울	0%	0%
인천·경기·부산	25%	13%
네 광역시+세종	50%	25%
나머지 도	100%	50%

[표2]   직접 보조 관련 금액 구성, 1년 기준.

	조 원
도시철도, 광역완·급행철도 및 시내버스	13.63
광역특급 수단들	1.94
완·급행급 운임 환급액	3.55
완·급행급 영업 손실 보전액	0.95
특급 운임환급액	0.58
철도 PSO	0.30
고속철도 부가세	0.23
총 필요 대중교통 보조금 흐름 액수	5.61

내부, 그리고 앞선 두 범주가 아닌 곳에서 이들 지역으로 진입한 통행의 완행과 급행급의 환급률은 50%, 광역특급의 환급률은 25%로 한다. 나머지 지역 내부의 대중교통 통행에 대해서는 완행과 급행급 수단의 환급률 100%, 특급 수단의 환급률은 50%로 설정한다.

논의 결과를 종합한 값이 표 2다. 철도 PSO는 3000억, 고속철도 부가세 면세액은 2000억, 도시 교통수단 영업손실 보전액은 약 1조이다. 또한 도시 교통 및 광역완·급행급 총 매출은 약 14조, 광역특급 수단(재래선 특급, 시외버스)의 매출은 대략 3조 수준이다. 대중교통 매출에 각 지역별 운임 환급률을 곱하면 완·급행급 환급액은 약 3.5조가 필요하다. 특급 환급액의 경우, 시외버스는 매출 데이터를 위해 사용한 경제총조사 분류가 고속버스를 구분하지 않고 있으므로 시외버스 매출은 절반에

대해서만 환급률이 적용된다고 가정하고, 철도 측의 재래선 특급에 대해서는 전 통행량에 대해 환급률을 적용한다. 이 경우, 약 0.6조 원이 필요하다. 이들을 모두 합친, 중앙정부의 전체 대중교통 직접 보조액은 시작년도 기준 5.6조 원 수준이다.

이들을 종합한 세출 시나리오는 미래 40년간의 변화를 감안해 구성해야 한다. 여기에 쓴 계산 방법들을 명시해 둔다.

운임 환급은 2020년부터 즉각 시행하는 것으로 가정한다. 또한 이 액수는 대중교통 승객이 점차 늘어나면서 증가할 것이다. 이를 반영하기 위해 매 10년마다 일정한 상승률을 설정했다. 인구가 적어도 유지되는 향후 20년간 승객은 증가한다고 보고, 2030년까지는 환급액 2% 증가, 2040년까지 1% 증가로 계산한다. 인구가 감소하는 2040년대부터는 방향을 바꾸어 2050년까지 유지, 2060년까지는 -1% 감소로 상정한다. 한편 영업손실 보전액은 여러 조치로 인해 승객이 증가해 운임 수익이 늘어날 것이므로 2035년까지 매년 2%씩 삭감되는 것으로 한다. 물론 대중교통의 적자 해소에는 한계가 있을 수밖에는 없으므로, 2036년부터는 보전액 규모를 유지한다. 고속철도 부가세 감면액은 고속철도에 대한 투자가 계속 있을 것으로 6장 등에서 상정한 이상 2040년까지 매년 2% 증가로 설정한다. 2041년부터는 이 값이 유지된다고 본다.

건설비와 유지 보수비의 경우 계산 방법이 조금 다르다. 먼저 철도 건설의 경우 6장의 건설 시나리오를 준용한다. 다만 이 시나리오는 2050년까지만 작성되어 있고, 따라서 그 이후에도 철도망 건설이 필요할 수 있으므로 2051년부터는 최소

수준의 투자액(1조 원)을 유지하는 것으로 계산한다. 도로 건설의 경우 2020년 예산은 2018, 2019년과 같은 5조 원에서 출발하지만, 매년 5%씩 삭감하기로 한다. 유지 보수비는 앞서 제시했듯 김주영이 제시한 값의 절반만 반영했지만, 김주영의 시나리오 역시 2030년까지만 작성되어 있다. 따라서 2031년부터는 가상의 변수를 활용한 계산을 하지 않을 수 없다. 나는 2030년대에는 유지 보수비가 전년보다 매년 3.5% 증가, 2040년대에는 매년 2.5%, 2050년대에는 매년 1.5% 증가한다고 가정하고 시나리오를 구성했다. 김주영 시나리오의 2020년대 유지 보수비 증가율은 연평균 6.6%이라는 점을 감안하면, 이런 비율은 오히려 낮은 것일 수 있다.

여기에, 약간의 희망이 담긴 세출 부분을 추가한다. 나는 8장 마지막에서 전 세계의 개도국에게 철도를 건설해 주는 것보다 이들을 기후위기 대응에 동참시키는 데 더 좋은 선물은 없다고 주장한 바 있다. OECD 회원국을 비롯한 고소득국은 이 사업을 수행하기 위해 조건 없는 대규모 재정 투입을 수십 년간 수행해야 한다. 여기서 나는 이 돈을 '국제철도협력기금'으로 이름 붙이고, 한국의 경우 2020년 1조 원에서 시작, 2050년까지 매년 5%씩 증액하여 개도국 철도 부설 사업에 활용할 수 있도록 자금 흐름을 마련한다고 가정했다. 가정의 결과 2050년에 투입되는 철도 투자는 4.32조 원에 달하며, 이는 개도국 물가가 여전히 한국보다 낮을 것임을 감안했을 때 상당한 의미가 있는 액수가 될 것이라고 본다.

이들 가정을 종합해 계산한 결과, 국제철도협력기금을 제외한 세출액은 약 22조 원 언저리에서 안정적으로

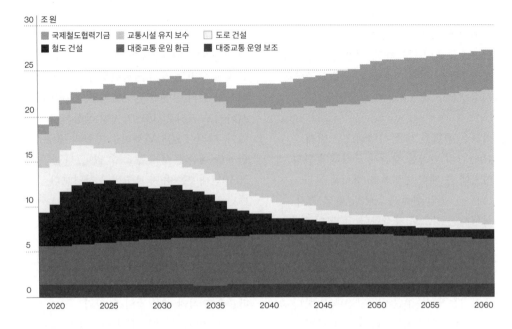

유지되었다. 국제철도협력기금을 합치면 이 액수는 약 25조 수준이 된다. 또한 전반적으로 운영 보조액은 5%, 환급액은 25% 가량을 차지하는 가운데, 나머지 60%를 차지하는 건설과 유지 보수 비용이 서로 바통 터치를 하는 모습 또한 확인할 수 있었다. 비록 많은 가정들이 사용되긴 했으나, 구체적인 액수와 무관하게, 시나리오 전반에는 건설 비용이 크고 후반에는 유지 보수비가 큰 지출 구조가 이뤄지리라는 예측 정도는 충분히 의미가 있을 것 같다.

2. 세입: 연료세와 주행세의 '바통 터치' 시나리오

세입이 없으면 아무리 좋은 계획도 무의미하다. 그리고 계속 지적했던 것처럼, 앞으로 40~50년간 교통 관련 세금 제도는 미래 교통의 세계를 오늘보다 더 강건하고 지속 가능하게 만들기 위해서는 그 기반이

완전히 변화되어야 한다. 각국의 상황에 맞추어 이뤄져야 할 이런 과제에 대해 국내 연구가 아직 이뤄지지 않았다는 점은 매우 아쉬운 현실이다.

핵심은 이것이다. 2020년 현재 한국의 교통망은 사실상 거의 모두가 약 30년(1990~2020) 동안 휘발유와 경유에 부과되는 대규모의 유류세에 기반해 건설된 것이다. 하지만 이제 인류는 기후위기를 가속화시키길 원하지 않는 이상 휘발유와 경유를 더는 마음대로 쓸 수 없다. 이를 대체해, 세출에 대해 논의하며 살펴본 많은 사업을 원활하게 진행할 수 있을 만큼의 담세 능력이 있는 다른 부분이 있는가? 동시에 이들 담세원은 전기(추후 수소) 차량으로의 이행을 촉진하는 역할을 약 10여 년간 수행하면서도 그 이후에는 안정적인 세원으로서 역할을 수행해야 하며, 또한 40년간 모든 차량에 대해 상당한 부담을 가해 대중교통으로의 지속적인

거대도시 서울 철도

통행 이전을 불러일으키는 원인 또한 될 수 있어야 한다.

유류 소비량을 감축하는 것이 현재의 목표인 이상, 현행 유류 교통세는 계속, 아마도 디젤 차량이 소멸할 22세기까지는 유지될 필요가 있다. 유지를 넘어, 지속적인 증액 역시 타당성을 인정받을 수 있을 것이다. 하지만 이 세금만으로는 앞으로 40년 동안 연 22~25조 원 이상의 자금 흐름을 보장할 수는 없을 것이고, 또 대중교통을 적극 활용하는 기후위기 대응에 성공하기 위해서는 그래서도 안 된다. 게다가 전력 부분의 탈탄소화가 적정한 수준으로 이뤄질 경우, 탄소세의 규모 역시 유류 교통세와 비슷한 추세로 감소할 것이다. 결국, 두 세금은 이행 초기에만 중요한 역할을 할 수 있을 것이며, 독립적인 담세원에게 그 역할을 넘겨줘야만 한다.

'독립적인 담세원'은 크게 세 가지가 되어야 한다. 차량 주행 거리 그 자체, 전력 사용량, 그리고 바이오매스 등 전력 이외의 탈탄소 에너지원 사용량. 탄소 제로와 에너지 소비량 감소, 승용차 교통량 저감이라는 놀라운 성과를 거두었다 해도, 교통의 세계를 유지 보수하고 대중교통 사용에 지원하며 개도국과의 협력을 계속해야 할 필요성은 사라지지 않기 때문에, 이들 세금의 총 합은 25조 원 수준으로 유지되어야 한다.

문제를 확인했으니, 그에 맞춰, 그리고 가용 데이터를 활용해 세입 시나리오를 작성해 본다. 먼저 유류 소비량에 적용할 가정부터 밝힌다. 유류 소비량의 감소세는 ETP 2017의 교통 부분 '2도 미만' 시나리오 유럽 부분을 기준으로 한다. 단, 이 데이터에는 매우 빠른 감소세가 적용되어 있으므로, 여기서는 같은 시점 유럽의 2014년 대비 유류 소비량 비율에 대해 1.15를 곱한 비율이 2020년 대비 유류 소비량 감축 목표라고 가정하여 속도를 조정했다. 예를 들어 2025년 유류 소비량 감축 목표는 유럽의 같은 해 수치인 휘발유 56%, 경유 78%보다 1.15배 높은 64%, 90%이다. 이렇게 나온 유류 소비량으로부터 나올 탄소 배출량을 구하는 것은 쉬운 일이다. 한편 유류 교통세는 현 액수(리터당 휘발유 529원, 경유 375원)에 대해 2021년부터 2040년까지 매년 가솔린 3%, 경유 4.5%를 증액시키고, 2041년부터는 2040년의 액수(휘발유 955원, 경유 904원)로 고정하는 것으로 가정한다. 2041년 이후에도 세금을 계속 증액할 수도 있으나, 그렇다고 해도 이미 유류 소비량이 감소한다고 가정한 이상, 그리고 2040~2050년대의 휘발유·경유 소비량은 지금보다 극히 낮은 수준일 것이기 때문(IEA 계산에 외삽할 경우, 2050년 휘발유 6%, 경유 20%)에 세입원으로서는 큰 의미가 없을 것으로 본다.

탄소세를 이야기하기에 앞서, 전력 부분에 대한 가정도 함께 이야기해야 한다. 수송용 전력에 대한 탄소세 부과에는 철도도 예외가 될 수 없기 때문이다. 신재생 부존량 자체가 부실한 데다 인구밀도 또한 높아 다양한 국지적 갈등이 빈발할 가능성이 높은 한국은 유럽에 비해 전력의 탈탄소화가 극히 어려울 것이다. 따라서 여기서는 ETP 2017에 제시된 유럽의 감축 추세를 단순히 참조만 했다. 2060년 탄소 배출 0을 목표로, 2020년대와 2050년대에는 매년 2%를, 2030년대와 2040년대에는 매년 3%의 배출량 감축이 있다고 가정해 둔다. 전력 부분 탄소 배출 계수의 출발값은 전력거래소(kpx.or.kr)의 2011년 값을 참조하여 GWh당 450톤으로 둔다.

　　탄소세는 현재 국내 시장 가격인 톤당 3만 원을 현실적인 출발점이라고 보았다. 이 값을 매년, 2060년까지 3%씩 증액하는 것으로 가정한다. 이 해에 톤당 탄소세는 9만 7861원에 달할 것이다. 그런데 탄소세 역시, 유류 소비량이 급격히 줄어들고 전력의 탄소 배출 계수가 순조롭게 떨어진다는 가정 덕에 총액 면에서는 큰 도움이 되지 못한다. 수송용 전력에 대한 탄소세 규모는 2020년의 2.9조 원이 최대 액수이고, 2053년부터 1조 원 이하로 떨어질 것이다.

　　우선 취해야 할 대안은, 유류 대신 교통에 대규모로 사용될 전력과 생물 연료에 교통세를 과세하는 것이다. 특히 신재생 잠재력이 취약하고 원전에 대한 반발이 거센 한국은, 전력 체계에 대규모의 전기 차량이 끼칠 부담을 감안하면 바이오 디젤을 활용해 내연기관을 최대한 오래 사용할 것으로 보인다. 따라서, 유럽의 증가율에 비해 2배 높은 증가율을 적용해 바이오유류 소비량을 가정하기로 한다. 2017년 현재 바이오유류의 국내 교통 부분 소비량은 43만 TOE 정도이고, 이 값은 가정에 따르면 250만 TOE 정도로 증가할 것이다. 한국은 대규모의 무역과 국제 교류 중심지인 이상, 항공기나 선박에 들어가는 바이오유류 물량도 무시할 수 없다. 선박의 에너지 소비량을 억제해야 함은 물론, 항공 역시 적어도 에너지 소비량을 억제하는 방향의 조세는 필요하므로 기존 항공유 이외에 바이오유류에 대해서도 과세하는 것으로 가정한다. 단 여기서 철도 전력의 경우 승용차 감축이 일정 궤도에 오를 2040년까지 교통세를 과세하지

않는 것으로 상정한다. 전력의 경우 kWh당 100원의 교통세를 매긴다. 또, 바이오유류에는 2020년대에는 리터(리터당 원유 0.9kg의 열량이라고 가정)당 200원, 2030년대에는 300원, 2040년대에는 400원, 2050년대에는 500원의 교통세를 매기도록 한다. 이렇게 하면 전력 교통세의 물량은 2059년에는 5조 원, 바이오유류 교통세의 물량은 2050년대에는 약 1.4조 원 수준이 될 것이다.

　　하지만 이것으로는 역시 부족하다. 가정했던 대로 유류 교통세와 탄소세 액수가 크게 꺾인다면, 이들과 전력 및 바이오유류 교통세를 합쳐 에너지에서 유래한 교통 부분 세입은 2039년에는 15조 미만, 2054년에는 10조 미만으로 격감하고 말 것이기 때문이다. 10조 원 이상의 거액을 채우기 위해서는 새로운 세금이 필요하고, 그 핵심에는 바로 주행세가 있어야 한다.

　　7장을 반복하자면, 주행세의 정당화 이유는 크게 두 가지다. 혼잡 비용, 수익자 부담 원칙. 에너지 가격을 통해 환경 비용의 대부분을 이미 지불했다고 가정한다면 그렇다. 이 가운데 수익자 부담 원칙은 모든 도로 이용객에게 적용될 수 있는데, 이는 도로가 잘 정비되어 있을 때 그 편익은 누구보다도 운전자와 이용객이 누리는 것이기 때문이다. 반면 혼잡 비용은 잠재 이동 수요에 비해 도로 용량이 작아 정체가 발생하는 대도시 인근 도로와 전국 주간선 고속도로에서만 발생하는 비용이다. 이 비용에 대한 과세가 이동의 형평성을 약화시키지 않게 하기 위해, 이들 비용을 통해 얻은 조세는 대중교통으로 투입될 필요가 있다. 대중교통으로 가는 비용 투입의 경우, 필요한 세출에 비해 규모가 미약할 가능성이 높은 유류 대상 탄소세의

[도표 2]　한국 전국 기준 약 50%의 승용차 통행을 삭감하기 위해, 전국 각 지역에서 얼마만큼의 승용차 통행 분담률을 삭감해야 하는가? 모 데이터는 국가교통 DB의 2017년도 '전국 여객O/D전수화 및 장래 수요 예측' 여객 부분을 사용했다. 이 데이터는 수도권교통조합의 조사와는 달리, 전국의 OD를 모두 확인할 수 있다는 장점이 있다. 이 OD 데이터를 활용하면, 일정한 전국 총량 변화를 달성하기 위해 각 지역에서 변화해야 하는 수송분담률의 근사치를 각 지역의 통행량 분포라는 경험 데이터에 기반하여 구할 수 있다. 다만 모 데이터는 통행자 수가 기준이므로 이 계산은 수송 인원의 감축에 기반한 계산인데 반해, IEA의 시나리오는 승용차 인킬로의 감축에 기반한 값임에 주의하라. 지역 구분은 승용차:대중교통 통행 비중에 따라 7장(4절)에서 도입한 구분을 그대로 따랐다.

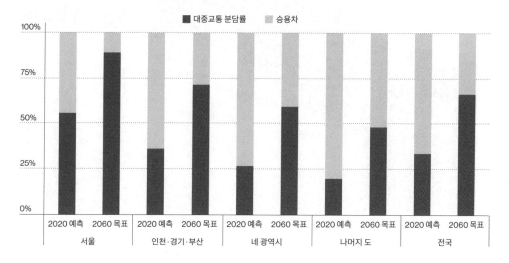

역할을 보충할 필요도 있다.

　　8장에서 논의한 대로, 주행세의 구체적인 수준은 차량 주행 거리에 병행 대중교통의 수준을 반영하는 계수를 곱해 결정할 필요가 있다. 문제는 탄소 배출량뿐만 아니라 다양한 갈등과 비용을 부를 에너지 소비량 또한 감축하기 위해서는 차량 통행량 자체도 감축되어야 한다는 데 있다. ETP 2017의 '2도 미만' 시나리오 가운데 유럽(EU 28개국) 부분은 2060년까지 소형 차량 인킬로를 41% 감축해야 한다는 충격적인 권고를 싣고 있다. 나는 한국의 감축 목표는 더 높아야 한다고 본다. 신재생 에너지의 공급 잠재력은 미약하여 에너지원을 원활하게 전환하기는 어려운 반면, 인구밀도는 배 이상 높고 도시 규모는 좀 더 커서 대중교통의 잠재력이 더 높기 때문이다.

비현실적인 목표일 가능성이 크지만, 여기서 나는 2060년까지 50% 감축이 이뤄진다고 두고 시나리오를 작성하기로 한다. 주행세는 이런 목표가 대중교통의 수준에 따라 각 지역에서 서로 다른 수준으로 달성될 수 있도록 하는 장치로 작동해야 한다. 가장 정교하게 작동해야 하고, 인과적 효과도 분명해야 할 세금이라는 뜻이다. 비록 여기서는 데이터와 기술적 역량 부족으로 아래와 같은 대략적인 계산만을 수행할 수 있었지만, 실제 정책 단계에서의 목표는 좀 더 정교한 인과 추론에 기반해야 한다.

도표 2는 한국의 수단별 통근 수송분담률에 따른 지역(7장 4절 참조) 구분에 따라, 현 총 통행량이 2060년에도 그대로 유지된다는 가정하에, 각 지역의 승용차 통행이 얼마만큼의 비율로 삭감되어야 한국 전체의

부록

[도표 3]　중앙정부 교통 부분 세입의 구조, 2020~2060.

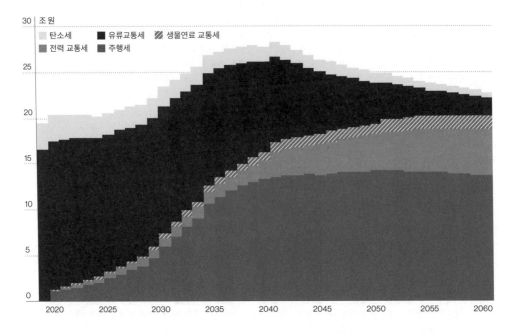

승용차 통행 감축률이 목표치(50%)에
도달할 수 있는지를 계산한 결과다. 물론,
승용차 삭감 비율은 대중교통의 수준과
인구밀도가 가장 높은 서울에서 가장 높아야
자연스러우며, 최선을 다해 대중교통을
확충하더라도 한계가 클 수밖에 없는 도
지역에서는 상당히 낮아야 한다. 언급했듯
유럽 수준을 넘어 승용차 통행을 절반까지
삭감하고자 한다면, 서울의 승용차 통행
삭감 비율은 75%, 도 지역의 삭감 비율은
35%에 달해야 할 것 같다. 이렇게 되면,
서울의 분담률 비중은 9:1까지 벌어질
것이고, 심지어 도 지역조차 2:8의 비율이
5:5까지 바뀔 필요가 있다. 이 비율은,
2060년에는 비상 상황이 아닌 이상 건장한
성인은 서울 시내에서 차량을 가지고
다니지 말아야 한다는 말에서 거리가 멀지
않다. 물론 이들 비율은 전국의 자동차 통행
비율을 절반으로 낮추면서도 서울에 약간의
통행량을 할당하려면 어느 정도의 비중을

택해야 하는지에 대한 저자의 직관적 계산에
기반한다는 점에서 매우 취약한 값들이다.
그러나 일단 사업을 시작하기 전에 초기
목표로 설정하는 값으로서는 의미가 있다고
본다. 누적되는 데이터에 기반해, 목표는
수정하면 된다.

　　8장의 논의처럼, 주행세 부과는
궁극적으로 OD와 대중교통 수준을
대조하여 이뤄져야 한다. 하지만 이런
계산은 매우 복잡한 과정이다. 따라서
나는 근사치를 얻기 위해 도시별로 계수를
설정하여 차량 주행 거리당 부과액을
결정했다. 서울은 최대액인 km당 100원을
부과한다. 주변 도시들은 50원/km부터
시작하고, 각 시별로 도시의 규모와
대중교통의 수준에 맞춰 이하의 계수를
설정했다. 하한선을 적용해야 할 비수도권
군 지역은 3원/km를 적용했다. 도시별
계수는 일러두기에 제시된 블로그나 노션의
파일에 수록되어 있다.

거대도시 서울 철도

이들 계수에 곱할 차량 운행 거리는 교통안전공단의 '자동차주행거리조사' (2017년)를 활용하여 계산했다. 출발 값은 2017년의 데이터를 그대로 쓴다. 또한 출발 차량 운행 거리는 도 지역(경기 포함)은 같은 조사에 포함된 비사업용 차량의 운행 거리로, 서울과 광역시는 차량 운행 거리 전체로 잡는다. 또한 주행세는 이들 차량에만 물린다. 도 지역은 면적으로 인해 자동차로 인한 사업 활동까지 위축될 경우 공간적 분업 구조 내에서 의미 있는 역할을 하기 어려워질 수 있기 때문이다. 사업용 차량의 주행 거리 감축이나 주행세 부과는 비영업용 차량에 비해 강도가 약해야 한다는 상식을 부분적으로 반영한 계산 방침이기도 하다. 서울과 광역시에서도 비영업용 차량 운행 거리를 삭감하지 않고 주행세를 부과하지 않을 경우 제시한 것보다 주행세의 규모는 10% 정도 줄어듦도 밝힌다. 도시 규모별 계수 구간마다 차량 통행 감축 목표를 더 세분화하고(예를 들어 하한선 지역은 20% 감축), 40년간 이 목표를 향해 각 행정구역의 차량 주행 거리가 선형적으로 감소한다고 가정한다.

주행세 부과를 할 때 감안해야 할 또 다른 목표가 있다. 바로 전기나 플러그인 하이브리드와 같은 고효율 차량의 보급을 장려해야 한다는 문제다. 주행세는 이들의 보급이 어느 정도 궤도에 오르고 난 다음 시점부터 주요 세금의 지위를 차지해야 한다. 또한 에너지 기반 세금의 규모는 점차 줄어들지만 교통 재정의 필요성은 줄어들지 않는다는 점을 생각하면, 주행세는 어느 정도 시간이 지나면 충분한 규모로 불어날 필요가 있다. 물론 차량 주행 거리 자체가 감소하는 악조건까지도 이 세금은 보완할 수 있어야 한다. 나는 이들 조건을 모두

달성할 유일한 방법은 연도별로 세율을 다르게 설정하는 데 있다고 보았다. 첫 해인 2020년에는 앞서 설정한 지역별 계수의 10%만을 부과하고, 2025년까지 20%, 2030년까지는 50%로 상승시키면서 주행세를 정착만 시키고 고효율 차량에 대한 부담은 최소화한다. 그러나 ETP 2017을 참조하면, 2030년대는 이런 온건한 조치를 취하기 어려운 시기다. 차량 통행량 자체를 격감시켜야 하는 시기인 데다, 신규 차량 수에 대한 예측이 있는 ETP 2010을 참조하면 전기, 플러그인 하이브리드 등의 유럽 시장 신차 점유율이 60%를 넘게 되는 시기이기도 하기 때문이다. 따라서 주행세에 적용할 지역별 계수는 2031년부터 2040년까지 매년 15%씩 상승시키고, 탄소 배출량과 차량 통행량을 동시에 격감시킬 수 있도록 한다. 어느 정도 자동차 판매 시장 상황이 정리되었을 2040년대 초반(2041~2045)에는 이 상승 비율을 10%, 2046~2050년에는 이를 7.5%로 낮추고, 2051~2055년에는 5%, 2056~2060년에는 2.5%로 맞춘다.

도표 3은 이렇게 구성한 일종의 바통 터치 시나리오를 요약하는 그림이다. 탄소세나 유류 교통세와 같은 연료 기반 세금은 2043년까지는 교통 세입의 절반을 차지하지만, 그 이후에는 비율이 급속도로 축소될 것이다. 반면 주행세는 의도대로 2020년대에는 비교적 미약한 규모이지만, 2035년부터는 10조 원을 넘는 액수에 도달하면서 연료의 변화와 탈탄소화, 자동차의 에너지 효율 상승에도 필요한 교통 세출을 지지하는 역할을 빠르게 차지하게 된다. 궁극적으로 지금의 유류 교통세가 하는 교통 투자의 근간 역할은

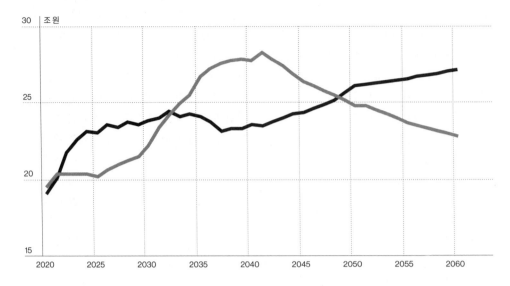

주행세가 하게 될 것이다. 다만, 유류 세금은
2060년에도 여전히 무시할 수 있는 물량은
아닐 것이다. ETP 2010과 2017을 참조하면,
디젤 차량은, 비록 대부분 하이브리드화
되었겠지만, 특히 트럭과 버스를 중심으로
도로를 계속해서 누비고 있을 것이다.

3. 세입과 세출의 교차
도표 4는 이렇게 구성한 세출, 세입안이
서로 적절하게 맞물려 있는지 점검하기 위한
그림이다. 세입, 세출 곡선은 교차하면서
세 개의 국면을 만든다.

2022~2032년: 세출 초과. 이 국면은 환급,
수도권 추가 철도망 건설과 같은 대규모
세출을 완충 기간 없이 바로 시행한다는
점 때문에 발생한다. 최대 격차는 약 3조
원 수준이다. 철도 서비스의 품질 자체를
향상시키는 데 도움이 될 수 있는 망 건설
속도를 최대 템포로 유지하기 위해서는
많은 난점과 논란을 품고 있는 환급 제도
도입 속도를 조절하는 것이 이 세출 초과

국면을 완충할 방법일 것이라고 본다. 다만
이 시기 동안 발생하는 세출 초과액은
총 21.5조 원 수준이며, 이자율을 3%
붙일 경우 이는 원리금 약 32.6조 원과
같은 가액임을 참조할 필요도 있다. 비록
깔끔하게 실현될 리는 없지만, 이후의 세입
초과 국면에서 발생하는 초과 세입은 이
액수보다 많다.(45조 원) 적어도 제안한
세입원을 정부가 충실히 확보할 경우, 이
시기의 적자 재정은 정부가 채권을 운용해
극복할 수 있다는 말이다. 도 지역의 사업용
차량(2017년 현재 지역별 주행 거리의
10~15%를 점유한다)에 대해서도 주행세를
부과하면 세수를 조금 더 늘릴 수도 있다.

2033~2048년: 세입 초과. 국내의 대규모
철도망 건설이 마무리되면서 건설 예산이
축소되는 가운데, 유류 교통세, 탄소세의
감소세보다 주행세의 증가세가 높아
생기는 국면이다. 여기서 생기는 잉여금은
교통 투자 예비비로 활용 가능한 돈이다.
예비비는 향후의 여건 변화에 유연하게

대응하는 데 없어서는 안 될 필수 자원이다. 따라서 이 시기에 예상되는 세입 초과액을 이때까지 부족한 투자를 보강할 재원으로 사용하겠다는 합의를 얻어내는 한편, 실제로 세입 초과가 달성될 수 있도록 단호한 증세 조치를 수행해야 할 것이다.

2049년 이후: 세출 초과. 차량 주행 거리와 에너지 소비가 모두 줄어들어 유류 교통세와 탄소세는 급격히 축소되는 한편 주행세, 전력 및 생물 연료 교통세는 보합 상태를 유지하는 가운데, 유지 보수 비용은 지속적으로 증액되는 한편 국제철도협력기금과 환급 비용 지출은 꾸준히 이뤄질 것으로 가정되었기 때문에 생기는 국면이다. 이 국면을 대비하기 위해서는 유지 보수 비용 절감을 위한 기술 개발이 계속되어야 하며, 방만한 대중교통 노선을 솎아내는 작업 또한 지속적으로 이뤄져야 한다. 유지 보수 비용의 세금 분담 비율을 낮추는 것도 가능한 대책이다. 이미 7장에서부터 계속 강조했던 사항이지만, 모든 자동차 전용도로(도로공사 고속도로, 도시고속도로)의 영구적인 독립 채산제는 이 시기에는 반드시 이뤄져 있어야 할 사항이다. 부족한 세수를 메우기 위해, 교통망 정비에 투자하는 금액 가운데 각 지방의 부동산 기반 세금에서 유래하는 비율을 올리는 것 역시 필요한 조치다.

40년 동안의 시간을 포괄하는 장기 계획을, 그것도 신뢰할 만한 모형도 없는 상태에서 현 상태를 나타내는 데이터와 몇 가지의 가정만으로 제시하려는 시도는 무모하다는 평가를 받기 매우 좋은 시도다. 하지만 이것만은 분명하다. 유류세에 기반하여 이뤄져 왔던 지난 30년간의 교통

투자 제도는 이제 30년 내로 완전히 다른 방식으로 개편될 것이고(전기차 기술의 압력 덕에) 또한 개편되어야만 한다는 것(기후위기 대응을 위해), 교통에 대한 물리적 투자뿐만 아니라 자동차 통행을 감축시켜 탄소 배출 감축과 에너지 전환으로 인한 사회적 갈등과 환경의 파괴를 최대한 감쇄시키는 방향으로 세금과 재정을 활용하지 않으면 안 된다는 것, 지속적인 건설 투자의 결과 누적된 교통 시설은 지속적으로 증식하는 유지 보수비 투입을 요구한다는 것, 철도 투자를 할 때 이제는 한국뿐만 아니라 개도국의 상황까지도 고려하여 기후위기 대응을 위한 인류 차원의 협력을 촉진하고 재무적으로도 적극 동참할 필요가 있다는 것. 비록 기반이 약한 계산이라 부록으로 싣긴 했지만, 이 부록에서 진행한 계산은 이들 네 조건을 모두 만족시키는 투자 방침을 구체적인 숫자로 변환하기 위한 시도라는 점에서 무의미하지 않다. 이런 논의는 각국의 재정과 도시 구조라는 맥락 속에서 이뤄져야 하는 것이기에, 외국의 논의가 있다 해도 직접적인 도움이 되기 어렵기도 하다. 누구도 내딛지 않은 논의 방향이지만, 나는 3부의 논의를 마무리하려면 바로 이런 논의의 방향을 던지지 않으면 안 된다고 보았다.

참고 문헌

이 목록은 책의 논의에 직접 언급되거나 도움을 받은 책과 기사, 논문, 보고서,
그리고 참고 웹 사이트로 구성된다. 웹 사이트 주소는 2020년 2월 현재 유효한
링크만 수록했다. 논의의 기반이 된 데이터와 관련된 각종 통계, 연감, 정부 지침,
그 밖의 웹 문서, 그리고 각국의 철도 기관 웹 사이트 등은 일러두기에 밝힌
저자 블로그나 노선 페이지를 참조하라.

감사원. 「수도권고속철도 건설사업 추진실태」. 감사원, 2016.
강만옥·강광규·조정환. 『탄소세 도입 및 에너지세제 개편방안 연구』.
    한국환경정책·평가연구원, 2011.
강진연. 「국가성의 지역화」. 『사회와 역사』 제105집(2015): 319~355.
건설교통부. 「대도시권 광역교통기본계획」. 건설교통부, 2007.
관계부처 합동. 「『혁신도시 시즌2』 추진방안」. 보도자료. 2018년 2월 2일 자.
「교통·에너지·환경세법」. 법률 제16840호. 2019년 12월 31일.
「교통시설특별회계법」. 법률 제16862호. 2019년 12월 31일.
교통안전공단, 『대중교통 현황조사 결과보고서』. 교통안전공단, 2015.
———. 『2015년 대중교통현황조사』. 교통안전공단, 2015.
국가교통 DB. 『전국 여객O/D전수화 및 장래 수요 예측』. 2017. https://
    www.ktdb.go.kr/common/pdf/web/viewer.html?file=/DATA/
    pblcte/20180725051544947.pdf.
국토교통과학기술진흥원. 『2015 국토교통기술수준분석』.
    국토교통과학기술진흥원, 2015.
국토교통부 광역도시철도과·철도운영과·민자철도팀. 「경부·분당·과천·일산
    급행열차 확대, 수도권이 더 가까워진다」. 보도자료. 2017년 7월 7일 자.
국토교통부. 「1차국가도로종합계획」. 국토교통부, 2016.
———. 「제3차철도망구축계획」. 국토교통부, 2016.
국토해양부. 『도로용량편람』. 국토해양부, 2013.
권오혁. 「교통발달에 의한 중심지체계 변화 모형의 분석과 함의」. 『대한지리학회지』
    제51권 제1호(2016): 77~88.
그루버, 조나단. 『재정학과 공공정책』. 문형표·이인실·명재일·김홍균·김상겸 옮김.
    제5판. 시그마프레스, 2017.
기형서·박동주·오석문. 「철도용량편람 제정의 필요성」. 『철도저널』 18권
    1호(2015): 101~107.
기획재정부·관계부처 합동. 「예비타당성조사 제도개편방안」. 2019년 4월 3일 자.
김강수. 『도로·철도 부분 사업의 예비타당성조사 표준지침 수정·보완 연구』. 제5판.

한국개발연구원 공공투자관리센터, 2008.

김경현. 「수도권 통행 특성을 고려한 통행시간가치 산정 연구」. 박사 학위 논문,
아주대학교, 2017.

김기용. 「[의회] 용산선 지하화 꼭 성사」. 『서울신문』. 2005년 7월 29일 자.

김대웅. 「철도 노선 청주 도심 통과 추진」. 청주 MBC, 2018년 5월 14일 자.

김민경. 「충북혁신도시 재도약 가능할까?」. 『참여와 혁신』. 2017년 7월 3일 자.

김상주. 「서울분지의 형성 과정에 대한 지형학적 연구」. 『지리교육논집』
45권(2001): 1~13.

김시곤·윤태호·김경민·임광만. 「철도용량편람 제정 연구 소개」. 『철도저널』 20권
6호(2017): 35~40.

김연규. 「중앙선(청량리~망우) 2복선 전철화 사업」. 한국개발연구원
공공투자관리센터, 2001.

김재권. 『심리철학』. 하종호·김선희 옮김. 철학과현실사, 1995.

김재영·김성규. 『의정부~금정 광역급행철도 건설사업』. 한국개발연구원
공공투자관리센터, 2018.

김재영·임영빈·조혜정·김익기·이태훈·공정욱·이기택·김설주·서웅철·차준혁.
『여주~원주 간 철도건설사업』. 한국개발연구원 공공투자관리센터, 2015.

김정태. 「무선통신 열차제어시스템 선로용량에 대한 정보 전송시간의 영향 분석」.
『전자공학회논문지』 54권 10호(2017): 91~99.

김주락. 「지역기반 온라인 커뮤니티 활동이 대중교통체계 변화에 미치는 영향」.
『지리학논총』 58호(2012): 1~28

김주영. 『교통 투자재원의 지속성 확보방안: 교통세 개편을 중심으로』.
한국교통연구원, 2014.

김태헌. 『탄소세 도입시 에너지세제 개편방향』. 에너지경제연구원, 2012.

김현·김연규·정경훈·안상웅. 『대심도 철도 건설 정책의 실행방안 연구』.
한국교통연구원, 2009.

김형준. 「병목구간을 고려한 고속철도 선로용량 산정 연구」. 『한국도시철도학회
논문집』 5권 2호(2017): 825~832.

김혜란·김황배·오재학·최진학. 「KTX역사 및 일반 철도 역사의 환승저항 산정」.
『대한교통학회지』 27권 5호(2009): 189~194.

김황배·안우영·이상화. 「도시철도 역사의 유형별 특성을 고려한 환승 시설의
중요도 분석」. 『대한교통학회지』 32권 5호(2014): 487~496.

김훈·안정화·우태성. 『광역철도 서비스 특성 및 사회적 효용을 반영한 운임 체계
개편』. 한국교통연구원, 2016.

―――. 『광역철도 서비스특성 및 사회적 효용을 반영힌 오인체계 개편』.
한국교통연구원, 2016.

김훈. 『남북간 철도연결에 따른 수도권 및 지역 간 철도망의 정비방향(2단계)』.

교통개발연구원(현 한국교통연구원), 2003.

녹색연합.「철도난개발과 공공성 악화 보고서」. 2017.

뉴시스.「고속철 경쟁 SRT 6개월 만에 '850만명' 이용 …철도 서비스 상향 평준화」.『중앙일보』. 2017년 6월 11일 자.

니시나리 가츠히로.『정체학』. 이현영 옮김. 사이언스북스, 2013.

대한교통학회·한국교통연구원·(주)유신 코퍼레이션.『수도권 철도망 개선방안 연구』. 건설교통부, 2007.

도나 M. 웡.『월 스트리트저널 인포그래픽 가이드』. 이현경 옮김. 인사이트, 2014.

「도시철도법」. 법률 제16146호. 2018년 12월 31일.

동아일보.「철길 피서 참변 일쑤」.『동아일보』. 1973년 7월 31일 자.

두덴회퍼, 페르디난트.『누가 미래의 자동차를 지배할 것인가』. 김세나 옮김. 미래의 창, 2017.

류기윤.「KTX 영등포역 정차에 대하여」. 2005년 10월 26일 게재. http://blog.naver.com/gt36cw/100018793165.

마강래.『지방도시 살생부』. 개마고원, 2017.

―――.『지방분권이 지방을 망친다』. 개마고원, 2018.

멈퍼드, 루이스.『기술과 문명』. 문종만 옮김. 책세상, 2013.

모레티, 엔리코.『직업의 지리학』. 송철복 옮김. 김영사, 2014.

문미성·김은경·이성룡·옥진아.『경기도 산업구조변화와 입지정책방향』. 경기연구원, 2018.

박배균.「한국에서 토건국가 출현의 배경」.『공간과사회』31호(2009): 49~87.

박상연·최제민.「서울시 소득불평등 추이와 원인 분석 및 소득불평등과 주거비용에 관한 논의」. 2017 서울연구논문 공모전 발표자료. 서울연구원, 2017.

박흥수.『달리는 기차에서 본 세계』. 후마니타스, 2015.

방용식.「용산선 지상철로 100년 만에 bye」.『시정일보』. 2005년 11월 26일 자.

배영규·왕연대.「철도이용 수요에 따른 선로용량 변화 분석연구」.『한국경영과학회지』38권 3호(2013): 23~35.

백오인.「원주 반곡역 너무 초라한 '정차 역'」.『강원도민일보』. 2014년 11월 6일 자.

브로델, 페르낭.『물질문명과 자본주의』. 주경철 옮김. 까치, 1997.

브로드벤트, 알렉스.『역학의 철학』. 전현우·천현득·황승식 옮김. 생각의힘, 2015.

비틀리, 티머시.『그린 어바니즘』. 이시철 옮김. 아카넷, 2013.

사센, 사스키아.『사스키아 사센의 세계경제와 도시』. 남기범 외 옮김. 제4판. 푸른길, 2016.

서사범.『철도공학』. 북갤러리, 2006.

서울연구데이터서비스.「교통수단별 수송 분담」. http://data.si.re.kr/node/358.

서울특별시 교통정책과.「교통지표」. http://news.seoul.go.kr/traffic/archives/285.

서울특별시 도시기반시설본부.『서울지하철 9호선 건설지: 개화~신논현』. 상권.

서울특별시 도시기반시설본부, 2010.

서울특별시.「서울시, 제2차 서울시 도시철도망 구축계획(안) 발표」. 서울시
　　도시교통본부 교통정책과 보도자료. 2019년 2월 20일.

―――.「서울플랜 2030」. 서울특별시, 2014.

―――.「영동대로 지하공간 복합개발 기본계획(안)」. 서울특별시 지역발전본부,
　　2017.

―――.「우이~신설 지하경전철 건설」. 서울특별시, 2013. https://
　　opengov.seoul.go.kr/budget/400951.

―――.『서울특별시 10개년 도시철도 기본계획에 대한 종합발전방안』.
　　서울특별시, 2013.

서울특별시지하철건설본부.『지하철7호선 건설지』. 서울특별시지하철건설본부,
　　2002.

서울특별시지하철공사.『지하철1호선건설지』. 서울특별시지하철공사, 1989.

―――.『지하철2호선건설지』. 서울특별시지하철공사, 1989.

―――.『지하철3·4호선 건설지』. 서울특별시지하철공사. 1987.

센, 아마르티아.『자유로서의 발전』. 김원기 옮김. 갈라파고스, 2014.

손기민.「도시철도 끊김 없이 달리다」.『진화하는 교통』. 서울연구원, 2016.

―――.『도시철도 노선개편 실행방안: 5, 9호선 직결을 중심으로』. 서울연구원,
　　2008.

손동우.「통일시대 대비한 국토계획 새판 짠다」.『매일경제』. 2018년 3월 14일 자.

손정목.「전차와 궤도」.『서울교통사』. 서울특별시사편찬위원회, 2000: 744~773.

송기태·박준식·고승영·김점산·이성모.「대중교통 이용자 속성을 고려한
　　환승시간별 환승률 결정 모형의 개발」.『대한교통학회지』26권 4호(2008):
　　217~227.

수도권교통본부.「2016년 수도권교통분석 기초자료」. 2017.

신가희·김영록·하연섭.「국회 예산심의과정에서 예비타당성조사제도의 정치화에
　　관한 연구」.『현대사회와 행정』제26권 4호(2016): 141~167.

신수현·김윤환.「확장하는 외지인의 도시 Part 2」.『확장도시 인천』. 마티, 2017:
　　182~233.

싱어, 피터.『세계화의 윤리』. 김희정 옮김. 아카넷, 2003.

아들리, 마즈다.『도시에 산다는 것에 대하여』. 이지혜 옮김. 아날로그, 2018.

야마노우치 슈이치로.『철도사고 왜 일어나는가』. 김해곤 옮김. 논형, 2004.

양시욱·한은총·강준석·남종우.「OD데이터를 활용한 급행화 방법별 시간효용성
　　비교에 관한 연구」.『한국철도학회 춘계학술대회 논문집』(2016): 281~286.

양창화·손의영.「서울시 지하철 이용색의 환승 관련 변수의 가치 추정」.
　　『대한교통학회지』18권 4호 (2000): 19~30.

어리, 존.『모빌리티』. 강현수·이희상 옮김. 아카넷, 2014.

여홍구 외 21인.『수도권 광역급행철도(GTX) 건설사업』. 한국개발연구원
　　공공투자관리센터, 2014.

오건호.『대한민국 금고를 열다』. 레디앙, 2010.

오석문·김경민·장윤호·최유복.「국내 선로용량 산정방법의 문제점 및 개선방안
　　검토」.『한국철도학회 추계학술대회 논문집』(2015): 17~27.

오석문 외 5인.「교통카드자료를 활용한 대중교통 통행분석 시스템 및 방법」.
　　특허번호 KR20120068580A. 한국 특허청. 2010년 출원, 2012년 공개.

오석문.「철도 선로용량에 관한 야마기시 산정식의 개념 이해와 비평」.
　　『한국철도학회 논문집』21권 5호(2018): 517~530.

우석훈.「자동차 경세유표 11: 자동차 공화국」. http://egloos.zum.com/
　　economos/v/1285833.

유재광·노정현.「지역균형발전에 대한 AHP 적용 개선방안」.『교통연구』24권
　　1호(2017): 63~78.

유재광 외 10인.『수도권 광역급행철도(GTX-B노선) 건설사업 예비타당성조사』.
　　한국개발연구원 공공투자관리센터, 2019.

이경재.「환승역사의 동선 체계를 고려한 환승 패널티 추정: 서울시 지하철 사례」.
　　석사 논문, 서울대학교, 2004.

이영성·김예지·김용욱.「우리나라 사회간접자본 스톡의 경제적 효율성에 대한
　　재평가」.『지역연구』28권 3호(2012): 83~99.

이장호·우연식·우승국·이동윤.「보행의 건강 제고 효과를 고려한 도시철도 이용
　　편익 연구」.『교통연구』제25권 제3호(2018): 1~14.

이장호.「철도선로용량 부족에 따른 지체발생 연구」.『한국철도학회 논문집』
　　제18권 제4호(2015): 374~390.

이준구·조명환.『재정학(제5판)』. 문우사, 2016.

일리치, 이반.『행복은 자전거를 타고 온다: 에너지와 공정성에 대하여』. 신수열
　　옮김. 사월의책, 2018.

임규진·박현진.「'SOC 투자냐 중소우선이냐' 실업대책 싸고 정부부처 논란」.
　　『동아일보』. 1998년 4월 6일 자.

임원혁.『경부선 서울~시흥 간 선로확장 사업』. 한국개발연구원 공공투자관리센터,
　　2002.

장원재·한상용·박준식.『대중교통 사용료 소득공제 및 환급체계 도입방안』.
　　한국교통연구원, 2009.

장하석.『온도계의 철학』. 오철우 옮김. 동아시아, 2013.

재단법인 센코카이(鮮交会),『조선교통사』. 최영수·황세정 옮김. 전3권. 북갤러리,
　　2012~2018.

전찬석·정익수·박진영·안성배.「철도 평면교차 지장율 산정 합리화 방안 연구」.
　　『한국철도학회 학술발표대회논문집』(2018): 1~2.

거대도시 서울 철도

정재정.『일제 침략과 한국 철도 1894~1945』. 서울대학교출판부, 1999.

정지훈·김병준.『미래자동차 모빌리티 혁명』. 메디치, 2017.

조동철·강영욱.『2012 경제발전경험모듈화사업: 1980년대 한국의 안정화 정책』. 기획재정부·KDI 국제정책대학원, 2013.

조선총독부 임시토지조사국·경성부청.『경성부명세신지도』. 경성일보사, 1914.

조영관.「철도 효율화로 서비스 질 높여 국민 혜택주는 게 진짜 공공성」. 『국토매일』. 2017년 10월 16일 자.

지주형.『한국 신자유주의의 기원과 형성』. 책세상, 2011.

차두원.『이동의 미래』. 한스미디어, 2018.

「철도산업발전기본법」. 법률 제14547호. 2017년 1월 17일.

최병국.『GTX B노선 변경연구』. 인천발전연구원, 2017.

최종빈·이진선·기형서.「시뮬레이션 기법을 통한 선로용량 산정방법」. 『한국철도학회 2015년 정기총회 및 추계학술대회』(2015): 90~95.

카르납, 루돌프.『과학철학입문』. 윤용택 옮김. 서광사, 1993.

쿤, 토마스.『과학혁명의 구조』. 김명자 옮김. 까치, 1999.

크리스탈러, 발터.『중심지 이론: 남부독일의 중심지』. 안영진·박영한 옮김. 나남, 2008.

특별취재팀(디트뉴스 24).「세종시에서 'BMW'를 이용해야 하는 이유?」.『디트뉴스 24』. 2016년 1월 15일 자.

하우스만, 다니엘·마이클 맥퍼슨.『경제분석, 도덕철학, 공공정책』. 주동률 옮김. 나남, 2010.

하워, 제레미.『증거기반의학의 철학』. 전현우·천현득·황승식 옮김. 생각의힘, 2018.

한국개발연구원 공공투자관리센터.『2017년도 KDI 공공투자관리센터 연차보고서』. 한국개발연구원 공공투자관리센터, 2018.

―――.『교통시설의 경제적 가치 추정에 관한 연구: 철도사업의 선택가치를 중심으로』. 한국개발연구원 공공투자관리센터, 2011.

―――.『수도권 고속철도 건설사업』. 한국개발연구원 공공투자관리센터, 2009.

한국개발연구원.『총괄백서: 예비타당성조사 어떻게 이루어졌나?』. 한국개발연구원, 1999.

한국교통연구원·KTX경제권포럼.「KTX 개통 10년, 무엇이 달라졌을까?」. 한국교통연구원, 2014.

한국교통연구원.「철도의 명칭정립 및 지정기준에 관한 연구」. 최종 보고서. 한국교통연구원, 2011.

―――.『4차산업혁명과 교통·물류 혁신』. 토론회 자료집. 한국교통연구원, 2018.

한주성.『교통지리학의 이해』. 한울아카데미, 2010.

현창봉.「아보가드로 수: 물질세계의 불연속성에 대하여」.『Horizon』. 2018년 8월 8일 자.

홍성태. 『토건국가를 개혁하라』. 한울, 2011.

황성현. 「한국의 1980년대 긴축 재정정책 연구」. 『한국재정학회 2015년도 추계학술대회 논문집』(2015): 1~25.

후쿠이 요시타카. 「철도는 살아남을 것인가」. 심철보 옮김. 『철도기술과 화제』 제62호(2016).

Baron, T., Martinetti, G. and Pépion, D., Tuchschmid, M. eds. *Carbon Footprint of High Speed Rail*. UIC, 2011.

Belastingdienst(네덜란드 국세청). "Motorrijtuigenbelasting"(자동차세). https://www.belastingdienst.nl/.

Boston Consulting Group. "European Railway Performance Index." April 18, 2017. https://www.bcg.com/publications/2017/transportation-travel-tourism-2017-european-railway-performance-index.aspx

Braess, Dietrich. "On a Paradox of Traffic Planning." *Transportation Science* 39(4) (2005): 446~450.

Cummins, Robert C. "Functional Analysis." *Journal of Philosophy*, 72 (1975): 741~765.

Department for Transport. "New Opportunity for The Railways." London: HMSO, 1992.

Dinu, Monica, Giuditta Pagliai, Claudio Macchi, and Francesco Sofi. "Active Commuting and Multiple Health Outcomes: A Systematic Review and Meta-Analysis." *Sports Medicine* 49(3) (2019): 437~452.

DPRK Central Bureau of Statistics. *DPR Korea 2008 Population Census: National Report*. Central Bureau of Statistics Pyongyang, DPR Korea, 2009.

EPA. "Fuel Economy in Cold Weather." www.fueleconomy.gov.

IATA. "Climate Change." https://www.iata.org/en/policy/environment/climate-change/.

IEA & UIC. *Railway Handbook 2017: Energy Consumption and CO2 Emissions*. Paris: IEA, 2017.

———. *The Future of Rail: Opportunities for energy and the environment*. Paris: IEA, 2019.

IEA. *Energy Technology Perspectives 2010*. Paris: IEA, 2010.

———. *Energy Technology Perspectives 2017*. Paris: IEA, 2017.

———. "IEA World Energy Balances 2018." https://www.oecd-ilibrary.org/energy/world-energy-balances-2018_world_energy_bal-2018-en.

International Transportation Forum (ITF). "From Here to Seamlessness: Defining the Roadmap for 21th Century Transport." In *Seamless*

Transportation: Making Connections. OECD / ITF, 2012.

Koske, Isabell, Isabelle Wanner, Rosamaria Bitettiii and Omar Barbiero. "The 2013 Update of the OECD Product Market Regulation Indicators: Policy Insights for OECD and Non-OECD Countries." *OECD Economics Department Working Papers* (2015).

Lisa Bock, Ulrike Burkhardt. "Contrail Cirrus Radiative Forcing for Future Air Traffic." *Atmos. Chem. Phys,* 19 (2019): 8163~8174.

Marchetti, Cesare. "Anthropological Invariants in Travel Behavior." *Technological Forecasting and Social Change*, 47 (1994): 75~88.

Martin, A., Goryakin, Y., and Suhrcke, M. "Does Active Commuting Improve Psychological Wellbeing? Longitudinal Evidence from Eighteen Waves of the British Household Panel Survey." *Preventive Medicine*, 69 (2014): 296~303.

Maurer, Markus., et al. eds. *Autonomous Driving: Technical, Legal, and Social Aspects*. Springer, 2016.

Millard-Ball, Adam. "The Autonomous Vehicle Parking Problem." *Transport Policy* 75 (2019): 99~108.

Millikan, Ruth G. "In Defence of Proper Functions," *Philosophy of Science* 56 (1989): 288~302.

Musk, Ellon. "Hyperloop Alpha." August 12, 2013. https://www.spacex.com/sites/spacex/files/hyperloop_alpha.pdf.

Odgaard, T., Kelly, C., and Laird, J. "Proposal for Harmonised Guidelines." In *Developing Harmonised European Approaches for Transport Costing and Project Assessment*. Second revision. European Commission Transport Research and Innovation Monitoring and Information System, 2006.

OECD DAC. "DAC List of ODA Recipients." 2018~2020. http://www.oecd.org/dac/financing-sustainable-development/development-finance-standards/daclist.htm.

OECD. "Indicators of Product Market Regulation Homepage." https://www.oecd.org/economy/reform/indicators-of-product-market-regulation.

Office of Rail and Road (ORR). "Government support to the rail industry: Table 1.6." http://dataportal.orr.gov.uk/statistics/finance/railinvestment-and-subsidies/government-support-tothe-rail-industry-table-16/.

Office of Rail Regulation. "ORR guidelines on Route Utilisation Strategies." Office of Rail and Road, 2006.

Ogilvie D., Panter J., Guell C., et al. *Health impacts of the Cambridgeshire Guided Busway: A Natural Experimental Study*. National Institute for Health Research (NIHR) Journals Library, 2016.

Otten, G. V. and Dennis J. Bellafiore. *Critical Geospatial Thinking and Applications*. The Pennsylvania State University, 2018. https://www.e-education.psu.edu/geog597i_02/node/676.

Pavel, E. M. "The concept of fuzzy central place as the approach to compare distribution of central functions within urban agglomerations." In *ERSA Conference Paper*. European Regional Science Associatio, 2014.

Psillos, Stathis. *Scientific Realism*. Routledge, 1999.

Tal, Eran. "Measurement in Science." *Stanford Encyclopedia of Philosophy*. Stanford University, 2015. https://plato.stanford.edu/entries/measurement-science.

UIC. *Carbon Footprint of Railway Infrastructure*. Paris: UIC, 2016.

———. *UIC code 406 Capacity*, 2nd ed. Paris: UIC, 2013.

UN. *World Urbanization Prospects: Highlights. The 2014 Revision*. New York: UN, 2014.

UNDP Pakistan. *Pakistan: National Human Development Report*. UNDP, 2017.

———. *China Sustainable Cities Report 2016: Measuring Ecological Input and Human Development*. UNDP, 2016.

UNECE, *Railway Reform in the ECE Region*. UN, 2017.

United Nations DESA Population Division. *World Population Prospects: The 2017 Revision*. New York: United Nations, 2017.

———. *World Urbanization Prospects: The 2018 Revision, Methodology*. New York: United Nations, 2018.

Wadud, Zia, Don MacKenzie, and Paul Leiby. "Help or Hindrance? The Travel, Energy and Carbon Impact of Highly Automated Vehicles." *Transportation Research Part A*, 86 (2016): 1~18.

Wardman, Mark, et al. *Valuation of Travel Time Saving For Business Travellers*. Institution for Transport Studies In University of Leeds, 2013.

Wimsatt, W. C. "Robustness, Reliability, and Overdetermination." First publish in 1981. In *Characterizing the Robustness of Science*. Springer, 2012.

World Health Organization. *Global Recommendations on Physical Activity for Health*. World Health Organization, 2010.

「沈阳南站将成高铁'集合站'」. 火车网. https://www.huoche.net/show_143225/.

주요 참고 사이트

T Money
tmoney.co.kr

경기연구원
gri.re.kr

경제통계시스템, 한국은행
ecos.bok.or.kr

공공투자관리센터, 한국개발연구원
pimac.kdi.re.kr

교통온실가스관리시스템, 교통안전공단
kotems.or.kr

교통사고분석시스템, 도로교통공단
taas.koroad.or.kr

교통안전공단
ts2020.kr

국가교통 DB
www.ktdb.go.kr

국가에너지통계시스템, 에너지경제연구원
www.kesis.net

국가통계포털, 통계청
kosis.kr

국토교통부
www.molit.go.kr

대한교통학회
korst.or.kr

미래철도 DB
frdb.wo.to

서울교통공사
seoulmetro.co.kr

서울연구데이터서비스
data.si.re.kr

서울연구원
si.re.kr

에너지경제연구원
www.keei.re.kr

레일 블루(구 오글 로리), 열차운전정보 DB
rail.blue

오피넷, 한국석유공사
www.opinet.co.kr

의안정보시스템, 국회
likms.assembly.go.kr

인천교통공사
ictr.or.kr

인천연구원
ii.re.kr

전국버스운송사업조합연합회
bus.or.kr

중앙해양안전심판원
www.kmst.go.kr

지질정보서비스시스템, 지질자원연구원
mgeo.kigam.re.kr

철도기술의 세계
railtechinfo.co.kr

한국공항공사
airport.co.kr

한국교통연구원
www.koti.re.kr

한국도로공사
ex.co.kr

한국철도공사
info.korail.com

한국철도시설공단
kr.or.kr

한국철도학회
railway.or.kr

American Public Transportation Association.
    apta.com

Brookings (2014 Brookings Global Metro Monitor).
    https://www.brookings.edu/
    research/global-metro-monitor/

Citypopulation.
    citypopulation.de

Deutsche Bahn.
    Bahn.com

Eurostat.
    ec.europa.eu

Global Data Lab.
    hdi.globaldatalab.org

Human Development Reports, UNDP.
    hdr.undp.org

IATA.
    iata.org

IEA.
    iea.org

Indian Railway.
    indianrailways.gov.in

JR 東日本.
    jreast.co.jp

JR 東海.
    jr-central.co.jp

legislation, UK.
    legislation.gov.uk

Network Rail, UK.
    networkrail.co.uk

OECD statistics.
    stats.oecd.org

Office of Rail and Road, UK.
    orr.gov.uk

Open Railway Map.
    openrailwaymap.org

QGIS.
    qgis.org

RENFE, Spain.
    renfe.com

Russian Railway.
    rzd.ru

SBB, Switzerland.
    SBB.ch

SNCF, France.
    SNCF.com

UIC.
    uic.org

UN Economic Commsion for Europe.
    unece.org

UN Population division.
    un.org/en/development/desa/
    population/

US Census Bureau.
    census.gov

WHO.
    who.int

World Bank Open Data.
    data.World.org

中国国家铁路集团.
    www.china-railway.com.cn

中国城市轨道交通协会.
    camet.org.cn

1기 지하철 25, 127, 145, 151~153, 227
1기 신도시 127, 147~154, 185~186, 206, 227, 353, 388
1인용 교통수단 473
1차 국가도로종합계획 446
2^n 규칙 30~31, 34, 46
2기 지하철 25, 127, 146~153, 329, 346, 391, 433~434, 452
2도 미만 시나리오 463~470, 478, 491, 527, 529
3기 지하철 149~153, 345~346
3차 국가철도망구축계획 212, 217, 219, 232, 360~361, 441~444
45분 규칙 33
5대 기존선 388~389
B원(크리스탈러 체계) 49~52, 206, 210, 488~490, 504
CIQ 248, 250
D열차 260, 501
EMU-250 226, 252, 363, 501
GTX 174~175, 181~183, 187, 191~201, 210, 215~227, 253, 277, 283, 286, 288~291, 297~310, 318~320, 332~334, 337~338, 361, 441, 445, 451~453, 501
G열차 30~31, 34~35, 45~46, 260, 501
G원(크리스탈러 체계) 49~52, 191, 206, 209~210, 310, 488~490
ICE 46, 87
ITX(-새마을) 121, 156, 162, 277~280, 292, 299, 322, 363, 419, 518
ITX-청춘 38~39, 45~46, 121, 165~167, 188, 224, 266, 288~307, 363, 501
JR 도카이 170~171
JR 동일본 170~171
JR 서일본 325, 443
KD운송그룹 186
KTX-산천 157, 166, 252, 501
K원(크리스탈러 체계) 49~52, 206, 210, 345, 504
L원(크리스탈러 체계) 49~52, 202~205, 208~210, 288~290, 316, 475~476, 487~490, 498
OD(Origin/Destination) 347, 475~476, 481~482, 487~490, 524, 529~530
P원(크리스탈러 체계) 49~52, 203~206, 208~210, 475~476, 487~490
SOC 401, 447

SR 363, 377, 445, 516~517
— 분기 121, 171, 215, 274, 280, 520~521
SRT 38, 121, 163, 171, 253, 254, 363
TGV 87, 501
TOE 479, 494, 528
UN 개발계획(UNDP) 76, 82~84
UN 인구국 27, 55~56, 365, 493~499
가속 35~45, 94, 105, 171, 192, 254, 276, 325~341, 461~462, 471, 505, 514
가속도 37, 105, 299
— 적응 훈련 37
감가상각비 273, 356, 451~455
감속 35~36, 40, 45~47, 105, 171, 192, 254, 276, 289, 325~341, 461~462, 505
개발 9~13, 75~76, 84, 130~132, 141~143, 153~154, 211, 232~235, 250, 253~254, 288, 335, 358~362, 373~374, 397, 422~426, 441, 466, 470, 486, 496~497
— 분담금 187, 282, 388
— 저개발(상태) 9, 499
개발도상국 25~27, 36, 66~69, 73, 368, 372, 462, 466~469, 484~485, 491~499, 509, 525, 527, 533
거대도시 11~13, 18, 25~28, 32, 40, 53~85, 90, 113~114, 119, 179, 181, 205~211, 227~238, 244, 246, 254, 281, 295, 307, 315~317, 320, 345, 356~365, 372, 391, 406, 415~416, 423, 425, 432, 443, 448, 464, 467, 471, 473~484, 487~490, 492~494, 497~499, 501, 509, 510
— 분류 55~56, 492~494
— 정의 27
격리 원리 43, 46, 48~52, 510
경부고속도로 185, 232, 374, 377, 381
경부철도주식회사 133, 140
경성궤도 135~136
경전철 72, 122~123, 126, 128~130, 148~151, 185, 190, 219, 337, 345, 348~350, 353, 355, 360, 434, 479, 494, 502
경제협력개발기구(OECD) 25~26, 58, 83, 365, 367~368, 421~422, 438~439, 468, 493~499, 502, 510, 525
고상 승강장 → 승강장
고소득 국가 493~499, 502, 510, 525
고속도로 31~42, 84, 89, 149, 176, 185, 187, 191, 203~210, 227, 232~204, 219, 326, 339~340, 349, 374~395, 401, 421, 445~448, 461~462, 471~472, 475~484, 502, 507, 522~523, 528, 533

— 도시- 30, 37, 149, 227, 254, 477~478, 522~523, 533
고속철도(고속열차) 25~28, 31, 34~40, 45~46, 55, 58, 72~73, 78, 97, 105, 120~123, 147~151, 154~169, 187, 189, 206~208, 236~252, 259, 265, 275~281, 289, 365, 367, 371~377, 380, 383, 388~393, 401, 415, 418, 436~437, 445, 451~455, 458, 466~470, 475, 477, 482~484, 491~499, 502, 516~526
— 중국- 25, 30~31, 55, 58, 72, 253~254, 491, 496
고속철도건설공단 380
고종(광무 정권) 119, 140
— 광무 연간 130
골디락스 존 36~42
공간의 종말, 교통에 의한 47
공로 25, 502
공유 자동차 458~462
공유지의 비극 450
공익서비스보상금(PSO) 443, 523~524
공주거리 472, 474
과잉 토건 이론 420~424
과학 철학 14, 100~107
관리자 및 전문가 427
관통 브레이크 92~93, 502, 507
광궤 502
광역급행 15, 19, 39~42, 45~46, 53, 86~87, 105, 115, 183, 199, 206~207, 210, 216, 219~221, 224~227, 243, 252, 258, 260, 271, 279, 286, 295, 297, 300, 302~303, 307~309, 314, 320~323, 324~344, 348, 355, 361, 389, 409, 415~416, 450, 455, 482, 489~490, 524
광역 철도망 → 광역급행, 광역특급
광역특급 19, 191~201, 207~210, 214~227, 233~238, 243, 247, 252~260, 266, 271, 273, 277~283, 286~323, 324, 329~344, 352, 355, 361~362, 409, 415~416, 445, 455, 489, 501~502, 516~519
교외 136, 191, 456~457
교차지장 145, 162~163, 169, 197, 261, 502
교통 원리 43~45, 115, 480, 510
교통·에너지·환경세 382, 443, 503
교통류 34, 98, 226, 231, 254, 303, 322, 338, 342, 471~476, 503~504, 507
교통세 381~387, 400, 420~423, 436~437, 443, 447, 449, 480, 527~532

교통세법 382~383, 443
교통시설특별회계 380~387,
420~423, 436~437, 443, 503
— 도로계정 381~387
— 철도계정 381~387
구매력 평가지수(PPP) 81~85
국가도로종합계획 446
국유 철도 437, 452, 511
국유화 373, 511
국제에너지기구(IEA) 457, 460,
463~468, 478~480, 491~497, 527, 529
국제철도연맹(UIC) 29, 98~100, 104,
108~109, 160, 163, 174~175, 231, 287, 318,
337, 460, 464~470, 479, 503
국제철도협력기금(저자 제안)
491~499, 525~526, 532
국제항공운송협회(IATA) 484
국철 25, 60, 152, 371, 373
국토교통부 184, 186, 189, 194, 270,
354, 435
궤간 102, 502~503, 512~513
궤도 회로 93, 503, 508
규칙 시각표 85~88, 163, 170, 236, 254,
259, 276~279, 291, 325
균형 발전 361~362, 404, 417~419, 448
급행 열차 29, 86, 219, 221
기관사 29, 91~93, 159, 337, 502
기업 도시
— 원주 300
— 충주 308
기준기술 시나리오 463~464,
467~468, 478, 497
기타 저소득국 495, 510
— 북한 495, 498
기획재정부 417
기후위기 10, 84, 230, 249, 358, 364,
368, 406, 410, 425, 442~444, 449, 454,
458, 460~464, 470~471, 480, 483~486,
490~492, 494, 496, 498~499, 503,
522, 525~527, 533
긴축 정책 151, 374~375, 381~383, 388,
396, 398~401, 420, 441
길이(공간적) 102~104
김재권 17
나틈공법(NATM) 353, 504
난개발 218, 227, 339~340, 353, 423
남만주철도주식회사 244, 373
— 경성관리국 376
내륙항 177, 242, 248~249, 504
내연기관 449, 478, 497, 528
네덜란드 국세청 481~482

네트워크 효과 285, 504
노년층 229~230, 429
노란 조끼 시위 397, 425, 481
노령화 364~367, 417
노면전차 → 트램
노선 섞기 342, 347~348, 504~505
누르하치 244
다이어(그램) 20, 86, 157, 166, 516~521
단락(short) 93, 503
단속류 33, 89, 474, 504
단순회귀분석 64~65, 82~83, 366, 422,
489
담세 396, 398~401, 484, 526~527
대류권 503
— 계면 34
대중교통 이탈률 429~431
대피선 183~190, 297, 340, 342,
346~347
대한교통학회 109~111, 159, 162, 168,
176~177, 263
대형 전동차 126, 328, 349~350, 502
도로 다이어트 473~477
— 고속도로 476~477
— 시가지 내부 도로 473~474
도로정비사업특별회계법 381~383
도로정비촉진법 381~382
자갈 도상(道床) 12
도시 확장, 무정형적(sprawl) 460
도시 회랑 → 회랑
— 경부 232~233, 344
— 서해안 172, 208, 219, 232~235,
304~305, 339, 344, 447
— 중부선 219, 232~235, 312~314, 344
— 행정수도 233~235, 297, 316~317
도시철도법 25
독일 철도(DB) 25~26, 54, 367~368,
437~439, 504
두단식 54, 56~59, 136, 143, 161~163,
169, 170, 174, 236, 252, 256~260,
266~267, 273, 278, 287, 301, 505, 512
따릉이 30
러시아 철도 26, 37, 54, 177, 238,
248~249, 253, 368
러시아워 105, 177, 220, 227, 305, 322,
325, 336~337, 339~341, 344, 349
런던 지하철(TfL) 60~65, 443
루손 섬 499
리셔플링 → 노선 섞기
마르케티, 체사레 33~34, 46~47, 507
마이카 시대 10, 411, 429
마찰시간 35~42, 46, 65, 111, 115, 192,

208~210, 228~229, 255, 303, 342, 432,
458, 467, 471, 473, 477, 483~484, 505
매핑 102~104
머스크, 일론 27
물리적 저항의 장벽 36~42, 45, 47, 209
민영화 371~373, 497, 511
(미세)먼지 249, 457
바이오매스 462~463, 483, 497,
527~529
박기종 140
박자 시간표 86
박정희 10
반도체 회사
— 삼성전자 186
— 하이닉스 307
발전 제동 94, 505, 514
배기가스 457
배회 (전략) 459
버스 26, 30~32, 39~42, 53, 96, 116, 181,
186, 188, 191~194, 198, 210, 228~229,
238, 251, 284, 293~296, 325~327,
330, 334, 349~353, 365, 409~411, 415,
424~428, 443, 447, 458, 465~468,
473~479, 482, 487~490
— 고속- 30, 34~35, 447, 522~524
— 광역- 127, 186, 206, 210, 228, 327
— 급행간선버스(BRT) 238
— 마을 300, 352, 488
— 시내- 31, 168, 186, 188, 228, 261,
352~353, 409, 429, 479, 522~524
— 중앙차로 349, 474
— 환승(센터) 116, 258, 284, 325, 330
베트남 56, 494, 499
병목 69~74, 77~79, 90, 97~99, 105,
109, 112~113, 121, 137, 139, 149, 156~182,
187, 190, 197~200, 217, 221, 231, 236,
239, 253~283, 298, 302~303, 308,
318~320, 341, 358~364, 416, 418, 505
— 병목률 70~74, 77~79, 359~361, 515
— 철도 병목 수 69~74, 77~79,
359~361, 515
병자호란 244
보급 원리 43~52, 480, 510
보기 대차 176, 506
보스턴 컨설팅 그룹 73, 75
보조금 346, 371, 445, 452, 480,
522~524
보행(자) 30~33, 336, 412, 459, 474
부가(가치)세 382, 523~525
부하철도회사 140
분기기 92~93, 105, 109, 163, 272~273,

276, 285, 303, 308, 506~507
분석적 계층화법(AHP) 405, 407, 418
브라에스의 역설 41
브레이크 18, 91~95, 502, 507, 511
— 발전 제동 94, 505, 514
— 압축공기- 94~95, 507
— 핸드- 91, 511
— 회생 제동 94, 476~477, 514
블랙 아이스 472
비둘기호 158, 379
비업무 통행 408~410, 507
비용 구조 모듈 450~455
비용편익분석 402~412
사고 10, 27, 75, 89~97, 471~475
— 도로 89, 95~97, 450, 457~458,
461~462, 471~474
— 사망자(행방불명자) 95~97
— 철도 89~97, 100, 109, 193, 255, 507
사르후 전투 244
사회계약 12~13, 16, 19, 22, 371~372,
484~486, 499
사회 기반 시설(SOC) 401, 447
살아 있는 화석 12
상하 분리 381, 436~440
새마을(호) 30~31, 45, 121, 156~168,
183, 254, 288~289, 292, 297~299, 363,
379, 390~391, 506, 518~519
생산자서비스 154, 233~235, 362, 449
생산직·노무직 427~428
서북철도국 140
서울교통공사 122, 127~129, 189,
346~347, 351, 455
서울연구원 83, 345, 347~348, 504
서울외곽순환고속도로 203, 206, 340
서울의 구심력 204
서울의 원심력 204, 355
서울전차 130~131, 133~136, 141
석탄 143, 177, 248~250, 465, 469
선로 사용료 444
선로용량 97~107, 170~171, 231, 506
— 강건성 107
— 계획으로서의- 101, 103~106
— 시뮬레이션 방법 103~104
— 이론적 한계- 103, 506
— 철도용량편람 99, 103~104, 109
— 측정으로서의- 101~103
— 평행 운전 선구의- 98, 100,
103~106, 170~171
— 해석적 방법 103~104
— 혼합 운전 선구의- 98~100,
103~107, 171, 231, 506

섭씨 2도 시나리오 463~470
세계 도시 28, 33, 58
세계보건기구(WHO) 410
세녹스 383
센, 아마르티아 76, 509
소음 190, 457, 459
소형 차량(light duty vehicle) 447, 457,
460, 465~468, 479, 488~489, 497, 529
속도-거리 곡선 35~42, 45~47,
208~210, 458, 477, 489, 502
수도권 전철 123, 141~154, 181~191, 260,
289, 327, 377, 390~391, 512
수소차 230
수송분담률 25~26, 362~368, 465, 467,
475~476, 487~490, 506, 529
수익자 부담의 원칙 450, 452~453,
478~481, 523, 528
스위스 철도공사(SBB) 25~26, 85~88,
365~368, 414, 437~439
스크린도어 451
승강장 32, 53~59, 74, 86~90, 108~109,
114~116, 161~169, 170, 175, 192, 221,
243~244, 247, 255~262, 265~267,
269, 271~274, 278~280, 283~285,
287, 292~296, 299, 301~302, 306,
308~309, 312~319, 326~329, 336, 360,
504, 510
— 고상 승강장 54~55, 161, 260, 266,
270, 292, 299, 301, 502
— 분리 원칙 292~293
— 쌍섬식 승강장 301, 326, 507
— 저상 승강장 54, 58, 269, 299, 510
승용차 12, 25~27, 30, 36~42, 45, 65,
84, 96, 116, 191, 199, 209~210, 228~230,
234, 291, 324~325, 349~350, 371,
375~379, 382~383, 408~413, 417,
424~431, 447, 449, 456~490, 497, 509,
527~531
시간비용 36~42, 506
시간비용의 장벽 36~42, 45, 209, 410
시계판 시간표 86
신재생 에너지 449, 462, 476, 478,
527~529
실재론 102
쌍섬식 승강장 301, 326, 507
아보가드로의 수 107
암트랙(Amtrack), 미국 372
압축 공기 브레이크 94~95, 507
야마기시식 98~99, 104
업무 통행 329, 408, 507
에너지 사용 강도 460~462

에너지 저장 장치 462
에너지 효율 39, 461~468, 478~479,
484, 503, 531
여성 229, 424~431
역간거리 34~35, 45~47, 53, 55, 192,
208~209, 288~293, 325, 334, 505, 507
역목 89
역학(epidemiology) 410~413
연동 92~94, 97, 337, 507, 511
영국
— 교통부(DfT) 372, 415
— 네트워크레일 415
— 철도도로국(ORR) 60, 372, 414
예비타당성 조사 396, 401~419, 508
오일 쇼크 397~400
완행 열차 29, 46, 68, 87, 159~161,
166~167, 181~192, 199~201, 224~226,
269, 271, 273, 278, 283~287, 294, 305,
322, 324~329, 338~343, 346~353,
409, 416, 450, 454~455, 482, 507~508,
524
외부불경제(효과) 450, 452
용도지역 329, 508
용량 18, 21, 53~55, 67~70, 79
— 도로용량편람 58, 471
— 철도용량편람 99, 103~104, 109
우회 선로 70~72, 79, 90, 114, 364
운임 33, 39, 41, 141, 186, 193, 196~199,
221, 247, 288, 292~296, 325~329, 351,
371, 390~392, 408~410, 432, 439~455,
460, 475, 482, 522~526
운행시격 104~105, 508
원자력 발전소(원전) 95, 462~463,
469, 473, 478, 528
웨스팅하우스, 조지 94
유가(가격) 382~384, 397~400, 480,
527~530
유도된 수요 459~462
유료도로법(시행령) 448
유류세 382~384, 397~400, 527~530
유보지 115~116, 221, 240, 242, 246, 266,
296, 303, 322, 330, 415, 508
유엔 개발 계획(UNDP) 76, 82, 84
유효장 271, 508
음속 30, 36~39
— 천음속 36~37
— 초음속 30, 33
이동 폐색 93, 276, 508
이륜차 464
이민자 141, 367~368
이중 교통 환경 227~230, 238, 288,

317, 358, 361~362, 448, 476
인간개발지수 75~76, 81~85, 424, 509
인구 밀도 12, 55, 65~67, 85, 139, 178,
182, 230, 468, 470, 499, 527, 529~530
인구 밀집 지대(agglomeration) 55
인도 철도(국영 철도) 25~26, 58~59,
72, 78, 82~84, 368, 493, 496
인킬로미터 96~97, 152, 165, 326,
362~368, 373~379, 390, 436, 460,
466~469, 478~479, 489, 495~498,
509, 529
일리치, 이반 9~10, 42
임상 연구 412~413
입석 292~293, 302, 305, 311, 328
입체교차 95, 182, 266, 318, 509
자가 소유 차량(자가용 차량) 375,
378, 458, 479, 481, 490
자가용 헬리콥터 36
자기부상열차 25, 33, 126, 150, 509
자동차화 19, 70, 230, 302~304, 361,
377~378, 399~400, 421, 429~431,
456~464, 490, 509
— 두 번째 19~20, 458~464, 471,
476~477, 484~486
— 첫 번째 19, 456~457, 460
— 한국의 227~230, 375~379,
381~383, 398~399
자연 독점 437, 440, 511, 457~459
자율 주행 11, 38, 116, 364, 410, 415, 456,
461~462, 471~473
자전거 9, 30~42, 78, 116, 348~349,
352, 411~412, 473~474, 490, 513
작전 15~17, 491
잔여 위험 95
장대 터널 95, 119, 139, 168, 448
재래선 31, 34, 156~169
재정 당국 106, 231, 255, 357, 381~395,
399~417, 420, 436, 444, 507
저상 승강장 → 승강장
저소득층 409, 479
저항
— 물리적 33, 35~40, 45, 47, 120, 209
— 공력 35, 457
— 노면 35, 457, 471~473
— 전기 94, 505
— 심리적 36~37
— 환승(접근) 109~115, 192, 197,
201, 271, 334, 350, 505, 510,
512~513
전국망 15, 18~19, 33~34, 53~58,
64~68, 73~79, 86~88, 108~111, 115,

120~125, 127, 131~133, 137~140, 143, 145,
152, 154~180, 183, 188~190, 207~208,
211~227, 236~287, 289~291, 295~297,
299~303, 306, 308, 311, 316, 318~323,
352, 355~365, 379, 388~393, 400,
414~418, 432, 435~437, 443~445,
450~451, 454, 470, 473, 475, 482~484,
487~489, 494~499, 505, 523
전국시장 33
전기차 444, 449, 452, 458~459,
462~464, 478~481, 531, 533
전략 15~17, 411, 422, 445, 487, 499
— 공간 구성(개발) 229, 238
— 전략 개발지 232~235, 312, 335
— 축선 활용- 414~416
전력(전기) 94, 183, 254, 440, 449, 462,
470, 476~481, 484, 505, 514, 526~532
— 믹스 469
— 전기 철도(전철) 143, 415, 451, 465,
477, 501, 503, 505, 510
— 전기 회로 93
— -화, 자동차 444, 457, 463, 497, 531
— 탈탄소화 10, 230, 463, 527, 531
전술 15~17, 45, 100~101, 201, 471, 491
절리 286~287
정묘호란 244
제1종 오류·제2종 오류 405~406, 501
제2경인고속도로 323
제2서해안고속도로 455, 457
제2외곽순환고속도로 191, 203, 210,
323, 476
제국주의 119, 130~141
— 일본 130~141
제동 거리 105, 458, 471~475
— 비상 473
제조업 205~208, 218~219, 232~235,
249, 297, 304, 308, 314, 339, 400~401
제트기 30, 33, 36~38
종관(선) 13, 34, 137~140, 151, 164, 171,
179, 187, 208, 211, 214~219, 224, 233,
243, 249, 252~255, 279, 310, 314~318,
337, 358, 373, 379, 392, 394, 416, 421,
432, 498, 517
주차(장) 37, 41, 116, 424, 458~459
주행 거리(차량, VKT) 96, 459~462,
464, 471, 475, 482, 527, 529~532
— 실태 조사 96, 531
주행세 382, 449, 480~482, 526~533
중국철로총공사 372
중규모 전동차 349
중부고속도로 232~235, 249, 307,

312~315
중소도시 27, 79, 116, 457, 467, 495
중심 착발역 53~55, 56~59, 323
중심지 이론 18, 43~52, 510
— 남독일의 중심지 체계 48~49
— 의미(Bedeutung) 43~44, 202
— 행정구역과 중심지 이론 48~52
중앙고속도로 299, 392, 401, 449
중앙역 53~59, 70, 72, 161~164,
236~239, 253~287, 318~323, 360, 510
중장년 426~431, 449
중저소득 국가 467~468, 495~499
지니계수 81~85
지불 의사 36, 329, 408~410, 445
지역 낙후도 404~405, 416~419
지연
— 열차 72, 91, 109, 158, 182, 200, 259,
327~329, 342, 407, 504
— 노선 개통 172, 346, 392~395,
441~442, 448
지옥철 41, 60, 74, 76~77, 90, 147, 151,
239, 351, 361, 375, 381, 398, 421, 511
지장률 108~109, 159~164, 174~175,
259~267, 278~280, 318~323, 511
지하철 25, 110, 126~130, 142~153, 227,
329, 345~348, 391, 433~435, 452, 457
지하화 109, 111~114, 176, 179, 189~191,
253~256, 267, 424, 455
진입 선로 56~59, 70, 88, 359~361
— 서울~용산 160, 257~258, 265~267
— 청량리 166, 283~287
질소산화물 457, 459
집단(군집, 편대) 주행 461~462,
472~473
차량 규모 축소(소형화) 461~462
착석 328
철도
— 구조 개혁 377~381, 436~440, 511
— 민영화 371~373, 497, 511
철도 2000(Bahn 2000) 85~88, 414
철도 밀도 59~67, 74~78
— 광역, 전국망 60~67, 74~78,
359~361, 515
— 도시철도 59~67, 74~78, 345,
359~361, 515
철도개발지수 73~85, 210, 358~361,
365, 372, 423~424, 501, 509, 514~515
— 가중치 74, 81
— 도시 분류 74, 76~78, 82~85
— 불균형 그룹 74, 77~78, 236,
281

── 선도 그룹 74,76~79,210,345,
358~361,365
── 철도 포기 그룹 74,77~78,372
── 최상위 그룹 74,76~79,359
── 추격 그룹 74,76~80
철도규제법, 영국, 1889년 91~94,511
철도망 전반의 기능 111~116
── 유기성 69~73,74,111~116,164,
172~179,185,191,201,212~221,334,
354~358,361,416,448,508
── 유연성 106,111~116,164,172~179,
190,217,259,281,292,318,445
철도산업발전기본법 437
── 시행령 444
철도통계연보 96,124,156~158,
164~165,363,375~380,444,454,479
철인왕 403
청·노년 426~428
체계적 고찰 연구 412
총지출 및 순융자(정부) 385~387
최빈국 467,495~496,510
최선 설명으로의 추론 50
최소 시격 92,98,276,506,516
초과 통과 복선 수 67~69,74,76~77,
181,358~361,515
축선 활용 전략(RUS) 414~415
충선왕 244
측정 55~73,100~113,192,202,255,
364,429~430,449,454,481,487~490
침대 열차 254,260
칼도-힉스 개선 403
코레일 타임 389~395
코호트 연구 411~413
콩코드 30~31,36
쿤, 토마스 13~14
크리스탈러 변수 44~52,202~211,487
크리스탈러, 발터 43~52,480,510
타이어 471~472
탄소세 39,372,425,442,449,455,
478~482,495,522,527~532
탈공산화 25
토건
── 국가 420~424
── 마피아 422~423
토목 33,35,41,54,111~116,211,
220~221,264~265,269,447,451~455,
470,491,498,507,509,511~512
톤킬로미터 376~377,460,465,509
통과 복선 수 67~74,76~77,181,
358~361,515
통과식 54,56~59,259,512

통근통학 통행의 네 범주 424~428,
524,529~531
통일호 158,379
통합운임제(환승, 도시교통) 192,196,
198,289,292~296,326~328
트램 30~31,34~35,61,72,209,504
트럭 458,463,465,477,502,531
트리니티(원자폭탄) 492
특급열차 38,68,158,172,209,226,
280~289,298~299,363~364,391,450
── 재래선 34,38~41,46,58,121,165,
189,199~201,209~210,254,301,
505~506,518~519,524~527
── 광역 → 광역특급
특별소비세 382~383
특정시 418,424,430,434~435
특허건수 28,81~85,424
틸팅 열차 88,512
파레토 개선(최적) 402~404,407,512
패턴 다이어 86
퍼스널 모빌리티 473~474
페랭, 장 바티스트 107
페르미 추정 492
페르미, 엔리코 492
페일 세이프 94~97,462,471~475,512
평창올림픽(패럴림픽) 123,164~167,
250,287,418
평행 운전 (선구) 308,322,337,348
폐색 92~97,276,473,508,511,513
포크 베럴 422
표정속도 29~47,55,68,131,183~191,
201,206~211,227~230,243,254,282,
288~290,298~307,310~316,324~325,
330,336~341,347,350,352,354,361,
389,458,501~502,507,513
── 천장 36~38,47
표준궤 102,134~136,502,513
프랑스 국유철도(SNCF) 25~26,
364~368,437~439,468~469
하위 중소득국 467,495~498,510
하이브리드 차량 463~464,478,527
── 플러그인- 531
하이퍼 고속도로 477,483~484
한계대체율 110~111,197,513~514
한계심도 270~271
한국
── 교통부 376
── 국세청 384~385
── 제5공화국 151,154,374~375,
381~388,396~401,420,422,441
── 한국개발연구원(KDI) 374, 401

── 공공투자관리센터(PIMAC)
109,168,178,255~256,282,
286,306,401~417,508
── 한국교통연구원(KOTI) 29,109,
159,168,176~177,192,408,
445~447,449~450,482
── 한국도로공사(EX) 386,390~395,
445~448,478,522~523,533
── 한국전력공사 323,478
── 한국철도공사 99,123~127,152,
156,163,168~169,186,195,
258~262,286,296,325,329~330,
341,351,363~364,377,380,384,
390,415,436~437,444~446,
453~454,501,503,522~523
── 한국철도시설공단 380~381,415,
436~437,444,446,453
── 한국철도학회 99~107,158,163,
347,407
한국전쟁 269,374,376
항공 10~12,25~27,30~40,45,53,65,
96,113,206~208,243,251,260,277,
352,371~372,375~381,410,421,423,
437,450,456,460,463~470,482~485,
491,495~497,499,503,528
── 대륙 간- 30,37~38
허스킨스, 윌리엄 91
혁신도시 208,227~228,232~235
── 강원(원주) 213,227,232,297,
300~301,334
── 충북(진천·음성) 208,213,215,219,
232,234,290,297,312,344
형평(성) 14,83~84,227,230,397,
403~410,428,447~455,497,528
혼잡 28,41,70,78,98~100,109,111,
127,147,153,181~183,214~215,220,
224~226,231,238,240,250,285,288,
293~299,302,325,329,331,333,
336~337,339~341,344,350,450,457
── 기준 97~109,231,328~329,337
── -도 183,328~330,344~345,349
── 비용 450,457,478~481,528
── 통행료 479~482
혼합 운전 선구 98~100,103~107,231,
506,512
화물열차 70~73,96,98,115,123,
156~157,164~167,171,177~178,199,240,
243,248~250,273,282,373,508,510
환급 482,523~526,531~532
환승 18,36~42,61~67,72,85~86,90,
106,109~116,168,172,185,191~201,215,

217,238,242,250,255,258,260,269,
271,284,289~290,293~296,298~299,
301,307~315,325~343,350,362,
418,424,428,475,488,504,507,510,
511~514,523
— 수도권 통합환승(운임)제 193,196,
198,293,295~296
— 저항 90,109~116,191~201,271,334,
350,512~513
— 할인 168,292~295,362,523
활동적 통근 410~413,513~514
회랑 205,208,216,219,232~233,297,
304,312~316,339,344,361,480,502
회생제동 94,476~477,514
회송 161~164,180,256~257,262,265,
278,296,315,415,459,479
횡단선 343,345,432

지명
개성 140,173,190,205,212,214,239,
241~243,251,290,297,310,315~316
고가네마치(현 을지로) 133,135
광주(光州) 30,32,120~121,207,213,
237,240~242,363,416,425,434,455
광주(廣州) 122,150,154,172,178,186,
213~216,219,223~225,233,252,
290~291,297,307,330~334,337,353
교동(도) 212,214,303,367
김량장 126,213,215,223,225,238,291,
297,309,312,314,344,352
김포공항 123,212,277,290~291,333,
357,379
남대문 133~135,138~139
내포신도시 232~234,290
다롄 237,240~242,244~246,259,373
대구 120,139,171,207,237,240~242,
363,365,388,416,425,430~434,454
대전 33,45,89,120,137,171,202,205,
207~208,212~215,219,232~233,237,
240~241,251~252,281,290,295,298,
302~314,379,416,425,433~434
동대문 93,126,135~136,138~139,342
두만강 208,237,245
라선(특급시) 237,240~242,248,259
만포 237,241~242,259,416
모토마치(현 원효로) 133,135,141
무산 237,240~242,248,259
무심천 314
백두산 245
베이징 30,33,34~35,57~76,82~83,
208,244~246,260,367,515

부산 57~78,116,139~140,171,206,213,
217,237,242,245,248~251,363,365,
373,379,388,392,424~426,430~435,
454,483,515,524
삭주 237,240,242~243
서대문 93,133,133~135,138~139
서울 분지 138
세종시 120,205~209,212,215,
227~228,232~242,275,278~277,281,
290,297~304,516~517,521,524
셴양 57~76,78~79,82,207,222,237,
240~242,244~246,259,367,373,515
수원 122,127,143,151,183~184,195,
199,206,211,310,326,339,355
신계 213~214,217~218,237,240,243,
249~252,290,297,310~313
신막 290,297,315
신의주 136,206,213,237,240~243,
248,259,373,498
압록강 208,245
— 철교 244
양주 분지 310~312,341
연안 212,214,239,290,302~303,334
염하 212,214,218,251,355
예성강 212,310,316
옌지 240~242,245,248
옥천 253,255,258,262,266~267
원산 237,240~243,248,251,313,498
인천공항 122~123,126,150,211~212,
214~215,218~220,238~243,250~251,
279,280,290~291,297,309~311,
320~322,331,334
임진강 241,243,310
적성 213~214,243,249~250,290,297,
309~312,331,334,338~339,518~519
조령 120,139
죽령 120,139,392
철원 173,213~215,217~218,237,
240~243,250,290,297,307,309~310,
313,338,358,367
— 평강고원 307
청계천 138,283,286
청진 207,213,237,240~243,245,
248~249,251,483,498
추풍령 120,138~140
평산 242~243,251,290,298,315~316
평양 136,173,207,212,217,237,
240~245,248~251,315,415~416,498
하얼빈 244~246,260,367
한강 133~136,143~154,214~215,221,
233,256,265,270,283,285,302

— 철교 141,267~270,336
— 하구(선) 214,217~218,239,241
함흥 207,213,237,240~242,245,
248~249,499
해주 205,212,214,221,237,240~243,
249,251,290,297~303,315
혜산 237,240~242,248,259
회령 237,240~242,248,259
훈춘 240~242,245

역명
금천구청역 70,99,120,157~158,160,
171,214,253,255~257,270,272~274,
298,332,360,518~521
금촌역 212,214~215,217,220,223,225,
242~243,249,291,315,331,334,355
대곡역 172~173,177,184,189,194~196,
198,212,216,223,225,291,298,315,
332,334,339
덕소역 121~123,147~149,164,166,189,
213~214,282,285~286,291,300~301,
312~313,334,392
도라산역 212,248,250,367
문산역 123,148~149,177~178,212,214,
219,239,315~316,331,334,339
부발역 123,172~173,177~178,213,216,
251,309~310,316,416~417
사릉역 188,213,225,242,249,251,
283~286,291,306,309,312~313,332
삼성역 174~176,179,185,187,193~194,
196,199~200,214,217,219~222,
224~226,238~241,252,289,290~291,
297,302~303,309,318~320,332,360
서울역 32,54,73,109,115,121~123,133,
136~139,149,156,159~164,167,171,183,
189~198,219~225,247,251~266,273,
276~281,287,297,302~303,307,318,
334~336,342~343,510,518~521
서원주역 121~122,173,178,213,216,
251,288,300~301,316,331,389,392
셴양난역 244~246
수서역 54,58~59,146~149,150,156,
167~169,172~179,186~187,194~198,
213~226,238~243,247,249~259,
275~280,289~291,297~298,301,
307~309,311~313,318~320,332,334,
348,360,379,394,516~517
수원역 123,127,143~149,150,158~159,
177~178,183~184,195,199,212,
215~216,223,233,238~239,251,253,
272~276,280,289~291,297~299,

311~312, 331, 334, 338~340, 363,
518~519
양주역 123, 223, 309~313, 332, 341
영등포역 32, 54, 142, 146~149, 159~161,
183, 223, 225, 239, 254, 256, 261,
269~279, 289~291, 306~307, 332,
518~519
오봉역 177, 219, 239, 249
용산역 15, 54, 86, 98, 121~123, 133~135,
138, 141~150, 156~168, 175, 179~183,
189~191, 194~199, 212~222, 236~243,
249, 253~257, 260~261, 264~269,
274~281, 287, 290~291, 294, 296~298,
300, 303~306, 315, 319, 321, 326~327,
332
운정역 195, 214, 222~224, 241, 291,
298, 301~302
의정부역 123, 126, 145~151, 166, 173,
177~178, 187, 189, 194, 196, 199, 213,
215~216, 222~226, 238~239, 243, 283,
285, 290~291, 308~311, 313, 332, 338,
341, 409
인천공항역 250~251, 279~280,
290~291, 297, 309~312, 320~322, 331
인천중앙역(가칭) 212, 215, 223,
225~226, 238~239, 242, 250~251, 277,
279~280, 290~291, 297, 305~307, 310,
320~323, 331, 334~335, 339
전곡역 177, 178, 290~291, 338
청량리역 54, 121~123, 127, 133~134,
139~145, 164~167, 173, 178, 188,
194~198, 214, 217, 222~226, 236,
238~243, 247, 249, 282~291, 297,
300~301, 304~307, 313, 332, 338,
341~345, 360, 392
초지역 172~173, 223, 239, 251, 291, 305
취리히 중앙역 85~88, 259, 276, 278
평택역 32, 173, 177~178, 183, 213~216,
218, 239, 259, 289, 290~291, 297, 299,
302~303, 316~317, 331, 334, 360

노선명

강릉선 120~122, 162, 165~167, 172~174,
178, 252, 264, 278, 286~287, 308,
388~389, 432, 436, 501
경강선 120~123, 150, 154, 172~175, 178,
183, 185, 191, 194, 210~216, 219, 300,
307~310, 318~320, 324, 339, 344, 000,
416
경부선 17, 30, 70, 73, 111, 120~127, 130,
133~140, 143~149, 154, 156, 160, 165, 167,

176~178, 182~185, 187~188, 194, 199, 201,
205, 208, 214~216, 220, 231~233, 238,
253~281, 288~299, 302, 310, 314~316,
319, 326, 331~336, 363, 379
— 경부1선 15, 20, 99, 121~122,
156~164, 171~172, 179, 187, 190~191,
199, 214, 222, 225, 236, 253~281,
288~289, 298, 307, 365, 518
— 경부2선 127, 160, 182~183, 200,
257, 269, 271, 307, 326, 508
— 경부3선 127, 147, 160, 163~165, 182,
213~215, 220, 256~258, 265, 269,
271, 334~336, 355
— 경부4선(가칭) 20, 214, 219~220,
231, 236, 240, 253~281, 297~299,
355~356, 360, 418~419, 518~521
— 고속선 120~121, 147~149, 154,
156, 160, 163, 167, 171, 178, 185, 194,
215, 254, 259, 272~281, 319, 322,
374~375, 377, 380, 383, 388, 391,
436, 492, 496, 498, 501, 516~521
— 수서평택고속선 120~121, 150, 156,
158, 163, 167~169, 171, 173, 178~179,
187, 193, 222~223, 247, 257, 259,
274~280, 287, 298, 318~320, 377,
389, 390, 436, 444, 453, 516~517
경원선 73, 116, 122~127, 133~134,
143~151, 160, 165, 177~178, 185, 188, 191,
195, 199~200, 213~217, 222~226, 236,
239~243, 248~249, 257, 264~267,
288~291, 297, 300, 307~313, 334,
338~343, 355, 363, 416, 436, 508
— 고속선 213~219, 226, 241~243,
247~251, 282, 285~286, 301,
308~313, 318~319, 341, 355
경의선 15, 73, 116, 122~127, 133~136,
138, 140, 148~150, 160~164, 172~173, 177,
180, 185, 189~191, 195, 211, 217, 239, 240,
243~245, 256~266, 290, 292, 297~298,
303, 315~316, 330~331, 334, 336, 339,
342~348, 360, 363, 416, 436
— 경의2선 212~214, 219, 256~258,
261~264, 315, 355~356, 360
— 고속선 212, 214~215, 217, 222,
240~243, 251, 256~257, 279, 298,
319~320, 355
경인선 98, 123~134, 141~149, 154, 160,
173, 181~191, 197~201, 220~221, 227,
255~257, 304, 324~326, 328~329,
333~336, 379, 391
— 급행선 30, 35, 111, 146~149, 160,

182, 197~199, 215, 220~221, 224,
265, 269, 273, 295, 321~322,
330~337
경전선 120~121, 156~157, 275~280, 391,
433
경춘선 120~127, 136, 143, 148~149, 154,
165~167, 178, 185~188, 191, 194, 197~198,
201, 205, 210, 222~227, 241, 247, 257,
282~285, 288~291, 297, 300~316,
330~331, 334, 340~341, 360, 363, 391,
416, 436, 501
공항철도 122~127, 148~150, 182~186,
190, 192, 214~215, 250~251, 255~261,
276, 330, 334, 342, 346, 355, 436
— 제2 212~219, 250~251, 276, 280,
309, 311, 320~323, 335, 355
— 제3 212~218, 238~243, 250~251
관서내륙선(가칭) 217~218, 237~238,
242~243, 248~250, 252, 318, 355, 416
광역특급선(현 GTX)
— A선 169, 175, 193~198, 200~201,
215, 217~219, 221~227, 240~243,
247, 249, 252~254, 257, 259, 262,
275, 279~280, 289, 292~293,
296~299, 301~306, 314~315,
318~320, 331, 341~343, 445
— B선 197~201, 215, 220~227,
236~237, 241, 247~251, 257, 259,
262, 270~271, 274, 283, 286,
292~293, 300, 303~307, 310, 320,
330~335, 338, 341~342, 355, 360
— C선 141, 175, 196, 199~201, 214~227,
252, 269, 293, 307~312, 318~320,
331~338, 355, 360, 451~453
— D선(서울시 대안) 310, 336~338
— E선(가칭) 280, 293, 308~314
김포경전철 123, 150, 185, 190, 331
남부내륙선 259, 275~281, 451~453
도네리~닛포리 라이너, 도쿄 353
도쿄모노레일 353
도클랜드 경전철, 런던 335, 353
동해선 120~121, 156~157, 275~279, 287,
365, 391~392, 432~433, 436
분당선 122~127, 130, 146~150, 185~186,
193~195, 285, 348~355, 391, 436
삼성~동탄 급행철도 185, 187, 193~197,
200, 213
서울관통선 211~227, 231, 236~241,
247~257, 270~278, 298, 300~311, 330,
338~342, 354~360, 363, 441~442, 445
서해선 122~123, 150, 172~173, 176~179,

184~185, 201, 212~225, 232~235,
248~249, 297, 303~307, 331~334,
338~340
송도급행선 215, 220, 320~323,
334~335, 337~338, 355
수서광주선 173~175, 215~216, 219,
223~226, 241, 251~252, 307~309, 312,
315, 318~320, 355, 360
수인선 122~123, 127, 136, 148, 150,
183, 185, 215, 225, 250, 303, 307, 312,
320~323, 335, 391, 513
─ 수인1선(가칭) 250, 275~280, 297,
305, 320~323, 335
─ 수인2선(가칭) 320~323
신분당선 30, 35, 45, 123, 122~127, 148,
150, 185~187, 194~195, 197, 210, 215~217,
220~224, 302~303, 306, 330~331,
334, 341~342, 346~348, 353, 355,
360, 363
신안산선 172~173, 183~184, 216~226,
247, 271~272, 296~297, 303~307,
333~334, 341, 355, 360, 445
신칸센 163, 170~171, 206
─ 도카이도·산요 170~171, 206
─ 도호쿠 170~171
안봉선 244, 373, 376
안산·과천선 122~127, 145~147, 149,
173, 183~185, 199, 215, 307, 310~312,
320~322
영동선 165~167, 287, 416
월곶판교선 173~174, 178, 183, 185, 216,
223~225, 303~307, 321~322, 339, 355
일산선 122~127, 146~147, 185, 189~190,
195, 282, 346, 394
장항선 120~121, 157, 172, 178, 215, 225,
235, 266, 279, 295, 297~298, 303,
316~317, 392
전라선 120~121, 156~157, 162, 165,
275~280, 363, 391, 393
중부내륙선 139, 172~174, 178, 201, 232,
252, 307~308, 318, 363
중부선 214~219, 232~233, 238, 249,
252, 280, 297, 299, 302, 308~309,
312~314, 316, 331, 334, 344, 355
중앙선 73, 120~127, 136, 139, 143~150,
154, 163~167, 172~173, 178, 180, 185,
187~191, 194, 197, 201, 215~219, 231, 236,
241, 252, 266, 282~289, 293, 299~301,
308~309, 313, 315, 336, 342~345, 360,
389, 392, 414, 501
─ 중앙2선 214, 231, 236~243,

282~287, 297, 334, 355, 360,
363, 419
징광(京广)고속철도, 중국 30
청년이천선(북한) 243, 251
캠브리지셔 버스망 411~412
태백선 120~121, 165, 167, 287
호남선 120~121, 137, 157, 167, 275~280,
298, 363, 390, 400, 516~521
─ 고속선 15, 120~121, 171, 275~280,
319, 363, 390, 436